社会学·政治学·文化学·教育学·民族学·历史学

陈序经全集

叶显恩 主编
王春煜 刘集林 副主编

第十二卷 东南亚古史研究合集（下）

中山大学出版社
·广州·

版权所有　翻印必究

图书在版编目（CIP）数据

陈序经全集 / 陈序经著；叶显恩主编；王春煜，刘集林副主编.
广州：中山大学出版社, 2025.3. --ISBN 978-7-306-08274-9

Ⅰ . Z427

中国国家版本馆 CIP 数据核字第 2024GE9169 号

CHEN XUJING QUANJI: DI-SHIER JUAN

出 版 人：	王天琪
总 策 划：	王天琪
项目统筹：	嵇春霞　王延红
责任编辑：	陈　霞　马萌萌
封面设计：	雅昌文化（集团）有限公司　曾　斌　周美玲
责任校对：	林梅清　梁锐萍
责任技编：	靳晓虹
出版发行：	中山大学出版社
电　　话：	编辑部 020-84111901，84110283，84111997，84110779
	发行部 020-84111998，84111981，84111160
地　　址：	广州市新港西路 135 号
邮　　编：	510275　传　　真：020-84036565
网　　址：	http://www.zsup.com.cn　E-mail：zdcbs@mail.sysu.edu.cn
印　　厂：	恒美印务（广州）有限公司
规　　格：	787mm×1092mm　1/16
总 印 张：	433
总 字 数：	8718 千字
版次印次：	2025 年 3 月第 1 版　2025 年 3 月第 1 次印刷
定　　价：	1980.00 元（全十四卷）

如发现本书因印装质量影响阅读，请与出版社发行部联系调换

凡　例

一、**编排方式**。《全集》总体上兼顾著述发表时间先后与研究领域的区别。第一卷以时间为序收录了陈序经的论文、时论、书评等，其中论文已收入其他卷者，原则上只存目；同题异文者，则均予以收录。第二卷至第十三卷收录了陈序经在不同研究领域的论文或专著。第十四卷收录了陈序经的遗稿《珠崖篇》，整理了其年谱、往来书信、照片等相关资料。底稿为直排繁体者，一律改横排简体，内容列举、引用位置指向用词，如"如左"径改为"如下"等。

二、**底本来源**。《全集》所收文献中有大量未曾整理的手稿、抄稿，其版本源流、底本选择等情况，皆写入"本卷说明"中。

三、**引文说明**。《全集》所引古籍或他人著述，有漏字、错字等现象者，一般参照现今中华书局、上海古籍出版社等相应版本径改，不另说明；引用古籍或他人著述时只取其大意，与原文不尽一致，凡此，照录，不予修改；手稿或抄稿中引用本人已发表文章，但内容与已发表的原文不尽一致，凡此，亦依手稿或抄稿。

四、**校订符号**。原稿中有漏字者，在〈　〉内补之。原稿中的错讹字，在其后〔　〕内补正。原稿中的衍字，用［　］标示。原稿中漫漶不清、难以识别或残缺的字，用□表示；字数难以确定者，用▨表示。原稿中的小字夹注，置于（　）内，字体、字号同正文。外文书名、刊名用斜体。

五、**历史用语**。《全集》保留作者文字风格及语言习惯，不按现行用法改动原文。历史时期若干字词表达与今有异，但不影响理解，为存当时之真，不改。如智识（知识）分子、澎涨（膨胀）、计画（计划）、瞭解（了解）、那（哪）、澈底（彻底）、那末（那么）、原故（缘故）等。凡行文中对少数民族的蔑称，根据国家相关民族政策一律改为规范称呼，如"猺"改为"瑶"、"獠"改为"僚"、"猓猡"改为"倮倮"等。

六、外文名词。译名不统一或与现今不一致，如拿破伦/拿破仑、哥仑布/哥伦布、菲洲/非洲等，均不改。外文人名、地名书写有误者，一般径改。外文专有名词在原稿中大小写掺杂，按现今规范格式统一。

七、内文标点。原稿正文无标点或仅有简单断句者，一律按照中华人民共和国国家标准《标点符号用法》（GB/T 15834—2011）予以修改。专名号从略。

八、文字规范。《全集》中的简体字以2013年6月国务院公布之《通用规范汉字表》为准。通假字，不改。繁体字、异体字，改为规范字；但专有名词中的繁体字、异体字等，依从其使用惯例，不改。作者笔误、排印舛误等明显错误，径改。

其余未规定事项，一般遵从作者原稿。

本卷说明

1954—1962年，陈序经的主要精力在整理、研究东南亚古史，计划编写八种《东南亚古史研究》论著。1963年，由香港大公报社社长费彝民和同乡挚友黄坚资助，在香港印行七种著作的单行本，赠海内同好，未作公开出版。这七种著作是《扶南史初探——东南亚古史研究之一》《猛族诸国初考——东南亚古史研究之二》《马来南海古史初述——东南亚古史研究之四》《掸泰古史初稿——东南亚古史研究之五》《藏缅古国初释——东南亚古史研究之六》《林邑史初编——东南亚古史研究之七》《东南亚古史初论——东南亚古史研究之八》，《越南史料初辑——东南亚古史研究之三》则因尚未整理好而未一同印刷。《林邑史初编》，原为第四册，付印时误印为"东南亚古史研究之七"，所以印《马来南海古史初述》时，改为"东南亚古史研究之四"。

1992年，包括《越南史料初辑》在内的八种《东南亚古史研究》合编为《陈序经东南亚古史研究合集》（上下卷），由香港商务印书馆、台湾商务印书馆和深圳海天出版社共同出版。

此次整理出版，是由陈平殿教授多方搜集上述20世纪60年代香港印刷的七种著作和《越南史料初辑》手稿，校订者以此为底本，并参校1992年《陈序经东南亚古史研究合集》（两卷本），在充分尊重作者表述习惯与历史时代用法的前提下，校勘整理成《东南亚古史研究合集》（上下卷），为《全集》第十一卷和第十二卷。陈序经在《东南亚古史初论》"附记"中认为整套书成书后应该排列的次序为"（一）《东南亚古史研究初论》，（二）《越南史料初辑》，（三）《林邑史初论》，（四）《扶南史初探》，（五）《猛族诸国初考》，（六）

《掸泰古史初稿》，（七）《藏缅古国初释》，（八）《马来南海古史初述》"。在《全集》中，上述著作排列次序和书名则从底稿。

本卷收录了陈序经先生有关东南亚古史研究的四种论著：《掸泰古史初稿》《藏缅古国初释》《林邑史初编》《东南亚古史初论》。由林敏、张红樱校订。

本卷目录

掸泰古史初稿 ………………………………………… 1

藏缅古国初释 ………………………………………… 157

林邑史初编 …………………………………………… 269

东南亚古史初论 ……………………………………… 413

东南亚古史研究之五

掸泰古史初稿

撣泰古史初稿

東南亞古史研究之五

陳序經 著

《撣泰古史初稿》20世紀60年代內部印刷版封面

目　　录

序 ··· 5

第一编　绪论 ·· 6
第一章　掸泰的名称 ·· 6
第二章　哀牢的史略 ··· 12

第二编　掸国 ·· 26
第三章　后汉的掸国 ··· 26
第四章　缅甸的掸朝 ··· 32

第三编　八百 ·· 47
第五章　八百的概况 ··· 47
第六章　八百前诸国 ··· 55
第七章　孟莱的时代 ··· 62
第八章　八百与中国 ··· 69
第九章　后期的八百 ··· 74

第四编　暹国 ·· 82
第十章　暹罗与斛国 ··· 82
第十一章　暹国的史文 ·· 85
第十二章　暹国的起源 ·· 92
第十三章　敢木丁时代 ·· 99
第十四章　暹与阿瑜陀 ·· 109

第五编　老挝 ·· 114
第十五章　老挝的概况 ·· 116
第十六章　老挝的种族 ·· 121
第十七章　老挝前诸国 ·· 125
第十八章　法安的时代 ·· 131

第十九章	刀线歹时代	136
第二十章	老挝与邻国	141
第廿一章	赛思他蒂拉	146
第廿二章	清代与老挝	152

序

  掸泰的民族与国家的起源、形成和发展,包括其在地理上的分布的历史,是很为复杂而不易解答的问题。我在这里所叙述的,只是较古的历史,也就是材料很为缺乏,而问题最多的部分。

  虽然我自己也曾在这个民族的发源地——永昌,或保山,与缅甸的东北部的掸邦,以及在后来分布的地区如泰国的各处,如沿着湄公河一带的老挝,以至越南西北部的一些地方,作过一些实地考察的工作,可是作得既不够全面,又不够深入;而且,在考察中,能够找到较古的史料,也是微乎其微。

  这本初稿,于一九六〇年底草成,所用的材料,主要是采自我国史书的记载,辅以当地或其他各国的学者的著作,由于仓卒编成,所以名为"初稿"。史料方面,还须多方补充,书中好多看法,也很不成熟,尚待改正。本想再找材料,加以修订,然后付印,但是近来一方面得到友朋的鼓励,一方面又想得到抛砖引玉的作用,所以只好把原来的初稿付印,盼望读者多多加以指正。

一九六二年八月

第一编　绪论

第一章　掸泰的名称

近代人类学者往往把"掸"与"泰"这两个名词，去指明一个种族而叫做掸泰族，或泰掸族。从地域方面来说，这个种族除少数在我国的广西与云南等地之外，大部分是住在现在的老挝、暹罗与缅甸的东北一带以及越南的西北一些地方。从人口方面来看，这个种族约有三千万人，在东南亚的国家来说，这是人数较多的一个种族。在东南亚的八个国家中——这就是缅甸、暹罗、老挝、柬埔寨、越南、马来亚、印度尼西亚与菲律宾——这个种族是老挝与暹罗的多数民族，而且统治这两个国家。在缅甸，这个种族是掸邦的绝大多数的种族，是缅甸联邦的一个主要区域。在越南的西北，这就是红河的上游与黑河一带，据说这个种族现在也成立了自治区域。

应该指出，我们在这里，虽然也采用这两个名词去指明这个种族，但是不只在历史上，"泰"这个名词是一个采用较晚的名词，就是从现在来说，这个种族所应用的名称，也并不只是这两个，除了这两个之外，其比较通用的还有老或是老挝这个名词。此外，如八百媳妇，如永，或如鹿，或如暹，或暹罗，虽然是指着某一地区或某一国家的种族，但也是一些采用较久的名词。

而且，从"泰"或"老"这个名称来说，泰固是可分为很多类，老也有很多种。泰有泰鹿（Thai Lu）、泰老（Thai Lao）、泰纽（Thai Ngiou）、泰永（Thai-younes）、泰胡（Thai Hou）、泰莱（Thai Lai），以及越南黑河的蒲泰（Pou Thai）等等称呼或支派。此外还有分为大泰，这就是北方的泰族，与小泰，或南方的泰族。至于老，除了老挝的老，又有暹罗的老。老挝的老也称为老奔高（Lao-paung-cao），或是我国人所称的白腹番，与暹罗的老奔唐（Lao-paung-dam），或是我国人所称的黑腹番。其所以称为白腹，是因为没有文身之俗，其所以称为黑腹，是有文身之俗，这就是自腰以下至于两膝，皆绘图画。至于在历史上的如老匆（Lao Chong），老甲（Lao-Khap）等等名词，更是不胜枚举了。在越南，人们也叫这个种族为"哀牢"，这是一个很古的名词，最初见于《华阳国志》与《后汉书》。哀牢与泰、掸、老的关系，我们当在下面解释，我们在这里只要指出，哀牢的牢应该就是后来的老。这就是说，老大致是哀牢的简称与牢的转音，所以越南人就是用了古名而不用今名。

虽然这个种族的名称很多，但归纳起来，泰、老与掸这三个名词，是较为普通应用的名称，因此我们愿意把这三个名词略加解释。

首先让我们指出泰、掸与老这三个名词，不只像我们在上面所指出，是〈与〉古代哀牢或哀牢人所居的牢山有密切的关系，而且无论是泰、是掸，或是老，似乎都可以说是哀牢的子孙或后裔。

我们在上面已经说过，泰这个名词的采用是比较晚的。泰这个名词，是含有自由的意义。其来源据说是由于这个种族脱离了柬埔寨的统治，而得到独立与自由，因而有人以为泰这个名词，是这个种族脱离柬埔寨的统治而得到独立之后始采用，这当然是一个错误。我们知道，泰人得到独立，是在十三世纪的中叶，可是在这个时候之前，所谓泰族早已散居于速古台一带，速古台（Sokothai）的意义就是泰地，或泰族土地，在印度文的Sakh daya，其意义为幸福的曙光，这个地方是早于泰族得到独立，原为柬埔寨所统治的城镇，泰族独立之后，成为这个新兴的国家的都城，也成为这个国家的最早的王朝，这就是速古台王朝。

虽然泰这个名词含有自由的意义而也成为一个王朝的称呼，但是在历史上，这个国家是叫做暹或暹罗或暹罗斛。而且，应该指出，这个种族除自称为泰之外，他们是被称为暹或暹罗人。暹这个名词在十一世纪已见于占婆碑文。暹人也早见于英哥寺的壁画。泰与暹这两个名称，究竟何者采用最先，不得而知，可是暹或暹罗却是这个国家的名称，不只是暹罗以外的人们都普遍的采用，就是泰族自己，也当为自己的国名。

至于暹或暹罗之改为泰国（Thailand）是最近的事情。在二十世纪的三十年代，这就是在第二次世界大战之前，暹罗始改为泰国。其所以更改的原因，主要是由于所谓大泰主义所引起。在那个时候，在暹罗，有了不少的大泰主义者，要用泰这个名词去号召暹罗以外的泰族，如在老挝的老族，如在缅甸的掸族，以至在我国云南与广西的傣族、僮族，梦想成立大泰帝国。同时再加以日本人的煽动，他们看到日本从东北侵略中国，他们也想煽动在我国境内的傣、僮。于是宣传南诏是他们的故国，中国的南方的湖南、广西、云南是他们的故乡，其目的是所谓解放暹罗以外的泰族，从而建立一个大泰帝国。其实在历史上也好，在现代也好，在一个国家中，固可以有好多种民族，而一个民族也可以分为好多个国家。在现代，其最显明的例子，前者如瑞士，有德、意、法三种民族，后者如英、美、澳大利、加拿大，因为后三者都可以说是从英国而来。假使暹罗以为某一国家，也是泰族所建立的国家，或是在某一个国家内，有了泰族，而遂想把这个国家或这个民族的居住的地方，归并于暹罗的统治之下，那么这些国家也可以用同样的理由去要求暹罗归并于其统治之下。这样的想法或做法，是一种极为危险的想法或做法，因为假使每一个国家都这样想或这样做，就得引起国际上不断的与严重的纷争。

日本帝国主义者失败了,这个帮凶的泰国的大泰主义者的梦想,也就成为泡影,因而这个国家的国名,又从泰国改为暹罗。可是没有多久,又从暹罗改为泰国,究竟为了自己的自由,还是大泰主义的复活,那就很难说了。

总而言之,用一个种族的名称去名其国家,本来是一件很为平常而合情合理的事情,但是假使这样的做法,是为着扩张领土,侵害别人的权利,那就是很大的错误。我们在这里,对于这个国名的改变,略为叙述,目的主要是说明这个泰的名词,从现在来说,不只是一个种族的名词,而且是一个政治的名词。

其实,从种族方面来说,泰族是掸族或老族的支派。而且,泰这个名词,也可以说从掸这个名词而来,掸国也见于《后汉书·哀牢传》,掸应该是哀牢的同种,这一点我们当在下面说明,我们在这里所要指出的,是泰的声音是从掸转过来,《后汉书·和帝纪》注云:

> 掸音擅,《东观汉记》作擅。

掸读为擅(Tan),是T音,也是较古的音。泰(Thai或Tai)是与擅相近,所以泰大概是从擅转过来。暹罗的泰族,脱离柬埔寨而独立,虽是在十三世纪的中叶,但是他们逐渐迁移而散居于湄南流域,应该是比较早的。在他们最初到这个地方的时候,掸还读如擅,所以他们也叫做擅。可能这个擅字与本地的语言混合起来,或是久而久之,遂转变为泰,这样,这个名称,乃沿用到现在。

至于暹(Siam或Syam)在声音上是近于掸,这就是,掸读如Shan。在缅甸现在还有掸(Shan)邦。上面也已指出,暹这个名称见于十一世纪的占婆碑文,也很早见于英哥寺的壁画。占婆碑文是记载战俘中的暹人,柬埔寨人用这个名称时,是视为野蛮而不开化的民族,这也说明了在未得到独立之前的泰人,其文化程度是比较的低——低于柬埔寨的文化。虽然如此,泰人在其长期的历史中,还是用暹或暹罗而名其国家。

掸是一个种族的名称,也是一个国家的名称。《后汉书·西南夷传》"哀牢"条记载了这个国家。同书卷五十一《陈禅传》中也说到这个国家。这个国家的方位应该是在现在的缅甸的北部,接近我国云南的边境。关于这个国家的历史,我们当在下面叙述,我们在这里所要指出的是:这个种族自公元一世纪前后以至于现在,可以说是不断的居住在这个地方。掸国虽只见于《后汉书》,但这也不能说这个国家在后汉以后就已灭亡。在十三世纪的时候,这就是在蒲甘王朝的末年,这个种族又复兴起来,统治缅甸有二百多年之久,虽则在这个时期缅族也保持一部分的力量,并没有完全为掸族所消灭。而且,直到现在,在缅甸这个联邦中,还有掸邦。这个掸邦,又分为南掸邦与北掸邦,其人口虽只约有二百万人,但其所占的地方却是很大。这个邦占有伊洛瓦底江以东的萨尔温江流域,北与我国云南交界,而南几至于海,他们有自己的文字语言,近年以来,还有脱离缅甸联邦而独立的运动。

而且，掸这个名词在狭义上，虽然指着在现在的缅甸的领土上的古掸国以及十三世纪所建立的掸族王朝以至现在的掸邦的掸族，但在广义上，这个名词是包括掸邦以外的好多所谓泰族，《清史稿·属国传三·缅甸传》，似乎有这种看法。传说：

> 英人自以骤辟缅甸全境，所获已多，有稍让中国展拓边界之意，英外部侍郎克蕾称，英廷愿将潞江以东之地，自云南南界之外起，南抵暹罗北界，西滨潞江，即洋图所谓萨尔温江，东抵澜沧江下游。其中北有南掌国，南有掸人各种，或留为属国，或收为属地，听中国自裁。曾纪泽转咨总理衙门，言，南掌本中华贡国，英人果将潞江以东让我，宜即受之。将掸人、南掌均留为属国，责其按期朝贡，并将上邦之权，明告天下，方可防后患而固边围。

南掌就是老挝，所谓北有南掌国，南有掸人，不只指在现在潞江或萨尔温江以东的南部的掸人，而应该也指着清迈或八百媳妇以及暹罗东部的泰族，这种泰族，也就是暹罗人所说的老族。

《清史稿》同处又说：

> （光绪）十七年（一八九一）出使大臣薛福成始申前议，奏言英人所称愿让潞东之地，南北将及千里，东南亦五六百里，果能将南掌与掸人收为属国，或列为瓯脱之地，诚系绥边保小之良图。

在缅甸境内，潞江或萨尔温江之东，是靠近原来的八百媳妇的西境，也就是现在的暹罗的西境，在这条江的南北约千里东西五六百里是包括了八百媳妇的领土，这里是老人所居的地方，他们也属于泰，同时也就是薛福成所说的掸。

又同处说：

> 既而英人不认允曾纪泽三端之说，谓普洱外边南掌、掸人诸地，及大金沙江为公用之江，与八募设关也。

又说：

> 南掌、掸人，本各判为数小国，分附缅甸、暹罗。

这说明除缅甸外，暹罗境内有掸人，至于所谓"普洱外边南掌、掸人诸地"也说明除了缅甸与暹罗的掸人之外，南掌或老挝境内，也有掸人。又所谓普洱外边，当为普洱之南，这就是思茅、车里、佛海以至现在的老挝、缅甸、暹罗三国的交界一带，在我国云南省者是叫做西双板纳，所谓普洱外边的掸人，也应就是这一带的泰族。

上面已经指出"泰"与"暹"这两个名词均出自"掸"，而"掸"这个名称可能是来自"山"字。《后汉书》卷一一六《西南夷传》①"哀牢"条说：

>哀牢夷者，其先有妇人名沙壹，居于牢山。

《华阳国志》卷四《南中志》说：

>永昌郡，古哀牢国。哀牢，山名也。其先有一妇人名曰沙壹，依哀牢山下居。

哀牢之所以得名是由于哀牢山或简称为牢山，这个山虽名为哀牢山或牢山，但在当时与当地的哀牢人可能简称为"山"。我们乡下有一个山名为后山，但乡人往往到后山去的，只说上"山"或到"山"去，而把这个"后"字简略了。哀牢人居哀牢山，人们也可能把哀牢或牢这个名词简略，而只称"山"，所以哀牢山人也可能简略为山人，或简直就谓为山。掸与山声音很近，这就是说，不只读为 Shan，如现代的掸邦是同于山音，就是读如擅也与山音相近，古音山是 T 音，直到现在，厦门、潮州、海南人还读山如 Tan，这就是与擅音相近。

因此，我们以为掸固可能从"山"字而来，就是泰与暹也可能是直接从山字而来。

总而言之，暹既与泰本为一个种族而分为二种声音不同的称呼，泰也是与掸同一种族而分为二种声音不同的称呼。但所谓不同者，是声音本身有所改变，这就是从 T 音变为 S 音。在意义上、在实质上，还是一个种族。

至于老这个名词，应该是从牢而来。掸、老是同一种族，掸的称呼是从哀牢山或牢山的山字而来，而老的称呼应是从牢山的牢字而来。直到现在，像上面已经指出，越南人还叫老人为哀牢，这是沿用这个种族的原来的名称。我们知道，所谓泰人之到越南半岛的北部的，是较早的一批，他们之到暹罗湄南流域者是比较的晚，究竟什么时候到了越南半岛的北部，很难确定，也可能是在唐代，或还较早，他们当时在其原居的地方，这就是现在的永昌一带，既是叫做哀牢，到了这个地方，还是用这个名称，所以一直沿用到现在。而况越南原来是采用中国文字，名词之沿用古代的很多，哀牢就是一个例子。但是其后来到者，可能因这个时候哀牢已经灭亡，或是受了本地的语言的影响，乃从"哀牢"而转为"牢"，又从"牢"而转为"老"，至于哀牢的哀字可能是一个附带的叫法，如亚三亚四，如阿王阿陈的阿字一样。而且哀音是与亚或阿是很相近的，或者他们只采用了牢山的牢音因而称为老或老挝。

这样，泰、暹、掸、老这几个称呼，也可以说由牢山而来了。

在暹罗的北部的老，这也就是我国史书中所说的八百媳妇，或当地纪年中所

---

① 编注：《南蛮西南夷传》在《后汉书》卷八十六，在《史记》的卷一一六，疑为作者记反了。余不注。

说的揽那（Lan Na），也有叫做永族的。为什么他们被称为永，不易考订，但我们知道，哀牢所居的地方，在后汉时代哀牢臣服于汉乃改为永昌郡，永昌郡这个名称在历史上用得很久，一直到了近代，还这样的应用，不知所谓永者，是否来自永昌的永字。

总而言之，泰、暹、掸、老，其称呼虽不相同，可是称呼固应皆来自牢或山，其种族都是哀牢的支派。

第二章　哀牢的史略

　　本书的目的，是叙述在东南亚的掸泰族所统治的古代几个国家，从地域方面来看，哀牢主要是位在我国的境内，这就是现在的云南的境内。这个国家的中心地区，是在现在的云南的西南一带，其都城是在永昌或是现在的保山。

　　在哀牢强盛的时候，这个国家的版图，可能包括云南省的很多地方，也可能在其南部伸张入现在的缅甸的北部。但应该指出，其主要的领土或其本土应该是在我国现在的云南省内。这就是说，这个国家不应列入于东南亚的研究的范围之内，而应该列入于我国历史的范围之内，或是当为我国的兄弟民族的研究对象。

　　这个民族，虽然还有很多留居在我国的云南与可能在广西或是贵州的一些地方，但是很多早已迁居在缅甸、暹罗、老挝，与越南的北部，他们在历史上，曾建立好多国家，而且直到现在，不只在东南亚各国中，成为一些主要的国家，而且成为东南亚的各种种族的人数最多的民族之一。既然他们主要都可能是哀牢的后裔，在未叙述这些民族国家之前，我们对于哀牢，略加解释，也是很需要的。

　　关于哀牢的历史，只有中国史籍的记载。在中国的史籍中之记载哀牢最早而较为详细的，据我们现在所能找出的，要算常璩的《华阳国志》。这本书里所说的，是晋惠帝永和三年（公元三四七）以前的事情。常璩是晋朝人，据说劝李势降于桓温的，就是他。他是四世纪的人物，而这本书的撰述，应该是在四世纪的中叶。

　　其次，是范晔的《后汉书》。范晔是南北朝宋时人。他的《后汉书》，是撰述于五世纪，此外，又如后魏的郦道元，在其《水经注》卷六《淹水》里，也有哀牢的记载。又如应劭的《风俗通》、杜佑《通典》、（李昉等的）《太平御览》、马端临的《文献通考》等也有哀牢的记载。

　　上面所举出各书，关于哀牢的记载，大致上虽有其相同之处，但也有很多差异的地方。从时间方面来看，《华阳国志》的《哀牢传》，虽然写作是早于范晔的《后汉书》，但前者所记载的史实，是包括了三国时代，而范晔所记的是限于后汉时代。至于杜佑《通典》，在其"哀牢"条的后一段还叙述了唐代的哀牢故国永昌一带的事情，虽则到了唐代，哀牢这个国家，是否还存在，也是值得考究的一个问题。

　　此外，各书在叙事方面，以至在词句方面，也有很多出入。关于这一点，我们当在下面再加说明，在这里我们只要指出，单从叙事的时间的不同来说，各书尤其是《后汉书》《华阳国志》与《通典》，都有其参考的价值。因为三者所叙述的史实，时间既各异，那么要知道东汉以后的哀牢就要依靠《华阳国志》与

《通典》。

在这里，我们要以《后汉书》的叙述为主，而辅以其他各处的记载。哀牢见于《后汉书》卷一百十六《南蛮西南夷传》，兹先将其史文，录之于后。

哀牢夷者，其先有妇人名沙壹，居于牢山。尝捕鱼水中，触沉木若有感，因怀妊，十月产子男十人。后沉木化为龙出水上，沙壹忽闻龙语曰："若为我生子，今悉何在？"九子见龙惊走，独小子不能去，背龙而坐，龙因舐之。其母鸟语，谓背为九，谓坐为隆，因名子曰九隆。及后长大，诸兄以九隆能为父所舐而黠，遂共推为王。后牢山下有一夫一妇，复生十女子，九隆兄弟皆娶以为妻，后渐相滋长。种人皆刻画其身，象龙文，衣著尾。九隆死，世世相继。乃分置小王，往往邑居，散在溪谷。绝域荒外，山川阻深，生人以来，未尝交通中国。

建武二十三年（公元后四七），其王贤栗，遣兵乘箄船，南下江汉，击附塞夷鹿茤。鹿茤人弱，为所擒获。于是震雷疾雨，南风飘起，水为逆流，翻涌二百余里，箄船沉没，哀牢之众溺死数千人。贤栗复遣其六王将万人以攻鹿茤，鹿茤王与战，杀其六王。哀牢耆老共埋六王，夜虎复出其尸而食之，余众惊怖引去。贤栗惶恐，谓其耆老曰："我曹入边塞，自古有之，今攻鹿茤，辄被天诛，中国岂有圣帝乎？天佑助之，何其明也。"建武二十七年（五一），贤栗等逐率种人户二千七百七十，口万七千六百五十九，诣越巂太守郑鸿降，求内属。光武封贤栗等为君长，自是岁来朝贡。

永平十二年（六九），哀牢王柳貌，遣子率种人内属，其称邑王者七十七人，户五万一千八百九十，口五十五万三千七百一十一。西南去洛阳七千里，显宗以其地置哀牢、博南二县，割益州郡西部都尉所领六县，合为永昌郡。始通博南山，度兰仓水，行者苦之，歌曰："汉德广，开不宾，度博南，越兰津，渡兰仓，为它人。"

哀牢人皆穿鼻儋耳，其渠帅自谓王者，耳皆下肩三寸，庶人则至肩而已。土地沃美，宜五谷蚕桑，知染采文绣，罽毡帛叠，兰干细布，织成文章，如绫锦。有梧桐木华，绩以为布，幅广五尺，洁白不受垢污。先以覆亡人，然后服之。其竹节相去一丈，名曰濮竹。出铜、铁、铅、锡、金、银、光珠、虎魄、水精、琉璃、轲虫、蚌蛛、孔雀、翡翠、犀、象、猩猩、貊兽。云南县有神鹿两头，能食毒草。

先是，西部都尉广汉郑纯为政清洁，化行夷貊，君长盛慕，皆献土珍，颂美德。天子嘉之，即以为永昌太守。纯与哀牢人约，邑豪岁输布贯头衣二领，盐一斛，以为常赋，夷俗安之。纯自为都尉太守，十年卒官。建初元年（七六），哀牢王类牢与守令忿争，遂杀守令而反叛，攻越巂唐城，太守王寻奔楪榆，哀牢三千余人攻博南，燔烧民舍。肃宗募发越、益州、永昌夷汉九千人讨之。明年春,邪龙县昆明夷卤承应募,率种人与诸郡兵击类牢于博南,大破斩之。传首洛阳,赐卤承帛万匹,封为破虏傍邑侯。

《华阳国志》卷四除了一大段话与《后汉书》所记载的大致相同外,又有下面一段话:

> 太守著名绩者,自郑纯后,有蜀郡张化、常员,巴部沈稚、黎彪,然显者犹鲜。(刘备)章武初(公元二二一),郡无太守,值诸郡叛乱,功曹吕凯奉郡丞蜀郡王伉保境。六年(公元二二八当为刘备建兴六年),丞相亮南征,高其义,表曰,不意永昌风俗乃尔,以凯为云南太守,伉为永昌太守,皆封亭侯。李恢迁濮民数千落于云南建宁界,以实二郡。凯子祥,太康中(二八〇—二八九)献光珠五百斤,还临本郡,迁南夷校尉。祥子元康(二九一—二九九)末为永昌太守,值南夷作乱,闽濮反,乃南移。永寿去故郡千里,遂与州隔绝,吕氏世官领郡于今三世矣,大姓陈赵谢杨氏。

杜佑《通典》卷一百八十七"哀牢"条,除其所叙述与《后汉书》大致相同外,又说:

> 大唐麟德元年(公元六六四)五月于昆明之梇栋川置姚州都督府,每年差兵募五百人镇守。武太后神功二年(公元六九八)闰十月,蜀州刺史张柬之表曰:姚州者古哀牢之旧国,本不与中国通。前汉唐蒙开夜郎、滇笮,而哀牢不附。至光武季年,始请内属。汉置永昌郡,以统理之,税其盐布、毡罽,以利中土。其国西通大秦,南通交趾,奇珍进贡,岁时不阙。及诸葛亮五月渡泸,收其金、银、盐、布,以益军储,使张伯岐选其劲卒,以增武备,前代置郡,其利颇深。……今于国家无丝毫之利,在百姓受终身之酷。……今姚府置官,既无安边静寇之心,又无诸葛且纵且擒之术。唯知诡谋狡算,恣情割剥,贪婪劫掠,以积为常,煽动酋渠,遂成朋党,提挈子弟,啸引凶愚。……伏乞省罢,姚州使隶巂府(按:为越巂府),岁时朝觐,同之蕃国,泸南诸国悉废,泸北置关,百姓非奉使入蕃,不许交通往来。疏奏不纳。

唐代在现代的云南大理一带,又经出现了一个新国家,这就是南诏,开元末季(公元七三八),册蒙归义为云南王,后来强大,占有现在的云南以及缅甸、老挝的好多地方,成为唐朝的劲敌。哀牢在南诏未兴之前,若还存在,到了这个时候,也必为南诏所灭。张柬之说姚州乃古哀牢之旧也,说明了哀牢这个国家到了这个时候已不存在。杜佑《通典》抄录张柬之的表文,虽然追述往事,然也很有参考的价值,所以我特为转述于上。

上面已经指出,《华阳国志》《后汉书》,与杜佑《通典》三书所记关于哀牢的史文,在时间上,固有所不同,在其他方面或词句上也有不少差异。比方《华阳国志》作沙壹,而《后汉书》与《通典》作沙壹。前者作柳狼,而后者作柳貌。前者作扈栗,而后者作贤栗。又此三书作箄船,而《水经注》却作苇船。此外,还有的史文见于一书而却未见于他书的。我们上面虽然只抄录《后汉书》那段话,但在下面所叙述关于哀牢的事情,也参考了其他各书。

首先我们要谈谈哀牢这个国家的地理概况。《后汉书·哀牢传》说:

> (哀牢)西南去洛阳七千里,显宗以其地置哀牢、博南二县,割益州郡西部都尉所领六县合为永昌郡。

《后汉书》章怀太子李贤注引《古今注》说:

> 永平十年(公元六七年)置益州西部都尉,居嶲唐。

又引《续汉志》说:

> 六县谓不韦、嶲唐、比苏、楪榆、邪龙、云南。

《水经注》卷三十七"哀牢"条说:

> 汉明帝永平十二年(公元六九)置为永昌郡,郡治不韦县。盖秦始皇徙吕不韦子孙于此,故以不韦名。

《华阳国志》卷四中说:

> 其地东西三千里,南北四千六百里。

假使这里所说的幅员是没有错误,那么哀牢的疆土不只是包括了上面所说的六县,而且还大过现在的云南的境界,可能这种说法,似乎是言过其实。我们知道在西汉时代,在现在的云南,其东北为蜀的益州地,而在所谓西南夷中,除了哀牢之外,还有其他好多国家。《后汉书》卷一百十六《南蛮西南夷传》中说:

> 西南夷者,在蜀徼外。有夜郎国,东接交趾,西有滇国,北有邛都各国,各立君长。……其外又有嶲、昆明诸落,西极同师,东北至叶榆。

哀牢所领有的地方,照我们的看法,其东大约不会达滇池,北不会越大理,西至现在云南的西境,至于南边可能据有现在的缅甸的北部一部分的地方,与老挝西北一些地方。而以从东到西,既不会有三千里,从南至北,也不会有四千六百里,但也应该指出,既然我们在这里所指出的哀牢的四至来说,哀牢已是而尤其是在那个时候,一个很大的国家,应该说是西南夷中的最大的国家。

哀牢的发祥地是哀牢山,哀牢山是在永昌郡,永昌就是现在的保山一带。在哀牢强盛的时候,既然包括了像上面所说的疆土,那么现在云南的好多河流与山岭,都在哀牢境内。《后汉书·哀牢传》说在后汉明帝的时候:

> 始通博南山,度兰仓水。

《华阳国志》卷四"永昌郡"条中的"博南县"条说：

> 山高四十里，越之，得兰仓江。

近人沈钦韩以为博南山是在永昌府永平县西四十五里。地名大辞典说这个山也叫做金浪巅山，俗讹为丁当丁山。这应该是属于怒山的山脉。

应该指出，现在的哀牢山是在澜沧江与元江（或红河）之间，哀牢山是在大雪山与洱海的东南，其山脉是在云南的中部，从西北蜿蜒而趋东南，在元江之西，沿元江而入越南的西北部。

兰仓江应该就是现在的澜沧江。这应该是哀牢境内的主要河流。其东为元江，而其西为怒江。在交通上哀牢人必定很会利用其河流。又当哀牢王贤栗攻伐鹿茤时，他是遣兵乘箄船南下江汉，这说明了哀牢不只是水道交通较为便利，而且是习于水军，有了兵船。

在哀牢境内，既有了兰仓江、元江、怒江，同时又能乘箄船南下江汉，说明其境内与其与中国均有水道交通。此外据张柬之的表中所说"其国西通大秦，南通交趾"，那么这个地方，在古代也是东西交通的要冲。《史记》列传五十六《西南夷列传》中说：

> 及元狩元年（公元前一二二年），博望侯张骞使大夏，言居大夏时，见蜀布、邛竹杖，使问所从来，曰："从东南身毒国可数千里，得蜀贾人市。"或闻邛西可二千里，有身毒国。骞因盛言大夏在汉西南，慕中国，患匈奴隔其道，诚通蜀，身毒国道便近，有利无害。于是天子乃令王然于、柏始昌、吕越人等使间出西南夷，指求身毒国。至滇，滇王常羌乃留为求道西十余辈，岁余皆闭昆明，莫能通身毒国。

又说：

> 滇王与汉使者言曰："汉与我孰大？"及夜郎侯，亦然。以道不通故，各自以为一州主，不知汉广大。使者还，因盛言滇大国，足事亲附。天子注意焉。及至南越反，上使驰义侯因犍为发南夷兵，且兰君恐远行，旁国虏其老弱，乃与众反，杀使者及犍为太守。汉乃发巴蜀罪人，尝击南越者，八校尉击破之。会越已破，汉八校尉不下，即引兵还，行诛头兰。头兰，常隔滇道也。已平头兰，遂平南夷为牂柯郡。夜郎侯始倚南越，南越已灭，会还诛反者，夜郎遂入朝。上以为夜郎王。南越破后，及汉诛且兰、邛君，并杀筰侯，冉、駹皆振恐，请臣，置吏，乃以邛都为越巂郡，筰都为沈犁郡，冉、駹为汶山郡，广汉西白马为武都郡。

又说：

> 上使王然于以越破，及诛南夷兵威，风喻滇王入朝。滇王者其众数万

人，其旁，东北有劳浸、靡莫，皆同姓相扶，未肯听。劳浸、靡莫数侵犯使者吏卒。元封二年（前一〇九）天子发巴蜀兵击灭劳浸、靡莫，以兵临滇，滇王始首善，以故弗诛。滇王离难，西南夷举国降，请置吏入朝。于是以为益州郡，赐滇王印，复长其民。

哀牢应该是在滇国之西或西南。在滇国与哀牢之间，是否还有国家，介于其间，不得而知，但这种可能，似乎不大。这就是说，在滇国之西或西南，应该是哀牢的领地。当然哀牢之通中国，是在后汉初年。在武帝时代，哀牢的领土是否与滇国接壤，甚至哀牢这个国在这个时候，是否已建立，都可以当为疑问来考虑，但若照《后汉书·哀牢传》的叙述来看，哀牢建立为国家，应该是在秦汉时候，或秦代以前。这一点，我们在下面还要说明。我们可以假定这个国在这个时候已经存在，而且也可以假定这个国是与滇国接壤或靠近。

武帝既降滇国之后，据《华阳国志》卷四《南中志》"永昌"条的语气，哀牢也臣服于中国。但据《后汉书·哀牢传》，以为"生人以来，未尝交通中国"，到了光武建武二十七年（公元后五一），始降于中国。但无论如何，汉武帝原来是要实现张骞由中国的西南打通到身毒这条路的意图，滇国既降之后，本可以再向西发展，可是他并没有遣使从这条路去寻求身毒，其原因大致是由于在滇国未降之前，西域的乌孙已与中国交通，中国可以从西北到大夏诸国，所以就弃了从西南去通身毒，而到大夏与西域诸国的企图。

中国在这个时候，虽然可能还没有臣服哀牢，又在史文中，虽然也没有记载遣派使者经这条路而到身毒，但是我们相信，中国之于哀牢之间的贸易与私人来往，在滇国降服之后，必定更为频繁。因为在张骞到大夏之前，邛竹、蜀布既已从这条路经过身毒而到大夏，那么滇国与西南夷好多国家都臣服中国之后，这条交通路线更为方便，是自然而然的。而况，从《华阳国志·南中志》的《哀牢传》中，我们知道在哀牢还有身毒之民，身毒人既可以到哀牢做生意或居住，那么哀牢与身毒的关系，应该很为密切，虽然这种关系可能不是国与国之间的使者往来，而是私人或贾人的往来。因此，我们以为中国臣服滇国之后，中国在前汉时代或者还未臣服哀牢，但是二者在货物的运输中，在人民的往来上，必定更为频繁。

又《后汉书·西南夷传》中说"掸国西南通大秦"，掸国既可以通大秦，掸国当然可以通身毒。哀牢与掸国接近，在掸国之北，掸国可以通身毒、大秦，哀牢也可以通身毒、大秦，也是无可疑的。

关于这一点，《三国志·魏志》引鱼豢《魏略》说：

大秦道既从海北陆通，又循海而南与交趾七郡外夷，北又有水道通益州、永昌，故永昌出异物。

我们知道，中国通身毒是有三条路，一为西北线，一为东南线，一为西南线。西北线经大夏，但应该是在张骞之后始通。东南线是由广东经交趾沿海道而行。西南线是经云南的哀牢、掸国而行。秦始皇遣大兵攻伐广东、广西，是要打通东南这条路。汉武帝遣使到滇国，是要打通西南这条路。张骞到大夏时，已听闻蜀布、邛竹杖是经过西南线，那么这条路线是在张骞之前很久已开辟，应该是没有问题的。至于这条路较早还是东南线较早也是值得我们研究的问题，但我们不准备在这里讨论。

我们应该指出，既然哀牢西通大秦，而其南又通交趾，那么这条西通大秦的路线，也可以南通交趾，而与上面所说从广东经交趾的东南路线，是互相沟通的。这也就是说，哀牢不只可以通缅甸、印度、波斯，以至大秦，而且可以通东南亚的好多其他国家，如猛族诸国，如林阳，与吉篾帝国的扶南，以至林邑、越南等处。从此，可以见得哀牢在古代的东南交通上，是占了很重要的地位。

而且，这条路线又可以分为正南与正西、西南与西北以及东南五条。

上面是说从哀牢到身毒、大秦或交趾的水道交通。关于这一点，我们在下面叙述掸国时，还要加以解释。除了水道交通之外，从哀牢到身毒似乎也有陆道的交通。我们知道，在唐代贾耽的《古今郡国县道四夷述》里，其第六道是安南通天竺道。《新唐书·地理志》后附录中说：

> 自羊苴咩城（按：为大理）西至永昌故郡三百里，……又经突旻城至骠国千里，又自骠国西度黑山至东天竺迦摩波国千六百里。又西北渡迦罗都河至奔那伐檀邦国六百里，又西南至中天竺国东境恒河南岸羯朱嗢罗国四百里，又西至摩羯陀国六百里。

又说：

> 一路自诸葛城西去腾充城二百里，又西至弥城百里，又西过山二百里至丽水城，乃西渡丽水，龙泉，二百里至安西城，乃西渡弥诺江水千里至大秦婆罗门国，有西渡大岭三百里至东天竺至北界个没卢国。又西南千二百里至中天竺国东北境之奔那伐檀那国，与骠国往婆罗门路合。

这里所说的一些地方名，有的见于樊绰所著的《蛮书》，有的见于玄奘的著作。伯希和其《交广印度两道考》（冯承钧译）上卷《陆道考》对于这两段话作了详细的解释，他以为一路之迦摩波与第二路之个没卢，皆为迦摩楼波（Kamarupa）的省译，而大秦婆罗门应为现在的曼尼坡（Manipur），迦罗都河（Karatoya）应为雅鲁藏布江。

贾耽所记载的陆道交通，虽为唐代的路线，可是我们相信这一条路在唐之前，应已通行，其通行的历史，还可能追溯至汉代。所以身毒之民之来或住在哀牢者，除由海道而来之外，可能由陆道而来。

至于从哀牢经陆道而到交趾这条路，也早已通行，哀牢人之迁到暹罗、老挝、越南的，大致是经云南的东南沿湄南与湄公河而到这些地方。此外又据贾耽的第六道中说：

> 自骧州西南行三日，行度雾温岭，又二日行至棠州日落县，又经罗伦江及古朗洞之石密山，行至棠州文阳县，又经蔾蔾洞，四日行至文单国之算台县，又三日行至文单城外，又一日行至内城，一日陆真腊，其南水真腊。

从骧州到交趾有陆道交通，是没有问题的。至于从真腊至骠国也有陆道，也是没有问题的。我们知道在真腊之前，这就是在扶南的时代，扶南的版图，扩张至现在的暹罗，可能到了现在的缅甸的边界，考古学者曾在现在的暹罗东北找到一个废墟叫做室利提婆（Sri Deva），是扶南时代所建立的城市，这是扶南向西发展的一个转运站。至于从暹罗西部至缅甸的东南，经过三塔径（Three Pagoda Pass），是古代至近代一条著名的交通线，所以我们说，无论水路也好，陆道也好，都可以从哀牢至身毒或交趾。

更值得我们注意的，是这个地方既是中外交通要冲、国际商品互市的地方，又是中外各族人民所凑集的区域。《华阳国志》卷四《南中志》"哀牢"条说：

> 有穿胸、儋耳、闽、越、濮、鸠、獠，其渠帅皆曰王。

又说：

> 有闽、濮、鸠、獠、僄、越、躶濮、身毒之民。

《后汉书》卷一百十六《南蛮西夷传》"哀牢"条说"哀牢人皆穿鼻、儋耳"。这里所说的穿胸应该是穿鼻，穿鼻儋耳，虽然也是哀牢人的风俗，但是这里既把穿鼻、儋耳、闽、越、濮、鸠、僚、僄、越、躶濮、身毒等等民族，排列起来，说明在哀牢这个国家的民族，是多种的，是复杂的，而且有的各管其自己的民族而称王，这也可以说是一个就各种不同的民族而组成为一个邦联或联邦的国家，虽则我们也得指出，哀牢人——这就是现在所说的老挝族或掸泰族，乃其主要的民族。

这里所说的穿鼻、儋耳，海南岛也有这种人。闽应该是现在的福建人，濮与躶濮在云南的历史很久，鸠见于《左传》，在云南很少见，僚在两广很多，越可能指着广东、广西以及越南的人民，这都是国内各族人民，虽然有的是云南原有的种族，但也有很多是来自全国其他各处，尤其是福建、两广、越南各地。大概这是因为这个地方，是中外交通的要冲，所以各地人民都到这里互市，有的是从陆地，有的如越人也可能从广东、越南经海道而到现在的缅甸，再由这里而到哀牢。

然而最重要的，在这个国家里，既有了僄人，又有了身毒人。僄人似乎是

《唐书》卷二二二下里所说的"骠",或郭义恭《广志》中所说的"剽"。有的也叫做河灛或缥。骠国是在缅甸的中部,在哀牢的时代,或是在后汉的时代,在哀牢之南,有好多种族自立为国家,掸国就是一个。在掸国之南,可能就是这个僄国或骠国,在唐代通过南诏遣使到中国贡献,中国史书记载在魏晋时代传闻在永昌之西南有骠国。既然在哀牢有了僄人,那么这种传闻,可以证实了。至于僄人之所以到哀牢,大致也是贸易互市或是宣传佛法,因为骠人居于缅甸的伊洛瓦底江流域,不只与海外各国交通互市,而且尤其是受了在其南部的猛族的佛教的影响。他们把这些外来的货品与宗教,传于哀牢,是很自然而然的。

身毒就是天竺,或是印度。上面已经指出,张骞在大夏见过邛竹、蜀布,大夏人告诉他这是从身毒输入的。哀牢既是中外货品所凑集的地方,邛竹、蜀布当然从这里出口。印度商人到了这个地方采购商品,说明了在这个地方早有了印度人的踪迹。他们到了这里,除了短期作客之外可能还有长住下去的,所以身毒人也排在哀牢国中的好多民族之内。从此,我们可以明白,哀牢不只是中外交通要冲与商品互市的地方,而且是中外民族所聚居的地方。

据各史书的记载,哀牢的物产,很为丰富。《后汉书·哀牢传》中这个国家有:

> 铜、铁、铅、锡、金、银、光珠、虎魄、水精、琉璃。

樊绰《蛮书·物产第七》中记有琥珀云:

> 琥珀,永昌城界西去十八日程琥珀山掘之。去松林甚远,片块大重二十余斤。贞元十年,南诏蒙异牟寻进献一块,大者重二十六斤,当日以为罕有也。

樊绰《蛮书》,虽为唐人著作。但所记载永昌一带的物产,在哀牢时代应该也是有的。所以我们在这里,也摘录其所记载的一些物产,作为参考。《汉书·哀牢传》又说:

> 土地沃美,宜五谷蚕桑。

《蛮书》同处说:

> 从曲靖州已南,滇池已西,土俗惟业水田,种麻、豆、黍稷,不过町疃。水田每年一熟。从八月获稻,至十一月十二月之交,便于稻田种大麦,三月四月即熟。收大麦后,还种粳稻。小麦即于冈陵种之,十二月下旬已抽节,如三月小麦与大麦同时收刈。

又说:

> 荔枝、槟榔、诃黎勒、椰子、桄榔等诸树,永昌、丽水、长榜、金山并

有之。

又说：

> 禄阜江左右亦有波罗蜜果，树高数十丈，大数围。生子味极酸，蒙舍永昌亦有此果，大如甜瓜，小者如橙柚。

《后汉书·哀牢传》说：

> 其竹节相去一丈，名曰濮竹。

《华阳国志·南中志》说：

> 有大竹名濮，竹节相去一丈，受一斛许。

《蛮书》第七载有孟滩竹及野桑木：

> 孟滩竹，长傍出，其竹节度三尺，柔细可为索，亦以皮为麻。野桑木，永昌巴西诸山谷有之，生于石上，及时月择，可为弓材者，先截其上，然后中割之，两向屈，令至地，候木性定，断取为弓，不施筋漆，而劲利过于筋弓，蛮中谓之膘弓者是也。

又"青木香"条说：

> 青木香，永昌出，其山名青木香山，在永昌南三日程。

又"麝香"条说：

> 麝香出永昌及南诏诸山，土人皆以交易货币。

《华阳国志》与《后汉书》均载有梧桐。《华阳国志·南中志》说：

> 有梧桐木，其花柔如丝，民绩以为布，幅广五尺以还白，不受污俗，名曰桐华布，以覆亡人，然后服之，及卖与人。

又说：

> 有阑干细布，阑干，獠言纻也，织成文，如绫绵，又有罽旄帛叠。

《后汉书·哀牢传》说：

> 知染采文，绣罽氍帛叠。兰干细布，织成文章如绫锦。

同处又说这个地方有：

> 轲虫、蚌珠、孔雀、翡翠、犀、象、猩猩、貊兽。云南县有神鹿两头，能食毒草。

《蛮书》说：

大鸡，永昌云南出，重十余斤，觜距劲利，能取鹯、鹗、戴鹊、兔、鸽、鸲鹆之类。

又说：

　　沙牛，云南及西爨故地，并只生沙牛，俱缘地多瘴，草深肥，牛更蕃生犊子。

应该指出，哀牢既是东西交通的要冲，其物品来自各方的必定很多，因为有的物品，也不一定是出自哀牢。琉璃就是一个例子。同时，这一类东西，经过哀牢而没有见于史文的，也必不少。《三国志·魏志》引《魏略》说，永昌出异物，可能也是因为这个地方既通身毒、大秦又通东南亚。杜佑《通典》卷一八八"哀牢"条说得更为清楚：

　　其国西通大秦，南通交趾，奇珍进贡，岁时不阙。

自然的，哀牢本地所出产的东西，可能还有很多不见于史文，但从我们在上面所述的一些，已足见其物产的丰富。

关于哀牢的宗教，史文所叙述的很少。但从沙壹在水中触沈木遂感而有娠，就是一种神话，也是原始社会的母权社会的一种表征。这与中国古书所说知其母不知其父情况很为相像。至说沈木变为龙，且因其舐幼子因而幼子被推为王，这都是古代一些统治者，夺了王位之后，以为这是神的意旨，用以欺骗民众的手法而已。

《后汉书·哀牢传》说其神人皆刻其身象龙文，衣著尾，这虽也是原始民族中的文身的习俗，但也有其宗教的信仰，而且所谓象龙、文衣、著尾，应该是图腾主义的表征。这就是说他们是以龙为祖宗。又现的柬埔寨人与暹罗人所著的衣服是用一条围腰至膝，其一端插入背后，看来很像尾巴，不知是否衣著尾的遗俗。

上面已经指出，哀牢人的象龙、文衣、著尾，是拜龙的图腾制度，但是他们既又以"梧桐木华绩为布……洁白不受垢污，先以覆亡人然后服之"，这样对于死者的尊重也可能是与崇拜祖宗有了关系，虽然所谓死者未必是指着其父母或其祖父母。

哀牢的历史，始于什么时候，这是一个很难回答的问题。《华阳国志》卷四"永昌郡"条说：

　　永昌郡，古哀牢国也。……孝武时通博南山，度兰仓水耆溪，置巂唐、不韦二县，徙南越相吕嘉子孙宗族实之，因名不韦，以彰其先人恶行。人歌之曰：汉德广，开不宾，渡博南，越兰津，渡兰仓，为他人。渡兰仓水以取哀牢地，哀牢转衰。至光武建武二十三年（公元后四七）王扈栗……即遣使诣越巂太守，愿率种人归义奉贡，世祖纳之，以为西部属国。……孝明帝永平十二年（公元后六九），哀牢柳狼遣子奉献，明帝乃置郡，以蜀郡太守郑纯为太守。

首先，应该指出，这里所说明的哀牢国王扈栗，就是《后汉书》所说的贤栗。这里所说的柳狼应该是《后汉书》所说的柳貌。《华阳国志》这本书的撰述，虽然早于《后汉书》，但是我们还是采用《后汉书》所记载的名字。同样《华阳国志》所说的沙壶，我们也采用《后汉书》所说的沙壹。

从上面所录那段话的语气来看，哀牢到了武帝的时候，这就是当公元前二世初上半叶汉武帝元封二年（公元前一〇九）遣兵征伐通西南夷的时候，哀牢已为中国所征服，而且趋于衰弱，但若照《后汉书·哀牢传》所记载，哀牢自有生人以来，未尝交通中国，建武二十七年（公元后五一）其王贤栗……等遂率种人户二千七百七十，口万七千六佰五十九诣越巂太守郑鸿求内属，光武帝封贤栗等为君长，自是岁来朝贡，那么哀牢是在后汉光武帝的末年，始与中国交通，在时间从汉武帝元封二年（公元前一〇九）至光武帝建武二十七年（公元后五一）约有一百六十年之久。

我们知道，汉武帝虽然遣兵西南夷，但《史记》《汉书》并没有说明哀牢也为武帝所征服，所以《华阳国志》说武帝时"渡兰仓水以取哀牢地，哀牢转衰"，是否可靠，很难确定。因此，我们应该照《后汉书》所说哀牢之称臣于中国，是在后汉光武的末年，这就是在公元后一世纪的中叶，而不是在公元前两世纪的初年或是汉武帝的时候。但是武帝既已征服滇国，其西应为哀牢境，那么哀牢与汉的交通，始于武帝也是很可能的。

这虽然是解释哀牢与中国交通的开始的问题，但也牵涉到哀牢的历史的问题。假使我们相信哀牢为武帝所征服而衰弱，那么哀牢在未被武帝征伐之前，应该早已建国，哀牢的历史至少可以拉到公元前三四世纪或是更长。换句话来说，绝不会是建国在汉武帝就位（公元前一四〇年）之后始建立国家。假使我们照《后汉书·哀牢传》的说法，在建武二十七年始通中国，那么在建武二十七年之前，什么时候始建国这个问题，就难解答，可能是在汉武帝之前，也可能是在汉武帝之后。因为从前汉武帝到后汉光武的末年时间，相差有了约二百年之久，那么哀牢的建国，可能是在武帝的时候或武帝之前或后以至光武之前不久。

但若根据上面所抄录唐代张柬之的表文中所说，哀牢"本不与中国通，前汉唐蒙开夜郎、滇笮，而哀牢不附"的话气来看，哀牢在汉武帝的时代，已经存在，否则张柬之不会说在中国与夜郎、滇笮交通的时代哀牢不附。所谓哀牢不附者，就是假定哀牢已经立国而不附汉也。

假使张柬之这种看法没有错误，那么哀牢的历史应该追溯到前汉或周秦的时代了。

这种看法，是有其可能性的。张骞是汉武帝时人，他在大夏的时候，见过邛竹、蜀布，这些邛竹、蜀布之运到大夏，是经过四川、云南、缅甸而至印度，再由印度而输入大夏，在途程中所需要的时间，是经年累月，而张骞所看见的邛竹、蜀布，其运到大夏者，其历史可能很久，但是这些物品，从四川运到大夏，既要经过夜郎、滇笮诸国，而在云南的西南也应该有一个政权巩固的国家，作为货品的运输站。《华阳国志》说在哀牢有国内各族人民，还有僰人与印度人，这些人主要既为经商而来，那么其来往于这个国家的历史，也必定很久。只有一个政权巩固而商业发达的国家，才能招徕各国的人民。在夜郎与滇笮的西南，在僰或骠国之北，应该是哀牢这个国家。这个国家，在后汉初年，既已西通大秦，南通交趾，珍品奇物，不胜其数，其国富，其文化也相当高，那么其历史应该追溯至前汉，以至周秦的时代。

《后汉书·哀牢传》唐章怀太子李贤注引《哀牢传》说：

> 九隆代代相传，名号不可得而数，至于禁高乃可记知。禁高死，子吸代，吸死，子建非代，建非死，子哀牢代，哀牢死，子桑藕代，桑藕死，子柳承代，柳承死，子柳貌代，柳貌死，子扈栗代。

我们先要指出若照《后汉书·哀牢传》记载来看，贤栗是光武时人而柳貌是明帝时人，扈栗既然是贤栗，柳貌不应该是贤栗的父亲，而应该是贤栗的儿子。李贤的注解，是有问题的。这一点《后汉书校补》柳从辰已经指出来。

其次，假使章怀太子李贤所注的世系大致没有问题，那么从禁高到柳貌或贤栗就有了八代之久，假使每代平均约为二十年，总共起来的为一百五十年，这就是说从柳貌或贤栗追溯上至禁高，应该是武帝末年的人物。

又李贤注引《哀牢传》说"九隆代代相传，名号不可得而数"，那么不只国王的名字不能考订，就是从九隆到禁高究竟为多少代，也不得而知。但假使禁高是汉武帝时代，这就是公元前一世纪或公元前二世初的人物，那么哀牢的历史，可以追溯到公元前三世纪与四世纪，或是公元前三四世纪之前。因为从九隆到禁高，假使也有八九代，每代约为二十年，则九隆当为三四世纪的人物，是没有问题的。

假使我们上面的看法没有错误，那么从公元前三世纪的初叶到公元后一世纪的下半叶，这就是说从哀牢的建国以至哀牢改为永昌郡，就约有三百五十年的历史。

应该指出，汉明帝虽然以哀牢的地方置哀牢、博南二县，又割益州郡西部都尉所领六县合为永昌郡，可是哀牢王柳貌仍然治理其地，而且到了后来的王类牢仍称哀牢王。在东汉章帝初年，类牢反叛，被汉朝征服，其子孙还可能治理其地，直到三国的时代，还时而内附，时而反叛。《华阳国志》说诸葛亮曾征服其地，并以吕凯为云南太守，王沆为永昌太守。又到了晋惠帝元康（公元后二九一至二九九）末，还以吕凯的孙儿为永昌太守。但不久"南夷作乱……遂与州隔绝"。

总而言之，哀牢在后汉初叶，虽然改为郡，但其王仍然治理其地。这种情况，可能一直维持到唐代初年。但在这个时期中，哀牢已逐渐趋于衰弱。同时哀牢既已改为郡，汉人之到其地的，也必逐渐增加，因而哀牢不只已非一个独立国家，而其人种也与汉族更加混合起来。我们说更加混合，因为我们相信，在西汉的时代，汉族的势力已经伸张到这些地方，《华阳国志》说在汉武帝的时候，已徙南越吕嘉子孙宗族到这里居住，这一件事，是否可靠，当然是一个问题，但汉武帝既遣兵征服滇国，滇国又与哀牢接近，汉人既到了滇国，汉人之到哀牢，应没有问题。

后汉明帝改哀牢为永昌郡，不只中国人民之到这个地方的必然更多，而且统治阶级也是汉人，这样哀牢人与汉人同化既没有问题，哀牢文化之受中国文化的影响，也是无可疑的。

同时，我们推想哀牢内附于中国与改郡之后，哀牢人可能也向东南与西南迁移，一支到现在的缅甸的北部，而到当时的掸国，一支到现在的暹罗与老挝的北部。

唐代南诏勃兴，哀牢种族的复国运动，当然更无希望，他们有的可能还维持其小型部落生活，有的更向东南或西南迁移，有的也可能同化于南诏。过去有好多人以为南诏也是哀牢的同种，但我们以为南诏应该是属于藏族，而与唐代的骠种以至后来的缅种是同一种族，虽然他们从西藏高原到云南时间不同，与当地的哀牢或掸族或其他种族同化起来，因而在他们——南诏、骠与缅——之间，无论在种族方面，或是文化方面，也有了不同之处。

应该指出，南诏、骠与缅三者所占领的地方都有很多哀牢人或掸人，因而三者所受哀牢或掸种族与文化的影响，也是无可疑的。而况，照《后汉书》的记载，哀牢人在南诏与骠人——用不着说缅人——未建国之前，已具有高度的文化。他们占领了哀牢或掸国之后，其受这二者的影响可能正像满洲人占了中国之后，所受汉人的文化的影响是一样的，因而后人不察，遂以为南诏为哀牢的后裔，这也不足为奇的。

第二编　掸国

第三章　后汉的掸国

最早的掸族的国家，就是叫做掸国。掸国最先见于《后汉书》卷一一六《西南夷传》"哀牢"条。编史的人把掸国与哀牢列在一起，也说明这两个种族的关系。据《哀牢传》说，哀牢之通中国，是在后汉光武建武二十七年（公元后五一）。哀牢是在云南的永昌，也就是在现在的保山一带。哀牢王贤栗内属之后，明帝时（公元五八至七五）置永昌郡。哀牢是属于这个郡。永昌郡大致包括了现在的保山以至楚雄的西边一带。哀牢内属之后，掸国应该变为中国的最接近徼外国家。这就是在哀牢之南的一些地方，也就是说与哀牢接壤。

我们知道，在前汉时，在公元前二世纪的中叶，武帝即位之后，张骞出使西域，他在大夏见蜀布、邛竹杖，他问大夏人这些东西从那里来，他们告诉他是从身毒来的。身毒就是天竺或印度。又闻印度在我国西南，因为张骞去大月氏与回来的时候，都被匈奴扣留，回国后，他劝武帝打通云南这条路，以便从天竺而到西域。武帝曾依他的意见，遣人征伐滇国。虽然没有达到最终目的，可是中国到云南这条路却打通了。哀牢是在滇国之西，要通哀牢，固是先要通滇国，可是要使掸国与中国交通，更要打通滇国与哀牢这条路。后汉初年，掸国之所以能够来中国朝贡，主要是从这条路而来。应该指出，掸国也可能由海道而到中国。《后汉书·顺帝纪》永建六年，指出日南徼外有二个国家遣使朝贡，一为叶调，一为掸国，可能这一次的朝贡是从海道而来。

掸国之最先与中国交通，既经哀牢，哀牢之于掸国与掸族的关系，究竟如何呢？

近代有人以为哀牢是掸族的同族，比方胡迪①在其《暹罗史》（*History of Siam*）中，就这样看法。直到现在，越南人还称老挝人为哀牢。老挝人与暹罗北部的掸人，也被称为老或佬。老应该是哀牢的简称，因为老与牢的音相近，所以有人以为老挝人与暹罗北部的掸族，是沿用了最古的名称，比之暹罗的暹与缅甸的掸还要早。

---

① 编注：此处对应的中文译名前后不一致，今从底稿。余不注。

此外，还有人以为南诏也是掸族建立的国家，泰国的历史学者就有这样的主张，以为南诏是泰国的故国，资本主义国家的好多学者，如胡迪也这样的看法，以为泰族的统治者是被中国而尤其是蒙古所压迫而南迁到暹罗，他们根据中国史书记载，南诏是哀牢的后身，因而把掸族的国家追溯到南诏与哀牢。《旧唐书》卷一百九十七《南蛮西南蛮传》"南诏"条说：

> 南诏蛮，本乌蛮之别种也，姓蒙氏，蛮谓王为"诏"，自言哀牢之后，居蒙舍州为渠帅，在汉永昌故郡东姚之西，其先渠帅有六，自号六诏，兵力相埒，各有君长，无统帅。

《新唐书》卷二二二上《南诏传》说：

> 南诏，……本哀牢后，乌蛮别种也。夷语王为"诏"，其先渠帅有六，号"六诏"，……居永昌姚州之间铁桥之南。

主张南诏是哀牢之后，而又是泰国的故国的人们，其理由虽很多，但大致是根据新旧《唐书》上面两段话而作了这种主张。哀牢有六王，南诏有六诏；"诏夷语为王"。直到现在，泰国人还叫其统治者为诏，所以他们遂把其历史拉到唐代的南诏，而至于汉时的哀牢。

我以为在南诏强盛的时期，很多掸族的部落或国家，被南诏所征服，是没有问题的。因为南诏的领土是包括了现在的云南的大理、楚雄以至缅甸、暹罗与老挝的北部。在这个区域里，正是掸族聚居的很多的地方。又南诏既统治这个地方，在其领土中，种族的混杂，也是无可疑的。此外，南诏的语言与文化的好多方面影响于这里的掸族，也是没有问题的。但南诏的统治者，这就是南诏的本族，是否为掸族，是值得研究的。我们不准备在这里多所讨论，我们只想指出，南诏本族不见得是掸族，或掸族的支派，南诏是来自西藏高原，与其说南诏是掸族，不如说南诏是近于唐代的骠族或者缅甸的缅族，在种族上这数者都较为相近。因此，我们对于《唐书》说南诏是哀牢之后，固然不敢苟同，而对于近人说南诏是掸族，也难于赞同。

掸国之来朝中国，最先是在和帝永元九年，这就是公元后九七年。《后汉书》卷四《和帝纪》中说：

> 九年春正月，永昌徼外蛮夷及掸国重译奉贡。

又《后汉书》卷一百十六《西南夷传》"哀牢"条中说：

> （永元）九年，徼外蛮及掸国王雍由调，遣重译奉国珍宝，和帝赐金印紫绶，小君长皆加印绶、钱帛。

又说：

永宁（按：为安帝年号）元年（一二〇），掸国王雍由调，复遣使者诣阙朝贺，献乐及幻人，能变化，吐火，自支解，易牛马头。又善跳丸，数乃至千。自言我海西人，海西即大秦也。掸国西南通大秦。明年（一二一）元会，安帝作乐于庭，封雍由调为汉大都尉，赐印绶、金、银、采、缯各有差。

又《后汉书·安帝纪》也说：

十二月，永昌徼外掸国遣使贡献。

又《后汉书·顺帝纪》中说：

永建六年（一三〇①）十二月，日南徼外叶调、掸国遣使贡献。

《东观汉记》也说：

掸国王雍亦赐金印紫绶。

杜佑《通典》卷一百八十七《南蛮》上有"掸国"条，是搜集上面所抄的《后汉书》各条史文。

按：安帝永宁元年（一二〇）掸国王雍由调献乐及幻人能吐火，安帝于一二一年元旦命乐人及幻人在王宫里演奏，还引起朝廷中的臣僚的一场争论。《后汉书》卷五十一《陈禅列传》中，曾记载这件事情，兹录之于下：

永宁元年（一二〇）西南夷掸国王献乐及幻人能吐火，自支解，易牛马头。明年（一二一）元会，作之于庭。安帝与群臣共观，大奇之。禅独离席举手大言曰：昔齐鲁为夹谷之会，作侏儒之乐，仲尼诛之。又曰，放郑声，远佞人，帝王之庭，不宜设夷狄之技。尚书陈忠劾奏禅曰，古者合欢之乐舞于堂，四夷之乐陈于门。故《诗》云：以雅以南，韎任朱离，今掸国越流沙，逾县度，万里贡献，非郑卫之声，佞人之比，而禅廷讪朝政，请劾禅下狱。有诏勿收，左转为玄菟候城障尉，诏敢不之官，上妻子从者名，禅既行，朝廷多讼之，会北匈奴入辽东，追拜禅辽东太守。

我们知道，在唐代，原来的掸国领土可能一部分属于骠国，这个骠国，曾因南诏的内附而入朝。骠国入朝时，也贡献其音乐。当时唐朝皇帝也曾命其演奏，当时也有臣僚反对骠国乐，这是一件凑巧的事情。但更值得我们注意的是，可能唐代的骠国是受过掸国乐的影响，至少我们可以说，在现在的缅甸的北部与中部，在汉唐时代，其当地的人民，对于音乐是很爱好的。

又在地理上，哀牢与掸国是很接近，很可能是接壤，《后汉书》当掸国为徼

---

① 编注：关于永建六年对应的公元纪年，通行说法是一三一年，今从底稿。

外蛮，徼外是中国领土之外，徼外不一定只是掸国。《后汉书·哀牢传》中说：

> 永元六年（公元九四），郡徼外敦忍乙王慕延慕义，遣使译献犀牛、大象。

又说：

> 永初元年（公元一〇七），徼外僬侥种夷陆类等三千余口，举种内附，献象牙、水牛、封牛。

所谓郡徼外就是永昌郡之外。又徼外僬侥既内附，其领土必定与永昌郡接近，无论是敦忍乙也好，僬侥以至掸国也好，其居地大致是在现在的缅甸的东北，或是老挝的西北部一带。这一带的主要民族，当为哀牢与掸族的区域。二者既同在一处，像上面所说，二者也是一个民族而有两个名字。所以直到现在，哀牢或牢或老与掸这两个名称还是采用以指明同一的种族。至于在物产上，哀牢与这些徼外国家也有了共同的东西如犀、象等等。

而且哀牢与掸国之见于中国史书是同一个时代，这就是后汉的时代。哀牢的内附是在公元后五一年，掸国的来朝是始于公元后九七年，这都是公元后一世纪的下半叶的事情。哀牢内附之后，敦忍乙王来朝贡（九四），跟而来朝的是掸国（九七），再过十年（一〇七），僬侥又内附，再过十三年（一二〇），掸国又来朝，再过十年（一三〇）掸国又来朝。

这些徼外诸国之来朝，不只是因为哀牢的内附，可能也是由于哀牢的引领，因为他们到中国要通过哀牢。假使哀牢与他们不和，他们要来朝是不容易的。因此，我们相信，哀牢与徼外这些国家，不只在地理上、在物产上有了相近或相同之处，就是在种族上，以至在文化上，也必有其相同的地方。所以哀牢内附之后，其余一些国家也有的内附，有的来朝。

从《后汉书》的记载来看，雍由调遣使到中国朝贡的次数很多。公元后九七年来朝一次，二十三年后（一二〇）又来朝一次，《东观汉记》说，永建六年（一三〇）来朝贡的雍由，大概还是雍由调。假使这种看法没有错误的话，那么，雍由调来朝共有三次之多。他在位至少有了三十三年，这三次的朝贡，首二次都是经过哀牢行陆道而到中国的首都。至于第三次，据《后汉书》所说，是"日南徼外叶调、掸国遣使贡献"。所谓日南徼外，是否这一次的朝贡是经过海道而到日南，然后到中国的首都，是值得研究的。我们知道，上二次的朝贡是见于《哀牢传》，在《哀牢传》中所说的徼外，应该是哀牢的徼外，故其到中国来是经陆道，但既然日南徼外，可能是从日南徼外而来。那么，其到中国的途程可能是经过日南。日南在后汉的初年，是在现在的越南的中圻，这条路程，主要是海道。在前汉时已有船舶往来，掸国既是西南通大秦，那么，从海道而东来中国，应该是没有问题的。

关于掸国的方位，我们上面已经指出，只能知其在哀牢之南。这应该是在现在的缅甸。其领土究竟伸到什么地方，不易了解。但《后汉书·西南夷列传》"哀牢"条既说"掸国西南通大秦"，我们推想，其南境应该是离海比之现在较近。这个海似乎是现在的玛打万（Martaban）湾。这个海湾在古代，似乎是在更北的地位，这就是在白古（Pegu）之北。伊洛瓦底江的江口，不会像今日一样，可能远在其北。所以我们以为掸国的南境应该离海比较的近。

然而我们也得指出，在缅甸的南部，这就是在伊洛瓦底江的中游似乎已有骠国。下游在公元前后，已为猛族所居住。所以掸国的领土不致于靠海。其位置大致是在伊洛瓦底江与萨尔温江的上游。因为有水道可以通到海。应该指出，《后汉书》所说掸国人"是海西人，海西即大秦"，这两句话与"掸国西南通大秦"这句话，是有其矛盾的地方。从上两句来看，是等于说掸国就是大秦，这个大秦若指着欧洲的大秦或罗马，那么这个掸国绝不会在欧洲。夏德（Hirth）在其《中国与东罗马》（*China and Roman Orient*）一书，译这两句话时，译为"我海西人，海西是与大秦一样"。所以海西即大秦这个"即"字，是有问题的。可能即字是另一个字或即字下脱了一两个字，其意思应该是海西近大秦，或是海西即可通大秦。夏德说与大秦一样，也不见得很对。但无论如何，下面既明明说"掸国西南通大秦"，那么，掸国并非大秦，是无可疑的。掸国既在伊洛瓦底江或萨尔温江的上游，从此由水路或甚至从陆道而到玛打万湾再到大秦，也是没有问题的。关于这一点，《三国志·魏志》裴注引《魏略·西戎传》中一段话，说得很清楚。《西戎传》说：

> 大秦一号犁靬，在安息、条枝西大海之西。从安息界安谷城乘船，直截海西，遇风利二月至，风迟或一岁，无风或三岁。其国在海西，故俗谓之海西。……大秦道既从海北陆通，又循海而南，与交趾七郡外夷，东北又有水道通益州、永昌，故永昌出异物。前世但知有水道，不知有陆道，今其略如此。

永昌就是哀牢所在地，从哀牢北到益州，而南通掸国，其南为猛人之国。哀牢内附以后，掸国可能与哀牢接壤，至少很为接近。这样，从海道经缅甸入中国。掸国成为交通要道。

我们上面已经指出永昌或哀牢的珍奇之物极多，如《后汉书》所说琉璃与好多物品不见得都是出自永昌，也不一定出自掸国，而却是从外间输入，经过这些地方然后输入中国。《魏略》说，永昌是西到大秦而东南通交趾的要道，通过永昌与海外交通，必定通过掸国。因为掸国西南通大秦，东南也通交趾，从此我们可以说，《后汉书·顺帝纪》中所说一三○年日南徼外掸国遣使贡献，是从掸国经海道而到中国。所以我们说，掸国在东西交通史上的地位是很重要的。

唐朝张柬之曾上表请罢免这条路线。大概是因为到了唐代，这条路已失了原来的作用，其原因可能是因为南诏正在强盛，垄断了这条交通孔道。而且在南诏之南，或是在原来的哀牢之南，掸国已经灭亡或衰弱，代之而兴的是骠国，骠国之通中国，是因为后来南诏朝贡中国才遣使随南诏来朝，这正是与过去的掸国之因哀牢内附而始通中国同一作法，很为巧凑。从张柬之的上表，我们也可以这样的推想：掸国衰弱的原因及其灭亡的时间，大致的说，掸国建国的时期，应该在西汉的初年，这是公元前一二世纪，到了后汉，才与中国交通，三国以至南北朝还存在，只因晋代五胡乱华以后，中国内部不安定，掸国之于中国关系中断了。也是在这个时候，从西藏高原南迁的南诏、骠族与缅族，不断增加。南诏以大理一带为据点，骠族则移至缅甸的中部，逐渐建立国家。这时的缅人，还是散居于缅甸的北部，以至中部。南诏强盛时候，骠国也在缅甸强盛。南诏占领了原哀牢人所居的地方，骠族征服了掸国，掸人有了不少逃入山区，直到十三世纪才又复兴起来。至于缅族直到十一世纪才建立蒲甘国。

假使我们这样的推论，是没有错误，那么掸国在南北朝时已衰弱，或者也是在这个时候或是到了隋时或唐时这就是六世纪以至八世纪，遂为骠族所灭亡。可是掸国的灭亡，并不等于说掸族的灭亡。掸国本来占领伊洛瓦底江的流域，从这里可能又有一部分向东迁移而到暹罗，成为后来的暹国与八百媳妇一部份。同时也有不少部落仍然散居于故土，受骠族与后来的缅族的统治。

第四章　缅甸的掸朝

上面已经指出，古代掸国可能衰亡于南北朝的时代，所谓衰亡，也不一定是一下子就灭亡，也可能是在一个很长的时间中趋于衰弱，到了后来，才为另一个国家所征服而灭亡。

我们知道，在现在的缅甸的领土上，在唐代曾有一个国家叫做骠，这个国家曾因南诏与中国友好而遣使到中国。这个国家的都城是现在的卑谬。在唐代，其领土可能接近现在的云南南部的边境，而与南诏的领土接壤。据中国史书所记载，这个国家在魏晋时代已为我国人所听闻。这个国家的种族是属于所谓藏缅族，与南诏的统治种族应该是同一个种族。

在魏晋时代，我国人既已知道这个国家，那么，其建立时代至少可以追溯到魏晋时代，或是这个时代之前，或是汉代。但我们相信，这个骠国的兴起，也是经过一个很长的时间。

此外，我们也知道在现在的缅甸的领土的南部傍河一带，是猛族所建立的国家。猛族在这里所建立的国家，可能不止一个，但这国家或这些国家之建立的历史，比之骠国还要早，而与掸国的历史同样的长久，或甚至比之掸国的建立时期还要早得多。这个猛族或这些猛族的国家，据我们的考订，一直的从古代到近代是存在着，在骠国强盛的时代，也并没有消灭这个或这些国家。

骠国的国都既是在卑谬，严格的说，这个地方是靠近缅甸的南部。其所以建都于这个地方，可能是尽量找一个离海较近的地方，使在交通上与向海外发展上比较方便。但我们相信，这个国都，是靠近猛人国。

在掸国强盛的时候，其领土也可能伸张到卑谬或卑谬之南。但是骠国兴起之后，这个国家慢慢的扩张其领土，使掸国的疆域，愈来愈小，到了南北朝或隋代，骠国乃占领掸国全部的土地，掸国于是灭亡。

掸国虽然灭亡，但掸族除了一些向东迁移而到缅甸的东部以至暹罗的以外，其人民还有很多是散居于骠国的领土之内。而且，统治的种族也不一定是大多数的种族，所以掸国虽已灭亡，掸族之受骠人统治者，也可能占了大多数。

我们知道，代替骠国而兴起的是蒲甘王朝。蒲甘是属于藏缅族。又自十六世纪下半叶以后，藏缅族又复兴起来，以至于今。可是尽管这样，掸族之居在缅甸的，直到现在还是不少，而且这个掸族在缅甸所占领的地方也是很大。缅甸的东北部以至东南部，现在还是叫做掸邦，这就是掸人所居之邦。这个掸邦，因为其所占的地方广大，所以又分为南掸邦与北掸邦。掸邦这个名称，也可以叫做掸国，虽然这个掸邦是缅甸联邦之一——一个很大的邦，英文叫做 Shan State，直译也可以译为掸国。

因为掸族自从汉代的掸国以后，一直居住在缅甸，而且人数很多，所以汉代的掸国虽已灭亡，种族意识并不因之而消灭。只〈要〉有复兴种族的机会，这个种族又乘机而起，成立国家。直到现在，在缅甸联邦中的掸邦，还不断的有民族的运动，提出掸邦脱离缅甸而独立的口号。

我们不准备在这里叙述这个掸国或掸族的整个历史，我们只想把十三世纪到十六世纪的二百多年的历史略加叙述。从我国自己的历史来说，这可以说是中世纪的历史，但从缅甸以及东南亚的好多国家来看，这个时代，还可以称为古代。因为在这个时代之前，其历史材料还是多属于传说与神话，所以十六世纪与这个世纪以前的历史，在东南亚的人民来说，还可以说是古代的。

掸国虽然灭亡于南北朝或隋代，但掸族之居于缅甸的，既还是很多。经过骠国与蒲甘的统治之后，这个种族又复兴起来，而统治缅甸。这就是缅甸史家所说的掸族统治时代。

在骠国与蒲甘统治的时代，掸族的人民既还有很多散居于各处，他们一有机会就会起而建立王朝，所以在十三世纪的下半叶，当蒙古势力伸张到缅甸，蒲甘王朝又正趋于衰弱的时候，掸族遂乘机而起，夺取蒲甘的政权。

据《琉璃宫史》（卷一），在缅甸的北部，有一个地方叫做毗因那迦（Beinnaka），其酋长的儿子，因为家庭间不和睦，于一二六〇年，迁到木连（Myinsoing）城。据说这个地方，原来就有不少掸人居住，这位酋长，到了这个地方之后，又得到蒲甘国王的重视，因而委他去治理产米丰富的叫栖（Kyaukse）地区。这位酋长曾以其女嫁于卑谬侯梯诃都（Thihatu）。梯诃都就是当时的蒲甘国王那罗梯诃波（Narathapate）的儿子。

酋长或叫栖区的首长有三位儿子。长者阿散哥也（Athinhkgya），次为阿剌者僧加蓝（Yazathinkyau），最幼者为僧哥速（Thihathu）。因为他们与王室有了亲戚的关系，所以从小时起，都在王宫中居住，深受过蒲甘王室的教育，也可以说是深受了蒲甘的文化的影响。因此之故，他们不只是学习了蒲甘的贵族阶级统治人民的政策与方法，而且了解了蒲甘王室的内部情况，对于蒲甘的统治阶级的缺点，与对于蒲甘国势的衰微，都有深刻的认识。这样，使他们在将来夺取蒲甘王室的政权，是有其很大作用的。

不但这样，叫栖这个地方是上缅甸的仓廪，是稻米出产丰富的地方。缅甸人常常说：谁能控制叫栖，谁就能掌握上缅甸。传说，在很古的时代，猛族曾在这个地方居住，并且看到这个地方在农业上的重要性，因而在这里建筑水利工程。在阿奴律陀（Anawrahta）的时代，又在猛人所建筑的水利工程的基础上，再发展灌溉工程，使粮米增加起来。所以不只猛人或蒲甘人之统治上缅甸与这个地区有密切的关系，就是蒲甘的衰亡与掸族的复兴，也与这个地区有密切的关系。因为在蒲甘末季，掸族占据这个地方，使蒲甘在粮食上发生问题，这也可以说是蒲甘王朝衰亡的原因之一。其实，到了掸族统治的末期，与东牛（Toungoo）王朝的兴起，也是与这个地区有密切的关系。

叫栖地区并不靠伊洛瓦底江的沿岸，而是在其东边。它是位于修祇（Zawgyi）河旁。在蒲甘时代，从修祇河运粮到国都蒲甘，还要经密尼（Myigtne）河，而始折入伊洛瓦底江，然后到蒲甘。叫栖地区，除用天然河流从事灌溉之外，还开掘运河，建筑水闸，每一水闸所在的地方，都有村庄，其人民负有守闸的责任。这一带的农田，据说在当时，其总面积约七八十万亩，因此既需要人耕种，也需要人守望。耕种的人们，有的是俘虏，有的是兵士。掸人之在此者，可能两种都有。他们居住在这个地方的历史既久，生殖日繁。毗因那迦的土酋，到了这个地方得其同族的爱戴，也是自然而然的。而且，他的女儿既嫁给蒲甘王室，又为这个地方的长官，其在经济上所占的重要地位可想而知。又他的三位儿子，既都在蒲甘王室中受教育，那么，他们在政治上所占的重要地位也是可以理解的。

这三位弟兄到叫栖地区之后，其兄阿散哥也是木连城主，次弟阿剌者僧加蓝是米加那（Mekkaya）的酋长，而幼弟僧哥速是宾里（Pinle）的酋长。他们所管理的城镇，都在叫栖地区，而其最重要的城镇也是木连。这个地方，很为险要，既可以控制平原，又扼了山脉的要冲，为走入山区所必经的捷径。

我们知道，蒙古于一二五三年征服大理之后，其势力就向南伸展。《元史》卷二百一十《缅国传》说，元世祖至元八年（一二七一）就遣使到缅招谕其王内附。此后，时时用兵，直到至元二十四年（一二八七）始征服国都蒲甘。蒲甘既被征服，中国虽仍封其王为蒲甘王，但其国势已趋于衰弱。当时蒲甘国王为那罗梯诃波帝（Narathihapate），他是被称"畏华人而逃的君主"（Taropyemin），未临阵而先逃。到了后来，却为其子梯诃都所毒死。梯诃都虽杀其父，但他在与其弟憍苴（Kyawswa）互相争伐中，不久也死了。因此，继蒲甘的王位的就是其弟憍苴。

《元史·缅国传》说，大德三年（一二九九），憍苴曾遣其世子到中国奉表入谢。并：

> 自陈部民为金齿杀掠，率皆贫乏，以致上供金币，不能如期输纳。帝悯之，只命间岁贡象，仍赐衣遣还。

这说明了这个蒲甘国王，在经济上是处于困难的境况。然而在经济上，对于国王最不利的，是叫栖粮库已为掸族三兄弟所占据，使他与他的都城在粮食上受了很大的影响。据说，当他忍无可忍的时候，他曾找八百媳妇帮忙。可是在外援尚未抵达之前，掸族三兄弟就先发制人［的计谋］。据《琉璃宫史》所记载：

> 修妃谓王曰：王祖阿奴律陀，于叫栖禾田建十一村落，其地之优美，不

让于白古，吾主宜往巡视，并祀毕迦毗（Pyetkaywe）山之浮屠。王信之，率亲兵幸其地，比抵叫栖，登昙衍宝塔（Thalyaung Pogoda），自山巅遥瞩，则见三兄弟于木连城建筑之大寺。询曰：何物辉耀彼处耶？修妃既与诸臣同谋，答曰，此乃臣妾等与三兄弟合建为吾主造福者，曷不前往祀之。王深信不疑，未有防备，辄临其地。既达木连城，三兄弟执而削其发，俾御黄裳，令寺中守卫监禁之。(哈威《缅甸史》，姚枬译，中卷，页三)

修妃是前王的王妃，传说憍苴对她不恭敬，所以她就怀恨，她因而与三兄弟共同谋杀其君。

据说，与憍苴同时被杀的，还有其子、僧人，与臣仆等百人。憍苴既被杀，他们乃立其幼子邹聂（Sawhnit）为王。邹聂当时不过十六岁。传说他在位二十六年，他死后，其子乌者那（Uzana）继位，乌者那于一三六九年死。乌者那是阿奴律陀王朝的最后的后裔。

应该指出，阿奴律陀的子孙，虽然统治到一三六九年，但自一二八七年，而尤其是自一二九九年以来，所谓蒲甘王室，不只是徒拥虚名，事实上等于掸族王室的附庸。所以，蒲甘王朝的衰亡，虽与蒙古的征服有了关系，但是真正毁灭蒲甘者，乃是掸族三兄弟。蒙古于一二八七年征服蒲甘，虽使其国都受到很大的损失，可是蒲甘国都之受破坏最甚的，是一二九九年，掸族兄弟之弑其王，而用火去烧其城市与宫殿。在这一次的破坏中，差不多所有我国人之在蒲甘者都被杀死。

因此之故，元朝于一三〇〇年又乃遣兵去征伐掸族三兄弟。关于这一段历史，英国学者如哈威在其《缅甸史》中，法国学者羽培（Edouard Huber）在其《缅甸蒲甘朝末叶史》（La fin de la dynastie Pagau）（参看 *Bulletin De L'École Française d' Extrême-Orient*，一九〇九年刊，页六三五至六八〇，陆翔译《国闻译证》，页一七二至二一四）均有记载。我国柯绍忞在其《新元史》中《缅国传》中也有较为详细的记载，但大致都是取材于元人（佚名）所著的《皇元征缅录》一文。此文亦名《元朝征缅录》，或是《元征缅录》，现收入在"守山阁丛书"史部。因为采用这篇文的人还不多，我愿意把其下大半段录之于后。

  大德元年（一二九七），缅王遣其子僧加八的来朝，赐王爵印，封僧加八的为世子。二年（一二九八）云南省先遣管竹思加使登笼国，其国王遣其舅兀剌合、兀都鲁新合二人从管竹思加赴阙。二月至蒲甘，缅王帖灭的令可瓦力引军登舟，缚去兀剌合、兀都鲁新合，劫掠贡物以去。六月，管竹思加至太公城，缅人阿只不伽兰等来言，旧缅王帖灭的实行劫夺于尔，今已去位，邹聂（Sawhnit）为王，遣我辈召尔议遣人赴朝。管竹思加至蒲甘，邹聂曰，帖灭的引八百媳妇军破我甘当、只麻剌、班罗等城，又劫尔登笼国人物，尔等回朝，不知其故，必加兵于我，今帖灭的已废，特差大头目密得力、信者、章者思力三人奉贡入朝。又移文云南省，称木连城土官阿散哥也，皇帝命佩大牌子为官人，初应实无罪，前缅王欲杀之，圣旨令安治僧民，前缅王却通叛人八百媳妇，引兵来坏甘当、散当、只麻刺、班罗四族百姓，又劫登笼国贡物，是故阿散哥也、阿剌者僧吉蓝、僧哥速等，废前缅王，令我为王，行省以闻。

又说：

三年（一二九九）八月，太公城总管细豆，移文江头站头目逮的刺必塞马加刺言，阿散哥也兄弟三人，领军三万，谓答麻的微缅王及其世子曰，自归大元后，使我多负劳费，杀缅王以下世子、妻妾、父师、臣仆百余人。云南行省问其持文书来者，我文哥言，缅王就弑时，谓阿散哥也曰，我祖以来，不死于刃，可投我水中，或缢死，遂缢之。埋死所屋下，七日风雨不止，梦其国王曰，吾埋不得其地，若焚尸弃骨于水，则晴，从之，果然。我文哥出十余日，又闻世子及逃出次子之母与父师、臣仆与前此随国信使、留缅回回、畏吾儿、汉人百余辈皆被害。阿散哥也又逼淫新王之母，是月缅王之子古马刺加失八飒耽八者里及其师来奔，陈辞于云南省，乞复仇，大概谓阿巴民叛，缅王乞师朝廷伐定之，叛人怒，谓王求军杀掠，我为人奴，遂修城聚兵，谋废其王。又僧哥速左右及阿刺者僧吉蓝从人相继从叛者，杀害密里都邦加郎等族，王谓其兄阿散哥也，可劝汝兄弟勿尔。对曰：我说必听，不听，我亲伐之。王悉以其民付阿散哥也，因此力众，遂生二心，王执而囚之，僧哥速等于不甘、两宿、吉老亦之地，筑大城拒守，水陆进兵来逼蒲甘，王释阿散哥也，令百官乘象马从阿散哥也出见，僧哥速等夺象马，掠百官，求钱物，烧城池，锁王足置豕牢中，分其妻妾。王为皇帝奴，冤苦如此，望拯救。云南行省左丞忙兀都鲁迷失又上言：缅王归朝十一年矣，未尝违失，今其臣阿散哥也兄弟三人，以三罪加其身，置父子缧绁，又通新王之母，据旧王之妻妾，假三罪皆实，亦当奏从朝廷区处，乃敢擅权废立，岂有此理。今其子来求救，且小甸叛人却劫官民尚且赴救，答麻刺的微王乃上命为国主，叛臣囚之，岂可不救？抑使外国效尤为乱，将至大患。行省以闻，已而又闻新主亦被弑，阿散哥也篡立。九月中书闻于上，上曰，忙兀都鲁迷失之言是也，速议奏行。十二月阿刺（散？）哥也犯边，攻阿真谷、马来城，距太公城二十里驻兵，寻退。四年（一三〇〇）正月，召忙兀都鲁迷失赴阙，议兵事。五月故缅王婿马来城土官纳速剌上言：大德元年（一二九七）朝廷遣尚书教化迪伴送世子僧加八的还国，国王集众听诏，惟阿刺者僧吉蓝、僧哥速不至。二年（一二九八）二月，二人兴兵叛，来驻蒲甘近境，王亦整兵谕叛贼之兄阿刺哥也曰：尔二弟不听诏，又敢为乱，尔今退兵，从命则已，否则是尔同谋。阿刺哥也谕之不从，王遂囚阿刺哥也。二人引兵逼城，王遣纳速剌等出战，纳速剌败，被擒，王令国中诸僧出谓二人曰，毋徒苦百姓，尔欲害我乎？若无此心，当释尔兄，复乃职，否则明以告我。阿散哥也及二弟皆曰：王是我主，岂有异心，如不信，请如大寺为重誓，从之。誓毕释之，贼退，纳速剌亦得归。至五月，三人合攻蒲甘，执王及世子僧加八的、次子朝乞力朝晋，囚于木连城，凡十有一月。三月（一二九九）四月十日，阿剌哥也令弟阿难答速杀缅王并二子，余子康吉弄古马剌失巴遁去，放世子于蒲甘而夺其妻，又公据王妻妾，共立王孽弟邹聂，方十六岁，诛不附己者。十二月，又攻破阿真国、马来两城，纳速剌逃来。

又说：

五月（一二九九年）十五日，中书枢密奏征缅事，忙兀都剌迷失请用兵六千人，臣等谓缅与八百媳妇通好，力大，非一万人不可。奉旨所拟犹少可增为一万二千人。又奏忙兀都鲁迷失乞与薛超兀儿刘都元帅德禄同事及求云南土官阿康从军。又命亲王阔阔监军，以振兵威，皆从之。上曰：阔阔虽去，勿令预事。四年（一三〇〇）闰八月，云南平章政事薛超兀儿忙兀都鲁迷失等，发军中庆，期至大理西永昌、腾冲会集。十月入缅，十二月五日至马来城大会。十五日至阿散哥也兄弟三人所守木连。三城相接，贼出战，败之。贼闭门扼守，忙兀都鲁迷失、刘左丞据城东北面，薛超兀儿、高阿泰参政据西面，正南无军守之，贼日出战，城内四面立三梢、单梢炮，向外攻击，官军寻立排沙，围其城。五年（一三〇一）正月，分军破其石山寨，又召白衣催粮军二千助围其城南。十九日，城上发矢石、檑木杀官军五百余人。二月二日，阿散哥也令十余人呼曰，我非叛人，乃皇帝良民，以缅王作违理三事，我等收之，彼自饮药而死，非我等杀之。我等蒙古人无甚作恶，若许我投降，省官鉴之，贼遂使人持金银礼物出见，省官谕贼三人亲出方可，不然难信，若一年不出，我军亦住一年，贼竟不肯亲出。

又说：

二十七日，万户章吉察儿等状陈，天热瘴发，军劳苦。不还，实惧死伤获罪，若令我等住夏瘴死，不如赴上前就死。若明白有旨，孰敢不住，在法口传旨勿行，我等今当回军。二十八日分省官方议军事，章吉察儿等俱领军起营回。二十九日分省官亦回。三月五日至阿占国城，追及章吉察儿等，忙兀都鲁迷失移文称，大事未成，岂可回军？若尔等果不肯住，可留一半军或三千当职，当住夏守贼。平章薛超兀儿、刘左丞、高参政皆言平章可住，我辈亦可住。我辈皆愿住夏，偏告军官，俱令住夏。是日新王之母乘象追及分省官，诉贼拘我木连城，今始放出，若大军五日不回，必出降，惜乎回早。章吉察儿等宣言病军皆已先行，我等明日亦去，无可议者。分省官命追回先行军，皆言已去远，何可及？次日将校皆回，分省官亦由蒙来路归，薛超兀儿、忙兀都鲁迷失上言，贼兵困屈，旦夕出降，参事高阿康、土官察罕不花、军官章吉察儿等，同称军多病不可住，拟合回军，下令留之不听，恃亲典兵权，引军而回，彼既行矣，分省亦不能住。

又说：

> 又言朝廷所立缅王，已送至其父旧所居城中，报贼胁从者已少，皆从我矣，若可住，当遣人再报，若不可住，我亦走出。又言：贼馈阿康洒食，阿康受之，疑是宝货。又军回五程，阿康出银三千两，曰：此阿散哥也赂诸将校者，薛超兀儿等言，此银尔实受之，我辈未尝知也，欲与诸将，尔自处之。盖因阿康与察罕不花等预此行，故攻不成，乞置对，以惩后。八月八日，丞相完泽等奏，奉旨遣河南平章政事二哥等赴云南，杂问之，盖自宗王阔阔、平章政事……高阿康下至一二大将校、幕官、令史皆受贼赂，难瓜已至，兵中复纵之，共为金八百余两，银二千二百余两，遂不能号令偏裨，阿康因与察罕不花令诸将抗言不能住夏，擅回。阿康、察罕不花伏诛，忙兀都鲁迷失前死，薛超兀儿、刘德禄遇赦，皆追夺宣敕，永不叙用。忙兀都鲁迷失子不得荫，首沮军事万户咬咬忽都不丁、千户脱脱木儿真决有差，皆夺所居官，籍其家产之半，余将校各以轻重被答，察罕不花者，丽江军民宣抚使也。

这是一篇极重要的记录。从这里，我们可以明白蒲甘的缅族政权如何转入掸族之手。据缅甸方面传说，元朝的将领受了掸族三兄弟的贿赂之后，还令其军士帮助他们建筑叫栖的水利工程，并开辟新维（Thiwdue）运河，然后退军。我国史料并没有记载，这种传说似难置信。

元朝军队退出缅甸之后，掸族三兄弟虽然还以邹聂为蒲甘王，但其实权却落在掸族之手。同时，他们现在更是肆行无忌。而且，蒲甘既先为中国所征服，后又为掸族所蹂躏，在缅甸人看起来，已成为不祥之地。所以，就是在该城的人民，也多离开，而迁到其他地方。

不但这样，在蒲甘诸王统治之下，大兴土木，建筑佛寺、宫室以及居民住所以至用木材当为燃料，使蒲甘的森林斩伐殆尽。这样，雨水下降，便即冲流土壤。因之而变质，农产遂受其影响。其荒凉景象，到了蒲甘王朝的末季已很显明。加以叫栖被掸族所占据，蒲甘的经济生活，当然每况愈下。就使元朝没有攻破蒲甘，蒲甘当为一个国都来说，其本身也可能趋于衰微。

可能也是为了这个原故，掸族兄弟当权之后，以至其子子孙孙，都没有重建这个故都，而任其荒凉。直到现在，这个地方只供历史学者、考古学的研究对象，或为凭吊古迹的游客所注意而已。

叫栖地区的木连城，虽为仓廪之地，可是当为国都却嫌其偏于一隅。而且，离开伊洛瓦底江较远，交通不很方便。据说，当时有人建议建都于阿瓦（Ava），这个地方位在密尼（Myitnge）河旁，又靠近伊洛瓦底江。在蒲甘的东北，从叫栖运粮米到这个地方，较之运到蒲甘方便得多。但当时王族与人民，很为迷信，听了婆罗门之言，以为不利于建都，遂作罢论。

在这个时候，阿散哥也已经死了，而次弟阿刺者僧加蓝又被其幼弟僧哥速所毒毙。僧哥速既听婆罗门之言，而放弃阿瓦为国都的建议，他乃选择其附近一个叫做邦牙（Pinya）的地方为都城。这是一三一二年的事情，但是三年后，这就是一三一五年，僧哥速的另一位儿子又在者梗（Sagaing）建都，而与邦牙的嫡系分立。僧哥速的儿子不只分为邦牙与者梗二派，就是者梗一派中，也互相争立，互相残杀。直到一三六四年者梗派中的后裔他拖弥婆耶（Thadominbya）（一三六四至一三六八），始统一了邦牙与者梗二派。他于是乃把阿瓦周围的沼泽地方，通为沟渠，建为都城，使这个地方成为缅甸国都有五百年之久。阿瓦这个名词，也成为缅甸的别字。阿瓦的巴梨文名字是 Ratanapura，意义为宝石之城（City of gems）。据说，他的母亲是者梗派建立者的后裔，而他的父亲是太公掸族的望族。他以为他是出自古代骠苴低（Pyusawti），传说这也是阿奴律陀的祖宗，其目的似乎是把自己说成为掸缅两族的后裔人以缓和缅人的民族意识。

在这个时候，缅甸的南部，有些地方不受阿瓦的管制，情况很紊乱。他拖弥婆耶决定去征伐反叛者。他征服了缅族所集中的东温基（Taungdwingyi），本拟进攻婆姑，却患天花而致死。他在位八年，死时仅二十五岁，假使他没死那么早，他可能建立一个统一的政权。

掸族三兄弟既在蒲甘王宫中长大，他们深染了缅甸文化，对于佛教，也很尊崇。他们在叫栖建立辉煌的寺观，说明了这一点。僧哥速的承继者，除修云曾收阿利（Ari）教徒为卫士外，其他都宣扬佛法，拜僧为师。但是他拖弥婆耶却不崇佛道，相信所谓异教。

继他拖弥婆耶而就王位的，是明吉斯伐修寄（Minkyi Swasawke）（一三六八至一四○一）。据说他的祖宗是僧哥速与其姊妹所生的。他自称为蒲甘王那罗提诃波帝与掸族兄弟的后裔。他小年因其父被俘而长大于阿腊干。在他在位的时候，他兴建叫栖水闸，又在位的初年，曾与白古王罗婆陀利（Razadazit）友好，但后来却又互相争伐，为时很久。他也并没有征服在东牛的缅人，虽然上缅甸内部，也有不少纷乱。但阿瓦成为上缅甸的都城，而深染缅甸的文化，所以人们也称缅甸为阿瓦王国，这与南方被称为白古王国的猛族国都，遥遥对峙。

明吉在位的时候，正是明洪武太祖在位的时候。二者都就位于一三六八年，前者死于一四○一，而后者死于一四○二，相差只有一年，这是很为凑巧的事情。《明史》卷三百十五《云南土司三·缅甸传》说，洪武初年，曾遣使诏谕，但因道阻而不能通，直到他们在位的末期，始互相通好。《缅甸传》说：

> 太祖就位，遣使齐诏谕之。至安南留二年，以道阻不能达而归，使者多道卒。洪武二十六年（一三九三），八百国使入贡言，缅近其地，以远不能自达。帝乃命西平侯沐春遣使至八百国王所谕意，于是缅始遣其臣板南速剌至，进方物，劳赐之。二十七年（一三九四），置缅中宣慰使司，以土酋卜剌浪为使。二十八年（一三九五）卜剌浪遣使贡方物，诉百夷思伦发侵夺境土。二十九年（一三九六）复来诉，帝遣行人李思聪、钱古训谕缅及百夷各罢兵守土，思伦发听命。会有百夷部长刀干孟之乱，逐思伦发，以故事得已。

这里所说的卜剌浪，应该就是明吉。哈威《缅甸史》以为孟养于一三七三年曾进攻瑞帽，所以明吉于一三八三年遣使到云南乞师。又说：一三九三年孟养蔑视明朝的命令，而又犯缅境。假使哈威所说是对，那么明吉之与明通使是在一三七三年，但此事《明史》没有记载，似乎不足为凭。

明吉死后，其子明恭（Minhkaung）就位（一四〇一至一四二二年）。在《明史·缅甸传》中，他的名字叫做那罗塔。他时时遣使到中国。他又与东边的八百媳妇友好。他虽然嫁女儿与白古王罗娑陀利，两者连年互相征伐，在某一时期中，他几乎占据白古，但在另一个时期中，白古的军队却深入到者梗。

明恭与罗娑陀利也时为争夺阿腊干而互相征伐。在一个时期中，明恭曾遣其女婿去当阿腊干王，但这位女婿却为白古所杀害，罗娑陀利再遣自己的亲人去统治这个地方。明恭死于一四二二年，罗娑陀利死于一四二三年，是在他们二者死了之后，阿瓦与白古的战争，始告暂时停止。关于明恭与中国的关系，《明史·缅甸传》有了下面一段记载：

> 永乐元年（一四〇三），缅酋那罗塔遣使入贡，因言缅虽遐裔，愿臣属中国，而道经木邦、孟养，多阻遏，乞命以职赐冠服印章，庶免欺凌。诏设缅甸宣慰使司，以那罗塔为宣慰使。遣内臣张勤往赐冠带印章，于是缅为二宣慰使，皆入贡不断。

又说：

> 五年（一四〇七）那罗塔遣使贡方物谢罪。先是孟养宣慰使刀木旦与戛里相攻，那罗塔乘衅袭之，杀刀木旦及其长子，遂据其地。事闻，诏行人张洪等齐敕谕责，那罗塔惧，归其境土，而遣人诣阙谢罪。帝谕礼部曰："蛮既服，辜其释不问。"仍给以信符。令三年一贡。初卜剌浪分其地，使长子那罗塔管大甸，次子马者速管小甸。卜剌浪死，那罗塔尽收其弟土地人民，已而其弟复入小甸，遣人来朝且诉其情，敕谕那罗塔兄弟和好如初，毋干天讨。六年（一四〇八），那罗塔复遣人入贡谢罪，并谢赐金牌信符，劳

赐遣之。七年（一四〇九），复遣中官云仙等赍敕赐缅酋金织文绮。十二年（一四一四），缅人来言，为木邦侵掠。帝以那罗塔素强横，遣人谕之，使修好邻封，各守疆界。

《明史》同处又说：

洪熙（仁宗）元年（一四二五），遣内官段宗、徐亮以即位诏谕缅甸。宣德元年（一四二六），遣使往谕云南土官，赐缅甸锦绮。

一四二五年，距明恭之死已三年，当时在位的国王是梯诃都（Thihathu）。他继其父位，但在位不够四年，据说他是被其妃所谋杀，梯诃都当为《明史·缅甸传》中所记载的新加斯。《明史》说：

宣德（宣宗）二年（一四二七）以莽得剌为宣慰使，初缅甸宣慰使新加斯与木邦仇杀而死，子弟溃散，共推莽得剌权袭，许之。自是来贡者，只署缅甸，而缅中之称不复见。

莽得剌应该就是孟养他忉（Mohnyenthodo）（一四二七至一四四〇年）。孟养他忉本为明恭王的随侍，又为其子弥利憍苴的将官，后升为大臣。梯诃都被杀后，因王位的争夺而残杀，承继梯诃都的是幼子，孟养他忉遂承继其幼子之位，自称为王。可能因为他不是王室的嫡系，就位之后，好多侯对他多不服从，连叫栖运河也有时被阻而不能利用以运输粮食。一些掸族的部落，如安邦（Onbaung），如雍会（Yawnghwe），与孟养（Mohnyin），而特别是缅族的东牛，时时反叛。安邦有一个时期，侵略瑞帽的眉都，还逐王出宫。据说，他在外流亡约八个月之久，后来是用金钱去贿赂其敌人，而始得归。在这种情况之下，虽则南方的白古没有侵入阿瓦的国境，但白古的频耶兰（Binuyaran）王，既收容了他所放逐的好多臣民，又与东牛友好，所以他的势力日趋日弱，更说不上去执行过去的阿瓦国王的不断南侵白古的政策。

但《明史》却有关于孟养他忉在位的时候侵略木邦的记载：

八年（宣宗宣德）（一四三三）莽得剌遣人来贡，复遣云仙赍敕赐之，并谕其勿侵木邦地。

这可能也只是一种地方性的小规模的争执。但是木邦既诉于明廷，明廷不得不这样的劝告莽得剌而已。

据说，在孟养他忉在位的时候，威尼斯有一位商人叫做孔底（Nicolo di Couti）约于一四三五年曾到过缅甸，下面就是这位商人所描写当时的缅甸的情况：

彼抵顿逊城（Tenasserim），此城位于河口，河与城同名。境内多象，并有一种鸫类（Thrush）之鸟，复行若干程，乃入恒河口。……离其地后又达罗车（Racha）河口（在阿腊干）。循河航行而上，航行凡一月，至一大城，与河同名，离城以后，入荒寂无人之山岭，再经平原而抵一河，较恒河尤大。循此河而上，航凡一月至一城，较他城尤为尊贵，其名阿瓦。此邦多象，王有象十万，用以作战。象背置高楼，容八至十人，持矛执弓。此畜甚灵敏，作战时，常以脚跟抵御敌人之枪矛，俾使其负之人不致受伤，因王乘白象，象颈围一金链，缀以宝石，长至足。民以一妻为足。不论男女诸民，咸以铁针刺肤，施以油彩，永不褪色。国人皆事偶像，但当晨起，必向东合掌诵（佛主在三藏与其法术护我们）（God in his Trinily and his law defends us）之句。有一种树称为 Tal，其叶奇大，国人书于叶上，盖在印度全境之内，未尝见人民用纸也。别有一兽（犀牛）头如猪，而尾如牛，前额生一角，似麟角而较短，约长一吋（Cubit），其身大如象，色亦相似，常与象斗，据云其角可以消百毒，用被珍视。北境之邻中国者产黑白犛牛，尾毛细而轻如羽，值与银等，制成扇后，供奉于神像，帝王之侧。骑兵亦用以装饰于长矛之尖端，以示尊荣。越过此邦有一世间至尊之境，名为中国，其后被离阿瓦向海而行十七日后，抵一不甚巨大之河口，循河航行十日，抵一繁盛之城曰白古尼亚（Paconia）（按：即 Pago 或 Pegn）。（孔底之全文见 R. H. Major：Indiain the fifteenth Century）（姚译哈威《缅甸史》，中卷，页一九至二〇）

据说，这是第一个欧洲人之到缅甸的。应该指出，马可波罗在其游记中，已有关于缅甸的记载（一二〇至一二四章），这是十三世纪下半叶的事情，比之孔底还要早约一百五十年，这也就是元朝或蒲甘末季的时代，虽则马可波罗是否到过蒲甘，却是一个问题。

孟养他忉以其子孙或其承继者虽然维持阿瓦王室到十六世纪的上半叶，但是到了瑞难乔信（Shwenaukyawrhin）的时代（一五〇二至一五二七），他以其女嫁给东牛的明吉瑜（Minkyinyo），以叫栖为嫁妆送给东牛，又赐以东牛至叫栖的沿途诸村，这样他既放弃其仓廪，他的国势更为衰弱。各地侯王之反抗他的，愈来愈多，到了一五二七年，孟养思伦攻破阿瓦时，他乘象作战，为铳所毙。思伦以其子思洪发（Thohanbaw）为王（一五二七至一五四三）。到了一五五五年，为东牛的缅族莽应龙所灭亡。

从孟养他忉死后以至掸族统治的末期，时间有约百年之久，《琉璃宫史》虽有记载，然而从我们看起来，颇为繁琐，而不很重要。在这里，我们愿意把《明史·缅甸传》一段话录之于后，主要的当为在这个时期中的中国与掸族王国的关系。

　　正统六年（按：正统为英宗年号，六年为西历公元一四四一，也就是孟养他忉死后一年）给缅甸信符、金牌。时麓川思任发叛，将讨之，命缅甸调兵待。七年（一四四二）任发败，过金沙江，走孟广，缅人攻之，帝谕能擒贼首者予以麓川地。八年（一四四三）总督尚书王骥奏，缅甸酋马哈省｛按：似应为 Minrekyawswa；一四四〇至一四四三。但看下文一四四七年还在，那么，应是这位国王死后而继位的那罗波帝（Narapati）；一四四三至一四六九｝，以速剌等已擒思任发，不解至，唯以麓川地为言，朝命遂有并征缅之命。是时大师已集腾冲，缅使致书，期以今冬送思任发至贡章交付。骥与克期，遣指挥李仪等率精骑通南牙山路，抵贡章，受献，而缅人送思任发者竟不至。九年（一四四四）骥驻师江上，缅人亦严兵为备，遣人往来江中，觇官军虚实。骥以麓川未平，缅难不可复作，乃令总兵官蒋贵等潜焚其舟数百，缅人溃，骥亦班师。于是总兵官沐昂奏："缅恃险党贼，应加兵。但滇中方连年征讨，财力困弊，旱涝相仍，粮饷不给，未可轻举。臣已遣人谕缅祸福，俾献贼首，缅宜所从。"十二年（一四四七）木邦宣慰军盖法，缅甸故宣慰子马哈省、以速剌遣使偕千户王政等，献思任发首及诸俘馘至京，并贡方物。帝命马哈省、以速剌并为宣慰使，赐敕奖劳，给冠带印信。未几，以速剌奏求孟养、戛里地，且请大军亟灭思任发之子思机发兄弟，而己出兵为助。帝谕以机发不可战擒，宜即灭贼以求分地，弗为他人得也。景泰二年（一四五一），赐缅甸阴文金牌信符，时以速剌久获思机发不献，又放思卜发归孟养，朝廷知其要挟，故缓之。五年（一四五四），缅人来索地，参将胡志以银戛等地与之，乃送机发及其妻孥，帝以思卜发既远遁，不必穷追，仍加赏锦币，降敕褒奖。

又说：

成化（按：为宪宗年号）七年（一四七一），镇守太监钱能言：缅甸宣慰称，贡章、孟养旧为所辖，欲复得之。帝命往勘，贡章系木邦、陇川分治，孟养系思洪发所掌，非缅境。乃令云南守臣传饬诸部，而缅甸以所求地乃前朝所许，贡章乃朝贡必由之途，乞与之，又乞以金齿军余李让为冠带把事，以备任使。兵部尚书余子俊等以思洪发不闻有过，岂可夺其地！李让，中国人，而与为把事，亦非体，宜勿许。帝命兵部谕其使：孟养、贡章是尔朝贡所由，当饬边臣往谕思洪发，以通道往来，不得阻遏，余勿多望。

按成化七年为一四七一年，这个时候，阿瓦王那罗波帝（Narapati）已死了二年。其在位的君主当为梯诃都罗（Thihathuna）（一四六九至一四八一），他是前王那罗波帝的儿子，在他在位的时候，除了向中国索贡章、孟养地之外，他曾击退了东牛与白古的联合进攻。

《明史·缅甸传》又说：

弘治（按：为孝宗年号）元年（一四八八），缅甸来贡，且言安南侵其边境。二年（一四八九）遣编修刘戬谕安南罢兵，然缅地邻孟养，而孟养以缅先执思任发，故怨缅。

又说：

> 嘉靖（按：为世宗年号，一五二二年就位，一五六六年死）初，孟养酋思陆子思伦纠木邦及孟密击破缅，杀宣慰莽纪岁｛莽瑞体（Tabinshwehti）父亲｝并其妻子，分据其地，缅诉于朝，不报。六年（一五二七）始命永昌知府严时泰卫指挥王训往勘，思伦夜纵兵鼓噪焚驿舍，杀赍金牌千户曹义，时泰仓皇遁，乃别立土舍莽十信守之而去，值安凤之乱，不暇究其事。

按：思洪发所杀死的缅王应是阿瓦王瑞难乔信，而不是莽瑞体之父。瑞体之父为东牛明吉瑜（Minkyinyo）（一四八六至一五三一）。

掸族在缅甸的统治自一二八七至一五二七或是至一五五五，约为二百五十年。这个种族，像我们上面所说，应该是古代掸族的后裔，也是现在在缅甸的掸族的祖先。汉代的掸国，北接哀牢，南邻猛族诸国。在文化上，并不算很低，但其在骠国与蒲甘统治之下，他们之中，有的同化，有的散居山区。其同化者可能与骠人或蒲甘人没有什么差别，其散居在山区者，文化当然较低。阿散哥也三兄弟既长大于蒲甘王宫，当然深染了蒲甘文化，但其人民大部分散居山区，自然没有什么智识，自阿散哥也三兄弟既深受蒲甘或缅族文化的影响，他们极力提倡缅族文化，也是自然而然的。他们崇奉佛教，这是从蒲甘传下来的宗教。其政治社会制度以至文化的其他方面之仿效蒲甘，也是可以理解的。

我们知道，在蒲甘时代，婆罗门教与阿利教虽还是存在，但宗教的主流是佛教。掸族统治时代，提倡佛教，虽不若蒲甘诸王那么热情，但佛教仍然继续流行。国王也建筑佛寺。上面所说阿散哥也三兄弟在木连筑辉煌的寺观，就是一例。此外，又如一四四三年那罗波帝（Narapati）在者梗所建筑的睹波焰（Tupayou），据说献塔之各处侯王皆来参加典礼，甚至白古、万象，以及暹罗，也有人来参加。他在一四五六年还献金宝于锡兰乾提（Kandy）的佛齿寺，并在其地购买田地，以补助前往该寺的僧人，这也说明了掸族王室对于佛教是积极提倡的。

在阿瓦，人们可以看到宗教的建筑物，是与蒲甘相似。我们应该说，这是蒲甘宗教建筑物的翻版，虽则我们也得指出，其规模与壮丽已比不上蒲甘。然而阿瓦不只是在掸族统治时代是国都，在掸族统治之后，缅族统治百多年，还是国都。其为国都的时间约四百年。国王之相传而居于此者有三十位，所以人们称缅甸为阿瓦，是有其历史的原因的。

在这里，承继着蒲甘的文化遗产，而且主要是从佛寺里发展了缅甸的文字与文学。缅甸的文字与文学可以说是发源于巴梨文字与文学，在掸族统治时代，缅甸自己的文学 Vernacular Literature 才慢慢的发展起来。这与缅甸民族意识与民族运动的发展也是有了密切的关系。这种文学，多为诗歌与翻译关于佛陀的故事。哈威在其《缅甸史》中曾举出下面的例子：

> 僧乌多摩乔（Shin Uttamagyaw）者，出于般陀毗（Pondawbyi）村，与僧梯罗喁他（Shin Thilawuntha）（一四五三——一五二〇）同年诞生，同日进东温基之某寺院攻读，僧梯罗喁他因作 Paramiganpypo 一诗而被开除去阿瓦，盖寺院以诗调为亵渎者也。明恭为建大刹居之，寺名耶多毗门（Yatanabiman），僧居寺中，曾著文法一册，诗多首，曰 Hsutaungganpyo、Taungdwinlapyo、Tada-uti-Mawgun 等。又编纪年 Yazawinyaw Chronicle 为现存缅史之最古者。设被能将当时耳濡目染之事略为记述，必能使吾人获得甚多有关于十五世纪缅人生活之珍贵资料，惜彼以佛门信徒之地位，所著录者，亦仅为渺茫之古代情形，无甚价值可言，僧乌多摩乔留居东温基二十年乃至阿瓦，常被召入宫中，研讨雕刻之术，彼仅作一诗，即著名之多罗（Tawla）诗也。僧摩诃罗多他罗（Shin Maharattathara）（一四六八至一五二九）者，为掸族兄弟僧哥速之后裔，阿瓦陷后被携至卑谬，曾作 Koganpyo，Hattipala，Maiktilakanbwemawgyun 等诗，僧阿迦他摩提（Shin Aggathamahti）者，一四七九年生于多婆焰（Tabayin）以东之干婆耶（Kaubya），尝以佛陀本生之故事，咏为史诗。另有耶毗信毗（Yawesbinhtwe）者，或为当时阿瓦官女中之一，曾以女官之五十五种发式吟成宫史。

这样，不只说明了掸族国王如明恭对于佛教很为重视，而且说明了他对于文学也很为重视。他对于其他佛寺所开除的僧人，特别欢迎，且另建大刹，使其安居，从事著作，这是一个开明的君主。所以我们可以说，蒲甘文化的遗产以及缅族文学的发展之得力于掸族是很大的。

然而这也说明了在缅甸的掸族，而特别是其统治阶级已深深的缅族化。阿瓦是掸人所建立的都城，但是这是一个缅化的都城，或者可以说是缅甸的都城，而不是掸邦的城市。这与其他各处如暹国，如老挝，如八百媳妇的掸族所建立的都城或城市，具有他们的种族的特色，是不相同的。

应该指出，在长期的共处与杂居中，掸、缅两族，不只缅族的文化影响掸族，就是掸族的文化，对于缅族也有影响。同时在种族上，他们也有所混杂。在古代，在云南的南部以至缅甸的北部，都为掸族所散居，缅族从西藏高原迁移到缅甸的时候，就与掸族互有影响。缅族的统治者既有的以为其祖宗是来自掸族，而掸族的统治，如上面所指出，也有以为其祖宗是来自缅族。当然，这种看法，虽然也有其政治作用——这就是要用这种说法去缓和其民族间的差别以至仇视，然在长期的共处杂居的过程中，种族的混杂，也是一种事实，种族如此，文化也如此。

然而这并不是说掸、缅两族已经同化而没有很大的分别。相反的，掸族或缅族不只在种族上还保存其固有的特性，就是在其语言、文字以及文化的其他方面，也有其不同之处。这种区别，不只在掸族统治时代是这样，直到今日，还是这样。所以在缅甸联邦中，还有掸邦的存在。——当然还有其他各邦，如克钦、卡兰等等。而且就在今日还有人要求掸邦独立。

从这方面来说，缅甸不只是在历史上以至现在是一个多种民族的国家，就是在政治上尤其是在过去的蒲甘时代，也可以说是一个政治比较离心的国家。在蒲甘时代，蒲甘国王虽然统治整个蒲甘王国，可是各地侯王以至乡村城镇，是各有其较多的自治与较大的自主权力。这种离心政治，在掸族统治时代，尤为显著。所以不只在缅族聚居的东牛，对于阿瓦政权时而服从，时而反叛，就是掸族各侯王或部落也有较多的自治权与较大的自主权。阿瓦是掸族统治时代的国都，可是阿瓦的命令，不一定为全国所遵从。这种情况，不只比不上现在的联邦（Federal）制的中央政权，可能在一些方面，还比不上近代的邦联（Confederation）制的中央政权。阿瓦代表了缅甸，也是为缅甸的别字，可是阿瓦并非一个中央集权的国家。在掸族统治的时代，人们很少称为掸国，而所谓阿瓦，有的时候也就是指着这个都城。正是因为有时阿瓦所发的命令并不通行全国，而且在这个时期中，纷乱的日子多，安定的日子少，国王经常南征北伐，除了承继蒲甘一些文化遗产外，没有什么建设。古代掸国的遗产，既不容易找出来，更谈不到发扬与光大。这个时代与欧洲的中世纪的时代，颇有相似之处。

第三编　八百

第五章　八百的概况

八百是我国史书上所说的八百媳妇，其所以称为八百媳妇的原因，据《新元史》卷一百四十九①、《明史》卷三百十五《八百媳妇传》，以及其他的史文都这样的说：

> 八百媳妇者，夷名景迈，世传其长有妻八百，各领一寨，故名。

这个国家的君长，是否有八百的妻妾，不得而知，就是有了，也不见得是每位君长都有八百个，这个数目字，可能是当我国人最初认识这个国家的时候，其君主有八百个妻子，因而此后人们遂称为八百或八百媳妇，在元人（佚名）所著的《招捕总录》中也称为八百妾御，但其注解也作八百媳妇。

所谓八百，是否说其妻子特别众多的意义呢？这也不见得是这样的。我们知道与八百媳妇毗邻的孟艮，其疆域比之八百为小，但据中国史书所载：

> 其首名怕诏，所居层楼，有妻数百。（参看师范著《滇系·属夷》"孟艮"条）

那么在这些地方的国家或土司，有妻数百，也并非一件稀奇的事情。其所以叫做八百媳妇，正如我们上面所说，可能是有一位君主，巧凑的有妻八百，因而人们遂称为八百媳妇。

但是，我们知道，八百媳妇所占有的领土，其大部分是阿利班超②（Haripounchoi）的地方，阿利班超是一个历史很久的国家，大致是因为这个国家的头一个君主是一个女的，这就是罗斛国的君主的女儿。因而在我国的史书上（樊绰《蛮书》）遂叫这个国家为女王国。在这一个国土地上，前有女王，后为八百，其名称都是属于女性的，这是一件很凑巧的事情。

而且，也很巧凑的，是在这个国的都城清迈，而尤是其附近的南奔

---

① 编注：此处《八百媳妇传》据《新元史》民国九年天津退耕堂刻本为卷二百五十二列传《外国传》第一百四十九"八百媳妇传"，今从底稿。余不注。

② 编注：后文也译作"哈利班超"。

（Lampun）等处，美女很多，而其女的又善于纺织，其所织出的线（Sen），是暹罗闻名的裙子材料，所以在暹罗人们说，娶妻要到清迈，这与这个国家的女性名称，似乎也是有关系的。

《元史》与《明史》又说：

> 八百媳妇者，夷名景迈。

景迈也称清迈（Chiengmai 或 Zimmer），是八百媳妇的长期的都城。直到现在，这个城市还是采用这个名称。同时，也是暹罗国北部的重镇，又是暹罗国内的一个大城市。所谓南有曼谷（现在暹罗的都城），北有清迈。应该指出，在暹罗的城市中，其历史最久而一直至今，又不断的居于重要的地位，恐怕要算清迈。所以这个国家谓为清迈也是有其原因的。其实，在东南亚的各国中，以都城而名其国的例子，并不算少。骠国的国都是室利差呾罗（Srikshatra），所以我国人就名这个国家为室利差呾罗，又如速古台（Sorotai①）是暹国的都城，人们也名这个国家为速古台。这不过是随便举出一二个例子而已。

但是我们也得指出，在老挝的历史上，清迈的历史并没有清莱而尤其是清线那么久长。清迈是在孟莱时代打败了女王国之后而始建立为国都。至于清线，不只其历史较为久长，而且可以说是八百的发源地。

在八百媳妇的国境里，用清或景这个名词去名其城市的很多，如清莱或景海（Chiengrai）、清线（或景胜）（Chiengsen）等等，清或景也可能是为我国的城字的对音。迈的意义是新，清迈可以译为新城。线的意义是金，可以译为金城（Suvarnagrama）。老挝语叫做 Suvama Khom。莱的意义是田或稻田，清莱可以译为田城或稻田之城，我在清迈时，看到这个城的建筑是与我国的城一样，这是受了我国的建筑的影响，是没有问题。在清莱与清线，虽然没有看到像清迈那样的完整城墙，但这两个地方也曾是八百媳妇的都城，可能当时所用的是泥土，而不是砖，历年既久，早已毁坏，所以不易考察出来。

八百媳妇是我国人所采用的名称，这个名称，一直沿用到近代了，虽然近数十年来，外国人之研究这个国家曾也采用这个名词，如法国的冯德里（Pierre Lefevore-Poutalis）在其所著的《永部揽那国或八百媳妇国史迹考》（Les Younes Du Royaume De Lan Na Ou de Pape），登在《通报》卷一一（一九一〇年刊）（一〇五——一二四页，陆翔译，见《国闻译证》第一册）。但是八百媳妇的当地的纪年或传说中，并没有用这个名词，至于清迈这个名词，虽然也见于当地的史文或其他文字的著作，可是主要还是指着都城。当为一个国家而称呼的，是比较的少。

八百媳妇或清迈的真正名称，是叫做揽那或缆那（Lan Na），揽那的意义是

---

① 编注：此处对应的外文名前后不一致，今从底稿。余不注。

百万稻田。这个名称与老挝之叫做南掌或缆掌（Lan Chang），其意义是百万象，以及西双板纳（那）（Si Sopan Na）的意义，是一万二千稻田，有了相像的地方，这就是揽为百万，而那为稻田。

揽那这个名词也见于我国史书。《明史》卷三一五《云南土司三》"八百媳妇"条，指出在明宪宗成化年间（公元一四六五——一四八七），其土官刀揽那，曾击退安南黎灏的进攻，并且遣使入贡，这个揽那，据《明史》所说，虽是王名，但也是国名，说不定我国人是把国名当为王名。

八百媳妇有自己的历史，这就是叫做《揽那纪年》，法文译本题为 Annales Du Lan Na Document Inelit。这个国家之所以叫做揽那或百万稻田，也许是因为其所占的地方是一个广大而宜种稻的地方，使其人民的粮食问题得到解决，而能安居乐业，使其国家能够兴盛，所以就叫做百万稻田之国。

可是因为我国的史书，一直是叫做八百或八百媳妇，所以我们在这里仍然采用这个名称。关于八百的方位，《新元史》卷一四九"八百媳妇"条说：

> 其地东至老挝，南至波勒蛮，西至大古刺，北至孟艮府。自姚关东南行五十程至其国，有南格刺山，下有河，南属八百，北属车里，平川数千里，幅员广远。

《明史》卷三一五《云南土司三》"八百媳妇"条说：

> 其地东至车里，南至波勒，西至大古喇与缅甸邻比，北至孟艮。自姚关东南行五十程始至，平川数千里，有南格刺山，下有河，南属八百，北属车里。

又清代嘉庆年间，师范在其所编的《滇系·属夷》一册中的《八百大甸军民宣慰使司》中说：

> 东至车里，南至波勒蛮界，西至大古喇界，北至孟艮界，自姚关东南行至其地五十程，有南格刺山，下有河，南属八百，北属车里，平川数千里，辖部广远。

应该指出，《新元史》所载的，虽是元代的事情，但在上面所举出的三种著作，《明史》最早，《滇系》次之，而《新元史》最近。《新元史》大致是录自《明史》与《滇系》，而《滇系》可能是抄自《明史》，虽然三者所记大致是相同，但也有不同的地方。《明史》与《滇系》说八百的领土是东至车里。而《新元史》却说是东至老挝，这就是一个很大的差别。从地图上看起来，车里不是在八百之东，而是在八百之北，或北偏东。在八百之东，应该是老挝，所以在这一点来说，《新元史》所说是对的，而《明史》与《滇系》都是错的。但是《新元史》说八百之南为波勒国，这虽然是抄自《明史》与《滇系》，但我们应该指出，在元的时代，八百之南应该是暹国或速古台王国，至于明代，这个暹国或速古台王国，为罗斛所征服，合并于罗斛，遂名为暹罗国或暹罗斛。《明史》与《滇系》说，八百之南为波勒，这个波勒，虽也不易考订，但可能也有其所根据。所以所谓南至波勒，未必是一个错误。关于这一点，我们在下面加以讨论。又《元史》既说八百之地，北至孟艮，因而连《明史》与《滇系》所说的北至车里的车里，根本就没有谈及，这也不见得是对的。因为车里既是在八百的东北，而又与八百接壤，在叙述八百的邻国时，应该也说到车里。《滇系·属夷》"车里军民宣慰使司"中说：

> 其地东至路恐蛮界，南至波勒界，西至八百宣慰司界，北至元江军民府界，西北通孟连长官。

因为《滇系》说八百之东为车里，在"车里"条说，八百在车里之西，虽然像上面所说，这种说法是不对，但仍然说明二者是接壤，虽说车里之南为波勒，也是应该加以说明，因为八百是在车里之南，《明史》与《滇系》既说波勒在八百之南，那么车里就不会与波勒接壤，虽然波勒在其方位上，也是在车里之南。

又在同处"孟艮"条说：

> （孟艮）蛮名孟揼，在姚关东南二千里，东为车里界，南为八百界，西木邦界，北为孟连界。

我们在上面指出，车里应该在八百之北，而偏东或是东北，那么，孟艮应该在八百之北而偏西，或是西北。这里既说孟艮在车里之西，更可以说，孟艮是在八百的西北。又八百之西为大吉喇，所谓大吉喇就是元明人所说的登笼国，或是后来所说的得棱或得楞国。这是猛族所建立的国家。《明史》又说其西又有缅甸，在元代初年，这个缅甸应该是蒲甘，而在元明时代应该是掸族所统治的缅甸。蒲甘在得楞之北，因而缅甸应该在八百的西北，而得楞应在其西而偏南。

八百之南，据各史文所说是波勒，《明史·八百媳妇传》说：

> 宣德七年（一四三二）（八百）遣人来贡，因奏波勒土酋常纠土雅之兵入境杀掠，乞讨之。帝以八百大甸去云南五千余里，波勒、土雅皆未尝归化，劳中国为远蛮役非计，止降敕谕而已。

我们上面已经说过，在元代或是正确的说从宋末至元代的末季，在八百之南，只有一个暹国，或是速古台王国，再南就为罗斛，并没有波勒这个国家。元汪大渊在其《岛夷志略》"暹国"条说，元至正己丑（一三四九）夏五月（暹）降于罗斛。暹国速古台、罗斛等声音都不见得是波勒的对音。所以我们说，《新元史》说南为波勒，是不对的。至于暹降于罗斛之后，其国名改为暹罗斛或暹罗，暹罗也非波勒的对音，罗斛的都城本来是华富里（Lopouri），这就是在现在的大城或阿瑜陀（Ayudia）之北，华富里也不见得是波勒的对音。又暹降于罗斛之后约一年，又迁都于阿瑜陀，这就是在曼谷之北。阿瑜陀的声音与波勒也并不相近。若照这样看法，那么，《明史·八百媳妇传》所说其南为波勒，似乎也是错误的。

但是我们也知道，在暹国的时代，在其国境内，除了速古台这个都城之外，还有两个有名的城市：一为宋胶洛，或是素旺卡洛（Swankaloge 或 Sawankalok），这是在速古台城之北，在当时可以说是靠近于暹国的北部边境，而与八百的南境接近，这个城也曾做过暹国的国都；一为彭世洛或匹杀奴洛（Pisnulok 或是 Bisnulok 或是 Pitsanalok），是在速古台之南，这也是一个很古的城。据说其建立时间是在公元九五三年，比之速古台的建立还早。到了一三五七年，暹国虽已降于罗斛，但其在速古台的王室还维持在速古台而臣服于罗斛，速古台王朝的第五世皇丕耶力泰（Phya Lutai）又建了一个新城，在很长时期中曾为暹国的陪都，在某一时期，还为其国都。在暹国降于罗斛之后，速古台王室的后裔第七世皇丕摩诃达摩罗阇第二，经常住彭世洛，有的人还把这个城称为暹罗的北部都城。《暹罗北方纪年》（Pongsavadan Muong Neua）的记载，清线王室利汤摩太利比大（Siri Thama-Trey-Bidak）曾为中国所驱遣与速古台王法苏高满（Phasouk-Kouman）（据说为承继敢木丁王位者）战，于是乃在边境建彭世洛城（Pitsanoulok）。

波勒的声音，虽也有些像宋胶洛，但更接近于彭世洛，我国译名往往简化，匹杀奴洛既简称为彭世洛，也可简称为彭洛，彭音近于波，皆为 P 或 B 音，而洛音近于勒，皆为 L 音。彭世洛快读起来可以变为彭洛，而彭洛也可以说是波勒的对音。说不定明代人把已降于罗斛的暹国的王室所在地的彭世洛当为一个国家，而且，这个暹国，虽已降于罗斛，但其王室既并非立即消灭而传递到某一时期，有时也能召集军队而与邻邦以至与其宗主国这就是暹罗国相对抗。关于这一点，暹罗史上也有记载。《明史》说波勒土酋常纠兵入八百境杀掠，也是有根据的。因为所谓波勒侵入八百有二可能，一为地方性的战争，这就是波勒单独用兵去侵略八百。一为全国性，这就是波勒是受了暹罗国或阿瑜陀王朝之命而侵略八百。此外，《明史》说波勒常纠土雅之兵入境杀掠，土雅这个名称，并非暹罗或阿瑜陀的对音，可能是与八百附近的另一个小邦或侯王。我们知道在速古台王朝的时代，除了八百与速古台王国之外，在八百都城清迈的东北还有一个小国叫做夫尧（Payo 或 Phrayow），这个小国名称，直到现在还存在，位在暹罗北部的一个小城。土雅可能是夫尧的对音。

从上面看起来，八百媳妇的疆域，大致是这样：东约到湄公河，西差不多近萨尔温江，南大概是到宋胶洛，而北到现在的清线或清线之北。其东西除有二大江之外,其境内又为湄南河的上游。湄南河在八百境内主要分为二条支流,在西的叫做湄滨(Meping)河,清迈就位在湄滨河的右岸。在东的就是湄南河的主流或支流,在八百境内者,都较浅狭。湄南河的航行是在北揽坡(Paknampo)以下才称便利,这是湄南河在其上游各支流的汇合处。

八百媳妇是属于高原地带,在清迈一带,高出海面约一千公尺,其疆土既介在萨尔温江与湄公河之间,在古代其自成为一政治单位,是有其自然条件的。又因为湄公河的上游,支流难于航行,所以在过去——在曼谷清迈铁路未建筑之前,从这个地方到湄南下游的暹国或罗斛国,比之从这个地方到西边的缅甸或是到东边的老挝,在交通上并不见得较为方便。事实上,在以往,这个国家之受老挝与缅甸的影响也是很大的。八百媳妇曾受过老挝的统治,缅甸之侵入暹罗,又往往先到八百,然后从北而南。直到近代,缅甸纸币还在这一带流通。至于八百之于我国的云南,而尤其是车里的关系的密切,是一件极为显明的史实,八百媳妇的老族人,是从云南迁移到来的。

这个高原地带,又分为一些小平原,这些小平原往往为山岭所围绕。八百媳妇的长期的都城,就是在这一种的小平原上。在山系方面,八百是属于云南怒山山脉。这个山脉从云南经缅甸而到这里,名为他农吞采(Tanonthongchai)山脉。直贯暹罗西境而到马来半岛。他农吞采是在美河与滨河之间,也是这两条河的发源地。以前缅甸军队之侵入八百者,往往经这个山的小道。这个山的他农峰(Tanon Peak)是暹罗最高的山峰。

八百的最初发源地是在云南的车里与现在暹罗最北的城市景线(亦名小八百)之间。后来慢慢经清莱(按:清莱是泰语,清海是老语),而到清迈。清线、清莱都曾做过都城。从清线到南邦百多公里的途程,差不多都是山路,现在的公路,也是建筑在这些山上。

这个国家也可以叫做林国,树木最多。价值最昂的是柚木。直到现在,柚木还是这个地方的特产,安息香、白檀,都是八百的著名产品。《新元史》说,这里出巨象,象在这个国家的用途很大,用以打仗,用做交通工具,用以搬运木材与笨重的东西。《新元史》说,八百媳妇曾以驯象、白象贡献于中国。白象在八百是视为神圣的动物,在历史上,在暹罗、缅甸这些国家有时因为争取白象而引起的战争。

八百媳妇的物产,除了这几种之外,还有很多,历史所记的只是一些特产而已。而且,在其记载朝贡的物品中往往只说方物,所谓方物,是包括了很多的东西。

关于八百的民族,《滇系》"八百"条说:

  民皆焚夷,刺花样于眉间。

《云南通志》引《皇清职贡图》说:

僰夷，一名摆夷，汉为巨簬甸，唐为步雄、峆峨二部，元初内附，其部落接壤缅甸、车里，今云南曲靖、临安、武定、广南、元江、开化镇、沅、普洱、大理、楚雄、姚安、永北、丽江、景东十五府皆有之。随各属土流兼辖，与齐民杂处。男子青布里头簪花，饰以五色线，编竹丝为帽，青蓝布衣，白布缠胫，恒持巾帨。妇盘发于头，裹以色帛，系彩线分垂之，耳缀银环，着红绿衣裙，以小合包二三枚各着白银于内，时时携之。地产五谷，宜荞麦，输纳粮税，常入市贸易。

　　僰夷是属于掸泰系，上面所说的僰夷，是在我国云南境内的，但我们知道，在云南车里、景东这一带，这也就是现在的西双版纳一带的僰夷或傣族，是与暹罗北部与老挝的种族是属于掸泰系的。八百媳妇的种族，也是从云南这一带逐渐迁移的，而且来源也是哀牢。

　　八百与暹人或速古台人，虽然是属于掸泰系，但二者也有分别。前者是叫做小泰（Tai Noi）而后者是叫做大泰（Tai Yai）。《普洱府志》中有旱僰夷与水僰夷的分别，旱僰夷自称为泰涅，水僰夷自称为泰勒。泰勒是 Tai Noi 的对音，泰涅是 Tai Yai 的对音，大小泰的来源可能是由此而来。八百媳妇的种族，与其说是同于暹人，不如说是同于老挝人。八百与老挝都称为老。暹罗人称八百为老时，是一种鄙视的说法。在近代，八百的国王，暹罗人甚至称为番薯王。所谓番薯者，是含愚蠢的意思。其实，八百媳妇不只有了光荣的历史，而且其人民爱好和平，对人有礼貌，又有智巧，看到他们的纺织工艺作品，就能明白这一点。

　　八百的领土，在一二九二年之前，是猛族统治的地方，这就是女王国。虽然在猛族统治的时候，泰族也已散居在这个国境之内，但在女王国被八百媳妇征服之后，猛人之仍然居留在这里的，必然不少。所以两者久已同化。同样的，在其南边的暹国与暹罗国，也曾为猛族所建立国家。在某一时期中，也曾为柬埔寨人所统治，所以后来的暹人或泰人与八百媳妇人同样的与所谓猛吉蔑族互相混杂。但是应该指出，八百媳妇人与暹罗人不只名称上有了小泰大泰之分，形貌皮肤也与暹罗人有所不同，前者比较的白，而后者比较的黑。前者与我国云南的傣人相似，而后者与马来人有了相同之处。其实，近代有些学者，曾经指出，暹罗的民众，虽是叫做大泰，但是统治者是深染了小泰的血统。关于这一点，我们在下面还要加以说明。

　　八百，不只在种族上与暹罗人有所不同之处，就是在语言文字上，也有不同之处，虽则八百的文字与暹罗文字均是从巴利文与梵文而来。八百的文字之于梵文，比之暹罗文字，更为接近。同时，其字形又比较的近于缅甸文字，八百文字母有三十九个，而暹罗文字字母有四十四个，在发音上，二者也有差别，因为八百语言，多用鼻音，所以二者的方言也就各异。

　　直到现在，在八百媳妇的领域中，在政府的文告与法院的判书，还是用了二种文字，这就是八百文字与暹罗文字，虽则前者只限于所谓佬地，而后者是通用于暹罗全国。

八百媳妇是一个深受佛教影响的国家，《新元史》"八百媳妇"条说：

> 好佛恶杀，每村立一寺，每寺建塔，约以万计，有敌人来侵，不得已举兵应之，得其仇即止，俗名慈悲国也。

《明史》与《滇系》均有关于佛教的记载词句，与这段话差不多。但应该指出，这种对外的消极抵抗的作法，只能说是后期的八百媳妇，而非前期的八百媳妇。八百的著名君主孟莱的向外发展的政策，与他的侵略的政策是分不开的。到了后来，八百之所以受西边的缅甸，南边的暹罗，东边的老挝，以至安南的不断侵略，就是因为这种消极抵抗的政策。

八百的佛教，是有其悠久的历史。八百的掸人或老人，在未迁入八百国境之前，是否受过佛教的影响，难于考订，但我们知道，在现在暹罗的南部，在公元前一世纪，在这个地方，已有猛人国。猛人是接受佛教最早的民族，后来的缅甸、暹罗的佛教，主要是传自猛人。八百未占有清迈揽邦（Lampung）之前，这里已经有过一个女王国，据说在八九世纪的时候，南方的罗斛国的君主有一个女儿叫做占萨末旦维，曾带一批人民与五百位僧人到这个地方，建立国家，这就是女王国。这个国家到了一二九二年始被八百媳妇的国王孟莱所攻破。女王国虽已灭亡，但其人民与其所信仰的佛教仍然留存。而且在八百媳妇还未征服女王国之前，在这国家里，已有不少的老人居住，这些人应早已尊崇佛教，就使孟莱及其人民在未征服女王国之前，没信仰佛法，可是到了这个地方之后，也必慢慢的习染佛教。所以后来的八百"一村一寺，每寺一塔，殆以万计"（参看《滇系·属夷》"八百"条）。八百的佛教，在其发展过程中，是受了缅甸、暹罗与柬埔寨的佛教影响。至于现在留存在清迈以及其他好多地方的寺塔，多受缅甸的影响，有不少是在缅甸人占据清迈时所建筑的。直到现在，清迈还是一个寺塔林立的地方，虽然佛教的影响是很大，可是在这里的老族对于他们原来的信仰如拜物主义还是保留不少。

《新元史》说八百媳妇的人们"刺花样于眉目间，雕题也"。题是额，《礼记》说"南方曰蛮，雕题交趾"，所谓雕题，就是刺其体肌而以丹青染之。八百与老挝虽同称为老人，但二者也有不同之处，前者是叫做黑肚番，后者叫做白肚番。黑肚者文身也，白肚者没有文身也。应该指出，这种风俗现代已经少有，虽则在比较偏僻的地方还可以看到。有的不只刺花样于眉目，而且满身刺有野兽、裸女、符文等像。据说他们这样的做就可以抵抗刀枪，而不为所伤害。刺花纹是一件细致的工作，在被刺者来说，又是一件需要忍耐与受苦的事情，因刺花纹而致死的例子并不缺乏。

第六章　八百前诸国

《新元史·八百媳妇传》说：

　　八百媳妇者，……自古不通中国，世祖中统（一二六〇至一二六三）初命将征之，不能达而归。后遣使招徕，置八百大甸宣慰司。又有大小彻里，本古产里，伊尹四方献令曰产里，以象齿、短狗献，周公作指南车导之归，故又名车里，后为彻里云。其地在元江南，与八百媳妇犬牙相错。

《明史》卷三一五《车里传》说：

　　车里即古产里，为倭沙、貂獂，诸蛮杂居之地。

从现在的地图上看，八百是在暹罗的北部，其与我国云南的车里一带，并不接壤。二者之间是缅甸东北部的景东一带。但这是近代的疆界，在元明与清代的中叶以前，车里不只与八百是毗邻，而且正像《新元史》所说，二者的领土是犬牙相错。所谓犬牙相错，是说两者的境界互相交叉。其实车里与八百的境界有好多地方界线很不清楚。而况在更古的时代，在这地方，部落散居于各处，迁移无常，更难划分疆界。假使产里就是后来的车里，那么在商周时代，其疆界更难确定了。

假使车里就是古代的产里，这个国家的历史就可以追溯到商朝的初年，那么从现在看起来，这个国家就有了三千七百多年的历史。车里与八百的边境既互相交错，过去的产里的版图也可能伸张到八百的领土，这也就是说在八百这个领土上，在很早的时候可能是为产里所统治或是统治其一部分。

关于产里，《逸周书·王会解》：

　　伊尹为四方令曰，正南瓯邓、桂国、损子、产里、百濮、九菌，请令以珠玑、瑇瑁、象齿、文犀、翠羽、菌鹤、短狗为献。

又在同书《王会解》说：

　　商产里百濮，以象齿、文犀、翠羽为献，周十人以丹沙。

《唐书·南蛮传》说：

　　三濮者在云南徼外千五百里，有文面濮，俗镂面，以青涅之，赤口濮，裸身而折齿，劓其唇使赤，黑僰山居，妇人以幅布为裙，贯头而系之。丈夫衣谷皮，多白蹄牛、虎魄，龙朔中（六六一至六六三），遣使与千支弗、磨腊同朝贡。

濮与僰夷或掸泰族，在种族上有相同的地方。从其文身面来看，也与八百的文身有了相似之处。所谓"以幅布为裙，贯头而系之"，也与八百的服装一样。又《逸周书》所列举产里的方物也与八百的大致相同，至于在方位上，《唐书》说在云南徼外千五百里也与八百的暗合。

我们以为《逸周书》所说的产里，是否可靠，虽然也是一个问题，但是《唐书·南蛮传》里所说的云南徼外千五百里的濮僰的情况，应该比较正确。

又在唐代，在后来的八百媳妇的领土上曾建立一个国家叫做女王国，这个国家见于樊绰的《蛮书》，在当地的名字是叫做哈利班超（Haripountchoi）。上面已经指出，大概是因为其建立者是一位公主，所以称为女王国。这个国家一直存在到一二九二年，始为八百媳妇的国王孟莱所征服，这个女王国的统治者是猛族。当北边的南诏强盛时，曾经侵略过这个国，但结果是被女王国所击退，说明这个国家在那个时候是一个强国。

女王国的建立者占萨末旦维（Cham Devi）。她未到暹罗北部而建立女王国之前，已经出嫁，但不知何故在她已经怀孕的时候，就率领好多技工与僧人到现在清迈南边的南奔（Lampoen）这个地方建立国家。不久，她生了二个儿子。在她未死之前，她已传位于其子，她既带了好多僧人到南奔，说明她是一位崇拜佛教的人物，也是一位极力宣传佛教的君主。据说，在那个时候的暹罗北部的民族，大多数还是过着比较原始的生活，这位女王既带了好多僧人，又带了很多技士，这对于当地的文化必定起了提高的作用。而对于后来的八百媳妇，也必有很大的影响。关于这个国家，我在《猛族诸国初考》一书中曾有专章叙述，这里只好从略。

此外，在唐代在真腊之西，或西北，还有几个国家，一为道明，一为参半，一为朱江，道明可能是在现在的老挝的北部一带，参半可能是在道明之西或西北。我们知道，在真腊强盛时，其领土在西边是与骠国接近，骠国的国都是在现在的缅甸的卑谬附近。现在的暹罗的南部，在当时几乎都为真腊所控制，参半既在真腊之西或西北，其领土可能是占有现在的老挝的西北部以及现在的暹罗的东北部，这就是说，在后来的八百媳妇的领土上有一部份可能属于参半。

朱江有人说就是朱波，朱波也有人说是古骠国，骠国可能建立于魏晋时代。假如朱波是古骠国，那么其历史当比骠国为久。到了唐代，既叫做骠，那么朱波应已不存在。这样，唐代的朱江就不见得是朱波，但朱波既也在真腊之西或西北，可能是在现在的暹罗的西北部。这就是说，在后来的八百的领土上有一部分，可能也属于朱江。

总而言之，参半与朱江，是否也曾在这后来的八百的疆域里，不易考订，但无可疑的，是从地域来看，八百是承继了女王国的领土。虽然我们也得指出，八百除了占有女王国的土地之外，包括了现在的暹罗的东北部的清莱、清线以至缅甸的东北的景东一带。我们也可以说，八百的发祥地是在这些地方，所以清莱、清线都曾当过八百国都。

据一些历史学者与人类学者的考究，在现在的暹罗的北部，这就是在八百的领域中以及暹罗的南部一些地方，有过很多的腊瓦（Lawa 或 Lava）族所居住。腊瓦也有人译为罗斛，因为罗斛这个地方是叫做 Lavo。我们以为罗斛之所以得名，可能是因为原来住在这里的人民是腊瓦人，甚至最初在这里建立的部落或小邦也是叫做 Lavo。但罗斛是猛族统治的国家，至少其后来成为湄南流域的一个重要的国家以后是一个猛族的国家。而且，在猛族统治之后，可能还有很多的腊瓦人。但是为了区别这两种民族及其所统治的国家，我们把 Lawa 译为腊瓦，而用罗斛这个名称去指明猛族的国家。

应该指出，猛族与腊瓦族在其广义上都可以说是属于猛吉蔑（Mon-Khmer）族。但是因为在越南半岛，暹罗与缅甸这些地方的各种民族，经过长期的迁移与杂居，在种族血统上，早已混合。有些民族，其原来虽属于某一系，但经过混杂之后，有时就很难分其为那一族。

暹罗北部，这就是八百的领域中，曾为腊瓦种所占居，应该没有什么问题。直到现在，在这个区域里，还有不少的腊瓦人，在清迈的西边与西南的山区隆基（Long-gyse）一带，还有不少腊瓦人散居各处。有人说，这些人是这些地方的原始种族，他们的容貌较老人或八百人为黑，身材也较小，其额低而鼻平，但是他们躯体康健，而两脚强壮，在种族上，他们多已与老人同化。

腊瓦人主要以农为生，他们还用火耕，这就是把山林杂草烧了之后，就插种子，此后就待成熟而收获。他们也种蔬菜与水果。他们还会纺织棉花。他们的主要工业是镕铁。铁沙是采自附近的山间。他们也会把铁制成锄头、刀子和铁链。

腊瓦人的住宅往往建在土堆上面，用锯切成薄片的树枝，围以为墙，服装是与老人差不多，妇女喜戴银镯与银颈环，这是与老人不同的地方。现在他们多已信仰佛教，但并没有放弃其原始信仰，他们还相信万物有灵魂，而是拜物主义者，虽则同时可以采用佛教的宗教信条与仪式。

我们之所以把腊瓦这个民族略加叙述，一来是因为八百的老族与腊瓦在长期的杂处的过程中，多已同化，二来八百的老族的早期君主，承认他们的祖宗也是腊瓦种。

八百媳妇的远祖是老匈（Lao Chong），老匈这个老字，就说明他们是老族或掸泰族，据《猛景官边疆图表》（*Relève des Frontiéres de Muong Xieng-Khong*）（参看陆翔译《国闻译证》，页九五又一一○注七七），老匈国的开国君主是叫做腊瓦查克利（Lawa-Chakri 或 Phya Lawak-Chakalat）。又根据《清线纪年》或《清线佛教编年史》（*Chronique Bouddique de Xieng-Sen*）腊瓦查克利的前生，以盛德见称，其名为蒲诏腊瓦周克（Pau-Chao-Lava-Chok），他的妻子叫做腊瓦周克菩嘉勒

（Lava-Chok-Baue Khalac）两人居在清线的蒲诏（Pau-Chao）山，因为他们生前有善行，后来乃转生而在本土做国王。

据当地的纪年，八世纪初年，这就是七〇一年，腊瓦查克利的长子摩呵泰（Maha Thai）建筑景宫（Xieng Khong），从此以后，这个国家慢慢的发展起来。直到二十三代的孟莱（Moungrai）｛或老语为孟海（Mounghai）｝始征服女王国而成为暹罗北部的主人。

老匈国的远祖既为腊瓦族，为什么这个国家后来又转入掸泰族的手里呢？我们无从考订。我们推想，掸泰族或老族迁移到腊瓦族所居的地方之后，二者经过长期的杂居，互相通婚，腊瓦王室可能妻了老族的女儿，或是老人得腊瓦君主的信任，而妻了王室的女儿，因为婚姻的关系，得以接近王室或参加国政，后来遂篡其王位。暹罗王郑昭的王位差不多就这样的为其女婿所争夺，后来朝贡中国时，还称为郑昭之子或孙。说不定八百的老族祖宗，也是这样的得到王位。此外，或者因为老人曾因有功于王室，而居要位，因而篡位，或者是用武力去争夺其王位。无论是利用何种方式而得到王位，既得之后，仍然把自己当为腊瓦查克利的后裔，这样就是得到腊瓦族的人心。所以王室的种族，事实上虽已变换，名义上还用旧的。据说腊瓦查克利有一把剑，王室当为国宝，凡登王位者都接受此剑。老族据了王位之后，同样的谨慎接受这把剑，说明王室易人，故物犹在，而接受王位的仪式也不变。其实，不只八百的老族祖宗自诩为腊瓦查克利的后裔，就是暹罗的君主敢木丁（Ram Kamheng）也曾自诩为腊瓦查克利之后裔。他是泰族——大泰族，生于罗斛的王宫，其地位本来很低，后来得到王位之后，他以为他是腊瓦查克利的后裔，这是一种假托。据说他之所以这样做，是要与以腊瓦查克利为祖宗而自豪的八百或揽那国王孟莱以相对抗。

这样看起来，孟莱以为他的远祖是腊瓦查克利，可能也是假托而已。但尽管如此，我们对于这种传说，也不能置之不理。据《揽那纪年》，孟莱是腊瓦查克利的二十三代后裔，从八世纪的初年到十三世纪的初叶，有四百多年之久，八百的历史，其经过如何，很少见于史书。《揽那纪年》有一段关于建筑都城清莱（Chiengrai）而谈到其祖宗的事迹说：

<blockquote>
一日王游于湄南江滨，直抵蒲猛山（Pau Mou Dai）麓而言曰："吾列祖诏老向（Chao Lao-Chang）在位期自七一四年至七五九年，诏老高（Chao Lao Khao）之都城在法老山（Dai Pha Lao）下，迨老景（Lao Khieng）王在位时期（自八九九至九二五年）临朝，而建都于猛兀阳（Moung Ngeum Yang），其址在向山（Doi Chang）、刃山（Doi Tha）、雅岛山（Di-Ya-Thao）之麓，余亦将于猛山（Mon Doi）之下建一都市，为吾国之京师焉。"
</blockquote>

猛兀阳就是现在的清线。其地在湄南江上游的江畔。它是现在暹罗最北的一

个地方，这个地方曾为八百都城，有时也称为小八百，这个城的名称是 Keci-Nagra-Dhani Muong-Yavana。清迈是在清线的西南，而清莱又在清线之南。从这几个都城来看，我们可以了解八百的老族，是从北到南或西南。虽然本地纪年所说建国时期是在八世纪的初年，未必可靠，但是从北到南或西南是经过一个长期，也是可以想像的。

揽那这个国名，始于何时，不得而知。但可以说明的这个名称是掸泰或老族的名词，因为其意义是百万稻田。我们可以推想这个名称，似乎指出，在明代八百媳妇，曾有一位国王叫做刀揽那，这个名称也可能是由于最初为国王的是叫做揽那，因而以后遂名其国，也是有可能的。

据《揽那纪年》的记载，在十三世纪的初叶，老匄国有一位国王叫做老芒（Lao Meng），与景艮的君主的女儿结婚。到了公元一二四一年生孟莱。传说他是在一个神奇的环境中诞生的。他生而赋有神力，是一位半神的人物。孟莱是征服女王国而建立揽那王国的君主。孟莱二十岁时，这就是一二六一年，继承其父王位。他就位之后极力执行其父亲的扩大疆土的政策。《揽那纪年》告诉我们道：

> 王见其邻近其都城猛兀阳的泰族各部，以土地之迫切需要，不得不作彼此掠夺之举，各自以为有此权利，而居民惨遭踩躏矣。彼遂深信其地首领太多，实为地方之大害，此盖泰族祸殃之主要原因也。彼遂作一结论，邻境之诸王诸君皆我家之后裔，彼等与余同出于腊瓦查克利，而与老甲（Lao-Khap）、老桑（Lao-Sang）有亲戚关系，彼等之祖宗，曾居王位，传至老甲、老桑之弟老郭（Lao Kao）而止，两王中其一建立功勋。然彼等所拥之郭森（Kao Sen）区乃诏老（Chao-Lao Chong）遗产中，大有价值之土地也。彼等竟不复入贡，自余登位后，未尝以微物进献，彼等将为余之危险邻人。余不得不侵占其土地。(参看《永部揽那国或八百媳妇国史迹考》，陆翔译《国闻译证》，页十八)

从这段话看起来，我们可以明白在孟莱之前，老匄国也不过是腊瓦同化的老族的好多国家的一个而已。可能老匄是一个较大的国家，但诸国各自为政，互相争伐，并没有统一，还算不上是一个联邦国家。是在孟莱就位之后，始慢慢的征服其他的邻近小国，三十年后又征服了女王国。

在未征服女王国之前，揽那还是一个小国，因为在清莱之南有一个国家叫做夫尧。从夫尧到清线，大约五六十公里，在夫尧与清线之间是清莱，在这三个小地方的西南是女王国。女王国在当时是一个大国，夫尧虽不很大，但是一个独立国，在孟莱在位的时候，这个小国一直与八百保持友好关系。

这样看起来，八百在孟莱刚就位时，既是很小，就是在他征服其邻近诸国之后，与尚未征服女王国之前，其境界东似乎是到湄公河，南与夫尧接壤，北不到现在的缅甸的景东，而西与西南只能在汪河的东边。从东到西，从南到北，都似乎不过数十公里，其幅员还不及我国一个县。

孟莱是一位野心勃勃的国王，他就位后的四年，他从清线迁都于清莱。这是他向南与西南发展的第一步。为什么他不向北发展而向南或西南发展呢？可能是北边的车里或孟艮是一个劲敌。但我们知道在孟莱就位前约十年（一二五二），蒙古已征服大理，云南逐渐都为元军所征服。正在孟莱向南发展的时候，蒙古又开始征伐蒲甘，不久蒲甘也为蒙古所征服，所以孟莱要想向北发展是不容易的。而且，他之所以向南发展，是否得到元朝的帮助或默认，也是值得研究的。

孟莱之以清莱为国都，是他向南或西南发展的第一步，这个新都，也是他征服其他地方的根据地。他在一二七一年就开始欲占女王国，他先与夫尧国王裴孟昂（Phy Muang Nghm）① 以及速古台王敢木丁讲好。同时，又利用一些小邦的兵力帮助他去进攻女王国。但他的南进计划，并不见得一下就能实现，他得等候到二十年后，这就是一二九二年，始征服女王国，而达其所愿。

当地纪年还说在一二七一至一二九二的约二十年间他曾与缅甸南部的猛人国摆古发生纠纷，又为要孤立这个女王国，除与女王国的南部的速古台修好之外，他又不得不与摆古讲好。同时他还与已降蒙古的蒲甘王朝修好。传说，他自己还到蒲甘游历，并携回好多工人与艺术家。应该指出，在他未征服女王国之前，他虽然可以遣派使者经夫尧、速古台而到摆古与蒲甘，是有可能的。但他自己要作这样的长途跋涉的旅行，可能性也是不大的。

《新元史》指出，元世祖中统初（一二六〇至一二六三），元朝曾派兵去征伐八百，但没有征服而归。后来遣使去招徕，始置八百大甸军民宣慰司，但没有说明其置宣慰司的时日。《新元史》又说，大德元年（一二九七）以后，八百媳妇数次作乱，直到仁宗皇庆〔泰定〕四年（一三二五〔七〕），八百媳妇请官守，到文宗嗣位（一三二八〔至一三三八〕），八百媳妇遣使昭哀入贡。据《揽那纪年》，孟莱在位的时候，是一二六一至一三一九年，那么一三二五〔七〕的请官守与文宗时的遣使朝贡，并非孟莱在位的事情。至于数次作乱或叛寇，却是在孟莱在位的时候。

照我们的看法，孟莱之从清线迁都到南边的清莱，不只是向南或西南发展，而且可能是避免蒙古军队的侵入。但八百媳妇在一二九七年以及后来的叛寇，是不是由于孟莱已经征服了女王国，于是他又想向北发展，不得而知，可是彻里既早已为元朝所征服，元朝的边境当与八百接壤。元朝既已征服了蒲甘或缅甸，一二九六年又征服大彻里，立彻里军民总管府，此后的八百媳妇若不投降或称臣于元，元朝似乎是不会容忍的。我们推想，在大彻里投降之后，可能孟莱自以为他

---

① 编注：此处对应的中文译名与外文名前后不一致，今从底稿。余不注。

既已征服了女王国,他可能自以为国势正强,可以与元朝对抗,因而遂有叛寇之举,但谓为反叛而非侵略,也可能在未叛之前,已经向元称臣,到了后来又反叛。

第七章　孟莱的时代

关于孟莱在位时与元朝的关系，我们还要在下面说明，我们现在要把孟莱之征服女王国，及其建都于清迈的经过，加以叙述。

上面已经指出，早在一二七一年，孟莱已企图征服女王国，但是直到一二九二年，始能如愿。我们知道，女王国曾大败过南诏，这件事见于樊绰的《蛮书》。樊绰告诉我们，南诏曾将二万人去征伐女王，女王用药箭去射击，结果是南诏的兵士"十不存一，蛮贼乃退"。我们也知道，女王也击退了真腊的侵略，这件事见于暹罗的记载。据说真腊的国王苏耶跋摩第二（Surya Var Man Ⅱ）公元十一世纪时候，曾派兵去征伐女王，但结果是失败而归。到了十二世纪的时候，著名国王苏耶跋摩第二又遣兵去侵略女王，但是也失败了。南诏在唐代，是一个强国，是唐朝的劲敌。它北陷过四川的成都，西南败了骠国，东南占过交趾。真腊在东南亚的国家中当时是一个最富强的国，其属地北至老挝，西达蒲甘，而西南到马来半岛的北部。女王国，在唐宋之间，能够北御南诏，东拒真腊，说明这个国家，也是一个强盛的国家。然而到元的初年，却为八百所征服，虽然可以说是国势已趋于衰弱，但也正像我们上面所说，是与蒙古的南侵是有了关系的。

我们上面说八百之征服女王，可能是得到蒙古的帮助或默许。所谓帮助是积极的参加战争，或出兵助粮，所谓默认，虽然没有这样的去做，但是答应八百去征服，同时又不支持女王去抵抗八百。上面也已指出，在元朝的初年，元朝也曾派兵去征伐八百，但没有成功而还。这也说明了八百是已在强盛，元室看到用武力不足以征服其国，于是乃用招徕的方式。尽管这样，八百还是时时叛乱。我们推想，孟莱可能在这个时候，要求蒙古准其进攻女王而不加以干涉，或甚至要其帮助去征服女王，其条件是承认元朝为上国。孟莱是一位实力者，也是一位善于利用外交手腕者，所以同时他又联络东边的夫尧，南边的速古台，西边的摆古与蒲甘。这样的孤立了女王，经过二十年余（一二七一至一二九二）的经营，结果征服女王，这是一件长期的征伐，也是一件艰难的工作。又在八百征服女王之后一个时候，据说女王人民曾有过复国运动，八百国都又曾迁回清线，这更说明征服女王的艰难。

从女王国方面来看，元朝灭亡大理之后，其南边的疆土很快的伸张到女王国的边境。大理是亡于一二五二年，据《元史》记载，女王国于一二八九年曾与罗斛遣使到元廷朝贡，在此之前，我还找不出女王与元朝的关系的记载。两国的疆界既毗邻，若说完全没有来往，是很难想像的。可能女王的统治者在一二八九之前，还不知道蒙古帝国的强大，以为在历史上，它可以击退真腊与南诏，就使蒙古侵略，也可以击退。同时，元人又忙于征伐西边缅甸与东边的八百，对于女王，无暇顾及。这样，女王的统治者，对蒙古既不称臣朝贡，对于八百的力量也估计不足。到了后来，八百的压力日来日大的时候，于是不得不求救于元，所以一二八九年才遣使入朝。但到了这个时候，可能已太晚了。因为正像我们上面所说，蒙古可能已经答应八百征服女王，假使不是这样的话，那么元朝真要帮助女王去抵抗八百，八百要征服女王，是不容易的。

蒙古之征服各国与其所以成为历史上所少有的大帝国，虽然是用武力，但也常用外交。凡是可以用外交去使其称臣朝贡者，就用外交，就是用了武力而一下不能成功者，也可以改用外交。其对付八百就是这样。八百之于元朝的接触，比之女王可能较早而较多。孟莱对于元朝的政策，是明白的。而况孟莱自己也是善于外交，他若能用这种方式去达到其征服的目的，他一定会尽量的利用。他之征服女王是用了外交与武力。在其征服女王国的过程中——长期的工作的过程中，这两种方式中是那一种起了较大的作用，我们无法估计，但我们相信外交的作用，是很大的。只看他联络了夫尧、速古台以至摆古、蒲甘，而孤立女王，就能明白这一点。

孟莱征服女王国之后，他又准备迁都于西南。女王国的国都是在现在暹罗的南奔（Lamrun①），约在现在的清迈的南边的二十八公里。不知是否这个国都是在战争的时期，破坏太大，所以孟莱不愿意在此重建都，抑或为了其他的原因，而使他放弃这个地方，但在地理上，我们知道，清迈是暹罗北部的一大平原，这是一个盆地，围绕着的是山岭，而其旁又是湄滨河，这就是湄南河的一个支流，不只地势险要，而且土地肥美，物产丰富，风景宜人。

据说孟莱在未决定清迈为国都之前，曾邀请速古台国王敢木丁与夫尧皇子坤孟昂（Kun Muany Ngam）到这一带来视察，并征求关于选择国都的意见。传说在清迈这个地方，是一个神灵之地，人们曾在这里看到白鬣鹿及白鸣鹿（Barking Deer）各二个，又有一只白鼠，五个小白鼠，因此经过这三位君主磋商之后，乃决定在这里建设都城。这个城的建筑，有人说是始于一二九四年，也有人说是始于一二九六年。

清迈的意义是新城，所谓新城者，是对着旧都清莱与清线而言也。清迈定为国都之后，在某一个时期中，八百的政治重心虽然也迁移到东北的清线或是我国史书上所说的小八百，但清迈不只在八百媳妇历史上，是长期的都城，而且自这个城建筑之后，始终是八百的最重要的城市。直到现在，还是暹罗北方的政治、经济、文化、教育与宗教的重心。

---

① 编注：此处对应的外文名前后不一致，今从底稿，余不注。

考古学者曾在清迈附近找出一个比清迈为古的城市。城名是拉萌（La Maing），这里有一个寺庙的遗址。有人以为这是叫直约寺（Wat Chef Yot），这个寺的年代，当在孟莱之前，因此这个城市可能也是在孟莱之前所建筑的，这个城与寺也可能是女王国时代所建筑的。

但据传说，孟莱在未建筑清迈之前数年，这就是一二九〇年，曾在离清迈约五英里的一个地方建立了一个城，名为清甘干（Zieng Kumkan），后来因为这个地方易为洪水所淹，所以孟莱于一二九六年始迁其都于现在的清迈。但据历史记载，孟莱之征服女王国，是在一二九二年，女王国的国都，是在南奔，南奔离清迈约二十英里，在他未征服南奔之前，他是否能在离清迈约五英里的地方建立城市，却是一个问题。

八百媳妇的发源地，本来是在清线，这个城市是在湄公河畔哥（Kor）河的河口。孟莱迁都于清莱或清海，还是属于湄公流域，可是清迈建都以后，政治的重心从湄公流域转到湄南与湄平流域。清莱还靠近清线，清迈却远离清线，说明这个国家，是向南发展。而且八百征服女王之后，不只后者的国都南奔属于八百，就是在南奔之南的南邦，及其南部，也属于八百。所以清迈之选为国都，也可以说是八百媳妇的向南发展与版图扩大的表征。

孟莱在位的时候，他与夫尧、速古台两个国家始终维持其友好的关系，似乎是没有问题的。在《巴费行纪》（*Mission Pavie*）中的历史研究一章中所录的司密斯碑文译文，有一个清迈碑文，夫尧的裴孟昂与速古台的敢木丁的名字是与孟莱的名字，同见于这个碑文。碑文记载一个佛寺，举行宗教典礼，这不只说明他们三者是共同崇拜佛教，也是说明三者的友好关系。

这三位国王，在位时期既是同时，他们的会面机会，似乎也不止一次。除了上面所说在选择清迈为都城时，他们三位曾会面外，吴迪（Wood）在其《暹罗史》（*History of Siam*）中，还叙述了下面一件故事。

> 敢木丁皇之爱好美人，一如其他伟人者然。景迈建立之前数年，敢木丁皇聘问裴孟昂皇子于夫尧，当时即已倾心于皇子之艳妃，后裴孟昂皇子发其私通，遂执敢木丁皇，皇子嫉恨之余，初本拟有以磔杀之，旋乃转念，决意邀孟莱（景迈）皇出为调人，以息其事。孟莱皇应约立至夫尧，裴孟昂皇子遂倾吐其衷曲于皇，孟莱皇乃陈其利害于皇子曰：吾三泰族国，益宜共谋三者间之睦谊，是仍克以御敌。皇并力劝其切勿轻举妄动。嗣后敢木丁皇自承其过，孟莱皇且教其亲往谢罪，并纳赔款九十九万贝子予裴孟昂皇子，敢木丁皇践其约言，是以泰族元首间友谊之笃，较前益为增进不渝焉。（吴迪《暹罗史》，陈礼颂译，页六七至六八）

究竟有否这件事，我们不必考究，若是真有其事的话，那么这件既又发生于景迈建筑之前数年，那么可能还是在孟莱还未攻破女王国之前。孟莱为着自己的利益，这就是为着达到消灭女王国的企图，当然不愿意夫尧与速古台二者的纠纷扩大，而引起战争。可能他还借力于这二者而始能征服女王国，所以他不得不尽力去和解夫尧与速古台之间的仇视。

至说是为了三个泰族的民族主义而应该息争，恐怕是后来的历史学者的推论而已。因为民族主义，在这个时候，不见得深入于这些人心。孟莱就位的初年，其邻国都是泰族，但孟莱并不因为他们是泰族而用和平方式去联络，他所用的是武力去征服。在孟莱之后，老挝、八百与南边的速古台，以至阿瑜陀王朝，都是属于掸泰族，可是他们却不断的互相争伐，说明民族主义不一定是他们联络的主要原因，主要原因可能还是自身的利害。

但是我们也得指出，这三个国家，在三个国王在位的时候始终维持友谊关系，也是无可疑的。我们知道，敢木丁虽然也是一位野心勃勃的君主，他对于孟莱征伐女王而不加以干涉或阻止，是一件不易解释的事情。在八百征服女王之后，孟莱没有反脸而向速古台进攻，一方面虽然可能由于友谊的关系，一方面也可能是由于速古台在敢木丁统治的时候，也是一个强国，所以孟莱也不见得轻于妄动，而当友为敌。但是夫尧是一个小国，是在清线、清莱之南与清迈的东北，在地域上是与八百毗邻。而且可能在那个时候是与现代一样，往清迈到清莱与清线经过夫尧，也是一条比较方便的途径。孟莱在征服女王前后都没有加兵于这个小国，这也是一件不易解释的事情。但是正是这样，我们所以说他们的关系始终是友好的。

有的历史学者，还以为暹国或速古台王国之与中国的友好关系，是得力于孟莱。兰番佛巴得里在其《永部揽那国或八百媳妇国史迹考》（陆翔译《国闻译证》，页二一）一文中说：

> 孟莱之意见，始足以左右其强毅之邻王（按：指敢木丁），使其旨趣走入与蒙古人永久联络之一途。盖蒙古朝于一二九五年，复遣使臣赴暹国，解决纷争，其后二年（一二九七）暹国与罗斛之使臣，遂相见于蒙古朝，各得章服之赐矣。

我们知道，至元十九年（一二八二），元朝曾遣万户何子志、皇甫杰使暹国，但这二位使者经过占城时，于一二八三年被占城国主杀害，而没有完成其任务。《元史》卷一八说：

> 至元三十一年（一二九四）七月甲戌诏谕暹国王敢木丁来朝，或有故，则令其子弟及陪臣入朝。

又卷二一〇说：

> 暹国当成宗元贞元年（一二九五）进金字表，欲朝廷遣使至其国，比其表至，已先遣使，盖彼未之知也。赐来使素金符佩之，使急追诏使同往，

以暹人与麻里予儿旧相仇杀，至是皆归顺，有旨谕暹人勿伤麻里予儿，以践尔言。

据暹罗方面的记载，敢木丁曾数次亲自到中国朝贡。我国史料中虽没有这样的记载，但是自一二九五年以后，暹国不断遣使到中国，在这个时候之前，传说敢木丁对于中国是采取一种置之不理的态度。暹国之朝贡中国是与孟莱的劝解有关系，也是可能的。暹国在女王国之南，女王国亡后，又在八百之南，疆土不与中国毗邻，对于中国采取冷淡态度，也是可能的。孟莱对于中国的了解既清楚，他劝其友人与他一样的与中国友好，也是可能的。说不定孟莱之从中调解是由于元朝的示意。

上面是叙述八百媳妇与速古台以及夫尧的关系，我们现在且来看看八百媳妇与车里以及孟艮的关系。

马司伯乐（G. Maspero）在《宋初越南半岛诸国考》（冯承钧译，见《西域南海史地考证译丛》，页一三七至一七○）一文中说：

> 西双板纳（Sib Son Phan Na）此言"一万二千稻田国"，其都城名曰 Xien Run，亦名景很（Xien Hun），地方纪年则名之曰 Alavirastra。一三○○年时，元平其地，置彻里军民总管府。彻里一作车里，此国包括车里（Xien Run）及思茅（Muon La）两地，有时兼有普洱，其南境不出云南省外。（页一四七）

又在页一四九注二四中说：

> 《庸那迦国纪年》云，庸那迦（Yonaka）国分为二部，北部为景很、西双板纳鹿（Alavirstra Xien Run、Sib Son Phan Na Lu），其北境与大理（Muon Seiy）之 Ho 国（中国）接界，南部为庸那迦、景线或金城（Yonaka、Xien Sen），当其隶属吉蔑帝国时，其南境与哈利班超｛Haribp Unjaya（Xien Mai）｝接界。

《庸那迦国纪年》所说的，若没有错误，那么车里也曾属于这个国家了，马司伯乐似乎相信这一点，所以他说：

> 案：车里（Alavirastra）久列为金城国（Xien Sen）之版图者也，则金城应与南诏接界。

应该指出，这个清线或金城国，其最初是否为八百媳妇的祖宗所建立或统治，还是一个问题。有人怀疑这个城是在真腊人统治之下而建立起来的。关于这一点，马可伯乐在其同文中也曾指出。

> 考《金城国纪年》尚保存有其国隶属真腊时之遗事。据云昔有王名苏耶跋摩（Suryavarman），其子名曰阿约甘摩陀（Ayarumara）来居此金城

(Xien Sen)。当时此城名曰金城（Suvarnagrama）。又云，后国王苏耶跋摩之国师古因（Gurn）婆罗门名范希陀（Vahira）者，被逐出国，在今孟枋（Muon Fan）附近建设一城，名曰石洞城（Unmargacitanagara），至阿约甘摩陀后嗣已绝之时，婆罗门范希陀之后裔，遂为金城国主。《庸那迦国纪年》并云，"自是以后，吉蔑人遂为国患"。《庸那迦国纪年》又引《孟拜尧（Muon Bayao）纪年》，谓此城乃浑孔陀摩（Khun Com Dharma）在一吉蔑旧城废址之上所建之城。

假使这种纪载，没有错误，那么最初的清线为真腊人所建立似乎是没有问题的。

大致的情况可能是这样：当真腊强盛而南诏势力已经衰微的时候，清线这一带，是在真腊的势力范围之内。因为这个地方，是湄公河及其支流的合汇处，是交通要冲之地，所以真腊人乃在这里建立城市，遣其王子去治理。但是这个地方，也是老族所聚居的地方，所以统治者虽为真腊人，人民却多为老族。到了后来，真腊衰弱，老族遂乘机夺取其统治权。这应该是宋代末年的事情。到了十三世纪的初年，孟莱的父亲就位之后，这个国家慢慢的发展起来，到了孟莱，乃向西南发展，兼并了好多小国，于是成为掸泰族中一个强盛而版图很大的国家。

至于车里之所以被称为庸那迦的一部分，可能也是由于在真腊时代，真腊之在清线的统治者，把车里当为一个属国。但事实上，车里应该是一个独立国家。

车里之于八百的关系，除了像上面所说的，还有婚姻的关系，上面也已经说过，孟莱的母亲是车里国王的女儿。传说孟莱的妻子，也是车里的公主。二者的关系既如此密切，所以在元朝一代车里时时与八百相结而反对元朝，也是有其原因的。

关于车里，《招捕总录》"车里"条说：

> 大德二年（一二九八）三月，小车里结八百媳妇为乱，经时不下，遣使奉诏，招之不听。延祐二年（一三一五），车里兀竹鲁侵阿尼必解寨、阿白出麻烧劫，又罕旺及其弟胡念、弟爱俄等侵银沙、罗甸、兀里、盐井部、日女具落索等甸，劫民财，吓取官所征差发，遣使招降，遣白衣阿爱诈为己子出官，劫掠如故。既而爱俄死，其兄弟子侄罕塞、昭爱、利构、木力、梦兀仲等五人分党，争爱俄位，相杀，久之遣火头郭力看贵象牙一、金信答一来降。

关于车里，《明史》说得较为详细，但是这是后来的事，我们这里只可从略。《明史》卷三一三有《孟艮传》，只说在姚关外二千里，但没有载其四至。师范《滇系·属夷》十之一"孟艮府"中说：

> 孟艮蛮名孟掯，在姚关东南二千里，东为车里界，南为八百界，西为木

邦界，北为孟连界，自古与中国绝。永乐四年（一四〇六）来归，改孟艮府编差，发黄金十六两，后为木邦兼并。嘉靖间（一五二二至一五六六）附于缅，与景迈莽应龙相表里，然亦未敢背。汉云其酋名怕诏，所居层楼，有妻数百人睛候，乘象出，浴于江，浴毕厮服罗拜，酋解纳臂金镯，授者当夕。其官师曰司禄、刁猛，卒伍曰皆些，出入以象，名曰象马。兵革犀利，男女俱警捷，沃野千里，最称殷富。地多虎，农者于树杪结草楼以护禾，衣皆套顶，鹅毛为褥。

上面已经指出，八百媳妇之所以名为八百媳妇，据说因为"其酋有妻八百，各领一寨因名八百媳妇"。孟艮酋也有妻数百，不知是否有了关系。但无论如何，八百媳妇既为庸那迦国的一部分，据说孟艮又为庸那迦国，这就是车里与景线国或是景迈的最初居民所自出的地方，那么八百媳妇的人种，又有了腊瓦人种的血统。马司伯乐在《宋初越南半岛诸国考》一文里也说：

> 当时之孟艮（Xien Ton）即《庸那迦国纪年》所称为 Lava 国，而视为庸那迦国最初居民所自出之地者也。是否亦隶吉蔑，今尚无迹可寻。昔日其国土抵于景迈，今日其人即伏处孟艮城周围山中。其国在当时似有时隶属于吉蔑属国之金城国，有时隶属于歹夷所建之憍赏弥国（Kocambi），惟事有不可解者，诸国纪年乃名此国曰吉蔑国（Khmerrastra）。

其注解中又说：

> 此憍赏弥国国力常及湄南江上流，《明史》卷三一三《孟艮传》谓其地景泰中（一四五〇—一四五六）为木邦所征服，《明史》之木邦，即此处之憍赏弥也。

这样看起来，孟艮不只是八百的种族所自出的地方，就是后来为八百所占有的土地的南边的清迈，也曾入过孟艮的版图。

第八章　八百与中国

我们现在可以谈谈孟莱在位时八百与中国的关系。上面已经指出，旧《元史》没有《八百媳妇传》，《新元史》虽然有《八百媳妇传》，但大致是从《明史》及《滇系》抄过来，同时，也可能是参考了元人所著的《招捕总录》。《招捕总录》的著者已失名，此录现收入"守山阁丛书"史部。其在雪枝氏所作的跋中说：

> 元本题女真《招捕总录》。案所记自元世祖至元迄英宗至治（一二六四至一三二三）。《揅经室外集》无女真字，是也，今从之。此记招捕云南大理金齿、罗罗斯、车里、乌撒、乌蒙、东川、芒部、八百媳妇、八番、顺元诸蛮，宋隆济、广西、两江……凡二十三条。详核足补史氏之阙。前冠招捕文一通，古劲不类宋以后人手笔，卷末云招捕事不止此，惟取与序相干者入注，然则文与记，非出一人手也。

在这本书的"八百媳妇"条说：

> 大德元年（一二九七），八百媳妇国与胡弄攻胡伦，又侵缅国，车里告急，命云南省以二千或三千人往救。二年（一二九八）与八百媳妇国为小车里胡弄所诱，以兵五万与梦胡龙甸土官及大车里胡念之子汉纲争地相杀。又令其部曲混干以十万人侵蒙样等，云南省乞以二万人征之。四年（一三〇〇）梁王上言，自讨贼，朝议调湖广、江西、河南、陕西、江浙五省军二万人，命前荆湖占城行省左丞刘琛等率以征。既而道经顺元，土官宋隆济作乱，道路不通。官军死伤，琛领军回，不果征。至大四年（一三一一），云南省上言八百媳妇、大小车里作乱，蒲蛮阿娄银僭平章都元帅，七十城门土官缅察犯临安、建水，普定路土官的谋害迁调官吏，似此蜂起，数年不息，乞进讨，朝廷命赍诏招之。

又说：

> 皇庆二年（一三一三），云南省命斛难甸达鲁花赤、法忽剌丁等领元招出八百媳妇部曲乃爱乃温，官宾官吾，恰尼哀当吾、化儿阿吾、阿散阿哀等往其地。延祐元年（一三一四）正月至其境木肯寨。其蛮酋浑乞滥、妻南甫贡使火头乃要弄来迎。诏至寨，立栅，围使者，问来故，答之。又曰赍来圣旨有何说，使者言未开读，不敢言，候见浑乞滥言之，乃要还报，既又来致南贡弄之言曰，使臣有何说可告我。前此使者止至我寨即回，法忽剌丁等不可。二月十三日，浑乞滥子南通来见，使者言行省先遣胡知事招尔等尔等

遣乃爱等出降，故圣旨令遣我辈来招尔父子。南通曰，我等非降也，胡知事言尔朝廷地阔军多，故使家中一二人从胡知事往观之耳。明日南通遣乃要来言，胡知事来时与我衣服、鞍马，今尔等所有马可尽牵来，言讫一时牵去。明日又来取去衣服。既而浑乞滥遣南忿来曰，可令使臣来见我。三月十七日法忽剌丁至合二寨与浑乞滥相见，宣诏，明日浑乞滥令使者送其子南通往孟范甸把边，可就观我地境，使者不从，曰，若不观我地土，归朝何以复命，使者从之。至孟范，别有生蛮比要与南通叔父己伦来侵，南通言，使者不可不助我，使者从南通至木丙山拒敌，比要闻有诏使，遂退，还至孟范，使者欲返，南通曰，天热水涨，秋凉令尔回。八月终，始得出，九月四日至浑乞滥寨，浑乞滥手书白夷字奏章，献二象，令其部曲浑乞漏、浑八剌、我董赛、爱章阐等随使者赴阙。

在同书曾指出元贞二年（一二九六）以及大德二年（一二九八），车里会结八百媳妇为乱，虽经元朝征伐，但经时不下，数遣使奉诏招之不听。

又在"宋隆济"条说：

大德五年（一三〇一），雍真葛蛮土官宋隆济叛。初，朝廷调湖广、云南兵二万征八百媳蛮，湖广兵命左丞刘琛等领之，取道顺元、八番进讨。又令云南左丞月忽乃招答剌罕军入境调用，命新添葛蛮军民宣慰使司，自琅诩驿经平坝蛮峡至顺元哝笮等寨。

《新元史》卷二百五十二《八百媳妇传》说：

八百媳妇者，夷名景迈，世传其长有妻八百，各领一寨，故名。自古不通中国，世祖中统初，命将征之，不能达而归。后遣使招徕，置八百大甸军民宣慰司。又有大小彻里，本古产里，伊尹《四方献令》曰产里以象齿、短狗献，周公作指南车，导之归，故又名车里，后讹为彻里云。其地在元江南，与八百媳妇，犬牙相错。成宗元贞二年（一二九六）大彻里胡会降，立彻里军民总管府，又置耿东路耿当、孟弄二州。大德元年（一二九七）八百媳妇叛，寇彻里，遣野老不花讨之，不克。四年（一三〇〇）用云南右丞刘深计，发兵二万，立征八百媳妇万户府二，出四川、云南囚徒从军，人给贝子六十索，深等将兵取道顺元路，调民供给，土官宋隆济绐其众曰，官军征发，汝等，将尽剪发，黥面为兵，身死行阵，妻子为奴，势所必至。众感其言，遂反。深复胁水西土官之妻蛇节，出金三千两、马三千匹，蛇节不能堪，联结隆济，率苗、狆、紫江诸蛮围深穷谷中，攻破杨黄寨，杀掠甚众。朝命陕西平章也速带尔、湖广平章刘国杰将兵合讨之，大败隆济兵于墨特川。其兄子顺元路同知阿重缚之来献，蛇节亦乞降，并斩之。深坐弃市，于是罢所置万户府，留蛇节养子阿阙于水西，以抚其民，而升阿重为宣抚使。武宗至大二年（一三〇九），八百媳妇与大小彻里作乱，威远州土官谷保夺据木罗甸，遣云南右丞算只尔威招之，私受谷保赂，竟以败还。仁宗皇庆初（一三一二），八百媳妇再寇边，帝降诏招抚之，始献驯象、白象，继遣其子招三听来朝。时大彻里哀用亦遣贡使七十五人诣阙，赐裘帽鞋袜有差。

我把这几段史文而特别是关于孟莱时代的八百媳妇的记载都抄下来，因为这不只是其所记载的都是在孟莱在位时候（一二六一至一三一七）的事情，而且这是我国关于八百媳妇的较早的记载。

尤其值得注意的，是在"八百媳妇"条所说的一些人名，很像《揽那纪年》中所记载的人名。比方《招捕总录》"八百媳妇"条所说的浑乞滥，似乎就是《揽那纪年》中所说的 Song-Kram。乞滥与 Kram 的声音很相近。浑的声音与 Song 的虽有所不同，然也不能说完全没有接近，而且，浑也可能是 Khun（官）的对音。官（Khun）在掸泰语系中是与我国的官的意义相近。Song Kram 也可以称为 Khun Song Kram，我人译音时，只取其头尾二字，而简略中间的 Song。至于《新元史》中所说的招三听也与 Song Kram 的声音接近。招应该是 Chao 的对音，意义是官的称呼。三的声音近于 Song，而听的声音近于 Kram，虽则我们也得指出，这个对音，没有浑乞滥那么相似。《新元史》的著者应该看到《招捕总录》这篇著作，但不知他从那本著作中而译为招三听。又浑乞滥的儿子在"八百媳妇"条是叫做南通。《揽那纪年》Song-Kram 的儿子是叫做 Phonam-Thuom，南通的声音与 Nam-Thuom 很相近。同译 Song-Kram 而简略了 Song 字一样，译 Pho-Nam-Thuom 而简略了 Pho。所谓 Pho 不知是否现在掸泰语中的 Phya，这个字的意义也是近于官或是一个官衔。"八百媳妇"条所说的八百媳妇的酋长的父与子的名字与《揽那纪年》中所记载的父子两者的名字，在声音上都很为接近，这不能说是偶然的事情。而况，两书所记载，这些人物又是同时的人物。

又"八百媳妇"条所记的地名，如木肯，似乎就是孟肯或孟艮。至于孟范应该就是孟枋（Muong-Fang），孟艮是与八百接壤，而且在八百之北，或偏于西北。这个名字见于《新元史·八百媳妇传》。在孟莱的时代，可能曾属过八百。孟枋是在清线的西南，清迈的东北，这是一个有历史性的地方，当时可能得到蒙古的保护而与八百对抗。

上面已经指出孟莱在位的时候，是从公元一二六一至一三一九。《招捕总录》"八百媳妇"条所载法忽剌丁等之到八百，是在孟莱的末年。法忽剌丁之到其境木肯寨，是延祐元年（一三一四）的正月，九月始离其境回云南。浑乞滥既是孟莱的儿子，他当时的封地，可能是在清线与清莱一带。《揽那纪年》说他曾承继孟莱王位，但不久又被废而复掌握清莱的行政权。所谓复掌握者，是说明在他未承继王位之前，曾是这个地方的行政长官。元朝的使者之到了八百，事实上并未到其当时的国都清迈，也没有看到孟莱。所以孟莱这个名字没有见于《招捕总录》，也没有见于《新元史》。《招捕总录》没有说明法忽剌丁等见了八百媳妇的国王，只说见其蛮酋浑乞滥，没有说明见其王后，而只说明见了浑乞滥妻甫贡弄，这样看起来，《招捕总录》所谓八百媳妇与大小车里作乱者，并非其王孟莱而只是其边疆行政长官与大小车里的勾结而已。至于中国方面，其所遣派的使者，也只是云南省的使者，而非中央的使者，这说明这是地方性的交涉。

说到这里，我们不能不问，在孟莱在位的时候，他是否曾与元朝有过直接的关系？照《新元史·八百媳妇传》所记载，皇庆初（一三一二）八百媳妇既献驯象、白象，而且继遣其子招三听来朝，这应当是孟莱所遣派的。但是《招捕总录》与《新元史》都没有记载孟莱这个名字。我们可以说，就算孟莱与元朝有了直接的关系，这种关系似乎也不繁频。而且，这种关系当在孟莱在位的晚年。《新元史》说其献驯象、白象，是在一三一二年，旧《元史》卷二十四英宗"皇庆元年"中说：

辛卯敕云南省右丞阿忽台等，领蒙古军从云南讨八百媳妇。

但又说：

戊戌罢征八百媳妇蛮、大小彻里蛮，以玺书招谕之。

又说：

八百媳妇、大小彻里蛮，献驯象及方物。

又仁宗"延祐二年"（一三一五）中说：

癸卯八百媳妇蛮，遣使献驯象二，赐以币帛十一。

这都是在孟莱晚年在位的事情。《元史》本所记载的八百，遣使贡献，应该是八百国王所遣的使者与方物，不是地方所遣的使者与方物，虽则地方也可以与中国办交涉。上面所说的中国遣使去谕浑乞滥，就是一个例子。

孟莱就位之后，不久既就向西南扩张版图，他先从清线迁到清莱，又从清莱迁到清迈。从一二六一年，他就位之后，到一二九六年他迁都清迈，共三十五年之久，这也可以说他向西南发展的时期。在这个时期中，他要统一老族，又要准备征伐猛族的女王国。他之所以向西南发展，而不向西北或东北或北方发展的原因，可能是知道蒙古的势力强大，或是受了蒙古的暗示或许可。但同时八百媳妇又与车里联结而反抗中国，这是什么原因呢？我们以为可能这也是他向西南发展的计划中的一种策略，这就是利用车里与联结车里去作乱以遮掩他的向西南发展的野心。清迈原为女王国的领地，女王国在蒙古于一二五二年侵略云南之后，应该与蒙古有过接触。《元史》卷十五至元二十六年（一二八九）曾遣使到元朝贡方物，说明女王国与蒙古的关系应该在一二八九年之前。女王国既与元朝友好，八百要想征服女王，元朝不见得会答应。但孟莱既决定去征服女王，他似乎就不得不利用与联络车里去作乱，作为分散元朝的力量，或作为要挟元朝使他能够侵略女王，所以在女王未被征服（一二九二）之前，以至清迈还未建为都城之前，虽经元朝多次的征伐与招徕，他始终取了一种消极的抵抗方法，到了他的晚年，他既灭了女王，又建都于清迈，他的扩张志愿已达，他然后与元朝言好而遣使贡献。

《揽那纪年》说孟莱死于一三一九年。但据吴迪（Wood）《暹罗史》（History of Siam）（陈礼颂译，上册，页七〇）却说孟莱死于一三一七年。孟莱就位于一二六一年，若照《揽那纪年》所说的死年为一三一九，他在位共五十八年。孟莱与速古台的敢木丁与夫尧的孟昂，在其生前都能维持其友好的关系，而三人在位的时间都是很长。敢木丁就位于一二七五年，死于一三一七年，在位四十三年。孟昂就位于一三〇三年，死于一三二八年，在位六十年。

这三位君主，都是建立国家的君主，在位的年数又久，在位时，其国都可以说是相当强盛，但是他们死后，其国家有的很快就灭亡，有的很快就衰弱。夫尧的孟昂死后十年，夫尧就为八百媳妇所归并。敢木丁死后，其子吕泰（Loetai）柔弱无能，诸侯叛乱，又遭南邻罗斛的威胁，于一三四九年也为罗斛所归并。

孟莱死后，其子浑乞滥或招三听就位不久，未得民心，在位数年就弃王位。他后来退居清莱，管理政事，终其余年，使八百成为分裂的局面，他的儿子线甫（Sen Phon）又才把这二个地方统一起来，但这个国家又因王位的争夺，而引起内乱，国势远比不上孟莱时代那么强盛。

第九章 后期的八百

《揽那纪年》说孟莱死后，其子浑乞滥（Song Kram）继位。上面已经指出，浑乞滥也可能是招三听。这两个名词，都还于 Song Kram。浑乞滥在位不过数月就退位，继其位的是其子线甫（Sen Phou），这应该是一三一九或一三一七年间的事情。

元人著作的《招捕总录》"八百媳妇"条说：浑乞滥曾接待过元朝的使者。他镇守的地方，应该是在清线或清莱。元朝的云南最南的边境是接近清线，而清莱又在清线之南不远。从地理上来看，从云南到清线以至清莱，比之从清线或清莱到清迈，其路程还要近。所以元从云南所派的使者，只到浑乞滥所镇守的地方。可能因为这个地方是靠近云南，而镇守这个地方的又是孟莱的儿子，虽然浑乞滥与中国办交涉，也得征求他的父亲孟莱的同意，但他是太子，是孟莱的承继人，其有很大以至自主的权力，去统治其所管辖的区域，以至与中国办外交或对中国作战，也是可以理解的。在孟莱离开清莱与征服女王国之前，他可能已在这个地方镇守。清线是他们祖宗的发祥地，而清莱又是孟莱未建都于清迈之前的国都。所以这二个地方的重要，也是无须解释的。又《招捕总录》说：中国使者见了浑乞滥之后，还偕其子南通到了孟枋附近，这样看起来，浑乞滥之在这一带，不只历史很久，权力很大，而且可能对于这一带的酋长与人民，也有其深厚的情感。

至于清迈，从浑乞滥来看，居住的时间，可能只是暂时。因为清迈定为国都之后，又为他的父亲所居住的地方。他既不能不受他的父亲的统治，他也不能不当清迈为八百媳妇的政治中心。但这个地方，既非他久住之地，不只中央政府的重要官员与他不见得很熟识，就是当地的人民对他也不一定很认识。而况，女王国是猛族所建立的国家，虽被八百所征服，其人民大多数可能还是猛人。不只对于浑乞滥没有什么感情，就是对于孟莱及其统治阶级，也不一定很表同情。恢复故国的情绪，可能还存在。在这样的情形之下，除非一位对于当地的情形很为了解而同时又要有相当才干的人，想去管理这个地方就不容易。

我们所以说了上面数段话，目的是要说明为什么浑乞滥在位不过数月就要退位，退位之后由他另一位儿子叫做线甫去继位。这里似乎不是争夺王位而退位，只是因为环境对他不利，所以他自己却又回到清莱，直到他死之后，他的儿子才又直接管理清莱或者以至清线。其实，我们知道线甫在位不久（约十年），他又重建清线立为都城，这也可能是因为清迈的猛人的反抗老人的统治情绪很浓厚，因而不得不退回东北部。

线甫的生平，可能是这样：他虽然是浑乞滥的儿子，但可能经常跟着祖父，也很可能是在祖父征伐女王国以至建都清迈，他都参预其事，所以他对于清迈的情况，比较了解。所以他父亲退位时，就由他承继王位。尽管如此，经过十年的统治，他也感觉到这个地方不易治理，待到他的父亲浑乞滥死了（一三二九）之后，他又重建清线作为后退的准备。所以在他的父亲死了那一年，他又定清线为国都——回到有历史有情感的祖宗发祥的地方。

线甫既回到北方，定清线为国都，据说他乃派其弟福道刚甫（Pho Thao Kam-Phou）为清迈的统治者。据说在线甫在位的时候，他的兄弟南通，曾因想僭居王位而被杀。又其叔父之为木难（Mone）部长者，也想篡位。

这是国内的情况，至于对外方面，据说木难（Mone）也曾反抗八百，同时又与速古台王朝联络，因而八百媳妇与速古台王朝，从此以后，也时有争端。此外，福道刚甫又与磨地勃（Martiban）断绝外交关系。又从一三三二年起，这位国王又与夫尧有争端，虽然夫尧于一三三八年归并于八百媳妇，但八百媳妇的国势，已远不及孟莱时代那么强盛。

而且，应该指出，在十四世纪的中叶以后，在八百媳妇的东边，又有一个新兴的国家兴起，这就是老挝。老挝在法安（Fagun）统治的时代（一三五〇至一三七三）不只强盛，而且也极力向外发展，到了后来，老挝不只威胁八百媳妇，还把八百媳妇归并于老挝的版图。至于南边的速古台王朝，在一三四九年被罗斛征服之后，改国号为暹罗，后来又成为八百的征服者。

《新元史》一四九《八百媳妇传》说：

> 泰定二年（一三二五）以土人寒赛为彻里军民府总管。四年，八百媳妇请官守，置蒙庆宣慰司都元帅及木安、孟杰二府于其地。文宗嗣位，八百媳妇使者昭哀入贡。其地东至老挝，南至波勒蛮，西至大吉剌，北至孟艮府，自姚关东南行五十程至其国。有南格剌山，下有河，南属八百，北属车里。平川数千里，幅员广远，其产巨象，安息、白檀诸香，民皆楚种，刺花样于眉目间，雕题也。好佛恶杀，每村立一寺，每寺建塔，约以万计，有敌人来侵，不得已举兵应之，得其仇即止，俗名慈悲国也。

又清代嘉庆年间师范所著的《滇系·属夷》一册中的八百大甸军民宣慰司说：

> 夷名景（按：作清迈），世传其酋有妻八百，各领一寨，因名八百。元初征之不能获志。后遣使招附。元统初置八百等处宣慰司。明洪武二十四年，其酋来贡，乃立八百大甸军民宣慰使司。东至车里宣慰使司界，南至波勒蛮界，西至大古喇，北至孟艮府界，自姚关东南行至其地五十程，南南格剌山，下有河，南属八百，北属车里。平川数千里，辖部广远。其产巨象，

安息、白檀诸香。民皆镤夷刺花样于眉目间。见客则把手为礼。好佛恶杀,一村一寺,每寺一塔,殆以万计。有敌人侵之,不得已与战,举兵得所仇而罢,名慈悲国。嘉靖间为缅所兼,刀氏避于景线,一名小八百,缅以其地莽应龙住居景城为右臂。万历十五年,刀氏以文请兵恢复,议未许,今久为缅有矣。

关于八百媳妇在元朝的史料,除了上面所称的《招捕总录》《元史》数段话外,在我国的主要是上面所抄录的《新元史》的《八百媳妇传》。至于《滇系》所记载的八百媳妇,可能是从《明史》节录而来。很奇怪的,中国与八百的关系,始于元朝的初年,可是旧《元史》并没有《八百媳妇传》。《新元史》的撰述很晚,比之师范的《滇系》所记的八百事还要晚,《新元史》所叙述主要是根据《明史》与《滇系》。至于《揽那纪年》的记载,虽然有的地方难于置信,可是也足补我国史料之不足。兰番佛巴德里的《永部揽那国或八百媳妇国史迹考》,曾用这本书的材料。此外又如《暹罗北方纪年》与近人著作也可以作为参考。

福道刚甫在位十三年,这就是从一三三四至一三四七。继刚甫的王位的是道法(Thao Pha)。他在位二十二年,这就是从一三四七至一三六九,这位王的统治时期,八百都城又从清线迁到清迈。

一三六九年之前一年,这就是一三六八年,是朱元璋称明帝都金陵的一年。这也就是明太祖洪武元年。据《明史》的记载,八百朝贡于明是始于洪武二十一年(一三八八)。据《揽那纪年》,道法死后还有七位国王承继下去,最后一位是叫做监歇德罗(Ked Chctarat),是在这位国王统治的时候,八百被南掌所统治,其时间是在一五六七年(但据《滇系》却说八百在嘉靖年间一五二二至一五六六为缅甸所兼并)。自孟莱就位于一二六一至一五六七年,共三百零六年。

道法在位最后的一年,朱元璋虽已称帝,但道法可能还不知道。他与明室没有发生关系,直到二十年后,八百始遣人入贡。这一次所遣派入贡的国王与其史者,《明史》均没有说其名字。可是三年后,八百国王又遣使贡献,其王名为刀板冕。据《明史》说洪武二十一年(一三八八),已设宣慰司。《明史》列八百媳妇于云南土司,其地位是内属的一种特殊的政治区域,与《明史·外国传》中所载的诸国地位是不同的。明以后关于八百媳妇的历史《明史》说得较为详细。

在未叙述八百媳妇与中国的关系之前,我们先来略说八百媳妇与暹罗的关系。

上面已经指出,速古台王朝于一三四九年归并于罗斛。此后遂称为暹罗。我们知道,速古台王朝在我国史书,是称为暹国,暹国被罗斛征服之后,归并于罗斛,罗斛不沿用旧名,而称为暹罗斛,或暹罗,这也是令人费解一件事。

罗斛本为猛族所建立的国家，猛与泰是二种不同的民族，其称为暹罗，也就说明了一点。这就是，可能这个猛族国家，在这个时候，已落在泰族之手。关于这一点，兰番佛巴德里在其《永部揽那国或八百媳妇国史迹考》（陆翔译《国闻译证》，页二八至二九）一文中有数段话可做我们参考。我且抄录于后：

> 夫《暹罗北方纪年》，曾游景胜（按：即清线）。王太华毒（Traipidok）娶萨者那兰依速古台（Satchanalai-Sok-Hota）之公主，而生二子。其长者继承为景胜王，其后嗣共传七代。直到老挝族郎向（按：即南掌）覆亡其国而后已，而彼乃七代之始祖也。其次子名开戎（Kraison）（即太松罗）复娶萨者那兰依速古台王统所系之王太女为妃。当其父行幸罗斛故地罗法培利（按：又译为华富里者）（Lophabury）之时，彼即行加冕礼也。
>
> 据《揽那纪年》，紧随刚甫之后，而继王业者为道法（Thao-Pha），其在位期自公元一三四七年至一三六九年，在此王统治期内，其都城确自景胜迁至景迈（即清迈）。自此王后屈指以计，仅得七王，而监歇得罗（Ked-Chettasrat①）（公元一五六七年）者，乃腊伐晓基朝及猛哈意（即孟莱）朝之末一代王也。自此以后，郎向诸王，遂统治揽那矣。然则道法与嘉杂贡（Katsa Kon）实为一人，其人即开戎之兄。开戎者，赖婚媾之力得登萨者那兰依速古台之王位，而于其地造成小泰王朝之首领者也。
>
> 道法在位之时（公元一三四七至一三六九年），适在一三四一年，至一三六八年间，此即中国史家所谓暹国为罗斛所合并，亦即速古台为罗斛所合并之时期。

又说：

> 仰赖其妻与母之名号，腊伐晓基及猛哈意之后嗣，竟能设法移殖于大泰族之邦国中，此实为小泰族在湄南江区域中之一大胜利也。蒙古帝国之衰微，重予印度支那半岛诸民族开疆拓土之机会。揽那王刚甫之在位与夫其子开戎得为罗法培利之王，足以证明罗斛之拓殖，皆赖揽那之永族，以其种族及其国力设谋定计而得之也。占罗斛者，非暹国，而为八百。换言之即揽那。继又以八百之经营，遂使罗斛终能吸取暹国。盖罗斛以往之光荣，胜于暹国，罗斛赖小泰族之强盛，得为湄南江流域全区之主人，远非暹国所能及也。

我们以为在罗斛未归并暹国之前，可能其王位已由猛人而转到小泰之手。小泰就是八百与老挝的泰族，而大泰就是建立速古台王朝或暹国的泰族。虽然两者有所不同，但都是属于泰族。所以暹国虽然灭亡，这个国名不只与罗斛连合起

---

① 编注：此处对应的外文名前后不一致，今从底稿。余不注。

来，而且列在罗斛之前。

但是我们也得指出，罗斛不只有长久的历史，而且早已占有现在暹罗的南部，又其同族占有现在暹罗的北部的女王国，其建立者也是罗斛的公主。孟莱的后裔，虽因婚姻的关系而统治罗斛，但若说因此而乃扩大罗斛或暹罗的领土，就未免过于夸张小泰的功绩。

此外，据说八百媳妇的后裔，也曾为建立阿瑜陀王朝的始祖。阿瑜陀（Ayuthia①）王朝的建立者，据说是乌通皇子。暹罗的著名历史学者达玛銮（Damrong），在其所著的《暹罗古代史》（王又申译）的第二章希啊呦他亚（按：即阿瑜陀）第一节第二段中告诉我们道：

坞堂（按：通译为乌通）王之姓氏，在暹国史之中，称为青莱（按：即清莱）。宗室所记载与縣欧历史相同，谓为婆罗门王占得考木（吉蔑）国土时候，移来兰那落户之汰（泰）人，其始祖为柴希丽王，曾统治青莱府。其时青莱尚称柴巴干城也。后来蛮人兴师来犯，柴希丽王战败，不得已而率其部众向南迁徙，在一荒城之中，安家立业，名曰白城（按：为甘甫碧府），传四世约一百六十年之久，始生坞堂王之母。其父为谁，尚无纪载。北方纪载于纪述戈赖王之时，只云坞堂生于佛历一千八百五十七虎年（一三一四）暹历五月之星期一日（系在敢木丁王末年），坞堂之历史云：于青年时代，为坞堂太守之女婿。年三十岁时，继其岳父为坞堂太守。坞堂即吗柯语中所呼为素攀蒲木者也。年仅三十岁，能做太守，足见坞堂王为一非常之人物，青年之时代，其才干已非常人可比。

他又指出乌通（Utong）这个地方，在古代，是靠近海边，但后来泥沙堆积，此地离海愈远，因而这个城市水源缺乏，遂至衰微。又加以时疫流行，此城因病而死亡者很多，于是这位太守，不得不另找地方以为府治。因此，他乃选择阿瑜陀，这就是我国侨胞所称的大城。

乌通王子或乌通太守，既为清莱王室的后裔，而他又为阿瑜陀王朝的建立者，那么阿瑜陀王朝又是小泰或八百媳妇的后代了。假使这种看法没有错误，那么不只罗斛的猛人的统治权，转入孟莱的后裔，所谓阿瑜陀王朝，也是为他的后裔所建立。

《明史》卷三百十五《云南土司三》"八百媳妇"条注：

八百，世传部长有妻八百，各领一寨，因名八百媳妇。元初征之，道路不通而还。后遣使招附。元统初置八百等处宣慰司。

洪武二十一年（一三八八）八百媳妇国遣人入贡，遂设宣慰司。二十

---

① 编注：此处对应的外文名前后不一致，今从底稿。余不注。

四年（一三九一）八百土官刀板冕遣使贡象及方物。先是西平侯沐英遣云南左卫百户杨完者往八百招抚，至是求贡，帝谕兵部尚书茹玮曰："闻八百与百夷构兵，仇杀无宁日，朕念八百宣慰，远在万里外，能修职奉责，深见至诚，今与百夷构兵，当有以处之，可谕意八百令练兵固守，候王师进讨。"自是及永乐初，频遣使入贡，赐予如例。

永乐二年，设军民宣慰司二，以土官刀招你为八百者乃宣慰使，其弟刀招散为八百大甸宣慰使。遣员外郎左洋往赐印诰、冠带、袭衣。刀招散遣人贡马及方物谢恩。命五年一朝贡。

是岁，遣内官杨暄赍敕谕孟定、孟养等部，道经八百大甸，为土官刀招散所阻，弗克进。三年遣使谕刀招散曰："朕特颁金字红牌，敕谕与诸边为信，以禁戢边吏生事扰害，用福尔众，诸宣慰皆敬恭听命，无所违礼。惟尔年幼无知，惑于小人孟乃明、孟允公等，启衅生祸，使臣至境，拒却不纳。廷臣咸请兴师问罪，朕念八百之人，岂皆为恶，兵戈所至，必及无辜，有所不忍。兹特遣司宾田茂、推官林桢赍敕往谕，尔能悔过自新，即将奸邪之人禽送至京，庶境土可保。其或昏迷不悛，发兵讨罪，孥戮不贷。"并敕西平侯沐晟严兵以待，以军马六百、步军一千四百，护内官杨安、郁斌前往。又虑老挝乘车里空虚，或发兵掩袭，或与八百为援，可遣其部长率兵一万五千往备。

三年，刀招你等遣使奉金缕表文，贡金结丝帽及方物。帝命受之，仍加赐予。西平侯沐晟奏：奉命率师及车里诸宣慰兵至八百境内，破其猛利崖石及者答二寨。又至整线寨，木邦兵破其江下等十余寨。八百恐，遣人诣军门伏罪。乃以所陈词奏闻，因遣使敕谕车里、木邦等曰，曩者八百不恭朝命，尔等请举兵诛讨，嘉尔忠诚，已从所请。今得西平候奏，言八百已伏罪纳款，夫有罪能悔，宜赦宥之，敕至，其悉止兵勿进。遂敕晟班师。四年降敕谕刀招散，刀招散遣人贡方物谢罪，帝以其不诚，却之。五年，贡使复来谢罪，命礼部受之。

洪熙元年，遣内官洪仔生赍敕谕刀招散。宣德七年，遣人来贡，因奏波勒土酋常纠土雅之兵入境杀掠，乞讨之。帝以八百大甸去云南五千余里，波勒、土雅皆未尝归化，劳中国为远蛮役，非计，止降敕抚谕而已。

正统五年，八百贡使奏："递年进贡方物，土民不识礼法，不通汉语。乞依永乐间例，仍令通事赍捧金牌、信符，催督进贡，驿路令军卒护送，庶无疏失。"从之。十年，给八百大甸宣慰司金牌、信符各一，以前所给牌符为暹罗国寇兵焚毁也。

成化十七年（一四八一）安南黎灏已破老挝，颁伪敕于车里，期会兵攻八百。其兵暴死者数千，传言为雷所震。八百因遣兵扼其归路，袭杀万余，交人败还。土官刀揽那以报。黔国公沐琮奏："揽那能保障生民，击败交贼，救护老挝。交人尝以伪敕胁诱八百，八百毁敕以象蹴之，请颁奖以旌忠义。"帝命云南布政司给银百两、彩币四表里以奖之。二十年（一四八四），刀揽那遣人入贡。云南守臣言："交兵虽退，宜令八百诸部饬兵为备。"弘治二年（一四八九），刀揽那孙刀整赖贡方物，求袭祖职。兵部言："八百远离云南，瘴毒之地，宜免勘予袭。"从之，仍给冠带。

其地东至车里，南至波勒，西至大古喇，与缅甸邻，北至孟艮，自姚关东南行五十程始至。平川数千里，有南格剌山，下有河，南属八百，北属车里。好佛恶杀，寺塔以万计。有见侵，乃举兵，得仇即已，俗名慈悲国也。嘉靖间，为缅所并，其酋避居景线，名小八百。自是朝贡遂不至。缅酋应里以弟应龙居景迈城，倚为右臂焉。

万历十五年（一五八七），八百大甸上书请恢复，不报。初，四译馆通事惟译外国，而缅甸、八百如之，盖二司于六慰中加重焉。

《清史稿》没有《八百媳妇传》，但是在一百三十一册《属国传三·缅甸传》说：

雍正九年（一七三一），缅与景迈交哄。景迈使至普洱求贡，乞视南掌、暹罗。云贵总督鄂尔泰疑而却之。缅密遣人至车里土司，探知景迈贡被却，则大喜，扬言缅来岁亦入贡。旋兴兵二万攻景迈，而贡竟不至。

此外，《清史稿》又载乾隆三十一年（一七六六），缅人又据整卖（按：不知是否为清迈）、景线。

根据暹罗与清迈方面的史料，洪武二十一年（一三八八），八百遣使入贡的君主，应该是线孟玛（Sen Muang Ma）这个国王，是八百的第十世王。他的父亲是叫做瞿那王（Kü Na），死于一三八七年。清迈的著名的越素贴寺（Wat Sutep）是他建立的。其子线孟玛，应该是《明史》所说洪武二十四年遣使贡献的刀板冕。当他承继王位的时候，他才十四岁。据他的叔父婆罗门原任清迈太守，阴谋夺其王位失败后，求援于暹罗阿瑜陀王朝的君主波隆摩罗阁，波隆摩罗阁早想伸张其势力于清迈，当然乐意于利用这个机会，遣兵去帮助婆罗门。可是暹罗军到达景迈附近的时候，却为刀板冕所大败而退。据说这次战争中，清迈有位王妃叫做孟娘（Mang Muang）者，也衣男装乘象，勇敢参战，得到胜利。在刀板冕在位的时候，清迈与暹罗还有过战争，清迈曾遭受过很大的破坏。

刀板冕大概死于一四○○年以后。《明史》载永乐二年（一四○四）"设军民宣慰司二，以土官刀招你为八百者乃宣慰使，其弟刀招散为八百大甸宣慰使"。这好像是刀板冕死后而始封其二位儿子。但吴迪《暹罗史》以为刀板冕是死于一四一一年，其二子争位，其一位叫做意堪末甘（Yikum Kam），一位叫樊根

（Fang Ken）。《明史》刀招你的你大概就是 Yi 的对音，而刀招散的散大概就是 Ken 的对音。暹罗方面的史科，以为意堪末甘曾请求暹罗帮助，因此暹罗又遣兵到清迈谋立意堪末甘。但结果还是暹罗方面失败。

刀招散于宣德七年（一四三二）还遣使朝贡。据暹罗方面的记载，一四四一年暹罗又与清迈交战。原来樊根（刀招散）有十个儿子，第六位儿子与其父不和，迫其让位，自称为摩诃罗阁（Maharaja）第六。刀招散投到他的少子昭拾（Chao Sib）处，昭拾为孟枋太守，不直其兄所为，与之宣战，但结果是孟枋被占，刀招散被徙到清迈，而昭拾逃到腾（Toen）城，可是不久腾城被占，昭拾也被害。腾城未被占之前其太守求援于暹罗，所以暹罗又遣兵到清迈，但结果又失败而归。

据说在摩诃罗阁第六的时候，清迈也曾与朗勃剌邦交战，一四六〇年，这位清迈国王，又征伐暹国，占领苏口泰，并且包围彭世洛，可是因为传说中国军队进入清迈，所以清迈不得不引退。其实，八百与暹罗在历史上，不断的互相征伐，直到十九世纪八百始亡于暹罗。

据《明史》记载成化十七年（一四八一），八百曾为越南黎灏所侵略，结果是越军失败而退。这时的国王，是刀揽那，二十年（一四八四）刀揽那又遣其孙刀整赖贡方物。《明史》以为万历十五年（一五八七）之前，缅甸占领了八百，应里以其弟应龙居景迈为右臂，一五八七年八百大甸上书请恢复，中国方面没有答应。

八百的东边为老挝，南为暹罗，西为缅甸，而北为中国，有一个时候，曾为东边老挝所统治，也曾为越南所侵略，然而互相征伐得最多是南边的暹罗与西边的缅甸。而且，暹罗与缅甸也常常为争取八百而互相攻伐。有时八百为缅甸所占，有时为暹罗所占，到了乾隆年间，这就是在暹罗的却克里（Chakri）王朝时代，在其上中国的表中，是称为郑昭之子郑华，他在十八世纪的末年，驱使缅人出清迈，于一八〇二年，又逐在景线的缅甸军队，使八百成为暹罗的属国。

第四编　暹国

第十章　暹罗与斛国

有人说暹罗这个名词的采用，最先的是元周达观的《真腊风土记》，其总叙中说：

> 其国（真腊）北抵占城半月程，西南距暹罗半月程。

周达观其人，据《四库全书提要》说：

> 达观，温州人，……元成宗元贞元年乙未（一二九五）遣使招谕真国（真腊），至大德元年丁酉（一二九七）乃归，首尾三年。谙其俗，因记所闻为此书。

从字面上看起来，暹罗这个名词，好像就是一个国家。叫做暹罗，好像占城一样。然而我们若深一步去考究，所谓暹罗并不是一个国家而是二个国家。周达观在这本书中"村落"条很清楚的说："近与暹人交兵，遂皆成旷土。"是很好的证明，而且在周达观到真腊而闻到暹罗这个名词之后五十年，南昌有一位叫作汪大渊的，于元至正（一三四一至一三六七）中，也曾附船到南海游历过数十个国家，他回来之后，写了一本书叫做《岛夷志略》，在这本书的"暹罗国"条中说：

> 至正乙丑（一三四九），暹国降于罗斛。

我们读《元史》，其记载关于暹国者，共有十多处，关于罗斛国者有三处。在同处说及二国同来入贡的有二处，但没有连用为暹罗或暹罗斛的字样，其一是卷十九中说：

> 大德元年（一二九七）四月壬寅，赐暹国、罗斛来朝者衣服有差。

又卷二十中说：

> 大德三年（一二九九）春正月癸未朔，暹番、没剌由、罗斛诸国各以方物来贡，赐暹番世子虎符。

上面大德元年的暹国与罗斛既并不连用而分开，下面大德三年把这二个国家分开得更清楚。暹罗、没剌由、罗斛是三个国家。又只说赐暹番世子虎符，而没有说给与罗斛，更说明中国对于这二个国家的待遇，是不同的。暹国入贡于中国有了十多次，而罗斛入贡只有五次。所以中国对于这二个国家的待遇不同，也是有其理由的。然而值得我们特别注意的是暹与罗或罗斛是二个国家，而不是一个国家。又据《元史》罗斛最后一次入贡，是在大德三年（一二九九）。暹国的最后一次入贡是在至治三年（一三二三）。这就是说，至少在一三二三年之前，这二个国家还是分开，而没有合并。因此我们可以说，在一二九五至一二九七到过真腊的周达观，在其《真腊风土记》中，虽然有了暹罗连用的字样，但是这不是因为这是一个国家，而是二个国家，其原因大概是由于这二个国家，都是在真腊的西南，其疆土接壤，所以把二个国的国名连在一起，而称为暹罗。

既然在一三二三年之前，暹国与罗斛还没有并为一个国家，那么汪大渊所说暹国降于罗斛是在一三四九年，应该是可靠的。汪大渊既到其国，他对于暹罗之降于罗斛的时间，说得准确，应无问题。《明史》卷三百二十四"暹罗"条说：

> 暹罗在占城西南，顺风十昼夜可至，即隋唐赤土国，后分为罗斛、暹二国。……元时暹常入贡，其后罗斛强，并有暹地。遂称暹罗斛国。

暹罗或暹与罗斛不是隋唐时的赤土国，据近人的考订，已不成问题。《明史》以为罗斛与暹是二个国家，其后罗斛并于暹罗，遂称为暹罗斛。这与《元史》所载是符合的。又既说"其后罗斛强并有暹地"，应该是在元代末年，这与汪大渊所说二者合并，是在至正己丑（一三四九）也是符合的。

明太祖就位于一三六八年，这就是罗斛并了暹国之后十九年。洪武初年，暹罗遣使到中国入贡，中国曾赐"暹罗国之印"，给与暹罗国王。此后，暹罗这个名字，一直沿用，沿用至于现代。

暹与罗斛的合并而成为暹罗国，虽在十四世纪的中叶，但是在这两个国未合并之前，或是在暹与罗斛还未成立国家之前，在这块地方上，有过什么国家呢？像上面已指出《明史·外国传》（卷三百二十四）"暹罗"条说：暹罗在占城西南，顺风十昼夜可至，即隋唐赤土国，后分为罗斛、暹二国。

以往一般学者都同意于《明史》的说法，以为现在的暹罗就是隋唐的赤土。近来有些学者，对于此说，持了不同的意见。比方冯承钧先生在其《中国南洋交通史》中说："此赤土应在马来半岛之中，旧考谓在暹罗境内误也。"（页四〇—四一）应该指出，暹罗现在的疆土，伸张到马来半岛，近来有人以为古之赤土，就是在现在的宋卡，宋卡是在暹罗属的马来半岛，所以若说赤土是在暹罗境内，也是可以的。不过应该指出，赤土只是在暹罗的南部的一部分地方，不是在暹罗的中心地带，或者可以说，并非在现在暹罗的统治者的泰族在暹罗历史上所占领的中心地区。

关于赤土，我们在叙述马来半岛的历史的时候，还要再说，但是这里应该指出，据《隋书·赤土传》说"赤土国，扶南之别种也"，而《新元史》卷一百四十九《外国传四》"暹罗"条说：

> 暹与罗斛，古之扶南国也。暹国北与云南徼外八百媳妇接，东界安南，西北距缅国，罗斛在暹之南，滨大海。

赤土虽为扶南的别种，可能是在扶南强盛时，也是扶南一部份。后来才成为一个独立的国家，但是据《新元史》暹与罗既皆为古之扶南，好像是说暹与罗斛是由扶南分出来的，这好像《明史》所说暹与罗斛是从赤土分出来的一样。在时间上，扶南建国早于赤土，赤土建国又早于暹与罗斛，所以若是《隋书》《元史》《明史》所说的都是对的，那么暹罗由暹与罗斛合并而来，暹与罗斛是从赤土分而来，而赤土又是从扶南分出来的。但是上面既已指出，赤土所占领的地方，既非暹罗的中心地带，而赤土的人种，可为扶南的别种，而非暹罗的统治种族。同样，扶南的人种既非暹罗的统治种族，扶南的故国是在现在的柬埔寨与越南的南圻一带。现在的暹罗只能说是在扶南强盛的时候为扶南所征服的地方，而非扶南的本土。关于扶南我们另有专论，至于在暹罗现在所统治这块地方上，除了曾为扶南所征服与建立过赤土这个国家之外，隋唐时代以至宋的时候除了曾为真腊所统治之外，还有过哈利班超（Haripuvjaya①）与投和二个国家，而且，在唐之前还有一个林阳国也是在这个地方。关于真腊我们也另有叙述，这里只要指出，自真腊征服了扶南之后，以前曾受过扶南统治过的暹罗一些地方，也曾为真腊所统治。但是在隋唐时，在湄南下游，有了投和，而在其北边有了哈利班超或女王国。北边的哈利班超后为掸族所灭，而成立八百媳妇国。南边的投和大约在宋时为真腊所征服，到了宋的末季及元时，为另一种掸族，这就是现在所称的泰族所占据。八百媳妇或是清迈，虽然有时为他国所征服，但一直继续存在到十九世纪，始为暹罗所并吞。至于清迈或八百媳妇之南，其在速古台建国者是叫做暹国，其在罗富里建国者是罗斛。暹国大概是建立于宋的末季，而罗斛的历史更久。到了十四世纪的中叶，暹国为罗斛所征服，从此以后，就成为暹罗斛国，或是后来所说的暹罗国。

总而言之，在现在的暹罗这块地方上，自公元一世纪前后，以至近代的暹罗，曾为好多国家所统治，其先是扶南与林阳，后来又有了赤土、真腊、与哈利班超、投和以及八百媳妇国。在暹国与罗斛这一块地方上，不只有了好多不同的国家，新陈代谢，而且有了好多不同的种族，互相斗争。关于扶南、赤土、真腊，我们已在他处叙述，关于哈利班超我们现在知道是猛族所建立的国家。关于投和，唐杜佑在其《通典·南蛮传》（卷一八八）与《新唐书》卷二二二下均有记载，这是猛族所建立的国家。关于八百媳妇，《新元史》《明史》均有记载，这是掸族所建立的国家。关于暹国未合并于罗斛之前的罗斛，我们也另有叙述，这也是猛人所建立的国家。我们现在所要叙述的，是未合并于罗斛以前的暹国，以及合并于罗斛以后的暹罗。

---

① 编注：此处对应的外文名前后不一致，今从底稿。余不注。

第十一章　暹国的史文

暹罗是暹国降于罗斛国之后，乃称为暹罗或暹罗斛国，这就是元至正己丑年（一三四九）之后，暹国降于罗斛国之后，乃称暹罗或暹罗斛国。关于罗斛国在未并暹国之前的历史我们另有专论，至于暹国最初之见于中国史籍的，是元汪大渊的《岛夷志略》一书中的"暹"条。据汪大渊说：

> 自新门台入港，外山崎岖，内岭深邃。土瘠不宜耕种，谷米岁仰罗斛，气候不正。尚侵掠，每他国乱，辄驾百数十艘，以沙湖满载，舍生而往，务在必取。近年以七十余艘来侵单马锡，攻打城池，一月不下。本处闭关而守，不敢与争。遇爪哇使臣经过，暹人闻之，乃遁，并掠昔里而归。至正己丑（一三四九）夏五月，降于罗斛。凡人死，则灌水银，以养其身。男女衣著与罗斛同。仍以贝子权钱使用，地产苏木、花锡、大枫子、象牙、翠羽。贸易之货用硝珠、水银、青布、铜铁之属。

应该指出，汪大渊在《岛夷志略》中，除了有"暹"条外，又有罗斛国。在"罗斛国"条，也说罗斛"地平衍而多稼，暹人仰之"。至于罗斛的历史，比之暹国为长，我们已在别处说明。

旧《元史》卷二百十"暹"条说：

> 暹国当成宗元贞元年（一二九五），进金字表，欲朝廷遣使至其国，比其表至，已先遣使，盖彼未之知也。赐来使素金符佩之，使急追诏使同往。以暹人与麻里予儿旧相仇杀，至此皆归顺。有旨谕暹人"勿伤麻里予儿，以践尔言"。

> 大德三年（一二九九），暹国主上言，其父在位时，朝廷赐鞍辔、白马、及金缕衣，乞循旧例以赐，帝以丞相完泽答剌罕言"彼小国而赐以马，恐其邻忻都辈讥议朝廷"，仍赐金缕衣，不赐以马。

《新元史》卷一百四十九只有"暹罗"条，没有把暹与罗斛分开来叙述。

> 暹与罗斛，古之扶南国也。暹国北与云南徼外八百媳妇接壤，东界安南，西北距缅国，罗斛在暹之南，滨大海。暹土瘠不宜稼穑，罗斛地平衍，种多获，暹人仰给焉。有大河，自暹达于罗斛，东南入海。每夏有黄水自海港涨入内河，农民乘时攫舟播种，苗随水以渐而长。水尺苗亦尺，水退苗熟。有播植，无耕耘，故谷丰而贱。《晋书》：扶南国西去林邑三千余里，在海大湾中。其境广袤三千里，人以耕种为务，一岁种，三岁获是也。历晋、宋、齐、梁、隋、唐皆通贡献，后分为暹、罗斛二国。世祖至元二十六

年（一二八九）罗斛遣使入贡。成宗元贞初暹国进金叶表。暹人与麻里予儿旧相仇杀，至此皆归顺。英宗至治三年（一三二三），暹国来入贡。惠宗至正间（一三四一—一三六八）暹始降于罗斛，因合为暹罗国。暹罗南境斗入大海中，形如箕舌，延袤约三千里，远出占城真腊之西南，隔海相望，成一大湾云。

《明史》卷三百二十四《暹罗传》说：

　　暹罗，在占城西南，顺风十昼夜可至，即隋、唐赤土国，后分为罗斛、暹二国。……元时，暹常入贡。其后，罗斛强，并有暹地，遂称暹罗斛国。

　　洪武三年（一三七〇）命使臣吕宗俊等赍诏谕其国。四年（一三七一），其王参烈昭毗牙遣使奉表，与宗俊等偕来贡驯象、六足龟及方物。诏赐其王锦绮及使者币帛有差。已，复遣使贺明年（一三七二）正旦，诏赐大统历及彩币。五年（一三七二），贡黑熊、白猿及方物。明年（一三七三）复来贡。其王之姊参烈思宁，别遣使进金叶表，贡方物于中宫，却之。已而其姊复遣使来贡，帝仍却之，而宴赉其使。时其王懦而不武，国人推其伯父参烈宝毗邪嗯哩哆啰禄主国事，遣使来告，贡方物，宴赉如制。已而新王遣使来贡谢恩，其使亦有献，帝不纳。已，遣使贺明年正旦，贡方物，且献本国地图。

　　七年（一三七四），使臣沙里拔来贡。言去年舟次乌猪洋，遭风坏舟，飘至海南，赖官司救护，尚存飘余兜罗绵、降香、苏木诸物进献。广东省臣以闻，帝怪其无表，既言舟覆，而方物乃有存者，疑其为番商，命却之。谕中书及礼部臣曰："古诸侯于天子，比年一小聘，三年一大聘。九州之外，则每世一朝。所贡方物表诚敬而已。惟高丽颇知礼乐，故令三年一贡。他远国如占城、安南、西洋琐里、爪哇、浡泥、三佛齐、暹罗斛、真腊诸国入贡既频，劳费太甚，今不必复尔，其移牒诸国俾知之。"……八年（一三七五）再入贡。其旧明台世子昭宁罗局亦遣使奉表朝贡，赐赉如王使。

　　十年（一三七七），昭禄群膺承其父命来朝。帝喜，令礼部员外郎王恒等赍诏及印赐之，文曰"暹罗国王之印"，并赐世子衣币及道里费。自是其国遵命，始称暹罗。比年一贡，或一年两贡。至正统（一四三六至一四四九）后或数年一贡云。

　　十六年（一三八三），赐勘文合册及文绮、磁器，与真腊等。二十年（一三八七），贡胡椒一万斤、苏木一万斤。帝遣官厚报之。时温州民有市其沉香诸物者，所司治以通番，当弃市。帝曰："温州乃暹罗必经之地，因其往来而市之，非通番也。"乃获宥。二十一年（一三八八）贡象三十、番奴六十。二十二年（一三八九），世子昭禄群膺遣使来贡。二十三年贡苏木、胡椒、降香十七万斤。

又说：

二十八年（一三九五）昭禄群膺遣使朝贡，且告父丧。命中官赵达等往祭，敕世子嗣王位，赐赉有加。谕曰："朕自即位以来，命使出疆，周于四维，足履其境者三十六，声闻于耳者三十一，风俗殊异。大国十有八，小国百四十九，较之于今，暹罗最近。迩者使至，知尔王已逝。王绍先王之绪，有道于邦家，臣民懽怿。兹特遣人锡命，王其罔失法度，罔淫于乐，以光前烈。钦哉。"

又说：

成祖即位，诏谕其国。永乐元年（一四〇三）赐其王昭禄群膺哆啰谛剌驼纽镀金银印，其王即遣使谢恩。六月，以上高皇帝尊谥，遣官颁诏，有赐。八月复命给事中王哲、行人成务赐其王锦绮。九月命中官李兴等赍敕，劳赐其王，其文武诸臣并有赐。

二年（一四〇四）有番船飘至福建海岸，诘之，乃暹罗与琉球通好者。所司籍其货以闻，帝曰："二国修好，乃甚美事，不幸遭风，正宜怜惜，岂可因以为利！所司其治舟给粟，候风便遣赴琉球。"是月其王以降玺书劳赐，遣使来谢，贡方物。赐赉有加，并赐《列女传》百册。使者请赐颁量衡为国永式，从之。

先是占城贡使返，风飘其舟至彭亨，暹罗索取其使，羁留不遣。苏门答剌及满剌加又诉暹罗恃强发兵，夺天朝所赐印诰。帝降敕责之曰："占城、苏门答腊、满剌加，与尔俱受朝命，安得逞威拘其贡使，夺其印诰？天有显道，福善祸淫，安南黎贼可为鉴戒。其即返占城使者，还苏门答剌、满剌加印诰。自今奉法循理，保境睦邻，庶永享太平之福。"时暹罗所遣贡使，失风飘至安南，尽为黎贼所杀，止余孛黑一人。后官军征安南获之以归。帝悯之，六年（一四〇八）八月，命中官张原送还国，赐王币帛，令厚恤被杀者之家。

又说：

六年（一四〇八）九月，郑和使其国，其王遣使贡方物，谢前罪。

七年（一四〇九），使来祭仁孝皇后，命中官告之几筵。时奸民何八观等逃入暹罗，帝命使者还告其主，毋纳逋逃。其王即奉命遣使贡马及方物，并送八观等还，命张原赍敕币奖之。十年（一四一二），命中官洪保等往赐币。

十四年（一四一六），王子三赖波罗摩剌札的赖遣使告父之丧。命中官郭文往祭，别遣官赍诏封其子为王，赐以素锦、素罗，随遣使谢恩。十七年（一四一九）命中官杨敏等护归。以暹罗侵满剌加，遣使责令辑睦，王复遣使谢罪。宣德八年（一四三三），王悉里麻哈赖遣使朝贡。

初，其国陪臣柰三铎等贡舟次占城新州港，尽为其国人所掠。正统元年（一四三六）柰三铎潜附小舟来京，诉占城劫掠状。帝命召占城使者与相质。使者无以对，乃敕占城王令尽还所掠人物。已，占城移咨礼部言："本国前岁遣使往须文达那（按：为苏门答剌，《明史》一国二传），亦为暹罗贼人掠去，必暹罗先还所掠，本国不敢不还。"三年（一四三八），暹罗贡使又至，赐敕晓以此意，令亟还占城人物。十一年（一四四六）王思利波罗麻那匿智剌遣使入贡。

景泰四年（一四五三）命给事中刘洙、行人刘泰祭其故王波罗摩剌札的赖，封其嗣子把罗兰米孙剌为王。天顺元年（一四五七），赐其贡使钑花金带。六年（一四六二），王宇剌蓝罗者直波智遣使朝贡。

成化九年（一四七三），贡使言天顺元年（一四五七）所颁勘合为虫所蚀，乞改给，从之。十七年（一四八一）贡使还，至中途窃买子女，且多载私盐，命遣官戒谕诸番。先是，汀州人谢文彬，以贩盐下海，飘入其国，仕至坤岳，犹天朝学士也。后充使来朝，贸易禁物，事觉下吏。

十八年（一四八二）遣使朝贡，且告父丧，命给事中林霄、行人姚隆往封其子国隆勃剌略坤息剌尤地为王。弘治十年（一四九七）入贡。

又说：

时四夷馆无暹罗译字官，阁臣徐溥等请移牒广东，访取能通彼国语言文字者赴京备用，从之。正德四年（一五〇九）暹罗船有飘到广东者，市舶中官熊宣与守臣议税其物，供军需。事闻诏斥宣妄揽事柄，撤还南京。十年（一五一五）进金叶表朝贡，馆中无识其字者。阁臣梁储等请选留其使一二人入馆肄习，报可。嘉靖元年（一五二三），暹罗、占城货船至广东市舶，中官牛荣纵家人私市，论死如律。三十二年（一五五三）遣使贡白象及方物，象死于途，使者以珠宝饰其牙盛以金盘，并尾来献。帝嘉其意，厚遣之。

隆庆中（一五六七至一五七二）其邻国东蛮牛（按：为东牛蛮）求婚不得，惭怒，大发兵攻破其国。王自缢，掳其世子及天朝所赐印以归。次子嗣位，奉表请印，予之，自是为东蛮牛所制，嗣王励志复仇。万历间（一五七三至一六一九）敌兵复至，王整兵奋击，大破之，杀其子，余众宵遁，暹罗由是雄海上。移兵攻破真腊，降其王，从此岁岁用兵，并霸诸国。

六年（一五七八）遣使入贡。二十年（一五九三）日本破朝鲜，暹罗请潜师直捣日本，牵其后。中枢石星议从之，两广督臣萧彦持不可，乃止。其后奉贡不替，崇祯十六年（一六四三）犹入贡。

又说：

其国周千里，风俗劲悍，习于水战。大将用圣铁裹身，刀矢不能入。圣铁者人脑骨也。王，琐里人，官分十等，自王至庶民，有事皆决于其妇。妇人志量，实出男子上。妇私华人，则夫置酒同饮，恬不为怪，曰："我妇美，而为华人所悦也。"崇信释教，男女多为僧尼，亦居庵寺，持斋受戒。衣服颇类中国。富贵者尤敬佛，百金之产，即以其半施之。气候不正，或寒或热，地卑湿，人皆楼居。男女椎结，以白布裹首。富贵者死，用水银灌其口，而葬之。贫者则移海滨，即有群鸦相啄，俄倾而尽，家人拾其骨，号泣而弃之于海，谓之鸟葬。亦延僧设斋礼佛。交易用海䟦，是年不用海䟦，则国必大疫。其贡物有象、象牙、犀角、孔雀尾、翠羽、龟筒、六足龟、宝石、珊瑚、片脑、米脑、糠脑、脑油、脑柴、蔷薇水、碗石、丁皮、阿魏、紫梗、藤竭、藤黄、硫黄没药、乌爹泥、安息香、罗斛香、速香、檀香、黄熟香、降真香、乳香、树香、木香、丁香、乌香、胡椒、苏木肉、豆蔻、白豆蔻、荜茇、乌木、大枫子及撒哈剌、西洋诸布。其国有三宝庙，祀中官郑和。

明初马欢曾随郑和到东南亚各国，后来撰了一本《瀛涯胜览》，其中有"暹罗"条云：

自占城向西南，船行七昼夜，顺风至新门台。海口入港，才至其国。国周千里，外山崎岖，内地潮湿，土瘠，少堪耕种，气候不正，或寒或热。其王居之屋，颇华丽整洁。民庶房屋起造如楼，上下不通板，却用槟榔木劈开如竹片样，密摆用藤扎缚，甚坚固。上铺藤簟竹席，坐卧食息，皆在其上。王者之绊，用白布缠头，上不穿衣，下围丝嵌手巾，加以锦绮压腰。出入骑象或乘轿。一人执金柄伞，茭葦叶做，甚好。王系锁里人氏，崇信释教。国人为僧为尼姑者极多。僧尼服色与中国颇同，亦住庵观，持斋受戒。其俗凡事皆是妇人主掌。其国王及下民，若有谋议，刑罚轻重买卖，一应巨细之事，皆决于其妻。其妇人志量果胜于男子，若有妻与我中国人通好者，则置酒饭同饮，坐寝，其夫恬不为怪，乃曰：我妻美为中国人喜爱。男子撮髻，用白头布缠头，身穿长衫。妇人亦椎髻，穿长衫。男子年二十余岁，则将茎物周回之皮，如韭菜样细刀挑开，嵌入锡珠十颗皮内，用药封护，待疮口好，才出行走。其状累累，如葡萄一般。自有一等人开铺，专与人嵌焊，以为艺业。如国王或大头目或富人，则以金为虚珠，内安砂子一粒，嵌之，行走玎玎有声，乃以为美。不嵌之男子为下等人，此最为可怪之事。男女婚姻，先请僧迎男子至女家，就令僧讨取童女喜红贴于男子之面额，名曰利市，然后成亲。过三日后，又请僧及诸亲友，拌槟榔彩船等物，迎其夫妇回于男家，置酒作乐待亲友。死丧之礼，凡富贵人死则用水银灌于腹内而葬之。闲下人死，抬尸于郊外海边，放沙际，随有金色之鸟，大如鹅者，三五十数，飞集空中，将尸肉尽食飞去，余骨家人号泣就弃海中而归，谓之鸟葬。亦请僧设斋诵经礼佛而已。

又说：

>国之西北去二百余里，有一市镇，名上水，可通云南后门。此处有番人五六百家，诸色番货皆有卖者，红马厮肯的石，此处多有卖者，此石在红雅姑肩下，明净如石榴子一般。中国宝船到暹罗，亦用小船去做买卖。其国产黄速香、罗褐速香、降真香、沉香、花梨木、白豆蔻、大风子、血竭、藤结、苏木、花锡、象牙、翠毛等物。其苏木如薪之广，颜色胜他国出者。异兽有白象、狮子、猫、白鼠。其蔬菜之类如占城一般。酒有米酒、椰子酒二者，俱是烧酒，其价甚贱。牛羊鸡鸭等畜皆有。国语颇似广东乡谈音韵。民俗罴淫，好习水战。其王常差部领讨伐邻邦。买卖以海贝当钱使用，不拘金银铜钱俱使，惟中国历代铜钱则不使。其王每差头目将苏木、降香等宝，进贡中国。

又跟郑和出使东南亚各国的费信，也撰有《星槎胜览》一书，其前集"暹罗国"条云：

>自占城顺风，十昼夜可至。其国山形如城，白石峭砺，周围千里。外山崎岖，内岭深邃，田平而沃，稼多丰熟。气候常热。风俗劲悍，专尚豪强，侵掠邻境。削槟榔木为标枪，水牛皮为牌，药镞等器。惯习水战，男女椎髻，白布缠头，穿长衫，腰束青花色布手巾。其酋长民下谋议，大小之事，悉决于妇，其男一听。苟合无序，遇我国男子，甚爱之，必置酒致待而敬之，欢歌留宿。妇人多为尼姑。道士皆能诵经持斋。服色略似中国之制。亦造尼观之所，能重丧礼之事，人死气绝，必用水银灌养其尸，而后择高阜之地，设佛事即葬之。酿蔗为酒，煮海为盐。俗以海贝代钱通行于市，每一万个，准中统钞二十贯。地产罗斛香，焚极清远，亚于沉香。次有苏木、犀角、象牙、翠毛、黄腊、大风子油。货用青白花磁器、印花布、色绢、叚匹、金、银、铜、铁、烧珠、水银、雨伞之属。其酋感慕天朝远惠，尝遣使捧金叶表文，贡献方物。

又明初随郑和出使的巩珍的《西洋番国志》的"暹罗"条说：

>暹罗国自占城开舡向西南行，顺风七昼夜至新门台海口入港，方到其国。地周千里，外山崄巇，内地卑湿。其土瘠，气候不正，或寒或热。王居室颇华丽整洁，民庶房屋如楼，上用槟榔木硬木劈如竹片，密铺，用藤扎

缚，甚坚，上铺藤席竹簟，坐卧食处，皆在其上。王者用白麻布缠头，上不着衣，下围丝嵌手巾，加以锦绣压腰。出入骑象或乘轿，一人执伞盖，伞以茭葦叶制造，甚好，以金饰柄。其王锁里人，崇信释教，国中为僧尼极多，僧尼服色与中国颇同，亦住庵观，受戒持斋。国王谋议刑罚，下民买卖交易，一应巨细事，皆决于其妻。其妇人才识亦果胜于男子。若其妻与中国男子情好，则喜曰：我妻有美，能悦中国人。即待以酒饭，或与同坐寝，不为怪。男子栉髻用白布缠头，身衣长衫，妇人亦椎髻衣长衫。凡男子年二十余，随贵贱以金银为珠嵌饰阳物，女子嫁则请僧迎男子至女家，僧取女红为利市，点男女额，然后成亲，亦甚可笑。过三日，又请僧及诸亲友分槟榔彩舡等物迎妇，男家置酒作乐。死丧之礼，富贵者则用水银灌腹中而葬之。其余则舁尸至海滨，有鸟大如鹅，其色如黄金，凡三五十自空飞下，食其肉而去，余骼弃海中，名曰鸟葬。亦请僧诵经礼佛。

去国西北二十余里（《瀛涯胜览》作二百余里）有市镇名上水，可通云南后门，番人五六百家，但有诸色番货皆出卖红马厮的石，此石在红鸦鹘石肩下，明净如榴子，中国宝舡到，亦遣小舡到水上买卖。

其国土产黄速香、罗斛香、沉香、降香、花梨木、白豆蔻、大风子、血结、藤结、苏木、花锡、象牙、翠毛等物。其苏木贱如柴薪，且颜色绝红，胜他国所出者。又产白象、白鼠、狮、猫等异兽。其蔬果与占城同。牛、羊、鸡、鸭俱有。酒有米酒、椰子酒，俱烧卖。国语似广东乡音，民俗嚚淫，好习水战，常讨伐诸邦。交易以海𧴈当钱使，王遣常修降真香等物进贡。

第十二章　暹国的起源

从民族上来看，暹（Syam）人虽已见于十一世纪的占文，但是当为一个国家来说，暹国的建立，最早也不过是在十三世纪的中叶。

有些人像暹罗曼谷王朝的拉玛第四，或摩诃茂谷（Maha Mong Kut），以为暹国的历史，可以追溯到公元后第五世纪的中叶。他指出在这个时候，暹国有一位叫做端王（King Tuang）统治全国，并且在公元后四五七年，曾输入暹文字母。他把这些字母传交与佛教僧侣的秘密会议｛参阅一八八四年所刊行的《暹罗与老挝》（Siam And Laos）一书，P. 305｝，这种看法，是没有什么根据的。

以往还有些人，把暹国的第三代君主法拉伦（Fhar Ruaag）｛按：就是敢木丁（Rama Kamheng）｝，当作是公元后十世纪中叶的人物。此外又有人把他当为更早的人物。可是近来根据各种典籍与碑文，证明他是生在十三世纪。他在位的时期，是在这个世纪的下半叶，而在他之前的两位国王，一为他的哥哥，一为他的父亲。其在位时期，也并不很久。所以暹国的建立，是在十三世纪的中叶，是在柬埔寨帝国趋于衰弱的时候，暹人乘机反叛得到自由，建立速古台（Sokhoai）王朝。

据说暹人摆脱柬埔寨人的统治之后，也称为泰（Tai）人。泰的意义是自由，这是暹人自称的名字，标志其得到自由而成为一个独立国家。

我们知道，在十三世纪的初期，柬埔寨帝国正趋于衰弱，在其东北占婆脱离了吉蔑人的统治。在其西南，这就是在马来半岛的北部，曾称臣于柬埔寨的丹流眉，却变为三佛齐的属国。在其西边，这就是在速古台这个地方，本来也是在吉蔑人统治之下，但在这里有一位暹人叫做坤波孟（Kun P'a Muang）曾在柬埔寨人统治之下服务，据说他娶了柬埔寨王的一位女儿，因而曾给他一个称号，这就是膺沙罗铁（Indraditya），这个称号本来是统治速古台的吉蔑统帅的称呼，现在这个名称，既赐给与他，说明是这个地方的长官。

正当柬埔寨衰弱的时候，坤波孟与另一位暹人叫做坤邦克览刀（Khlon Lamphong），起而反抗吉蔑人。柬埔寨遣兵征伐，但失败了，于是坤波孟与坤邦克览刀遂占据了速古台。同时坤波孟乃让坤邦克览刀去当这个地方的长官，他还用了柬埔寨国王所赐给他的膺沙罗铁这个称号，赐给坤邦克览刀。从此，他遂用这个称号去统治速古台。这样速古台王朝，也开始建立起来。关于速古台王朝的起源，戈岱（Coedé）在其《暹罗速古台朝王迹发源考》（Les Origines De Dynastie De Sukhodaya, *Journal Asiatique*, 1920）十一编十五卷，曾把关于这个问题的碑文加以解释。但我们应该指出，这里所说坤波孟让其位以及其称号与其友坤邦克览刀，似乎近于神话。我们怀疑后者是篡夺了前者的王位与称号，而立碑文者遂美其事为禅让。

戈岱这篇文章，曾把碑文分段加以说明。这是研究速古台王朝或是暹国的起源的一篇很重要的文章，虽然经过陆翔翻译为中文（《国闻译证》第一册，页一五九至一七一。这本书是齐鲁大学国学研究所丛刊之一，开明书店出版，书中没有说明出版日期，但据我推算，当在抗战时期或其初年印行的），因为约二十年来我国人对于这篇文章以至对于暹国的起源问题，很少注意，而这本书又已绝版，很难买到。因此我愿意把戈岱这篇文章的主要部分节录于后，不只可以作为研究这个问题的人们参考，而且可以作为本文解释这个王朝或国家的起源的一个看法。

"今所讨论者，为速古台的一种碑刻，曾为富南霍所表彰，其中一部分文字已由司密斯（Smith）加以研究（见《古代暹罗》卷二，第三五面）。然余今将提示之一全节，则司密斯未研究及之故，可视为新鲜材料也。富南霍言此碑之石，原在伐西城（Vat Sixum）（按：应译西城寺），然此撰人对于碑文来源的记载，未免令人怀疑。至碑石现藏地之盘谷（Bang Kok）国立图书馆，则言此碑来自速古台之伐（按：为寺）摩哈达兜（Vat Mahadhatu），此说近真，盖碑文有二百行之多，则始为立于公元一三五七年，所谓那伽罗城碑（Nagara Jum）中所言'有一碑文字甚长立于速古台大舍利寺前'之一碑矣。然碑刻来源之准确仅为次要，此点即有不确，并不减少碑文本身所函之利益（按：应为价值）。此碑残存部分中，并无年月，见于那加罗城碑引文中之此碑年月可信与否，亦不敢必。然此碑之立，必不在公元一三五七年以后，则无疑也。实则此碑之立，似宜上溯至喇吗刚很（Rama Khamkêng）之子继承王位之一朝。换言之，即勒旦王（Luthai），此即下文言及之速古台末一代王。又即碑文中呼其别名曰达摩罗什（Dhamaraja）者也。碑文首尾皆缺乏，不能明晰何故建立此碑，惟知碑中叙述之英雄为一虔诚无比之宗教家，名为台松法摩哈旦罗，悉利塞达罗什俱刺牟尼，悉利罗德那郎甲地巴摩哈显来邦旭（Somdet Phra Mahattere，Sri Sra-aharagaculamuni，Sori Kataualankadipa Maharami Peu Chao）及泰族亲王名福君法蒙（Pho Khum Pha Mueng）者之孙。碑中叙述此圣人之履历及其信仰宗教之事业，皆极详备，运以华藻之笔墨，尽雅丽秀娟之致。然余欲将此碑全文辑入余在正编纂中之《泰文碑集》（Carpus Des Inscriptions Thais），故余仅将碑文首节关系于速古台王朝之史迹，加以研究耳。碑文残缺之状况，不幸适与石刻研究中引为遗憾之条例相合，条例中言凡碑文中最重要之段节（立碑年月关系于历史之事实），适为残阙实最为研究者之遗憾也。……

"要点既提示如上碑文一节，举列如下。

昔日福君庞格郎道（Pho Khum Bong Klang Thas）……蒙庞杨（Mu'ang

Bong Yang）命……蒙剌（Mu'ang Rat）首领福君法蒙（Pho Khum Pha Mu'ang）之军卒，福君法蒙分……福君庞格郎道占有蒙悉利娑阇那拉耶之地，……蒙剌首领福君法蒙率其军卒，……庞格龙（Bang Khlong）……以庞格龙之统治权畀与福君法蒙，既而福君法蒙率其军卒而还，是时蒙剌地方繁盛，……悉利娑阇那拉耶速古台贡末（Kham）勇士名格龙郎风（Khon Lamphong）者，遂战败矣。

"在此残阙不全之文字中，可约略窥见在福君法蒙率军转战之际，有一新人物出现于战场中，即贡末勇士格龙郎风是也。其名殊耐推索，此处所言，乃柬埔寨之军统也。

"然则所谓格龙郎风者，必为柬埔寨人之统帅无疑也。今碑文中有攻击蒙剌之举，殆为泰族两首领开始作不利于吉蔑族（族，按：即柬埔寨）之举动，故有此战役于碑文中叙泰与吉蔑之战况如下：

斯时福君庞格郎道往赴，……蒙剌首领福君法蒙……下令集合军卒，福君庞格郎道及福君法蒙皆登象背，众斐奥皆集合……拥登象之头部，观察阵势之后，福君庞格郎道与贡末勇士格龙郎风交锋，福君庞格郎道遣使以军情告福君法蒙，福君法蒙……贡末勇士格龙郎风遂大败。

"此节碑文虽间有残泐，足以考见此次战后之结果，柬埔寨军之占据速古台，或至少扼守通道被击溃而遁矣。碑文继续述后事如下：

福君法蒙斯时可进占蒙速古台矣。彼以此城的统治权委之于福君庞格郎道，然福君庞格郎道谦其友军不敢进驻速古台，福君法蒙率其军以退，于是福君庞格郎道遂进驻城中。

"此处所叙的小小曲折，呈一异态文中 Krent 字，余以让字译之，亦可以畏字译之。庞格郎道或因戒惧或因尊敬在取获速古台统治权之前，表示迟疑，复使其友军撤去城守，此种谨慎动作，在彼自有其理由，此一短节中，固包涵微意焉。

"福君庞格郎道进驻速古台之后，即继以福君法蒙拥戴之举。

既而福君法蒙尊福君庞格郎道为速古台之王而以自己的名号，予其友其名即悉利印达柏旦达提帝牙（Sri Indrapatindraditya），又益以刚罗当盎法芒（Kamraten an Pha Mu'ang）之尊号。

"此节碑文表示庞格郎道自登速古台王位之后，即拥刚罗当盎法芒、悉利印达柏旦达提帝牙之尊号，蒙剌首领福君法蒙，何以能以自己的尊号，加于其友，又仗何种权力能有此举动乎？碑文立即予以解释。

昔日天王悉利娑达罗玭罗（Sri Sodharapura）曾以其女名昂西甲喇吗哈

台维（Nang Sikharamahadevi）者，下嫁于福君法蒙，赐以圣剑绍尧悉利（Jaja, Cri），又赐以与己相似之名号，福君庞格郎道遂受悉利印达柏旦达提帝牙之尊号，盖福君法蒙以自己之名号转授于其友……蒙速古台，其原因如此。

"此种解释以形式言，固觉纷乱，然以内容论，已甚明晰。由此可考见刚罗当盎、悉利印达柏旦达提帝牙之名号由福君法蒙授于福君庞格郎道者，乃昔日福君法蒙所受于天王悉利娑达罗耾罗之封号。

"福君法蒙受一种封爵于一个几近天神之人物，即吉蔑国之君主，故福君法蒙对于柬埔寨的地位，乃藩属也。自与贡末勇士战而克捷之后，增强其地位，以君主自居，而以昔日受封于旧主人之称号，转封其友福君庞格郎道，在速古台之泰族封建瓦解，脱柬埔寨之桎梏，盖可于是考定其时期矣。且吾侪有当表明者，两国关系，未尝完全断绝，碑文以审慎态度切定叙述速古台第一代王之名号，来自柬埔寨，盖欲表明此新朝之合法也。悉利印达提帝牙之数代嗣王，皆取柬埔寨之名号，刚罗当盎（Kamraten An）暹王——即速古台耶王——曾于公元一二九四年遣使中朝（此遣使之王只可属之喇吗刚很）。按之中国史籍王名敢木丁即当刚罗当盎。

"悉利印达提帝牙既宣告为速古台之王，其地即还复战前状况。

  福君印达提帝牙与福君法蒙即布置军卒，并率之，……迨军率离境，人民均各归其城市村镇，复其业次如前日状。

"以下略述悉利印达提帝牙之嗣王事：

  福君悉利印达提帝牙有一子，名福君喇吗罗什（Pho Khum Ramaraja）……洞明大道，曾于悉利娑阇那拉耶（Sri Sigganalaya）建悉利罗德那头陀寺（Sri Ratauadhatu）。

"此处所言之喇吗罗什，必为喇吗刚很所叙建造佛寺事，必为娑阇耶那拉耶中之支提按之喇吗刚很碑，此寺工程，始于公元一二八五或始于一二八七年。

  福君悉利印达提帝牙之孙，名达摩罗什，谙悉政理，洞明大道，盖具无涯之才智者也。

"自提示此王之名以后此对于速古台朝之纪载告终矣。虽文字残泐，然其中不少材料，足为学者解决纷争之助。速古台朝王迹之起源，久堕于昏暗之中，自得此碑，而渐渐豁露矣。解脱柬埔寨之宗主权，其事迄今，仅遗留于传说故事中者，今竟首次获得影响于石刻中，余所以认此碑有表彰之价值也。"

从速古台王朝的建立者，采用柬埔寨的地方长官的称号来看，说明了暹人在以往是受了吉蔑人的统治。他们自己缺乏政治组织的经验，也缺乏政治制度的传统。现在虽然得到独立而成为自由的民族，可是他们不只没有放弃了其原统治者的政治典章，相反的还采用其称号，这不只说明他们是受了吉蔑人的政治组织与制度的影响，而且说明其缺乏政治经验与传统，也说明了这个民族——暹人的建国是不会过早的。

速古台王朝是都于速古台这个地方。速古（Sokho）是土的意义，有人以为速古台是泰地，或泰人土地的意义，因而有人以为这个地方之所以得名，是由于暹人脱离柬埔寨的统治而得到自由以后才有这样的称呼。然而我们也得指出，速古台这个地名不是始于暹人得到独立后才有的，而是原来已有的地名。

而且，速古台（Sokhotai）这个名词，是一个印度化的名词，它是从印度文Sakhôdaya 而来，其意义是"幸福的曙光"。我们知道，柬埔寨帝国以及曾在这个地方统治过的猛族，一向深受印度文化的影响，其文字是渊源于印度文字。这个地方名为速古台，可能也是采用了一个印度的名词，这就是幸福的曙光。也可以译为泰地或泰人土地。

膺沙罗铁的占据速古台，大约是在一二五四年。这就是在蒙古征服大理（一二五二）后的一年。但也有人以为是在一二五七年前数年。暹罗的著名历史家达马隆（Damrong）以及一些西方的学者，都以为大理是南诏之后、是泰族所建立的国家，在大理的好多泰人因为不愿在蒙古统治之下，因此南迁到现在的暹罗与老挝各处，与原有在暹罗的泰人联合起来，所以声势大为增加，因而建立了几个泰族国家如八百媳妇，如老挝，以及暹国。

我们在别处已经指出，南诏、大理是否为泰族所建立的国，是值得讨论的一个问题。我们以为南诏或大理不是泰族所建立国家。我们推想南诏、大理是从西藏高原来的民族，与接近于缅甸的缅族。

退一步来说，就算大理是泰族所建立的国家，在从前交通很不方便的时候，若说大理的泰族，在这么短的时间，就逃到这些地方，而与当地的泰族联合起来，建立新国家，这也是不大合理的事情。而况，蒙古虽征服大理，但蒙古仍用大理的原来统治者去管理这个地方。在蒙古南侵的时候，可能有些人民而尤其是统治者，因失败而逃到他处，可是大部分的民众，不见得大量迁移到现在的暹罗或老挝。

我们的意见，是在现在的暹罗或老挝的泰族之到这些地方，是经过长期的时间。这种迁移，是逐渐的。起初散居于各处，后来人口逐渐增多，乃聚居于一些重要的地方。除了我们在这本书里所叙述的几个掸泰国家之外，在暹罗的北部，于一〇九六年曾建立一个泰族国家叫做夫尧（Payao），这是一个小国，也是一个强盛的王国。直到现在，在暹罗的北部，还有一个城市叫做夫尧，这应该是过去的夫尧国的所在地。此外，又如在印度的阿萨姆（Assam），于一二二九年也建立一个泰族国家叫做阿哈姆（Ahom），这个王国，也存在了好多年。这都说明了，在十一世纪至十四世纪的约三百年间，掸泰民族之散居于现在的老挝、暹罗、缅甸以至印度的，慢慢的成立为国家。虽则其民族，在其长期的迁移中，已有很多与当地的民族同化。其在暹罗者，他们不只受了柬埔寨或当地的猛人的文化影响，而且在血统上也混杂起来。因而不只与吉蔑人或猛人聚居杂处，而且在政治上或社会上，也占了重要的地位。坤波孟之与柬埔寨国王的女儿结婚与被封为当地长官是一个很好的例子。到了柬埔寨衰弱的时候，他们乃乘机而起，争取独立，成为新兴的国家。

然而这也并不是说蒙古的南进，对于这些国家的建立是没有关系。相反的，二者的关系是很为密切的。因为蒙古的南进打破了过去在这些地方的政治势力的均衡，使一些小部落能够乘机而起。北方的大理，南方的罗斛，西边的蒲甘，以至东边的吉蔑、占城等等，都因蒙古的南进，有的被蒙古所征服，有的为蒙古所威慑，这样，凡是以前在这些国家统治之下，以至在这些国家的势力范围之内的一些部落，都有机会去宣布独立。这也可以说是蒙古对于管理这些地方的一种分而治之的政策。强大者征服之或压制之，弱小者扶植之或保护之。这样，蒙古才可以远远加以控制。我们只看在蒙古征服大理与蒲甘之后，无论其他的国家如罗斛，如女王，或是新兴的国家，如八百媳妇，如暹国，无不遣使入朝，说明了这种政策的效果。因为从蒙古来说，利用这些国家的互相牵制而朝贡于元室，比之常用兵力去征伐，是一种很好的政策。

膺沙罗铁虽然在速古台得到独立而建立新的国家，但是在他在位的时候，暹国疆土很为狭小。关于这一点，达玛隆在其《暹罗古代史》中说得很清楚。他说：

> 暹罗自希因他拉蒂（按：此为王又申所译 Indraditya 的对音，就是上面所说的膺沙罗铁）王在苏口胎（按：即速古台）宣布独立以后，国境狭小，重要城镇只有苏口胎与萨岭两城，皆为京都。此外，则不过尚有沿苹蓉楠萨咯等河若干之附属小镇而已。国境北以达哥城、甫赖城为极边，南以北榄坡之帕邦城为终点（即今日之那坤萨脱城），国家人民及军旅兵力，皆其寥落。据碑文所载，巧德太守（现在达哥府西边麦骚境内已为废城）坤三秦竟因此强悍不驯，拒绝接受苏口胎节制，起兵侵犯达哥城（在汪河。西岸距苏口胎京二日路程）。希因他拉蒂王率师征讨，先后被坤三秦击败，幸其幼子勇武善斗，亲与坤三秦象搏，巧德兵始行溃散。（王又申译《暹罗古代史》，页十六—十七）

照这段话的描写，速古台的领土实在很小，远比不上我们现在一个普通的县的幅员。因为从东到西并不很大，而北有女王国，领土到南邦之南，其南有罗斛国，是否到达北榄坡，也成问题。胡特（Wood）在其《暹罗史》（*History of Siam*）中以为膺沙罗铁王曾广辟国土是与事实不相符的。

有人以为膺沙罗铁,曾于就位后不久,到了马来半岛北部的丹眉流(Tambrainga),而与当时的丹流眉的著名国王旃陀哈奴(Chandrabhanu)通好。据说旃陀哈奴曾二次征伐锡兰,带了佛像回国,他还送给一个佛像与膺沙罗铁,这个佛像是叫做西音(Sihing)。有人说在暹罗曾有三个这种佛像,一在曼谷,一在清迈,一在六坤。我们以为膺沙罗铁到丹眉流的传说未必可靠。因为在他在位的时期,并不很长,他不只忙于内政,而且还要对付其邻邦,如巧德的侵犯,不会有时间跑到丹流眉。因为丹眉流在马来半岛,道途很远。又速古台之南,还有一个罗斛国,他要通过罗斛而到丹流眉,也不容易。若说为了到丹流眉是输入佛教,似也不需要,因为在南边的罗斛,是一个佛教的国家。而在北边的女王国也是一个佛教国。速古台不只是介乎二者之间,而且可能本来也是罗斛的一部分土地,早受了佛教的影响,所以他不需要跑到那么远去寻求佛教。

膺沙罗铁死于那一年,无从考订。他有三个儿子,长子幼年死了。继其王位的是他的第二个儿子,这位儿子名叫做般蒙(Ban)。可是他在位不久,也死了。继其位的是他的弟弟敢木丁,或是法拉伦(Phra Ruang)。在暹罗或速古台的历史上,最值得注意的,是这位国王,但是关于他的事迹,也有了很多值得讨论的问题。

第十三章　敢木丁时代

　　敢木丁这个名字，二次见于《元史》卷十八至元卅一年或成宗元年（一二九四）。这个名字，就是暹文方面的 Rama Khamheng。在暹国的邻国的史文中，又有法拉伦（Phra Ruang）这个名字，有些人当初没有认识到这两个名字是指着一个人，经过好多学者的考究之后，现在可以确信无疑，法拉伦就是敢木丁。

　　法拉伦之所以叫做敢木丁，据暹罗碑文说当他十九岁时，他奉其父命去讨伐巧德（Chot）城的统帅。因为他的父亲曾为这位统帅所击败，而他却能转败为胜。因此遂用拉玛敢木丁（Rama Khamheng）这个称号。敢木丁的意义是勇敢，是可畏。到了后来他登王位之后，他还是用这个称号。应该指出，在暹国的史料中，这位君主虽然是描写为一位勇敢可畏的君主，是一位盖世的英雄，可是事实上，似乎并不如此。这一点我们在下面还要说明。我们在这里只要指出，碑文的写作者，而尤其是在暹罗的碑文的撰述者，对于一些古代君主的事迹，往往加以夸大。使这些歌功颂德的著作减少了历史的真实的价值。当然这也不是说，这些碑文中所叙述的事情，是完全假造的。它是有其事实的根据的。不过撰作碑文的人们，往往夸大其曾叙述的人物的功德，有时还成为神化的人物。敢木丁就是这样的人物之一，这是研究这位国王的人们，不能不加以注意的。

　　敢木丁生于那一年，在位多少年，死于那一年，这都是研究暹国历史的人们所注意的问题。虽然过去好多学者对于这些问题，做了不少研究，然而直到现在只能知其大概，还没有十分准确的答案。

　　敢木丁生于那一年，达玛隆在其《暹罗古代史》中没有说到。有人说他是七世纪的人物，或八世纪的人物，这都是错误。胡特在其《暹罗史》也没有谈及，艾莫涅在《古代暹罗考》（Le Siam Ancien, *Journal Asiatique*，十编一卷）一文中，以为敢木丁的生年当在公元一二五〇年至一二六〇年。他又引《北方纪年》一节，说王生于豕年，因而定为一二五一年。因为这一年是豕年。然而《北方纪年》所说，是否可靠，也是一个问题。

　　关于敢木丁就位的时间，达玛隆定为佛历一千八百年，这就是公元一二五七年，胡特考订为一二七五年，艾莫涅以为是一二七五年至一二八〇年间，这就是当敢木丁二十岁至三十岁之间，这里也说明了他就位的时间，还没有准确。

　　至于敢木丁死的时间，达玛隆说"王殁于何年，无从确悉"。他根据《拉查蒂辣书》中纪载，推算其死年为佛历一八五七年，这就是公元一三一四，但他又指出可能他死于佛历一八六〇年（公元一三一七年）左右。胡特似乎同意达玛隆的看法，然而艾莫涅却以为他死于一三二四年，他是根据《北方纪年》所说王殁于鼠年而干支之适合于鼠年者,是一三二四年。这与达玛隆的推算差了七年。

《元史》卷二一〇说:"大德三年(公元一二九九)暹国主上言,其父在位时,朝廷尝赐鞍辔、白马及金缕衣,乞循旧例以赐。"考《元史》关于中、暹最早的交通,是一二八二,元室遣何子志使暹国。何子志在途中为占城所杀,但这一年应该是敢木丁在位的时候。在敢木丁之前,这就是在他的父亲在位的时候,是否遣使到中国,中国是否赐给这些东西,不得而知。除非这里所说的其父,是指着敢木丁之父,那么敢木丁于一二九九年还未死,否则所言其父应该是敢木丁的儿子——吕太(Lu-Tai)的父。所谓其父的"父",应该是敢木丁。假使这种看法是对的,那么敢木丁应该在一二九九年之前死了。

中国史文,并没有说到敢木丁的父亲遣使朝贡,也没有说到敢木丁之前两国互遣使者,暹罗及其他方面也没有这种记载。膺沙罗铁在位时间,大约不过十五年左右,整顿内政,征讨邻邦,似乎也没有机会去遣使到中国朝贡。这里所指中国赐给其父鞍辔、白马以及金缕衣,应该是赐给与敢木丁。假如我们这种看法没有错误,那么应该是死在一二九九年之前,而大德三年(公元一二九九)的上言的暹主,应该是敢木丁的儿子。当然,我们的看法,可能错误,但敢木丁的死年,正像达玛隆所说,是无从确定。

敢木丁以为他的家族是源出于腊伐晓基(Lava Chakri),这也就是揽那或八百媳妇的孟莱(Mengrai)所自称的远祖。然而有人指出,敢木丁并不是腊伐晓基的后裔,他之所以这样自诩,不过欲以此而与自豪为腊伐晓基的子孙的孟莱相对抗耳。据说,敢木丁是生于罗斛的宫闱中,他的父亲并非位居要职,他不像其友坤波孟,既是吉蔑王的女婿,又居了要职。他大概不过是一位普通官员。当他的父亲当速古台的主人的时候,敢木丁还不到二十岁,所以敢木丁在少年,也不会在罗斛当较高的官位。有些人像胡特把罗斛当为泰族所建立的国家,假使这种看法是对,这应该是十四世纪下半叶以后的事情。在敢木丁的时候,与在他之前,罗斛是猛人(Mon)所建立的国家。敢木丁若生于罗斛宫闱,那么他若不是猛人,可能有了猛人的血统,这是很值得我们注意的。因为假使我们这种看法是对的,那么暹国的始祖不一定是泰人,也不一定是纯粹的泰人。

在近人所发现的暹国碑文中,敢木丁于一二九二所建立的碑刻中曾述其家庭道:

> 吾父名悉利印达提帝牙(按:就是膺沙罗铁),母名囊宋(Nang Süang),我之兄与弟名庞(Bän)与蒙(Muong)。我侪兄弟姊妹凡五人,皆一父一母所出。男子三人,女子二人。今惟吾弟尚存,吾兄幼年即殒。(抄录艾莫涅的《古代暹罗考》,陆翔译)

所谓"吾兄幼年即殒"这句话,不见得恰当,因为当敢木丁的父亲在位而征伐巧德时，他自己十九岁，那么他的哥哥应在二十岁以上。又其兄曾继承王位，其时也应是二十余岁，在位虽然不久而死，但也不能当为"幼年即殒"。

上面已经指出膺沙罗铁是都在速古台。然而也有人说速古台是敢木丁所建立的都城。他的父亲所驻跸的地方是在速古台之北约二十公里的桑伽洛（Songkalok），又有人以为当时的暹国，是有两个都城，速古台是暹国的都城，这是一般历史学者所公认的。《元史》卷二十说一二九九年速古台来朝贡，这可能是以其都名其国。这种例子很多，我们不必在这里列举，但《元史》卷十八又说一二九四年必察不里城主敢木丁，遣使来贡。必察不里当为 Petchaburi 的对音。是否必察不里也是暹国的都城或陪都，也是一个问题。上面曾抄录达玛隆一段话，他说暹国在膺沙罗铁的时代，只有两个城，一为速古台，一为嵯岭，二者皆为京都，假使这话没有错，暹国的京都就不只一个，而是两个或数个。应该指出，在那个时候尤其是在敢木丁在位初年或他父亲在位的时候，所谓京都者，从今日看起来，也不过是一个小市镇而已。人口不会很多，市场是由各地而来交易物品的临时聚集的地方，摆摆摊子，交易完后，收拾回家。固定的商店很少。直到现在，暹罗还有这种遗风。至于王宫，大概也不过用木建筑的简单的房屋而已。

根据暹国的碑文记载，敢木丁在位时，曾征服了很多地方。碑文说：

> 泰地人民其智谋勇毅膂力绝颖超群，故能攻众克敌，彼等建立一强大国家，拥有多数之象。……东方则平定猛萨罗龙（Muong Saraluong）、松社（Songgeo）、伦巴监（Lumpacay）、萨伽力（Sagathao）尽有沧江边地，而以万象（Vient Chang）、万冈（Vieng Kham）为边界。南方则克服法拉庞弗兰（Phra-Bang-Phrek）、罗什彪利（Rajapuri）、番什彪利（Phejapuri）、悉利达摩罗什（Cri Dharmaraja）等，直抵海滨，海滨即国境也。……西方则荡平猛煜（Muong Yod）……，猛洪萨伐地（Muong-Hongcavadi），而以海为境。北方则底定猛弗尔（Muong-Phle），亦作弗兰（Phré），或作泼兰（Pray）、猛南（Muong-Nan）……猛弗娄阿（Muong Phlua），继又越澜沧江而以猛柔佛（Muong Java）即苏奥（Suao）为边境。（巴德利《泰族侵入印度支那考》，陆翔译）

达玛隆在其《暹罗古代史》中，解释这段碑文，以为敢木丁的领土在其南直至马来半岛，在其西尽吞蛮（Mon）（？）人之地，东北达到朗勃剌邦（Luang Prabang），而其北至揽那或八百媳妇为止。胡特解释包括下列的地方：

> 阜利（Phre），喃（Nan），朗勃剌邦，彭世洛（Pitsanulok），罗摩萨克（Lomsak），万象（Vieng Chan），那空素旺素旺蒲迷（即素攀 Supan），叻丕（Ratburi），碧差巫里（Petchaburi），那空是贪玛叻（六坤或洛坤 Ligor），拉

亨（Raheng）、湄速（Mesot）、廷那撒林（Tenaserim）、土瓦（Tavoy）、马都八（Martaban）、东吁（Taungu）、白古（Pegu），以至孟加拉湾，与于今日无从确认之其他区域。（吴迪《暹罗史》，陈礼颂译，上册，页六〇）

假使达玛隆与吴迪所解释，没有错误，那么敢木丁的疆域比之今日暹罗的领土，还要大。而我们不能不指出，敢木丁的疆域，是不会这么大的。碑文夸张了。当时的暹国的领土，虽然吴迪也声明在这些地方中有的是藩属，有的是称臣，有的是领土，但无论如何，敢木丁并没有征服了这么大的土地。

我们知道，在暹国的北边是揽那或八百媳妇，但在一二九二年之前，在暹国之北有了一个女王国，或是哈利班超（Haripounchoi），一二九二年女王国被揽那的孟莱灭了，女王国的南境，是在南邦（Lampang）之南，孟莱灭了女王国，其南境也应该是南方〔邦〕之南，这是无可疑的。在暹罗的东边，有了一个国家叫做南掌，或是老挝，其都城就在朗勃剌邦，其西境在万象之西，敢木丁不见得征服了这个地方。在暹国之东南又有一个国家叫做柬埔寨，这本来是速古台的上国，速古台独立后，可能还与柬埔寨交兵，如十三世纪末年的周达观在其《真腊风土记》中"村落"节中云真腊"近与暹人交兵遂皆成旷土"，然而我们也得指出，当时的暹国，对于吉蔑帝国"仍修藩属之礼"。（参看巴德里《泰族侵入印度支那考》，陆翔译，上册，页六九）所以在东南方面，暹国的边境，离开速古台不见得很远。

至于暹国之南，是罗斛国。罗斛的都城，在现在的罗富里（Lophburi），这个都城不见得靠近罗斛国的北境，所以暹国南境是不会太南的。敢木丁可能与马来半岛一些国家发生过关系。汪大渊在《岛夷志略》中说，暹国曾遣船去征伐单马锡，或是现在的新嘉坡，但这不一定是在敢木丁的时代，而且这只是一种扰乱的性质，没有占领地方。所以我们很难相信，敢木丁的领土，可以越过罗斛而达到马来半岛。

至于暹国的西边境界，若说是达到马都八、东吁、白古更是夸大其词。马都八当时是一个独立国家，是猛人所建立的国，据传说其开国君主伐丽流曾在速古台王宫当过侍卫，而且与敢木丁的女儿私奔。可能这是事实，因为了这样伐丽流也可能对于其岳父相当恭敬，但这不能就说马都八就是属于暹国，或是称臣于敢木丁。而且，我们知道，在速古台的所谓属地素攀已强盛起来，把这个地方列入暹国领土，显然是个错误。

总而言之，在敢木丁在位的时候，暹国不是一个大国，而是一个小国。关于这一点最好的证明，是《元史》的记载。《元史》卷二一〇"暹"条说，大德三年（一二九九）暹国主请赐白马，丞相完泽答剌罕说"暹小国而赐以马恐为其怜忻都（印度）辈讥议"，因而不赐以马，说明了暹国是一个小国。

暹国人对于敢木丁很为颂扬的，还有一事，这就是传说现在通行的暹罗文字，是由他创造。关于这一点，艾莫涅（Etenne Aymonier）在其《古代暹罗史》中曾做了简单的叙述，与公正的评价，兹特录之于后。

传说中言王曾创造暹罗字母，自此以往，此新制暹文，流行民间，取柬埔寨文而代之。柬埔寨文仅用于经典写本矣。此点固未能完全准确，然亦不可谓绝无根据。喇吗刚很（按：就是敢木丁）王曾于公元一二九二年所立之碑刻中，昭示吾侪谓泰族昔无文字，彼于一二八三年召一能造泰族文字之先生以来（创造文字？），余意此点未能尽确，吾侪以为此类多少受印度化之文字，早已流行于北方泰族。又以为用印度字以表各种音调之一种语言，如暹罗文字者，乃人类天才之显露，决非一人之力所能创造，必累世相传，穷年累月，经长期之变更，修改而获。此效果在一二八三年中未留名氏之造字人，固未尝无功，然彼仅能将已往成绩，加以最后之修改，使成定制，俾代表暹罗全国之图书已耳。

据说，在敢木丁在位的时候，所改造的暹文的原则有三，第一是就吉蔑文而改善，凡吉蔑文的笔划之多而弯曲者，就加以修习。第二，凡是两个同样字母并列，而须重写二个字时，改为一个字。第三，是发明暹文的四声，并创制四种音符以表达。

此外，还有一种传说，以为敢木丁曾创制小纪元历。这就是说以公元六三八年为元年的。这种传说是不可靠的。因为假使这种传说是正确，那么暹国的历史，可以推到七世纪的时候，这是很不合于史实的说法。

应该指出，敢木丁是速古台王朝的最重要的人物，他奠定了他父亲所建立的王朝的基础。在暹国的约一百年的历史中，他在位的时间几乎占了一半的时间，是在这个时期内，暹国最为繁盛。因为在他之后，不只国势日趋衰弱，而且土地也日趋削减。但若说他是一位很为特出的人才，甚至成为半神半人的君主，那就未免过于夸张。事实上，在武备方面，他还比不上与他同时的揽那国王孟莱。孟莱从猛阳兀迁都到景海，到了一二九二年后又向东南发展，征服了女王国或哈利班超，而建都于清迈。这说明了这位国王的统治力量的发展之大而且快。至于敢木丁在碑文中，虽然描写得其统治力量的扩大，然而我们以为与其说是一种事实，恐怕有了不少地方只是敢木丁或其撰述碑文的人们所想像中的国境而已。此外，如说敢木丁创造文字，创制也只能说在暹文改造的工作中，在他在位的时候，发展了一个新阶段而已。

事实上，我们若从敢木丁的外交政策上来看，他不见得是一位实力政策的计谋者。他甚至不是一位远交近攻的政策的主张者，而是远远讨好的政策的实行者。我们知道，在速古台的东北有一个很小的国家叫做夫尧（Pyao），敢木丁对于这个国家，及其王坤昂孟（Kun Ngam Muang），就没有存了侵略的野心。据说，他曾聘问夫尧，并且爱上夫尧国王的王妃，事为夫尧王所知，结果是后来不只赔了一笔很大的款项，并且听了揽那或八百媳妇的国王孟莱的劝告，而亲到夫尧谢罪。这样的人物，并不很像是一位穷兵黩武，东征西伐，而扩充其版图的人物。

他对于正趋衰弱的北边的女王国或哈利班超，也并没有加以侵略，而最使我们奇怪的，是当八百媳妇王孟莱向南征伐女王国而使其土地接近速古台的边境的时候，敢木丁也没有加以抗议，结果是女王国被孟莱所灭，使八百媳妇与暹国成为毗邻的国家。敢木丁却没有加以干涉，到了一三三八年，八百又并了夫尧。而且我们知道，早在公元一二七二年，女王国曾因争夺磨地勃（或作马都八）而与蒲甘战争，敢木丁也没有加以干涉。到了一二八七年，伐丽流（Wararu）反抗蒲甘而称王于马都八，敢木丁也没有加以干涉。在敢木丁未就王位之前，敢木丁曾助其父讨伐属于蒲甘的巧德国，并且得到胜利，而占领这个国家，可是到他就位之后，他对于女王与蒲甘的互相征伐，既没有利用机会去北征伐女王，也没西进去征伐蒲甘。到了揽那征服女王以至伐丽流反抗蒲甘而称王于磨地勃的时候，他也容忍下去。这说明了他既不向北扩充其领土，也没有向西去增加其疆域。上面所举出的碑文说敢木丁曾征服了西边的磨地勃以至白古，这是难于理解的。

而况，蒲甘王朝被蒙古征服之后，缅甸方面的掸族，强盛起来，敢木丁向西或向西北发展其领土，更不容易。

有人说，敢木丁是一位泰族主义者，他对夫尧的赔款谢罪，他对揽那的南进不加干涉，或甚至对于缅甸的掸族的勃兴，也不加以压制，是因为他不愿对于泰族互相残杀。相反的，尽量去维持其友谊，以防御其他的种族，这也不见得合于事实。因为无论在缅甸的掸族也好，在暹罗的掸族也好，他们是在不同的环境与不同的时代，建立其国家，并没有互相扶植。若说其共同敌人是猛族，敢木丁为什么不北伐女王，西讨磨地勃，而却让揽那去占领女王，伐丽流去称王磨地勃。而且，在其南边，还有一个罗斛，也是猛人所建立的国家，他为什么不向南征伐？若说其共同敌人是蒙古，那么更是不可理解。因为蒙古可以说是这些泰族国家的扶植者，这也是蒙古分而治之的一种政策。同时，这些泰族国家，也没有一个不向蒙古朝贡，尤其是敢木丁，对于蒙古的朝贡，至为殷勤。

伯希和在其《交广印度两道考》（冯承钧译）中曾把《元史》中关于暹国与中国关系的史文抄录下来，可是也有遗漏，这就是一二九四年"必察不里城主敢木丁遣使来贡"这一条，而且系上面指出这是很重要的一条，我们现在把这一条与伯希和所抄录的史文列之于下。

卷十二，至元十九年（一二八二）六月己亥命何子志为管军万户，使暹国。

卷二百一十，至元十九年（一二八二）十月，万户何子志、千户皇甫杰，使暹国，宣慰使尤永贤、伊兰等，使马八儿国，舟经占城，皆被执，故遣兵征之。……二十年（一二八三年）正月，（占城国主）又杀何子志、皇甫杰等百余人。

卷十七，至元二十九年（一二九二）十月甲辰，广东宣慰司遣人以暹国主所上金册诣京师。

卷十七，至元三十年（一二九三）四月甲寅，诏遣使招谕暹国。

卷十八，至元三十一年（一二九四）六月庚寅必察不里（按：应为 Petchaburi 的对音）城主敢木丁，遣使来贡。

卷十八，至元三十一年（一二九四）七月甲戌诏招谕暹国王敢木丁来朝，或有故，则令其子弟及陪臣入质。

卷二一〇，暹国当成宗元贞元年（一二九五）进金字表，欲朝廷遣使至其国，比其表至，已先遣使，盖彼未之知也。赐来使素金符佩之，使急追诏使同往。以暹人与麻里予儿旧相仇杀，至此皆归顺。有旨谕暹人勿伤麻里予儿，以践尔言。

卷十九，大德元年（一二九七）四月壬寅，赐暹国……来朝者衣服有差。

卷二十，大德三年（一二九九）春正月癸未朔，暹番……以方物来贡，赐暹番世子虎符。

卷二十，大德三年（一二九九）五月丙申，海南速古台、速龙探、奔奚里诸番，以虎象及梭罗木舟来贡。

卷二一〇，大德三年（一二九九）暹国主上言，其父在位时，朝廷尝赐鞍辔、白马、及金缕衣，乞循旧例以赐，帝以丞相完泽答剌罕言，彼小国而赐以马，恐其邻忻都（印度）辈讥议，朝廷仍赐金缕衣，不赐以马。

卷二十，大德四年（一三〇〇）六月甲子，爪哇、暹国、蘸八等国二十二人来朝，赐衣遣之。

卷二十五，延祐元年（一三一四）二月癸卯，暹国王遣其臣爱耽入贡。

卷二十六，延祐六年（一三一九）正月丁巳朔，暹国遣使奉表来贡方物。

卷二十八，至治三年（一三二三）春正月癸巳朔，暹国及八番洞蛮酋长，各遣使来贡。

《元史》之记载暹国与中国的关系，有了十多处，说明暹罗对于中国的朝贡很为殷勤。假使人们考订敢木丁是死于一三二三或一三二四，那么上面的记述的关系，都是在敢木丁在位时候。假使我们所说敢木丁是死在一二九九年或一二九九年之前，那么关于敢木丁与中国的关系的记载，也有十次之多，说明了敢木丁是不断的朝贡中国。又在一二九四年，招谕暹王敢木丁来朝，或有故则令其子弟及陪臣为质，说明了暹国虽不断朝贡，但元室还要其遣子弟或陪臣入质，说明了元室对于敢木丁，还是不甚信任。但从一二九五年及以后，还不断遣使到中国。而且，一二九九年，《元史》载赐暹番世子虎符，不只说明了暹国是尽力讨好于中国，而且可能是遵照中国的招谕，遣使入朝，所以说赐其世子虎符。

更值得注意的是，暹罗史家达玛隆与胡迪都说敢木丁自己曾到过中国朝贡，达玛隆在其《暹罗古代史》（王又申译）中说：

> 有一事足以表示拉玛克摩项（即敢木丁）王之英明者，即曾两次入中国是也。中国方面之纪载，极为明晰，佛历一千八百三十七年（公元一二九四）到中国一次，至佛历一千八百四十三年（公元一三〇〇）又去中国一次。据暹罗历史所载，暹国君主之曾亲历异邦谋盟修好者，只有二人，一为拉玛克摩项王，一为叻嗒哪辛木朝之朱拉銮干拉玛第五世君主而已。拉玛克摩项王之往中国系负何种任务，回来之时，得到多少成绩，尚多未明了。据今日之已得推知者，只拉玛克摩项王曾带来中国磁匠，以烧杯碗出售。其磁窑有设于苏口胎京者，有设于希萨那顿者。拉玛克摩项王时代，所制造之杯碗，人皆呼之为桑甲洛磁器，调查今日尚存之磁窑旧迹，推知磁匠之多，尚有数百。其出产品并曾畅销国外，一如今日之邦达恼希窑。但制造之时间几何，何时停制，则尚不得而知。

胡迪也说敢木丁两次到过中国，并带匠人制造磁器，这大概是根据达玛隆而来的。他还以为敢木丁曾见过元世祖，这是错误，胡迪《暹罗史》译者陈礼颂在其译者注中（上册，页六四）已经指出。

应该指出，《元史》卷十八《成宗本纪》，至元三十一年（一二九四）虽然说必察不里城敢木丁遣使来朝，同年又说诏谕暹国王敢木丁来朝，或有故则令其子弟及陪臣入质，但并没有说到敢木丁亲到朝贡。又大德三年（一二九九）记载赐暹番世子虎符，这可能是其世子来朝。又延祐元年（一三一四）记载其臣爱耽入贡，假使其世子来贡是事实，而记之于史，同时其臣来贡，也把其名记之于史，那么若是敢木丁自己到中国，《元史》更不会不记载。从这一点来说，我们很怀疑敢木丁曾亲到中国。传说敢木丁到中国还带回中国女子为妃，这种传说，都是不可靠的。

敢木丁既没有到过中国，他也不会带中国匠人去制造磁器，但是应该指出，暹罗的苏口胎与桑伽洛等处的磁窑遗迹，历史很久，其始于敢木丁在位的时候，可能性是很大的。敢木丁遣使朝贡若是之多，对于中国的文化及其著名磁器，大加赏识，是没有问题的。而且，他尽力去找中国匠人制造磁器，也是很可能的。塞巴斯提安（E. G. Sebastian）曾在暹罗学会的艺术部（The Fine Arts Section of the Siam Society）做过关于这个问题的演讲。这篇演讲词登在一九二四年三月五号的《曼谷时报》（*Bangkok Times*）。照塞巴斯提安的意见，中国磁器之传入暹罗，乃因南宋以后，中国北方的磁器，也因之而有南移，以至暹罗者，他以为在暹罗速古台所找得的磁器多与直隶磁州（Tzu-Chou）的磁器相同。速古台敢木丁所带的磁器工人，到了暹罗以后，见得萨文克乐（Sawankalok）的制造磁器的材料，比之速古台的优美得多，因遂移速古台的磁器窑到萨文克乐。他又指出在颜色上，暹罗磁器是模仿宋代的淡绿色（Celadon），在图样上，最初暹罗也是效法中国，不过后来逐渐的暹化，而替以暹人所欢喜的动物如象与鱼等。

《北方纪年》中说：

> 法伦王（敢木丁）末年，变成一性好嬉游而行动特异之人，不如往日之严正有为矣。（艾莫涅《暹罗古代史》，陆翔译，页一三二）

还有人如兰番佛巴德里（Pierre Lefevre-Pontalis）在其《永部揽那国或八百媳妇国史迹考》（Les Younes du Royaume de Lan Na ou de Pape）（《通报卷》一一，一九一〇年刊，第一〇五面至一二四面，陆翔译《国闻译证》，页一六至三二）一文中，以为敢木丁是死在一三二二年（页二七），这样比之达玛隆所推算多了十五年，比之艾莫涅的估计多了八年。

敢木丁死后，其子吕泰（Loetai）继位。这位暹王，据说在位有了三十六年之久，可是这个算法，是从一三一七年就位，若敢木丁是死于一二九九年，那么吕泰就位的时间，又要提早了八年或九年。这位国王在位时间，虽然也很长，可是没有什么建树。达玛隆说他的重要建设，是查港涝城的建筑，这就是甘烹碧城的东岸。

暹文方面的史料，指出在吕泰在位的时候，其属国白古、土瓦（Tavoy）等地反叛暹国。吕泰虽欲收复失地，没有成功。可是我们在上面已经指出，这些地方，似乎始终没有受过暹国的统治。

吕泰死（一三四七）后，其王位曾为二个儿子所争，但结果是长子昙摩罗阇卢泰（Tammaraja Lutai）战胜，乃继王位。据说，在他在位的时候，东边的好多属国，也相继独立。结果他所统治的地方，只有速古台及其附近的几个小城。据元汪大渊的《岛夷志略》，一三四九年，暹国为罗斛所灭，暹罗方面虽也传说在速古台的西南有一个乌通（Utong）王，脱离速古台而独立，并且扩大其版图于东北各处，然并没有记载是为罗斛所灭，关于这点，我们在下面还要说明。

卢泰王，据达玛隆及胡特的意见，是死于一三七四年。在他在位的时候，他曾极力提倡宗教，兴建佛寺。据一八三三年摩诃茂谷（Maha Mongkut）所发见的吉蔑文碑文中说：

> 王之仁德宽容大度，若海洋之纳百川者然，博爱施仁，是之谓也。王后恒爱民若赤子，常赦免囚犯，赐之以金，俾得赎罪，并遣之归家，故在当政之日，国无奴隶，人民皆得获享自由，并乐其业，王之令誉，遂播扬于各国各地之民，均乐其仁政而归之，相安而外焉。（吴迪《暹罗史》，陈礼颂译，

上册,页七二)

据说这位国王还撰述《佛陀宇宙观》一文,这篇文直到一九一二年始被发现。

达玛隆与吴迪还指出卢泰死后,其子赛(Sai),或昙摩罗阇二世继位。他在位八〔四〕年,(一三七八)暹国始亡。

第十四章　暹与阿瑜陀

我们叙述暹国，至其国亡为止。但这个国家不只与罗斛有密切的关系，其与后来的阿瑜陀王朝，也有密切的关系。我们不准备在这里叙述阿瑜陀王朝的历史，我们只想把暹国与暹罗或暹罗斛与阿瑜陀王朝的关系，略加解释而已。

阿瑜陀（Ayuthia）王朝究竟始于何时，与其建立朝代是什么人？这些问题，直到现在，还没有正确的回答。达玛隆在其《暹罗古代史》中说：

> 苏口胎京勒汰王（Loetai，一三一七至一三四七）末年，衰败之主要原因，即在坞堂（Utong）城中，又生能人，以为太守，兼为大将，统辖坞堂城、拉查布里城、碧布里城各军光复塔歪达恼希二城，使之再为汰人之所有物。自此以后，丕耶坞堂在南方一带威名大震，统治地盘，扩张至于啊呦他亚（Ayuthia）左近，在桑克布里、拉查布里、及碧布里城太守亦皆一律臣服，互为党羽。其后至佛历一千八百九十年（一三四七），坞堂地发生传染疫，丕耶坞堂（Phya Utong）借此以为口实，遂统领居民移居于隶属啊呦他亚城之永利地方，然后设法与中国皇帝及考木（Khmer）国王盟好，及其实力已充，外敌无患，乃于佛历一千八百九十二年（公元一三四九年）在希啊呦他亚京宣布独立。（王又申译本，页二八）

此外吴迪在《暹罗史》（陈礼颂译，页七一）也说：

> 暹罗之另一敌国崛起，此即后日曾领有全暹罗王国国土之王朝是也。即所谓素旺蒲述（原注：在现在之素樊城）或乌通侯地（Principality of Suwanp'umi or Utong）是矣。统治者系一强有力之皇子，乃是像皇子之后或系孟莱（Mengrai）王之远亲，当吕泰王一代告终之前，彼乌通皇子者，业已并有戎可太皇朝之大部分领土矣。此外，昔蓝摩堪享王所未克服之真腊国土，一部已为乌通皇子所兼并矣。且囊括阿瑜陀耶（Ayodhya）故城华富里与乎尖竹汶等地。
>
> 一三五〇年，乌通皇子建都于阿瑜陀耶城，即帝位，晋号曰拉玛铁菩提一世皇（Rama Thibodi Ⅰ），是为阿瑜陀耶皇朝之始。

此外，又如布利格斯（L. P. Briggs）在其《一四三〇年以前暹罗攻打安哥》(Siamese Attacks on Angkor before 1430, *The Far Eastern Quakterly*, Volume Ⅷ No. 1, Nov. 1948, pp. 3-33）与在其《古代吉蔑帝国》(*The Ancient Khmer Empire*)一书（页二五三）以及何尔（D. G. E. Hall）在其《东南亚历史》(*A History of South-East Asia*)一书（页一五一）都采纳了达玛隆的意见。

艾莫涅（Etienne Aymonier）在其《古代暹罗考》（Le Siam Ancien，*Journal Asiatique* 第十编第一卷八五面至二三九面）（陆翔译《国闻译证》，页一一三至一五一）以为速古台王朝自建立以后，一直至十五世纪的时候，始终是暹罗的都城。到了这个世纪的下半叶，暹罗都城始从速古台迁到阿瑜陀。他指出在明代初年，都在速古台的暹罗国王，就不断与中国互遣使节，这位明初的暹罗国王，是叫做宰哈报达甲末哈当益悉利修利耶望塞喇吗摩哈达摩罗什谛罗什（Prah Pāda Kamraten Aṅ Śri Suryavan-Sarama Maha Dharmarajadhi-Raja，神圣之足君主兼民师幸福者太阳之喇吗诸法王中之至高大王）。他又指出，自悉利以下的称号，是沿用吉蔑古代执政的称号。他又说：

> 蒲林（Bowring）与华思尼所印布之中国著作节逸本昭示吾侪，是王与中国明代开创之主往来频仍，其传统之友谊，乃保持于两国之嗣君。自公元一三六九年直至一三八七年，彼此遣使贡赐礼物，未尝间断。

> 是王在位之约略期为三十一年，王殂于一三八八年。此系蒲林根据中国史籍而考得者。中国史家述是年暹罗新土以其父之薨，奏闻于朝，请加封号，朝命一高级宦官往赴故王之葬。

他又说：

> 吾侪今已明晰，此年纪于此期间所记事实，完全错误也。华思尼书中言，景泰四年（一四五三）景帝封暹罗故王嗣子把罗兰米孙剌为王。……天顺六年（一四六二）暹罗王孛剌蓝罗者直波智——此名为法拉喇吗谛巴地（Phra Ramathibodi）——遣使朝贡。……成化十八年（一四八二），暹罗王遣使告父丧且求封爵。

> 由此观之，此王之名喇吗谛巴地（Ramadhipati①），乃前王之嗣子，在位三十二年，自公元一四五三年至一四八二年。

他又说：

> 吾意此王即弃速古台初迁于刚芬班克继，建一新都名阿瑜陀，在速古台南七十五古里（Lieue）。

> 然有当注意者，此喇吗谛巴地为前王之婿，是可与中国史籍中"嗣子"之说相符合也。又有一点，亦须记取。此王登位后六年，始建阿瑜陀城，且为暹罗之第六世王。吾侪考定此王为法伦之第六嗣王，溯至悉利印达第帝牙，此王乃暹罗第九代王也。

> 若专凭暹罗诸年纪，则历史家将尽丧失其立足点。年纪中有两个喇吗谛巴地，其一即公元一三五〇年阿瑜陀之创造者，王有嗣数人。事至离奇，王

---

① 编注：此处对应的外文名前后不一致，今从底稿。余不注。

之名乃两两复见。其一为第二喇吗谛巴地，乃在位于公元一四七〇年至一五〇九年间者。

吾则以此末一代王乃年纪编纂人所误复者，一名而化成两人。彼等以其一之在位期，置于公元一三五〇年，而置其他之在位期于十五世纪后半期与十六世纪初叶。前一年期不能接受，后一年期亦不准确。吾以为在位之喇吗谛巴地，仅有一个其统治期，不在公元一四七〇年至一五〇九年间，当遵中国纪载乃在公元一四五三年至一四八二年间也。

于此，有当附述者，此喇吗谛巴地亦作法兰牙东（Phraya Thong）或作禹东（Uthong），为荒诞之北方年纪与阿瑜陀年纪所述及者。在暹罗人目光中，乃一半神话人物也。……年纪之一，置此事于公元一二〇三年（小元纪历五六五年）。然置此事于公元一三五〇年之一说，为众所公认，此说主张此人来自南方法兰牙禹东，在位六年始创阿瑜陀城于肥饶之地，其地江河贯通，丰于鱼族，因柬埔寨人之被杀与流亡，而变成旷土矣。

总而言之，照艾莫涅的意见，阿瑜陀王朝的建立是在十五世纪的下半叶，不是在十四世纪的中叶，两者在时间上的差别差不多有了一百年。

从上面几种不同的意见来看，我们可以说在速古台王朝的末季，以至阿瑜陀王朝的初年，其历史很不清楚。我们不准备在这里去指出各家的意见的缺点，其实在时间上，在人物上，各人的看法既有很大的差异，当然总必有其错误的地方，所以若依靠神话式的当地纪年来解释，则这段历史，是很难撰述的。

我们的意见是中国方面的关于这段历史的记载，虽然不够全面，而且有了很多空白，可是若把它当为纲领来看，而再加上当地的传说记载，而尤其是碑文的记载，那么大体上是比较可靠的。

首先应该指出《元史》卷二十八至治三年（一三二三）还有暹国遣使朝贡的记载。我们可以肯定暹国在这个时候还存在着。又《元史》既有暹国来朝的记载，也有关于罗斛来朝的记载。汪大渊在其《岛夷志略》中，也把这两个国家分开来叙述，但是在其"暹国"条中，汪大渊说至正乙丑这就是至正九年或公元一三四九年暹国降于罗斛国。汪大渊在元至正年间（一三四一至一三六七）曾附贾舶浮海游历了数十国，他的这本《岛夷志略》，是根据他的见闻而撰述的。所以他说暹国于至正乙丑（九年）降于罗斛，应该是很可靠的。因为他没有含糊说暹降于罗斛，也不是说至正年间暹降于罗斛，而很准确的说暹降于罗斛是至正乙丑或至正九年，这应不是凭空而说，而是必有其根据的。所以关于这一点，我们是无可怀疑的。

罗斛之见于中国史书，早于暹国之见于中国史书。在《元史》中，罗斛与暹很清楚分为二国。前者在南，而后者在北。前者比后者又较为肥美，所以暹国还要靠着罗斛去供给粮食。所以暹降于罗斛，也有其经济的原因。《元史》记载暹国最后来朝是在一三二三年，这就是说其距离降于罗斛的时间为二十六年。元朝是亡于一三六七年。明朝建立于一三六八年，距离暹降于罗斛只十九年。《明史·暹罗传》说洪武三年（一三七〇）命使臣吕宗俊等赍诏谕其国，这就是说其距离暹国降于罗斛也不过二十一年，而一三七一年，其王参烈昭毗牙曾遣使与宗俊等偕来。

考参烈应为 Sampac 的对音，昭毗牙应为 Chao Phya 的对音，合而言之，为王的通号，并非王的特有名字。这大概是由于译者只把王的通号译出，正像中国之说皇帝或天子，至其自己名字没有译出来，或是译了，可是因为有时名字太长，只好省略。当然这不是翻译的惯例，因为有好多地方，往往也把其王的特有名字翻译过来。《明史·暹罗传》就有很多这些例子。

应该指出，罗斛本为猛族所建立的国家，这个国家的前身是投和，在吉蔑帝国强盛的时候，这个地方可能曾称臣于吉蔑。猛吉蔑在民族上既是有其根本相同之处，吉蔑人之在投和或罗斛的，可能不少。然而主要的与多数的民族是猛族。此外，从北方迁来的泰族，在这个时期尤其是在速古台王朝建立之后，也逐渐增加起来。达玛隆等以为阿瑜陀王朝的建立者是一位泰人，他在乌通娶得猛族乌通国王的女儿，因而承继为乌通王，这个说法，是根据于当地的纪年。当地的纪年，可能是从传说而来，这种传说，可能有其真实性，但时间不会是在十四世纪的中叶或一三五〇年，因为根据汪大渊所说暹降于罗斛是一三四九年，乌通王子之承继其岳父的王位，是在一三四四年，既说他于一三五〇年始因乌通发生疫症人民死亡很多，不得不迁到阿瑜陀，那么在人民稀少，新都刚建的时候，他不会就消灭了罗斛而建立新王朝。我们知道，乌通是在阿瑜陀之西，罗斛都城罗富里是在阿瑜陀之北，数十里距离，并不很远，阿瑜陀与乌通都为罗斛的领土，乌通王子在严重的疫症之后，不会有力量去征服罗斛。就使因疫症而迁到阿瑜陀，也必得到罗斛的许可才行。所以，我们以为假使建立阿瑜陀王朝是喇吗谛巴地，这也就是乌通王子的话，那么这个人物，应该如艾莫涅指出是十五世纪下半叶的人物，而不是十四世纪中叶的人物。

至于巴德里以为占领罗斛者是揽那或八百媳妇的永族，这种说法也是值得研究。八百媳妇自孟莱（Mengrai）死后，其国家在一个时候，内乱无已，八百自顾不暇，不会有力量南进，而且介在八百与罗斛之间，是速古台，速古台自敢木丁死后，也趋于衰弱，既没有力量去征服速古台，更没有力量去征服罗斛，而况汪大渊曾明确指出征服速古台或暹国，乃罗斛而非八百。

然而同时也得指出，速古台自敢木丁死后，虽然趋于衰弱，但是在一三四九年之前，既还是一个独立国家，从一三四九年降于罗斛之后，罗斛也不见得把其王室完全消灭。相反的，这个泰族国家，降于罗斛之后，成为罗斛的属国，其王室仍然统治速古台，这就是说，在其对内方面，暹国的王室，仍保留其统治权。

因为这样，敢木丁的后裔，虽然降于罗斛，但仍照旧的继承王位。我们同意艾莫涅主张速古台的王室继续存在至十五世纪的上半叶或中叶。艾莫涅以为速古台的碑文，继续存在到这个时候，是速古台王室继续存在到这个时候的证明。他说：

> 总之，速古台中之碑刻，直至公元一四二七年而始完全止歇。然则其止歇之期，盖与法伦之第六代嗣王登位期相印合，亦即与本土纪年所载两喇吗谛巴地之一——同取此名之两王，疑可合为一人——之统治期相印合矣。

我们以为速古台或暹国降于罗斛之后，其国成为罗斛的附庸，其王室还继续存在，直到十五世纪的上半叶。至于阿瑜陀的建立者是否仍为敢木丁的后裔，或其第六位嗣王却是一个问题，这就是说喇吗谛巴地却不一定是敢木丁的后裔。

当然暹国降于罗斛之后，国名既改为暹罗或暹罗斛，两种民族来往既更加密切，血统更加混杂，尤其是王室的贵族之间，互相结婚。在国家来说，暹是降于罗斛，在王室来说，两者互相联婚，不分彼此。而且，时间经过愈久，无论民族方面，或是王室方面，混杂得愈密，到了差不多一百年后，这个附庸国的统治者，可能是敢木丁的第六代嗣王，也可能就是喇吗谛巴地，以女婿或外孙或其他的亲戚的关系，或甚至因其他的原因而承继了罗斛的王位。而且，到了这个时候，又可能因为海外交通愈来愈繁，在华富里更南的阿瑜陀，成为对外贸易的要冲，政治中心随经济的中心而迁移。所以喇吗谛巴地就位之后约六年，乃迁到阿瑜陀而成为阿瑜陀王朝的开始。也可能的是华富里因为疫症流行，人民死亡，在这位国王在位的时候，乃迁到阿瑜陀，而成为阿瑜陀的王朝建立者。

自然，这位新朝的建立者，也可能是坞堂王子或坞堂王的女婿。或者，也可能是暹罗斛的王室人物或亲戚，因为婚姻的关系，或用武力去压迫，而承继暹罗斛的王位，然后又迁都于阿瑜陀。

第五编 老挝

在东南亚的各国中，老挝虽然是一个面积较小，人口较少的国家，但是这个国家有了约一千年的历史。在十四世纪的下半叶，这个国家是东南亚的一个强盛的国家。数百年来，虽然时兴时衰，然而正像梭发那·富马亲王在一九五六年八月二十五日在北京的一个招待会中所说："历史的动荡，并没有使它失去文明的精神源泉，也没有使那种要求在尊重独立和自由中生存的不可动摇的愿望消失。"

自从一八九三年，老挝被法国所胁迫而成为法国的保护国以后，老挝遭受了历史上从来所没有受过的压迫与侮辱。我曾亲眼看见过去在一个偏僻地区的公路旁边，当数位老挝人民见了一位法国低级官员在他们旁边走过的时候，他们神色惊惶的跪下来，合掌敬礼。过去的专制暴君的威风也不见得比他厉害。

然而榨取与压迫消灭不了老挝人民的民族精神。老挝人民并不因此而屈服，相反的不断的进行武装起义，小型的反抗不胜其数，较大的如一九〇一、一九一二与一九一九，都使帝国主义者心惊胆寒。到了第二次世界大战的时候，日本帝国主义者也要奴役老挝人民，可是也遭到老挝人民的顽强抵抗。至于纸老虎的原形真相，更被老挝人民看穿了，所以战后，尽管法国的统治者还想扬威耀武，再来奴役老挝人民，可是这个梦想，只是梦想而已。

经过老挝人民英勇的斗争，争取自主，争取独立，结果是第二次世界大战以后不久，老挝人民，又得到自由了，宣布独立了。

我国与老挝是毗邻，有了五百多公里的共同边界，不只河流山脉息息相关，不只人民与人民之间，有了血缘与亲戚的关系，而且在历史上，有了长期的传统友谊。一九五六年，富马亲王所率领的访问中国代表团所发表的友好的演讲，与其所受我国的热烈欢迎，说明了这种友谊，是牢不可破的，而且不断的增强。

虽然我国与老挝的关系是这样的密切，可是在我国的出版界中，关于老挝这个国家而尤其是关于老挝的历史的著作，几乎没有。其实，我们应该说，关于老挝的史料本来就很缺乏。《老挝纪年》是写作老挝历史的主要资料。这本书有法文译本，题为 *Annales du Laos*（*Luang Prabang, Vientian Tran Ninh et Bassac*），于一九二六年出版于河内。此外《揽那纪年》（*Annales of Lan Na*，或《八百媳妇纪年》）、《暹罗纪年》等都有关于老挝方面的记载。一九三一年布隆热（Le Boulanger, Paul）曾在巴黎出版了一本《法属老挝史》（*Hostoire du Laos Français*），又如巴费（Pavie Auguste）的《巴费行纪》（*Mission Pavie*）中也有关于老挝历史的叙述，但应该指出，法国的作家，关于越南、柬埔寨与老挝的著作，不少是作为侵略这些国家的参考资料，巴费的著作就是一个例子。

应该指出，《老挝纪年》《揽那纪年》《暹罗纪年》等，虽然是研究这些国家历史之必要的资料，但其中很多材料，是近于神话而流于荒谬，只是根据这些材料是不够的。

在我国关于东南亚各国的史料，而尤其是关于这些国家的古代史料最为丰富，但很可惜的是关于老挝方面的记载却比较的少。尽管这样，这些史料，不只很为宝贵，而且较为可靠，这是研究老挝历史所不可少的史料。

第十五章　老挝的概况

老挝是一个没有海岸线的国家。东与东南以至东北都与越南接壤，南与柬埔寨毗邻，西与缅甸和暹罗交界，北与吾国云南的南部连接。东边与越南是以从北到南的绵延不断的安南山脉为界。在西边，除了朗勃拉邦与巴色的西边及其他一些地方外，差不多完全以湄公河为界。老挝地形大致上是从北至南的一个长形。虽则北部较南部约广了一倍，然而绝大部分的边疆是以东边的山脉与西边的河流为界。这也可以说自然环境成为老挝的边境。

老挝是在十四至二十二纬度与九十八至一百零七经度之间，所以自北至南长约一千一百公里，广平均约二百一十公里，最广处为桑怒省的东边至朗勃拉邦的西边，最狭处为甘蒙省。老挝的总面积为二二〇〇〇〇公里。

老挝共分为十二个省，这就是丰沙里、桑怒、会晒、朗勃拉邦、万象、川圹、甘蒙、沙湾拿吉、沙拉湾、巴色、阿速波、沙耶武里。其与我国交界的是丰沙里与会晒二省，这就是与我国云南南部的西双版纳傣族自治区接壤。

老挝是属于亚热带的。六月至十月是雨季，这也是西南季风的时候。十一月至五月为干季，这也是东北季风的时候。从二月末起，热度很快的增长，最热的时候是四五月间，热时达到一百零四度，平均是九十五度，在雨季时候较为凉爽。在十九度以南，平均为七十七度。在十九度以北，冬季这就是十二、正、二三个月中，温度平均五十至五十三度，最北的地方，人们在冬天也有穿棉衣的。

老挝没有海岸线，也可以叫做一个山国。东北部，这就是在湄公河与越南的北部，山岭绵亘，树木参天，最高的山岭超过六千五百呎。在川圹高原一带，也是森林地带，平均高度为三千至五千呎。接近纬度十八度的地方，山岭缩小而与越南东边的海岸平行。其最近海岸的地方是越南广平省，从山脉到海，只有四十余公里，在这条从北到南的山脉，好多高峰超过六千五百呎，最高者为浦亚华（Puatwat），超过八千呎。

从老挝整个地势来看，是东北高而西南低。最北的丰沙里的孟乌怒与我国云南的江城县接界，其最南的康埠与柬埔寨的上丁接界。最东与越南的广南与昆嵩接界，其最西是与暹罗的西北角清盛接界，这与老挝的会晒只斜隔了湄公河。清盛与会晒的西北为缅甸境，这也是三个国家的边境所在地。

老挝最大的河流是湄公河。湄公河源出于吾国的西南。在云南叫做澜沧江，到老挝会晒省的最北边境，乃向西南流而成为老挝西北边境的天然界线。这是缅甸、暹罗与寮国交界的地方。流到会晒的西南角，乃转入朗勃拉邦，这是南康江会合处。再南行遵东折而到朗勃拉邦的东部北乌，又折回西南，经过朗勃拉邦省会，再南流而稍偏西接近朗勃拉邦与万象交界地方。从而又成为老挝与暹罗的天然边界，直至老挝的最西南省巴色的西北角，然后向东南走，直贯了巴色的中部，至于康埠的南边，而入柬埔寨的上丁省。

湄公河有好多支流，在老挝国境内其较大者在北部有南达江、南滨江、南昌江、南康江、南岸河，及南加定河等。其在南部有宾非河与宾汉河。在公路没有建筑之前，河流成为交通要道，小船及筏是湄公河及其支流的最普通的交通工具。

湄公河流到巴色的南部，河面渐大，到了康埠附近，支流交错，岛屿很多，而且水势极急。在巴色与柬埔寨的上丁省交界的地方是大滩，礁石满布，所以在这些地方航行困难，但风景宜人，因为瀑布甚多，成为伟大的奇观。

湄公河自北向东南流，直贯柬埔寨，经过其国都金边，再南走而经过越南境的朱笃，然后东南流而入于海。

越南有好多河流是发源于老挝境内，但上游多在山岭间，在灌溉上虽有多少作用，但在交通却很困难。

老挝蕴藏了很丰富的矿产如锡、铜、锑、钨、铝、金、银、宝石、煤等，开掘较多为锡。一九四四年开掘了二千吨，其他种矿产开掘的很少。

农作物以米为大宗。其人民多食糯米而杂以粳。稻、麦、甘蔗、芝麻、花生、槟榔、豆蔻、藤、麻、烟叶、棉花、靛青均为丰富。近代对于树胶的种植，也很注意，在南边的巴色与阿速波省的波罗芬高原，是出产咖啡的著名地方。

老挝森林茂盛，全国三分之二以上的地方为森林地区，竹林是到处可见的。北部的安息香与紫梗，南部的柚木、紫檀都是老挝的名贵产品。

动物方面，象很多，山林中的虎、熊、豹、鹿、山牛也很多，各种猴子都有。孔雀、雉等也很多。所以老挝人民之从事于打猎的很多。鳄鱼、龟、蛇均有。

家畜有猪、牛、马、狗，而猪肉是主要食物之一。

《清史稿·南掌传》说"老挝种人……务耕种、畜牧，能铸造纺织。"老挝的工商业不甚发达，华侨之在老挝经商者极多，而且多与暹罗有关系。因为华侨之经商者，多在沿湄公河的城市，这是老挝与暹罗交易地方，从暹罗到老挝有公路，从曼谷经礼敬达乌隆的铁路早已修好，现在从乌隆到朗开也已通车，朗开对河就是老挝首都万象。所以从暹罗到老挝，比之从越南或柬埔寨到老挝都较为便利，因而在商业上，老挝与暹罗的关系也最为密切。

老挝的首都是万象。万象是一个有历史性的都市，远在十四世纪，已为老挝的重镇，并且长期为万象国都城。法帝国主义者占据老挝之后，又以万象为统治老挝的首都。万象位于湄公河的左岸，在万象省的西南，市街沿河建筑，成长方形，这也是老挝的较为现代化的城市。本来围以城堡，但是后来却拆毁了。华侨在这个地方的很多。好多商店是华侨开设。他们有的在对面河的暹罗朗开，也有联店，以便利货物的出入口，市内古迹很多，而最著名的是龙塔（That Luang），建筑于十六世纪，这是信仰佛教的寺塔，中央的窣堵坡，以前饰以黄金色，围以二十四个小尖塔，底面是一个平台，其旁古木参天，为游人所常到之地。

万象是老挝城市中之最早有电灯、冰厂、电报、新式旅店等的城市。这当然也是帝国主义者为了自己的享受与便利而设备的。在法国统治的时期，法国在老挝最高行政长官住在这里，老挝的国王就住在朗勃拉邦。现在老挝脱离了帝国主义者的束缚，万象成为老挝的首都，国王有时也到这里。

在法帝国统治的时候，万象虽是老挝的统治地区，但是人口却约只有一万人，老挝独立后，人口大大的增加起来，现在约有五万人口，万象的气象已与以往大不同了。

但是老挝最古的城市是朗勃拉邦，这是老挝历史最长的国都。这个都城建筑在湄公河的左岸，也是湄公河与其支流的会合处。《清史稿·南掌传》曾记这个地方道：

> 南掌国都曰隆勃剌邦，据湄公河左岸，江东折南流，南冈江自东来会，曲注如玦环在山下，当南冈江会流处，水穿城而过，王宫在城之北，背山建屋，规制壮丽，佛墓寺塔森立城市中，濒江两岸，多花园。居民大半老挝种，或喀木种。

在朗勃拉邦，我们可以看到好多历史悠久的寺塔，最古的是景东寺（Wat Xieng Thong），传说是建在十世纪的卡岛象达番尼王（Roi Kha Thao Tiane Tha Phanit）所建筑的，维宣寺（Wat Visoun）是在十六世纪（一五〇三）的维宣那拉（Visounarath）王所建筑的，以及在一五四九年塞思达提拉（Saysethatirath）王所建筑的达寺（Wat That）。此外，梅寺（Wat May）及其图书室也是朗勃拉邦的著名地方。

朗勃拉邦的王宫前面是一条美丽的街道，而在这里又有一个值得注意的市场，各种花果鱼肉无所不有，来自各处的小贩，真可以说是五光十色。

湄公河的水虽然含了不少泥土，但是水色青绿的南康，不断的流下，增加了朗勃拉邦的美丽。现在的朗勃拉邦不只是水路交通很为便利，而且是老挝公路交通的中心区域。

老挝的较大的城市，大多数是在湄公河旁，除了万象与朗勃拉邦外，如他曲、沙湾拿吉与巴色，都是老挝的重要城市。他曲与暹罗的军色相近，从军色到暹罗的乌隆不过数个钟头的汽车，从乌隆到曼谷有火车，沙湾拿吉对河是暹罗的加拉塞，从加拉塞到暹罗的乌汶有汽车路，乌汶也有火车到曼谷。至于巴色更接近乌汶，不只有汽车路，而且水路也可以通，这几个城市，在老挝的商业上都很重要。

老挝因为山地多，以往除湄公河及其一些支流外，交通很不方便，就以湄公河来说，从万象到朗勃拉邦，需要时间约三星期，这是因为溯流而上，但是从朗勃拉邦到万象，顺流而下也要七八天，所乘者为小船或筏，而这条水路大约不过一百五十公里，公路开辟之后，从万象到朗勃拉邦是一百一十五公里，汽车数个钟头就可抵达。

现在在老挝的各重要城市，都有公路可以通，不只从暹罗有好几条公路可以通到湄公河边，从柬埔寨也有公路沿着湄公河通到巴色、沙湾拿吉、他曲、万象以至朗勃拉邦等处，这是老挝的主要干道。此外，还有一些支道到其他各处，从越南也有数条公路可以通到老挝，主要的如从乂安经川圹而达朗勃拉邦，从广治而达沙湾拿吉与沙拉湾，从昆嵩而达阿速波，从广平或河静而达他曲，所以交通方便得多。

老挝的文化，主要的是受了印度文化的影响，这就是佛教的影响。人民多信仰佛教，所以《清史稿》说"奉佛教，好生恶杀"。但是老挝的佛教，并非由印度直接传入的。传说最初是由柬埔寨传入。缅甸、暹罗对于老挝的佛教也有影响。至于过去的占婆对于老挝的文化也有影响。

老挝与中国以及安南的关系，至为密切。因而老挝受了中国与安南的文化的多少影响，也是无可疑的。

《清史稿·南掌传》中说：

> 老挝种人……剪发留顶不蓄须，男子衣饰横布一幅，围腰至膝，富贵者以紬缎为之，妇人下裳似裙，上服折盖于胸，发黝黑，鬟垂于后项，耳手足皆带环圈，以金银铜为饰，其房屋率用藤竹缚造，富贵官衙则用坚木，极壮丽，常食糯米，杂以粳稻，中国人教以制酒醴、养蚕丝之法。

又说：

> 其货币或用暹罗之体格，或印度之鲁卑，皆银钱也。此外或用铜钱、用铁钱，或用银锭、用海贝，然用钱颇少，以货易者为多。

《滇系·属夷》"老挝军民宣慰使司"条云：

> 其夷佩雕瓜为饰……其人衣服饮食类木邦，但性犷悍，身及眉目皆黥绣花，酋长一代止存一子，承袭，绝不育女，居高楼，见人不下，部属见之所止有定地，名曰等限，使客亦然，设通事引之至其地，其国人称至尊必曰天旺，盖春秋天王之意。其产海贝、犀牛、乳香、诃子。

《明史》卷三百十五《老挝传》说：

> 其俗与木邦同，部长不知姓，有三等，一曰招木弄，一曰招木牛，一曰招木化，而为宣慰者，招木弄也，代存一子，绝不嗣。

老挝人的主要食品是米与鱼。男与女以至小孩很多都抽烟，一般的老挝妇女都从事劳动工作，但是在老挝男女是相当平等的，男子对于女子，很少虐待，女子在社会中也相当的自由。

老挝的方言接近于暹罗的方言，其实在暹罗在柯叻（Kokat）一带所说的方言，还是老挝的方言，因为这些地方，原属老挝。而其人民主要也是老挝人。至于老挝的文字，是属于印度系统，但黑潘老挝（Lao Pong Dam）的文字，主要是来自缅甸，而白潘老挝（Lao Pong Kao）或是东部的老挝的文字大致是来自暹罗古代的文字，虽则这些文字与古代暹罗的文字也有不同之处。

老挝人的性格比较冷淡，但热爱和平，态度很好，女子勤于工作，绝大多数是一夫一妻，他们很为迷信，病时多求神鬼医治。

老挝人喜欢音乐，他们有一种口琴，是用多枝长短不同的芦苇所制成，其声极清鲜可听，有点像教堂中的大风琴的音调，这种乐器叫做璟（Khen）。

老挝人不只喜欢音乐，而且很喜欢跳舞，比方一种比较普遍而很流行的跳舞叫做林冯（Lamvong），这种舞法，不只在过年或节日，就是在平时也随处举行，舞时步伐很随便，男女一对一对的跳着。

第十六章　老挝的种族

老挝也叫做挝家。《明史》卷三百十五《云南土司传·老挝传》说：老挝俗呼挝家。《清史稿·属国传三·南掌传》说，南掌旧称老挝。其实，南掌这个名词，早已应用，并非近代才有的。南掌也叫做揽掌，这是老挝人最初在朗勃拉邦建国的名称。南掌的意义，据说是"百万之象"，可能这是因这个地方有了好多象，因而得名。此外，老挝人又叫做哀牢，直到现在，越南人还叫老挝人为哀牢人。

老挝的意义是人，挝家是像我们，所谓"蛋家""水家""仲家"等等，指着某一种族。据说，老挝这个名称是暹罗人用以称呼其所征服的泰种，因此人们以为老挝是一个政治上的名词，而不是民族上的名词。

应该指出，老挝人自己并不喜欢叫做老挝，是否因为暹罗人当他们为被征服的臣民，所以他们不喜欢，无从考究，但是在暹罗人的心目中，对于老挝人，包括现在在暹罗境北边清迈一带的老挝人有很错误的看法，这就是当他们为一种没有振作的民族而很看不起他们。

老挝人自称为泰，可是这个名词，现在却为统治暹罗的民族所垄断。他们甚至用这个名词当为国名。这就是泰国。暹罗人称其国为泰国是约二十年前的事情，当时他们有意用这个名称去号召所有的泰族，企图建立一个大泰主义的国家，不只希望包括了现在的寮国的老挝人，以及缅甸的掸人，甚至包括了我国境内的傣族。

老挝人虽也自称为泰，他们并没有暹罗人那种大泰主义。老挝人民之建立国家，可以追溯至九世纪的时候，比之暹罗的泰族之建立国家还要早好多年。他们在历史上，曾有过光辉的时代，在十四世纪，法安统一老挝成为东南亚一个大国，到了十八世纪，其毗邻许多国家都为老挝所威服。

泰的意义是自由，老挝人民可以说是一个爱好自由与爱好和平的民族。

中国史书中，又有叫老挝国为"白肚番"。《庸庵日记》说"掸人分二种，在缅为掸国，东为白肚番，其大部份曰揽掌，即南掌也"。《清史稿·南掌传》说"老挝种人俗同暹罗，不文身雕题"，可能是因为不文身而谓为白肚。但是应该指出，在历史上老挝人也是分为二种，一种叫做老挝蓬达（Lao Pong Dam），或是黑潘，这就是文身；一种是老挝蓬高（Lao Pong Kao），或是白潘老挝，他们是不文身的。

《庸庵日记》把掸人分二种，而以缅甸之东者谓为白肚番，并且说其大部分就是缆掌或南掌。这就把老挝人当为掸种人。这也就是把掸种与泰族当为一个种族。

无可疑的，缅甸的掸族与暹罗的东北各处的老人，以及老挝的老挝人是同一种族。但也应该指出，在暹罗与老挝的大多数的人们，虽然可以列为泰族，可是现在在暹罗境内的老挝与统治的泰族，不只在文化上有了很多的差别，就是在体质上，也有了不同之处。这是到了暹罗见过老挝与泰族人可以看出来的。其实，暹罗的泰族，与其说是与老挝人相似，不如说是与马来人和柬埔寨人较近。他们有不少是猛族（Mons）的后裔，在历史上不只现在在暹罗境内的老挝人与暹罗泰族曾作过剧烈的斗争，就是在暹罗的老挝人屈服于统治的泰族之后，直至今日，还有民族间的很大距离。

至于老挝的泰族之于暹罗的泰族，在历史上，也长期有过剧烈的斗争。应该指出，这固然使老挝人与暹罗的泰族有了很大的距离，就是在文化上、在体质上，两者也有很大的区别。从老挝的西部到暹罗境内的柯叻，在种族上、文化上、体质上，大致是一样，所以在暹罗东部的柯叻的人们所说的话，事实就是老挝话而与暹罗话有区别。

《清史稿·南掌传》说：

老挝种人，……其状貌短小，鼻宽而唇厚，肤色红紫。

据一些人类学者的看法，纯粹的老挝，是颧骨高，鼻平小，目小，嘴大，少须毛，黑而萎缩。应该指出，在老挝现在还可以看到不少像上面所描写的老挝人的特性，然而我们也应该指出，大部分的老挝人种在悠久的历史中，已与其他的种族混合，尤其是与最早住在老挝的种族如卡族互相混合，因而纯粹的老挝是比较少数的。

据说，老挝种族是来自我国的云南、广西、四川、贵州一带。他们从北而南，驱逐了曾住在这个地方的卡族（Kha），占有其地。他们最初是在朗勃拉邦一带，逐渐扩大其范围，东至越南的黑河、红河流域，西至暹罗的清盛、清迈以及柯叻各处，南至现在的阿速波、巴色。有一个时期，柬埔寨人也被他们压迫而南迁。

上面已经指出，老挝人可以分为黑潘老挝与白潘老挝，前者以往文身，而后者没有。又老挝人也可分为上老挝与下老挝，这就是北老挝与南老挝。据说，上下老挝在体质上也有多少不同之处，然而这主要是地理上一种分类。在文化上，因为北部是老挝人的发源地，而且在历史上往往又是政治、宗教以及文化、其他方面的活动中心，所以北部的老挝人比之南部的老挝人，在文化上较为发达。应该指出，老挝的佛教，很早就由柬埔寨传入，在文化其他方面，也受了很深的影响。

最初住在老挝的种族是卡族。他们被老挝人驱逐而迁移到山区地域居住。但是这种人在老挝的数目还是很多，老挝全国人口约三百万。据估计，卡人现在还有三十万以上，而老挝人约有二百万。这就是说，卡族占了老挝人数的六分之一。此外，还有丰泰人（Phouthais）、丰安人（Phoueunes）、泰怒人（Thai Neuas）、泰达人（Thais Dam）、苗与苏（Soueis），又有安南人与西克人（Secks and Sos）、卢斯人（Lus）、瑶人、提巴人（Divers）、古斯及阿罗人（Kouis and Alls）及其他十余种人，据人类学者的估计，在老挝共约有三十种人，这可见得种族的复杂。又一九二四年的估计，老挝人口的总数约为八十万，到了一九四五年的估计约为一百五十万，近来估计为三百万，假使上面所估计的数目是不错的话，那么，三十年来，而尤其是十年来，老挝人口增加的速率是特别快的。

当为一个国家来说，老挝这个国家，其比较可靠的历史，大致是始于十三与十四世纪，但是当为一个种族来说，这个种族的历史，却可以追溯至公元一世纪前后。上面已经说过，老挝是掸泰族，又叫做哀牢。《后汉书》卷一百十六《西南夷传》"哀牢"条，对于这一点说得很清楚。

哀牢可能因牢山而得名，老挝也称老，老与牢音相近，老可能从牢而来。又从《哀牢传》看起来，哀牢在东汉的时代不只人数众多，土地广大、肥美，而且物产丰富，文化也相当的高。又在同处也有关于掸国的记载，我们上面也已抄录。

哀牢与古掸国，在差不多同一时代里遣使到中国，在地理上哀牢在北，而掸国在南。两国的分界究竟在何处，不得而知，但从哀牢的物产来看，其地似乎伸张到永昌之南，而至现在的缅甸境内。从掸国的情况来看，其地尚在缅甸的中部，而与猛人所建立的国家接近，猛人国的南界是海。所以说"掸国西南通大秦"。《三国志》卷三十注引《魏略》说"大秦道既从海北陆通，又从海而南，与交趾七郡外夷比，又有水道通益州、永昌，故永昌出异物"。掸国人之到中国，应该是经过永昌这条路，也就是经哀牢而到中国，那么，这两个国家应该是有了密切的关系。又哀牢与掸人既是属于掸泰族，在后汉时代是分为二个国家，掸国可能还是从哀牢而始知有中国，因而遣使到中国。

有人以为唐代的南诏，是属于哀牢种，我们以为这是值得研究的问题。我个人以为南诏似乎是从西藏南下的民族，而与哀牢不同，也正是因为南诏的势力强大，伸张到现在的云南大理，以及永昌一带，所以哀牢不得不东南迁移，唐时樊绰在其《蛮书》中说："永昌，古哀牢地也。"永昌本为哀牢地，樊绰说永昌为古哀牢地，似乎是说在他的时代——这就是九世纪的时代，哀牢这个国家已经不存在，其人民虽不一定完全他迁，但有一部份或大部份已经离了故地。

又我们知道，在缅甸也有一支近于藏族的民族，叫做骠人，曾在缅甸建立国家。其文化也相当的高。可能因为骠国强盛，同时也可能因为南边的猛人国也向北发展，因而掸国被其威胁，于是掸人乃向东迁移，而居于现在的南北掸邦一带，同时还有一部份移到暹罗的西北部分。

哀牢既为南诏所威胁，又为骠国所阻止，于是他们不得不向东南迁移，经过数百年的逐渐迁移，他们起初是零星分散的从湄南与湄公的上游，而向这二条河的下游发展。在唐宋时代，缅甸的南边有猛人国，中部有骠国，在暹罗原来有猛人国，后来南边猛人国这就是投和，为真腊所征服，但中部的罗斛，与北部的女王国，还是存在越南〔暹罗〕北部，唐末宋初，还在中国统治之下，在其中部，又有占城，而在其南部又有强大的真腊。在这样的情况之下，在缅甸的掸人，既不得不散居于现在的掸邦，而从永昌的东南迁〈来〉的哀牢或泰人，也只能散居于暹罗与越南北部各处。

　　蒙古灭了南诏之后，缅甸的蒲甘王朝与在缅甸的掸族才能在缅甸扩张其势力。同时，在暹罗北部的泰族或哀牢人，也建立了国家，其在北的是揽那，其在揽那之南的是暹国或苏口胎王朝。揽那于一二九二年灭了女王国，同时苏口胎王朝也乘着真腊的衰弱而建立国家。在现在的老挝的领土上，本为南诏与真腊的属地，或是他们的势力范围之下，南诏既亡，真腊又弱，这样在十三与十四世纪的时候，在这里的哀牢人或泰人遂乘机而起成立新的国家。

第十七章　老挝前诸国

老挝的历史，究竟是从什么时间开始呢？师范所纂辑的《滇系·属夷》"老挝军民宣慰使司"条说：

> 其夷（指老挝）即古越裳氏，自周以来，不通中国。……明永乐三年（公元一四〇五），其酋备方物入贡。

这是很明显的指示老挝是周代越裳氏的后裔，其历史可以追溯到周代的越裳氏，这是一个错误的看法，因为老挝人并非越南的原有土人，而且是在越裳这个国灭亡很久以后，才从别的地方迁移而到现在老挝这个地方的。越裳氏是属于那个种族，我们不在这里讨论，我们只要指出，老挝不是越裳氏的后裔，两者不是同一种族。

根据老挝的传说与近代一些历史学者的意见，老挝人之在现在老挝这个地方建立邦国，是在公元后九世纪的时候，这就是在我国唐代的中叶以后。关于这一点，我们当在下面解释。我们在这里要先把在老挝族还未在这个地方建立国家之前的其他民族在这里所建立的一些国家，略加解释。

虽然我们在上面已经指出，老挝不是越裳氏的后裔，但是古代越裳的领土，是不是在现在老挝所占有的地方呢？关于越裳这个国家以及其方位，在我国史书上，有好多地方说到这一点，首先让我们举出《后汉书》卷一一六《南蛮西南夷传》中一段话：

> 交趾之南有越裳国，周公居摄六年，制礼作乐，天下和平，越裳以三象重译而献白雉曰："道路悠远，山川阻深，音使不通，故重译而朝。"……周德既衰，于是稍绝。

《汉书》卷十二《平帝纪》说：

> 元始元年（公元一年）春正月，越裳氏重译献白雉一、黑雉二。

又《梁书》卷五十四《诸夷传》"林邑"条说：

> 林邑国者，本汉日南郡象林县，古越裳之界也。

《通鉴》卷一九五《唐纪》贞观十二年己巳，"明州獠反"下注云：

> 吴置越裳县，属九德郡，以古越裳之地也。隋属驩州日南郡，武德五年，以越裳地置明州。

又《通鉴》卷一九〇"以隋交趾太守丘和为交州总管"下注云：

> 以交趾郡为交州，宋白曰：交州，周为越裳重译之地。

从这几条引文中，我们得到的结论大致是：（一）周以后一直到西汉的时候，越裳还与中国交通；（二）越裳可能因为林邑的兴起而致灭亡；（三）越裳的位置，是在交趾至日南一带。我们在这里所注意的是第三点。假使越裳的位置从北到南，是占有交趾至日南，这就是说包括了现在越南的北圻（东京）与中圻，但是否也包括了现在的老挝的地方，还是一个问题。应该指出，在现在的越南北部，尤其是东京或河内的西北而靠近云南与奠边府一带，还有很多的老人，可是在现在老挝这个国家的本土，是否也属于古代的越裳，就很难于考订了。虽然现在的老挝的一部份领土，尤其是东边一带曾属于越裳，也非不可能的。其实，有些著作如明朝朱孟震的《西南夷风土记》，如《云南通志》所引的案册就说老挝为古越裳地。

从种族方面来说，老挝这个国家，据《老挝纪年》所说，乃为卡族（Khas）所居住。老挝人沿着湄公河而下的时候，其最初人数不多，他仍尽力与卡族友好，传说他们之所以这样的做是一种占领卡族地方的策略。因为这种策略，不只不会引起卡族的反感，而免卡族驱逐他们出境，而且因为他们初到这个地方，人地生疏，只有这样的做，才能得到若干便利。

后来老挝人生殖日繁，人口增加，同时来又日多，慢慢的就感觉到在沿江一带的土地不够用，于是老挝人乃请求卡人移居森林或偏僻的地方，卡族对于这种请求，当然加以反对，以为这个地方，原为他们自祖宗以来所久居的地方，他们不能离开。卡族既不答应老挝人的请求，老挝人乃用权诈或诉诸武力，以达其目的，《揽那纪年》还且告诉我们道：

> 因卡族品性淳朴，遂为泰（老）族所乘，卒离平原而入于森林山区。

卡族在老挝现在还约有三四十万人口，尤其是在南部的沙湾拿吉等处人数很多。这说明他们可能是从湄公河上游而趋于下游。又在森林山区，也有很多卡人，这也说明他们可能是从平原而来。而且，与过卡人打过交道的人，都觉得他们品性淳朴，所以卡族是老挝这个地方的较早统治者，是无可疑的。至于在历史上这种族建立过什么国家，那就难于考订。

越南北部为古交趾地，直到唐宋之间，还属于中国。现在的老挝的东北一带，曾在交趾统治之下，也是很可能的。又当林邑与扶南强盛的时间，这两个国家的领土，也可能扩张到现在的老挝的领土。到了唐代，老挝这块地方，是属于这两个国家，似乎也是没有问题。唐代的樊绰在其《蛮书》卷十中说：

> 水真腊国、陆真腊国，与蛮镇南相接。

这里所说的蛮，是指南诏。又柬埔寨碑文，也载有在九世纪时，真腊国王雅可跋摩（Yagovarman）的"国境与中国及海水相接"。这里所说的中国，并非唐朝的地方，而是南诏的领土。我们知道，在六世纪的上半叶，真腊勃兴，慢慢的征服了扶南。真腊原是扶南的属国，其所居的地方，是在现在的柬埔寨的北部以及老挝的南部。在真腊强盛时，其领土可能伸张到湄公河上游，或是现在的万象一带。南诏的东南边疆界，究竟是在什么地方，很难确定，但在唐代，南诏曾数次侵略交趾，说明南诏的疆界在东南方面，是接近交趾。南诏的东南，就是交趾的西北，这些地方，现在至少有一部分是属于老挝。真腊的边界，既与南诏相接，那么现在老挝的领土曾属于这两个国家，也是无问题的。可能真腊所占有的老挝地方比之南诏为多，而在唐代交趾也可能领有现在老挝一部分地方。在南诏与中国争取交趾的长期时间中，这部分的土地，有时属于中国，有时属于南诏。

应该指出，在唐代，在现在的老挝的国境里，似乎在其北部还有一个国家叫做道明。在其西北，又有一个国家叫做参半。这两个国家有时属于真腊，有时又独立起来。《新唐书》卷二二二下《真腊传》中说：

  北与道明接。

但道明在一个时期中也属于真腊，所以《新唐书》卷二二二下《真腊传》中又说：

  道明者亦属国。

关于道明的情况，同处又说：

  无衣服，见衣服者共笑之，无盐铁，以竹弩射鸟兽自给。

道明大概是在现在老挝的川圹省，川圹，老挝名为 Tran Nink，声音颇近于道明，不知是否有了关系。

参半在真腊的西北，应该是在现在老挝国的朗勃拉邦或万象一带。参半与道明是否与现在老挝的卡族（Khas）有了关系，是值得研究的。杜佑《通典》卷一八八"真腊"条中还告诉我们：

  其国与参半、朱江二国和亲，数与林邑、陀洹战争。

《新唐书·真腊传》中也说：

  世与参半、骠通好。

那么参半又是一个独立的国家了。但我们知道在后来，参半也属于真腊。所以《新唐书》说："文单西北属国曰参半。"参半在唐初武德八年（六二五）曾有使来到中国（《新唐书》）。

骠国是在现在的缅甸的境内，朱江是什么国家，不得而知，但《新唐书·骠国传》中说：

  骠，古朱波也。

杜佑《通典》所说的朱江可能就是朱波，因为《通典》也说：

> 真腊……西有朱江。

真腊强盛的时候，《唐书》说西与骠国接。《通典》既说朱江在真腊之西，那么这个朱江与骠的方向，正相符合。而况，骠在以往又叫做朱波，那么朱江为朱波之误或朱波为朱江之误，都是很可能的。

真腊在八世纪的初年，曾分为二部分。一为水真腊，一为陆真腊。《旧唐书》卷一九七《真腊传》中说：

> 后真腊分为二。半以南近海，多陂泽处，谓之水真腊，半以北多山阜，谓之陆真腊。

《新唐书》有差不多同样的词句，但指出这是唐神龙（七〇五—七〇六）以后的事情。《旧唐书》又说："陆真腊……亦谓之文单。"《新唐书》也说：

> 陆真腊或曰文单，曰婆镂，地七百里，王号笪屈。

巴斯提安（Bastian）在其《东亚的人民》（*Die Völkerd des Östlichen Asien*, Vol. I, S. 468）一书中，以为文单可能是万象的异译。因为二者都是 Vieng-Chan 的对音，假使这种说法是可靠的话，那么陆真腊的疆土，是到了现在的万象或是朗勃拉邦了。《太平寰宇记》卷一七一说：

> 驩州西南至文单国。

可是《新唐书》卷二二二下说："驩州接文单、占婆"。唐时驩州是现在的河静，最北不出现在的宜安。伯希和在其《交广印度两道考》（冯承钧译，页六一），虽然以为若照《太平寰宇记》文单既是在驩州西南，那么万象是在河静的正西，在位置上这是不甚符合。然若照《新唐书》所说文单接驩州，则文单实在河静之西，而万象是在驩州之西而稍偏于南。这个地方，在十三世纪的时候，曾为柬埔寨的一部分或属国。所以文单在声音上、在方位上，当为万象，也似乎没有多大问题。而且所谓西南者，是从西边的万象以至湄公河的下游。

而况，真腊既西属骠国，骠是在真腊的西偏北，万象是在骠之东偏南。骠既为真腊属国或是接壤之国，那么真腊的势力伸张到万象与朗勃拉邦，也是应无问题的。

马司伯乐（Masparo）在一九一八年的《远东校刊》所撰的《八世纪至十四世纪安南柬埔寨国境考》中，以为陆真腊据真腊旧境，今柬埔寨、老挝之地，都城在老挝他曲（Tha-Rek）地方附近。假使这种看法是对，那么文单的领土也与万象接近，或就是从万象以至他曲以南。现在的他曲是在万象的东南。（参看冯承钧《中国南洋交通史》，页一三〇注四）。

在七世纪的时候，真腊兴起，扶南虽然衰微，然尚未灭亡。《新唐书》卷二二二下《扶南传》说武德贞观时（六一八—六四九）还入朝。《扶南传》说：

  武德贞观时再入朝，又献白头人二，白头者，直扶南西人，皆素首，肤理如脂，居山穴，四面峭绝，人莫得至，与参半接。

  在扶南之西的四面峭绝的山穴，应该是现在的老挝的地方。因为这个地方，既是与参半接，而参半又在真腊之西北。可能这个地方，是在参半的南部或是东南的安南山系一带。

  此外《水经注》卷三十六引《林邑记》说：

  建武十九年（公元后四三年）马援树两铜柱象林南界，与西屠国分汉之南疆也。

  这个西屠国很少见于中国史书，但在东汉初年，既与中国分汉之南疆，那么这个国家至迟在西汉时代，必已建立。这个国家既在象林之南，应该靠近于扶南的北界，其东可能到海，其西也可能是占有现在的老挝的一部分土地。杜佑《通典》卷一八八、马端临《文献通考》卷三百三十一"林邑"条说：

  林邑，……古越裳之界也，在交趾南，海行三千里，……去日南界四百余里，其南水步道二千余里，有西屠夷，亦称王焉，马援所植两铜柱，表汉界处也。

  这段话可能是从《水经注》引伸而来。有人以为安南语谓屠为红，在松末江（Song-Ma）谷道，直到顺化出海处，其地可能泰（老）族所居，这些泰族，自称为红泰，而别于居在黑河流域的白泰，因而以为西屠可能就是现在的红泰。这种看法很难于置信，因为西屠既在东汉初年已经建国于这个地方，在那个时候，不只泰族还不见得已迁到这个地方，就是现在的越南人，也不见得已伸张到这个地方。所以西屠人不见得是泰族，也不见得是现在的越南种族。这个种族，似乎是与林邑或扶南的种族有了关系。

  又在林邑或后来的占婆强盛时，其领土不只是包括了西屠而且南接扶南或真腊，北有中国所属的日南以至九德，其西也可能占有现在的老挝的一部份地方。林邑或占婆与扶南或真腊有时和好，有时互相征伐，扶南或真腊的东北就是林邑或占婆，这个地带可能有一部份也是在老挝的境内。在扶南或真腊强盛时，可能属于扶南或真腊，但在林邑或占婆强盛时，也可能属于林邑或占婆。在十二世纪的下半叶，占婆曾大败真腊，后来真腊王阇耶跋摩第七（Jayavarman Ⅶ）又出兵攻伐占婆，占其都城，并立真腊人为王。这说明这二个国家的疆界与领土，是循着战争的胜败而决定的。现在的老挝的一部份领土，在历史上，应属于这两个国家。

  此外，我们还要指出，五代宋初的时候，越南脱离中国而独立之后，越南不只逐渐向南发展其领土，而且也向西北方面发展。比方，在十五世纪下半叶，黎灏不只南破占城，而且遣派大兵开辟山道，进攻老挝，并虏其君长，这就是说，在历史上老挝的部份领土，也曾为越南所侵略或占据。

老挝的西北是与缅甸接近，而其西南又与暹罗交界，在历史上老挝也曾为缅甸与暹罗所征服。

总而言之，在现在的老挝的领土上，不只在老挝人或泰族未到过之前，曾建立过一些国家，就是在老挝人或泰族统治之后，有的时候，也为其他国家所征服其一部分或全部的土地。也是为了这个原故，所以，在今日的老挝境内，除了泰族以外，还有其他的好多种族，因而老挝这个国家，不只是一个多数民族的国家，就是老挝人或泰人也或多或少与其他民族早已同化。

第十八章　法安的时代

《明史》卷三百十五《老挝传》中说：

> 老挝俗呼为挝家，古不通中国。成祖即位（明成祖永乐元年公元一四〇三），老挝土官刀线歹贡方物，始置老挝军民宣慰使司。

这当然不是说老挝的历史是始于明初。据说，在九世纪，这就是唐代的中叶以后，老挝人已经建立国家在现在的湄公河支流南康江的上游。这也就是在现在的朗勃拉邦省。当时最著名的国家是叫做猛兆（Muong Sas or Sua）。猛的意义本来是省或是州或是邦，也可以当为一个小国家。但樊绰《蛮书·名类第四》中说，茫是茫蛮部落的君长之号，这个茫可能也是猛。猛兆是在南康江的上游的南边，这是朗勃拉邦的南部，靠近川圹省（Trank Ninh）的西北部。

应该指出，老挝人民，除了大部分是在猛兆之外，还有好多散居于其他各处，成为好多小部落。猛兆不过是其中的最大部落，他们大致是各自为政，只在抵抗外敌的侵入或必要的时候，才联合起来。而且，这些部落，主要都是在现在的朗勃拉邦省内。因此，朗勃拉邦可以说是老挝的发祥地。

猛兆之所以得名，据说是由于其第一个首领叫做皇兆（Khoun Sua）。朗勃拉邦之所以得名，据其神话所传，是由于在这个地方找出了一种贵的金属而遂名为朗勃拉邦。后来又成为朗勃拉邦王国的国名，也成为朗勃拉邦的首都的名称。

据老挝的传说，很早的时候，这个地方有过十二个王子统治。其第八位王子曾建筑了著名的稻田达番尼（Thao Tian Tha Phanit）寺庙，这个寺庙是建筑在富西（Phu Si），这是朗勃拉邦的一个小山。山的位置，居于朗勃拉邦的中间，是这个城市中的一个形势极好而风景宜人的地方。传说这一位王子又建筑了有历史性的景中（Xieng-Thong）塔。

到了十世纪的时候，老族人口日多，势力日大，他们起而驱逐卡族的统治者。卡族的最后的首领叫做皇汉衡（Khoun-Han-Hang），抵抗不住老族，逃跑到猛法（Moung Pha）。老族的首领叫做皇罗（Khoun Lo），夺取皇汉衡的地位继为国王。

从此以后，传说皇罗的后裔遂统治朗勃拉邦，直到一五九六年，没有间断。从十世纪到十二世纪的百余二百年中，我们对于老挝的历史，很不清楚。但是到了十三世纪末年，据说有了一位国王叫做法朗帝拉（Pha Langthirath）为其王后及其部下所驱逐而禁在白浩（Pak-Hou）的洞中。

虽然从九世纪至十二世纪的末年的老挝历史，我们很不清楚，但我们相信，在这个时期中，散居各处的老挝人民，是逐渐增加，同时从中国边境迁移来的老挝人也逐渐多起来。他们最初是占有朗勃拉邦的一些地方，后来又逐渐扩大其疆域，除了朗勃拉邦之外，他们又移居于现在的万象省以及其他各处。在东边，他们有一部到了现在越南的西北部，他们所住的地方的南边是与柬埔寨毗邻，在北边，是与大理国接壤，在西边则到了八百媳妇的边境。

在这个时期中，朗勃拉邦是老挝的人民活动的中心地区，同时又逐渐向着湄公河的下游发展。到了后来，万象也曾成立为一个独立的国家。

《新元史》卷一百四十九《八百媳妇传》中说，在元成宗大德四年（一三〇〇），云南右丞刘琛勒索水西土官之妻蛇节出金三千两、马三千匹。蛇节没有办法去满足刘琛的要求，因而联结土官宋隆济，率苗、佬各族人民，反抗刘琛。这里所说的佬族，应该是在云南边境以南的老挝人民。可是究竟这些佬族中是否有了朗勃拉邦与万象等处的佬族，还是一个问题。

根据越南方面的史料（参看陈重金《越南史略》，页一二一及一六二），在十三世纪的时候，老挝与越南已有战事发生。在陈昑，这就是仁宗在位的时候（一二七八至一二九三），老挝曾侵略过越南的边境。一二九〇年，仁宗曾亲自带兵去征伐。又说在元军在越南退却之后，越南的北部，虽然已经安定，可是在西南方面，老挝却时时侵入清化、义安一带。仁宗常常亲自带兵去征伐，虽然老挝每次都被击败，但是越南军队一撤退，老挝又来骚扰，这对于越南是一种严重的威胁。

到了陈烇英宗在位（一二九二至一三一四）的时候，遣派范五老率军去征伐老挝，征伐约有四次，每次战争中，老挝人死伤特别的多，经过这数次的大败之后，老挝始不敢再来侵略，清化、义安一带的人民才得安居乐业。

清化是在朗勃拉邦的正东，现在的清化与宜安的西边是与老挝的桑怒、川圹等处接壤。在历史上，这些边境往往成为两国战争策动的地方。越南或老挝发生内战的时候，战败者也往往经过这些地方而逃难于邻国。

应该指出，在十四世纪之前，老挝人在朗勃拉邦虽早已建立为国家，但在这些边疆地区的诸侯或小王，还是处于独立或半独立的状态。所以在陈仁宗与英宗时代，所谓老挝常常侵略越南边地，可能多是这些小王国的行动，不一定是朗勃拉邦的侵略。

朗勃拉邦不只是老挝人民的最早建立的国家，而且是老挝国都的长期所在地。直到现在，万象虽为老挝国都，但老挝国王还是住在朗勃拉邦。在十四世纪中叶之前，据说老挝有七个王国，虽然同为老族，虽然有时也成为联邦，但并不是一个统一的国家。是到了十四世纪的中叶的时候，有一位王子叫做法安（Ta-Ngun）者，始统一了七个小王国而成为一个大国。

这个时候的老挝，也叫做南掌（Lan Chang），南掌的意义是百万象，《南诏野史》有关于南掌的记载，《云南通志》说老挝就是南掌或是揽掌的变音，这不见得是对的。

法安是猛兆的太子，猛兆这个地方，在那个时候是南掌的中心地区。传说法安所统治的七个小国是甘菩卢（Kum Borum）的七个儿子所建立的。甘菩卢是因德拉（Indra）的儿子。

因德拉在印度早期的神话中，是宇宙之神，也是雨神。在吠陀中，他是最高的神。在后来的神话中，他又被视为天帝或是上帝之主。法安之统一七个王国，从老挝的传说来看，也是神的意旨。从这里，我们也可以看出来老挝在很早的时候，就受了印度的文化的影响。而且，这种影响，到了后来，其程度更深。

法安的祖父是老挝的国王。据说法安的父亲飞法（Phi Fa）因与其祖父不睦，被其祖父所逐。又有一种传说，以为飞法因私悦宫中妃嫔，而引起国王的不满。他遂带法安逃到柬埔寨的吴哥（Angkor）（参看 Paul Le Boulanger, *Histoire du Laos Français*, 1931），据《老挝纪年》所载，这大概是一三一六时的事情。

在这个时候统治柬埔寨或真腊的国王，是巴拉摩打吉摩拉耶（Paramathemarāja）。他对于飞法及其子法安，表示欢迎。所以他们父子就住在柬埔寨的王宫中。法安到柬埔寨时还是一个小孩子。他们逃难在柬埔寨，有了十多年之久。到了一三三二年，当法安约十六七岁的时候，柬埔寨国王把自己的女孩，嫁给法安。

法安在柬埔寨的王宫中，不只受到国王的优礼重视，而且得到很好的教育。柬埔寨国王，还找了一位佛法精通的僧徒，教育法安。用不着说，这位僧徒，所能给与法安的东西，主要是佛教的教义。又因这位僧徒，是一位小乘教徒，所以法安所感受的佛教，也是小乘佛教。

这样，不只小乘佛教，在后来成为老挝的流行宗教，直到今天，老挝的宪法还规定了佛教为国教。又因法安久住柬埔寨，又娶其国王的女孩为妻，法安在不知不觉之中遂深染了柬埔寨的文化。

法安的祖父虽然是老挝的国王，可是据说这个王国，在十三世纪的下半叶至十四世纪的初期，是在暹罗速古台（Sukotai）王朝的势力范围之内。在法安的祖父统治的时期，苏口胎王朝已经衰弱。据我国史书所载，一四九九年速古台或是暹国曾为罗斛所征服。速古台王室可能还维持其地位，但已成为罗斛的附庸。罗斛征服速古台或暹国之后，改名为暹罗斛，后来又叫做暹罗。罗斛本来是猛人所建立的国家。在征服暹国之后，不知何故，其统治权后来却落在泰族之手。而且，不久又迁都城于阿瑜陀（Ayuthia），这就是大城，也就是阿瑜陀王朝的开始。这个王朝建立之后，其势力很快的发展，并且威胁了柬埔寨。

据说柬埔寨国王一方面要想利用飞法与法安去代替他的祖父王位，一方面又想利用他们去阻止阿瑜陀王朝的进攻，因而遂给一万名军队与飞法父子。他们率领军队向老挝出发。在这个时候，老挝的国王在名义上虽然统治老挝，但事实上各地的诸侯不只各自为政，而且时时互相征伐。飞法父子对付他们的方法是愿意结盟者结盟，不愿意结盟者就用军队去征服。这样，他们父子的势力就慢慢的壮大起来。最后，乃围攻猛兆，这就是法安祖父的都城。在围攻都城的时候，飞法死了。他的儿子法安单独负起责任，经过艰苦的围攻，法安终把他祖父所坚守的城攻破。他驱逐了他的祖父，继续其王位，统一了老挝。

这是一三五三年的事情，这一年是法安的胜利，也是老挝历史上一个极为重要的年头。

据说法安统治时代的老挝，疆土是很广的。他不只得到湄公河流域的泰族各小邦的拥护，在北边，他的疆土与中国接壤，在南边与柬埔寨交界，在东边抵达安南山系。此外，在西边传说包括了揽邦或八百媳妇而至萨尔温江。传说他还侵略了阿瑜陀王国，使其著名国王拉玛铁菩提（Rama Thibodi）承认老挝为宗主国，不只要进贡象与金钱，还且要其公主与他结婚。这些传说，是否可靠，当然是一个问题，但是老挝在法安的时代，老挝的领土之广，是超于过去任何一个时代，应无可疑的。

据说万象（Vien Chan）也是在法安在位的时候建立起来的。万象也称永珍，也可叫做檀香木城。朗勃拉邦在历史上虽然久为老挝王都，而且占了经济与文化的重要地位，万象建立之后，在老挝城市中，仅次于朗勃拉邦。而且，在历史上又曾成为万象国的国都。到了近代，尤其是现在比之朗勃拉邦，还要重要。

法安统一老挝，当了国王之后，不久一方面因为连年战争，增加人民痛苦，一方面因为他个人太过专制，因而引起人民的不满。传说他的岳父，这就是柬埔寨国王，曾说服他回到柬埔寨，批评了他的错误行为，并且要他遵照佛教的教义而施行政。法安回国之后，他的岳父又遣派了一个佛教代表团到了老挝。代表团的高僧很不客气的指摘法安的错误。传说他们曾这样的对这位国主说：

> 你用宝剑去征服与离间七位诸侯而得到王位，这是天神的意旨。但在你的施政中，您却忘记了佛教的戒律，忽视了神的善意，沉溺于行乐，粗暴对臣民，这样的干下去，必定有一天，为你的臣民所赶走。

这位统一老挝的国王，听了之后，虽然摆起一副凶恶的面孔，但是僧人还继续的说下去，并劝告这位国王，立刻要去邪归正。同时，他们把柬埔寨国王得自锡兰的一个玉佛，赠送法安，希望他能好好的供奉这个玉佛，施行佛教的戒律，这样就可以使他的王位更加巩固，这样就可以使他的王国更加强盛。这些僧人所宣传的佛教，是小乘佛教。

这个著名的佛像，是大勃拉邦（Great Prabang）或就是朗勃拉邦（Luang Prabang），这成为老挝王国的国宝。也有传说，朗勃拉邦——这就是老挝的京都之所以得名是由此而来。法安建筑了一个佛寺，去安放这个玉佛，其时间是在一三五八年。此外，法安还在朗勃拉邦建筑了好几个寺塔，如巴色拿（Pasanam）、努基俄（Nhot-Keo）与坡南加（Po-Lang-Ka）等。

传说法安治理国政，不只得力于他的岳父，还且得力于他的王后。他的王后就是柬埔寨国王的女儿，死于一三六八年。对法安来说，是一个大损失。因为他的王后死了之后，很少人能或敢时时规劝他。因而他的行为，又愈来愈坏，结果是在他的王后死后五年（一三七三）被人民废立。他在位的时间约为二十余年，这就是从一三五〇至一三七三。

在老挝人的心目中，法安是被称为征服者。因为他不只征服了他的祖父而继承王位，他还征服了其他好多国家与土地。法安又被称为七国的君主，因为他征服了七个诸侯而统一全国。然而我们应该指出，十四世纪上半叶与这个时期以前的老挝，史料是很为缺乏。关于法安的许多故事，也是一种传说，有的还近于神话。可是尽管这样，法安是一个历史人物，是统一老挝这个国家基础的人物。

很为奇怪，是在掸泰族在十三世纪所建立的国家中，如缅甸的掸族王朝，如暹罗的揽那或八百媳妇，与以苏口胎为都城的暹国，在中国的史书中都有记载，可是在十四世纪中叶，称雄于湄公流域上游的老挝王国，尤其是关于法安统一老挝的事情，在中国方面却不易找到什么史料，这也是东南亚历史上一个很大的缺点。

第十九章　刀线歹时代

到了十五世纪的初年，中国与老挝开始发生关系。我们也可以说，是约在这个时代以后，老挝的史料才比较真实与可靠。《明史》卷三百十五《老挝传》说：

> 成祖即位（一四〇三），老挝土官刀线歹贡方物，始置老挝军民宣慰使司。永乐二年（一四〇四），以刀线歹为宣慰使，给之印。五年（一四〇七），遣人来贡。

应该指出，在明代，老挝是列入云南土司。这种制度，也可以说是始于明代。在湖南、广西、四川、云南、贵州、甘肃等处之有羌、番、苗、瑶、爨、棘等少数民族聚居的地方，都设有土官去治理。土官是一种世袭的职位，这种制度，直到近代还存在。而且，土司是国内的一种特殊的行政区域，并非当作外国看待。明代设了这种制度之后，清代因之，在这两个朝代中，好多土司改土归流，成为州府郡县，所以《明史》把《土司列传》与《外国列传》分开来说。安南、朝鲜等，是列在《外国传》，而老挝、八百媳妇、车里以至缅甸，都列入《土司传》。安南、朝鲜是当为外国疆土，而老挝、八百媳妇是当为本国疆土。《明史》有《湖广土司传》《四川土司传》《云南土司传》《贵州土司传》《广西土司传》，这就是说，在某一省内的土司，是就近受了省的节制，虽则土官进贡与外国进贡也有相同的地方。

应该指出，像老挝这个国家，应该是一个独立的国家，列入我国土司，似乎是中国单方面的看法而已。

从上面所引《明史》那段话来看，老挝遣使到中国是始于明成祖永乐二年，这就是公元一四〇四年①。老挝与中国的正式使者往来，可能始于明初，但两国人民与贸易的关系，应在明前。这个时候，离法安退位已有三十一年。我们知道，继法安而就位的是法安的一位儿子。当这位王子就位时，才十七岁，他可能不是柬埔寨公主所生的，而是法安另一位王妃所生的。他的名字叫做温宽（Oun Hueun），在《老挝纪年》中，他是叫做 Sam-Sene Tai，这个名字应该是《明史》卷三百十五《老挝传》中所记的刀线歹。

刀线歹在位的时期，老挝版图又扩张起来。在东北的桑怒与东南的川圹以及乌江一带，都为刀线歹所征服，老挝的领土在刀线歹的时代，比之法安的时代，又大得多了。

---

① 编注：此处关于老挝遣使的时间与上述引文不一，今从底稿。

传说刀线歹曾调查了老挝的人口,这是老挝第一次的人口调查。据调查结果,老挝的老族在当时约有三十万,至于其他的好多民族之住在老挝境内,还不包括在内。从现在看起来,一个三十万人口的国家,是一个人口较少的国家,然而在当时来说,却不算少。就是从现在的老挝人口来看,包括了老人与其他民族的人数,也不过约三百万。其中老族约百余万。那么在五百多年前已有约五分之一的老挝人,这一对比,更觉得那个时候的人口不少。

刀线歹在位的时间很长,共有四十三年之久(一三七三至一四一六)。在他在位的时候,他对于老挝的内政,极为重视。上面所说的人口调查,就是一件重要的内政措施。他虽然也像上面所说扩张了一些领土,但是他的主要目的是巩固内部,这样就避免了他父亲所犯的错误。

刀线歹曾娶了一位暹罗公主为王后,这位公主是来自阿瑜陀。在这时候的暹罗,文化虽然比不上柬埔寨,但是正在发展,而且经过暹罗王拉玛铁菩提一世的统治,暹罗正在强盛。在这个时期,柬埔寨却趋于衰弱。暹罗在这位国王统治的时候,还颁布了一部法律,这部法律直到今日还有不少有效的条例。拉玛铁菩提虽死于一三六九年,比之法安退位还早四年。暹罗在拉玛铁菩提死了之后,继他就王位者虽非能干的君主,可是此后数十年中,内政还较安定,在一三九三年还攻陷了柬埔寨京都吴哥。而且,在十四世纪的下半叶与十五世纪的上半叶,除了时时遣使到中国朝贡之外,又与东南亚以至印度、欧洲一些国家往来。这样,吸收外来的知识经验,比较容易。

刀线歹娶了暹罗公主为王后,不只受了她的影响,而且受了暹罗的影响。他采纳了好多暹罗的方法去治理国家。在经济方面,朗勃拉邦是位在暹罗与越南的中间,成为这两个国家的贸易中心。在老挝的土产中,有了不少又为暹罗所特别需要如虫漆(Gumlac)虫,与安息香(Benzoin)等。因此,刀线歹当然利用这个机会去发展经济而充裕其国库。

刀线歹对于佛教的宣传与提倡,也很热心。他建筑了好多寺塔,以宣传佛教。又开办了好多佛堂,以研究佛法。老挝的佛教是传自柬埔寨,其文化本来也是受了柬埔寨的影响。暹罗也是信仰佛教的国家,在柬埔寨逐渐衰弱而暹罗逐渐强盛的时候,老挝既与暹罗的关系日加密切,老挝在文化与宗教方面,也受了暹罗的影响。

刀线歹不只对于暹罗维持友好的关系,他对于中国也促进这种友好关系。所以永乐二年,他就遣使到中国入贡,此后又不断的来朝。

上面已经指出,老挝在明代是列入土司,土司虽是国内行政的一种特殊制度,而非当作外国看待,可是我们也得指出,对老挝来说,所谓土司,恐怕只是一种名义而已。事实上,老挝还是一个独立国家,内政固由老挝人自理,外交上也有自主之权。老挝与暹罗在外交上的关系,中国既没有干涉,而且也无从干涉，这是一个显明的例子。

老挝的邻国不只是中国、暹罗与柬埔寨，在其东边有了越南以及占婆。老挝与中国、暹罗、柬埔寨的关系，虽是很好，但在一个长期中，其与越南的关系就有问题。这关系到老挝本身的安全，而且也关系到中国与越南的邦交。

在越南黎季犛的时候（一四〇〇至一四〇七），老挝曾因收留越南王族陈天平以及潜通季犛而引起国际的纠纷。关于这件事的始末，《明史》卷三百一十五卷《老挝传》与《明史》卷三百二十一《安南传》均有记载。据《安南传》说：

> 建文元年（公元一三九九），季犛弑日焜立其子颙，又弑颙立其弟笂，方在襁褓中，复弑之，大杀陈氏宗族而自立。更姓名为胡一元，名其子苍曰胡奎，谓出帝舜裔胡公后，僭国号大虞，年号元圣，寻自称太上皇，传位奎，朝廷不知也。……会老挝送陈天平至，言："臣天平，前王日焜孙，喬子，日烜弟也。黎贼尽灭陈族，臣越在外州获免，臣僚佐激于忠义，推臣为王，以讨贼，方议招军，贼兵见迫，仓皇出走，窜伏岩谷，万死一生，得达老挝。恭闻皇帝陛下入正大统，臣有所依归，葡匐万里，哀诉明廷，陈氏后裔，止臣一人，臣与此贼不共戴天，伏乞圣慈垂怜，迅发六师，用章天讨。"帝益感动。

这件事本来与老挝的关系并不很大，可是后来明廷决定送天平回越南，季犛表面上假装欢迎，但当天平回国时，他又派人在途中杀死天平。这样，遂使明帝大怒，发兵讨伐季犛。老挝刀线歹于永乐五年（一四〇七），一方面遣人到中国朝贡，一方面又潜通季犛，这件事却给中国知道了，中国军队于这一年内既大破季犛，并改安南为交趾，乃遣使到老挝诘责刀线歹，并"谕其悔过"。刀线歹既知道季犛失败，因而很快的遣使到中国朝贡谢罪。《明史》卷三百十五《老挝传》说：

> 六年（一四〇八），刀线歹遣人贡象、马、方物。七年（一四〇九）复进金银器、犀象、方物谢罪，自是连年入贡，皆赉予如例。帝遣中官杨琳往赐文绮。十年（一四一二）来贡，命礼部加赐焉。

刀线歹潜通黎季犛的时候，可能还不知道中国的势力如何，所以希望两面讨好，以维持其中立地位。但是经过中国大败越南军队而并入中国版图之后，他自己不能不慑于中国的威力。所以除了遣使谢罪之外，又年年进贡，以表其友好的态度。至于中国方面，对于老挝与对于其他的国家一样，只要他们在名义上承认中国是"天朝上国"，"遣使朝贡"，中国不会干涉其内政，所以当刀线歹认罪之后，年年遣使朝贡，中国不只"赉予如例"，而且还"命礼部加赐焉"。

《明史》卷三百二十一《安南传》载，安南陈艺宗子顾反抗明廷称帝于清化的长安，这就是安南史上的简定帝。陈颀称帝是在一四〇七年，二年后（一四〇九年），陈颀被明兵打败，而被擒送京师。可是在他未被擒之前，因为陈颀暴虐，陈氏遗臣曾改奉其侄季扩为帝，这就是安南史上的重光帝。明廷遣张辅去攻伐安南，可是失败了。《明史·安南传》说：

> 初，邓镕之就执也，季扩逃又安竹排山。辅遣都指挥师祐袭之，走老挝。祐踵其后，老挝惧官军蹻其地，请自缚以献。辅檄索之，令祐深入，克三关，抵金陵个，贼党尽奔，遂获季扩及其弟伪相国骧国王季搭，他贼尽平。

陈季扩称帝时是在河静，他失败之后，逃到义安。这里的西北部是在当时已被老挝统治的川圹及桑怒。季扩逃入老挝，大致是在川圹，因为从义安到老挝的川圹有路可通。老挝不欲中国军队入其境，请自缚季扩以献，可是张辅没有答应老挝的请求，乃深入其地以擒季扩等，明军之进入老挝境内，是在永乐十一年（一四一三）。

上面已经指出，刀线歹在位的时候，是一三七三至一四一六年，所以明军这次追季扩入老挝，应该是在刀线歹在位的时候。而请求明军勿入老挝的，也应该是刀线歹。《明史》说刀线歹于永乐十年（一四一二）来贡，是在季扩未被擒之前，可是这时邓镕已经失败，可能季扩已逃入老挝边境，刀线歹入贡，可能与此事有关，而明廷令礼部加赐礼物，也是对他友好的表示。

据说刀线歹是死于一四一六年，从一四一二年至一四一六年的四年中，中国史书虽没有记载他遣使入朝进贡，但我们相信，经过了中国的诘责与他的谢罪之后，刀线歹对于中国，一定是友好的。而且《明史》既说自一四〇八年以后他连年入贡，除非有特别事故外，一般的循例入贡，也不一定见于史书。说不定明廷因为各国来朝太频，糜费太大，因而限定其数年一贡。但无论如何，我们相信在刀线歹未死前，他是不会对于中国有敌视的态度。他就位于一三七三年，死于一四一六年，在位共有四十三年之久。老挝在法安时期，统一全国，扩大版图，在刀线歹长期在位，整理内政，在十四世纪中叶至十五世纪初期，不只在泰族所建立的国家中是一个强盛国家，就是在东南亚各国中，也是一个新兴的强盛国家。

刀线歹死后，继其王位的是一位叫做南甘庭（Lam-Kham-Deng）。他大概是刀线歹的儿子。据说，他在位的时期是一四一六年至一四二八年。《明史·老挝传》对于这一个时期的老挝，没有记载，只说在"宣德六年（一四三一年），遣使赍敕奖谕宣慰刀线达"。南甘庭与刀线达声音不相近，虽然本名与王号往往也有所不同，而且有时一人有数个名字，但时间上照老挝方面传说，南甘庭在位时间既是一四一六至一四二八，那么一四三一年的刀线达不会是南甘庭。在南甘庭时代，安南的黎利，也曾逃到老挝。

陈颉与陈季扩虽失败而被明廷擒获，不久黎利又起而抗明。黎利于一四一八年自号平定王。《明史》卷三百二十一《安南传》中说：

> 黎利初仕陈季扩，为金吾将军，后归正，用为清化府俄乐县巡检，邑邑不得志。及大军还，遂反，僭称平定王，以弟石为相国，与其党段莽、范柳、范晏等，放兵肆掠。官军讨之，生擒晏等，利逃去。久之，出据可蓝堡行劫。诸将方政、师祐剿获其伪将军阮个立等，利逃匿老挝。及政等还，利潜出，杀玉局巡检。复出掠磊江，每追击辄遁去。及群盗尽灭，利益深匿。彬（按：为李彬）奏言："利窜老挝，老挝请官军毋入，当尽发所部兵捕利。今久不遣，情叵测。"帝疑老挝匿贼，令彬送其使臣至京诘问，老挝乃逐利。

> 二十年春（一四二二）彬卒，诏智代彬。二十一年（一四二三），智追利于宁化州车来县，败之，利复远窜。明年（一四二四）秋，智奏利初逃老挝，后被逐归瑰县。官军进击，其头目范仰等已率男妇千六百人降，利虽求抚，愿以所部来归，而止俄乐不出，造军器未已，必当进兵。

据老挝方面传说，当一四二一年黎利抗明的时候，老挝王南甘庭还派兵去帮助黎利，可是后来老挝军队并没有帮黎利，相反的，他们却帮助中国去征伐黎利，经过安南军队的极力抵抗，才把老挝军队赶回本国。这种传说，与《明史》这段话里所记载的老挝被明廷诘问之后，而驱逐黎利，是有暗相符合之处。

南甘庭之后，据《老挝纪年》的记载，在十年之内——一四二八至一四三八——有了四位国王相继代立，每位都是被杀而死，这说明了老挝内部呈了纷乱的现象。又在十五世纪的下半叶以后，老挝又时遭越南的攻击，国势趋于衰弱，直到十六世纪的初叶，其王富沙拉（Phaya Pothisarath）就位之后，老挝不只击退了东边的越南的进攻，而且统治了西边的揽那或八百媳妇，老挝又成为东南亚的一个国势较强而领土较大的国家，关于这一个时代和以后的老挝历史，我们当另有专论。

第二十章　老挝与邻国

《老挝纪年》告诉我们，从一四二八至一四三八的约十年中，有了四位国王相继代立。但是一个一个的都是被杀而死。据说这四位国王都是被王室中一位女子所谋杀，这位女子的名字是叫做纳基俄森法（Nangke Phimpha），据说这一位阴谋而恶毒的女子，后来也为朗勃拉邦的人民所不容而被杀。

《明史》卷三一五《老挝传》说：

宣德六年（一四三一），遣使赍敕奖谕宣慰刀线达。

从其遣使赍敕奖谕的语气来看，假使不是因为刀线达是有功于明，也可能是因为在他继承王位的时候而得到中国的奖谕。《明史》没有记载刀线达遣使来朝贡，却由中国遣使陪同其使者回国，同时又加以奖谕，应该是当为一件特别的事情而始这样的做。又假使《老挝纪年》所说，从一四二八至一四三八的时期中，四位国王都被谋杀是可靠的话，那么，这位刀线达也应是这四位被谋杀的其中一位了。

《明史·老挝传》又说：

九年（一四三四）老挝贡使还，恐道中为他部所阻，给信符，敕孟艮、车里诸部遣人护之。

应该指出，老挝使者之到中国，是经过云南，而不是经过越南。《滇系》（赵州师范荔扉纂辑）《属夷》"附贡道"有上下两路，中国到老挝是走下路。"下路"条说：

繇景东历者乐甸，行一日至镇沅府，又行二日始达车里宣慰司之界，行二日至车里之普洱山，其山产茶，又有一山耸秀，名光山，有车里头目居之。蜀汉孔明营垒在焉。又行二日，至一大川，广可千里，其中养象，其山亦为孔明寄箭处。又有孔明碑，苔沏不辨字矣。又行四日，始至车里宣慰司，在九龙山，下临大江，亦名九龙江，即黑水之末流也。由车里西南行十日至八百媳妇宣慰司，又西南行一月至老挝宣慰司，又西行十五六日至西洋海岸，乃摆古莽酋之地也。

老挝贡使从京师回时，怕道中为他部所阻，因而给信符，敕孟艮、车里诸部遣人保护，说明从云南南部而至老挝，途中还有好多土司或部落，对于老挝取了敌对的态度，所以要孟艮、车里派人保护。很可能的，这二个土司，对于老挝的使者也时时留难。车里、孟艮均在老挝的北边，车里靠澜沧江，在明代不只是老挝使者所经之地，而且与老挝也有过关系。《明史》卷三百十五《车里传》说：

> 宣德三年（一四二八），云南布政司奏刀弄、双孟（按：刀弄是宣慰使，双孟是为车里司同知，前者是武官，后者是文官）相仇杀，弄弃地投老挝，请差官招抚。

又说：

> 帝命黔国公计议。六年（一四三一），黔国公奏谓奉命招抚刀弄，其母具言布政司差官刘亨征差发金，亨已取去，本司复来征，蛮民因而激变，逐弄，弄逃入老挝，寻还境内以死。未尝弃地外投，亦未尝与双孟仇杀。帝命法司执刘亨等罪之。

孟艮在车里的西边，应在老挝的西北，《明史》卷一百一十三《孟艮传》说：

> 孟艮，蛮名孟掯，自古不通中国。永乐三年（一四〇五）来归，设孟艮府，隶云南都司，以土酋刀哀为知府，给印诰冠带。时刀哀遣人来朝，请设治所，岁办差，发黄金六十两。……

此后，还不断入贡。到了宣德六年（一四三一），命内官杨琳赍彩币往赐孟艮知府刀光。宣德九年（一四三四），明宣宗给信符敕孟艮保护老挝使者返其本土的时候，应当是刀光在位的时候，孟艮既与老挝毗邻，两者也必有了关系。后来老挝的土舍怕雅要助明征伐安南时，还想利用孟艮的兵象，可见得两者的关系是很为密切。

中国奖谕刀线达是在一四三一年，假使他是被谋杀的四国王之一，那么似乎他不会在位至一四三八年。

据老挝方面的史料，一四三八年继位为国王的亚加发（Paya Sai Tiarapat）（1438—1479）是刀线歹的子孙，并且说到了一四七九年，这位国王还在位。《明史·老挝传》说：

> 景泰元年（一四五〇），请赐土官衣服，故事无加赐衣服者，命加赐锦币，并及其妻。

又说：

> 成化元年（一四六五），颁金牌信符于老挝。七年（一四七一），铸给老挝军民宣慰司印，以皆为贼焚毁也。

又说：

> 十六年（一四八〇），贡使至，会安南攻老挝，镇守内官钱能以闻，因敕其使兼程回，并量给道里费。明年（一四八一），安南黎灏率兵九万，开山为三道，进兵破哀牢入老挝境，杀宣慰刀板雅及其子二人。

《明史》卷三百二十一《安南传》说：

> 灏既破占城，志意益广，亲督兵九万，开山为三道，攻破哀牢，侵老挝，复大破之，杀宣慰刀板雅、兰、掌三人。

老挝方面记载，一四七六年，安南侵犯老挝，老挝川圹及乌江各处均受影响，老挝国王逃难于清康（Xieng Khane）。这位国王，照中国的记载应该是刀板雅，也应该是老挝传说的 Phya-Sai-Tiaraphat，不过在时间上老挝方面传说是在一四七八年，而中国史书却说是在一四八〇年。

《明史》卷三百十五《老挝传》说：

> 其（按：指刀板雅）季子怕雅赛（按：此王似为《老挝纪年》谓 Téne Kham）走八百，宣慰刀揽那遣兵送至景坎，黔国公沐琮以闻，命怕雅赛袭父职，免其贡物一年，赐冠带彩币以示优恤。

又说：

> 既怕雅赛欲报安南之仇，觊中国发兵为助，帝以老挝、交趾皆服属中国久，恤灾解难，中国体也。令琮慎遣人谕之。

《明史》同处又说：

> 弘治十一年（一四九八），宣慰舍人招揽章应袭职，遣人来贡，因请赐冠带及金牌信符，费赏如制，其金牌信符俟镇巡官勘奏，至日给之。

这位招揽章似乎是一位篡立的君主，所以《明史·老挝传》说：

> 十一月招揽章遣使入贡，吏部言招揽章系舍人，未授职，僭称宣慰使，云南三司官冒奏违错，宜治罪。宥之。

《明史·老挝传》记载，在嘉靖九年（一五三〇）的时候，招揽章还在位，这就是说，他在位至少有三十二年之久。但据老挝方面的传说，一五一三年在位的国王是叫做维宣诺拉（Phaya Visoun-narath），若根据《明史》所说，维宣诺拉应该是招揽章，但据老挝方面的传说，从一五二〇年至一五四七年，老挝在位的国王是另一位叫做富沙拉（Phaya Pothisarath）者。假使老挝方面的传说是对的，那么，招揽章应该是一五二〇年死了，或是被迫退位。可是假使中国《明史》的记载是不错的话，那么至少直到一五三二年招揽章还遣人到京师报告关于越南的事情。

据老挝方面传说，在一五一三年维宣诺拉曾把在法安王时所安置在万象的拉邦（Phra Bang）佛像迁到朗勃拉邦，而且放这个佛像在维宣佛寺（Wat Visoun）的宝塔中。因为维宣诺拉以为这个佛像是老挝王国的卫护的神灵。

据老挝方面的记载，一五二三年富沙拉王曾击退了安南军队的侵犯，一五二三年，在越南正是莫登庸当权的时候，在中国是明世宗嘉靖二年。《明史·老挝传》及《安南传》均没有记载这件事。莫登庸在嘉靖元年（一五二二）自称安兴王，谋弑安南皇帝黎𢧚，𢧚（一作譓）出奔西山，登庸乃立其弟椿（一作广）。从一五二二年至一五二七年，这就是莫登庸自立为帝那九年中，安南内部很为紊乱，而且在世宗就位后曾遣使者诏谕其国，到了龙州，闻其国大乱，道路不通乃却还。在这种情形之下，安南不见得会侵犯老挝，就是有了，恐怕也因为内战，王室人逃到老挝而派兵追击的小规模战争罢了。

据说富沙拉王是老挝的第一位君主迁到万象居住，因为他觉得这个地方在交通上、在发展老挝与越南或暹罗的贸易上，都比朗勃拉邦较为适宜。富沙拉王又是一位热心于佛教的君主，所以在一五二七年他颁了命令，禁止其他各种宗教，尤其是对于老挝的固有的宗教与迷信。同时他也排斥婆罗门教，应该指出，婆罗门教中的一些仪式，既不因为这个命令而摒除，而老挝的固有的宗教与迷信直至今日仍然留存在老挝。

又据老挝方面的传说，一五三〇年暹罗曾进犯老挝，可是在猛谷（Muong Khouk）的地方受了老挝的强烈抵抗而撤退。我们根据暹罗方面的材料，一五二九年的七月，暹罗王拉玛铁菩提二世死了，他在位的时候，忙于抵抗八百媳妇或景迈，他死了继位者为波隆摩罗阁第四。这位新王，正在尽力设法与景迈讲和，说明景迈对于暹罗的威胁并未解除，所以暹罗不见得会大规模去征伐老挝，就是有了，恐怕也不过是边境的小接触而已。

《明史·老挝传》却记载交趾应袭长子光绍逃亡老挝的事件。《明史》说：

> 嘉靖九年（一五三〇），招揽章言："交趾应袭长子光绍为叔所逐，出亡老挝，欲调象马送回。"守臣言："据招揽章之言，惧纳亡之罪，且假我为制服之资，留之启衅，遣之招兵，宜听光绍自归，并责其私纳罪。"报可。

上面已经指出，《明史》载招揽章就位于一四九八年，可能这个招揽章也就是老挝方面所说的富沙拉。事实上可能是二个人，但对中国仍用一个名字。这种情况是可能的。在东南亚各国的篡位君主中有的因怕中国所责备，乃假用其前王名义而朝贡。在越南方面，我们知道，一五二七年莫登庸杀了黎广而自立为帝，这里所说的应袭长子光绍为叔逐出亡老挝，似应是指着黎氏后裔。

《明史·老挝传》说：

> （嘉靖）二十四年（一五四五），云南巡抚汪文盛言："老挝土舍怕雅闻征讨安南，首先思奋，且地广兵多，可独当一面。八百、车里与老挝相近，孟艮在老挝上流，皆多兵象，可备征讨，请免其察勘，就令承袭，以备征调。"从之。

这个时候，在越南自莫登庸篡位称帝之后，传其子孙，可是黎𢧚的儿子黎宁，避居清化，后来称帝，向明廷指摘莫氏篡立的罪恶，并请中国讨伐莫氏。世宗嘉靖下於廷议，有的主张征伐，有的反对征伐，迟迟不决。云南巡抚汪文盛是主张征伐的一位，他得了莫氏间牒及所撰的大诰，又招纳了黎氏旧臣武文渊，得其进兵地图，以为若征伐莫氏，必能操胜。可能在这个时期，老挝也想利用这个机会去征伐越南。所以汪文盛乃奏称老挝也可以出兵助征。所谓"地广兵多，可独当一面"，似乎言过其实，但在这个时候的老挝是一个内部统一，而相当强盛的国家，其实这也是老挝在历史上最为强盛的一个时期。

但是据老挝方面的传说，在这个时期，老挝与越南的关系是相当友好的。越南皇帝与老挝国王之间，时时互派使者交换礼物。

到了一五四六年，揽那（Lan Na）国的王位没有人继承，富沙拉（《明史》载，这个时候的老挝土舍是叫做怕雅，怕雅与Pothisarath似仍相近）以为他的母亲是揽那王的女儿，因而要求去承继这个王位。他立刻率领大批军队到清迈，并且打败了一些争王位的人们的反抗，于是他把揽那的王冠交给他的儿子西他皇索（Séthvongso），而号为怕赛思他蒂拉（Phasay Sathathirath），这时他的儿子才十二岁。

景迈（Xieng Mai）是《明史》中所说的八百媳妇，当时也是揽那的都城。富沙拉因为母亲的关系，而取了揽那的王位，当然使其土地扩大起来。清迈在十四五世纪的时候，也是东南亚一个强盛的国家，有一个时期，时时侵略暹罗。我们相信，老挝国王做了揽那国王的时候，恐怕他是老挝在历史上疆土最广的时候。

而且，富沙拉的母亲，既是揽那王的女儿，说明了老挝与揽那的关系本来就很密切。此外，老挝在西边又与揽那毗邻，在种族上两者的关系更是很密切。因为二者是同一种族，所以景迈与老挝的人种都同叫做老，而与统治暹罗的泰有所区别。

富沙拉为要他的儿子参加其王国的行政，他把他的王国分为二部分，而称他的儿子为万象南掌之王，这使老挝成为二个王国。

富沙拉大约是死于一五四七年，他的儿子赛思他蒂拉就位之后，他排除了他的兄弟，使老挝又统一起来，著名的碧玉佛像（Phra Keo）是由他安置在朗勃拉邦。

第廿一章　赛思他蒂拉

赛思他蒂拉之就八百媳妇的王位，曾引起暹罗的干涉，而发生战争。原来八百媳妇的第十五世皇孟格沙（Muang Kesa）为其子泰西堪（Tai Sai Kham）所杀，到了一五四三年，泰西堪因为对人民暴虐而被杀，结果是没有嫡系承继王位，所以富沙拉王才以其母为八百媳妇公主而要求承继王位。虽然泰西堪已被杀死，暹罗因为不愿八百媳妇的王位落在老挝的手里，所以借口以惩罚泰西堪的杀父的罪名而出兵。这次进攻八百媳妇的暹罗军队是由暹罗王帕猜罗阁（P'rajai）亲自率领。

当富沙拉把八百媳妇的王位给与他的儿子的时候，他的儿子还在朗勃拉邦。而且，他的年纪又小，于是由贵族们选一位公主叫做摩哈旦维（Maha Tewi）为摄政。止在这个时候，暹罗军队到了清迈。这位公主一方面准备抗拒暹罗军队，一方面又用了巧妙的外交手腕去说服暹罗国王。据说，这位女摄政王，还极尽东道之谊，殷勤招待暹罗国王。暹罗国王既没有充分的理由去开火，又明白八百媳妇已有很好的军事准备，于是不得不引兵回国。

三年后（一五四七），富沙拉因打猎不慎而死。他的儿子赛思他蒂拉，从八百媳妇赶回老挝，原因是怕他的弟弟们争夺王位，所以回去处理。可是他一离开清迈，又有人起而争夺八百媳妇的王位。暹罗王又率兵到清迈。这位女摄政王也做了说服工作，可是暹罗王志在八百媳妇王国，因而发生战争。但是暹罗军队未抵达清迈之前，就被摩哈旦维数次大败。

暹罗军队这次损失惨重，据说暹罗国王回到都城阿瑜陀之后卧病数月而死。

我们从此，也可以看出来，揽那或八百媳妇与老挝这两个国家的友好的关系。

孟德宾图（Mendez Pinto）在其著作 *Peregrinaçam* 说，在暹罗王征伐八百媳妇时，他自己曾随军出发。他还说暹罗王帕猜罗阁之死，是因为其王后另有情人，因而把他毒死。暹罗著名的史学家銮隆亲王在其《暹罗古代史》中，并没有提到这件事情，宾图所说未必可信。

我们知道，在缅甸方面，莽应龙在一五五六至一五五九年间，兵力正在强盛。他经过三次战役，克服了掸邦的孟养、孟密、孟别、沙伽（Saga）、腊撒（Lawksawr）、雍会（Yawnghwe）、锦袍（Hsipaw）、蛮莫戛里（Kale）与曼尼坡（Manipur）等地之外，他也侵犯清迈。但是等到莽应龙的军队离开清迈之后，朗勃拉邦又派兵向清迈推进。这是一五五八年的事情。但正在这个时候，缅甸的军队又赶到清迈来，因而赛思他蒂拉的军队不得不撤退。

莽应龙于是宣布罢免赛思他蒂拉在朗勃拉邦的王位。赛思他蒂拉乃联合掸族各邦而集中力量于清迈东北的清线（Chiengsen），可是又被莽应龙所迫退。到了一五六〇年，莽应龙回去白古，赛思他蒂拉利用这个机会乃与暹罗阿瑜陀王朝联盟。一五六三年为要与暹罗取得较密切的联络而免缅甸军的突击，他迁都至万象，而且做好多防御的工作。

莽应龙既据有清迈，他于一五六三年乃从清迈经苏口胎而向阿瑜陀进攻。《暹罗史》说，缅甸王统率军队九十万，这当然是夸大其数目，但是莽应龙的进攻，势如破竹，于一五六四年四月间，暹罗都城阿瑜陀投降，暹罗王迦罗博（Chakrap'at）与好多贵族，都被带到缅甸为质。

暹罗既投降，老挝更孤立。莽应龙又很快向老挝进攻。他先征朗勃拉邦，然后向万象进攻。当他的小舰队将近万象的时候，赛思他蒂拉已逃走。万象为缅军所占据，王后及王位承继者Oupahat均被捕。一五六六年，莽应龙允可暹罗王迦罗博回国。这位国王在缅甸时，就做和尚，可是一到暹罗，他立即脱了袈裟而反缅。老挝王也起兵响应暹王。可是阿瑜陀于一五六九又被莽应龙所攻破，暹王死于此役。

莽应龙于是又进而征伐老挝。可是这一次万象的顽强抵抗，使莽应龙无法攻破。在一五七〇年四月，他的军队既缺粮食，又遭时疫，他于是不得不退兵，以免雨季的到来而遭更大的损失。

据说赛思他蒂拉死于一五七一年。但也有传说以为他曾跑到老挝的南方的深山，不知所终。在他一生中，经过不知多少次战争。缅甸军队虽然蹂躏了老挝很多地方，杀死了或带走老挝很多人民，可是缅甸并没有把老挝全部征服。赛思他蒂拉也从来没有为缅人所屈服。他虽然失败了一次又一次，但是每次失败之后，他又设法站起来。

赛思他蒂拉是万象的真正建立者，虽则他的父亲也曾住过这个地方。万象的城堡，而尤其是一直屹然而立到现在的万象的著名塔龙（That Luang）也是他所建筑的。著名的碧玉佛像（Emerald Buddha, Phra Keo）就是安置在这个塔中。这个佛像本来是当他父亲死后，他从清迈带到朗勃拉邦的，后来又从朗勃拉邦移到万象。塔龙是代表老挝最美丽的建筑艺术，而且是一座庞大的建筑物。高度约与北海的白塔相等，上部镀金，光辉夺目。在老挝历十二月十三日至十五日（阳历十一月十五日至十七日），老挝人民在这个地方举行塔龙大会，这是老挝全国人民的大日子。

在赛思他蒂拉在位的时候，老挝虽然不断的有战争，但是老挝还遣派使者到中国。《明史·老挝传》说：

> 嘉靖四十四年（一五六五），土舍怕雅兰章，进舞牌、牙象二、母象三、犀角十。云南守臣以闻，礼部以非贡期，且无汉、缅公文，第来路险

远，跋涉逾年，宜受其所贡，给赏遣之，毋令赴京。报可。

怕雅兰章应该是赛思他蒂拉（Settat'irat①），因为这个时候正是这位国王在位的时候。但两者声音不同，不能说怕雅兰章是赛思他蒂拉的对音。我个人以为怕雅兰章可能是 Paya Lan Chang 的对音，怕雅意义是官长或首领，而兰章是 Lan Chang 的对音，兰章也就是南掌或揽掌，均从 Lan Chang 而来。怕雅兰章者，可能就是南掌长官或首领也。

中国在当时也知道老挝曾为缅甸征服。《明史·老挝传》也记载此事云：

时缅势方张，老挝亦折而入缅，符印俱失。

上面已经指出，当一五六五年，莽应龙攻破万象时，国王虽逃走，但王后及其王位承继人俄怕诃（Oupahat），这就是赛思他蒂拉的弟弟，曾为缅军所捕。他们被押到缅甸以为质，在缅甸的时候，他得到莽应龙的信任。到了一五七一年，赛思他蒂拉死了之后，莽应龙很想立俄怕诃为王。他遣使到万象说明他的意思，希望俄怕诃就位后，仍称缅甸为宗土国，可是老挝人对于缅甸的仇恨太深了，他们不但没有答应莽应龙的要求，还且把他的使者杀死了。这样，引起了莽应龙的大怒，他立即派他的一位猛族将军叫做平雅达拉（Binnya Dala）率兵去征伐老挝。这位将军所率领的军队，是一个混合军队，里头有暹罗人，也有八百媳妇人，不知是否因为这些军队不听命令，还是老挝的军队强大，结果是败绩了。到了一五七四至七五年间，他自己亲自带兵去征伐老挝，并且立俄怕诃为国王。

可是莽应龙一撤退军队，这位老挝国王的地位又危险起来。缅甸在一五七九年又派兵去保护其所立的国王，与平定反抗的老挝军队，可是缅军一退，反抗又起，这位可怜的国王在逃跑的时候，也就死了。

当一五七四至一五七五年，莽应龙征服万象的时候，他把当时的摄政王苏林他（Sène Saulint'a）赶走了，而立俄怕诃为王，现在俄怕诃死了，他又想立苏林他，可是这位苏林他已经老了，他在位仅仅二年又死了。他的儿子纳空内（Nakone Noi），继他而立，可是这位新王太无本领，人民到处反抗，结果他又被迫而退位。

到了这个时候，莽应龙也已死了，他的儿子莽应里（Nanda Bayin）承继王位，可是他正忙于应付暹罗的反抗，他无办法去兼顾老挝的事情。赛思他蒂拉有了一位独子，他生于赛思他蒂拉死的那一年，这就是一五七一年。当一五七五年莽应龙立俄怕诃为老挝王时，他把这位年小的王子带到缅甸以为质，现在莽应龙已死，纳空内又被迫退位，找不出一个适当的人物来做国王，结果是王位空了好几年。

---

① 编注：此处对应的外文名前后不一致，今从底稿。余不注。

一五九一年，老挝各大佛寺的方丈开了一个会议，决定请缅甸放回这位小王子，缅王为形势所迫，答应了他们的请求。一五九一年，这位王子在万象登位，他的名字叫做奴奇俄公满（Noreo Koumane）。他登位之后，做了一件重要事情，这就是宣布老挝脱离缅甸而独立。

公满在一五九一年已在万象宣布为王，一五九二年，他又征服了朗勃拉邦，这样，老挝全国又统一了。在朗勃拉邦的东南，有一个小邦叫做川圹，见得公满的势力日大，也承认了老挝为宗主。但是这个小邦，是在老挝与越南之间，它不只要朝贡老挝，还要朝贡越南。其实，它对于越南每年一贡，而对于老挝却三年一贡。

中国史书没有记载这位老挝国王遣使到中国，可能他登位后，忙于整顿内政，而且他在位只有五年的时间，他死时还不够三十岁，可能他没有儿子，因为继他为王的，是他的一位亲戚叫做皇沙（Vongsa）。

皇沙就位之后，号为堪密喀拉（T'ammikarat），他在位二十多年。据说他死于一六二〇年。他死得不幸，他的儿子叫做俄怕奴发拉（Oupagnouvarat），这位王子很得众望，父亲对他很为妒忌，结果儿子反叛，军队拥护王子，因而父亲被杀死。

皇沙在位的时候，时时遣使到中国。《明史·老挝传》记载，从一五九八年至一六一三年不断的遣使到中国。《老挝传》说：

> 万历二十六年（一五九八），缅败，老挝来归奉职贡，请颁印。命复铸老挝军民宣慰使司印给之。

又说：

> 四十年（一六一二年）贡方物，言印信毁于火，请复给，抚镇官以闻。明年（一六一三）再颁老挝印。时宣慰犹贡象及银器、缅席，赐予如例。自是不复至云。

《明史》虽没有记载遣使的王名，可是这数次的来朝，应该是皇沙。

皇沙的儿子杀父后，不够一年，他失踪了。可能他觉得杀父篡位太残忍了，假名化装，归隐佛门。也可能自杀以赎罪。他失踪之后，差不多在十五年内，老挝内部情况很不安定。因为王位的争夺，是一个主要原因。据说，在这十五年中，有了五个人争夺王位，你征我伐，自然会使人民难于安居乐业。

一六三七年，苏列那皇沙（Souligna-Nongsa）在王位的争夺中，他驱逐了他两位兄弟而得到胜利。他是一位能干的君主，在他在位的时期，内政固是慢慢的上了轨道，在外交上，老挝与其邻国的关系也搞得很好。他是一位公正而尊重法律的君主，虽然人们说他太过严厉，偷窃犯奸，一样的处以死刑。他自己的儿子，传说也是他唯一的儿子，叫做提拉沙波（Tia Ratsabout）曾与王室的侍从的主管者的妻子有了暧昧的事情。照当时的办法，是处以死刑，他同意，法庭也这样的决定，结果是儿子被处死。直到他死时，他只有年纪很小的两个孙子，而没有儿子去传位。

一六五一年，苏列那皇沙一再要求川圹这个小王国的公主与他结婚，川圹王拒绝他的要求。他发兵去进攻川圹，可是被击退了。他于是又派大兵去征伐川圹，其王被迫而答应他的要求。这件事在老挝与川圹的邦交上是一件很为不幸的事情，因为从此以后，以至十九世纪，两国的纠纷不断的发生。

苏列那皇沙在位的时间很长，共五十五年，还有一说，说他在位的时期是从一六三七至一六九五，这样就共有五十八年了。在他在位的时候，老挝内政外交固是很为稳定，在文化方面，也发展得很快。建筑、雕刻、音乐、美术样样都很进步。更值得注意的是手工业如金银、藤器、织布等工艺，也很发达。

在他在位的时期，有好几位欧洲人到过老挝，最著名的是一位荷兰人叫做维斯荷夫（Van Wuysthof），他是代表荷兰一个公司而从柬埔寨的金塔到老挝。他与两位助手于一六四一年循跋涉艰难的湄公河上游，抵达万象。苏列那皇沙在塔龙接见他，并且殷勤招待。从七月二十日离开金塔，十一月三日始抵达万象，十二月廿四日他离开万象。利维（Paul Lèvy）曾把他的行纪整理而发表。{Le Voyage de Van Wuysthoff au Laos（1641—1642）d'apres Son Journal（Inédit en Français），CEFEO，No.381（944）} 他在老挝的时间很短，所记载的好多事情，与当地记载很有出入。他说老挝国王有三位大臣帮助他治理国事。一位管军事，一位是纳空（Nakone）省长兼管老挝南部，以至与柬埔寨交界的地方。一位是管理王宫兼外交事务。又有一个最高法庭，有五个法官，都是王室贵族，处理刑事与民事。这位荷兰旅行者，对于老挝的印象，一般很好，他觉得老挝这个国家是一个兴盛而美丽的国家，他对于老挝的寺塔尤为欣赏。

还有一位欧洲耶稣会教士，这就是利里亚（Giovani-Maria Leria），在维思荷夫到了老挝之后一年，抵达老挝，他本想在这个国家传教，但遭到老挝人的强烈反对，可是他还偷偷的住了五年之久。他的回忆录为另一位耶稣教士叫米里尼（Merini）所录，在一六六六年在巴黎所刊行的《东京与老挝的新奇关系》（Relation Nouvelle et Curieuse des Royaumes de Tunquin de Laos）。

除了这二位欧洲人外，一直到十九世纪的下叶，才有欧洲人再到老挝，其原因是很明显的。他们东来的目的，不外有三，一为政治或土地的侵略，二为经济的掠夺，三为宗教的宣传。第一个目的在十九世纪以前是不容易实现的，因为老挝是一个山国，在越南、暹罗、缅甸还没有被他们侵略之前，要侵略老挝，是不可能的。第二个目的，也因交通太过困难，所以贸易很难发展。第三个目的也难实现，因为老挝是一个佛教国家，对于基督教极力反对。应该指出，帝国主义者侵略东南亚往往是利用教士与商人为先锋，一者到了，第二者也就到了，最后是用军队兵舰去占据地方，可是十七世纪的老挝，侵略条件还没有具备，所以要待到十九世纪，帝国主义者才把老挝并吞。

关于老挝与中国的关系，据《明史》所载，一六一三年以后以至明亡（一六四四），老挝没有再遣使到中国。苏列那皇沙虽然很会联络邻国，可是明末清初，中国经过民族斗争，国内发生很大的变动，对外无法兼顾，苏列那皇沙可能也因路途阻隔，所以没有遣使访问，直到一七二九年，两国的邦交始再恢复。

第廿二章 清代与老挝

苏列那皇沙死了之后，老挝不只因为争夺王位而处于长期紊乱，而且万象与朗勃拉邦又分裂为两个国家，长期互相征伐。

苏列那皇沙死了之后，因为他的儿子既被处死，他的两个孙子年纪又小，他的年老的大臣提安大拉（Tian T'ala）篡位自立。数年后，这就是一七〇〇年，这位新王又为纳空省长南大拉（Nan-t'arta）所杀。这位省长自立为王。当苏列那皇沙排除他的兄弟而称王时，苏列那皇沙的哥哥森蒲（Som-Pou）逃到越南。他有一个儿子叫做西安休（Sai-Ong-Hue），他得到越南与川圹两国的帮助，一七〇〇年，攻破万象，杀死南大拉，自称为国王。

当提安大拉被南大拉杀死的时候，苏列那皇沙二个孙子从万象逃到朗勃拉邦。这两个孙子，一个叫做吉沙拉（King Kisarat），一个叫做因岛孙（Inta-Som）。西安休在万象称王后，立刻派一位兄弟陶侬（Tao-Nong）用他的名义统治朗勃拉邦，吉沙拉与因岛孙又逃到一位亲戚叫做公满内（Khamone-Noi）所统治的西双板那。一七〇七年，公满内率六千兵去攻朗勃拉邦，赶走陶侬，立吉沙拉为王。西安休既忙于其南部的事务，又无力量去征服吉沙拉，结果这个王国又分为二个国家，而这二个国家，从此以后又不断的互相征伐。

据说陶侬又跑回万象，他临走时还带了朗勃拉邦三个宝贵的佛像，这就是勃拉邦（Phra Bang），这就是碧玉佛像（Emerald Buddha）、勃拉基（Phrake）与勃石甘（Phra Ser Kham）。

据暹罗方面的记载，约在一七二八年，还有来自朗勃拉邦王子叫做翁堪（Ong-Kam），曾率领缅甸军队去驱逐八百媳妇的国王，后来他被缅甸封为清迈藩王。

在朗勃拉邦，吉沙拉王的弟弟岛孙于一七二六年设法赶走他的哥哥，继他哥哥就位的是公满内（一七二六——一七二七），不够一年他又设法争夺了公满内的王位。公满内乃逃到八百媳妇，据说，在一七二八年，他起兵击退缅甸军队，自称为王。这位公满内不见得是《暹罗史》中所说的翁堪，因为前者打败缅军，而后者率领缅军去征服八百媳妇，向缅甸称臣。说不定是公满内抗缅胜利之后，翁堪逃跑，乃自立为国王。

岛孙在朗勃拉邦就位以后，致力于整顿内政。他在位的时间很长，共四十八年，他死于一七七六。可是在对外方面，朗勃拉邦遭遇很多困难。因此，他就位后之次年，他立刻遣使到中国联络邦交。除了一七二九年遣使之外，一七三四、一七四三年又遣使到中国。《清史稿》第一百三十一册《属国传三·南掌传》说：

> 雍正七年（一七二九），云贵总督鄂尔泰疏言："南掌国王岛孙（Int'a Som）遣使奉销金缅字编蒲表文一道、驯象二只，求入贡。"帝嘉奖。其贡道命由普洱府入，沿途护送，从厚支给。八年（一七三○）二月遣使表贡并请定贡期，命五年一贡，赐之敕谕并文绮等物，令使臣赍捧回国。九年（一七三一）六月表谢，颁敕谕恩。

又说：

> 乾隆元年（一七三六），赐国王岛孙彩缎、文绮。八年（一七四三）二月，帝以南掌远道致贡，改为十年一次。十四年（一七四九）正月，贡驯象，二十六年（一七六一）二月，国王准第驾公满奏言："臣母喃玛喇提拉同臣遣使奉表，进驯象二只，庆贺皇上五旬万寿，皇太后七旬万寿。"准第驾公满又别备表文一、贡象二。宴赏如例。六月十三日，礼臣议："嗣后各省巡抚值南掌、琉球、苏禄、安南等国贡使到境，遴委同知、通判中一员，武弁守备一员，伴行，长送至京，并知照各省添派妥员护送，按省更替，贡使回国亦一例办理。"从之。又奏：南掌外藩入贡，使臣俱于陈设卤簿之日，带领道旁，瞻仰天颜，备观仪典。今国王准第驾公满遣使叭哩细哩门遮昆来京，拟于七月初八日圣驾起銮之朝，带领大东门道旁叩见。

应该指出，朗勃拉邦王岛孙在位既到一七七六年才死，《清史稿·南掌传》中所说，一七六一年遣使到中国的国王准第驾公满是岛孙的儿子，也就是王子或王储。这个王子在国王岛孙死后曾继其父为王，他的名字是 Sotika-Koumaue，这就是《清史稿》所说准第驾公满。《清史稿》大约是错把王子当为国王。在东南亚的好多国家，不只国王遣使到中国，就是王太后、王后、王姊也有时遣使朝贡，目的可能是想换取中国皇帝给以更多更宝贵的礼物。在明朝，暹罗的王姊一再遣使朝贡，就是一个例子。一七六一年是乾隆五十寿辰，这是一个特殊机会，可能除了国王遣使送礼之外，其子与其妻又另遣使者朝贺。所以准第驾公满表中说，他与其母喃玛剌提法同遣使奉表进物品，后来立传人误把王子当为国王。

一七五○年，越南曾要求朗勃拉邦进贡，岛孙没有答应，越南曾派军队去进攻朗勃拉邦，可是被击退了。因为在这个时候，越南内部也有很多问题，黎朝柔弱无能，所以朗勃拉邦的东面的越南的压力还是不大，压力最大的是来自西边，尤其是缅甸雍籍牙（一七五二——一七六○）及其承继者。

雍籍牙征服白古之后，向东进攻，万象与缅甸联盟，因而朗勃拉邦不能不投降于缅甸。一七七一年，朗勃拉邦乘中国侵伐缅甸而进攻万象，可是这时中缅已经讲和，因而缅甸又很快的派兵来征服朗勃拉邦。到了暹罗驱逐缅甸的时候，万象又帮助暹罗，可是暹罗一强起来，万象与朗勃拉邦同样的变为暹罗的属国。吴迪《暹罗史》（陈礼颂译，卷二，页三四八）中说：

> 郑皇当国之余年，不复与缅甸发生纠纷，惟东部边衅则累有发生。迨一七七七年……昭披耶却克里受命往平乱首，披耶喃隆，无何被执……至此宜转述与占婆塞之战……讨占婆塞乃另一战役之间接原因。此次乃系与万象之汶汕皇子（Bun Sarn）之事，万象有一贵胄名帕窝（Prawoh）者，事先曾叛离万象酋，逃往占婆塞境，并据穆丁（Mot Deng）自立。地近现今之乌汶城，占婆塞既下。帕窝正式臣服于暹罗，然暹军一旦撤退，万象酋遂攻帕窝，擒之斩其首。郑皇以此举不啻对己挑衅，遂立即派兵二万进击万象。朗勃拉邦酋照素里旺沙（Chao Suriwongsa）与暹联盟，昭素里旺沙虽有助，然万象已于数月前攻下矣。暹人似欲乘此远征期间与缅人争雄者围攻拍科（Pako）（地近万象）城之时，暹军遣妇女以船载满砍断之头颅出城贩卖，以恐吓城中之居民。嗣后万象失陷，暹军尽掠城中珍宝而去，战利品之中有一闻名之翡翠玉佛像（Emerald Buddha）。自是以至一八九三年，朗勃拉邦及万象皆沦为暹属。

老挝本身没有统一，分裂为两个国家，不只两者互相征伐，而且往往利用外力去维持自己的力量，或去压迫兄弟国家，结果两者俱伤，而缅甸或暹罗坐收渔人之利。这一段老挝历史，写起来是很长的，我们不准备在这里叙述。在下面，我们想把《清史稿》中关于老挝的史文，抄录下来，并简单的说明老挝被迫而成为法帝国主义者的属国。

《清史稿·南掌传》说：

> 四十七年（一七八二），国王召翁（可能是《老挝纪年》中的 Chao In）遣使臣叭整哄等四人入贡。帝于山高水长连日赐茶果，又赐宴于紫光阁、三无私殿。五十五年（一七九〇），国王表贡驯象祝釐并附近例贡，帝谕云贵总督富纲派送。南掌贡使定于七月二十日至热河行在，与蒙古王公、各外藩贡使同预寿筵。五十八年（一七九三）谕免例进贡象。明年（一七九四），国王召温猛遣使请封，特颁诏诰敕并驼纽镀金银印交使臣赍回。六十年（一七九五），国王奉表祝釐，进长生经一卷、阿魏二十斤、象牙四十、夷锦四十。时召温猛已播迁越南昭晋州地，既受敕印，仍未能返国。
>
> 嘉庆四年（一七九七），国王遣使赍表恳求赴京进香。帝谕止之，令云贵督臣由驿进呈金叶表文，所贡檀香三枝交太常寺。十二年（一八〇七），国王遣使进驯象四只、象牙四百斤、犀角三十斤、土绢一匹，帝赏赍有加。十四年（一八〇九），越南国王阮福映遣使恭缴南掌敕印，帝谕曰："南掌国王召温猛懦弱不振，流徙越南，遗弃敕印，朕念其流离，不加声责，岂能复掌国事？听其在越南居住可也。其国事以其伯召蛇荣代办。"二十四年

（一八一九），召蛇荣子召蟒塔度腊虔修职贡，吁恳再颁敕印，礼臣复称前缴印信字画完好，毋庸另铸，准于颁给敕印外，再给诰命一道，交召蟒塔度腊祗领。

这一段里所说的王召翁，声音近于 Chao In，可是这位国王在位时是一七九二至一八〇五年。一七八二年的万象国王，应该是召南（Chao Nan），召温猛应该是 Chao In，但召温猛与 Chao In 的声音也不见得很相近。

召蟒塔度腊是 Chao Mant'a-Tourat 或 Tiao-Mang Thatourath 的对音，这位国王就位于一八一九年（《老挝纪年》说是一八一七），死于一八三六年，他生于一七七五年。据说他的父亲召蛇荣（Anourout）因抵抗万象失败而逃到暹罗曼谷，是由于中国的建议，暹罗才把他送回朗勃拉邦，并立为王。他于一七一九年，让位于其子召蟒塔度腊。他一方面遣使到中国联络邦交，一方面又遣使到越南讨好。当一八三六年他死的时候，暹罗派一位大臣来参加他的葬礼，并正式宣布朗勃拉邦是暹罗的属地，他的儿子被带到暹罗为质，三年后才放其回国。

《清史稿·南掌传》说：

> 道光二十二年（一八四一），遣使赍敕封召喇嘛呢呀宫满为南掌国王。咸丰三年（一八五三），南掌国长召整塔提拉宫满（Tiantha Koumane）遣使叩关，请入贡。帝以南掌贡使向贵州、湖南、湖北、河南取道进京，惟现在粤匪未尽歼除，命云南督臣吴文镕等即传谕南掌使臣，此次毋庸来京，仍优与犒赏，俾先行回国，贡物象只即由督臣派员送京。然自是云南回匪乱起，贡道绝，时南掌兼贡越南之顺化，暹罗之曼谷，嗣越南衰，南掌入暹罗，号为暹罗属国。

据老挝方面记载，一八七三年，云南有人去侵犯老挝的桑怒及川圹二个地方，川圹求救于暹罗，来侵犯者被击退了，但是救护者却反而占据这些地方。暹罗又派兵去驻在朗勃拉邦，使整个老挝成为暹罗的属地。

《清史稿·南掌传》说：

> 光绪十一年（一八八五）法人得越南全境，以南掌地居湄公江中间，为传教通商孔道，复设法保护之，于是南掌又入于法矣。

法国于一八五一年，已派孟俄（Mouhot）到老挝探视，一八八六年，又派巴维（Pavie）去设法侵略老挝，使其在法国的势力范围之内。

一八八七年，杜文里（Deo Van-Tri）在朗勃拉邦起而反抗暹罗人，暹罗人发兵东向，直到老挝东北的莱州（Lai Chau），这个时候的老挝国王是叫做翁甘（Oun Kham），他于一八八八年退位，其子沙查连（Zacharine）承位。

一八九三年，老挝为法国所迫而订立条约，朗勃拉邦遂成为法国的保护国，沙查连死于一九〇三年，他的儿子西沙云皇（Sisavang Vong）继立为国王，这位国王很亲法，使法国在老挝的势力更为扩大。

自一八九三年朗勃拉邦既变为法国的保护国后，法国于一九〇〇年乃以万象为老挝的行政首都，法国的最高行政长官就驻在这里，统治老挝的人民，掠夺老挝的资源。

东南亚古史研究之六

藏缅古国初释

藏缅古国初释

陈序经 著

商务印书馆

《藏缅古国初释》20 世纪 60 年代内部印刷版封面

目　　录

序	160
绪　论	162
第一编　骠国	172
第一章　骠国的名称	172
第二章　骠国的历史	176
第三章　疆域与邻国	181
第四章　方物与音乐	187
第五章　佛俗与建筑	191
第二编　蒲甘	196
第六章　蒲甘的史料	196
第七章　蒲甘与蒲端	198
第八章　国都与疆域	204
第九章　蒲甘的城市	210
第十章　水道与陆道	216
第十一章　语言与文化	220
第十二章　宗教与佛教	227
第十三章　蒲甘列王纪	234
第十四章　蒲甘的邻国	239
第十五章　蒲甘与中国	244
第三编　建都	250
第十六章　中国的史文	250
第十七章　外文的材料	254
第十八章　一国或二国	258
第十九章　早期的历史	261
第二十章　种族与王族	265

序

在现今的缅甸的领土上,在过去,曾建立过好多国家。据我们所知道的,在十六世纪以前,其主要的,有猛人国,有掸国,有骠国,有蒲甘,有建都等等。

在历史上,猛族似乎是统治缅甸最早的民族。约在公元前二三世纪,这个民族已在现在缅甸的南部,建立国家。但是它所建立的国家,不只一个,而是好多个。这就是说还没有达到以统一同族为基础的一个强大的国家的局面。在对付公共的敌人的时候,他们可能联合起来,有点像近代的联邦(Confederation)的样子。

这个民族,在其鼎盛的时候,不只占领缅甸的南部,而且扩张其版图到中部,以至叫栖地区以北,于其东领有近代暹罗的大部份,其西达到阿腊干。从十一世纪蒲甘王朝建立以后,这个民族曾与缅族作过剧烈而不断的斗争,其结果是缅族胜利,而猛族失败。过去的无情杀害与驱逐,使这个民族的人口,大大的减少。现在留存于缅甸者,约有一百万,主要是居在沿海与毛淡棉一带。关于猛族诸国,我在《猛族诸国初考》一书,另有叙述。

掸国的民族,是属于掸泰族。《后汉书·西南夷列传》有关于掸国的记载。在南北朝的时代,这个国家可能已衰亡,但其民族仍然散居于缅甸的东北部或其他一些地方。到了十三世纪,蒙古势力伸张到缅甸以后,蒲甘衰亡,代之而兴者就是这个掸族。历史学者称为掸族统治缅甸的时期。到了十六世纪的上半叶,这个朝代又为缅族所灭亡。从此以后,以至于今,可以称为缅族统治缅甸的时期,虽则在缅甸南部的傍海地区,如猛族所统治的白古,还继续存在到十八九世纪,始为缅族所灭亡。直到现在,在缅甸联邦中,还有掸邦,其所居地方的面积很大,仅次于缅族居住的地方。关于这个民族所建立的国家或统治的朝代,我也已在《掸泰古史初稿》中说明。

至于骠、蒲甘、或缅人,以及建都,照我个人的意见,应该都是属于人类学者所谓藏缅族。这个民族的来源,可以追溯到我国古代的羌氏与后来的藏族,藏族可以说是羌氏的后裔。他们本来居于甘肃青海一带,后来逐渐南移,而至西藏、云南、与缅甸。唐代的吐蕃与南诏,应该都是这个种族的支派。其南入缅甸境内,而最先建国的是骠。骠在三国或后汉时代已开始建立国家,位在掸国之南,猛族国家之北。但在这个时候,领土似乎很小,人民也不见得很多。到了隋唐时代,兴盛起来,至宋而衰亡。继骠而起的是蒲甘王国,继蒲甘而起的是建都。在蒲甘建国初年，虽消灭了南部濒海的直通，但是猛人国之在缅甸南部者，如白古，仍然存在。至于建都之在缅甸境内，只占有其北部的一些地方。今天的缅甸可以说是始于十六世纪的中叶，虽则也可以溯到蒲甘王朝的时代。

在民族上，这几个国家虽都属于藏缅族，但是这些国家的民族，不只与原来的羌氏或藏缅已有很多的差异，就是在他们之间，也有不少的区别。在辽远和长期的迁移的过程中，他们不只受了所经过的地方各种族的影响，尤其是定居于缅甸之后，更与当地人民如猛族，如掸族或是其他土著等等，邻居杂处，互相通婚，使其种族血统，互相混杂，这是自然而然的。至于在文化上，这些民族的互相影响，更为显明。话虽如此，但骠人、蒲甘人，或缅人，以及建都人，不只在体质上有所不同，就是在语言、文字，以至风俗、习惯、信仰、制度也有所差异。

可是从人类学者的种族分类眼光来说，他们都可以称为藏缅族。

关于在缅甸的古代藏缅诸国的史料，在我国史籍中，是比较缺乏的，然而这些史料，是极为难得的记载，是十分可宝贵的。假使没有关于骠的中国史文的记载，那么，纵使近年来考古学者在这个国家的国都上发掘了不少的古物，倘若要写关于骠的历史，就很困难。缅甸历史学者所常用的《琉璃宫史》，虽然也有其参考价值，但这本著作，无论是在时间的叙述上，或事实的记载上，都有很多的错误。而且，此书所记的，也可以说是神话多而史事少，有的地方竟流于荒诞。所幸近代考古学者，发现了不少碑文，发掘了很多古物，可以补充我国史书的记载。这种考古工作，若继续下去，将来对于这些国家的历史研究，当有更大的贡献。

关于下面所叙述的几个国家的史料，本来就比较缺乏，而我现在所掌握的材料来说，更是不多，尤其是对于当地所发现的碑文与发掘的古物方面。至于缅甸或他国学者已发表的有关这些国家的论文，也为数不少，但在目前尚无法找到。因而这本书的内容贫乏就特别显著，尤其是关于建都这部分。关于这个国家，史料根本就很缺乏，研究这个国家的学者更少，所以这个国家的好多重要历史问题，是不容易解答的。如它的建国时间，历史发展，疆界大小，以至究竟这是一个国家还是两个国家等等——对于这些问题，我虽然获得了一些史料，画出一个轮廓，可是漏洞不少，缺点很多。我自己有时就有这样的感觉：只凭目前我自己所找到这些史料来叙述，就不免会有变为实证少而猜想多的危险，尽管这样，作为难得而宝贵的史料来看，似乎还有发表的价值。

绪　　论

骠与蒲甘的种族是属于那个种族，这是外来的种族，还是原有的种族呢？这都是研究骠族、蒲甘种族的重要问题。

据近代历史学者与人类学者的意见，骠与蒲甘是现在的缅甸的藏缅族，是在缅甸这个地方所建立的较早的国家或王朝，这个藏缅族，是一个外来的种族，而不是原有的种族。

因为这个种族之在缅甸者受了印度文化的影响的程度很深，历史很久，也曾有人以为这个种族是来自印度，但从现在来说，这种看法不见得是对的。一个国家的种族，可以受别的国家的文化影响，但其种族不一定来自这个国家。在东南亚的各国中，受印度文化的影响的国家很多，除了缅甸以外，有如暹罗，如老挝，如柬埔寨，如已经灭亡的占婆与猛族诸国，但这些国家的种族，主要的、也可以说是绝大多数的，并非来自印度。在地理上，在东南亚的各国中，缅甸之于印度虽较为接近，但这两个国家在种族上，是不相同的，是无可疑的。

从人类学者的人种分类来说，骠、蒲甘、缅族是属于藏缅系，所谓藏就是西藏，缅甸所以列为藏缅系，是因为缅族与藏族不只是同属于一个种族，而且是来自同一地方，这个地方就是中国的西北一带——甘肃、新疆、青海、四川、西藏。

这一个种族，在中国历史上所惯用的名称是叫做羌，也有称为氐羌的氐，也称为巴氏，但其较为常用的名字是羌。我们这里所说的羌，是广义的，这也就是包括古代的巴氏等种族。至于唐宋的吐蕃，明代的西番，或乌斯藏，清至现代的西藏或唐古特（Tanguts），都是属于这个种族。

这个种族之见于中国典籍历史很久，《书经·牧誓》篇已说到：

逖矣西土之人……及庸、蜀、羌、髳、微、卢、彭、濮人。

《诗经·殷武》也说：

自彼氐、羌，莫敢不来享，莫敢不来王。

这说明羌族在殷周时代已与中国接触。关于古代的羌族，《后汉书》卷一一七①《西羌传》说得很清楚。今摘录数段于后：

> 西羌之本出自三苗，姜姓之别也。其国近南岳，及舜流四凶，徙之三危河关之西南，羌地是也，滨于赐支，至于河首，绵地千里。赐支者，《禹贡》所谓析支者也。南接蜀汉徼外蛮夷，西北鄯善、车师诸国。所居无常，依随水草，地少五谷，以产牧为业。其俗氏族无定，或以父名母姓为种号，十二世后相与婚姻。父没则妻后母，兄亡则纳嫠嫂。故国无鳏寡，种类繁炽，不立君臣，无相长一，强则分种为酋豪，弱则为人附落，更相抄暴，以力为雄，杀人偿死，无他禁令。其兵长在山谷，短于平地，不能持久，而果于触突。以战死为吉利，病终为不祥。堪耐寒苦，同之禽兽。虽妇人产子亦不避风雪，性坚刚勇猛，得西方金行之气焉。

又说：

> 羌无弋爰剑者，秦厉公时为秦所拘执，以为奴隶，不知爰剑何戎之别也。后得亡归，而秦人追之急，藏于岩穴中得免。羌人云，爰剑初藏于穴中，秦人焚之，有景象如虎为其蔽火，得以不死。既出，又与劓女遇于野，遂成为夫妇。女耻其状，被发覆面。羌人因以为俗，遂俱亡入三河间。诸羌见爰剑被焚不死，怪其神，共畏事之。推以为豪。河湟间少五谷，多禽兽，以射猎为事。爰剑教之田畜，遂见敬信，庐落种人依之者日益众。羌人谓奴为无弋，以爰剑尝为奴隶故因名之。其后世世为豪。
> 至爰剑曾孙忍时，秦献公初立，欲复穆公之迹，兵临渭首，灭狄獂戎。忍季父印畏秦之威，将其种人附落而南，出赐支河曲西数千里与众羌绝远，不复交通。其后子孙分别各自为种，任随所之，或为牦牛种，越巂羌是也。或为白马种，广汉羌是也。或为参狼种，武都羌是也。忍及弟舞独留湟中，并多娶妻妇。忍生子九子，为九种，舞生十七子，为十七种，羌之兴盛，从此起矣。

又说：

> 及武帝征伐四夷，开地广境，北却匈奴，西逐诸羌，乃度河湟，筑令居塞，初开河西，列置四郡，通道玉门，隔绝羌胡，使南北不得交关。于是障塞亭燧出长城外数千里。时先零羌与封养牢姐种解仇结盟，与匈奴通，合兵十余万，共攻令居、安故，遂围枹罕。汉遣将李息、郎中令徐自为将兵十万人击平之，始置护羌校尉，持节统领焉。羌乃去湟中，依西海盐池左右，汉

---

① 编注：此卷数与今天所看到的古籍版本的卷数不一致，为存陈序经论著的原貌，今从底稿。余不注。

> 遂因山为塞，河西地空，稍徙人以实之。……至元康三年（公元前六三年），先零乃与诸羌大共盟誓，将欲寇边，帝闻，复使安国将兵观之。安国至，召先零豪四十余人斩之。因放兵击其种，斩首千余级，于是诸羌怨怒，遂寇金城，乃遣赵充国与诸将将六万人击破平之。……至王莽辅政，欲耀威德，以怀远为名，乃令译讽旨诸羌，使共献西海之地，初开以为郡，筑五县边海，亭燧相望焉。

又说：

> 建武九年（公元后三三年）……班彪上言，今凉州部皆有降羌，羌胡披发左衽，而与汉人杂处，习俗既异，言语不通，数为小吏黠人所见侵夺，穷恚无聊，故致反叛。……十一年（三五）夏先零种复寇临洮，陇西太守马援破降之。后悉归服，徙置天水、陇西、扶风三郡。明年武都参狼羌反，援又破降之。……诸降羌布在郡县，皆为吏人豪右所徭役，积以愁怨。安帝永初元年（公元后一〇七年）夏，遣骑都尉王弘发金城陇西汉阳羌数百千骑征西域，弘迫促发遣，群羌惧远屯不还，行到酒泉，多有散叛。……延熹二年（一五九）……烧当八种，寇陇右，颎（段颎）击大破之。四年，零吾复与先零及上郡沈氏、牢姐诸种并力寇并、凉及三辅，会段颎坐事征，以济南相胡闳代为校尉，闳无威略，羌遂陆梁，覆没营坞，寇患转盛，中郎将皇甫规击破之。

《明史》卷三三〇《西番传》说：

> 西番即西羌，族种最多，自陕西历四川、云南西徼外，皆是，其散处河湟洮岷间者，为中国患尤剧。汉赵充国张奂、段颎、唐哥舒翰、宋王韶之所经营，皆此地也。

我抄录上面数段话，因为这与现在缅甸的缅族以及在唐代的骠族的来源，都有了密切的关系。

首先，让我们指出羌族在三国以前，其分布的地方是在甘肃的西北，新疆的东南，以及青海、四川以至云南各处，在南北朝的时候，他们还有很多居于陕西，这就是关中一带。所以江统在其《徙戎论》中还说："关中之人，夷羌居半，竟喧宾夺主。"这说明他们在地理上分布很广。

但从上面数段话里，我们也可以看出来，经过西汉与东汉的不断攻伐，羌族逐渐向西南迁移，汉武帝时，打通河西走廊，联络西域诸国，不只断匈奴右臂，而且使北边的胡与南边的羌，不得"交关"，胡人逐渐向西北走，羌人逐渐往西南走。在中国西北的羌人既往西南走，原住在西南如青海、四川或云南北部的羌人，也往西南迁徙。又经过东汉的不断征伐，在东汉的下半叶，我们相信羌人之散居于云南以及缅甸北部，必定不少。到了三国时代，一部分的羌族已抵达缅甸的中部与南部。

在中国四川的羌族，经过秦定巴蜀之后，再过两汉的时代，原有的巴氏，若不向西南迁移，就已同化于汉族。所以，到了三国，已大致成为汉族的地方。至于甘肃、青海、新疆的羌族，在东汉以后，也多向西藏迁移。经过魏晋南北朝的数百年的时间，这个种族不只有了很多据有西藏地方，也有不少居在云南的西北一带。唐代在西藏所建立的吐蕃，与在云南所建立的南诏，都是这个种族所建立的国家。有人说南诏是泰族所建立的国家，我们不同意这种看法。我们承认在南诏所统治的疆域内，有了很多的泰族。但南诏的统治种族，不是泰族，而是羌族。羌族自北移南，经过辽远的途程，与好几百年的时间，尤其是迁到云南、缅甸的羌族，已与其在迁移的途中所接触的各种种族，特别是在云南的哀牢与在缅甸北部的掸族（这都可以说是泰族）互相混杂，所以已非原来的纯粹羌族。

在唐代，羌人除在中国西藏建立吐蕃与在云南建立南诏之外，在现在的缅甸的领土上，还有一个骠国。这个国家据中国史书所载，魏晋时代，中国人已经知道，这个国家可能是在这个时代之前已经建立。这也说明了羌族之到缅甸的时间是很早的，至少在东汉上半叶，他们已到了云南与缅甸的中部。

为什么在东汉时代他们不在云南与缅甸建立国家，这可能是因为在东汉时代，他们还是初到这些地方。而且，在云南有了一个哀牢，在缅甸北部又有了一个掸国，在缅甸的南部及中部，又为猛人所统治。这些从北方南移的羌人，只能散居于这些地方，而受了哀牢、掸国与猛人的统治。

三国以后，哀牢与掸国可能逐渐衰弱，在缅甸的猛人也可能衰弱，所以在缅甸的羌人，遂能联合起来，而建立骠国。这个国家历史，虽然很长，但在唐代的下半叶，也已趋于衰弱，而为南诏所击败。其数千人民，还为南诏所俘，迁到云南的昆明。应该指出，南诏与骠国，其种族的来源虽是羌族，但因为他们南移的时间既不相同，而其所居的地方又各异，因此不只语言、风俗、文化，固有所不同，就是种族上，也已有了多少差别。

骠族应该是羌族之最早南移的一支。他们不只在长途的迁移中受了在途程中所接触的种族，如哀牢，如掸族，或是其他种族的影响，而且在散居在缅甸的时候，又深受猛族的影响。我们知道在现在的缅甸的领土上，在后汉时代或是公元前一世纪到公元后二三世纪中，在其北部有了一个掸国，这是与在云南永昌一带的哀牢相靠近或接壤。在其中部以至南部靠海的地方，是猛族所统治的地方。猛人国的北部边疆究竟是在什么地方，很难确定，但我们知道，至少在叫栖（Kyaukse）或曼德礼这一带，或其北，因为叫栖的水利工程，最初是猛人所建筑。骠国的国都，是在现在的卑谬，这是远在叫栖之南，从叫栖到卑谬的路程，比之从卑谬到白古的还要远，骠国的国都既在卑谬，则其南部的疆界，应该是在卑谬之南，或是在卑谬与白古之间，因为在骠国的时代，其南部的猛族，还保存白古、直通及顿逊一带。

这说明了一点，这就是骠国的领土的中心部分，是在猛人国所曾经领有的土地。起初骠人或是羌族的一支派是散居在伊洛瓦底江的中游，这就是曼德礼与卑谬一带，他们在这里慢慢的繁殖起来，到了猛人国与掸国衰弱的时候，他们遂占有其地，而建立骠国，但同时这个骠族之同化于猛族的程度，也必定很深，所谓同化，不只在其文化方面，而且是在其种族或血统方面，从现在的考古学者，在卑谬所掘出的好多古物来看，骠人是受了印度文化而尤其佛教的影响很深的，但这种影响，主要是从其南部的猛人国而来。至于种族方面，骠人到缅甸后，在未建立国家之前，既受了猛人的统治，在建国之后又还与猛人杂处，那么二者互相混杂，也是没有问题的。

又骠国既与南诏毗邻，两国人民在血统上、在文化上，互有影响，也是自然而然的。上面已经指出，近来人们以为南诏是属于掸泰种族，他们所以这样的主张，大概是根据掸族与南诏的祖宗来源的故事，《南诏野史》有一段话说到这一点。这部野史卷一的南诏历代中告诉我们道：

《白古记》西天竺摩竭国，阿育王骠苴低娶欠蒙亏为妻，生低蒙苴，苴生九子，长子蒙苴附罗十六国之祖，次子蒙苴廉吐番之祖，三子蒙苴诺汉人之祖，四子蒙苴酬东蛮之祖，五子蒙苴生十二子，七圣五贤蒙氏之祖，六子蒙苴托狮子国之祖，七子蒙苴林交趾国之祖，八子蒙苴颂白子国仁果之祖，九子蒙苴关白夷之祖。

又接着说：

《哀牢夷传》哀牢蛮蒙伽独捕鱼罗池溺死，其妻沙壹往哭之，水边触一浮木有感而妊产十子，后携子至池上，木化为龙，人言曰我子安在，九子惊走，独季子背龙而坐，龙舐其背，蛮语谓背为九，坐为隆，故名之曰九隆氏。哀牢山下有名奴息波生十女，九隆弟兄妻之，立为十姓，董洪段施何王张杨李赵皆刻画其身，象龙文，于衣后著尾，子孙繁衍，居九龙山溪谷间，分九十九部，而南诏出焉。

后这一段故事见于《后汉书·西南夷传·哀牢传》。前一段故事没有问题，是从后一段故事脱胎而来，可是印度化了。这也不见得奇怪。因为南诏曾受佛教的影响，然而南诏的佛教，据我们所推断，恐怕还是来自骠国，因而又受了骠国的影响。很可能的是当骠族经过云南时在永昌一带居住过，受了哀牢或掸族的故事的影响，后来他们到了缅甸之后，又受了印度佛教的影响，这种影响主要可能是从猛族而来，哀牢祖宗来源的故事，遂变为骠族的印度化的故事。这里所说的骠苴低的骠是骠的祖宗，也是骠的国名。

这个故事，后来又影响于南诏，所以南诏又采用了。《南诏野史》卷上南诏称谓官制一段中说：

> 南诏称帝曰骠信。

又《新唐书》卷二二二下《南诏传》说：

> 元和三年（八〇八）异牟寻死……子寻阁劝立，或谓梦凑自称骠信，夷言君也。

不但这样，这个故事还且影响于缅族，关于这一点伯希和在其《交广印度两道考》十六段中说：

> 阿育王王子与其九曾孙之名，显非汉名，设若观其名称之组合，则见阿育王子骠苴低名末一字，与其子低蒙苴之名相连，而低蒙苴九子之名，八子名首二字皆为蒙苴，此与南诏及缅甸父子连名的习相类者也。而且，骠苴低名中的骠，恰为中国载籍译写南诏时代统治缅甸种族之 Pyu 之对音，再以前述之缅甸王世系对核之，此种王名据缅甸史所载，乃二世纪与四世纪在位之王名。其中最可注意者，则 Pyu-so-ti 与其子 Ti-min-yii 之名，奇类骠苴低与其子低蒙苴之名。……然则一种多种（按：指哀牢）故事何以取一缅王而以之为阿育王之子欤？缅甸史书可以答此问也。据云与 Pyu-so-ti 为缅王之一系君主，皆自称为孔雀王朝 Moriya（Maurya）之后裔。

我们应该指出，缅甸的蒲甘历史很难追溯至一〇四四年以前。就是一〇四四年以后，统治上缅甸的阿奴律陀及其子孙的事迹，还多是传说，还找不到确实的证据，更说不到三四世纪时代的缅族历史。但是为什么近代的缅族却能把其历史拖得那么长呢？这是因为他们受了骠族的影响，他们既然是都是来自西藏，而其语言又有其相同之处，那么他们把骠族的祖宗的来源的故事，当为自己的祖宗的来源的故事，是很可能的。同样的，南诏既受了骠族的影响，又受了掸族、哀牢的故事的影响，因而也把这个故事当为自己的祖宗的来源的故事，也是无足怪的。

至于近人而尤其是暹罗的泰人，以为南诏是掸泰族，而当南诏为其故国，这是一种错误。我们上面已说过南诏的民族也是属于藏族，来自西北，其南来的时间，晚于骠人，而与缅甸的藏缅人之南来，可能是差不多同一时间。因为云南尤其是在云南的西南一带，即乃掸泰，这就是哀牢所建国的中心地带。掸泰人之在这些地方很多。又据《后汉书·哀牢传》在公元一二世纪的时候，哀牢的文化已相当的高。南诏到了云南之后，就与掸泰族同化，因而无论在血统上、在文化上，都受其影响。这样，人们遂以为他们是掸泰族。其实南诏不只受了掸泰族的影响，而且受了骠人的影响。所以，我们说南诏的祖宗来源的故事不只是有了掸泰的彩色，而且也印度化了。

应该指出，骠族不只在其南迁的过程中受了云南而尤其在永昌的哀牢的影响，就是到了缅甸以后，在血统上、在文化上也与掸人混杂起来。所以今日我们找不出骠人，就是因为有的已与掸人同化，有的已与后来的缅人同化。

在历史上，骠国可能在十一世纪亡于缅族，然而正如上面所说其人种还存在于明末。可能一部分的骠人在明末之前似乎还维持半独立的部落于缅甸北部。《元史》卷二百十《缅传》中，曾数次说到骠甸这个地方。明人朱孟震在其所著的《西南夷风土记》中，也说到"剽人"，剽人应就是骠人。

《元史》所说的骠甸在交通上与在军事上是一个重要地方，是用不着说的，但是这个骠甸是否为骠族所居住是值得研究。然而既名为骠甸，可能是与历史上的骠国有了关系，也可能的是像上面所说是一个骠族的部落或城镇。至于朱孟震所说的剽人，是与阿昌、蒲人、㽍人、得棱子（猛人）等等排列起来。这也说明了剽人之留存到明代，是像阿昌、蒲人，或㽍人一样的还过其部落的生活。

至于蒲甘的藏缅族之到缅甸的时间，应该是在骠人到了缅甸之后约三百年。这些后来的羌族支派，可能是与西藏的吐番而尤其是云南的南诏，在差不多同一个时间中离开我国的西北，他们的迁移大致是在东汉的中叶或末季。至于骠人应该是在西汉武帝时代已经向南迁移，这些后来迁移的羌族，分为二支，一支到西藏，一支到云南，而在云南者一部分散居在云南，一部再向南迁移而到缅甸。在西藏者建立吐番，在云南者建立南诏。这二者的建国，与其兴盛时代，差不多是同一时代。他们二者，而尤其是前者，都成为唐朝的劲敌。至于从云南再向南迁移这一部分的羌族，其所走的途程既更远，其建立国家的时间也较晚，他们是在十一世纪的中叶，才在蒲甘建立国家，这就是蒲甘国。

在种族上，蒲甘的藏缅族其所保存原来的羌族的特性，似乎应该比之骠人多一些，因为他们不只在其南迁移的时候是大量迁移，而且当蒲甘人到了缅甸的时候，在北部的掸国，若未灭亡，也当已趋于衰弱。这时统治缅甸北部与中部是骠人，骠人虽然早已受了哀牢与掸族以及猛族的影响，但还保存其羌族的特性，所以蒲甘的羌族，虽然受了骠人的统治与影响，但二者究竟是同一来源的种族，而且蒲甘的羌族在其南移的过程中，其所受哀牢与掸族与猛人的影响既较骠人为少，其在缅甸的时候，其所受猛人的影响，也没有骠人所受的那么深。所以他们能够保存较多的祖宗的特性。我们说保存较多的祖宗的特性，并非说在他们的血统中没有别的种族的血统，而只是说，是比之骠人较少而已。然而这个差别，在骠人与蒲甘的藏缅人之间，是很重要的。当蒲甘的藏缅人或羌人抵达缅甸的时候，骠人可能已建立国家，不只在文化方面骠人的印度化程度已经相当深，就是在体质形貌上，也与刚从北方迁来的羌族有所不同。这样，骠人与新来的羌人，都不见得觉到二者是来自同一祖宗。可能这些新来的羌族，与其统治者骠人，还有不少的矛盾与冲突。而况，在羌族之中，正如《后汉书》及其他古籍所记载，又分为好多种类。假使骠人的祖宗与蒲甘的藏缅人的祖宗，原来虽皆属于广义的羌，而同时又却不同支派，那么这两个支派到缅甸的时间，既不相同，而其所受他族的文化与血统影响也有所不同，那么两者就不容易产生一种民族的同类意识，相反的也可能互相仇视，互相排挤。

上面已经指出骠人之离开中国的西北是在西汉时代，而蒲甘的藏缅人之离开这个地方是在东汉的时代。两者在时间上的距离约为二百多年，骠人之到缅甸，当在东汉的时代，到了魏晋时代，建立国家。蒲甘的藏缅人是与西藏的吐番、云南的南诏，在差不多同一的时间中，这就是魏晋时代，抵达西藏与云南。在羌族的支派中，蒲甘的藏缅人似乎是接近于云南的南诏，他们之抵达云南，差不多是在同一时间，不过南诏留在云南，而蒲甘人却继续南下，其所走的途程既较远，其散居于缅甸的时间也较迟。可能是在隋唐时代，他们始抵达缅甸的蒲甘，及其南一带，因为再南的卑谬的一带是骠人所集中的地区，他们就不能大量的南移，这样，这一支的羌族，就散居于缅甸的中北部。

缅甸的中北部，也是在骠人所统治之下。《新唐书》卷二二二上《南诏传》说，南诏之西南为骠，说明了骠的东北边境是与南诏接壤的，这也就是说，缅甸的东北部是骠人所占领的地方。但这个地方，在东汉或者一直到魏晋的时代，有了一个掸国，而在云南的西南一带又有了一个哀牢国，这都是现在所说的泰族所建立的国家。直到现在在缅甸的东北，还是掸族所聚居的地方。因此之故，蒲甘的人到了这些地方之后，不只是与骠人混杂，而且也与掸族混杂，经过了十三世纪的下半叶，他们甚至取代了缅人的政权，直到现在在缅甸，不只还有很多的掸人，而且他们自成一邦，这就是掸邦，为缅甸联邦中的一个大邦。至于在南部的猛族，不只在蒲甘王国未建立之前，已有很长的历史，就是蒲甘王国建立之后，虽然其政治与文化中心直通曾为阿奴律陀所征服，但猛族国家，并不因此而灭亡。这个国家时兴时衰，在缅甸还不断存在好几百年，而猛族人民直到现在，还有不少散居于缅甸南部与暹罗各处。相反的，自蒲甘王国建立之后，骠族很快的消沉，不只恢复骠国的民族运动，几乎没有产生，就是这个民族，也很快的好像消灭了。这是什么原故呢？我以为像骠国这个国家，建国于魏晋，在八世纪的下半叶，虽然遭了南诏的击败，但并不因之而灭亡，其国土北接南诏，这就是在现在的云南与缅甸交界一带，南至卑谬之南，而与猛人国接壤，其人口必定不少，可是在蒲甘王国建立之后，这个民族就很少见于缅甸历史舞台，这并不是这个国家的人民，都被杀死或他迁，而是因为骠人与缅人较难于区别。又像王室人物如阿奴律陀的父或祖既有了骠人的血统，或简直就是骠人，那么蒲甘王国的建立，只可以说是羌族后裔的内部支派的互相代替，而不是种族上为了民族独立而斗争，这样的长期杂居往来，蒲甘人有了骠人与掸族的血统，是无可疑的。而且，应该指出，在他们从中国的西北慢慢的迁移到缅甸的途程中，也受了我国西南其他的种族的多少影响。又他们散居在缅甸北部的时代，留在这个地方的一些猛族，以及原来住在这个地方的一些土著，在种族上，在血统上，都会对他们有或多或少的影响。

当蒲甘在十一世纪的中叶在其第一位国王阿奴律陀建立国家的时候，在其领土中而尤其是在其南部，还有很多的骠人，更南是猛人国。在其都城蒲甘的东北，又有很多的掸人，有人说阿奴律陀的祖宗也有了骠人的血统，阿奴律陀的父亲，既是叫做混修恭骠（Kunhsaw Kyaunghpyu），最后这个"骠"音也可能是因为在血统上他是与骠人有了密切关系，所以这样的称呼。正如上面所说他甚至可能是一位骠人，这也并不是一件奇怪的事。因为这批新来的羌族或后来所称为藏缅族，其远祖既是同为羌族，而他们到了缅甸之后，又长期受了骠人的统治，与骠人杂居共处，慢慢的已经同化。虽然二者也有其很多差别的地方，但经过同化之后，差别又逐渐减少，而类同却越来越显著，所以所谓骠人与缅人就不容易分开出来。

我们知道自蒲甘建国之后，掸族也慢慢的增加起来，骠缅，就很难分别。骠国亡了，但骠人还存在着，蒲甘兴了，可是蒲甘的人民叫做蒲甘人固然是对，叫做骠人也不见得是错误，因为根本上他们之间，经过在缅甸多年同化之后，种族的歧异，既已根本消除，种族仇视的意识，也根本消除，两者不只可以共存共处，而且是不易分开出来。

至于所谓缅人这个缅字，在猛文的碑文中，最先见于十二世纪的初年，这就是一一〇二年，这是在阿奴律陀建立蒲甘王国之后五十六年。猛人叫做缅码（Mirma），而缅（Mien）的采用，是晚到十三世纪的下半叶，就是一二七三年。

这不只说明了现在的缅甸的缅族，不只初到缅甸时，不叫做缅人，就是在建立的蒲甘王国之后好多年，也不叫做缅人，而况这个缅的名称，可能是来自猛人，猛人用这个名词，是一个梵名，这就是 Myamma 转化而来，Myamma 又当来自 Brahma。又猛人也称为罗摩（Rahma），这说明了缅这个名称，是印度化的名称，也可能的是缅人受猛人的影响，与印度化之后，也用了猛人所称呼的名称，而称自己。但在声音上，猛人用了 Rahma，而缅人却用 Myamma，虽则在来源上，二者是一个相同的名字，又缅（Mien）与骠（Pyu）在声音上，虽也各异，但有人以为从 P 音转为 M 音也是可能的。二者都为唇音，从 P 转为 M，从 Pyu 转为

Mien，假使这种看法没有错误，那么不只在种族上，二者本是一族，就是在名称上，二者也有了密切的关系。

最后，让我们指出在宋元之间，在缅甸的东北部，还有一个国家叫做建都，这个国家也见于我国的西康安宁河一带，二者是否为一个国家，或两个国家，不易确定，但有一点可以肯定的，是其统治种族，应是藏缅族。关于这个国家的起源、历史、疆域等等问题，至今都很难解释，但在我国与外国的史书上与在缅甸所发现的一些碑文中，都有关于这个国家的记载。因此，我尽量把这些材料写成建都一篇。

第一编　骠国

第一章　骠国的名称

关于骠国，新旧《唐书》均有传，而《新唐书》叙述得较为详细。唐人樊绰在其所著的《蛮书》中，也说到这个国家。关于这个国家的名称，《新唐书》卷二百二十二下列传一百四十七下《南蛮传》中说：

> 骠，古朱波也，自号突罗朱（按：《旧唐书》作突罗成），阇婆国人曰徒里拙。

首先我们要指出这里所说的朱波，既然称为古朱波，那么这个朱波国，应该是一个历史较古的国家。这也就是说，在唐以前较久的一个国家，或是在称为骠之前的一个国家。很可惜的，朱波这个国名，虽然数见于史书，如《明史》《续通典》《续通志》《续文献通考》，以及如《西南夷风土记》等书，但这些著作都是在唐以后的，除《唐书》以外，在唐以前的著作，我们还找不到这个国名。而且，在唐的时代，除《新唐书》外，《旧唐书》没有记载这一国名，其他书籍也还没有找到这个国家的记载。至于上面所说唐以后的一些著作，虽然说到这个国家，大概都是根据《新唐书》，而且也像《新唐书》一样的，只轻轻说了一句，没有较为详细的叙述。同时还有的似乎是改窜《新唐书》的词句，如《明史》说缅甸古朱波也，虽在现在的缅甸的疆域里以前有过骠国，但缅甸与骠在种族上，也有差异，在其他方面，如语言风习等等也有其不同之处，所以说骠为古朱波，是一件事，说缅甸为古朱波，又是另一件事了。又如《西南夷风土记》的序言中说："古骠国……又谓之朱波国也。"《新唐书》说骠为古朱波，在时间上，这个国家有了先后不同的名称，可说若照朱孟震的《西南夷风土记》的序言中的语气来看，古骠国同时也可以叫做朱波国，这样《唐书》在时间上有了先后不同的名称的差别，就看不出来了，虽则朱波也可能是阇婆的对音。

《新唐书》的撰述者，可能是根据当代或唐以前一些记载而说骠为古朱波国，可惜我们现在已找不到这种记载，也可能的，《新唐书》的撰述是根据了一些不很正确的传说而这样的说，所以朱波是否为骠国的古名或前身，像扶南之于真腊，或真腊之于柬埔寨的关系，就从无考订了。

唐杜佑所撰述的《通典》卷一八八"真腊"条中，曾记载一个叫做朱江国云：

> 真腊国……西有朱江国……其国与参半朱江二国和亲，数与林邑陀洹二国战争。

真腊当时的版图西到现在的泰国的东部，所谓西有朱江国，在方位上应该是在泰国的西部与缅甸这些地方，朱波是否为朱江或朱江就是朱波，也是难于确定。朱江这个国名，在新旧《唐书·真腊传》中，均没有记载，假使这个朱江国像杜佑《通典》所说在唐代还存在的话，那么这个国名不应是骠国的古名或前身了。

很奇怪的，是在杜佑《通典》的"真腊"条中说，真腊之西有朱江国，而在《新唐书》的《真腊传》中说，西属骠，《旧唐书·骠国传》也说其东为真腊，那么骠似乎也叫做朱江了。

杜佑是唐朝人，他在《通典》卷一八七与一八八《边防三》与《边防四》，《南蛮上》与《南蛮下》，记载了好多种族与国家，在《南蛮上》有了好多在云南与缅甸的国家，如哀牢、掸国，在《南蛮下》叙述海南诸国，共有二十八个，是研究我国西南边境与东南亚诸国较古而又较为详细的著作。骠国在唐代是与中国交通的一个重要国家，诗人如白居易，也注意到这个国家。杜佑没有记载，是很为奇怪，但是他所说的朱江在方位上既正是新旧《唐书》所说的骠国，那么朱江与骠国是一个国家，也是很可能的。

也很可能的，是朱江或朱波正如《新唐书》所说，是骠国的古名。新旧《唐书》的撰述者是唐代以后的人们用了唐代所说这个国家的名字，而杜佑是唐代人，却用了以往人们所称呼这个国家的名字。我们以为只有这样的解释，《新唐书》所说骠为古朱波，既没有错误，《通典》所说在真腊之西是朱江国，也得到合理的答覆。否则，在真腊之西，既是朱江，又是骠，就难于解释。自然的这种看法的前题，也是要承认朱江就是朱波，或朱波就是朱江。

我们还要指出，骠这个名称，是我国人或缅甸人所称呼的名字。我们叫做骠（Piao），而缅甸却叫做 Pyu，也有叫做 Pru。虽然前者较为普遍而正确，至于阇婆人或爪哇人却叫他们为徒里拙。徒里拙应为外文 Tulcut。又根据开辛他（Kyangitha①）的王宫的猛（Mon）文碑文，这个国家是叫做突尔居（Tircul），这也可以说是猛国人所称呼的名字，虽然猛人、爪哇人的称呼，也是很相近的。

至于骠人所自称的名字，据《唐书》所说，是突罗朱，突罗朱与徒里拙（Tulcut）或突尔居（Tircul）的说法，还是相近。所以我们可以说爪哇人或猛人所称呼的名字，可能是从骠人所自称的名字，稍为改变而来。

伯希和在《交广印度两道考》（冯承钧译，上卷，页三五）中曾有一段话，关于骠国的名称的解释。兹录之于后：

> 考 Prome 之梵名作 Çrikestra，缅人讹为 Sarekhettara（读若 Thayekhettaya），

---

① 编注：此处对应的外文名与前后不一致，今从底稿，余不注。

玄奘《西域记》卷十所言三摩呾吒东北大海滨山谷中之室利差呾罗国，即以都城之名名缅甸全国。义净《南海寄归内法传》卷一亦曾言及此国。撰修唐书者似亦知之。《旧唐书》卷一九七云骠国"自号突罗成，阇婆（Java）国人曰徒里拙"。《新唐书》卷二二二下则作突罗朱，仅恃此二名，决难求其对音。然徒里拙之拙，古读有齿音收声，或者为 Thayekhettaya，缅语读法之对音，《旧唐书》谓此城"相传是舍利佛（Çariputra）城"。缅人名舍利佛为 Sariputtara（读若 Thayekhettaya）城之神，亦无足异也。

徒里拙可能如伯希和所说是与 Thayekhettaya，或是 Sarekhettara 或是 Çrikestra 有了关系，这就是说骠人是以其都城的名称当为全国的国名。但应该指出，伯希和这里所说的缅甸或缅人，应该是指着骠人，因为正如上面所说，在缅人未建国前很久，骠人已建立国家。这个骠国的国名，是骠人所自称的名字，不会是缅人所叫的名字。

至于缅甸人之所以称他们为骠人，可能是从中国人的称呼而来。在骠国的时代或唐代，缅人之在现在的缅甸的，不只是散居于北部，而且人数也不会多，根本就不成为国家。而且，他们既也是从中国的西藏经云南而到缅甸的境内，他们当然受了中国的影响，因而就很可能采用中国所用的名字，这就是说跟中国所称呼的名字而称呼。

我国史书为骠国立传的，虽始于《唐书》，但是这个国名之为我国人所知道的，是在唐之前。《后汉书》卷一一六《哀牢传》中说到在哀牢这个国里：

有梧桐木华绩以为布。

唐章怀太子李贤引《广志》注云：

梧桐有白者，剽国有桐木，其花有白毳，取其毛淹渍缉织以为布也。

又《法宛珠林》卷三六也引《广志》云：

艾纳香出漂国。

这里所说的剽国，或漂国，应该是唐代人们所知道在南诏或永昌之南的骠国。《广志》这本书是郭义恭所撰述，《隋书·经籍志》录有这本书，这就是说，这个国王，已为我国唐代或隋代以前的人们所知道。

《华阳国志》卷四"永昌郡"条说：

永昌郡，古哀牢国也，哀牢，山名也……明帝乃置郡，以蜀郡郑纯为太守，属县八，户六万。去洛六千九百里，宁州之极西南也。有闽濮、鸠獠、儒越、躶濮、身毒之民。

这对于骠国的研究来说，是很重要的记载，因为这里所说的僄，应该就是骠。这与上面所说的漂或剽均是同音。假使我们这种看法没有错误，那么骠国这个名词在三国时代已经传到我国了。

我们知道,永昌是在现在的云南保山一带,靠近缅甸北部,在后汉的时代,在这里有了一个国家叫做哀牢,其种人就是现在的掸泰老挝。在后汉时代,这个国家是东西交通的要道。《三国志》引《魏略》已经指出这个地方可以通大秦。因而这个国家,不只是商品所凑集的商场,而且是各种民族所杂居的地方。最奇怪的是,在各种不同民族之中,还有身毒人。身毒就是印度。我们知道骠国是一个尊崇佛教的国家,我们可以推想,印度人在那个时候,必已到了骠国,又从骠国而到永昌或哀牢。《华阳国志》这本书,是晋朝常璩所撰述,在古代书籍中,这是一本很为可靠的书籍。其书所述始于开辟,终于永和三年(西历公元后三四七年),其所记载,是关于现在的四川、贵州、云南一带的人物情况。

骠国也有叫做缥的,所以僄、缥、剽与瀌,都与骠同音,同名,而写法不同而已。

为什么我国人叫这个国家为骠呢?这是一个难于回答的问题。我们知道,在南诏王号中,有骠信的名称。这个名称自八○八年异牟寻死,子寻阁劝立,自称骠信。骠信虽不久就死,但这个称号,一直沿用到九世纪的末年。骠国在唐代入朝中国,是与南诏的内附有了密切的关系,这也就是说,这两个国家的关系,也是很密切的。所以,南诏内附,骠国也随之而入朝。骠信这个称号,是南诏王的称号,也可能是骠国国王的称号。《新唐书》卷二二二中《南诏传》中说,骠信夷语君也。这里所说的夷,可能是指南诏,也可能是指别的国家,或是骠国。我怀疑骠信这个称号,原来是骠国国王的称号。南诏建国后,受了骠国的影响,采纳了骠国人这个称号。至于我国人在唐代或唐代以前之所以称这个国家为骠或剽,是把国君的称号而名其国。这与玄奘、义净把骠国的国都室利差呾罗,而名其全国,有些相似之处。夷语骠信虽是一个名词,但传到我国,遂简称为骠。

这个国名,为我国人所知道,虽像上面所说是在三国时代,但是究竟是不是始于三国或是更早的时代,那就不容易考证。但我们从《太平御览》卷一七七引魏晋人所撰述的《西南异方志》,及《南中八郡志》中说,传闻永昌西南三千里有骠国,所以把我国人知道这个国家的名称的时间,推上到魏晋的时代,魏的时代就是公元二二○至二二六,晋的时代是二六五至四二九[①],因此,我们可以说,我国人之知道有骠国的名称,应当是在三世纪或是更早于三世纪的时间。这个国名,在我国以至在南诏,与在缅甸,是叫做骠国,这可能是以国王的称号而名其国。在玄奘与义净的著作里,也可能是采用印度的称呼而称为室利差呾罗,这是以其都城的名而名其国。至于在阇婆或爪哇或是在猛族诸国,是叫做突罗朱,至于骠国人自称是徒里拙。但应该指出,徒里拙与突罗朱,在声音上是很相近,至于我国人所说的朱波或朱江,是否也与突罗朱或徒里拙,是有关系,也是值得考究的。

---

① 编注:一般认为,晋亡于420年。此处不知陈序经先生的依据,故从底稿。

第二章　骠国的历史

骠国的国名，传到中国，既是在三国魏晋时代，那么这个国家的历史至少可以追溯到这个时期，或是更古的时代，因为这个国家必已建立，而始传到中国。而且，在古代交通不便，可能这个国家建立很久，然后传到中国。因此之故，骠国的建立，不只可以追溯到三国，也可能追溯到一二世纪的后汉或是公元前一二世纪。可惜魏晋以前的骠国情况如何，我们完全没有法子去了解。三国时代，关于骠国，只有《华阳国志》所说的哀牢的僄人，但从这样的简单的纪载中，我们也可以推想僄人既到哀牢，其中主要的可能有的是商人，可能也有的是宣传佛教的。这些人，其初是暂住在这个地方，但后来也可能有久居的。又从这里，我们也可以推想骠国人民能到永昌，骠人也可能到印度或其他地方。因为印度人之到永昌的，大致是经过骠国，那么印度与骠国的两国人民互相往来，也是很合理的。又如冯甦的《滇考》卷上"诸葛武乡侯南征"条，记载诸葛亮数擒孟获之后，孟获"欲入哀牢纠合诸蛮"，其后，"孟获计穷，复入骠国，驱象兽以战"。哀牢是在现在的云南永昌及其南部，骠国是在哀牢之南，孟获南逃，可能逃到哀牢以至骠国，但这种记载是否可靠，很难断定，就是可靠，也只说明孟获逃到骠，用象兽以作战。此外，又如明末朱秉器（孟震）所著的《西南夷风土记》序中说：

> 摆古旧得棱地，古剽国，夷言朱阁婆，又谓之朱波国也。处在南海之滨，远在诸夷之外，自古不通中国。晋魏间，传闻永昌西南三千里有剽国，君臣父子长幼有序。唐真元中，王雍羌开南诏，毕年寻归唐，有内附心，随遣弟悉利福城五难陀献其国乐，至成都，剑南节度使常乐复谱次其音声以献，于是始与中国通。

这里所说的朱阁婆，可能是错读了《唐书》"自号突罗朱，阇婆国人曰徒里拙"。这两句话，把突罗朱的朱字，加上阇婆，其中所谓晋魏间，传闻永昌西南有剽国，是根据《太平御览》而来，紧接下面所叙述的骠国情况，是把《旧唐书》与《新唐书》的记载简抄下来，并没有说明魏晋时代的骠国史实。

因此，在唐以前，我们所能找出关于骠国的史料，除了冯甦所说孟获利用骠国的战象。至于冯甦根据何书，而这样的说，不得而知。此外，只有郭义恭在《广志》中所说骠国的桐华与艾纳香。

到了唐代，因为骠国国王遣使到中国，同时从南诏与骠国的关系中，我们对于这个国家的记载，比较详细得多，我们现在所赖以研究其历史的主要材料，就是新旧《唐书》，与樊绰的《蛮书》。此外，在原来骠国的国境内，尤其是在其都城中所发掘的好多古物，对于研究这个国家的历史，也有了很大的帮助。我是利用这些材料而写成的。

应该指出，考古学者在缅甸发掘在骠国时代的古物，还是最近数十年的事情。在史料较为缺乏的骠国来说，这些古物是很为宝贵，但是这种发掘的工作，还是工作的开始，假使这种工作能继续下去，可能将来会得到更多的史料。

据近人在骠国的古都附近所发掘的一些古物，尤其是在一些金片上所刻的巴利文的佛教文字来看，其年代是近于公元后五世纪时代的南印度的迦蓝巴（Karamba）文体。这样看起来，在晋时这个国家已经存在，应该是没有问题的。所谓魏晋间传闻有剽国不见得只是传闻而已。而且，自二十世纪初年以来，在原来的骠国的都城及其领土内，已发掘了很多古物。尤其是一九二六年在杜鲁赛（Charles Duroiselle）所主持的发掘工作获得的古物，不只很为宝贵，而且种类繁多，这对于研究骠国历史，有了极大的帮助。

又近来也发现了一些碑文是属于骠人的文字。经过布勒顿（C. O. Blagden）及其他学者的研究，对于研究骠国的历史，也有其作用。我们知道在一九一一年之前，骠语还为世人所未知道。在这一年之后一年，人们发现在蒲甘南边的摩耶齐提宝塔的石柱的四面，找到四种不同的文字，这就是巴梨文、得楞文、[或缅文]缅甸文，以及骠文。这个石柱是十一世纪缅王开辛他之子所建立，他镌刻骠文，应该是说明在开辛他的时代骠人与骠文还存在着。不然的话，他不会把这种文字刻于石柱。对于研究骠国的语言文字以至其历史来说，这是一个很重要的发现，虽然这个石柱，是建立于十二世纪的时代。兹把这个碑文的译义录之于下：

> 赞扬顶礼佛，时在佛历一千六百二十八年（西历一〇八四年），开辛他即位于阿利摩陀那补罗城（即蒲甘），王有爱妃单浮罗，育一子，名耶娑鸠摩，谕赐三村奴隶，后妃死，将饰物并三村奴隶传其子耶娑鸠摩。王在位二十八年，将薨，王妃之子耶娑鸠摩，感王养育恩，制金佛奉王前，示王曰"臣奴制此金佛，以助吾主，吾主所赐三村奴隶当并献此佛，吾主其恩准之"。王闻言，大乐曰：善哉，善哉。乃在此像前，在国师前，在牟伽梨补多帝婆诸尊者、须弥驮、婆罗吸摩波梨、婆罗吸摩提婆、孙与珊伽斯那智者一切诸尊前，洒水献佛，礼毕，爱妃之子建金顶洞府，供奉金佛。开光之日，率领萨牟那隆村、罗丕村、兴菩村三村一切诸奴献奉寺与佛，洒水颂曰：愿凭此行为，获得神智。自今以后，子子孙孙，阖族人等，若有凌虐余所献于此佛之众奴者，毋使见至高之阿利密帝耶佛。（姚枏译哈威《缅甸史》，页四七）

此外，在骠国故都，即现在的卑谬附近的Hmawza，曾发现一个美丽的石块，上面刻有一个佛像与两位崇拜者，下面有二种文字，一种为骠文，另一种却难辨别为那一种文字，虽然也有人以为这是一种古梵文。这种骠文，今后若能继续发现，对于研究骠国语文与历史，将有更大的帮助。

马司伯乐（G. Maspero）在其《宋初越南半岛诸国考》一文（看冯承钧译《西域南海史地考证译丛》，页一六四）中说：

> 此丽江上猛人国（Ramaññadega）国北，昔有一国颇难举其名称，《缅甸纪年》则名其国曰蒲甘国（Pagan Arimad-danapura）。其在一○四四年即位之阿奴律陀（Anuruddha）王，曾南取猛种之国，斥地至海，北服歹夷（Thai）之地，与南诏连界。此国应是唐时之骠（Pyu）国。其在唐时，固为越南半岛之一大国，然在九六○年时，则降为一种不重要之小邦。其境界仅限一部分丽江流域，南起猛族之国，最北之室利差呾罗，北至隶于憍赏弥（Kocambi）歹夷之Singu。其政治状况，究竟如何，颇难知之。《缅甸纪年》仅言其有争权夺位之人，并言宋初有一种植胡瓜之园丁，据有王位，民话多于事实，未足据也。

从马司伯乐这段语气来看，骠国在十世纪或是九六○年还是存在，虽则不是一个大邦。我们以为这个国家似乎一直存在至十一世纪。这也就是，阿奴律陀就位的时代。其实，阿奴律陀究竟是缅人还是骠人，或是骠缅的混合人物，还是值得研究的。因为他的身世，尤其是他的祖先，在《缅甸纪年》中只是一种传说而已。

据说蒲甘城围的建筑，是在八四九年。建筑这个城的是一位叫做频耶（Pyinbya）的人。这个城在十一世纪下半叶以后，虽成为缅甸的重镇，可是在九与十世纪的时候，还是一个小城。而且，很为简陋。这一点哈威在其《缅甸史》中已经指出。这位频耶，究竟是缅人还是骠人，不得而知，我们知道八三二年，骠国虽然被南诏攻伐，而掠其民三千余人，然而这并不是说骠国就因之而灭亡。就使这个蒲甘城的建筑者，是一位缅人，这位城主不只是一位小城主，而且也不会与骠国处于对抗地位。很可能的，是在骠人统治之下的一个小城。

相反的，我们很有理由去推断蒲甘城在其建筑的初期，以至十一世纪，还是骠人统治。据《琉璃宫史》，约在十世纪的初年，蒲甘有一位王名叫做梯因国（Theinhko），有一天骑马到郊外森林行猎，因途中肚饿，乃取田中胡瓜充饥，田主农人尼雍修罗汉（Nyaung-u-saw-rahan，931—964）乃用锄击死了这个王。王的马夫恐怕王位为他人所夺，乃与王后秘商，就立这位农夫为王，因与后谋，把这位农夫当为国王。到了九六四年，有一位叫做混修恭骠（Kunhsaw Kyaungh-Pyu）篡其位，自立为主。

这位国王的最后一字，很为重要。因为其字为骠，可能是一个骠人。应该指出，在九同十世纪的时候，在蒲甘附近的地方可能已有不少的缅人沿着伊洛瓦底江的上游，移居于这一带。但是骠人还有不少在这个地方。这样就成为骠缅杂居的地方。蒲甘这个城，也有可能是缅人建筑的，但仍在骠人统治之下。而且也有可能是骠人建筑的，同时却有不少缅人在这里居住。但是这位混修恭骠是一位骠人，似乎是没有问题的。

《琉璃宫史》又说这位混修恭骠的王位，后来又为修罗汉的两位儿子所废。混修恭骠是阿奴律陀的父亲，当他为修罗汉的儿子被迫退位的时候，他率他的妻子儿子居在寺中，这二位篡立的兄弟，一为吉须（Kyiso），一为米迦婆（Myinkaba）。前者在一个地方射鹿时为流矢所杀死，后者后来又为阿奴律陀所杀死。

据《琉璃宫史》所载阿奴律陀杀死米迦婆后，曾要他的父亲复王位，其父不允，终老于寺，王位乃由阿奴律陀继承。假使混修恭骠是一位骠人，那么阿奴律陀也应该是骠人了。

哈威在其《缅甸史》中（译本卷一，页十二）曾指出缅甸历史到了阿奴律陀的时代，乃略可稽考，不再为凭空臆说。其实，《琉璃宫史》关于阿奴律陀以后的好多事情，也是不可靠的。至于阿奴律陀之前的记载，正如哈威所说，只是凭空臆说而已。

我们不只怀疑阿奴律陀是骠人的后裔，我们还可以说自蒲甘王朝建立之后，原来的骠国，虽然受了蒲甘王朝征服或压迫，使一部分或大部分的土地被蒲甘王朝所占领，但是骠国并不因此而完全消灭，他还存在着一个相当久的时期，虽则到了这个时期，只是一个小邦而已。至于碑文之记载骠人最晚是在公元一五一〇年。

关于这一点我们可以从《元史》里找出一些例子来说明，比方《元史》卷一二二《列传第九·爱鲁传》中说：

> 至元五年（一二六八）从云南征金齿诸部，蛮兵万人绝缥甸道击之，斩首千余级，诸部震服。

这个缥甸，可能是骠人的一个部落，但是最显明的是《元史》卷七《本纪七世祖四》中说：

> 丁未（一二七一）金齿、骠国三部酋长阿匿福、勒丁、阿匿爪来内附，献驯象三马十九匹。

又如卷十《本纪十世祖七》中说：

> （一二七一）纳速剌丁，将大理军抵金齿、蒲骠。

这个蒲骠，也可能是骠人的部落。又卷一三三《怯烈传》说：

> （一二八三）从云南王入缅，总兵三千，屯镇骠国，设方略，招徕其党，由是复业者众。

卷一二五《纳速剌丁传》说：

> 至元十六年（一二七九）迁帅大理，以军抵金齿、蒲骠、曲蜡、缅国，招安夷寨三百，籍户十二万二百。

把金齿、蒲骠、曲蜡与缅国平列，说明了这些民族是有独立性，而另成为部落或国家。又如卷六一《地理志》第十三说：

> 金齿等处宣抚司，其地在大理西南兰沧江界其东，与缅地接其西，土蛮凡八种，曰金齿、曰白夷、曰僰、曰峨昌、曰骠、曰繲、曰渠罗、曰比苏。

又如元人所撰的《招捕总录》中"大理金齿"条也说：

> 至元七年（一二七〇）征金齿骠国五部未降者，破其二部。

又如《云南通志》引《皇朝职贡图》卷一八六说，缥就是骠。在明初，在保山还有蒲人、骠人流入其地，所以其地有蒲缥寨。

又在好多的军民府中还有缥甸军民府。应该指出，有的地方原来可能是骠人所居，后来却为他族所占领，而仍用骠名的。如《地理志》中说：

> 平缅路北近柔远路，其地曰骠睒，曰罗必，曰庄，曰小沙摩弄，曰骠睒头，白夷居之。

此外，又如在《滇系·属夷十之二》"蒲人"条中也有蒲缥这个名称。虽则《滇系》的撰述者以为蒲是濮之误，又在同书同处有"缥人"条。这种缥人，似应是骠国的遗民。但无论如何，《元史》所说的蒲骠、缥甸，而尤其是骠国还来朝贡献，说明在十三世纪的时候，骠国还存在着，虽则到了这个时候，这个国家，可能已很弱小，而且可能分为好多小部落，散居于缅甸之北各地。

第三章　疆域与邻国

关于骠国的疆域，及其邻国，《旧唐书》卷一四七"骠国"条说：

骠国在永昌故郡南二千余里，去上都一万四年里，其国境东西三千里，南北三千五百里，东邻真腊国，西接东天竺国，南尽溟海，北通南诏些乐城界，东北距阳苴咩城六千八百里。

《新唐书》卷二二二下"骠国"条说：

骠……在永昌南二千里，去京师万四千里，东陆真腊，西接东天竺，西南堕和罗，南属海，北南诏，地长三千里，广五千里，东北袤长。

樊绰在其《蛮书》卷十中说：

骠国在蛮永昌城南七十五日程，阁罗凤所通也。……与波斯及婆罗门邻接，西去舍利城二十日程。据佛经中天竺国也。近城有沙山，不生草木，恒河经云，沙山中过，然则骠国疑在东天竺也。

又卷二说：

丽水一名禄昇江，源自逻些（按：为拉萨）城三危山下，南流过丽水城西，又南至苍望，又东南过道双王道勿川西，过弥诺道立栅，又西与弥诺江合流，过骠国，南入于海。

又说：

弥诺江在丽水西，源出西北小婆罗门国，南流过泊眅苴川，又东南至兜弥伽木栅，分流绕栅，居沙滩南北一百里，东西六十里，合流正东，过弥臣国，南入于海。

又《蛮书》卷十说：

弥诺国弥臣国皆边海国也。……在蛮永昌城西南六十日程，大和九年（八三五）曾破其国，劫金银，掳其族二三千人，配丽水淘金。

又说：

大秦婆罗门国界永昌北，与弥诺国江西正东（案：此句疑有脱讹）安西城楼接界，东去蛮阳苴咩城四十日程，蛮王善之。

又说：

> 小婆罗门与骠国及弥臣国接界，在永昌北七十四日程，俗不食牛肉，预知身后事。

又贾耽所撰《十道志》指出从诸葛城：

> 南至乐城二百里，又入骠国经万公等八部落，至悉利城七百里，又经突旻城至骠国千里。

明杨慎在其《南诏野史》卷上中说：

> 考疆域其地（按：指南诏）东至于铜柱桥蟠桃玉榆，东南至于交趾国，南至于骠国，西南至于木落山，西至于太石，西北至于吐蕃。

首先让我们指出新旧《唐书》与《蛮书》所载骠国的幅员，就有了出入之处。《旧唐书》说东西三千里，南北三千五百里。《新唐书》却说长三千五百里，广五千里，这就有了很大的分别。不过这种分别，可能是由于两书所载是根据不同时间的材料而来。这就是说骠国可能在某一时代中，幅员较广，而在另一时代中，幅员又较小。但是从数目字来看，不只有了差别而且差别是很大的。

关于骠国的疆界，在北边和东边的问题较少。新旧《唐书》都说北界南诏，而且是在南诏所属的永昌南二千里。《旧唐书》还具体的指出，北通南诏些乐城。贾耽的《十道志》中说从诸葛城"南至乐城二百里，又入骠国"。这个乐城可能就是《旧唐书》所说的些乐城，也可能就是樊绰《蛮书》卷六"越礼城"条中所说的磨些乐城。这个城据《蛮书》所载是靠近禄昇江或丽江，乐城是在南诏境内，这是从骠国入南诏的第一的城镇，这个城应该是在现在的大公城之南，海林（Halin）城之北。

至于东邻或东接陆真腊，也没有什么问题。陆真腊的北部是现在老挝的南部，可能包括了现在的万象。《新唐书》卷二二二下《真腊传》说"真腊……西属骠"，这就是说陆真腊的领土是西至现在的暹罗西北以至缅甸东北一带。《隋书·真腊传》说真腊西有朱江国，《新唐书·骠国传》说骠乃古朱波国，不知朱江是否朱波之错。假使朱江乃朱波之误，而朱波又为骠的前身，那么真腊之西为骠，也是没有问题的。关于这一点，我们下面还要再加说明。

同时，我们也得指出《旧唐书》卷一九七《真腊传》说真腊西边是堕罗钵底国，而《新唐书·骠国传》又说骠的南边是堕和罗。堕和罗就是堕罗钵底，骠国的东境似乎不会超过现在的萨尔温江之东，其南既为堕和罗，那么堕和罗是据有现在暹罗的南部与缅甸的南部，这就是萨尔温江以至伊洛瓦底江的下游与江口地带。

玄奘与义净的著作中，也有关于骠国的记载，但是他们不叫做骠国，而是叫做室利差咀罗国。这正如我们上面所说，可能是以其国都名而名其国。玄奘在其《大唐西域记》卷十三"摩咀吒国"条说：

> 从此东北大海滨山谷中有室利差呾罗国，次东南大海隅有迦摩浪迦国，次东有堕罗钵底国，次东有摩诃瞻波国，即此云林邑是也。

义净在《南海寄归传》卷一"东裔诸国注"也说：

> 从那烂陀东行五百驿，皆名东裔，乃至尽穷有大黑山，计当吐番南畔，传云蜀川西南行一月余，便达此岭，次此南畔逼近海涯有室利察呾罗国，次东南有朗迦戌国，次东有杜和钵底国，以东极至临邑国。

《新唐书》说堕和罗在骠国之南，玄奘与义净说堕和罗在骠国之东，又《旧唐书·骠国传》说骠国南尽溟海，这就是说，骠国的南境是到了伊洛瓦底江的江口。假使《旧唐书》与玄奘、义净所说没有错误，那么《新唐书》说骠之南是堕和罗，就会错了。

然而我们以为《新唐书》所说也不一定是错的。我们知道在缅甸现在的南部，这就是在卑谬之南，从其西边的勃生（Bassein）以至白古、仰光、直通、毛淡棉以至暹罗南部一带，都是猛族（Mon）所居住。他们在古代建立了林阳国，到了六世纪至十世纪或十一世纪又建立了堕和罗国。其国的中心地区，虽可能是在湄南河与夜功河（Meklong）的下游一带，但其领土也可能伸张到缅甸的南部。九世纪自波斯湾来的旅行家苏黎满（Sulayman）在八五一年的笔记中，已经指出缅甸南部有一个罗摩（Rahma）国，这个罗摩国就是猛人国。苏黎满还指出这个国家有五万战象，其国又产犀牛。他又说天竺各地虽均产犀牛，可是这个国家的犀牛更为美丽。《新唐书》卷二二二下《堕和罗传》说"国多美犀，世谓堕和罗犀"。堕和罗是猛人所建立的国家，中国人与波斯人都知其犀牛最为美丽，这是说明骠国之南是猛人国的一个旁证。直到十世纪，波斯另一位旅行家发吉（Ibn Al Fakih）还说在这个地方有一个罗摩国（Rahma）。

又《蛮书》卷十还载有一个昆仑国，虽然没有说明其与骠国有关系，然我们相信这也是骠国的一个邻国，而且很可能的是与骠国接壤。我们且先把《蛮书》所载关于昆仑一段话抄录于后：

> 昆仑国正北去蛮界西洱河八十一日程，出象及青木香、旃檀香、紫檀香、槟榔、琉璃、水精、蠡杯等诸香药珍宝犀牛等，蛮贼曾将军马攻之，被昆仑国开路放进军后，凿其路通江，决水淹浸，进退无计，饿死者万余，不死者，昆仑去其右腕放回。

《蛮书》城镇第六"安宁镇"条说："通海城南十四日程至步头，从步头船行沿江三十五日出南蛮，夷人不解舟船，多取通海城路贾勇步入真、登州林西原，取峰州路行，量水川西至龙河，又南与青木香山路直，南至昆仑国矣。"

又《蛮书》卷六说：

> 银生城……陆道去永昌十日程，水路下弥臣国三十日程，南至南海，去昆仑国三日程。

从方位来看，这个昆仑国不只是在南诏之南，而且应该在骠国之南。又昆仑这个名称，虽然指出东南亚的一般颜色较黑的人种，但也指着一些国家，这里的昆仑国，既是一个滨海的国家，而又接近弥臣，弥臣与弥诺据《蛮书》卷十说均是边海，这里所说的昆仑以至弥臣、弥诺，似乎都是猛人所建立的国家。《新唐书》谓骠国之南为堕和罗，这也就是说猛人所建立的国家。《蛮书》所说的昆仑国可能是用一个普通的人种的名词，去名这个国家。因此，我们以为玄奘与义净说骠国之东为堕和罗，应该改为骠国的东南为堕和罗。至于《旧唐书》说骠国南尽滨海大概是因为骠的都城，在那个时候，海口还没有沙土冲积，而较近于海口都城。

《新唐书》卷二二二下《骠国传》也载有大昆仑及一个国家叫做小昆仑及其邻国，今录之于后：

> 繇弥臣至坤朗，又有小昆仑部，王名茫悉越，俗与弥臣同，繇坤朗至禄羽，有大昆仑国，王名思利泊婆难多珊那，川原大于弥臣。繇昆仑小王所居，半日至磨地勃栅，海行五月至佛代国，有江，支流三百六十，其王名思利些弥他，有川名思利毗离芮，土多异香，北有市，诸国估舶所凑，越海即阇婆也。十五日行，逾二大山，一曰正迷，一曰射鞮，有国，其王名思利摩诃罗阇，俗与佛代同。经多葺补逻川至阇婆，八日行，至婆贿伽卢，国土热，衢路植椰子、槟榔，仰不见日，王居以金为甓，厨覆银瓦，爨香木，堂饰明珠，有二池，以金为堤，舟楫皆饰金宝。

上面所举出的磨地勃若为现在的Martaban，那么磨地勃应该是在萨尔温江口。昆仑小王所居既是半日程可以到磨地勃，那么小昆仑是靠近萨尔温江口，大昆仑既占有伊洛瓦底江及萨尔温江的下游地带，小昆仑是一个部落或者是大昆仑的属国。磨地勃是一个部落，当然不会很大。骠国可能因其为通商口岸而征服其地。我们推想磨地勃与小昆仑都是猛族所建立的部落。值得注意的是从磨地勃海行五个月始到的佛代，也为骠国的属国，那么骠国不只是一个陆国，而且是一个海国。佛代似乎是在苏门答腊的东岸阇婆，应该是现在的爪哇。

《文献通考》卷三百三十"骠国"条说：

> 唐贞元二十一年（八〇五）四月封弥臣国嗣王道勿礼为弥臣国王，咸通三年（八六二）二月遣使贡方物。

这样看起来，弥臣与中国在唐代还相往来，其遣使到中国，可能是通过骠，也可能是从海道而来。

弥臣与弥诺，假使是猛人所建立的国家，其方位据《蛮书》卷十所说是在永昌西南六十日程，又同处说骠国是在永昌南七十五日程。古人所谓从一个国家到另的国家的日程或里数往往是指着从这个国家的国都到另一个国家的国都。若以现在的缅甸来说，弥诺与诺臣应该是在缅甸的西岸的阿腊干一带。八三二年南诏曾攻伐骠国，掠其民三千迁于拓东。到八三五年，又攻伐弥臣，掠其族二三千配丽水淘金。《蛮书》卷十"小婆罗门"条说小婆罗门与骠国及弥臣国接界，这也说明骠国是与弥臣接近。又说小婆罗门在永昌北七十四日程，那么小婆罗门应该是在骠国的西北，而在现在印度的曼尼坡（Manipur）一带。

《蛮书》还载有大秦婆罗门国，这个大秦，不是罗马的大秦，而是指着东方的婆罗门。这个大秦婆罗门，是与小婆罗门为邻。据《蛮书》卷二，弥诺江在丽水，西源出小婆罗门国，小婆罗门应该是在曼尼坡。卷十说大秦婆罗门界永昌北，这也是在弥诺江的上游。弥诺国也可能是因弥诺江而得名，或者弥诺江是因弥诺国而得名。弥臣据《蛮书》是在弥诺江的下游，弥臣、弥诺既都是边海的国家，其方位应该如我们上面所说是在现在的缅甸的西边的阿腊干一带。而大秦婆罗门与小婆罗门既是在弥诺江（Chindwin），或钦德文江的上游，小婆罗门是在大秦婆罗门之北。

《蛮书》卷十"骠国"条说：

> 骠国与波斯婆罗门邻接，西去舍利城二十日程。

又卷六"银生城"条中说：

> 银生城（师范《滇系·属夷》说为后来四川西南的威远地），在扑赕之南，去龙尾城十日程，东南有通镫川，又直南通河普川，又正南通羌浪川，却是边海无人之境也。东至送江川，南至邛鹅川，又南至林记川，又东南至大银孔，又南有婆罗门、波斯、阇婆、勃泥、昆仑数种外道。交易之处，多诸珍宝，以黄金麝香为贵货，扑子长鬃等数十蛮。

《南诏野史》后理国中说宋徽宗崇宁二年（一一○三）：

> 缅人波斯昆仑三国进白象及香物。

这个波斯，应该指出绝不会是西亚的波斯，而是东南亚的波斯。不过这个波斯应该是在什么地方，费琅在《南海中之波斯》一文（冯承钧《西域南海史地考证译丛续编》，页九一至一○九）中在南海中有二个波斯，一个在苏门答腊的北岸的 Pasa 或是 Pasi，一个是在磨地勃（Martaban）湾中的 Bassein。若《蛮书》卷十所说波斯是与骠国邻接是毗连的话，那么这个波斯应该是在 Bassein 或其附近，其种族是猛人。

至于这里所说的婆罗门，不知是否大秦婆罗门。这个国家像上面所说是在小婆罗门之南，在弥诺江之西，其地可能伸到孟加拉湾的东北沿海地方，而接近于恒河河口。至于上面抄录几段话中的昆仑，应该是上面所说的猛人所建的国家。

这样看起来，骠国的西边应该是弥诺、弥臣，而且西北是小婆罗门与大秦婆罗门。新旧《唐书》说骠国西接东天竺，这里所说的"接"，当为接近来说，问题不大，当为接壤来说，就不对了。至于《蛮书》疑骠为东天竺更是错误的。

应该指出，在骠国的时代，尤其是在初期，伊洛瓦底江的江口可能是接近于卑谬或室利差呾罗，后来因为沙土从上游流下，使江口往南走，卑谬遂远离海口，但同时我们也得指出，骠国的国都室利差呾罗，应该是在骠国的较南的地方，至于当时的勃生、白古、直通，都是猛人所居住的地方，这也就是波斯人所说罗摩国，或是《新唐书》所说堕和罗国，或是《蛮书》所说的昆仑国。

从此，我们可以推想，骠国的疆土，大致是这样：其东边是在萨尔温江，其南边是离室利差呾罗或卑谬不远，其西边是在伊洛瓦底江之西，其北是在永昌之南。这个疆域，在地理上是很重要的，因为这个国家是占有伊洛瓦底的流域，不只物产丰富，而且交通方便，因而这个国家在那个时候，在东南的各国中，不只是一个强盛的国家，而且是一个文化很高的国家。在其强盛的时期，属国有了十八个，城镇有了九个，部落有了二百九十八个。据《新唐书》卷二二二下《骠国传》说：

> 凡属国十八，曰迦罗婆提，曰摩礼乌德，曰迦黎迦，曰半地，曰弥臣，曰坤朗，曰偈奴，曰罗聿，曰佛代，曰渠论，曰婆黎，曰偈陀，曰多归，曰摩曳，余即舍卫、瞻婆、阇婆也。

又说：

> 凡城镇九，曰道林王，曰悉利移，曰三陀，曰弥诺道立，曰突旻，曰帝偈，曰达黎谋，曰乾唐，曰末浦。

又说：

> 凡部落二百九十八，以名见者三十二：曰万公，曰充蓉，曰罗君潜，曰弥绰，曰道双，曰道甕，曰道勿，曰夜半，曰不恶夺，曰莫音，曰伽龙睒，曰阿梨吉，曰阿梨阇，曰阿梨忙，曰达磨，曰求潘，曰僧塔，曰提梨郎，曰望腾，曰担泊，曰禄乌，曰乏毛，曰僧迦，曰提追，曰阿末罗，曰逝越，曰腾陵，曰欧哶，曰砖罗婆提，曰禄羽，曰陋蛮，曰摩地勃。

在上面所举出的属国城镇及部落，现在我们所能考订出来的地名，实在太少。属国的弥臣大概是在现在缅甸的西南，可能是在现在的勃生一带。勃生（Bassein）声音近于弥臣，不知是否就其对音。伯希和在《交广印度两道考》中曾考证悉利移及突旻以为前者是在大公（Tagaung）城，而后者应在悉利移与骠国都城之间。部落中的磨地勃可能是现在的 Martaban，因其声音极相近。

第四章　方物与音乐

关于骠国的物产，据《新唐书》卷二二二下《骠国传》说：

> 宜菽、粟、稻、梁，蔗大若胫，无麻、麦。

直到现在缅甸而尤其是在伊洛瓦底江的下游，稻米是出产的大宗。稻米不只是主要食品，在现在也是出口的大宗。甘蔗是骠人副食品之一，且为骠人所重视，所以在骠国歌曲十二种中有一种叫做甘蔗王曲，其意思是佛教民如蔗之甘，民皆悦其味道。

动物之种类很多，而象很重要，经常用为交通工具，国王远行也多乘象，在战时也用象作战。白象当为神物来看，所以在骠国京都有一巨大白象像，人民与国王有事向其跪拜。

现在在缅甸最名贵的木料是柚木，可是在当时似乎还不会用或很少利用。《新唐书》传说荔枝为材，说明荔枝的用途很大。骠国还产梧桐，其华有白毳，可以用来织布。骠国虽然也出蚕帛，但骠人并没有用以为衣裳。因为他们以为用这种东西去作衣服，有害于身体。

骠国也出各种香木、香花，而艾纳香却闻名于外国，《香谱》引《广志》云：

> 艾纳出西国，似细艾，又云松树皮禄衣亦名艾纳，可以合诸香烧之，能聚其烟，青白不散。

骠国也出金、银、铅、锡，其王所居之屋，据《唐书·骠国传》说："以金为甓，厨覆银瓦……王宫设金银二钟，寇至，焚香击之，以占吉凶。"《蛮书》卷十"骠国"条说"其国用银钱"。《唐书·骠国传》说"以金银为钱"，形如半月，号登伽陀，亦曰尼弹陀，至于一般人民是用铅锡为瓦"。

《新唐书·骠国传》又说：

> 与诸蛮市，以江猪、白氎、琉璃、罂缶相易。

江猪是一种海兽，属于鲸类，而小于海豚，状如猪，因名江猪，油脂很多，可以用来点灯，《唐书·骠国传》说：

> 无膏油，以蜡杂香代炷。

这种江猪除当吃品外，其油可能用以燃灯，白氎大概是从梧桐的华中所取出者。琉璃、罂缶用以为贸易品，应该是骠国的著名的工艺品。

一九二六年杜鲁赛（C. Duroiselle）在骠国国都发掘出很多的古物，其最显著者有如：

> 金银小佛像多尊，金指环与嵌宝环多枚，空心金珠项圈一条，金叶稿本一卷，银制窣堵波模型多具，纪念钱币多枚，金银莲花多枚，大者径长七吋半，金银蝴蝶多枚，金银铃多枚，翠玉小像一具，宝石多种，玉髓龟一具，水晶碧玉与玻璃烧珠甚多，另有还愿牌若干块。（参看姚枏译威尔士《向吴哥去》，载《古代南洋史地丛考》，页一五六）

骠国的工艺的水平是很高，骠国的音乐及其乐器也很为中国所欢迎。《新唐书·骠国传》说：

> 贞元中（七八五至八〇四）……雍羌亦遣弟悉利移城主舒难陀献其国乐，至成都，韦皋复谱次其声，以其舞容乐器异常，乃图画以献。

又说：

> 工器二十有二，其音八，金、贝、丝、竹、匏、革、牙、角。金二，贝一，丝七，竹二，匏二，革二，牙一，角二。铃钹四，制如龟兹部，周圆三寸，贯以韦，击磕应节。铁板二，长三寸五分，博二寸五分，面平，背有柄，系以韦，与铃钹皆饰条纷，以花氎缕为蕊。螺贝四，大者可受一升，饰条纷，有凤首箜篌二，其一长二尺，腹广七寸，凤首及项长二尺五寸，面饰虺皮，弦一十有四，项有轸，凤首外向，其一项有条，轸有鼍首。筝二，其一形如鼍，长四尺，有四足，虚腹，以鼍皮饰背，面及仰肩，如琴，广七寸，腹阔八寸，尾长尺余，卷上虚中，施关以张九弦，左右一十八柱，其一面饰彩花，傅以虺皮为别。有龙头琵琶一，如龟兹制，而项长二尺六寸余，腹广六寸，二龙相向为首，有轸柱各三，弦随其数，两轸在项，一在颈，其覆形如师子。有云头琵琶一，形如前，面饰虺皮，四面有牙钉，以云为首，轸上有花，象品字，三弦，覆手皆饰虺皮，刻捍拨为舞昆仑状，而彩饰之。有大匏琴二，覆以半匏，皆彩画之，上加铜瓯，以竹为琴，作虺文横其上，长三尺余，头曲如拱，长二寸，以条系腹穿瓯及匏本，可受二升，大弦应太簇，次弦应姑洗。有独弦匏琴，以斑竹为之，不加饰，刻木为虺首，张弦，无轸，以弦系顶，有四柱，如龟兹琵琶，弦应太簇。有小匏琴二，形如大匏琴，长二尺，大弦应南吕，次应钟。有横笛二，一长尺余，取其合律，去节无爪，以蜡实首，上加师子头，以牙为之，穴六，以应黄钟商，备五音七声。又一，管唯加象首，律度与荀勖《笛谱》同，又与清商部钟声合。有两头笛二，长二尺八寸，中隔一节，节左右开冲气穴，两端皆分洞体为笛量，左端应太簇，管末三穴，一姑洗，二蕤宾，三夷则，右端应林钟，管末三穴，一南吕，二应钟，三大吕，下托指一穴，应清太簇，两洞体七穴，共备黄钟、林钟两均。有大匏笙二，皆十六管，左右各八，形如凤翼，大管长

四尺八寸五分，余管参差相次，制如笙管，形亦类凤翼，竹为簧，穿匏达本，上古八音皆以木漆代之，用金为簧，无匏音，唯骠国得古制。又有小匏笙二，制如大笙，律应林钟商。有三面鼓二，形如酒缸，高二尺，首广下锐，上博七寸，底博四寸，腹广不过首，冒以虺皮，束三为一碧条约之，下当地则不冒，四面画骠国工伎执笙鼓以为饰。有小鼓四，制如腰鼓，长五寸，首广三寸五分，冒以虺皮，牙钉彩饰。无柄，摇之为乐节，引赞者皆执之。有牙笙，穿匏达本，漆之，上植二象牙代管，双簧皆应姑洗。有三角笙，亦穿匏达本，漆之，上植三牛角，一簧应姑洗，余应南吕，角锐在下，穿匏达本，柄嘴皆直。有两角笙，亦穿匏达本，上植二牛角，簧应姑洗，匏以彩饰。

又说：

凡曲名十有二，一曰《佛印》，骠云《没驮弥》，国人及天竺歌以事王也。二曰《赞娑罗花》，骠云《咙莽第》，国人以花为衣服，能净其身也。三曰《白鸽》，骠云《荅都》，美其飞止遂情也。四曰《白鹤游》，骠云《苏谩底哩》，谓翔则摩空，行则徐步也。五曰《斗羊胜》，骠云《来乃》，昔有人见二羊斗海岸，强者则见，弱者入山，时人谓之来乃，来乃者胜势也，六曰《龙首独琴》，骠云《弥思弥》，此一弦而五音备，象王一德以畜万邦也。七曰《禅定》，骠云《掣览诗》，谓离俗寂静也。七曲唱舞皆律应黄钟商。八曰《甘蔗王》，骠云《遏思略》，谓佛教民如蔗之甘，皆悦其味也。九曰《孔雀王》，骠云《桃台》，谓毛采光华也。十曰《野鹅》，谓飞止必双，徒侣毕会也。十一曰《宴乐》，骠云《咙聪网摩》，谓时康宴会嘉也。十二曰《涤烦》，亦曰《笙舞》，骠云《扈那》，谓时涤烦瞽，以此适情也。

又曰：

五曲律应黄钟两均，一黄钟商伊越调，一林钟商小植调。乐工皆昆仑，衣绛氎，朝霞为蔽膝，谓之祴褊，两肩加朝霞，络腋，足臂有金宝环钏，冠金冠，左右珥珰条贯花鬘双簪散以氆。初奏乐，有赞者一人先导乐意，其舞容随曲，用人或二、或六、或四、或八、至十，皆珠冒，拜首稽首以终节，其乐五译而至。

值得指出的是在这段话里说，骠国的乐工皆穿着昆仑衣，我们上面已经指昆仑应该是猛族人，那么所谓穿着昆仑衣，就是穿着猛族的衣裳，这个骠国乐，可能也是受了猛族的影响了。

《旧唐书》卷一九七《骠国传》说：

骠国……献其国乐凡十曲，与乐工三十五人俱，曲皆演释氏经论之词意。

《新唐书》同处还指出：

> 开州刺史唐次述骠国乐颂以献。

骠国乐工是在贞元十七年（八〇二）随南诏使者到中国京都。德宗对于这个乐队，很为喜悦。可是诗人白居易对于骠国的献乐，却有不同的看法。他在《骠国乐》的诗中说：

> 骠国乐，骠国乐，出自大海西南角，雍羌之子舒难陀，来献南音奉正朔，德宗立仗御紫庭，鼃䲵不塞为尔听。玉螺一吹椎髻耸，铜鼓一击文身踊，珠缨炫转星宿摇，花鬘斗薮龙蛇动。曲终王子启圣人，臣父愿为唐外臣。左右欢呼何翕习，至尊德广之所及。须臾百辟诣阁门，俯伏拜表贺至尊。伏见骠人献新乐，请书国史传子孙。时有击壤老农夫，暗测君心闲独语，闻君政化甚圣明，欲感人心致太平，感人在近不在远，太平由实非由声。观身理国国可济，君如心兮民如体，体生疾苦心憯悽，民得和平君恺悌，贞元之民若未安，骠乐虽闻君不欢，贞元之民苟无病，骠乐不来君亦圣。骠乐骠乐徒喧喧，不如闻此刍荛言。（看《白香山集》卷三）

第五章　佛俗与建筑

据史书所载，及发掘出来的古物来看，佛教在骠国，很为流行。骠国的佛教，究竟是从印度直接传过来，还是从别的国家转输入来呢？照我们的看法，似乎是从别的国家转输进来的。我们知道，在骠国之南，这就是现在的缅甸滨海一带是猛族所建立的一些国家。最早的是杨林，其他如弥臣、昆仑，也是猛人所建立的国家。猛人在这些地方，历史很久，其建立国家，应在公元前一二世纪。中国史书载杨林早已尊崇佛教。其实在东南亚，而尤其是在暹罗缅甸这一带地方的佛教，多为猛人所传播。猛人先从印度传入佛教，然后再由猛族诸国传入骠国。当然，这并不是说骠国不会同印度有直接关系，也不是说骠国完全没有遣人到印度学习佛法，我们只是说骠国的佛法，主要是传自猛族诸国。

骠国的佛教，主要虽传自猛族诸国，但是骠国也是一个佛教转输站。比方，云南尤其是在南诏时代，佛教是从骠国输进去的。

关于骠国的佛教，《新唐书·骠国传》说：

喜佛法，有百寺，琉璃为甓，错以金银，丹彩紫矿涂地，覆以锦罽……民七岁祝发止寺，至二十，有不达其法，复为民。

马端临《文献通考》卷三百三十"骠国"条云：

男女七岁则落发，止寺桑门，至二十五，悟佛理，乃复为居人。

这与《新唐书》所说的词句有了不同之处，然而骠人之重视佛教，从此可以概见了。

直至现在，在缅甸以至在暹罗、柬埔寨与老挝这几个国家中，佛教不只流行，而且成为国教。宏伟美丽的佛寺，到处可见。人民进入佛寺成为一种习惯，因而僧徒众多，所以佛教之在这些国家，是深入人心，而影响到生活的各方面。《旧唐书·骠国传》说骠国乐"皆演译释氏经论的词意"，不过只是一个例子而已矣。

骠国的佛教究竟是从那里输入，是一个问题。骠人既是来自西藏，这种佛教是否也来自西藏，当然是值得研究的。但是从我们现在的史料来看，还找不出这种痕迹。有人以为骠国的佛教是直接从印度而来，输入的路线，可能是从阿参姆①（Assam）经陆道而来，也可能是从海道经缅甸西北岸的阿克雅布（Akyab）而来。近来从这两条路线都找出一些古物，说明这两条路是古代从印度到缅甸的

---

① 编注：此处对应的中文译名与前后不一致，今从底稿，余不注。

交通线，也有可能的，是由海道经伊洛瓦底江口而输入。但我们知道在现在缅甸的南部，很早的时候就有猛人建国。在猛人国佛教很为流行，东南亚的好多国家的佛教，都曾受过猛国的影响，或是由猛国传进去。直到十一世纪蒲甘王阿奴律陀，是因为猛国国王不愿答应遣派僧徒到蒲甘传教，而引起他征服直通，说明直通或猛是佛教的中心。猛国与骠国为邻，猛国的佛教既盛行，又为东南亚好多地方的佛教的转输站，那么骠国佛教是深受猛国的影响，是无足怪的。

骠国佛教的流行，从近来考古学者在骠国的领土上所掘出的佛像以及有关佛教的遗物来看，就可以说明了这一点。从一些土墩如卑谬附近的坚拔（Khin Ba）所发掘出的丰富古物，包括了金佛像及关于佛经的金叶稿本，就是一个例子。从时代方面来看，考古学者所发掘出来的好多遗物，多为笈多时代的东西，有的东西是从南印度运进来的，但也有的是当地所制造的。

在卑谬附近，还找出一个佛像，是属于巴拉（Pāla）派的佛像，坐在莲花座位，右膝举起而左脚放平于座位。这个佛像是像印度的俾阿尔（Bihar）的佛像一样，其时代约为九世纪至十世纪。

骠国的佛教，主要是小乘佛教，但是从发现的一些佛像与碑文来看，也有大乘佛教的痕迹。

此外，婆罗门教的遗物，也在这里找出来，在喀拉景恭（Kalagangon）村附近，曾找出一个十四英寸高的凌迦（Linga）残余，说明湿婆教（Çaivism）也曾传入骠国。此外，大自在天王（Visnu）及其他的婆罗门教的遗物，也在骠国领土上发现。因此，我们可以断定，从五世纪至九世纪的约五百年的时间中，骠国是有了三种印度宗教，这就是小乘佛教、大乘佛教，与婆罗门教。但正像我们在上面已经指出，其主要的宗教还是小乘佛教。这种佛教直到现在，还是流行于缅甸。

应该指出，骠国人的宗教信仰，不只是限于上面所说的三种宗教。骠国人所崇拜的东西还有很多。比方，拜象就是一个例子，《新唐书·骠国传》说：

> 有巨白象，高百尺，讼者焚香跪象前，自思是非而退，有灾疫，王亦焚香对象跽自咎，无桎梏。

《蛮书》卷十"骠国"条也说：

> 国王所居门前有一大象，露坐高百余尺，白如霜雪。……若有两相讼者，王即令焚香向大象思维是非，便各引退，其或有灾疫及不安稳的事，王亦焚香对大象，悔过自责。

我们相信，除了崇拜大象之外，骠人也像东南亚的好多其他民族一样，对于许多动物、植物以至石头，也当为神祇崇拜。

骠人既相信佛教，他们对于死人是用火焚烧，然后将其骨灰放在瓮内埋葬。

其国王或其重要人物，死后是用很大的瓮，瓮上有时还刻有文字。据考古学者所掘出的瓮上的文字来看，在八世纪的时候，骠国曾有一个王朝叫做毗讫罗摩王朝（Vikrama Dynasty），哈威在《缅甸史》中，还说这个君主甚似属于印度或半印度血统者（卷上，第一章）。我们以为骠国既受了印度文化的影响，骠人采用印度名字，也是一件平常的事情。

关于骠国的刑法，《新唐书·骠国传》说：

> 有罪者束五竹捶背，重者五，轻者三，杀人则死。

《新唐书·骠国传》又说：

> 俗恶杀，拜以手抱臂稽颡为恭，明天文。

《蛮书》卷十"骠国"条说：

> 俗尚廉耻，人性和善，少言，重佛法，城中并无宰杀，又多推步天文。

《旧唐书》卷一九七《骠国传》说：

> 君臣父子长幼有序。

人性和善，而恶杀，这是与佛教的深入人心，有了关系。俗尚廉耻，君臣父子长幼有序，也说明了其国的安定秩序，至于明天文说明其科学的进步。

关于骠国的衣服，《蛮书·云南管内物产第七》中说：

> 骠国、弥臣、弥诺悉皆披娑罗笼段。

这又说明骠国与弥臣的风俗，有了相同之处。

《新唐书·骠国传》又记其妇女服装说：

> 妇人当顶作高髻，饰银珠琲，衣青婆裙，披罗段，行持扇，贵者傍至五六。

《蛮书》也有同样的记载，惟其末句说得更为清楚云"贵家妇三人五人在旁持扇"，至于国王的居住衣着，更为华丽。

《滇系·属夷十之二》中说：

> 缥人妇人以白布裹头短，露其腹，以红藤缠之，莎罗为裙，上短下长，男女同耕。

这里所说的缥人，应该就是《新唐书》所说的骠人。

《新唐书·骠国传》说：

> 王居以金为甓，厨覆银瓦，爨香木，堂饰明珠，有二池，以金为堤，舟楫皆饰金宝。……王出以金绳床，远则乘象，嫔史数百人。……戴金花冠、

> 翠冒，络以杂珠。

上面已经指出，骠国有九个城镇，但是城镇之最大的，要算其国都。据《新唐书·骠国传》说：

> 青甓为圆城，周百六十里，有十二门，四隅作浮图，民皆居中。

《蛮书》说：

> 以青砖为圆城，周行一日程，百姓尽在城内，有十二门。

《文献通考》卷三百三十"骠国"条说：

> 其罗城构以甓，周一百六十里，壕岸亦构以砖，相传本是舍利城，内有居人数万家。

假使一百六十里是现在的中国里，那么要一天周行就不可能的。据近来实地考察，这个城墙周围实际为八英里半，那么周围约为三十华里。就以这个阔度来说，在缅甸的城镇中，还是很广。这个城东边约十哩远，为一老河床，或者是旧伊洛瓦底江。其城西边约十哩为伊洛瓦底江。因此城的周围是在两水之间，其面积估计为五.五二方哩。缅甸人在后来的国土，虽然广大得多，其国势也强盛得大，而一些君主又大兴土木，建筑城池，都比不上这个城的广大，说明了骠国在当时的兴盛的情况。一九〇八年《缅甸考古调查局报告》第十三页中有陶新国（Taw Sein Ko）著一文关于这个城的情况说：

> 所有泥垒砖垣坟场，石像及圮废之浮图，均散见于一广约四百方哩之区域内。换言之，即以火车站为中心，伸展东南西北四方各约十哩之距离内也。（哈威《缅甸史》卷一，页二二注二）

马端临的《文献通考》记载城里有居人数万家，究竟多少万家不得而知。若以五万家来说，每家五人总共就有二十五万人。在现在来说，一个二十五万居民的城市，并不算为大城市，可是在一千年前一个城市有了这么多人，却可以说很大的城市。而况，二十五万人通通都住在城里，这更说明这是一个大城市，这样大的城市，在那个时候的东南亚各国中，固不容易找出，就是在世界各国中在那个时候也是一个大城市。

总而言之，从我们现在所能找到的材料，像我们在上面所叙述的来看，骠国的历史约有约一千年之久，这就是从中国的魏晋时代至元代或是从公元约二三世纪至十三世纪。这不只是在现在的缅甸土地上，是一个国祚很长的国家，就是在东南亚的各国中，也是一个历史很长的国家。

在疆域上，这个骠国，其本部领土占有现在缅甸的中部，其属国则西南到勃生，在南边，假使中国史籍所载的佛代是靠近爪哇的话，那么其势力是伸张到苏门答腊一带。我们从《唐书》所载，其属国城镇与部落之多，说明这个国家是东南亚古代一个强大的国家。

这个骠国，据史书所载与考古学者所发掘的东西来看，不只是天然物产很为丰富，而且其文化水平，也是很高——工艺很为精巧，商业很为繁盛，城镇多而有的很大，音乐很为发达，佛教很为流行。

除了中国史书记载关于骠国之外，其他种文字之叙及这个国家的，虽然很少，但是考古学者的发掘工作，已有很好的开端，这种工作，若能积极继续不断的进行，那么在骠国的领土上，可能会找出更多的材料，使历史学者能够整理起来，使我们对于这个国家的历史，能够有进一步的认识。

第二编　蒲甘

第六章　蒲甘的史料

蒲甘是缅甸的藏缅族所建立的较早的国家，但其历史的资料而尤其是蒲甘的初期的史料，至为缺乏。关于这一点，英国哈威（G. E. Harvey）在其《缅甸史》（*History of Burma*）一书中的著者导言里，已经很清楚的指出，其实，关于缅文史料，十五世纪以前既缺乏，从十五世纪至十八世纪的数百年中所流传的三两本也很不可靠。就是到了十九世纪上半叶的皇家编辑委员会所编的《琉璃宫史》，虽为现代学者所常用为参考的资料，但其中也多为荒诞的故事，与难于置信的传说。

近数十年来，缅甸的碑文与古物遗迹之发现者为数很多，这是较为可靠的材料。然而要用这些材料来写成一本较有系统，较能包含生活的各方面，与在时间上也较能继续不断的史实，还是很不容易。就以蒲甘时代来说，哈威自己就有这样的说法：

> 余之写蒲甘时代，西方史学批评者，或将为之咋舌。但稍为熟悉南洋之情形者，对此数页文字，不难另加评语，盖余之征引此种怪诞之故事，实非无的放矢也。（姚枬译《缅甸史》著者导言，页三）

他又指出"自十三世纪以往之所谓史事，泰半类于民间传说"。因为在这个时期，"缅国文化未臻崇高，民间私人或团体之著作必难普遍"。蒲甘时代是始于十一世纪的上半叶的晚年，而终于十三世纪的末年。既然十三世纪以前的所谓史事，泰半类乎民间传说，那么，这个时期的史料的缺乏，可以概见了。

中国之于蒲甘的关系，似乎是始于宋代徽宗崇宁五年（一一〇六）。《宋史》的《蒲甘传》的记载，既很简略，私人著作如宋周去非的《岭外代答》，与赵汝适的《诸蕃志》所记载，也不够详细。而且，其所记的，主要是与中国方面的关系。只有《元史·缅甸传》与元人所著的《皇元征缅录》所载较为详细，然而从蒲甘的历史来说，这两种著作所记录的事情，已是蒲甘时代的末叶。时间不久，蒲甘就亡。但尽管如此，这些材料是研究蒲甘的最可靠而最为宝贵的材料。应该指出，这并不是说中国史料所记载的是没有错误的，就以《元史》来说，它错误的指掸族篡位者阿散哥也为蒲甘王基亚直伐的亲生儿子，就是一个例子。

此外，又如元初人所著的《古滇记》（此书收入《云南备征志》卷五，第四二页），也有关于缅甸的记载，可是错误不少。欧洲之叙述缅甸者多在近代。其较早的是马可波罗，他在其《马可波罗行纪》中第一二一至一二五数章中叙述了元朝与缅甸的战争，但所载也较为简略。

本编是尽量利用我目前所能找的关于蒲甘的中文与外文的史料作为一个简略的叙述。

第七章 蒲甘与蒲端

上面已经说过，蒲甘是缅甸的藏缅族所建立的国家，也是藏缅人较早建立的王朝。这个国家始于十一世纪的上半叶的晚年，灭亡于十三世纪的下半叶。继之而起的为掸族，掸族统治约有二百余年。此后缅族兴起，数百年来，这个缅族与猛族长期互相仇伐，但缅族是占了优越与统治的地位，在此期间，暹罗与中国也曾征服过缅族，但为时更暂。

在中国史书上，这个藏缅族所建立的国家，在宋代是叫做蒲甘，在元代是叫做缅，在明代叫做缅甸。应该指出，蒲甘国建立于宋，当为一个王朝来说，其历史有了二百余年之久，这就是从一〇四四至一二八七或是十四世纪的初年。这个王朝跨了宋元两代，所以这个王国既叫做蒲甘，也叫做缅，所以《宋史》有《蒲甘传》而《元史》有《缅国传》。

顾炎武《天下郡国利病书》卷一百十二《缅甸始末》中说：

> 缅人，古朱波也。汉通西南后，汉谓之掸，唐谓之骠，宋元谓之缅，逮明朝立为缅甸宣慰司。自永昌西南，山川延邈，道路修阻，因名之缅也。

首先，应该指出，汉代的掸是掸族所建立的国家，这个民族不只在十三世纪的下半叶统治了缅甸，直到现在在缅甸联邦内，还有掸邦（Shan States）的存在。骠国的民族，在其来源上，可能与缅族都来自西藏，而在其历史发展上两者也互相混杂，但二者有了很多不同之处，语言就是一个例子。所以骠缅虽可以包括于藏缅族，但有所不同。应该指出，在现在的缅甸统治民族，虽是缅族，但掸族、客钦、卡邻等不同民族，却各有其自治区域。

其次，也应指出，顾炎武所说宋元谓之缅，不见得全对。上面已指出，在宋代是叫做蒲甘，元代虽叫做缅，但《元史》而尤其是《皇朝征缅录》还用蒲甘二字。很可能的，宋末也已叫做缅，哈威（G. E. Harvey）在其《缅甸史》（History of Burma）（姚枬译）第一章注解一中说：

> 缅甸之英名为 Burma，掸名 Man，华人昔称为缅（Mien），盖均自梵名 Myamma 转出，而 Myamma 一名，当自 Brahma 一字而得，犹 English 一名之得自 Angles 无异。按中古时代之石刻，凡宜用 Brahma 一名者，常以 Myamma 代之，如 Brahmadesa（婆罗门国）每作 Myammadesa，十一世纪之得楞碑铭中，亦称缅人为 Mirma。（见《缅甸考古调查局报告》，一九二〇年，第一〇页）

这样看起来，缅字是来自梵文得楞或猛族碑文。十一世纪已有缅人这个名词,那么缅字的来源,也是在蒲甘建立的时代。但也得指出,在那个时候还是称为蒲甘国,而不是叫做缅国。这个王国,《元史》卷二百十《缅国传》说,元世祖至元八年(一二七一)大理、鄯阐等路宣慰司都元帅府遣奇塔特托音等使缅,招谕其王内附,说明了宋代末年似已叫做缅,因为宋实亡于一二七六年,所以缅之为中国人所知道的,应在元诏缅内附之前。顾炎武说宋元叫做缅,虽非全非,但他没有举出蒲甘,也是一种遗漏。

在骠的时代,已深受了印度与佛教的影响,蒲甘也可以说是骠国的承继者,而受了印度化的遗产的影响,蒲甘的国王,从建立者的阿奴律陀以至后来的国王,都极力提倡佛教,所以缅甸受印度文化的极深影响,是无需解释的。缅甸这个国名,受了印度化,也是可能的。中国叫这个国家为缅甸,也可能是从印度化的名词而来。至于顾炎武所说因其山川延邈,道里修阻,而叫做缅,可能是我国人之所以叫做缅甸的原因,这样就是一个巧凑的类同称呼。

我们在这里所叙述的是蒲甘国或是蒲甘王朝。这段历史也可以叫做缅甸族统治缅甸的古代史,这个王朝的末季,在名义上虽也叫做缅,但事实上还是蒲甘王朝。而且蒲甘这个名词,也见于《元史》与《皇元征缅录》,虽则这里所说的蒲甘,主要是指着国都而言。这段历史,可以说是从十一世纪的上半叶的晚年至十三世纪末年或十四世纪的初年。

赵汝适《诸蕃志》卷上"蒲甘"条说:

> 蒲甘国……皇朝景德元年遣使同三佛齐,大食来贡……崇宁五年又入贡。

景德元年是西历一〇〇四年,崇宁五年是西历一一〇六年,相差有了一百年以上。赵汝适的《诸蕃志》关于记载外国的事情,多是抄自周去非的《岭外代答》一书,虽则前者所记载的海外诸国,在数目上,比之后者多得多。关于蒲甘这个国家,《诸蕃志》除了删《岭外代答》"蒲甘"条首数语而增加了国有武侯庙与景德元年入贡二事外,其他都是抄录《岭外代答》的原文。

我检查《宋史·真宗本纪》景德年间,以及《宋会要辑稿》《续资治通鉴》等书,并没有景德元年蒲甘来贡的记载。其实,在真宗在位的二十多年间,既没有蒲甘来贡,就是崇宁五年以前,也没有这种记载。

然而这虽不一定是说赵汝适所录是没有根据的,因为他抄录《岭外代答》的条文,有的删除,有的增加,可能有其理由与根据,而不会凭空造说,但其理由与根据何在,我们就不得而知。

《宋史》记载在真宗在位的时候,曾有一个国家叫做蒲端,二次来贡。而且,在真宗之后,还时来入贡。有的人以为蒲甘可能就是蒲端。关于这一点,我们下面还要讨论,在这里我们只要指出,这是二个不同的国家,而非同一的国家。赵汝适会不会也弄错了这二个国家而当为一个呢?可能性是很大的。原来蒲端在咸平六年（一〇〇三）与景德元年（一〇〇四）、景德四年（一〇〇七）均来贡。而且蒲端此后还不断来贡，因而很可能他把二者当为一个国家。可能为了这样，所以赵汝适的《诸蕃志》就没有列入蒲端。

此外，还有人以为蒲甘这个名词是与缅或骠（Pyu）为一个国家的。冯承钧《诸蕃志校注》"蒲甘国"条注一中说：

> 今之缅甸昔分二国，北曰缅，南曰白古（Pegu）。古代载籍名缅国曰骠国，见《太平御览》一七七引《西南异方志》及《南中八郡志》，新旧《唐书》著录之名同，盖 Pyu 之对音也。……九世纪初年，缅国徙都蒲甘（Pugan, Pagam），故宋代载籍即以蒲甘名其国。一〇五七年顷蒲甘王并入白古，晚至一二八七年，白古因元征缅始自立。（参看该书卷上，页一一至一二）

冯承钧在这一段话里，有好多地方是值得商榷的。我们所要指出的，是蒲甘与骠的当为一个国家不见得是对的。首先，骠与蒲甘是二个不同的国家，在种族上也有不同之处，虽则二者也有了关系与互相混杂而属于藏缅族。至于在声音上两者也不相同，虽则骠与蒲都是 P 音。

应该指出，蒲甘是骠的承继者，这就是说，蒲甘勃兴之后，骠逐渐趋于衰亡。蒲甘所占领的地方，主要也就是骠的疆土，二者国名不同，朝代不同，统治王室也各异。

在外国文字上，蒲甘这个国名最早见于占文。占文是叫做 Pukam，这个名称的使用，是在十一世纪的上半叶。暹文的 Phukam 是与占文所叫的相同。至于在现在的缅甸的疆土里，这个名称最先见于猛文的碑文，其最古的说法是亚利玛丹那（Arimaddana），意义是蹂躏着敌人（Trampler On Enemies）。这个王国也叫做 Tambridipa，意义是铜之地，亦有叫做 Tattadesa 焦燥之邦（Parched Country），蒲甘 Pukam 是古音，现在是读作 Pagan〔参看伯希和《交广印度两道考》，冯承钧译，页三七，又 D. G. E. 柯尔（Hall）《缅甸》（*Burma*），1950，第二章，页一四〕。

上面已经指出有人以为蒲甘也就是蒲端（参看哈威《缅甸史》第二章，注三七，译者姚枬注），我们以为这是一个错误。因为这是二个国家，不是一个国家。关于蒲端，《宋史》真宗本纪、占城传，虽载其遣使到中国朝贡，但并没有立传。《宋会要辑稿》卷一九七《蕃夷四》有下面一段记载：

> 蒲端在海上，与占城相接，未尝与中国通。真宗咸平六年（一〇〇三）九月，其王其陵遣使李苞罕、副使加弥难来贡方物，及红鹦鹉。景德元年（一〇〇四）正月，诏上元节夜中使命押伴蒲端使观灯宴饮，仍赐缗钱。五月，遣使李苞罕等来贡方物。九月，有司言蒲端使多市汉物金银归国，亦有

旗帜之类，远人不知条禁，望令开封府戒谕，市人无得私制，从之。四年（一〇〇七）六月，王其陵遣使巳絮汉等贡玳瑁、龙脑、带枝、丁香母及方物，赐冠带、衣服、器、币，缗钱有差。八月，蒲端国使巳絮汉上言，伏见诏赐占城使鞍辔马二，大神旗二，望如恩例沾赍。有司言蒲端在占城之下，若例赐之，恐无旌别，望改赐杂彩小旗五，从之。大中祥符五年（一〇一二）二月，国主悉离琶大遐至，又遣使李于燮以金板镂表，奉丁香、白龙脑、玳瑁、红鹦鹉来贡。时祀汾阴后土，命其使至行在。又献昆仑奴一，帝悯其异俗，离去乡土，命还之。时又有三麻兰国主遣使贡瓶、香、象牙、千年枣、偏桃、五味子、蔷薇水、白沙糖、琉璃瓶、驮子。勿巡罗国主乌惶蒲婆罗国主麻勿和勒，并遣使贡瓶香、象牙，皆海上小国也。六月诏以李于燮为怀化将军。又以三麻兰国使亚里白地为柔远将军。蒲端罗国使亚蒲罗为奉化郎将，皆以从祀推恩也。七月，李于燮等奉大国之奏，乞赐旗帜、铠甲以耀远方，从之。

又《宋会要》卷一九九《蕃夷七》中也说：

真宗咸平六年（一〇〇三）九月五日，蒲端国献红鹦鹉。
景德元年（一〇〇四）五月一日，蒲端国王其陵遣使李钷罕等来贡。
景德四年（一〇〇七）六月十八日，蒲端国王其陵遣使巳絮汉来贡。
大中祥符四年（一〇一一）三月十七日蒲端国王，悉离琶至……朝贡。
五月廿四日蒲端国王悉离琶大遐至遣使以金版镂表，奉丁香、白龙脑、玳瑁、红鹦鹉来贡。

又《宋史·真宗本纪》中也有下面数条关于蒲端的记载：

景德元年（一〇〇四）五月，蒲端遣使来贡。
（同年）十二月，占城、大食、蒲端、龟兹国来贡。
景德四年（一〇〇七）十二月，大食、占城、蒲端国、西南蕃溪峒蛮来贡。
大中祥符四年（一〇一一）蒲端、三麻兰、勿巡、蒲婆、大食国、吐蕃族来贡。
同年二月十七日，蒲端国王悉离琶大遐至，……朝贡。
六月，蒲端、三麻兰、勿巡国奉使官。

又《宋史》卷四百八十九《占城传》中也说：

海上又有蒲端国、三麻兰国、勿巡国、蒲婆众国。……先是，咸平、景德中，蒲端国主其陵数遣使来贡方物，及献鹦鹉，其后，国主悉离琶大遐至亦以金版镌表来上，其使已絮汉上言，伏见诏旨，给赐占城使鞍勒马、大神旗各二，乞如恩列，有司以蒲端在占城下请赐杂彩小旗五，从之。

《宋史》与《宋会要》的关于蒲端的史料可能还有为我们所注意不到的，同时其他著作也许还有关于这个国家的记载。上面所举出各条条文，虽然只给我们关于这个国家的情况，而且条文之重复者甚多，但从这些材料，也可以使我们对于这个国家的概略，特别是说明了蒲端并非蒲甘。

首先让我们指出，在方位上蒲端是一个海国。这一点《宋史·占城传》与《宋会要》均显明的指出。当然所谓在海上，不一定是岛国，也不定是三面或甚至二面靠海。但这个国家必定面向海洋，看其来贡中国，频频不断，同时又是与占城、大食一些海国相提并论，说明了其使者来贡，主要是靠着船舶，蒲甘自其第一位国王阿奴律陀征服直通之后，虽然其领土扩张近海滨，但这个国家究竟是一个陆国，而况在其南部靠海地方，还有猛族国家，所以很难称为在海上。

又在方位上，蒲端是与占城接，照字面来说，是与占城毗邻。这应该是在占城与真腊之间，应该是在占城之南，或东南，至少一部份的土地是在南或东南，否则不会傍海而称为在海上。蒲甘则远在真腊之西，虽然真腊的属国罗斛是与蒲甘接壤，但蒲甘去真腊本土路程较远。《宋史》卷四八九《占城传》中说：

> 占城国，……陆行至宾陀罗国一月程，其国隶占城焉，东北去麻逸国二日程，蒲端国七日程，北到广州便风半月程，东北至两浙一月程，西北到交州二日程，陆行半月程。

这里所说占城到蒲端七日程，似乎是指着陆行而言。假使这种看法没有错误，以陆行与舟行到交州为例来说明，则舟行二日陆行要半月，那么从占城到蒲端七日陆行，舟行只需要一日。蒲端到占城，比之交州到占城还要近得多，所以就使所谓与占城接，不是接壤，也是接近。这样的推算，无论由陆路从占城到蒲甘，既不只七日，若以舟行而到蒲甘，更不只一日。其实，在那个时候，陆道从占城到蒲甘，至少也要一个月，舟行绕马刺甲海峡，也不止七日，因为从占城到广州要半月，从占城到蒲甘，至少也要一个月的时间。

所以我们以为从方位方面来说，蒲端应该是在越南半岛的东边，而与蒲甘是在越南半岛的西边，处于两个极端地方。

其次，从其国的大小的地位来说，蒲甘当时在我国人的眼光中是一个大国，所以《宋史》卷四八九《蒲甘传》中说："今蒲甘，乃大国，不可下视。"这就是说，不应该位蒲甘于注辇之列，而应待以"大食、交趾诸国礼"。其实，注辇在宋代，并不算为小国。有一个时候，它且打败了三佛齐。蒲甘对这个国家也有戒心。至于蒲端，是一个小国，请求宋廷给与其所给占城的礼物，还不允准，当时的大臣以为蒲端是在占城之下，说明了宋朝是把它当为一个很小国家，所以蒲端时时是被列在三麻兰、勿巡等国的地位。《宋会要》很明显的说,这些国家,这就是三麻兰、勿巡等"皆海上小国也"。一个称为大国,一个称为小国,显然是二个不同的国家。

第三,上面已经指出,蒲甘这个国家的建立,是始于阿奴律陀,这就是一〇四四年,在这个时候之前,蒲甘这个城名,可能早已存在,但似乎还没有成立为国家。因为在此之前,这个地方与这个城市还是骠人统治之下。蒲端遣使到中国,是在真宗咸平六年,这就是一〇〇三年,也就是说是在蒲甘建国之前的四十年,蒲甘既没有建国,怎能遣使到中国朝贡?若说蒲甘这个城市遣使到中国,也不可能,因为在阿奴律陀就位之前,蒲甘还是一个很小的城市。

最后,关于蒲甘的历代王名,我们都比较清楚,可是王其陵或悉离琶大遏至这些名字并不易找出蒲甘王名的同音,所以我们说蒲甘并非蒲端。

第八章　国都与疆域

蒲甘是国名，但同时也是蒲甘国与蒲甘王朝的都城。我们叙述这个国家的疆域，我们先谈这个国家的都城。

这个都城是位在弥诺江（Chindwin）与丽江或是伊洛瓦底江的合流之南不远。它是在敏建（Myingyan）区内，在其东北九十二英里是缅甸第二大城市瓦城或是曼德礼，南去仰光约三百英里，这是上缅甸一个形势优美而重要的地方。可能也是古代从中国的云南到阿撒姆（Assam）以及东到掸邦的一个商业交通的枢纽。

这个地方，原来是一些小村落，传说在公元八四七年，有一位缅甸酋长叫做邦牙（Pyinbya）者，建都于此，所以一直到十三世纪的末年，成为缅人的都城。应该指出，不只一〇四四年以前的缅族，历史多为神话性，就是一〇四四年阿奴律陀就位以后的好多史料也多不可靠。是否有过邦牙这个人，他是否为缅人，均是疑问。我们现在所能确定的，是自十一世纪阿奴律陀就位之后，这个地方始成为蒲甘的国都，而成为缅甸历史上的一个重要的城市。

从现在看起来，这个曾为都城的蒲甘，又变为一个乡镇，人口稀少，同时其周围土壤并不肥美而干燥。蒲甘王朝第三位国王开辛他（Kyanzittha）的猛文或得楞文碑文中曾称这个地方为乾地。因此这个地方既不像粮仓的叫栖（Kyaukse），也比不上其他的好地方那样宜于耕种，现在是一个五谷难生而比较贫困的地方。

但也有人以为在大河旁边，岛屿交错，是可以耕种，而且可能在千年以前，深林遍地，其土壤比之现在，肥美得多，因而我们不能以今日的情况去推论过去；又今日的蒲甘，虽变为一个乡镇，但不胜其数的寺塔故址，到处可见，寺塔的建筑需要的是砖与木，而烧砖也需要燃料，假使其地附近没有森林，就难于制造这么多的砖，阿奴律陀之所以选择这个地方为国都，必定有其自然优越的条件，这些条件之中，粮食应当是很重要的。

在今日来说，无论在政治、经济或教育各方面，蒲甘都不重要，但考古学者与历史学者以及研究缅甸宗教的人，对于这个地方极为重视。因为这个地方不只在过去是缅甸人视为长期国都所在地，而且也是视为这个国家的发祥地，谈到缅甸的历史，就不能不谈到蒲甘时代，谈到蒲甘时代，就不能不谈到蒲甘这个地方。缅甸的史料，本来是缺乏的，现在要从地下掘出一些碑文古物或是找到一些有历史性的遗迹，蒲甘就变为一个最重要的地方。从这一点来看，蒲甘虽然是衰败了，但蒲甘并不为人们所忘记，而且是很有现实性的一个地方。

至于蒲甘这个名词，究竟是始于什么时候，是不容易解答的。上面已经说过，所谓邦牙建立蒲甘，未必可靠，就是由他建立了，当时也不见得是叫做蒲甘。上面已经指出，蒲甘的意义既然是踩躏着敌人，也可能的是指着阿奴律陀战胜敌人之后而得到王位，于是乃叫做蒲甘。

至于在称为蒲甘之前，是叫做什么，也是值得考究的。伯希和在其《交广印度两道考》（冯承钧译）一书中，以为这就是贾耽所记载的突旻城：

> 贾耽所撰入缅甸之两道，第一道向西南行，至禄郫江，路程所志甚简，仅言诸葛城"南至乐城二百里，又入骠国境。经万公等八部落，至悉利城七百里，又经突旻城至骠国千里"。此路程之起点，吾人业已知之，诸葛城在腾越之西，怒江及龙川江之间。……悉利城之所在，核以二百里加七百里与千里之比较，大约应在半道之前。质言之，在太公城之南，曼德礼之北。……按太公城为缅甸古城之一，相传为最初都城，悉利似指此城，突旻城应位置于悉利与骠国都城之间，……在弥诺江与骠国都城之间。最要之城，似为蒲甘，故余拟以突旻城当蒲甘。

伯希和的说法是否正确，值得考究，但阿奴律陀既择这个地方为都城，而名为蒲甘，可能是有历史性的重要城市。

蒲甘这个国家，当其王阿奴律陀就位的时候，疆域并不很广大，自南到北约三百公里，自东至西约一百二十公里。其地约当于今日的瓦城或曼德礼、密支那、敏建、叫栖、国井梗与杰沙诸县，均在丽江以东。此外，尚有自木骨具（Porahkuntl）敏建间的一段河岸，北与南诏或大理接近，东边靠山岭，除少数的掸族散居于这些山地外，少有人迹，其南就是猛人国或得楞人所居的地方。

这个疆域，虽然很小，大致等于现在的广东的一个专区，但在这个疆域之内，除了蒲甘人之外，还有很多的骠人或其他民族。因为这个骠国，在唐的时代，是一个文化较高的国家，其历史不只可以追溯到三国或汉的时代，就是在蒲甘国建立之后，国家虽已衰亡，可是其民族之散居于各处，还保持其部落或是小邦的组织。所以在元的时代以至明朝，所谓骠国这个名词，还见于我国的史书。虽则后人用一个古名去称呼一个现代地方，也是可能。其实，阿奴律陀本人是一个骠人还是一个蒲甘人，或是骠缅混杂的人物，也是值得考究的。所以在蒲甘建国的时代，其所占领的地方既很小，就是在其疆域之内，还有骠人、掸人以及猛人等等，这一点，我们当在下面再加讨论。

自阿奴律陀即位之后，他东征西伐，其疆土逐渐扩大，使后来的蒲甘，正如《宋史》所指出是一个大国，不能当为小国对待，而欲与大食、交趾的平等礼节相看。

在阿奴律陀的时代，蒲甘领土扩张得最为显著的是在南方。据说他受了一个直通（Thaton）的僧人的影响，热心佛教，乃遣使到直通请求佛经，直通的佛经本来不少，可以考虑给与蒲甘，可是直通的国王，不只没有答应，反而侮辱使者，阿奴律陀大为愤怒，于是乃发兵攻打直通。据《得楞史》（*Paklat Talaing Chonicle*）说：

> 阿利摩陀那补罗（Arimadanapura）（蒲甘）之王率军乘马……至都陀摩伐提（Thudammawadi）境之直通城。围城环攻，凡三阅月，城中人饮食俱绝，饥饿难禁，至于互相吞食，自觅死路。四将（即开辛他、让乌披、牙底由与牙隆梨毕）乃飞骑冲入城内，斩获甚众，人民流离失所。至四十二年（一一五七）三月（Mayon 月），在鞞索迦（Visakha）宫盈第十一天月曜日，摩奴诃（Manuha）王降，阿利摩陀那补罗王既执摩奴诃王，复令所有得道高僧及能诵三藏四谛（Four Book of Divination）之一切众僧，……均至阿利摩陀那补罗地，并以金链系摩奴诃王，俘成囚犯。自是以往，直通亡，被称为阿利摩陀那补罗之蒲甘，则繁荣兴盛，有如天堂。（姚枬译哈威《缅甸史》第二章）

传说阿奴律陀又曾到骠国的都城卑谬或是玄奘《大唐西域记》所称的室利差呾罗，毁坏其城墙及其佛教寺塔。

卑谬与直通在古代都是与海外交通的要冲，但后来河泥堆积，沙洲出现，到了十一世纪的时候，虽已失去原来的重要性，但是因为其靠近海滨，仍是对外交通的重镇，蒲甘征服了这些地方之后，这些城市虽然更为衰落，但对于蒲甘来说，其领土伸到海岸，就能直接与海外各国交通，尤其是与锡兰的关系逐渐加深。

其次，阿奴律陀又向西面扩大的领土，据说他曾征伐西边的阿腊干（Arakan）而越过阿腊干山脉 Yoma 强迫北阿腊干承认蒲甘为宗主国。传说他还远征到印度孟加拉，这可能只是一种传说而已。因为到这个地方，陆道的交通既是困难，蒲甘又非一个海国，水军薄弱，所谓孟加拉者最多也不过是其势力范围伸到孟加拉湾的西岸，如撒地港（Chittagong），但他的势力范围是否伸到这些地方，很成问题。

在东方，据说他扩张其领土到掸邦的山边，并且在山脚建筑了很多堡垒，以确定其边界。同时，又使掸邦向其进贡。应该指出，掸族人民之住在这些山地的并不很多，有好多地方是几乎没有人烟，也没有人去管理这些土地。与其说阿奴律陀扩张其领土到这些地方，不如说他怕掸族来攻伐。蒲甘所以建筑堡垒以防御，缅甸史家以为这是阿奴律陀征服掸族的表征，这未免是夸大其战绩而已。

传说，阿奴律陀还扩张其势力到现在暹罗，战败真腊或柬埔寨。我们知道，在这个时候，真腊正在强盛，其领土伸张到现在的暹罗的苏口胎（Sukotai），在苏口胎之南，为罗斛国，蒲甘的势力不会伸张到这些地方。相反的，真腊的力量曾伸张到暹罗的西部以至现在的缅甸的东南部，而使蒲甘为其属国。关于这一点，十三世纪上半叶的赵汝适在其《诸蕃志》卷上"真腊"条，曾经指出，登流眉、波斯兰、罗斛、三泺、真里富、麻罗问、绿洋、吞里富、蒲甘、窊里、西棚、杜怀、浔番都是真腊的属国。现在的暹罗的兴起，是始于十三世纪下半叶的苏口胎王朝，真腊的西边，就与蒲甘为邻，真腊有了这么多的属地，其强盛的情况可以概见。

又泰族方面，还传说，阿奴律陀曾率海陆军北上而到南诏或大理国。据说军队还到大理国都城外，因为大理据城固守，阿奴律陀没有办法攻入，经过相当时期之后，他不得不退兵南回。这种传说很不可靠。大理为南诏之后，宋代大理，其国力虽然没有唐代南诏那么强大，可是并非一个小国。而且，从蒲甘到大理国都，不只道途辽远，交通也很不便。若说蒲甘与大理南部边境的军队发生小型冲突，是可能的，若说用大批军队去征伐大理，到了大理国都，那就很难相信了。

我们的意见，是在阿奴律陀即位之后，蒲甘的版图是扩大了。但实际上，在北方他既不会侵占大理的领土，在西边就使他越过了阿腊干山脉，也不见得是久占其地。至于在东面，他的势力最远也不会越过掸族的山区。就在南方，他虽然征服了直通，但他也并没有积极去发展这个地方，相反的，直通的精华，被他一扫而空，直通灭亡，国都被毁，等于废墟。上面已经指出，直通在十一世纪的时候，已不若过去那么繁荣与重要，经过阿奴律陀的蹂躏，据说又带走了三万人民之多，至于直通的财物被运走殆尽，此后的直通，一蹶不振，而更加衰落，是可以理解的。

而且，直通虽然被征服，猛人的民族运动并不因此而停止。其实，在直通未被征服之前，蒲甘之南，除了一些骠人之外，绝大部分是猛人所居住的地方，猛人之建立国家在缅甸南部，在蒲甘之前，已有约一千年或一千年以上的历史。在这里，不只有一个猛人国，而且有了好多个猛人国。樊绰《蛮书》中所说的昆仑、弥臣、弥诺，都是濒海的国家，也是猛族所建立的国家。在阿奴律陀的时代，直通被征服之后，猛人在白古的，慢慢的强大起来。这个白古国，在好几百年中，有时被蒲甘人或缅人所征服，但有时也征服了蒲甘人或缅人。所以阿奴律陀虽然打败直通，但没有消灭猛族，也没法子去阻止猛人建立国家。因此，蒲甘并没完全占有缅甸靠海一带的地方。

总而言之，蒲甘在阿奴律陀的时代，虽然是一个强盛的国家，但其疆土，除了南部扩张到直通外，其他各方面与其就位之初，不见得有很大的变动。

上面已经指出，蒲甘在阿奴律陀的时代，其版图最大的时候，东面是接近掸邦的山脉，南边是在卑谬或卑谬以南不远，其东南是直通，西面是阿腊干山脉，其北是与大理毗邻，其主要部分可以说是在今日的上缅甸一带。

在这个地方里，山岭较多，平地较少，正如顾炎武所说"山川延邈，道路修阻"。山川延邈，至今还没有变化，道路修阻，在现在来说，既有铁道，又有公路，很为方便。但在铁道、公路以外的地方，还没有多大变化，在明末清初，道路既是修阻，那么在宋元，而尤其是宋代的交通情况，当更为困难，虽然我们也得指出，从秦汉到唐宋，从云南到现在的缅甸，已是从中国到西洋或南洋的必经之道。

从地形来说，蒲甘可以分为二大部分，其一为高原地区，包括了弥诺（Chindwin）江的上游的支流的山地一带，这也是伊洛瓦底江流域的上游或北部地带。现在的密支那、八莫、沙杰、客钦（Kachin）山地，以及大部分的掸邦地区。其二是位于阿腊干山脉掸邦南部中间，这是人们叫做缅甸的干燥地带，从瓦城或曼德礼至卑谬，包括了弥诺江下游者梗、瓦城、叫栖、蒲甘、瑞苗（Shwemyo）等地。

关于蒲甘或是现在的缅甸的山脉与河流，主要的都是来自我国的西南，最特出的是怒山山脉，从云南南下，通过缅甸全境，而直趋马来半岛。又如高黎贡山山脉，好多余支也散布于缅甸北部。所以在蒲甘或现在的上缅甸，多是崇山峻岭，层峦叠嶂，苍翠连天，丘陵起伏。其最高的有达万尺以上者，如产琥珀著名的坎底（Kamti）附近。蒲甘本部是数面环山，北为与云南交界的山岭地带，西为阿腊干与晋（Chin）山脉，东为掸邦萨尔温江以西的山地，直到现在，缅甸的缅人，主要还是居住在这个区域。虽则自蒲甘王朝以后，已逐渐南移，而趋于下缅甸与近海一带，而其他地方如东北为掸族，西部为阿腊干族所集中的地方。

蒲甘或现在的缅甸的河流之最大的，也是从云南从北到南直贯了缅甸而至于海，这是丽江或伊洛瓦底江。蒲甘国都是在丽江或禄郫江与弥诺江或钦文江的合汇处的南部不远。应该指出，弥诺江也可以说是伊洛瓦底江的支流，丽江主流源出西藏，经云南而入缅，长一千二百五十英里。其上游有恩梅开江，迈立开江。其在缅甸之北者，多经山地，经八莫或江头后西折，南下至瓦城，再西转向西南走与弥诺江合，合流后，曲折更多，而趋于海。近海处为三角洲地带，河流交错，舟楫可以从海口上航至八莫，这对于缅甸的南北交通来说，有了很大的作用。至于其东部的萨尔温江也是发源于西藏，经云南而入缅甸。在云南是叫作怒江，长一千七百五十英里，沿河多山，交通不便，这是在掸邦地带，蒲甘的势力，并没有伸张到这个流域。

在丽江与萨尔温江的中间，还有一条河流叫做西汤河（Sittaung），长约三百五十英哩，也是从北到南而流入于海。东牛（Toungoo）是位在这条河旁。现在从仰光到瓦城的铁路，经白古达瓦城这一段，是循着这条河而建筑的。但是在蒲甘时代这条河似乎没有什么作用。

缅甸最大的湖是在密芝那地区的因杜吉（Indawgyi）。三面环山，面积约为一百平方哩，又如在杰沙地区也有一个湖叫做因杜，面积约为六十平方哩。但在蒲甘时代，是否在蒲甘版图内，是否有作用，不得而知。

关于这个国家的气候，靠海地方是比较温和，在三角洲之北，从敏布（Minbu）到杰沙，雨量很少，蒲甘国都是在敏布之北，这是干燥之区，所以蒲甘国都也称为乾地。

但是因为在蒲甘的领土里，有了丽江贯通南北，又有弥诺江在其西北，沿江一带，沃野很多，物产丰富，所以在这一带地方，也称为大泽之国。如在叫栖地区，是当时的粮食仓库。在蒲甘时代来说，人口不至于很多。马可波罗在其行纪中说到有不少地方没有人烟，说明了这一点。我们推想，在当时人口比较集中的地方是在河流的两岸，这不只是因为粮米问题易于解决，就是交通也较为方便。

第九章　蒲甘的城市

《新元史》卷二百五十二《缅国传》说：

> 都会有江头城，至腾冲十五日，太公城，在江头南十日，马来城在太公城南八日，安正国城在马来城南五日，蒲甘缅王城在安正国城西南五日，所谓缅中五城。

这五个城，见于明人杨慎所著的《南诏野史》卷一《丰佑时代》内注解，也见于《明史·地理志》注中。其安排次序是江头、太公、马来、安正国、蒲甘缅王城，这个排法，是自北而南。又这五个城都在大金沙或伊洛瓦底江的旁边。在蒲甘王朝之前，或是在骠国的时代，这五个城都属于骠国。到了骠国衰弱的时候，这就是在宋代的时候，在上缅甸似乎建立一个国家叫做建都，江头、太公、马来、安正国，似乎都属于建都国，太公是这个国家的都城，到了十一世纪的中叶，蒲甘国兴起，蒲甘成为蒲甘国的国都。在蒲甘时代的下半叶，建都虽称臣于蒲甘，但还有自己国王。史书叙述这五个城对于蒲甘，特别说明为蒲甘缅王城，似乎是说明了这个缅王城是与其他四个城有了区别，这就是这个缅王城，是缅人所统治的，而其他四城，并非缅人城，而是建都的城市，关于建都，当在下面说明。

我们上面已叙述了蒲甘，我们现在谈谈其他四个城。

在缅中五城中，其第一个而且是在最北的是江头城。《元史·缅国传》载，建宁路安抚使贺天爵据当地的头目说："入缅有三道，一由天部马，一由骠甸，一由阿郭地界，俱会于江头城。"这三条入缅的道路，其集会的地方都是江头城。这说明这是入缅的交通要冲。而且，据《元史·缅国传》说：至元二十年（一二八三）"十一月，相吾答儿命也罕的斤，取道于阿昔江达镇西之阿禾江，造舟二百，下流至江头城，断缅人水路"，这说明了这是水陆交通的枢纽。

在元代，这个地方既如此重要，我们相信在元以前，应该也是一个重要地方。我们知道，这一带地方在汉是哀牢、掸族所聚居的地方，这也可能是掸国时代的一个城市，在隋唐属于骠，而在宋元是属于建都。关于建都，我们在下面当加以说明，我们这里所要指出的是，江头应该是历史上中国与云南徼外诸国的一个交通的重要地方。当然，在元代，叫做江头，在元代之前，就不一定是叫江头。

据近代多数学者的意见，元代的江头就是现代的八莫（Bhamo）。八莫这个名词，未见于十三世纪下半叶以前的碑文，但这个名词是源于掸语的 Banmaw 或 Manmaw，意为陶村，可能是因出陶器而得名。这一带的地方既早已有掸族的居住，那么这个名词的来源，也可能很早。中国人叫做江头，可能是因为在江之边，是交通的要冲，所以叫做江头，像我们现在称某地方为头或码头一样。

但也有人以为江头是一个翻译过来的名称，张礼千在《江头城与八莫》一文（载《南洋学报》六卷一辑，页四—六）中说：

> 在俞氏图中（指俞贝 M. E. Huber 的《蒲甘王朝之末叶》一文中，所附载的地图，该文载于一九〇九年之《河内法国远东学校校刊》中，译文见陆翔的《国闻译证》第一册一七二页以下），沿大金沙江之重要城镇，……自极北之密芝那起南下为八莫，再南为拱洞（Kaungton），再南为拱星，此三地相距密迩，后二地更为接近。据《渔瀛胪志》（清王芝撰）所述而推算之，新街（八莫）与拱洞相去仅六十里而已。大金沙江至拱星后，成一大湾，折向西流至枯萨（Katha），又折而南下，可抵太公。……江头城一名，俞氏仅义译为 Ville de La Téte du Fleune，使人费解，岂江头无对音可求乎？曾尝将"江头""官屯"（或称老官屯或老关屯，见《腾越州志》）"拱洞"三名，以其双声叠音，断为一地，其理一；老官屯在乾隆征缅时之重要，实不下于元之江头，其理二；拱洞居大金沙江沙瓦底（Sawadi）江之冲，其理三。俞氏置贡章于拱星，实不如置于拱洞之为得。且两地相去匪遥，几均位大金沙江转折处也。若谓拱星有缅太守驻此，则拱洞亦然。

对音虽然是考订地名的一个方法，但光靠对音也未必可靠。而且，据当地传说，八莫的历史很久，其曾为掸族的一个强大的部落，也无可疑。张礼千氏对于这点也没有疑义。据说八莫的首邑是离八莫市之极北约二十里，名曰撒姆宾那哥（Sampenago），位太平沙与金沙江交汇处，略成三角形。在其城墙故址，还可看到。我们以为拱洞在对音上虽与江头相近，但要紧的是这个地方所居的地位的重要性。八莫既为大金沙江与太平江的交汇处，名为江头，顾名思义较为合宜。这是两江的交汇处，它是到下游各城镇的重要埠头，又是到两条江的上游的埠头，叫为江头，并没有什么费解的地方。

应该指出，一个城市是可以因各种原因如水灾、兵灾种种，而改变其地位。但其名称也仍可沿用。从八莫市极北的故城，可以迁到现在的八莫江头，也可以从其交汇处而迁到南边的拱洞，而况一个地方也可以同时有新旧二城，又可以有大小或上游下游二个码头。在大军云集或是为运输方便的时候，一个城镇或一个埠头容不了那么多人或物品，而在其附近多辟一个市场或运输站，也是一件常有的事情。所以在一些城市，除了旧城，又有新城，其距离也可有数十里的。

太公是缅甸的一个最老的城市，也是蒲甘时代的一个很重要的城市。根据缅甸的传说，太公城是建筑于公元前八五〇年。建筑这个城的是阿婆醯罗婆（Abhiraza）与其释迦（Sakya）族人，他们是从印度的妙德城（Kapilavastu）来的。到了纪元前约六百年的时候，这个城为了中国人所侵伐而毁坏，于是其人民乃迁到南边的旧蒲甘，而建立城市。此后，又再向南迁移，于公元前四四三年又建立了卑谬（Prome）城。

这个传说是很难置信，尤其是说于公元前约六世纪的时候，太公城曾为中国所侵毁，因为在这个时候，中国的势力还未达到云南一带。至于在云南之南的现在的缅甸，更不会有中国的军队的踪迹。

但是太公城是缅甸境内的一个最古的城市，应当是没有问题的。我们知道，在后汉的时代，在哀牢之南，有了一个掸国，这个掸国的种族，直到现在还聚居于缅甸的东北一带。这个种族，据近代人们的研究，是与哀牢同一种族，这就是现在人类学者所说的掸泰族。古代掸国曾遣使到中国入贡，其国又有水道通到印度洋，以至大秦或罗马。这个国家的都城应该是在伊洛瓦底江的上游，这就是在现在的缅甸的北部。这个都城很可能是在太公。当然，也可能是在杰沙（Katha）或八莫（Bhamo）这一带的地方，靠近江边的古城，最古的恐怕要算太公，所以我们猜想，太公是古掸国的都城。

又据一八九四年，一位德国人叫做费勒（Führer）者，他在太公城，曾发现了一块石板，其所刻的年数是公元四一六年，且有梵文碑铭，说明这个城市是从印度的德里（Delhi）迁来的移民所建立的。有一个时期，有一些人曾相信这位考古者的报告，但是因为费勒始终没有把这块石板公开出来，现在一般学者对于这位考古者的说法，很少相信。直到现在，考古学者在这个城市还未找出较早的碑文。据卢斯（G. H. Luce）的考订，太公城最早的碑文之为人所发现者，是一三五四年。他以为因为这一年的巴梨文与梵文的泥土板（Clay Tablets）有了阿奴律陀的名字，所以这个城市可能是阿奴律陀所建立的，或是有过关系。

我们以为费勒的报告，固未必可靠，但卢斯所说太公城是阿奴律陀所建立的，也不见得是对。缅甸传说，这个城市是建立于纪元前八五〇年，固近于无稽之谈，但假使太公曾为古掸国的国都，或是一个重要的城市，那么这个城市是建立于公元前后的约一百年间，似乎是没有问题。因为，我们既不能因为没有较早的碑文，而断定这个城市就不会较早已存在，我们也不能说在这个城市今后不会找出较早的碑文或古物。

而且，这个城市在较早的时期，也不一定是叫做太公，贾耽四夷的路程中有一道是从云南向西南行入缅甸。他说从诸葛城"南至乐城二百里又入骠国，经万公等八部落，至悉利城七百里，又经突旻城至骠国千里"。伯希利在其《交广印度两道考》（冯承钧译，第十八段，第三六页）说：太公可能是悉利移，似乎是可靠。

骠国的历史，可以追溯到魏晋的时代，这就是公元三至四世纪的时代。骠的国都是偏于伊洛瓦底江的下游，在其上游有了一个重要城市。无论在经济上、政治上或军事上，都是必要的。这个城市可能就是悉利移，或是后来的太公。

太公这个名词屡屡见于《元史》，元人的著作中，如《皇元征缅录》也有这个名词。我们推想，这个城名在宋元之间应该为中国人所知道。说不定这个名词是中国人所称呼的。《元史》卷十三《世祖本纪》与卷一三三《也罕的斤传》，有"建都太公城"的字样。建都在当时是一个国家，王名叫做乌蒙，其国疆域多大，很难确定。但其北是金齿，其南是蒲甘，其东可能领有云南西南一部分土地，其西似乎是在弥诺江或钦文江的东边。史文有好多处提到这个国家，《马可波罗游记》中也说到这个国家。我们推想，建国时期，是在骠国衰弱的时候，在骠国强盛时，是属于骠，臣属于蒲甘，大约是在蒲甘时代的后期。其国内的人民大部分应属于掸族，但其统治者可能是藏缅族。这一支藏缅族之到这个地方的，是在缅人到达缅甸之前，关于这个国家的情况，我们不能在这里多所讨论，我们所要特别注意的，是太公城应该就是这个国家的都城。当蒲甘的末季，这个国家臣属于蒲甘，太公城与江头城遂成为蒲甘的军事重镇。《元史》卷十三《世祖本纪》与卷一三三《也罕的斤传》一再说到这个城的重要。

这个太公城既然很重要，而且又是建都的重要城市。又建都自己有国王，本来是一个独立国，可是"先为缅所制"，所以"欲降未能"，元世祖至元中既征服太公城之后，曾置太公路于太公城，到了明洪武十五年（一三八二），改为太公府，但后来又废了。《明史·地理志》注说：

元置太公路于太公城，洪武十五年（一三八二）三月为府，后废。

这个地方被元朝征服之后，成为元朝征伐蒲甘的一个重要的军事转输站，一二八六年，怯烈经太公城去招谕缅王，其后一年（一二八七）元军攻破了蒲甘。

沙海昂（A. J. H. Charignon）在其《马可波罗行纪》注解（冯承钧译）以为《马可波罗行纪》一二四章所说的上缅国的都城，就是指太公城。其实马可波罗叫上缅国，这也就是我们上面所说的建都国为阿缅。阿缅的阿字没有什么意义，正像我们广东人叫阿陈阿三的阿字一样。沙海昂在一二三的注一中说：

吾人行将在后此两章中证明前一章（指一二三所说的阿缅，Amien）所言者为上缅甸，其都城为太公。后一章所言者为下缅甸，其都城为蒲甘。波罗名前者曰缅国，名后者曰班加剌（Bengala）国，即不能谓其混两国为一也（冯译，卷中，四八九页）。

这不只说明了太公是上缅甸或建都国的都城，而且说明了上缅甸或建都与下缅甸或蒲甘是二个国家。

《元史·缅国传》说到蒲甘这个都城或国名的只有在说到"云南王与诸国进征至蒲甘"一句提到一次，而说及建都尤其是太公的地方很多。我们知道蒲甘这个国名或都城名，宋人已经知道，所以《宋史》与周去非、赵汝适的著作里均说到蒲甘，反而元人很少用这个名词。相反的，说到建都与太公的却好多次，不只说明了太公的重要性是一个极大而名贵的国都，而且是把这个国都建都去代表缅国。

关于马来城，在蒲甘时代的史料，我们知道的很少。这个城是在太公城之南，也在端基｛有人以为是《腾越世志》中所说的尼孤（Twinnge）｝之南，在安正国之北，也是靠伊洛瓦底江边。近代地图中还有这个地方名。元军于至元廿一年（一二八四）征服太公之后，似乎没有到马来，但是到了一二八七年，攻陷蒲甘时，一定是经过此城。又据《元史·缅国传》，在太德四年（一三〇〇），该城土官是故缅王的女婿纳剌，这位土官曾奉蒲甘王去抵抗掸族三兄弟的侵犯蒲甘，因败而被擒。后来被释回到马来。但是这一年的冬天，掸族三兄弟又攻破阿真国（安正国）与马来两城。纳剌逃到元军这方面，掸族三兄弟的反叛，引起元军的再次南征。《皇元征缅录》中告诉我们道：

> 四年（一三〇〇）云南平章政事薛超兀儿、忙兀都鲁迷失等，发军中庆至大理西，永昌、腾冲会集。十月入缅，十二月五日至马来城，大会，十五日至阿散哥也兄弟三人所守木连。

马来城既为元军所集会的地方以作攻伐阿散哥也兄弟三人所据的木连城，这个城市应该是蒲甘时代一个重要的城市，否则很难成为大军集会的场所。这个城市的名称是 Male' 的对音，在中文上没有什么意义。至于缅文方面的意义不得而知。此名也见于《南诏野史》上卷《丰佑时代》的注中。

安正国就是阿真谷，又名阿真国，或阿占国，其对音是缅音 Naga-Singu。现在惯称为阿真。华侨叫做新固，是 Singu 的对音。这个城市是在马来城之南，在曼德礼之北，也是靠伊洛瓦底江边。这个城市似乎也是属于建都，我们知道，在阿奴律陀时代的初年，蒲甘的北方边境不出阿真谷，大约是在蒲甘的中叶以后，建都臣属于蒲甘，这个城市才受蒲甘的控制。《皇元征缅录》说：

> 大德三年（一二九九）十二月，阿散哥也犯边，攻阿真谷、马来，距太公城二十里，驻兵寻退。

在这个时候，太公城是元朝统治建都的首府，马来、阿真谷原属于建都。阿真谷或曼德礼之南是属于蒲甘王国。虽然蒲甘王国也是臣属于元朝，但元朝对于蒲甘（缅中行省）与对于建都（征缅行省）的统治，名义上虽皆为行省或分省，但实际上似乎是有区别的。对于前者当为属国，对于后者因为是与本国领土接壤，可能当为内地地方看待，为云南分省之一。所以当阿散哥也侵犯阿真谷时，就称为犯边，攻阿真谷、马来。假使两者完全没有分别，那么所谓犯边，应该是侵犯云南边境才说犯边。蒲甘虽然有国王，但国王是在阿散哥也三兄弟控制之下，蒲甘的实际统治者就是这三位兄弟。假使阿真谷与马来都是属于蒲甘王国，那么只能说是他们侵犯这些地方，而不能说为犯边，犯边者，应该是含有两个国家的边境的意义。

阿真谷这个城的历史，应该较久，至少在宋代已有这个城市，在这里所发现的直凡野柏雅（Chvé-Yet-do-Paya）碑文所写的年月是在公元一一七〇至一二〇三年间，这就是那罗波帝悉都（Narapatisithu）在位的时代。

关于缅中五城的江头、太公、马来、安正国，我们只叙述到此为止。最后，我们愿意把关于阿散哥也三兄弟所占据的木连城简单的说说。

木连城是在叫栖地区。这个地区是缅中的粮库。占据了这个地方，很容易统治缅中。猛人在缅人来到这个地方之前很久已在这个地方居住，并且在这里兴建水利工程。阿奴律陀就位之后，就利用猛人的水利工程，加以修理。掸人之到木连的，当在一二六〇年以前。据说，一二六〇年有一位掸族首领到了这个地方，他有三个儿子，曾在蒲甘王宫中住过，受了缅族的文化很深。当憍苴（Kyawswa）在位的时候，他们在这里的势力已大大发展起来。长子阿散哥也，当木连城主，次子阿剌者僧加蓝（Yazathinkyan）当加耶（Mekkaya）城主，三子僧哥速（Thihathu）当宾里（Pinle）城主，三城连接。《皇元征缅录》载"木连城土官阿散哥也皇帝命佩大牌子为官人"，但后来因为他们弑君叛元，元乃于一三〇〇年派兵去征伐。这个城相当坚固，所以围攻很久，还没有攻入。到了后来将要攻入的时候，元军将领又受了三兄弟的贿赂而离开这个地方。

在这个城里，这三位兄弟曾建了佛塔，一为昙衍（Thalyaung）宝塔，一为难忉夷（Nandawye）宝塔，蒲甘王憍苴是为他们所引诱而被杀于这里。

第十章　水道与陆道

在交通上，在蒲甘国内其最方便的是水运。丽江从北到南而至于海。直到现在，舟楫可以上航到八莫，或以往所说的江头城。传说阿奴律陀曾率海陆军去攻伐南诏，此事虽难置信，但有水路可通到南诏边境或境内，是没有问题的。又传说他归时也是乘舟沿丽江而下，舟行到曼德礼附近时，他还建筑了东榜塔。陆上交通的重要工具应该是象。《马可波罗行纪》记载，在永昌之南的南甸，元军与缅军作战，缅军有象二千头，各象上负木楼，楼中载战士十人至十二人，战时用象作战，也用象当为运输队。至于平时，直到现在，在老挝、暹罗、缅甸各处，尤其是在交通不便的山地，象成为必需的交通工具。

关于从中国的云南到缅甸的交通路线，明杨慎在其《南诏野史》上卷《丰佑时代》中的汪解里说：

> 考自永昌府腾越州入缅止三十四程，腾越一日，南甸一日，罗必斯一日，郎嫖一日，甸头一日，甸尾一日，蒙腰一日，甸蓝一日，蒙怜路一日，空地一日，蒙来路一日，大市一日，龙江一日，锅地一日，人列渡一日，江头城（按：即现在的八莫）一日，景怜岁一日，马来城一日，赖当一日，山头一日，甸头一日，阿止一日，吴细辰一日，折弓一日，阿越由阿越下水，九日即至缅城。

又说：

> 入缅又有三道，一由潞江西上，一由腾越七日至麓川，一由景东从木通甸至湾甸渡入芒市十日至麓川。

又说：

> 此外，从潞江上流蒙来渡至景乐沼河，有小渡十余处，皆可通。

又说：

> 又有三道，一由天步马，一由湾甸，一由阿郊地界，皆可入缅。

在宋的初年（乾德五年，西历九四五年），王全斌平蜀还京师，请取云南负地图进，据说宋太祖鉴于唐代南诏为患，以玉斧画大渡河为界曰："此外非吾有也。"宋对于大理，既不欲加以征服，但从陆道经大理到蒲甘这条路，并没有完全断绝。周去非在《岭外代答》"蒲甘"条说：自"大理五程到其国"，说明了宋人对于这条路的交通是认识的。元灭大理之后，进兵攻伐蒲甘，还是跟着历史上的交通路线而走。其实，这些路线应该是汉代掸国所走的路线，也是魏晋隋唐时中国与骠国的交通路线，唐代贾耽在其《十道志》中也指出，从云南到现在的缅甸有两条路，一是西南一道，经乐城、悉利城等处，一是正西一道，经腾充、丽水城、安西城等处。

上面是说从蒲甘到中国的陆道交通，至于从蒲甘与〔到〕其东南或东南亚各国，也有陆道的交通路线。《诸蕃志》"真腊"条说"真腊西至蒲甘"。换句来说，蒲甘的东边就是真腊。我们知道，在真腊强盛的时候，其领土伸张到现在的暹罗的西部。到了十三世纪的下半叶，暹国勃兴，建都于苏口胎（Sukotai），湄南中游的泰族始脱离真腊而独立。赵汝适《诸蕃志》撰于一二二五年，这个时候暹国还未建国，故其西边是受了真腊的统治。

又在《诸蕃志》"真腊"条又说：真腊的土地，南到加罗希，而且指出登流眉、罗斛与蒲甘等国是真腊的属国。登流眉是在马来半岛的北部，罗斛是在现在暹罗的南部，这就是在湄南的下游。其都城是在现在的华富里（Lopburi）。蒲甘是在现在的缅甸，且曾为真腊的属国，那么真腊的势力是伸到现在的缅甸了。真腊是一个大陆帝国，对于其所统治的交通路线很为注意，当其统治现在的暹罗时，曾在现在的暹罗东北部建立了一个室利提婆（Sri Deva），这本来是一个极偏僻与荒芜的地带，可是真腊为了军事与商业上的交通方便，乃建立了一个城市，说明真腊对于其西部属国的陆道交通是极为注意。蒲甘既也曾为真腊的属国，那么从现在的暹罗到蒲甘的陆道交通，真腊也必很为注意，是没有问题的。其实，在真腊势力还未伸张到暹罗之前，在暹罗的中部与南部已有了一个投和国，《唐书》及杜佑《通典》都载有这个国家，投和之后，就是罗斛，这两个国家都是猛族所建立的。在投和时代，暹罗西部靠近现在的缅甸有了好几个重要城市如蓬迪（Pontuck）与佛统（Nakon Pathom）。有人说，佛统是投和的都城，在唐代或宋代以前，蓬迪与佛统都为缅甸与暹罗的交通要冲。在蒲甘时代应该没有问题，也是真腊与蒲甘的交通的必经地方。

从蒲甘到现在的暹罗的陆道交通，大致是这样：直通被蒲甘征服之后，从蒲甘可以抵达直通，再从直通到毛淡棉（Moulmein），再从这里经过三塔径（Three Pagadas Pass）越过分界水岭，再沿湄南流域而下以至暹罗湾之西北隅。我们知道，其后数世纪中，缅军常常经这条路而侵略暹罗的阿瑜陀王国。

真腊是在现在的柬埔寨，其都城是在现在的大湖的北边的吴哥（Angkor），蒲甘既与真腊为邻，尤其是当蒲甘为真腊的属国的时代，这条陆道交通必定不断的维持。而且，我们知道，从真腊经现在的越南或老挝也有陆路通到我国的云南或广西。这样，蒲甘不只可以东到罗斛以及其北边的女王国以及当时的真腊本部，而且也可以从而抵达老挝或越南以至中国。

至于从蒲甘南边的直通而到南边的加罗希或马来半岛，也有陆路可通，也是没有问题的。

周去非在其《岭外代答》卷三"通道外夷"条说：从大理国五程可以到蒲甘国。他又指出，从此去"西天竺"不远，但是限以淤泥河不通。但他又说，亦或可通，但绝险耳。周去非这里所指的难通的淤泥河，应该是丽江与弥诺江的上游或其支流，或是在这一带的河流。这一带的河流多在山地，难于通行，或是即可通行，也是绝险，是无可疑的。但我们也得指出，从蒲甘的西北部，很早就有陆路可以通到现在的印度的东边的阿萨姆（Assam）及孟加剌（Bangala）。《新唐书》卷四三下贾耽的"陆道"中说：

> 一路自诸葛城去腾充城二百里，又西到弥城百里，又西过山二百里至丽水城，乃西渡丽水，龙泉水二百里至安西城，乃西渡弥诺江水千里至大秦波罗门国，又西渡大岭三百里至东天竺北界个没卢国，又西南二百里至中天竺国东北境之奔那伐檀那国，与骠国往婆罗门路合。

樊绰《蛮书》第十"骠国"条说：

> 骠国……与波斯及婆罗门邻接，西去舍利城二十日程。据佛经，舍利城，中天竺国也。

同处"大秦婆罗门国"条说：

> 大秦婆罗门国界永昌北，与弥诺国江西正东（案：此句疑有脱讹）安西城楼接界。

同书《云南城镇第六》"越礼城"条说：

> 又至安西城直北至小婆罗门国。

首先应该指出，这里所说的波斯，并不是中亚的波斯，这里所说的大秦，也非欧洲的罗马。波斯是在现在缅甸的南边的勃生（Bassein）或是苏门答腊西北的波斯（Pase），所谓大秦乃指印度而言。伯希和在其《交广印度两道考》上卷《陆道考》中对于贾耽与樊绰所记的路程说：

> 此段行程之终点，不难考订，是即迦摩缕波（Kamarupa），质言之，其在雅鲁藏布江左岸之高哈底（Gauhati）都城是已。在丽水与此国都之间，尚有一可考之点，是即余认为 Chindwin 之弥诺江，特不知何处渡江耳。……丽水至雅鲁藏布江间湖广（Hu Kwang）流域（是亦弥诺江上流流域）昔有一道，然余以为八世纪之旅行家，似不至于取此北道，贾耽路程中之大岭，似为古喜玛（Kohima）及迦尼坡（Kanipur），西方之巴利尔（Barel Range）山岭，核以距离，虽不宜作此解释，然余仍信丽水西行之道经过曼尼坡（Manipur），而应于此地寻求大秦婆罗门也。

这个大秦波罗门国，在八世纪的时候，受了印度的文化影响很深。宋初的情形如何,难于考证,但根据憍赏弥(Kocambi)及阿甘(Ahom)纪年,这个国家在十三世纪的上半叶中,已为金齿国所吞并。此外,迦摩缕波也深受印度文化的影响,因而一些大食的旅行家,往往以为这些国家属于印度。周去非在《岭外代答》"通道外夷"条,以为蒲甘去西天竺不远,这里所说的西天竺,当是指着东印度,而所谓东印度也可能是包括这些印度化的国如大秦波罗门。

总而言之,从蒲甘西北去陆道交通虽如周去非所说不很方便,但这条陆道交通,历史很久,在政治组织方面,虽然变化很大,如朝代的更改,以至统治民族的变换,但在蒲甘时代,这条路线并没有中断。

蒲甘征服直通之后,领土虽然靠近海滨,但蒲甘究竟不是一个海权国,所以对于海外事业的发展上,并不显著,至少在史上对于这方面少有记载。传说在阿奴律陀的时代,锡兰曾受印度的侵略,其王月桜耶仆呼一世(Vijaya Bahu I),曾遣使到蒲甘请求救兵,但一○七一年,锡兰自己击退了敌人。假使锡兰的确求救于蒲甘的话,那么蒲甘应该有强大的海军,可是这种传说,是否可靠,却是一个问题。尽管如此,我们知道,远在后汉时代,在现在的缅甸的北部,曾有过一个掸国,据《后汉书》卷一一六《西南夷传》中说,"掸国西南通大秦",说明了这个地方与海外交通的历史很久。而且,其与海外往来的国家,远至欧洲。此外,我们也知道,在缅甸南部的猛族诸国,从公元一世纪前后,直到近代曾与海外各国互有来往,蒲甘国都在丽江岸旁,同时丽江又直贯其领土,丽江从海口至八莫,既可以通舟楫,对海外发展,很为方便。就使在海上商业不很发达,但也不会没有来往。

上面所举锡兰向蒲甘请救兵的传说,可能不可靠,但蒲甘与锡兰有了关系,而尤其是在宗教方面,是无可疑。因为蒲甘的佛教,是受了锡兰的佛教的影响,并且有僧人到锡兰求法。又传说在印度东南岸的注辇(Chola)国,曾遣一位王子到蒲甘,但有人指出,所谓注辇王子,可能只是一位普通旅行家而已。

至于蒲甘与马来半岛或其他的东南亚各国的交通,除了上面所说的陆路外,海上有了交通,也是没有问题的。直通是位在萨尔温河口,往南去就是马来半岛的北部。传说蒲甘第四位国王阿隆悉都(Alaungsithu,一一一二——一一六七)是一位很喜欢到各处游行的君主,他曾到阿腊干沿岸的岛屿,并且到过马来半岛。这位国王,在海上游历,可能离开蒲甘不远,但蒲甘与其南边的马来亚的各国,有了船舶来往,也是一件不足为奇的事情。近在丹荖发现一个巴梨文碑铭,是蒲甘一个国王所立,说明这个地方与蒲甘的关系。至于蒲甘是否有船舶越过马剌甲海峡,而到马来半岛的东岸或是暹罗湾与越南沿岸,那就不得而知了。

第十一章 语言与文化

在语言方面，蒲甘人是与骠人一样的是属于藏缅语言的系统。词汇是单音节词，语法形式靠特殊的音节后词构成音调，在缅语中，具有重要的意义，词的意义是随音调而改变的。大致上，缅语有三个音调（Tone），所以每个音节（Syllable）在说话时，可因音调的不同而有三种不同的意义，而在写时也可用声调或不同的符号而成为三种不同的意义。这种缅甸语言，是现代的，但缅甸语言的来源是有了悠久的历史，这个历史，可以追溯到蒲甘王国未建立之前。但到了蒲甘时代，因为受了印度与猛族的语言的影响，慢慢的发展为现代的缅甸语言。

在一九一一年以前，人们还不知道所谓骠文，但自这一年发现了开辛他的儿子所竖立的石柱铭文之后，人们始知骠国文字，因为在这个石柱上，刻有四种文字，这就是巴梨文、猛文、骠文与缅文。此后在其他地方也发现了些骠文，勃拉丁（Blagden）及其他一些语言学者对于这些骠文曾用了不少功夫去研究，但直到现在，人们对于这种文字的认识还是不多。但这种文字是印度化的，是无可疑的。

蒲甘人与骠人的语言既同属于藏缅系统，而他们又长期与骠人杂居共处，长期受过骠人的统治，所以蒲甘人的语言也是受过骠人语言的影响。

应该指出，在蒲甘时代的初期，缅文虽正在发展，并不完备。巴梨文与得楞文或猛文，成为普遍应用的文字。我们知道，阿奴律陀是提倡巴梨文最力的君主。据说他征服直通的时候，除了巴梨文的著作之外，其他文字的典籍多被焚毁。在蒲甘王朝的初年，巴梨文成为蒲甘的流行文字。所以无论关于宗教、法律、诗词、文法，都用巴梨文写作。此后，如在开辛他，如阿隆悉都（Alaungsithu）时代，都常用巴梨文。阿隆悉都在其所建筑的瑞姑（Shwegu）寺的墙上，刻了长篇的颂文，也是用巴梨文。又如阿难陀（Ananda）的弟子所著的昙摩代罗娑法（Dhammavilasa），也是用巴梨文写的。昙摩代罗娑，据说是达喇（Dalla）的得楞人，他懂得得楞文，但也懂得巴梨文。他的法律是根据摩奴（Manu）的得楞或巴梨的材料而写。他不用得楞文写作，而用巴梨文，说明了巴梨文是蒲甘的很流行的文字。

阿奴律陀是提倡南宗佛教最力的君主。这个宗教本来是从猛人国直通输入的。学习文字，在这个时代，主要是从佛寺的僧侣，国王重视巴梨文，佛寺僧侣也就不能不重视，佛教成为国教，巴梨文也成为蒲甘当时的流行文字。

我们知道，阿奴律陀是受了信阿罗汉的影响而笃信南宗佛教。他因请求直通国王给他佛教经典不遂，而始征伐直通。直通征服之后，他把直通的经典通通搬到蒲甘。可是他还不满足，他又派人到锡兰寻求三藏，使信阿罗汉与其僧徒从事研究，把锡兰与直通版本互相比较，这样，蒲甘成为南宗佛教经典的一个集中地方。在他去世之前，蒲甘人虽然还未能写出巴梨文的著作，但在他死后，在开辛他在位的时候，这种著作就已出现。

在开辛他所建筑的阿难陀寺中，有一位僧人曾写一本书叫做《迦利迦》（Kārika），这是一本文法的著作，是用巴梨文写的，这位僧人叫做昙摩吗辛那巴提（Dhammasenapati），据说这个名字是一个蒲甘贵族的荣誉称号，可能他未进入寺庙之前，已从事研究巴梨文。他的这本书，虽然经过八百多年，还有参考的价值，在二十世纪的初年，还重印过。

又如在一一五四年，僧人阿迦范娑（Aggavamsa）所完成的《娑丹尼提》（Saddaniti），也是蒲甘人所用巴梨文所作的著名著作。这是一部三藏的文法，从完成之后到现在，还是一本很好的古典著作，已经再版多少次，作者闻名远近，阿迦范娑是那罗波帝悉都的师傅，他住在蒲甘之北一个寺庙中，这是巴梨缅甸文字的摇篮。

《娑丹尼提》，不只在蒲甘得到读者的欢迎，在出版之后不久，乌多罗耆婆曾带一本到锡兰，在那里，也得到人们的热烈欢迎。有人说，这可与锡兰人的最好著作比拟。

又如乌多罗耆婆的弟子车波多，也写了巴梨文著作，直到蒲甘王朝的末季，巴梨文著作，还不断的出现。虽然佛教的前宗与后宗，有了争端，巴梨文的著作仍然发展。蒙古征服蒲甘之后，好多僧侣移居于木连（Myinzaing），在这里，他们没有什么著作。

为什么巴梨文在蒲甘时代能够很快的研究与重视呢？因为提倡佛教最力的蒲甘第一位国王及其僧侣，以为巴梨文的经典是佛教教义的最可靠的著作，因而要想宣传佛教就不得不依靠于巴梨文的经典。巴梨文之在蒲甘王国的流行，是与佛教的提倡是分不开的。而且，缅文在蒲甘建国的初期，还不能运用自如，就是在开辛他的时代，这种情况还不见得很大的改变，假使不用巴梨文，往往就得采用得楞文，二者都是外来的文字，不是蒲甘本国的文字。阿奴律陀提倡巴梨文，主要是为了宣传他所觉得真正代表佛教教义的经典，开辛他除用巴梨文之外，其碑文多用得楞文，这虽是由他住过猛人地方，对于猛族的文化有所爱好，但也是因为在那个时候，用缅甸文字还有缺点，不如用得楞文之易于表达人们的意思。

但这也并不是说，得楞文或缅文完全没有通行，尤其是在开辛他的时代（一〇八四——一一一二），得楞文也很普遍的被采用。这也是有其原因的。蒲甘人受猛族的文化影响很多，开辛他曾在猛人的地方住过，在这里，他结交了好多朋友，他与这个地方的人民感情也很好。据说，在他的宫廷里，也有得楞学者，所以在他所刻的碑文，多用得楞文，这种碑文，其为人们所觉得很有文学的价值的，如下面所录一段：

> 宅心慈爱……人有别离信友而泣者，开辛他王拭去其泪。……故民之投王，如婴儿之投慈母怀中。……人有蓄意为非者，王将以软语感化之。……能使发恶言者说善语。开辛他善用智慧，如用其手能开天门镶金嵌宝之门。王女有素馨（Jasmine）花之异香，有因陀罗妻阿楞浮娑（Alambusa）之光辉，均侍在侧。王女自七城而来者，以各种金宝为饰，持白伞侍立。开辛他登金镶玉嵌之宝座，享受帝王之荣华。……王恭献三宝，奉佛像于金匣，如灯光之永耀（姚枬译哈威《缅甸史》第二章）。

又如那罗波帝悉都（Narapatisithu）（一一七三——一二一〇年）也刻了很多得楞文碑文，这都说明了得楞文化对于蒲甘的影响之大，这是研究蒲甘历史以至整个缅甸历史的人所不能忽视的。

尽管巴梨文与得楞文在蒲甘时代很为流行，可是缅甸文字也正在发展。考古学者找得最早的缅文碑文是一〇五八年。又上面已经指出，在开辛他死后，其子耶娑鸠摩（Yazakumara）曾竖立石柱，刻了巴梨、得楞、骠与缅四种文字，这是一一一二年的事情。开辛他只有这个儿子，可是当开辛他当国王的初年，他与其母流落外间，开辛他已决定其外孙阿隆悉都继王位，所以这个儿子只被封在北阿腊干及七山区，但当开辛他死后，他乃在蒲甘之南的摩耶齐提（Myazedi）竖立这个石柱，这个石柱既采用了四种文字，也说明了至少至蒲甘的上半叶，这四种文字是同时并行。而尤值得我们注意的是，骠文在这个时期还是应用。至于缅文也正在发展，这也是缅文较早见于碑文的。

据说娑他玛齐利（Saddhammasiri）曾翻译过巴梨文的著作 *Brihaja* 为缅文，这也是缅文的文学的很早著作（参看 M. H. Bode, *Pali Literature of Burma*, 1909, P. 20）

在那罗波帝悉都就位（一一七三）之后，他逮捕了其兄，这就是前曼衍那罗帝因迦（Naratheinhka）的师傅阿难多都利耶（Anantathuriya），并命令人斩之，在临刑之前，阿难多都利耶曾赋了数首诗，这就是后人所说的《死者之歌》，这也是用缅文写的。根据中译（参看姚枬译哈威《缅甸史》第二章）的词句如下：

> 富贵易得易消失，
> 世人难逃自然律；
> 金宫宝殿列卿相，
> 王居高座孰与匹；
> 应知欢娱有终期，
> 恰如漩涡变幻疾；
> 圣主宏恩赦下臣，

还我自由种福因；
众生难逃自然律，
元真幻化易消泯；
虔诚祷祝虽奇效，
不将善果待来生；
且定心神候谕旨，
愿逃此劫赎罪身；
圣主慈悲未可吝，
行不从心儌吾侪；
自来苦难唯两事，
危急死亡永世仇。

缅文在这个时间，在应用上，虽没有巴梨文与得楞文那么普遍，在其本身虽也正在发展阶段中，而还未完备，但在碑文上，在诗歌上，既皆已能运用，也说其发展很快，我们可以说，蒲甘时代是缅甸文字的形成的最重要的阶段，这是与民族的发展是分不开的。

在政治上，在《死者之歌》未写作之前数年，蒲甘是处在一个不安定的时期。阿隆悉都的长期统治（一一一二至一一六七）虽然也增强了蒲甘王朝的基础，但在这国王在位的时候，也有不少的紊乱。而且到了晚年，宫廷间的互相排挤，更加发展起来，在这位国王病危的时候，其子那罗都（Narathu）把他杀死而篡其位。那罗都既杀了父，又用阴谋杀其应该继承王位的哥哥弥辛修（Minshinzaw），这样，弄到众叛亲离。当时的国师般他求（Panthagu）也愤其残暴不义而逃去锡兰。在位不够三年，他自己也被杀而死。继他的王位的是他的儿子那罗帝因迦（Naratheinhka），但他自己也因夺取弟妇与排挤弟弟，为其弟弟那罗波帝悉都兴师杀死。那罗波帝悉都既杀其兄，又杀其帮助他杀兄的臣僚，更杀其兄的师傅，这样的互相仇杀，主要虽是宫廷内部的事情，但也说明了政治上的紊乱情况。

应该指出，也是在这个时代，缅甸文字发展到一个新阶段。同时也是蒲甘文化发展到一个新阶段。我们可以说，大致是在这个时代，蒲甘产生了一个文化的革命，这个文化革命，是蒲甘或缅甸语言的普遍采用的开始。《死者之歌》，就是一种表征。这个文化革命，也是蒲甘与缅甸的民族主义进入一个新的阶段，也是蒲甘或缅甸文化代替猛族文化的开始。

我们知道，猛族国家是在缅甸的南部，其历史可以追溯到公元一二世纪，其地濒海，对外交通很为方便，很早就受印度文化与佛教的影响。这个国家，不只是东西交通的要道，而且是印度文化与佛教的一个极重要的转输站，所以在蒲甘王国未建立之前，不只是唐代的骠是受了猛族的文化的影响，就是汉代的掸国，也是受了这个国家的文化影响。蒲甘人在骠人统治之下,至少在间接上也受了猛族的文化的多少影响。到了阿奴律陀征服直通之后,猛人俘虏对于蒲甘的文化的影响尤为显著。关于这一点,哈威在其《缅甸史》中曾简略而扼要的叙述如下:

> 直通之俘虏中,有甚多工匠,繁衍以后,对于缅甸文化,殊有贡献,并产生三项直接效果:第一,信阿罗汉自直通僧侣中获得甚多襄助之人,并已享有前所渴望之经典,乃建三藏经楼以珍藏之,此一建筑物,迄今仍可于蒲甘见之。第二,巴梨文渐代梵文而为经书之正式文字,小乘佛教渐代北派佛教而为人民所崇奉。第三,缅人采用得楞字母,而始有文字,考最古之缅文碑铭,其镌勒年份为一〇五八年,适在征克直通之后一年。

应该指出,蒲甘人之采用得楞字母而写成自己文字的时间,应该是在阿奴律陀征服直通之前,不过征服直通之后,一些俘虏可能乃把这些蒲甘文字加以改革,使其流行。无可疑的,这些俘虏,对于蒲甘人猛化,起了很大的作用,但是蒲甘人猛化的历史既已很久,而且征服直通之后,除俘虏对于文化有贡献之外,猛人之仍留于南部或在蒲甘统治之下者,在文化上,对于蒲甘的影响,也是没有问题的。

蒲甘或缅甸文字的发展,是这个民族文化的发展的一种特征。当时与现在的字母虽然采自印度化的得楞字母,但其语言或方言,是这个种族的固有东西,语言是民族特征之一,它代表了民族的意识,代表了民族的风习,也代表了民族的社会制度与一些物质生活上的事物,在蒲甘王国未建立之前,这些东西已存在,其社会或部落建国之后,在自发尤其是有意的推动之下,更表现出来。蒲甘或缅文逐渐代替了得楞文,说明其文化也正在发展。

蒲甘未建国之前,主要是受骠人的文化的影响,骠国的文化,在唐代虽很繁盛,但是到了唐的下半叶,国势趋于衰弱,又败于南诏之后,不只国势愈趋衰弱,在文化上,也可能趋于衰微。蒲甘人是羌人到缅甸较迟的支派,文化较为落后,到了骠人衰弱之后,他们在政治上虽逐渐占了重要的地位,可是在文化上,还是落后,远比不上南边的猛人,所以在建国之后,就不得不积极去吸收得楞的文化,但是经过一百多年的吸收与消化之后,他们慢慢的发展其固有的文化。在开辛他时代的还未成熟的蒲甘或缅文,到了一一七〇的时代,已能运用自如。它不只应用于日常生活,而且可以有优美的诗歌,《死者之歌》只是这种代表著作而已。文字如此,文化的其他方面也是如此。

就是在宗教方面,也开始了一种新的运动。虽然巴梨文还是采用,但范围大致是限于佛教方面。蒲甘的南宗佛教,自信阿罗汉以后的一百余年,一直是宣传从直通输入的佛教,但是一一六七年般他求到了锡兰之后,传其衣钵的国师乌多罗耆婆(Uttarajiva)于一一八〇年,又继之而去锡兰,而且这次到锡兰,却不止一人,他的弟子车波多(Chapata)、其他僧人如阿难陀(Ananda)回到蒲甘之后，在蒲甘之北的乌让建立锡兰正式的新塔，这与自信阿罗汉从直通所传入的佛教，在教规仪式方面，都不相同，虽然这些新教规与仪式，也非蒲甘人所固有的东西，而是外来的东西，但在放弃猛族的文化遗产，这与放弃得楞文字是有其共同的地方。这就是说，无论是发展民族的固有东西也好，无论采用外来的东西也好，同样的是一种反得楞文化的运动，从其正面来说，都是一种新文化的运动。

从这个时候起，在文字方面，巴梨文主要是为寺庙所沿用。至于得楞文在这个时间以后，以至蒲甘王朝的末期，几乎是很少采用。蒲甘人所普遍使用的文字，是自己文字或缅文。这样，对于缅甸的民族精神，更充分的表达出来，而缅甸的文学、艺术以及文化的各方面，也逐渐的发展起来。蒲甘是信仰佛教的国家，自国君以至一般民众，都与佛教生活有了密切关系，所以佛教在缅甸的文化，占了特殊的地位。虽然新自锡兰的佛教或是缅人所谓为后宗佛教，是与来自直通的佛教或是缅人所谓为前宗佛教，有所不同，但这是南宗或小乘佛教的内部的支派，因此蒲甘的文化，无论那一方面，都沾染了宗教的色彩。就是缅甸的文字本身，也是与这个宗教有了关系，因而在我们谈蒲甘的十二世纪下半叶的文化革命，我们不能过分强调其新的方面，而忘记了在新的文化的运动中，是包括了好多旧的东西。后宗佛教是新的东西，但是前宗并不因之而消灭。而况，两者像上面所说，都是小乘佛教的支派。就以文字来说，得楞文是少用了，或是几乎完全不用了，但是蒲甘或缅文字母是来自得楞文，这种文字，在蒲甘时代，占了一百多年的历史，在蒲甘王国的文化史上，所占的地位是很重要的，这也是研究蒲甘历史的人们所不能不注意的事情。

此外，又如在音乐方面，蒲甘也有其特殊的成就。我们知道，在唐代的骠国，国王雍羌曾献其国乐于中国，德宗喜欢这种音乐，引起诗人白居易作了一篇长歌来规劝。蒲甘的音乐很可能是受了骠国的音乐的影响。蒲甘国王很多重视音乐。据说阿隆悉都自己就是一位很有成就的音乐家。他除了提倡音乐之外，还自己创造了乐谱。传说他曾远游到了天边神树（玫瑰苹果树，Rose Apple Tree）所生的地方，天帝携了礼物，现身于树荫之下，在其下降时，风吹叶落声，以及果落圣河声，均为美妙的乐谱，阿隆悉都曾采用了这种乐谱，使蒲甘的音乐更加美妙。这个传说，不见得就是事实，它说明了这一点，这就是这位国王是极力提倡音乐的人物。

据说，缅甸今日的好多节日，都可以追溯到蒲甘时代，新年的泼水节，就是一个例子。这是缅甸人的一个极欢乐的日子，男男女女每个人都把水泼到别人的身上，青年男女，一群一群在街道上，在广场中跳舞。应该指出，这个泼水节不只见于缅甸，而且也流行于傣族各地，如老挝与我们的云南靠近缅甸的边疆一带。所以这种节日是否起源于蒲甘时代，是一个问题，但在蒲甘时代也有这种节日。又如，在十一月的月圆节，在现在是佛教的一个节日，但这个节日，也已流行于蒲甘时代。

在蒲甘时代的文化或风习中，有没有羌族的原来的文化与风习的留痕呢？《后汉书》西羌"居所无常，依随水草，地少五谷，以产牧为业"。这种生活，到了缅甸之后，可以说是根本改变。这就是说，他们已从一个以产牧为业而变为以农为本的民族。但这不能说其风俗完全改变，而没有一点留痕，我们知道，羌族与匈奴一样的有"父没则娶后母"的风俗。这一点在蒲甘时代还可以找出例子。阿奴律陀曾娶了一位得楞女子为妃，这就是金乌妃，阿奴律陀死后，修罗继位，他册封金乌为王妃。应该指出，这种习俗，在东南亚的其他一些民族中，也有实行的，就在卡箐族中，就有要后母为妻的例子。是不是卡箐族或其他民族之有这种习俗，也是受了蒲甘的影响，不得而知，但蒲甘人既为羌族的后裔，那么蒲甘缅人的这种习俗是传自他们的远代祖宗，也是不足为奇的。

应该指出，蒲甘人从一个寒带到了一个热带的地方，从一个草木较少到了一个树木丛生的地方，其生活方式，大大的改变，是自然而然的。而况，在其长期途程的迁移中，既已受了其他民族的文化风俗的影响，到了缅甸之后，又受到了当地或其邻国而尤其是猛族与印度的文化风俗的影响，想在这种情况之下而找其祖宗羌族的文化的留痕，这当然是一件很不容易的事情。

第十二章 宗教与佛教

我们知道，现在的缅甸是以佛教为国教。但这种宗教在缅甸历史很为悠久，在缅甸的南部的猛族，在公元前后已输入佛教，而在骠人统治时代，佛教也已传入，虽则骠人所传入的佛教是与缅人所信仰的佛教也有所不同。我们还相信，在缅甸北部的掸族，在公元前后也曾受了佛教的影响，不过这种影响，其程度如何，难于估计。

现在的缅甸，所崇信的佛教，主要是蒲甘时代所传入的佛教的南宗。其初是深受了其南部的猛人尤其是直通的猛人的影响，后来又直接受了锡兰的佛教的影响，所以佛教在缅甸的历史，虽可以追溯到公元前后的时代，但是蒲甘建国以后，缅甸的佛教在宗派上，主要是依皈南宗小乘。蒲甘王朝自其建立者阿奴律陀极力提倡以后，其子子孙孙在蒲甘时代几乎没有一位不积极提倡佛教，竞建佛寺。使这个宗教，尤其是这个宗教的南宗小乘，继续不断的发展，以至现在。缅甸与暹罗一样的称为黄衣之国，因为到了缅甸，不只到处可以看到黄衣和尚，到处可以看到佛寺，而且每个缅甸人在其一生中，几乎个个都要做过一次或一次以上的和尚。我们可以说，这个宗教的传说，主要是奠立于蒲甘时代。

但是我们也要指出，蒲甘的统治者，虽然极力提倡佛教，甚至排斥其他的信仰或宗教，不只蒲甘的民众，除了相信佛教之外还崇拜或信仰其他的宗教或神鬼，就是蒲甘的统治者，也不见得完全是信仰佛教。因此，我们叙述蒲甘的宗教不能只谈佛教，而完全忽视了其他的宗教或信仰。

蒲甘人在其未崇拜佛教之前，是与东南亚或其他好多地方的所谓原始民族一样的是拜物主义者（Animist）。蒲甘人所崇拜的神灵，不胜枚举，是一系列的对象，叫做那特斯（Nats），大致上是一些地方的自然现象，天、地、风、雨、山、川、花、木，以至乡村房子，都成为崇拜的对象。他们相信，这些东西，都有其灵魂（Spirits）。对于人类，能降凶福，任何人都有灵魂，做了勇敢或有益于他人的事情，或是能够忍耐了很大的苦难，死后更是值得人们崇拜。

直到现在，在缅甸好多民族节日之富有宗教意味者，多与这种自然现象的信仰有密切的关系，或是起源于这种信仰。连好多佛教的节日及其仪式，也往往受了这些原始的信仰的影响。

至于人可以变为神的故事，例如《琉璃宫史》中所记：

> 有牙低提（Nga Tin De）者为太公铁匠牙低忉（Nga Tin Daw）之弟，以膂力名，据称，彼曾力拔雄象之牙，事为太公王知悉，令其臣曰："此人必夺吾业，速捕杀之。"牙低提恐丧其生，远避森林间，王惧，纳其妹立为正

妃，久之言于女曰："卿兄为一力士，速召之来，当畀以督府之职。"牙低提乃潜出默思："王已立吾妹为正妃，今来召我，必封官职耳。"孰料王竟捕之，绐于红豆树，聚薪炭焚之，妃乃纵身火中曰："忆！兄为我而死也。"或云王曾扑救其妃，而仅得其发，故面目虽存，而躯体焚如。彼兄妹死难后，成为神灵，匿于红豆树中，不论人、马、牛、畜，近树荫者必死。民乃拔树浮于丽江，因飘流至蒲甘，蒲甘人刻兄妹二神之像，供奉于布波山巅。王公庶民，年必拜祭一次。（姚枬译哈威《缅甸史》第一章）

又如：

（阿奴律陀）修灌溉工程，由王躬自主持，历三年之久，有甚多工人死于热症。按照习俗，凡水闸动工时，必有一人牺牲，阿奴律陀之某妃为掸族某酋之妹，欲杀身成仁，以一当众，成全旁人，后果被埋闸下，成为诸闸之护神。其兄为苗祇夷（Myogyi）之酋长，奉召致祭，立即启程赴朝，中途惊悸，行到修祇河漩涡，将入缅境处，纵身入水而致淹毙。今日道旁小龛中所供奉之二小像，即此兄妹二人也。（参看同上书）

上面所举出的人物，死后为人们当为神灵而崇拜，说明了天、地、山、川，可以成为崇拜的对象，男女众生，也可以成为崇拜的对象。人们不崇祀阿奴律陀与太公国王，而祭祀这些人物，说明了原始信仰在民间的潜在力量。

所以外来的宗教，如婆罗门教或佛教，虽然成为国教为君王所积极提倡，也为民间崇奉，但这些原有的宗教不只仍然流传于民间，而且往往也影响于外来的宗教，虽则外来的宗教也往往影响原有的宗教。佛教在缅甸势力虽大，但并不能消灭原有的信仰，相反的，它是在原有的信仰的基础上发展起来。所以，直到现在，好多的佛教仪式是染有原来信仰的色彩，那特斯（Nats）是可以从各种宗教仪式中找出来，而且是与一个人从生到死都有关系，它与耕种、收获，以至战争、夜眠，都有关系。

在蒲甘时代，外来宗教势力最大的虽为佛教，但婆罗门教是同时并行。婆罗门教之传入缅甸，始于何时，不得而知，但可以断定，不会晚于佛教。直至现在，婆罗门教在缅甸与暹罗还未消灭，尤其是在王室之中，婆罗门教的信仰仪式，还有流传。蒲甘第三世王开辛他的加冕典礼是采用婆罗门教的仪式。现在暹罗国王加冕，以及王室中好多重要典礼，还是采用婆罗门教的仪式。最为突出的是当时开辛他加冕时，国师信阿罗汉主持典礼，佛教国师本来不能为王加冕，而这种做法，却是婆罗门教的作法。其实婆罗门教不只与佛教同时并行，而且有时互相混杂。所以有时佛陀之像很像毗湿奴（Vishnu）。其实据考古学者所发掘的结果，缅甸境内所掘出的宗教遗物，常常属于印度教，而非佛教，说明婆罗门教在缅甸的影响之大。

但我们也得指出，这二种宗教也并非完全相安无事，有时也互相斗争。猛族或得楞女英雄贤善女（Bhadradevi 或 Talabtaw）的故事，说明了这一点。贤善女是一位商人的女孩，她从小至大就随着父母听讲佛经，皈依佛法。在那个时候，白古的国王名叫做帝沙（Tissa，一○四三——一○五七）者，是一位崇拜婆罗门的信徒，他不只不尊崇佛法，而且毁坏佛像，把佛像弃于沟壑里。贤善女到水里沐浴的时候，看到王所毁弃的佛像，她把佛像洗得干净，置之于塔。国王听到这个消息，使人捕了这位小女，最初是把她置在群象之中，使象践踏她死，可是她口念佛三归，象虽咆哮不已，却没有伤害她。于是国王又把草包其身体置于火中，可是火也不烧她。国王既没有法子去杀死她，要她念经请佛像升天，她照国王的命令，果然有佛像八尊升天。国王于是又命异教道士做法，使其神像升天，可是异教道士的法术不灵，从此国王乃驱逐异教道，崇信佛教，同时立了这位女子为正宫。

帝沙在位的时候，正是阿奴律陀在位的初年，虽然这个传说的发生地点是在现在的南部的白古，而不是蒲甘，但也说明了婆罗门教的势力是相当的大，而且佛教与婆罗门教有时互相排斥。

上面已经指出印度佛教之传入缅甸为时很早，其传入的路线主要是从海道，在缅甸滨海的猛族诸国崇信这个宗教，当在公元前一二世纪，或者更早的时候。但是佛教之传入缅甸，也可能循陆道而来，这就是经阿撒姆（Assam）而入上缅甸。又佛教之传入不只是小乘，且有大乘。在蒲甘这个地方，大乘佛教之传入，是在蒲甘王朝之前数世纪，约在公元后第五世纪，大乘佛教已传到蒲甘。现在蒲甘的皎鸠寺（Kyaukku Onhmin）的下层建筑，是大乘佛教的建筑，后来毁坏之后，又在这个基础上建立了小乘佛寺。（参看 Forchammer：*Report On The Kyaukku Temple*）

在缅甸的大乘佛教中有了一个支派叫做阿利教（Ari），这种大乘佛教，在缅甸的编史者的心目中，是当为邪道，而不当为佛教。他们把这种宗教当为低级信仰，但应该指出，这种宗教不只是在十一世纪以前的很长时间中，在上缅甸的很多地方，到处可见，就是一直到十五世纪或十五世纪以后，还存在着。在缅甸，有人说这种宗教是从吐蕃佛教蜕变而来，其教徒的集中地方是在蒲甘东南数里的他摩底村（Thamahti）。他们祀佛陀与其释帝（Sakti）诸妻，并且祭龙，他们的须发很长，衣靛青所染的袍，习拳术与骑术，又善斗，而沉于酒。《琉璃宫史》有一段记载农人出身的国王让乌修罗汉的故事，说明了阿利教的势力之大，及其风俗的概略。兹录之于后：

> 农人让乌修罗汉（Nyaung-u Saw-Rahan，931—964）既登王位，极其尊荣显赫，于胡瓜园中辟一幽美花园，供神龙之象，以为龙胜于人，权力亦大于人，故信奉之，更就商于邪教之阿利僧（Shin Ari），纵论耶底披

（Yathepyi）王国（按：在卑谬）与直通之雪宫宝塔（Zigon Pagoda）事。更自建五塔，曰波睹夷（Pahto-gyi），曰波都祇（Pahto-Nge），曰波睹单耶（Pahto Thamya），曰梯陵波睹（Thimlin Pahto），曰悉帝波睹（Seitti Pahto），诸塔所供既非佛像，又非神像，而被享以米与加厘及酵酒，日以继夜。……他摩底之阿利教，已传遍各处，在修罗汉当政期内，王与众民均信奉之。……阿利主教因欲博取人民之信仰，曾自制经典藏于紫葳树（Thahkut）内，待树长成，树皮作鳞状时，乃寻求卜者，诱使宣读树中所藏之本，于是王与百姓均被误导歧路矣。……蒲甘诸王，信奉此邪教，已历数代（按：指阿奴律陀之前），遵从三十阿利主教与其六千教徒所传布之教义。此等教徒，均在他摩底学道，常摒弃佛法而各倡一说，凭其个人之意念书为经籍，以惑国人。若据彼等所授之教义，则如能背诵解劫咒时，纵杀他人，亦冤果报，故子可以弒其父、母，而免报应，仅须能背诵解劫咒而已。此种邪恶不正之行为，竟被授为真理。不特此也，无论王公大臣或富室贵贱，每逢女儿出嫁时，须于婚前一日昏时，送到僧寺，所谓献童身，翌日清晨始被放出，乃可成婚，如不向僧献其童身，将受国君之严惩，以其破例也。据云献童身为教规之一。（姚枏译哈威《缅甸史》第一章）

阿利教提倡饮酒、强献童身等等，都是佛教所反对的事情，《琉璃宫史》的编者，对于这种宗教的憎恨，可以概见。让乌修罗汉是否有其人，不得而知，但上面所录那段话，说明了阿利教早已传入缅甸，到了十七世纪的时候，其影响很大，因此在十一世纪的中叶，引起小乘佛教僧阿罗汉（Shin Arakan）与蒲甘国王阿奴律陀的极力排斥。尽管如此，正如已经指出，直到十五世纪或是十五世纪之后好多年，阿利教还存在于缅甸。比方敏建县的利屈（Lethkok）有浮图名他耶补（Thayapu）者，建于十一世纪中，有黑袍阿利教人的壁画。（参看一九一五——一九一六年《印度考古调查局年报》, Duroiselle: *The Ari of Burma and Tantric Buddhism*）。在十二世纪所建立的难陀屏那耶（Nandamimuya）与其邻寺波耶旦苏（Payathonzu）均有阿利教的壁画，而一九〇九年《缅甸考古调查报告》第九页 Tawsein Ko 指出，有一碑文记载一四六八年敏建的胶修（Kyauksauk）有阿利教人。

缅甸的佛教，像上面所说，是属于小乘或南宗，或是都罗婆陀（Thervavada）派。其历史若从直通或猛族国家算起，当在二千年以上，就是从蒲甘人信仰这种宗派或是蒲甘王朝说起，也得有一千年，蒲甘王朝的历史，虽不过二百五十年左右（严格的说是始于一〇四四终于一二八七），但是近代与现代的缅甸的佛教基础是奠在这个王朝。在蒲甘王朝的前半叶没有一个缅甸国王不崇信佛，而且竞相建筑佛寺，广传佛法，只在蒲甘都城这个地方，据说就有了数千佛寺，因而在人民的生活中无论在那一方面，都与佛教有了关系，虽则上面也已指出，这种佛教也沾染了缅甸原来的拜物主义的信仰，以及婆罗门与阿利教的影响。

我们不准备在这里把蒲甘的佛教作详细的叙述，其实这种宗教，在蒲甘的政治、经济、文化、教育以至日常生活所占的地位既是很为重要，想作了一个比较全面而简略的叙述，也不容易。关于这方面的参考材料，可以参看皮孟田（Pe Maungtin）在一九三六年在《缅甸研究会期刊》（*Burman Journal of Research Society*，Vol. XXVI）所发表的《蒲甘的佛教碑文》（*Buddism in the Inscription of Pagan*），阿普列顿（G. Appleton）的《缅甸佛教》（*Buddism in Burma*，1943）与一九四六年拉伊（Niharranjan Ray）所著的《缅甸都罗婆陀佛教》（*Thernada Buddism in Burma*）。

上面已说过，蒲甘在十一世纪的初期，大乘佛教虽早已传入，但其流行的是阿利教。自然，我们也得指出，大乘佛教之传入缅甸的，或者不只这一派，而小乘佛教之传入缅甸北部，包括蒲甘在内，也不一定是始于蒲甘王朝的第一世王阿奴律陀，因为我们知道，在缅甸南部的猛族诸国，如直通，小乘佛教早已传入，而且很为繁盛。同时，我们知道，暹罗以至老挝或扶南、真腊以及东南亚的好多国家的佛教，也可能是从这个地方转输出过。从缅甸南部到缅甸北部，水路交通有伊洛瓦底江的方便，陆道也不很困难，这种宗教从猛族诸国影响到蒲甘各处，也是自然而然的。据缅甸传说，都罗婆陀佛教到蒲甘的第一位传教师是僧阿罗汉（Shin Arakan），他是一〇五六年抵达蒲甘，这就是在阿奴律陀就位后之十六年。传说他想使上缅甸的崇信异教的人们，改奉佛教，乃隐居于蒲甘附近的林野间，后来通过樵夫的介绍，乃得阿奴律陀的赏识与信任。他说服了这位王国崇奉小乘，从而用政治的力量去推动这个宗教，所以不久之后，这个宗派就慢慢的普及于蒲甘国都及其他各地。同时，他又利用政治的力量去摧毁阿利教。这样，据缅甸史家的说法，僧阿罗汉成为蒲甘第一位南宗传教师，而阿奴律陀成为第一位崇奉南宗的国王。

这位国王，既崇奉了这个宗教，他很想从南部的直通求得一部三藏（Tripitaka），他派使者到直通请求直通王摩奴阿（Manudha）给他一部，这位国王不只不答应，反而把使者凌辱，阿奴律陀在愤怒之下大派军队征伐直通，结果是灭亡了直通。除活捉直通国王与掳了很多的人民包括很多的僧人、技术人员之外，还把直通的白象三十二头，与三藏三十部，以及其他的经典佛宝运回蒲甘。

这样，蒲甘既有了佛教经典，又有了传教僧徒，蒲甘遂代替了直通而成为佛教的中心，这是一〇五七年的事情。

应该指出，阿奴律陀时代的历史只是一种传说。有人还怀疑是否有阿奴律陀这个人物，我们不能在这里讨论这一点，我们以为直通被蒲甘征服，是可能的。直通的僧人、经典迁到蒲甘也是可能的。僧阿罗汉到蒲甘传教，也是可能的。而且，从此以后，蒲甘的都罗婆陀佛教，遂能在蒲甘立足，与逐渐的发展起来。但僧阿罗汉既不一定是第一位传播这种宗教于蒲甘，阿奴律陀也不一定是第一位缅族首领崇奉这个宗派，在僧阿罗汉之前，可能早已有僧人到上缅甸传播这种宗教。

但是蒲甘的小乘佛教是受了缅甸南部的猛族，而尤其是直通的佛教的影响，是无可疑的，特别是直通被蒲甘征服之后，蒲甘的佛教，逐渐的繁盛起来，以至于现在。

缅甸南部的猛族的佛教，大致上是从南印度尤其是建志补罗（Kancipuram）与迦波巴坦南（Kaveripattanam）而来，可能也从锡兰传入。这数个地方，都是都罗婆陀佛教繁盛的地方，僧阿罗汉，本来是一位直通婆罗门的儿子，但因为他对都罗婆陀佛教具有热忱，所以到了蒲甘宣传这种宗教，他不只是在阿奴律陀时代的蒲甘国师，在开辛他（一〇八四——一一一二）以至阿隆悉都（一一一一——一一六七）的初年，还是蒲甘国师。据说他是死于一一一五年，享年八十有一。继僧阿罗汉而为国师的是般他求（Panthagu），这位僧人因为对于国王那都罗（一一六七——一一七〇）的杀兄的残忍行为，于一一六七年跑到锡兰，到了一一七三年始回蒲甘。他在锡兰受了很大的影响，所以继他而为国师的乌多罗耆婆（Uttarajiva）于一一八〇年，也到锡兰，而被称蒲甘到锡兰求法的第一僧人。此外，还有一位得楞人叫做车波多（Chapata），也在锡兰住了很久，于一一九〇年回蒲甘，被称为锡兰求法第二僧人。车波多回蒲甘时，还偕了另四位僧人同回，这样，使蒲甘的佛教深受了锡兰的影响。车波多与其他另四位僧人曾在蒲甘城的北边的让乌地方建车多波塔，其样式是仿自锡兰。此外，他们于一一九二年以后，摒除了蒲甘的原有教规，提倡新教规，成为蒲甘佛教的另一派，虽则他们五位僧人，对于教义教规的看法，也有所不同，所以后来又分为三派。在蒲甘的佛教史上，这是一件大事情，因为从僧阿罗汉从直通输入的佛教，经过三十五年的历史，大致没有什么改变，但自车波多从锡兰回后，另创派别，蒲甘的佛教大致上可以分为二派，一为僧阿罗汉从直通所传入者，称为前宗，而车波多从锡兰传入者称为后宗，后宗的领导人物，除车波多之外还有阿难陀（Ananda）、室维利（Sivali）与他摩林陀（Tamalinda），他们都以为蒲甘人所采用的受戒礼是与教律毗那耶（Vinaya）不符合，而另创新派，但是自车波多死后，他们三位意见分歧，分为三派，最初是室维利与他摩林陀对于阿难陀有了不同意见，后来室维利与他摩林陀又不相容，这样，就成为三个派别。

这个后宗的佛教，而尤其是阿难陀与室维利这二派，不只在上缅甸影响很广，就是在猛族的地方也有不少人崇奉，而且，有了不少信徒，在缅甸的佛教史上，占了重要的地位。当然，这也是与蒲甘国王那罗波帝悉都（Narapatisithu,一一七三——一二一〇）的支持与提倡这个宗派的佛教是有了关系，因为这位国王对于从锡兰回来宣传宗教的僧人的佛法渊博，是极为推崇。

蒲甘现在只是一个毁败的村镇，但在蒲甘时代，它不只是一国的都城，而且是蒲甘的佛教的中心。考古学者现在在其原来的城中，广约十五六英里的面积中，可以找出成千成百的佛寺遗址，说明在那个时候，这个地方的佛教的繁盛。这些佛寺，其伟大者多为国王所建造，如阿奴律陀所建筑的瑞海宫，如开辛他所建筑的阿难陀寺，如阿隆悉都（Alaungsithu）所建筑的他冰瑜禅寺（Thatpyinnyu）与瑞姑寺（Shwegu），如那罗都所建筑的檀摩衍寺（Dammayan）等等。

这些国王之所以建立这些佛寺，有的是觉得自身作孽，企以赎罪，有的是显扬功德，也有的是作为归隐之所。总之，是希望死后能得超脱，进到涅槃。比方阿奴律陀是因杀了族兄，那罗都是因杀了胞兄而篡其位，故兴建佛寺，以赎其罪。开辛他之建佛寺，似乎是要宣扬蒲甘的强大及其佛教的繁盛，阿隆悉都之建瑞姑寺，是作为他归隐的场所。

建立佛寺的人们，不只是建筑了佛寺，因为有了佛寺，就必有僧侣，他们需要供养，所以他们往往又捐献金钱、田地，以至奴仆，以维持佛寺，及其工作。有的除把所有的财产献给佛寺之外，还把自身与妻子当为佛寺的仆役，这是牺牲的精神，但也是为求死后超脱，也可以说是为了自己的利益——来生的利益。蒲甘虽亡，佛教却不断发展，佛寺却日建日多，今日到缅甸的人们，无论在曼德礼、在仰光，到处都看到美丽而伟大的佛寺，当也觉得这是蒲甘的传统，这是蒲甘的承继者。

在蒲甘未建国之前，蒲甘的寺塔是受了北印度的影响，这些寺塔，是用大石拱顶，到了蒲甘建国之后，这种建筑已经衰微，代之而兴的是用砖块，一块一块的砖，层积如山，极为坚固，而少有门户。

这些寺塔，主要是崇拜佛陀，可是也不一定排斥他神。就以阿奴律陀所建立的瑞海宫宝塔来说，塔内藏有佛的锁骨、前额齿牙，据说前额是来自卑谬，而齿牙是来自锡兰，从蒲甘的国王与人民以至现在的缅甸人，都觉得这是很为宝贵而神圣的遗物。但在这里也有三十七个龙神的神堂，从忠诚的佛教徒来看，这是邪神。阿奴律陀是尊崇僧阿罗汉而排斥阿利教的第一位蒲甘国王，可是阿利教徒所祭祀的龙神，也可以在这个宝塔中看到。这又说明佛教的势力虽然在蒲甘取了蒲甘的宗教的优越地位，然而别的宗教或宗派并不因此而消灭，相反的，往往数者并行。

我们对于蒲甘的宗教加以较为详细的叙述，因为宗教不只在缅甸的历史上，就是在现在的缅甸人的生活中，都占了极重要的地位。直到现在，佛教是缅甸的国教，所以无论在个人一生中，以至全国的政治、经济、教育、文化以及其他方面，都与佛教有了关系，同时也是与过去的蒲甘有了关系。

第十三章　蒲甘列王纪

阿奴律陀是蒲甘的开国君主，可是在蒲甘的碑文中找不到阿奴律陀时代的碑文，他的先世既很难追溯，《琉璃宫史》所记载关于他的事情，也有不少是难于相信。因此，甚至有人怀疑究竟有否阿奴律陀这个人。这种看法，未必是对，但这也说明蒲甘这个国家或其王朝的早期史料是有问题的。

据说他在位的时期，是从一〇四四至一〇七七，这就是说他在位三十七[①]年之久。他所统辖的地方，像上面所说，从东到西约为一百二十公里，从南到北也不过约三百公里。我国《宋史·蒲甘传》，虽然记载当时的大臣把蒲甘当为一个大国看待，但从疆土来说，当时的蒲甘，差不多也只等于我们现在一个大县。

阿奴律陀选择蒲甘为国都，一方面可能是由于这个地方靠近伊洛瓦底江边，交通便利，但另一方面可能这是更为重要的，是这个地方距离叫栖不很远。叫栖是上缅甸的产米最富的地方，所以缅人传说，谁能得到叫栖统治权，谁就能在上缅甸称王。远在很久以前，猛族曾在这个地方兴建水利工程，在骠国的时代，这个地方在农业上也应很为重要。阿奴律陀对于这一点，一定很为清楚，所以他就王位之后，对于这个地方的水利工程，作了不少的修理与兴筑的工作。据说这种修理与兴筑的工作费了三年之久，牺牲了不少的生命，而且在修理与兴筑的时间，他曾亲自主持监督工作，完成之后，他又迁移很多农民到这个地方居住，建立村落，这个地方叫做赖温（Ledwin），赖温者米国也。

阿奴律陀是蒲甘的开国元勋，也是蒲甘的水利兴建者，是蒲甘的农业提倡者。

阿奴律陀是一位热诚的佛教徒，是蒲甘佛教的提倡者，也可以说蒲甘国教（佛教）的建立者。在他在位的初年，阿利（Ari）教还在盛行，他采纳僧阿罗汉的劝言，首先反对阿利教，然后兴建佛寺，宣扬佛法，他向南边的猛人国直通请求佛经，因为遭到这个国王的反对，他乃率兵去征服这个国家，因而不只得到宝贵的经典，而且俘虏了很多的僧人以至国王与好多技术人才，这样，使蒲甘成为当时的缅甸的佛教的中心，佛法既因之流通，佛寺也因之而林立，直到今天，毁败的蒲甘还是研究缅甸佛教的一个重要地方。

阿奴律陀所提倡的佛教是小乘佛教，所以小乘佛教遂逐渐代替了大乘佛教，又与此有关的，是巴梨文，逐渐代替了梵文，而为经典的正式文字。同时，蒲甘人还采用了猛人的字母，而发展其自己的文字，现在的缅文，就是这样的发展起

---

① 编注：此处在位时间的计算对不上，今从底稿。

来。所以阿奴律陀也可以说是缅甸文化的推动者。

佛教在阿奴律陀时代虽逐渐的盛行而成为蒲甘以至今日缅甸的国教。但是应该指出，阿利教既并未因之而完全消灭，蒲甘的固有的好多信仰，也并不因之而全被排斥，其实这些信仰，还是与佛教双双并立，这一点，上面已经叙述。

阿奴律陀死于一〇七七年，他的儿子修罗（Sawlu）就位，这位国王率兵征伐白古，他既没计谋，又没有才干，在战斗中，他又不听他的兄弟开辛他的劝告，在敌人捕他的时候，开辛他冒险救他出来，他不只不与开辛他同走，还当其兄弟为敌人，结果又为敌人所捕获而被杀死，他就位于一〇七七年，死于一〇八四年。

有人怀疑开辛他不是阿奴律陀的儿子，我们无从考订，但是他之所以得就王位，与其说依赖于王室的承继权，不如说是依赖于他个人的才能。在阿奴律陀的时代，他率了较少的军队而击退侵略白古的掸人，所以他在白古人的心目中声威很高，在修罗的时代，白古侵略蒲甘，几乎推倒蒲甘王朝，主要是靠他而击退。在位共二十八年（一〇八四——一一一二）之久。

虽然白古的猛人几乎推倒蒲甘王室，开辛他就位之后，并不因之而征伐白古，相反的，他对于白古是持了友好的政策。我们知道，在这个时候，蒲甘文字还很简陋，远不及猛文那么文雅，其实蒲甘的文化水平，还是低于猛人，因此开辛他乃聘请猛人之学问渊博者来到蒲甘为他写作各种碑文，这种碑文大多数是用猛文，这对于蒲甘的文化，固有所影响与提高，可是在政治上也是一种睦邻的政策。

此外，他又遣使到中国。《宋史》记载他于一一〇六年遣使到中国，但据一些外国历史学者的意见，他第一次遣使到中国，是一一〇三年，而一一〇六年是第二次。

在国际关系上，他的政策既是睦邻，而非征伐，在家庭中他对于当他为敌的修罗的儿子修云（Sawyun）又很为照顾，他还把他唯一的女儿嫁给这位侄子，而且还把修云的儿子去继承他的王位。

开辛他十分信仰佛教，他尊重阿奴律陀时代的国师信阿罗汉，他是蒲甘第一位国王修建伽耶（Buddhagaya）佛塔，据说这个地方长有圣树，而树荫之下，就是佛陀现世之地，这是佛教世界中最神圣的地方，佛塔中的猛文说：

> 开辛他王罗集各种珍宝，用船载运以建伽耶圣寺，并献灯光，使永明不灭。其后，开辛他王见阿育王诸大殿古旧颓圮，因重修之，使更美奂美轮，凡此等事，开辛他王实非诸王所能比拟者也。其后，彼又随时以四物布施阿利摩陀那补罗（即蒲甘）诸寺之长老，凡此等事，亦非诸王所能比拟者也。其后各省人民不远千里均来趋附，王闻有注辇爵主驾临，乃秉至诚告以三宝之外，无物可臻，今世或来世之极乐仅三宝，可使世人达涅槃，继用朱笔以佛宝法宝僧宝之功德，书金叶上，送与注辇爵主，爵主凭开辛他之说法，顿

悟佛法僧之道，立即改邪归正，心地愉快，非可宣言，乃进呈开辛他王以明珠、珠盖、七宝波提他树各一，并其亲生童女，用白伞遮盖，另献孔雀羽毛伞及以七宝为饰之孔雀各一，凡此诸事，尤非诸王所能比拟者也。

然而开辛他对于尊崇佛法的最显著的工作是阿难寺（Ananda Temple）的建筑。这个佛寺，虽然没有真腊的吴哥寺（Augkor Wat）或爪哇的佛塔那么宏伟，但也有其特殊的美感。建筑此寺者多为印度的技术人员，外观洁白，塔尖灿烂，里面有走廊，导入四厅，高约三十尺，中有大形佛像，像前有二跪像，其一代表开辛他，其一代表国师信阿罗汉。寺外有壁画一千五百幅，叙述佛前世事，每幅都有简短的巴梨文或猛文解释。此寺开光于一〇九〇年，这是以后蒲甘王朝建筑大寺的先声，也是蒲甘历史上的一种特征。

开辛他死于一一一二年，享年七十。他的外孙阿隆悉都（Alaungsithu）继其王位，开辛他本有一个儿子，这是他未就位之前所生的。他的妻子居在乡间，他就王位之后，既立外孙为承继者，其前妻与子始来找他，他既欢喜，却也懊悔，欢喜妻子重见，懊悔已立其外孙承继王位而难于更换。他封其子为侯王，在他死后，其子为立柱纪念他，一九一一年考古学者发现这条柱，这条柱刻有四种文字，这就是巴梨文、猛文、骠文与缅文，最为可贵者，是骠文的发现，这对于研究骠国的历史有很大的价值。

阿隆悉都就位以后，其属地有的叛乱，忙于征讨。他性好游历，到处建筑佛寺，他建筑他宾尼（Thatpyinnyu）寺，这个寺建于一一四四年，庄严宏大，甲于蒲甘诸寺。他既经常不在国都，对于政事很少管理，所以宫内时有变乱，他在位的时间很长，从一一一三年至一一六七年，共有五十六年之久。

在他在位的初年（一一一五），他曾遣使到中国，史书虽没有记载他再遣使到中国，但是在他的长期统治中，似乎遣使到中国不止一次。

阿隆悉都在病重的时候，被其幼子那罗都（Narathu，一一六七—一一七〇）所杀。杀父之后，又杀其应继王位的哥哥，可是因为他无辜而杀其一妃，结果他又为妃父所杀。一一七〇年，他的儿子那罗帝因迦（Naratheinhka）继那罗都而就位。这位新王，因为要强夺其弟妇，而为其弟所杀，因而王位又落在其弟那罗波帝悉都（Narapatisithu）身上。这位国王，在位时间为一一七三至一二一〇，是在他在位的时期，好几位蒲甘僧人留学锡兰，回国之后，建立新派，而与旧派对立。

据说，在这位国王的时候，锡兰曾遣人与蒲甘通商，可是这位国王对于这些商人进出口的货物不只课以重税，而且不愿给与居住与食粮，甚至收没其货物，监禁其使者。传说锡兰有一位公主要到占城，而在途中竟遭蒲甘的拦劫，锡兰王忍无可忍，于一一八〇年遣海军征伐蒲甘，焚烧其村落，杀掠其人民，蒲甘不得已乃遣僧人到锡兰解释，始归于好。蒲甘位在内河，海军设备并不很好，要在大海中途拦劫锡兰往占城的船舶，似不容易。

那罗波帝悉都死于一二一〇年，他的儿子难昙摩耶（Nantaungmya）继位，他的外号是醯路弥路，意义是"一个因白伞而虔求王位者"。后来他曾在其因白伞而卜定王位的地方，建筑了一座宏大庄严的佛寺。这是蒲甘最后的一个大寺。他建筑好多佛寺与佛塔，致力于宗教事业。他对于政事几乎完全不关心，他指定其兄弟四位共理国政，而成为一个政务委员会。

在锡兰的宗教与文化影响之下，蒲甘在他的统治时期产生了数本巴梨文著作，最重要的是一部法律著作，这是由一位猛族的僧人所编著的，可惜这部著作所存者，只是后来一些著作所引用的一些句子而已。

难昙摩耶死于一二三四年，他的儿子迦娑婆（Kyasawa，一二三四至一二五〇）与其孙儿乌娑那（Uzana，一二五〇至一二五四）相继就位，前者与其父一样的致力于宗教事业，虽然历代以及这二位国王极力提倡佛教，可是阿利教还存在着，乌娑那是一位以纵酒捕象为乐的国王，结果是为象所践死。

蒲甘的那罗帝诃波帝（Narathihapate，一二五四至一二八七）可以说是蒲甘国的最后的国王，因为是在他在位的时候，元朝征服了蒲甘。他的儿子及后代虽然还继其位，可是不只是徒拥虚名，实际上成为掸族王朝的臣属。

在他在位的时候，宫里王子互相猜疑，在外则诸侯反叛，蒙古于一二五三年占领大理之后，向南进展，掸族之在缅北者，势力日大，可是他却荒淫无度，妄自尊大，他建筑弥伽罗悉提（Mingalazedi）塔，并且刻铭云：

> 那罗梯诃波帝王号称悉利底利跋伐那底帝诃摩罗阇（Sritribhavanatityhammaraja）为三千六百万胜兵之最高统帅，日吞咖喱三百碟，欲达涅槃，爰建此塔，内置金银之像五十一尊，包罗王妃、大臣、命妇之属，并于佛历六三六年（公元一二七四）二月月盈之时，以纯银憍达摩佛像（Gaudama Buddha）供于众像之上，像高一尺（Cubit），自宫至塔，沿途以席铺地，先用竹席，继铺草席，复盖以白布，长各二十八尺，道中遍竖旗帜，每尺各一。大典举行时，王子公主诸侯等，咸投珠宝于像中。（哈威《缅甸史》，姚译，上卷，页六五）

其实，他对于宗教并不热心，他是一位典型的专制君主。他之所以建筑这个塔，目的无非是夸耀其为一个伟大的君主，可是日吞咖喱三百碟，固属于荒谬，所谓统帅三千六百万胜兵，也是荒唐。直到现在，整个缅甸的人口，还不超过这个数目，要有三千六百万胜兵，至少恐怕也要有数亿的人口，其实，连他所建筑的塔，也远不及其祖宗所建的那么宏大。

在他在位的末季，元朝曾遣使要他内附，他没有答应，经过多年的战争，蒙古军队还未抵达国都,他已先逃跑。所以,他有了"畏华而逃之君"(Taropyemin)的外号。他跑到伊洛瓦底江的下游,结果他不得不向元朝讲和,可是当他抵达卑谬(Prome)的时候,他却为卑谬侯所毒毙。

　　元军于一二八七年进入蒲甘,这位国王也死于这一年,严格的说,蒲甘这个国家也亡于这一年。

第十四章　蒲甘的邻国

大理是在蒲甘之北，大理的统治者是段氏。据《南诏野史》说，其先世居于武威，世为南诏蒙氏将，到了晋高祖天福三年间（九三八）段思平即王位，遂称为大理国。段氏的祖先既来自武威，可能是羌族的后裔，与南诏的统治者属于同一种族，是与蒲甘的统治者，在种族上是同属于一个系统，这就是羌氐族或照现在一些人类学者所说的藏缅族，虽则两者经过长期的迁移，以及在迁移的过程中与各民族互相混杂互相同化，所以到了后来，也有其很多不同之点。

历史学者大致上都以为蒲甘王朝的建立者是阿奴律陀（Anawrahta），据《琉璃宫史》的记载，阿奴律陀在位的时候，曾经现在的八莫一带而到大理国，他的军队是经水陆两道北上，他率军队到大理的都城，目的是征服大理，但是他到达城郊的时候，大理闭城固守，武力既不能慑服大理，他乃用外交手段去说服大理国王，经过相当时期的交涉之后，大理国王与蒲甘国王乃言归于好。同时，交换礼物，表示亲善。据说蒲甘这次到了大理，还看到大理的国师，并参加其国师所主持的崇拜典礼，蒲甘人还想得到大理的佛齿，可是没有达到目的，他们只求得一个碧玉佛像。

这是一种传说，这种传说，从我们看起来，不见得可靠，因为我们知道，阿奴律陀在位的时候，他虽然征服了南方的直通，但他在北方其疆土还没到现在的八莫一带，大理的国势虽不若南诏时强盛，但也不见得较弱于蒲甘，就是在其国威较高的开辛他时代，据《南诏野史》所说，还要向大理进贡，阿奴律陀可能有北侵大理的意图，但要攻入大理的边境，似乎是不容易的事情，更说不上侵到大理的都城近郊，而况在大理与蒲甘之间，还有一个国家叫做建都。

传说的真实性，可能是他曾遣使到大理联络邦交，又他是一位深崇佛教的君主，可能听说大理有佛齿，因而遣使请求而已。后人把这件事，夸大其词，而杜撰这件故事。

关于大理与蒲甘的关系，《南诏野史》有二条记载，一是在段正淳的时代卷上"后理国"项内说：

　　缅人、波斯、昆仑三国，进白象及香物。

又在和誉在位的时候：

　　缅人进金花犀象。

据《南诏野史》的记载，前一条所说的是在宋徽宗崇宁二年，这就是公元一一〇三年，后一条所说的是在徽宗政和五年，这就是在公元一一一五年，这二件事，在时间的距离上虽只有十二年，但在蒲甘，是跨了二个国王在位的时间，前者是在开辛他时代（一〇八四至一一一二），后者是在阿隆悉都（Alaungsithu）的时代（一一一二至一一六七）。

《南诏野史》把缅人、波斯、昆仑三个国家之进贡于大理列在一起，不知是否三个国家的使者，是约好同时而来，还是分开的来。但无论如何，波斯与昆仑两个国家，要想遣使到大理，应该是经蒲甘而来的，蒲甘不加以阻止，而允许其取道蒲甘或相约同来，说明蒲甘之于波斯与昆仑的关系，是友好的。

波斯这个国家，虽然其名称与印度西边的波斯湾的波斯相同，但我们相信，这里所说的波斯，不是这个波斯，而应该是位在马来半岛南部或苏门答腊的西北部的一个波斯。波斯是一个濒海的国家，其经过蒲甘而到大理，大部分的旅程，应该是水道，这也说明蒲甘是与海外一些国家有过来往。

我们知道，昆仑是一个猛族所建立的国家，这个国家的地位，应该是在缅甸的东南的濒海地方，在直通之南，以至毛淡棉一带，在唐代，这个国家已经存在，樊绰《蛮书》卷十"昆仑国"条说：

> 昆仑国正北去蛮界西洱河八十一日程，出青木香、紫檀香、槟榔、琉璃、水精、蠡坏等诸香药、珍宝、犀牛等。蛮贼（指南诏）曾将军马攻之，被昆仑国放进军后，凿其路通江，决水淹浸，进退无计，饿死者万余，不死者昆仑去其右腕放回。

我们知道在唐时，南诏也攻破骠国，携其民众徙到拓东或是后来的昆明。南诏之进攻昆仑，似乎是在打败骠国之后。骠国本来是一个历史久长而相当强盛国家，骠国抵抗不住南诏，而昆仑却击败南诏，说明昆仑是一个劲敌，是一个强盛的国家。这个国家在蒲甘时代，还存在着，也说明这个国家的历史久长，蒲甘的阿奴律陀，虽然征服了直通，并没有征服昆仑，可能他知道这是一个劲敌，所以他与其后代对于这个国家，采取友好的态度，到了大理时代昆仑使者乃与蒲甘使者到大理。

昆仑的后身，可能是伐丽流（Wareru）所建立的磨地勃。伐丽流就位于一二八七年，到了一三六三年，他的承继者迁都于白古，蒲甘既被元朝于一二八七年征服，磨地勃之于蒲甘，当然没有什么关系。

又在唐代还有两个国家，应该也是猛人所建立的国家，一为弥诺，一为弥臣。这两个国家的方位，应该是靠近现在的缅甸的西岸，前者可能在北，而后者可能在南。《蛮书》卷十"弥诺国弥臣国"条说：

> 弥诺国、弥臣国皆边海国也，呼其君长为寿，弥诺面白而长，弥臣面黑而短，性恭谨，每与人语，向前一步一拜。国无城郭，弥诺王所居屋之中有一大柱，雕刻为文，饰以金银。弥臣王以木栅居海际水中，以石狮子为屋，

四足仍以板盖,悉用香木。百姓皆楼居,披婆罗笼,男少女多,俗好音乐,楼两头置鼓,饮酒即击鼓,男女携手楼中蹈舞为乐。在蛮永昌城西南六十程。大和九年(八三五)曾破其国,劫金银,掳其族三二千人,配丽水淘金。

假使这里所说南诏于八三五年攻破这两个国家,使其灭亡,当然不会与后来的蒲甘有什么关系,但我们知道,南诏之攻败这些国家,往往只掠其财物与人民,劫取之后,南诏不见得占据其地。南诏走了,其国应该存在。当骠国强盛的时候,这些国家,可能称臣于骠国,但据《蛮书》卷十"骠国"条,骠国于八三二年也被南诏所攻破而夺其财物与人民,骠国之被攻破是在弥诺、弥臣之被攻破前三年,骠国在被南诏攻破之后,以至蒲甘建立之后,还未完全灭亡,那么弥诺、弥臣被南诏攻破之后,应该还继续存在。而况,蒲甘所占据的地方是在骠国的领土之上,似乎没有伸张到弥诺与弥臣的疆域,所以在蒲甘建立的时代或其初期,这两个国家,可能还存在着,也很可能这两个国家后来为阿腊干所灭亡。

在猛人所建的诸国中,其与蒲甘关系最为密切的要算直通与白古。关于直通,上面已经稍为叙述,又这个国家,在阿奴律陀就位不久,就被阿奴律陀所征服而灭亡,我们不拟在这里叙述,我们且来略谈蒲甘与白古的关系。

直通虽被蒲甘的阿奴律陀所攻破,但是猛人国昆仑还存在,而且在缅甸南边滨海的好多地方还是为猛人所居住。又直通被征服之后,在直通的猛人,就跑到其他地方,白古也是这些猛人的避难之所。直通城虽衰落,白古却慢慢的繁盛起来,成为后来的猛人的国都。

据缅甸方面的传说,在阿奴律陀的儿子修罗就位之后,曾以白古这个地方,赐给其乳母之子耶曼或耶曼乾(Yamankan)。究竟白古是否属于蒲甘,也是一个问题,我们不能在这里讨论,但是修罗后来与耶曼乾不相和睦,遂致后者率猛族或得楞军队北上准备进攻蒲甘都城。修罗率军去讨伐,失败被杀,继其王位的是开辛他,据说开辛他在阿奴律陀时代,曾因掸人侵略白古而率军去救,所以他在白古的威望很高,修罗失败之后,开辛他乃召集军队击退白古,耶曼乾也在这次战役中被飞箭杀死。

开辛他以后以致蒲甘王朝的末季,蒲甘与白古的关系如何,史书很少记载。缅甸方面传说,在那罗梯诃波帝(Narathihapate)的时代(一二五四至一二八七),马都八(Martaban)曾反叛蒲甘,马都八在直通之南,离毛淡棉(Moulmein)不远,这个地方,应该属于上面所说的昆仑国。昆仑国既为猛人所建立的国家,可能与在直通的猛人反对在直通的统治者。至于这个反叛是否与白古的猛人有关系,不得而知。但我们知道,在那罗梯诃波帝的时候蒲甘已趋于衰弱,缅甸的南部为猛人聚居之地,因不满于蒲甘的统治,起而反抗,也是可以想像的。蒲甘国王虽然征服了这次的反叛者,但缅甸南部的猛人,势力依然存在。其实,在这位国王在位最后的一年，在马都八的猛人，在伐丽流领导之下，曾又建立国家而与统治北部的掸族相对立。这种对立局面一直维持到掸族统治的末期，而且这个猛族国家，还与新兴的东牛的缅族以及其承继者互相争伐了好多年。

蒲甘在一二八七年，虽被元朝征服，此后的蒲甘的实际政权，虽然转到掸族的手里，而变为掸族统治的时代，但在元朝征服蒲甘之后一个很短的时期中，那罗梯诃波帝的儿子憍苴（Kyawswa）在元朝的庇护之下，还在蒲甘称王。这位有名无实的国王，不久又为掸族所杀。后来掸族又拥其子邹聂之子吾者那（Uzana）为王，可是不久却为掸族三兄弟的幼弟僧哥速所篡位。

白古在中国史书上，叫做摆古国。这是以地名而名其国，但是猛人在缅甸，是称为得楞，得楞在中国，也称得棱，又称登笼。这是以其族名而名其国。元朝征服蒲甘之后，曾遣使到登笼国，登笼国也遣使到中国，可是登笼的使者经过蒲甘时，却为缅王帖灭的（应该就是憍苴）所劫掠，这件事不只是与蒲甘的关系，而且是与中国有关系。这件事旧《元史》没有记载，元人（佚名）所著的《元朝征缅录》有了一段记载，兹录之于后：

（大德）二年（一二九八）云南省先遣管竹思加使登笼国，王遣其舅兀剌合、兀都鲁新合二人，从管竹思加赴阙。二月至蒲甘，缅王帖灭的令可瓦力引军登舟，缚去兀剌合、兀都鲁新合，劫掠贡物以去。六月管竹思加至太公城，缅人阿只不伽阑等来言，旧缅王帖灭的实行劫夺于尔，今已去位，邹聂为王，遣我辈召尔辈议遣人赴朝。管竹思加至蒲甘，邹聂曰帖灭的引八百媳妇军破我甘当、散当、只麻剌、班罗等城，又劫夺尔登笼国人物，尔等回朝不知其故，必加兵于我，今帖灭的已废，特差大头目密得力、信者章、者思力三人，奉贡入朝。

上面已经指出憍苴以后的蒲甘王室，是在掸族三兄弟统治之下，所谓帖灭的劫夺登笼使者，及其财物，可能也是掸族兄弟的指使。

应该指出缅甸的南部，虽为猛人所聚居，但所谓猛人国，也并非一个统一的国家，直通亡于阿奴律陀时代，昆仑亡于什么时候，不得而知，白古在蒲甘时代的情况，也不很清楚，一二八七年后，伐丽流建国于马都八（中译磨地勃），到了一三六三年又迁棠温（Dunwan），昆仑可能在一二八七年归并于伐丽流，也可能早已灭亡。在伐丽流建国之后以至一三六九年，白古也可能是一个独立国家，也可能是附属于伐丽流的后裔，但是一三六九年后，这个猛人国又从棠温迁都到白古，说明了这个猛人国是统一起来。至于《元史》所说的登笼，可能是马都八所遣的使者，也可能是白古所遣的使者。马都八是在萨尔温江口，白古却靠近于伊洛瓦底江口，使者乘船到蒲甘，应该是沿伊洛瓦底江而上。其实萨尔温江的航行是不便的，这样登笼的使者，可能是白古所遣派的。至少是从经白古然后沿江而上的。

蒲甘的西边是阿腊干，樊绰《蛮书》所说的弥诺国与弥臣国应该是在这个地方，或这个地方的一部分。据说在开辛他时代，北阿腊干王有一位大臣篡〈位〉，其王子与其子逃到蒲甘，王子死后，其子梨耶明难（Letyaminnan）最初曾得阿隆悉都的援助，遣军维护其回国。可是阿腊干的海军很强，蒲甘军队虽得猛人的海军帮助，也征服不了这个国家。直到一一一八年，阿隆悉都再度遣军征伐，始获成功，梨耶明难始就王位。作为回答蒲甘援助的谢意，梨耶明难曾重修伽耶佛寺，在这里的碑文上，刻有"无量数骠人之主"的古代文字，蒲甘继骠国而起，骠国虽衰亡，可是骠这个名词，还是有人采用，关于这一点，在我国史书上，也还有这样去追称，这就是说蒲甘为骠人。

蒲甘的文化，虽深受印度文化的影响，但关于蒲甘与印度的关系，史书之记载的很少。传说阿奴律陀就位之后，曾派人到印度请求一公主为妃，这位公主名叫做盘车伽耶尼（Panchakalyani），传说公主曾与使者有暧昧事，所以到了蒲甘不久，就被阿奴律陀遗弃，居于者梗乡间。不久，这位公主生了一个儿子，这就是蒲甘的第三世王开辛他。有一个时期阿奴律陀曾听信卜者之言，以为将有孩子出生，夺其王位，他乃杀戮许多胎儿，开辛他是被人隐藏而始得长大的。开辛他的意义就是"免于缉捕者"。

最后，让我们略谈谈蒲甘与锡兰的关系。

《琉璃宫史》记载锡兰王维爪耶巴胡第一（Vijaya Bahu I）曾因注辇（Cola）的侵略而请求阿奴律陀派兵援救，但是后来锡兰王自己将敌人驱逐，所以蒲甘也没有出兵。又说因为其国受注辇人的蹂躏，佛寺佛像以致经典都受损失，因而又请蒲甘给与经典遣派僧人，阿奴律陀答应其所请求。同时，锡兰王赠阿奴律陀以白象，并送给佛齿，据说使者带回佛齿的时候，阿奴律陀亲自率领全城人民到河边涉水下船，迎接佛齿。

蒲甘并不傍海，海军只能在河中活动。在大海上的作战设备，不见得很好，锡兰离蒲甘既远，又隔以大海，锡兰向蒲甘请救兵的记载，恐非事实。至于锡兰请求蒲甘给以佛教经典也是可疑的。相反的蒲甘的佛教受过锡兰佛教的影响，却是很为显著。在那罗都的时代（一一六七至一一七〇）国师般他求（Panthagu）曾因对这位国王不满而逃去锡兰，他后来回国，对于锡兰的佛教的传播，可想而知。特别是在那罗波帝悉都在位的时候（一一七三至一二一〇），好多位蒲甘僧人到锡兰留学，返国之后，还建立了所谓锡兰派的佛教，而与蒲甘固有的佛教，对立起来。关于这一点，我们在上面蒲甘的佛教中已经叙述，这里不再解释。总而言之，蒲甘之于锡兰的关系，主要是佛教方面。

第十五章　蒲甘与中国

蒲甘建国于宋代的上半叶，据缅甸方面的记载，是在一〇四四年。关于蒲甘与中国的关系，最早是在崇宁五年，这就是一一〇六年。《宋史》卷四八九《外国传五》"蒲甘"条说：

> 蒲甘国崇宁五年（一一〇六）遣使入贡，诏礼秩视注辇，尚书省言：注辇役属三佛齐胡，熙宁中敕书以大背纸，缄以匣襆，今蒲甘乃大国，不可下视附庸小国，欲如大食、交趾诸国礼，凡制诏并书以白背金花绫纸，贮以间金镀管篰，开锦绢夹襆，缄封以往。从之。

私人著作之记载蒲甘最早的是宋周去非的《岭外代答》。这一本书，成于一一七八年（宋孝宗淳熙五年），在其卷二外国部内"蒲甘"条说：

> 蒲甘国自大理国五程到其国，自寔里国六十程至之，隔黑水淤泥河，则西天诸国，不可通矣。蒲甘国王官员皆戴金冠，状如犀角，有马不鞍而骑。王居以锡为瓦，以金银裹饰屋壁，有寺数十所，僧皆黄衣，国王早朝，其官僚各持花献王，僧作梵语祝寿，以花戴王首，余花归寺供佛，徽宗崇宁五年（一一〇六）二月曾入贡。

又卷三"通道外夷"条：

> 自大理国五程至蒲甘国，去西天竺不远，限以淤泥河不通，亦或可通，但绝险耳。

此外，又如宋赵汝适在其《诸蕃志》也记载蒲甘，其卷上"蒲甘"条说：

> 蒲甘国官民皆撮髻于额，以色帛系之，但地主别以金冠。其国多马，不鞍而骑。其俗奉佛尤谨，僧皆衣黄，地主早朝，官员各持花来献，僧作梵语祝寿，以花戴王首，余花归寺供佛，国有诸葛武侯庙。皇朝景德元年（一〇〇四），遣使同三佛齐、大食国来贡，获预上元观灯，崇宁五年（一一〇六）又入贡。

又在同卷"真腊"条说：

> 真腊接占城之南，东至海，西至蒲甘，南至加罗希。

在同条又说：

> 登流眉、波斯兰、罗斛、三泺、真里富、麻罗问、绿洋、吞里富、蒲甘、寔里、西栅、杜怀、浔番皆其属国也。

赵汝适的《诸蕃志》，是他在福建当提举市舶时所撰述的。赵汝适与周去非同样的没有到过外国。他们所记载的，有的得自国人或外国人的口传，有的是采撷旧文，他这本书所记载的外国，数目虽多，但有了很多是录自《岭外代答》。蒲甘一条，主要也是抄了《岭外代答》的原文，但也有的删去，有的增加。

至于赵汝适说蒲甘之遣使到中国，是在景德元年，这就是公元一〇〇四年，这是错误。因为在这一年，蒲甘这个国家，还未建立。据现代一般历史学者的研究，蒲甘的建立是在公元一〇四四年。赵汝适所说的蒲甘与中国通使的时间还早于蒲甘建立四十年，这是不可能的。至于崇宁五年或是一一〇六年，是不是两国通使最早的时日，当然也是一个问题，不过在我们还未找到更早的记载之前，我们只好从一一〇六年说起。

崇宁是宋徽宗的年号，在蒲甘一一〇六年是蒲甘王开辛他（Kyanzitha）在位的时候。开辛他就位于一〇八四年，死于一一一二年，这就是说开辛他之遣使到中国，是在他在位最后的数年间。哈威在其《缅甸史》中（中译卷一，页四六），以为蒲甘遣使至中国最初当在一一〇三至一一〇四年，不知有何所据，虽则从蒲甘到中国，无论是由海道或陆道，其所需的时间，相当的久长，但也不致于需要二年或三年。

蒲甘在开辛他的时代，最为强盛。《宋史·蒲甘传》说，尚书省以为蒲甘的地位，应该在役属于三佛齐的注辇之上，说明了这一点，但是蒲甘的地位，是否也与当时的大食相等，也值得研究。《诸蕃志》说，其国有诸葛武侯庙，这虽难于考订这个庙是建于何时与何地，但既然有这种传说，也说明了中国与蒲甘的关系，是有其历史性的。

开辛他遣使到中国，是由陆道还是由水道呢？不易回答。我们知道，从开辛他之遣使到中国是以大食、交趾的地位相对待，大食、交趾之到中国，均是从海道。此外，在《宋史·蒲甘传》中所说的注辇三佛齐，也是从海道来，中国用这些从海道来中国的一些国家与蒲甘比拟，似乎蒲甘也是来自海道的国家。又据周去非的《岭外代答》"蒲甘"条所记载，自窊里到蒲甘为六十程，窊里这个国家见于《岭外代答》"真腊"条，该条说：

（真腊）其旁有窊里国、西棚国、三泊国、麻兰国、登流眉国、辣达国，真腊为之都会。

又赵汝适《诸蕃志》卷上"真腊"条也说：

登流眉、波斯兰、罗斛、三泺、真富里、麻罗问、绿洋、吞富里、蒲甘、窊里、西棚、杜怀、寻番皆其（真腊）属国也。

窊里这个国家的方位，难于考订，但这个国家既是在真腊之旁，而真腊又与中国的交通，主要又靠水道，窊里到中国或到蒲甘，可能也是靠水道。又《岭外代答》与《诸蕃志》所举出真腊的好多属国，虽难于考订，但是麻兰似乎是马来亚（Malaya），这是旁海的国家。此外，登流眉也是在马来半岛的北部，也是靠海道到中国，蒲甘既也与好多靠海道而来中国的列在一起，蒲甘之遣使到中国，可能是从海道而来。

但是《岭外代答》也很清楚的指出："蒲甘国自大理国五程到其国。"我们知道，蒲甘之北为大理，在开辛他遣使到中国时，是在后理国的时代，在蒲甘与大理或后理之间，似乎还有一个国家叫做建都，但无论如何，从蒲甘到大理路程只有从蒲甘到窊里的十一分之一的路程，说明了从后一条路可能要绕马来半岛的南端的新嘉坡，所以要六十程，但大理是在蒲甘之北，大理的南边境界，是在云南的最南或是现在的缅甸的北部，所以从蒲甘到大理，比较近得多。

虽则大理到宋的都城的路程，还是很远，但是从真腊与其旁国窊里到宋的都城，也是很远。而且据《南诏野史》，蒲甘在一一〇三年，这就是在阿奴律陀的时代曾遣使到后理并进白象及香物，到了一一一五年这就是开辛他死后三年，蒲甘又遣使到后理进金花犀象，这说明了这两个国家的友好关系，是长期的。

又在一一〇三年，这就是后理段正淳在位的时候，《南诏野史》说：

崇宁二年（一一〇三）使高泰运奉表入宋，求经籍得六十九家，药书六十二部。

又说在和誉在位的时候：

政和（按：为徽宗年号）七年（一一一七）命子紫琮充进奉使入贡于宋，诏遣使，册封誉为金紫光禄大夫、检校司空、云南节度使、上柱国、大理国王。

又说：

宋高宗丙辰绍兴六年（一一三六）王遣使贡马于宋，广西经略安抚使奏之，诏护送行在，伏礼答之。

在一个时期里，这就是从一一〇三至一一三六，大理既常常遣使到宋，说明大理之于宋的关系，是友好的。在同一时间中，蒲甘与大理的关系，既也是友好，那么蒲甘遣使经大理到中国，也是很可能的。我们知道，在唐代，当南诏与唐友好的时候，骠国曾遣使经南诏到中国，那么大理与宋友好，蒲甘遣使经大理到中国，应该是没有问题。

这样看起来，一一〇六年蒲甘使者之到中国，是经陆道而来的可能性比之经海道而来，应该较大。而况，蒲甘是在现在缅的北部，国都虽靠近伊洛瓦底江，离海还是很远，而在濒海一带，又为猛人国的领土，要从海道到中国，也是不容易。所以我们以为开辛他之遣使到中国，是经陆道而来的可能性，是较大的。

从一一〇六年以后至宋代的末年，我还没有找到蒲甘与中国通使的记载，这当然不能说两国完全没有关系，就使没有正式或国王的使者往来，商人的往来，似乎不致于完全断绝。虽然我们也得指出，蒲甘既非一个海权国家，而从海道到中国道途，又较为长远，这种往来，就是有了，也不会很为频繁。

至于陆道方面，大理从一一〇六年以后直到一二〇一年（宋宁宗嘉泰元年），还遣使入宋，求《大藏经》一千四百六十五部置五华楼，蒲甘与大理在这个时间中，既还是友好，蒲甘还可以从陆道遣使到中国。然而中国方面，既没有这种记载，也可能是因为上面所说介在大理与蒲甘之间的建都，阻止了这路程。我们知道，这个国家的领土，是占有缅甸的北部，从现在的八莫以至腊戍而至太公城一带。据说太公是建都的都城，那么蒲甘要从陆道到中国，既要经过大理，也要经过建都，建都若与蒲甘不友好，蒲甘就难于通过。

但是到了蒙古于一二五二年征服大理之后，蒙古的势力就逐渐向南发展。据《元史·缅甸传》的记载，一二七二年就遣使到缅甸国要求其内附，直到一二八七年，元朝始征服蒲甘。关于元朝征伐缅国的经过，元人（佚名）所著的《皇元征缅录》曾有记载，《元史·缅国传》所记载的大致也相同，今把《元史》所记的，录之于后：

> 世祖至元八年（一二七一）大理、鄯阐等路宣慰司都元帅府遣乞䚟脱因等使缅国，招谕其主内附。四月，乞䚟脱因等导其使价博来，以闻。
>
> 十年（一二七三）二月，遣勘马剌失里、乞䚟脱因等使其国，持诏谕曰：向者大理、鄯阐等路宣慰司都元帅府差乞䚟脱因导王国使价博诣京师，且言向至王国，但见其臣下，未见其王，又欲观吾大国舍利，朕矜悯远来，即使来使觐见，又令纵观舍利，益询其所来，乃知王有内附意。国虽云远，一视同仁，今再遣勘马剌失里及礼部郎中国信使乞䚟脱因、工部郎中国信副使小云失往谕王国。诚能谨事大之礼，遣其子弟若贵近臣僚一来，以彰我国无外之义，用敦永好，时乃之休，至若用兵，夫谁所好，王其思之。
>
> 十二年（一二七五）四月，建宁路安抚使贺天爵言，得金齿头目阿郭之言曰，乞䚟脱因之使缅，乃故父阿必所指也。至元九年（一二七四）三月，缅王恨父阿必，故领兵数万来侵，执父阿必而去，不得已厚献其国，乃释之。因知缅中部落之人犹群……耳。比者缅遣阿的八等九人至，乃候视国家动静。今白衣头目是阿郭亲戚，与缅为邻，尝谓入缅有三道，一由天部马，一由骠甸，一由阿郭地界，俱会缅之江头城。又阿郭亲戚阿提犯，在缅掌五甸，户各万余，欲内附，阿郭愿先招阿提犯及金齿之未降者，以为引导。云南省因言缅王无降心，去使不返，必须征讨。六月，枢密院以闻，帝曰，姑缓之。十一月，云南省始报，差人探伺国使消息，而蒲贼阻道，今蒲人多降，道已通，遣金齿千额总管阿禾探得国使达缅俱安。

十四年（一二七七）三月，缅人以阿禾内附，怨之，攻其地，欲立寨腾越、永昌之间。时大理路蒙古千户忽都、大理路总管信苴日、总把千户脱罗脱孩，奉命伐永昌之西腾越、蒲骠、阿昌、金齿未降部族，驻扎南甸，阿禾告急，忽都等昼夜行，与缅军遇一河边，其众约四五万，象八百，马万匹，忽都等军仅七百人。缅人前乘马，次象，次步卒，象披甲，背负战楼，两旁夹大竹筒，置短枪数十于其中。乘象者取以击刺。忽都下令：贼众我寡，当先冲河北军。亲率二百八十一骑为一队，信苴日以二百三十三骑傍河为一队，脱罗脱孩以一百八十七人依山为一队。交战良久，贼败走。信苴日追之三里，抵寨门旋汙而退，忽南面贼万余绕出官军后，信苴日驰报，忽都复列为三阵，进至河岸，击之，又败走，追破其十七寨，逐北至窄山口，转战三十余里，贼及象马自相踩死者盈三巨沟。日暮，忽都中伤，遂收兵，明日追之，至千额，不及而还，捕虏甚众。军中以一帽或一两靴，一毡衣，易一生口，其脱者，又为阿禾、阿昌邀杀，归者无几，官军负伤虽多，惟蒙古军获一象，不得其性，被击而毙，余无死者。

十月，云南省遣云南诸路宣慰使都元帅纳速剌丁率蒙古、爨、僰、摩些军三千八百四十余人征缅，至江头，深踩酋首细安立寨之所，招降其磨欲等三百余寨土官曲腊蒲折户四千、孟磨爱吕户一千、磨奈蒙匡里答八剌户二万、蒙忙甸土官甫禄堡户一万、木都弹秃户二百，凡三万五千二百户，以天热还师。

又说：

十七年（一二八○）二月纳速剌丁等上言，缅国舆地势皆在臣目中矣，先奉旨若重庆诸郡平，然后有事缅国。今四川已底宁，请益兵征之。帝以问丞相脱里夺海，脱里夺海曰：陛下初命发合剌章及四川与阿里海牙麾下士卒六万人征缅，今纳速剌丁止欲得万人，帝曰，是矣，即令枢密缮甲兵，修武备，议选将出师。五月诏云南行省发四川军万人，命药剌海领之，与前所遣将同征缅。十九年（一二八二）二月，诏思、播、叙诸郡及亦奚不薛诸蛮夷等处发士卒征缅。

二十年（一二八三）十一月官军伐缅，克之。先是诏宗王相吾答儿、右丞太卜、参知政事也罕的斤奉诏征缅，是年九月，大军发中庆，十月至南甸，太卜由罗必甸进军，十一月相吾答儿命也罕的斤取道阿昔江，达镇西阿禾江，造舟二百，下流至江头城，断缅人水路，自将一军，从骠甸径抵其国，与太卜军会，令诸将分地攻取破其江头城，击杀万余人。别令都元帅袁世安以兵守其地，积粮饷以给军士，遣使持舆地图奏上。

二十二年（一二八五）十一月，缅王遣其盐井大官阿必立相至太公城，欲来纳款，为孟乃甸白衣头目解塞阻道，不得行，遣誉马宅者持信搭一片来告，骠甸土官匿俗乞报上司，免军马入境，匿俗给榜遣誉马宅回江头城，招阿必立相赴省，且报镇西、平缅、麓川等路宣慰司、宣抚司差三掺持榜至江头城，付阿必立相、忙直卜算二人，期以两月领军来江头城，宣抚司率蒙古军至骠甸相见议事，阿必立相乞言于朝廷，降旨许其悔过，然后差大官赴阙，朝廷寻遣镇西平缅宣抚司达鲁花赤兼招讨使怯烈使其国。

二十三年（一二八六）十月，以招讨使张万为征缅副都元帅，也先铁木儿征缅招讨司达鲁花赤，千户张成征缅招讨使，并虎符，敕造战船，将兵六千人征缅，俾秃满带为元帅总之。云南王以行省右丞爱鲁奉旨征收金齿、察军达吉连地，拨军一千人，是月发中庆府，继至永昌府，与征缅省官会，经阿昔甸，差军五百人护送招缅使怯烈至太公城。二十四年（一二八七）正月至忙乃甸，缅王为其庶子不速速古里所执，囚于昔里怯答剌之地，又害其嫡子三人，与大官木浪周四人为逆。云南王所命官阿难答等亦受害。二月怯烈自忙乃甸登舟，留元送军五百人于彼，云南省请今秋进讨，不听，既而云南王与诸王进征至蒲甘，丧师七千余，缅始平，乃定岁贡方物。

按这里所说的昔里怯答剌应该就是玄奘与义净的著作中所说的室利差呾罗，这也就名 Srikshatra。这个地方，是现在的卑谬（Prome）的东南数英里，这位被执的国王，就是上面所说的那罗梯诃波帝（Narathihapate），也就是所谓"畏华人而逃之君"也。

第三编　建都

第十六章　中国的史文

约在唐宋之际，到了元朝的初年，在现在的西康的安宁河流域以至现在的缅甸的北部以至中部，有个国家叫做建都。虽然《唐书》《宋史》都没有关于这个国家的记载，虽然《元史》也没有为这个国家立传，但在《元史》的本纪与列传中，却有些地方叙述到这个国家。此外，在缅甸碑文与马可波罗的行纪中，也有关于这个国家的记载。

近人对于建都这个国家注意较早的是得维利亚（G. Devéria），他的《中国越南的边疆》（*Frontiere Sino-Annamite*）于一八八六年在巴黎出版，搜集了好多关于我国西南与越南、缅甸一带的地理民族的材料。他指出，在上缅甸与云南边疆，曾建立过一个国家，叫做建都。其领土包括了龙川江口以及江头、太公两个城市。他又指出，建昌（綦江府？）就是马可波罗的建都（Caindu）。在汉的时代，是羌族或越嶲。他还从《元史类编》中找出一二八四年的一段话，说明建都、金齿、西南夷十二种投降。建都本来受制于缅，可是因为缅国投降于元，所以建都也投降了。（参看《中国越南的边疆》，页一四六）

玉耳（Henry Yule）在其所翻译与注解的《马可波罗书》（*The Book of Ser Marco Polo: the Venetion Concerning the Kingdoms and Morvels of the East*）（一八七一——一八七五）中，曾指出建都这个名称的都字，常见于西藏的名称，如Amdo，Tisamdo 等。至于建字他同意于李可芬（Baron Richthofen）所说建都是从建昌的建字而来。（参看该书第三版，二卷，页七〇）

又如卢斯（G. H. Luce）在一九五九年六月份的《缅甸研究会学报》（*Journal of Burman Research Society*, Vol. XIII, Part I）的《蒲甘王朝的缅甸地理》（Geography of Burma Under the Pagan Dynasty），据其注解中说，这篇文章是在一九三一年的缅甸研究会的演讲会上所读的讲稿，曾登在该年九月廿五日的《仰光日报》（*Rangon Times*），是一篇转载的稿件，在这篇文里，卢斯在其最后一段中曾简单的提到建都这个国家，可是没有什么说明。但在同这一期的杂志上，他还有一篇文章题为《十二—十三世纪的缅甸人民》（Notes on the People of Burma in the 12th-13th Century A. D.），在这篇文里，他把在缅甸所发现的关于建都的碑文，简单的叙述，这是很值得我们注意的，虽则在他这篇文中，对于建都所叙述的篇幅，也是很少。

直到现在，我还没有找到近代我国人对于这个国家做过研究，其实，也还没有找出来谈到这个国名的。最近来，我从《南洋文摘》二卷八期（一九六一年八月）看到缅甸华侨陈孺性先生的《蒲甘华文古碑之谜》一文的注解（十二）中知道他有《缅甸民族志略》的著作，其中有一条是谈建都族的，很可惜的，我还没有法子去找到他的著作。

我现在先把《元史》中关于建都的记载，抄录于后，然后再把缅甸碑文与《马可波罗行纪》中关于这个国家的叙述，加以介绍，再来讨论有关于这个国家的几个比较重要的问题。

《元史》卷五《世祖本纪二》说：

> 至元元年（一二六四）五月，邛部川六番安抚招讨使都王明亚，为邻国建都所杀，敕其子伯陀袭职，赐金符。

卷六《世祖本纪》说：

> 至元四年（一二六七）八月，命怯绵征建都。

同卷又说：

> 至元五年（一二六八）三月，敕怯绵率兵二千招谕建都。

又：

> 八月，命忙古带率兵六千，征西番建部。

卷七《世祖本纪》说：

> 九年（一二七二）春正月丁丑，敕皇子西平王奥鲁赤、阿鲁帖木儿、秃哥，及南平王秃鲁所部与四川行省也速带儿部下，并忙古带等十八族、欲速公弄等土番，同征建都。

卷八《世祖本纪》说：

> 至元十年（一二七三）十月，西蜀都元帅也速答儿与皇子奥鲁赤，合兵攻建都蛮，擒酋长下济等四人，获其民六百，建都乃降。

同卷：

> 十一年（一二七四）春正月，以忙古带等新旧军一万一千五百人戍建都，立建都宁远都护府，兼领互市监。

《新元史》卷六十"百官志都护府"条云：

至元十一年（一二七四）立建都宁远都护府，兼领互市监，其省罢年未详。

又《元史》卷八《世祖本纪》：

至元十一年（一二七四）六月庚戌赐建都合马里战士银钞有差。

又同卷：

十二年（一二七五）三日，谕枢密院，比遣建都都元帅火你赤征长河西，以副都元帅覃（谭）澄镇守建都，付以玺书，安集其民。

卷十三《世祖本纪》说：

至元二十一年（一二八四）正月丁卯，建都王乌蒙及金齿一十二处俱降，建都先为缅所制，欲降未能，时诸王相吾答儿，及行省右丞太卜，参知事也罕的什，分道征缅于阿昔、阿禾两江，造船二百艘，顺流攻之，拔江头城，令都元帅袁世安戍之。遂遣使招谕缅王，不应，建都太公城乃其巢穴，遂水陆并进攻太公城拔之。故至此皆降。{冯甦所著《滇考》卷下"元征缅与八百媳妇"条云：元先遣使谕降缅酋不听，据太公城以抗大军，复遣僧谕以祸福，反为所害，遂督军水陆俱进，击破之。建都、金齿等城皆降。各分兵戍守，置邦牙宣慰使于蒲甘城。（关于建都的记载）}

卷一三三《也罕的斤传》也说：

二十一年（一二八四）与右丞太卜、诸王相吾答儿，分道征缅，造舟于阿禾、阿昔两江，得二百艘，进攻江头城，拔之，获其锐卒万人。命都元帅袁世安守之，具图其地形势，遣使诣阙，具陈所以攻守之方。先是既破江头城，遣黑的儿、杨林等谕缅使降，不报，而诸蛮叛据建都太公城，以拒大军，复遣僧谕以祸福，反为所害，遂督其军水陆并进，击破之，建都、金齿等十二城皆降。

卷十六《世祖本纪》说：

至元二十八年（一二九一）七月丙申朔，云南参政怯剌言，建都地多产金，可置冶，令旁近民炼之以输官，从之。

又卷十三《世祖本纪》说：

至元二十一年（一二八四）八月搠完上言，建都女子沙智，治道立站有功，已授虎符，管领其父元收附民为万户，今改建昌路总管，仍赐虎符，从之。

《元史》卷六十二《地理志》说：

> 建昌路本古越嶲地，唐初设中都府，治越嶲。至德中（七五六—七五七），没于吐番。贞元中（七八五—八〇四），复之。懿宗时（八六〇—八七三）蒙诏立城曰建昌府，以乌、白二蛮实之。其后诸酋争强不相下，分地为四，推段兴为长。其裔浸强，遂并诸酋，自为府主，大理不能制，传至阿宗娶落兰部建蒂女沙智，元宪宗朝（一二五一—五九）建蒂内附，以其婿阿宗守建昌。至元十二年（一二七五），析其地置总管府五、州二十三，建昌其一路也，设罗罗宣慰司以总之。本路领县一，州九，州领一县。（本路立军民屯田）

关于建昌，中国史书有很多地方记载，我在这里所以抄录这一段，是因为上面一段话所说的建都女子沙智，也就是下面那段话里所说的建昌女子沙智，虽则我们也应指出，从上面所抄录的史文中，也说明了元朝征服建都之后，最初是把建都立为建都宁远都护府（一二七四），到了后来，可能是在一二八四年，又改为建昌路。

中国史文方面，关于建都的记载，我们现在所能找出的，就是上面一些。

第十七章　外文的材料

《马可波罗行纪》中一一六章叙述建都（Caindu）州｛沙海昂（A. J. H. Charignon）注，冯承钧译，第二卷，中册，页四五二｝，据马可波罗说：

建都是西向之一州，隶属一王，居民是偶像教徒，臣属大汗。境内有环墙之城村不少，有一湖，内产珍珠，然大汗不许人采取。盖其中珍珠无数，若许人采取，珠价将贱而不为人所贵矣。惟大汗自欲时，则命人采之，否则无人敢冒死往采。

此地有一山，内产一种突厥玉（Turquoise），极美而量颇多，除大汗有命外，禁人采取。

此州有一种风俗而涉及其妻女者，兹为君等述之。设有一外人或任何人奸其妻女、其姊妹或其家之其他妇女者，居民不以为耻，反视与外人奸宿后之妇女为可贵，以为如是，其神道偶像，将必降福，所以居民情愿听其妇女与外人交。

设其见一外人，觅求顿止之所，皆愿延之来家。外人至止以后，家主人命其家人善为款待，完全随客意所欲，嘱毕，即离家而去，远避至其田野，待客去始归。客居其家有时亘三四日，与其妻女姊妹或其他所爱之妇女交，客未去时，悬其帽或其他可见之标识于门，俾家主人知，客在室未去，家主人见此标识，即不敢入家，此种风俗，全州流行。

至其所用之货币，则有金条，案量计值，而无铸造之货币。其小货币则用盐，取盐煮之，然后用模型范为块，每块约重半磅，每八十块值精金一萨觉（Saggio），则萨觉是盐之一定分量，其通行之小货币如此。

境内有产麝之兽甚众，所以出产麝香甚多。其产珠之湖，亦有鱼类不少，野兽若狮、熊、狼、鹿、山猫、羚羊，以及种种飞禽之属，为数亦夥。其他无葡萄酒，然有一种小麦稻米香料所酿之酒，其味甚佳。此州丁香繁殖，亦有一种小树，其叶类月桂树叶，惟较狭长，花白而小，如同丁香。其地亦产生姜肉桂甚饶，尚有其他香料，皆为我国从未见者，所以无须言及。

此州言之既详，但尚有言者，若自此建都骑行十日，沿途所见，环墙之城村仍众，居民皆属同种，彼等可能猎取种种鸟兽，骑行此十日程毕，见一大河，名称不里郁思（Brius），建都州境止此，河中有金沙甚饶，两岸亦有肉桂树，此河流入海洋。

剌木学（Ramusio）本第二卷第三十八章增订本又有了下面数段话：

> 然自经大汗征服后，遣官治之，我言其为西向之一州者，切勿以为此地属于西域，盖吾人来自东北诸地，而此地在吾人所遵行程之西也。……其都会亦名建都，位置距州北境不远，其地有一大咸湖，中有白珠甚众，然珠形不圆。
>
> 此国中有咸水，居民取盐于其中，置于小釜煮之，水沸，一小时，则成盐泥，范以为块，各值二钱（Denier）。此种盐块上凸下平，置于距火不远之热砖上烤之，俾干硬，每块上盖用君主印记，其印仅官吏掌之。每八十盐块价值黄金一萨觉。第若商人运此货币至山中僻野之处，则每金一萨觉可值盐块六十、五十，甚至四十，视土人所居之远近而异。诸地距城较远而不能常售卖其黄金及麝香等物者，盐块价值愈重，纵得此价，采金人亦能获利，盖在川湖可获多金也。
>
> 此种商人，且赴山中，及上言土番州之其他诸地。其地盐块亦通行，商人亦获大利，盖其地居民用此盐为食，视其为必需之物，城居之民则用碎块，而将整块作货币使用也。

马可波罗之到建都的时间是在蒲甘王城还未被元朝攻破之前，这就是一二八七之前。

马可波罗在其行纪中叙述缅甸时，分为两个国家，一为阿缅，一为斑加剌。他所谓阿缅者，其实是指着上缅甸，其都城是在太公，而所谓斑加剌者，应该是下缅甸，其都城是在蒲甘，虽则我们也得指出，所谓下缅甸并非整个下缅甸，因为在缅甸南部滨海的地方，还有猛人国，或我国人所谓登笼国，或得楞国。以太公为都城的上缅甸，据《元史》卷十三《世祖本纪》中所说乃是建都的领土，所以我们以为马可波罗所叙述的阿缅，应该是指着建都，虽则到了这个时候，建都与其都城，已为蒲甘所控制，在一二三章中马可波罗告诉我们道：

> 离前述之州（按：乃指永昌）后不久，至一大坡，亘两日半，行人始终循此坡下行，在此距离全途之中，无事足述，仅见有一重要处所，昔为一大市集，时近之人皆于定日赴市，每星期开市三次，以其金易银，盖彼等有金甚饶，每精金一量易纯银五量，银价既高，所以各地商人携银来此易金，而获大利。至若携金来市之土人，无人知其居处，盖土人畏惧恶人，皆居僻地，不在通道之上，居宅在荒野处所，与人隔绝，使外人不能为患，土人不欲世人知其居处，从不许人随行。
>
> 行此二百有半，下坡讫，抵于一州，位置南方与印度邻近，其名曰阿缅（Amien），复自是骑行十五日，所经之地，路鲜行人，既无人烟，亦无居宅。

在一二四章中他说：

> 行人经上述之荒地中，人烟断绝，必须携带食粮。骑行十五日毕，至此缅州，主要城市亦名阿缅城，极大而名贵，是为国之都城，居民是偶像教徒，自有语言，臣属大汗，城中有一物极富贵，请为君等述之。
>
> 昔日此城有一富强国王，弥留时，命在其墓上建二塔，一金塔，一银塔，以石为之，其一上傅以金，有一指厚，全塔俨若金制，其一塔建筑与金塔同，上傅以银，全塔俨若银制，每塔高十步，其大与高度相称，上部皆圆形，周围悬铃，金塔悬金铃，银塔悬银铃，风起作声。国王为其生前光荣及死后英灵，特建此二塔，诚为世界最美观之物，太阳照之，光明灿烂，远处可见。
>
> 大汗征服其地之法如此，先是朝中有幻术人者甚众，大汗一日与之言，欲彼等前往征服缅州，将辅以良助，及善将之人，语毕，命彼等作一切适于一军之筹备，遣将一人及士卒一队辅之，彼等遂行，至于缅州，全取其地，及见城中有此金银二塔，甚为惊奇，请命于大汗，如何处置，大汗知其王建此为死后安灵之所，命彼等切勿毁坏，保存如故，由是世界之鞑靼，无敢手触死者之物者。
>
> 此州有象及野牛甚众，余若美丽鹿獐及其他大兽，亦复甚多。

又剌木学本第二卷第四四章增订之文如下：

> 二塔为三尖塔（Pyramide）形，建于墓之二端，全用大理建，高十步。……

又说：

> 其墓亦然，一部分包金，一部分包银。

马可波罗所到的缅甸似乎只是上缅甸的太公城，因为在他到缅甸的时候，蒲甘还未被元朝征服，这一点玉耳也已指出。而且，照玉耳的意见，太公城亦称为老蒲甘。玉耳在其注解《马可波罗行纪》中的这一章的注二中说：

> 缅甸之实际都城，当时在北纬二十一度十三分之蒲甘，在此短期中（十五日），行人似不能从陆道抵此，吾人以为马可波罗所至之处，盖为太公（Tagoung）城，在金沙江上北纬度二十三度二十八分间，亦名老蒲甘者是已。（参看冯承钧译、沙海昂注《马可波罗行纪》一二三章，注一）

除了《马可波罗行纪》中关于建都这个国家的记载之外，建都这个国家也屡见于蒲甘或缅甸碑文，碑文称这个国家为 Kantu。一一九八年以后有好几处是说到奴隶的碑文，指出一个奴隶是来自太公田园，又有一位是造伞者，另一位是造腰布（Loin-Cloths）的。蒲甘末年的国王憍苴（Kyawswa）有一个象，他曾把它给与僧人吗哈卡萨帕（Mahākasapa），这个象是来自建都。

建都这个国名不只见于蒲甘之北，而且见于蒲甘的中部。有一个碑文说到叫栖地区吗剌萨的新建都的稻田，又有一个碑文说到敏巫（Minbu）北部的吗潘卡拉（Mapancara）建都稻田，还有所谓旧建都稻田与奴隶的碑文。新建都（Kantu-Sac）与旧建都（Kantu-Hon）稻田，可能是指着建都人所经营的新旧稻田罢。

又有一个碑文说在一二四六年建都的酋长，曾从底皮思建到蒲甘，交涉有关出卖土地的问题。在难昙摩耶（Nantaung-Mya）（Natonmyā）的时代（一二一〇——一二三四），皇子拉耶苏（Rajasu）曾在建都人的面前，献出一块土地，可能这块土地，也是从建都人买来的。有好几位蒲甘贵族，曾因与建都人购买土地而办过交涉。此外，还有些地方或乡村名称是建都的名称。（上面数段材料是根据 G. H. Luce, Note on the People of Burma in the 12th – 13th Century A. D., in *Journal of the Burma Research Society*, Vol. XIII, Pt. I, June, 1959）。

第十八章　一国或二国

关于建都这个国家，我们若从《元史》马可波罗与缅甸碑文的记载来看，建都的领域在其北边是达到现在西康的越嶲，其南边是达到现在的缅甸的曼德礼的北部或阿真谷，但据《元史·世祖本纪》说邛部川六番安抚招讨使都王明亚为邻国建都所杀，按邛部川就是现在西康东边，或是现在的四川的西边的越嶲，越嶲之南就是西昌，西昌也就是以前的宁远，这也就是建昌或建都，再南就为会理或会川，这些地方是在安宁河的旁边，这个地方是滇蜀的交通要道。清初冯甦在其所著的《滇考》卷下《明三将军定云南》文中说："建昌，自滇入蜀之通津也。"说明了这一点。从元至元元年（一二六四）至至元十年（一二七三），元朝三次派兵征伐建都，到了一二七三建都才降于元。我们知道，元灭大理，是在一二五二年，而建都的投降是在灭大理之后的二十一年，到了一二七四年，乃立建都宁远都护府，兼领互市监。

这个建都国，应该也就是《马可波罗行纪》中所说的建都。《元史·世祖本纪》说至元五年八月命忙古带率兵六千征西番建都，所谓西番就是在四川之西或西康一带。《马可波罗行纪》一一六章开头就说建都是西向之一州，这也就是说明其在西方，与《元史》所说的西番相暗合，虽则正如剌木学本第二卷第三十八章所增订的文中说："其为西向之一州者，切勿以为此地属于西域，盖吾人来自东北诸地，而此地在吾人所遵行程之西也。"

但《马可波罗行纪》又指出从建都骑行十日"见一大河，名称不里郁思（Brius），建都州境止此。河中有金沙甚饶，两岸亦有肉桂树，此河流入海洋"。沙海昂注这条河说：

> 不里郁思只能为扬子江上流，盖波罗位置此水于云南建昌之间也。据 Rockhill（Land of the Lamas 196, N.）之考订。此 Brius 应是西藏语 Dre'-tchou 之译音，乃西藏语指扬子江上流之称也。蒙古语则名此段江流曰木鲁乌苏，汉名金沙江，乃指巴塘叙州间扬子江之称。

叙州就是现在的宜宾，巴塘介在川藏之间，本为土司，今为巴安县，气候暖和，沃野千里，这是属于金沙江地带。假使不里郁思就是金沙江或扬子江的上游，而马可波罗所说建都的国境是止于这一带，那么建都的领土是在北边的越嶲，而其南境却是在西康与云南的边境一带。《元史》十八本纪说："至元二十八年（一二九一）七月云南参政怯剌言，建都地多产金，可置冶，令旁近民炼之以输官，从之。"应该也是指这个金沙江而言。

但建都的南境若是在西康与云南的边界一带，那么这个建都与《元史》其他地方以及缅甸碑文中所说的建都是否同为一个国家呢？

《元史》卷十三《世祖本纪》二十一年（一二八四）正月，说建都王乌蒙与金齿一十二处俱降，又说"建都先为缅所制，欲降未能……建都太公城乃其（指缅国）巢穴，遂水陆并进攻太公城，拔之，故至此皆降"。这里所说的建都，没有问题，是在缅甸的北部。太公城也可能是其都会，其南境应是在曼德礼之北，或是阿真谷一带。关于这一点，缅甸碑文也有好〈多〉处提及，而且从缅甸的碑文来看，这个建都名称，还见于敏巫地区，这是在曼德礼之南了。

马可波罗似乎到过太公城，太公既为建都的都会，或主要城市，马可波罗应该说到这个建都，然而他并没有提到这个建都，但我们也不能因此而否定这个建都，因为《元史》既说得明白，而缅甸碑文也说到这个建都，那么这个建都的存在，应该是无可疑的。

然而这个建都与上面所说的建都，是一个国家还是两个国家呢？

首先应该指出，虽然马可波罗所说的建都，只是在安宁河一带，虽然缅甸碑文所说的建都只是在缅甸境内，但《元史》却都说到这两个地方，而最重要的是《元史》所说的建都，是一个国家，并没分别为两个国家。若照《元史》所载，建都是一个国家，则其北抵越嶲，南抵曼德礼，都为建都国境，这个国家不只疆域很广，而且我们知道，在现在云南的境内这就是在南北建都的中间地带，自唐至元初有了一个强大的国家，这就是南诏，或是后来所称为大理。这个国在唐时，其疆域之广用不着说，就是在宋代到宋元之间，也还不小。建都若为一个国家，其领土应为完整一块，不应为另一个国家，而为大理所切断或间隔，这种情况，在现代虽然不乏例子，像巴基斯坦分为东西两部分，而为印度所切断或间隔，但在以往，似乎是不可能的。

据《元史》卷六十二《地理志》：建昌或建都所建立者当为段氏。我们知道大理是五代后晋时（公元九三六—九四六）段思平据有南诏地，而更号为大理，段兴应是大理段氏的亲属，据了建昌以后，其子及孙逐渐扩张其领土，其扩张的方向，是自北而南，其后可能伸张至缅甸的北部。

大理建国之后到宋哲宗元祐时（公元一〇八七——〇九三），又为高氏代立，号大中国，但是到了哲宗元符二年（一〇九九），段氏复兴，号后理国。南诏在唐代很为强大，其势力北展到四川成都，东南数犯越南的交趾，就是现在的河内，南边征服了骠国，以及其南边的猛族国家，又在西北与吐番抗衡，但是到大理的时候，势力已大衰弱，建昌勃兴起来，占有大理一部分的土地，因而可能扩张其势力到缅甸的北部。所以《元史·地理志》说："其（指段兴）裔浸强遂并诸酋，自为府主，大理不能制。"

在现在的缅甸方面，我们知道在唐代与唐以前，有了一个骠国，其强盛时，据有缅甸的中部与北部，但在公元九世纪的初叶，这就是公元八三二年，被南诏打败之后，其势力也逐渐衰弱。到了十一世纪的中叶，蒲甘兴起（一〇四四），蒲甘的第一世王阿奴律陀，虽然也南征北伐，但其领土也并不很大，直到十二世纪的末叶，蒲甘的势力还只抵达到曼德礼之北，或阿真谷之南，蒲甘碑文之最先说到太公城的是在一一九六年。（参看卢斯 G. H. Luce：*Note on People of Burma in the 12th-13th Century A. D.*）缅甸的北部，这就是从阿真谷至八莫这一大片地方，在骠国灭亡之后，在一一九六之前，既非蒲甘势力所及，同时，又若非为大理所统治，在这里若不是为另一个新建立的国家所占领，那么其为建都所统治，似乎是没有问题的，而况，不只《元史》曾载这个地方是叫做建都国，就是缅甸碑文也有建都的记载。

总而言之，从安宁河流域的建昌到缅甸北部的太公以至阿真谷，虽然距离很远，道途很长，但建都似乎是一个国家，而不是二个国家，这一点可以从《元史》关于建都的记载看出来，至少我们还找不出理由，去说明这是二个国家。

假使我们以为建都是一个国家而不是二个国家是对的，那么建都可以说是一个领土很大的国家。大致上这个国家的疆域，是从北边西康的越巂南至缅甸的阿真谷，其西界在云南境内，当在姚安、楚雄、景东、景谷，以至澜沧江与怒江流域之间，其东界可能达到现在的云南的东境，其地形是南北长而东西狭。

这只是一种推论。也有可能的，是这个国家原是建立在安宁河一带，后来逐渐南移，而至于缅甸北部。但无论如何这个建都应该是一个国家而不是二个国家。

第十九章 早期的历史

建都这个国家的建立,是在什么时代?这是一个不易解的问题。《明史》卷三一一说:

> 建昌卫本邛都地,汉武帝置越巂郡,隋唐皆为巂州,至德初(公元七五六—七五七)没于土番,贞元中(七八五—八〇四)收复,懿宗时(八六〇—八七三)为蒙诏所据,改建昌府,以乌、白二蛮实之,元至元间(一二七七—一二九四)置建昌路,又立啰啰斯宣慰司以统之。洪武五年(一三七二)啰啰斯宣慰安定来朝,而建昌尚未归附。十五年(一三八二)置建昌卫指挥使。……改建昌路为建昌卫,置军民指挥使司,安氏世袭指挥使,不给印,置其居于城东郭外里许,所属有四十八马站,大头土番、僰人子、白夷、么些、狫㹛、猓猡、靰鞎、回纥诸种,散居山谷间,北至大渡河及金沙江,东抵乌蒙,西讫盐井,延袤数千里。

这段话里所说的建昌,就是我们在上面所抄录《元史·地理志》中所说的建昌。这个建昌,在后来也就是《元史》卷十三《世祖本纪》至元廿一年中所说的建都。但是应该注意的,这里说建昌卫,本为邛都地,邛都这个国家,见于《史记·西南夷列传》传说:

> 西南夷君长以什数,……自滇以北君长以什数,邛都最大,此皆魋结耕地,有邑聚。

《辞源》说邛都在今四川西昌县东南,这也就是在越巂的东南,后来的建都,这就是元初所征服的建都,也是在这一带地方。邛都的邛字声音接近于建,皆为K音,可能建都是由古代的邛都转变而来。玉耳以为这个都字是藏语里所常见的,其实,地方名字的最后一个字用都的很多,如古代的笮都,其地方是与邛都接近,固不待说,就是直到近代,这个名字之沿用的,还是不少,如成都、武都、新都、昌都等等皆是。而且,地名有的是在近代的西藏,有的是在与西藏接近的四川,若说建昌是一个汉化的名字,建都可能是一个藏化的名字,又据《中国地名大辞典》说:

> 建都郡,南朝宋置,今阙,当在云南境内。

那么建都这个名词的来源,是很久了。建都这个名词的来源,虽然是很久,可是建都这个国家,却不见得是邛都的后身。照我们的意见,这个国家的建立,似乎是在唐宋之间,而与南诏或大理有了密切的关系。《元史·地理志》说蒙诏立城曰建昌府，可能就是这个国家的历史的前奏。

我们知道，在唐代在西南一带，有两个强大的国家，一为吐番，其领土占有西藏与青海一带，一为南诏，其疆域北抵大渡河，西北与吐番为邻，东南与交趾、真腊接近，南与骠国以及女王或哈利班超（Hari Pun Jaya）交界。虽然有时称臣于吐番与中国，但也是这二个大国的劲敌。但是到了唐代的末季，这就是公元九世纪的下半叶以后，唐的国势既趋于衰微，吐番与南诏也趋于衰弱。《宋史》卷四九二《外国八·吐番传》说：

> 吐番……唐贞观后常来朝贡，至德后因安史之乱，遂陷西河陇右之地。大中三年（八四九），其国宰相论恐热以秦原安乐及石门等七关来归。四年，又克成维抉三州。五年，其国沙州刺史张仪以瓜州伊肃十一州之地来献，唐末瓜沙之地，复为所隔，然而其国亦自衰弱，种族分散，大者数千家，小者百十家，无复统一矣。

至于南诏，在九世纪的末季，也趋于衰弱。《南诏野史》上卷指出在高骈的数次征伐之后，其势渐衰，又在"隆舜纪"中说：

> 中和癸卯三年（八八三）唐以宗室女为安化长公主妻隆舜。僖宗乙巳光启元年（八八五），遣宰相赵隆眉、清平官杨奇肱、段义宗三人朝唐帝行在，且迎公主，高骈在淮阳飞章上言，三人南诏心腹，宜止而鸩之，唐帝从其言，隆眉等死，南诏遂不复振矣。

没有多久，南诏内部紊乱，朝代更换，到了十世纪的上半叶，这就是五代后晋高祖天福三年（九三七），段思平篡位，改国号为大理。宋初太祖乾德五年（九六七）王全斌平蜀返到京都，曾负地图进，请太祖出师取云南，据《南诏野史》卷上"素顺纪"中说：

> 太祖鉴唐之祸，以玉斧画大渡河为界，曰：此外非吾有也。由是段氏得据南诏，相安无事。

宋朝对于大理虽没有占取的意图，大理也没有力量去侵宋，二者虽然相安无事，但是大理本身并不见得没有问题，所以《元史·地理志》说蒙诏立建昌府之后"诸酋争强，不相下，分地为四堆，段兴为长，其裔浸强，遂并诸酋，自为府主，大理不能制"，说明了这一点。

段兴之统治建昌，究竟在什么时候，不易考订，但其与大理的段氏是像上面所说有了关系，似乎没有问题。段思平之王大理，虽在九三七年，但是段氏之在南诏，居了重要地位，历史很久，《南诏野史·大理国》"太祖圣神文武皇帝纪"中说：

> 段思平其先武威郡北人，世为南诏蒙氏将，唐元宗辛卯天宝十载（七五

一），及甲午天宝十三载（七五四）；唐再伐云南，云南王蒙阁逻凤命世子凤伽异、大将军段俭魏迎战于点苍山及西洱河，两败唐兵，以功升俭魏为清平官，赐名忠国，寻拜相，六传而至思平。

这说明了在段思平未篡位之前，段氏在南诏已当了权，段兴是段思平的同时人，或是在段思平之前或之后的人物，不得而知，但《元史·地理志》既说段兴的后裔强盛之后，兼并诸酋"自为府主，大理不能制"，那么段兴也可能是很早就据了建昌，所以我们推想，建都这个国家，其建立时间虽可能较迟，但其渊源，可以追溯到唐代的末季，虽则我们无从考订其离开大理而独立为建都国的正确时间。这也是可以了解的，因为在唐末，唐朝吐番与南诏既都趋于衰弱，关于建昌以至云南这一带的地方的情况，在唐人著作中，既少有记载，到了宋代，既然宋太祖以大渡河为界，那么宋人对于大理的情况，更不容易知道。《南诏野史》"思廉纪"中说是在思廉在位的时候，这就是一〇六三年，思廉杀侬智高，函其首送京都时，"段氏始闻于中国"。而且，从此以后，大理虽数次遣使朝贡宋朝，始终持了冷淡的态度，说明宋太祖对于大理的政策，还是深入人心。

中国对于大理，既如此隔膜，对于段兴或其后裔所建立的建都，完全不了解，也是可想而知的。因此，要知道元以前的建都的历史，就很不容易。

我们只能这样的推想，段兴据有建昌的时候，可能南诏还未为段氏所篡，在段氏改国号为大理的时候，段兴的子孙，也宣布独立，不受制于大理，所以建都的建立为国家，当在十世纪的上半叶，说不定就是在段思平就位那一年（八三七），建都也宣布独立。也有可能的，是南诏蒙氏被郑氏篡位而改为大长和国的时候，这就是唐昭宗天复二年（九〇二），在建昌的段氏，就宣布独立。假使这个推算没有错误，那么建都的建立，比之缅甸蒲甘王朝的建立（一〇四四）还要早了一百年。

应该指出，大理国建立之后，不只建都宣布独立，在南诏统治之下的好多地方，也可能各自为政，而为大理所不能制。在这种情形之下，像上面所说，建都就慢慢的扩张其疆土，向南发展，最后乃至于缅甸的北部。所以大理的领土，比之南诏小得多。马司伯乐（G. Maspero）在其所著的《宋初越南半岛诸国考》一文（冯承钧译，见《西域南海史地考证译丛》，页一四六——一四七）曾指出：

> 当时（宋代）大理国之南境及东南境，似不逾洱海流域，其西南则以澜沧江与怒江之分水为界。

大理的东北，既为建都所占领，其西北的吐番，虽也已衰弱，但这是属山岭地带，大理的边境，似不会越过南诏的西北边境，这样看起来，大理的疆域是偏在云南的西北一隅了。

又南诏的西南是与骠国接壤（《新唐书》卷二二二上《南蛮传》），在樊绰

《蛮书》卷十"骠国"条说太和六年（八三二）南诏曾"劫掠骠国，掳其众三千余人，隶配拓东（按：为今之昆明），令之自给"。说明骠国在这个时候，已趋于衰弱，到了南诏蒙氏衰败之后，骠国也趋于衰弱，十一世纪的上半叶末年，蒲甘勃兴，都于骠国都城之北的蒲甘，骠国遂因而灭亡，在骠国未灭亡之前，与大理建立之后，我们推想，建都的势力就逐渐发展到缅甸的太公或是更南的地方。

第二十章　种族与王族

建都种族是属于那一个种族呢？这也是一个不易解答的问题，我们在这里，只能略加推论而已。

我们知道，在四川之西的西藏地带，其所居住的种族，在近代，一般的说，是叫做藏族，但从历史方面在汉时主要是羌氏，在唐代主要是吐番，亦有谓为西番者。《新唐书》卷二一六上《吐番传》说：

> 吐番本西羌属，盖百有五十种，散处河湟江岷间。

又《明史》卷三三〇说：

> 西番即西羌，族种最多，自陕西历四川云南西徼外皆其种，散处河湟洮岷间，为中国患尤剧。

又《前汉书》卷九五：

> 自嶲以东北，君长以十数，徙莋都最大；自莋以东北，君长以十数，冉駹最大；其俗或土著或移徙，在蜀之西，自駹以东北，君长以十数，白马最大；皆氐族也。此皆巴蜀西南外蛮夷也。

从此可见在唐之前，在四川或巴蜀的西南外蛮夷，主要是羌氏种族，在唐代是叫做吐番或西番，吐番这个名词，直到元代还是沿用。西文所用 Tibet 这个名词，就是从吐番这个名称翻译而来。

吐番在明代称为乌斯藏，所以《明史》卷三三一说：

> 乌斯藏在云南徼外，去云南丽江府千余里，四川马湖府千五百余，去陕西宁卫五千余里。

到了清代以后，西藏这个名称才普遍的采用，西藏也可能是乌斯藏的简称，这就是说斯与西音接近，或者也因其在中国之西，故叫做西藏。《清史纪事本末》卷十四说：

> 西藏古三危地，其种人曰唐古特（Tanguts），亦称土伯特（按：亦即附国 Bod，也可以译为 Tibet），即唐时之吐番也。

这是藏族的名称的演变，上面已经说过，藏族所居住的地方主要是在西藏与四川西部，在云南尤其是在云南西北部，这就是与西藏接近的地方，很早也有藏族散居，唐代的南诏，据《新唐书》卷二二二上《南诏传》虽说其为"哀牢夷之后，乌蛮别种"，但主要还是藏族，至少其统治者是属于藏族。

我们知道，在云南的南部与西南一带的古代种族，主要的是近人所谓为掸泰族，这个种族在汉代是叫做哀牢，哀牢是一个种族名，也是一个国家名。在哀牢之南，这就是在云南的南部边境与缅甸北部，有一个掸国，其人也称为掸种，我以为掸族也是哀牢的一种，因为哀牢人居于牢山下，掸大概是从山而来，这一点我们当在别处讨论，我们在这里所要注意的，是在云南与缅甸北部，以至暹罗、老挝各处的主要种族，是掸泰族。

云南既与西藏、四川接壤，二者的种族互相混杂，也是自然而然的。而且，我国民族的迁移方向，主要是自北而南，藏族固是这样，掸泰也是这样。藏族在历史上，从我国的西北慢慢的向南迁，掸泰也从云南与广西慢慢的向南迁移，迁移的时间既很长，他们到了一个新地方之后，其初大致是散居于各处，这样就与当地的土人，互相混杂，到了某个时候，其人生殖愈繁，或者同时其迁来者也愈多，因而不只占据了这个地方，而且夺取了政权。这样，就建立了新的国家，南诏之所以成立，以及缅甸的蒲甘、暹罗的八百与暹国、越南半岛的老挝，都是这样的建立起来的。

尽管统治权变换了，国名改变了，种族不一定是一个，这就是说，在一个国家，可以有二个以至很多个种族。有的统治的种族是占有大多数或绝大多数，有的统治种族只有少数或绝对少数。在南诏强盛的时候，其领土既东南抵交趾，南与骠接，东北抵贵州，西北与吐番毗邻，那么其种族不只包括其统治的藏族，而且包括了在这个地方里的人数众多的掸泰族，以及其他的好多少数民族。《新唐书》说其种为哀牢后裔，可能是误把统治的藏族，而当为人口众多的掸泰族。

因为在历史上，在这一带的地方，种族的迁移既频繁，种族因混杂而分为支派更多。建都这个国家，其所占领的地方既从安宁河流域直贯澜沧江与怒江而至缅甸的北部或中部，那么其所统治的种族的复杂，也是可想而知的。

从上面所举《元史·地理志》的记载来看，建都的建立者为段兴及其后裔，段兴若与大理的段氏是同族，同时若是《南诏野史》所说段氏，其先为武威郡人，而世为南诏蒙氏的将官，段氏也应该是属于羌氏的种族，这也就是说，建都的统治者，是与南诏大理同一种族。根据近代一些学者的研究，在缅甸北部的建都人的语言，是属于藏缅系。所谓藏缅系者，不只是语言是属于这一系统，就是人种也是属于这一系。藏缅族之所以这样称呼，就是因为现在的缅甸的缅族，其来源是来自西藏，这与在缅甸以前的骠国的骠族的来源，是相同的，因而骠人也属于藏缅族。所以骠人、建都人、缅人，或蒲甘人，是与云南的南诏，在种族上是有其相同之处。但是因为他们从西藏南迁的时间有所不同，而南迁之后，其所与本地的土人接触之后，其互相影响的程度也不同，因而后来也有其各异之点。所以南诏之于骠人，或是骠人之于建都，以及建都之于缅人，也有了不同之处。南诏是在云南，所以受中国文化的影响较深，骠人、缅人与建都人之在缅甸的，受了印度的文化影响较深。就是建都人，可能也有南北之分，在中国境内也多受了中国文化的影响，而在缅甸境内的，又多受了印度文化或是印度化的骠人与缅人的影响。

但是，我们也得指出，在建都的境内，不只是在现在的西康或云南，就是在现在的缅甸的北部或东北部，有了好多的掸泰族，其在缅甸的，在汉代已有掸国。在这个地方，在历史上，虽然也经过骠族以及蒲甘的统治，但是大多数的种族，还是掸族。直到现在，在缅甸联邦中，还有掸邦的自治区，这是有其历史性的，也有其地域性的。

至于在西康与云南掸泰族之在这些地方的历史，也是很久的。《元史·地理志》说在唐朝懿宗的时代（八六〇—八七三）"蒙诏立城曰建昌，以乌白二蛮实之"，《续云南通志》卷一五九说：

> 王承斌既平蜀，欲因兵威取滇以图进于上，太祖鉴于唐之祸基于南诏，以玉斧画大渡河曰："此外非我有也"，由是云南三百年不通中国（按：这在宋，大理也有数次进贡且曾函献侬智高之头），段氏得以睆临僰爨以长世焉。

乌蛮、白蛮以及僰爨，都是属于掸泰族，所以我们说建都的统治者虽然是属于藏缅族，但其人民却多是掸泰族，这不只是在建都的境内是这样，就是在南诏与大理的时代，大概也是这样。而且，应该指出，这二种民族——藏缅与掸泰，在长期的杂居后，血统的混合，也是自然而然的。所以人类学者也有用罗罗缅甸族去指明这个民族。

我们在上面，虽然指出建都的初期的统治者是段氏，是藏族，但是在整个建都的历史上，是否都为这个种族所统治，却是一个值得研究的问题。《元史》卷十三《世祖本纪》指出至元二十一年（一二八四）"正月丁卯建都王乌蒙及金齿一十二处俱降"，这是一条很重要的史文。

乌蒙是建都的王名，但我们知道这个王名也是一个族名，而且又是一个地方名。在云南昭通县东二十里有一个乌蒙土城，这个土城在安宁河之东或越嶲的东南。据说这是唐时乌蛮仲并田之裔曰阿统者迁到这个地方，其十一世孙乌蒙强盛起来，号为乌蒙部，所以乌蒙也就是乌蛮。乌蒙也见于樊绰的《蛮书》，《明史》卷三一一说：

> 乌蒙、乌撒、东川、芒部，古为宝地，的巴、东川、大雄诸甸皆唐乌蒙裔也。宋有封乌蒙王者，元初置乌蒙路，遂以东川芒部皆隶于乌蒙、乌撒等处宣慰司。

我以为在这个地方到了这个时候，建都的王位可能已由藏族的段氏后裔而转到乌蒙族的手里。乌蒙人就位之后，朝贡于宋，所以宋封为乌蒙王。宋可能当乌蒙族为乌蒙国，所以没有说到建都国，而《元史》把统治者的族名，当为王名，所以称为"建都王乌蒙"。

  假使我们这种看法是对，那么在后期的建都的统治者似乎是掸泰族了。然而无论统治者是藏缅族也好，是掸泰族也好，在建都这个国家里，多数的种族是掸泰族，也似乎是没有问题的。

东南亚古史研究之七

林邑史初编

東南亞古史研究之七

林邑史初編

陳序經 著

《林邑史初编》20 世纪 60 年代内部印刷版封面

目　录

自　序 …………………………………………………………………… 273

第一编　通论 …………………………………………………………… 274

第一章　林邑的研究 ………………………………………………… 274
第二章　林邑的名称 ………………………………………………… 279
第三章　林邑的方位 ………………………………………………… 284
第四章　林邑的种族 ………………………………………………… 290
第五章　种族的来源 ………………………………………………… 295
第六章　林邑的物产 ………………………………………………… 301
第七章　林邑的城市 ………………………………………………… 308
第八章　制度与风俗 ………………………………………………… 314
第九章　文化与宗教 ………………………………………………… 321

第二编　史述 …………………………………………………………… 326

第十章　早期的历史 ………………………………………………… 326
第十一章　区怜至范熊 ……………………………………………… 332
第十二章　范熊的时代 ……………………………………………… 337
第十三章　范逸与范文 ……………………………………………… 342
第十四章　范佛至胡达 ……………………………………………… 348
第十五章　胡达与敌真 ……………………………………………… 354
第十六章　阳迈的时代 ……………………………………………… 358
第十七章　林邑与隋代 ……………………………………………… 363
第十八章　林邑与环王 ……………………………………………… 368

第三篇　附录 …………………………………………………………… 373

附录一　五代的占城 ………………………………………………… 373
附录二　《宋史》的占城 …………………………………………… 374

附录三	《宋会要》占城	379
附录四	《通考》的占城	389
附录五	其他的记载	393
附录六	《元史》的占城	395
附录七	《新元史》占城	398
附录八	《明史》的占城	401
附录九	其他的史文	407

自　序

　　历史上的林邑，及其后来的环王与占城，在地理上的位置，大致上是相当于今日的越南中圻。在东南亚诸国中，版图虽不算大，但其历史却很长，自建国以至灭亡，约有一千四百年之久。这个国家，不只疆域较小，人口也较少，土地又较瘦；而且，是介于中国与扶南或后来的真腊两大强邻之间，不断的与诸邻国有战争。尽管那样，它仍然继续存在了这么久，这不能不说是东南亚历史上所很少见的现象。

　　这个国家，自其建立以至灭亡，整个人口数目，本来就不多，自从它灭亡之后，其留在本土的人口，只不过约十万人，其散居于今日的柬埔寨的，也不过四五万人，这可能是与历史上长期不断的战争有关，另一方面，是为邻邦所同化，也似应有过一定的作用。

　　今日旅行于越南半岛的人，既少有知道历史上曾有过这个国家，从而也很少注意到这个还留存的少数民族。就是八十年前，对于这个国家与其种族的历史研究，还没有得到学者应有的注意，只是近数十年来，考古学者，尤其是法国的考古学者，为了他们自己的国家的利益起见，对于这个国家的碑文、古物、古迹，以至语言方面的材料，陆续发见或发掘了不少；但是他们对于中国这些方面的有关的丰富史料，并未曾充分利用。至于我国人对于这个国家的历史，加以研究的，据我所知，几乎找不出来。

　　本书所叙述这个国家的历史，主要的是林邑及其稍后的环王这一段，时间是从公元二世纪至十世纪。据我国史书所载，唐肃宗至德（公元七五六至七五七）之后，这个国家改为环王国。《新唐书》卷二二二下有《环王传》，可是《旧唐书》卷一九七仍称为林邑。自五代或宋以后，我国人称这个国家为占城，虽则瞻波或占婆这些名称，在唐代亦已采用。至于占城人自己，据说自古以来，就自称为占婆（Champa）。本书所叙述的，主要既是林邑这一段，对于五代或宋以后的占婆历史，只能把我国的主要史文，抄录下来，作为附录。

　　虽然在搜集我国的有关的主要史文方面，我曾经作过一些努力，但遗漏之处，还是很多。至于材料的处理，写作的方式，以及看法等等，缺点更多。盼望读者，多加指正。

第一编 通论

第一章 林邑的研究

　　林邑在唐代的一个时期中，又称环王，五代与宋以后，称为占城；名称虽几经改变，朝代虽几经更换，国家还是一个，种族也是一个。而且，其人自称为占婆，这个名称，已见于《新唐书》卷二百二十二下《环王传》，所以说"环王本林邑也，一曰占不劳，亦曰占婆"。玄奘《西域记》译为摩诃瞻波，而义净《南海寄归内法传》译为占波，这都是 Champa 的对音。

　　这个国的建立，大致是在后汉末年，或公元二世纪的末年。到了公元一四七〇年，败于越南以后，国势不振，但仍继续存在到清朝康熙时代（公元一六六二至一七二二）始为越南所灭亡。自建国至灭亡，约为一千四百年，在东南亚各国中，是一个历史较长的国家。

　　这个国家，自建立至唐宋五代的时候，其领土既与中国所属的交趾毗邻，所以两者关系至为密切。就是自宋初越南独立之后，其与中国的关系，仍是史不绝书。我们应该说，在东南亚各国中，除了越南以外，中国史书有关东南亚各国记载得最多的，要算林邑或占城了。

　　原来在林邑建国的初年，其所占领的地方，就是汉代的象郡象林县，这是公元二世纪末年的事情。到了三世纪的中叶，这个国家又向北扩张其领土，而占领了区粟城，这就是现在的越南中圻、顺化一带。公元四世纪的下半叶，其王范文要求以横山为界，所以林邑所占领的地方，就是当时交趾的南部。林邑之所以与中国不断的有密切关系，这是一个主要原因。这也可以说是历史的原因。在地理上，越南未独立之前，中国与林邑毗邻，关系应当密切，就是越南独立之后，林邑与中国在地理上还是接近。从我国最南的海南岛的西南一带海岸，顺风的话，帆船一天就可抵达林邑或占城。所以《元史》说："林邑近琼州，顺风舟行一日可抵。"在风波恶劣的时候，在林邑海岸驶行的船舶，有时漂到海南岛，而在海南岛西岸驶行的船舶，也有时漂到林邑或占城。

　　中国自秦汉以后，就有船舶从广东沿海一带，驶到东南亚以至印度洋各处，在愈古的时代，船舶既小，航海技术又很幼稚，船舶之到东南亚各处的，往往沿着海岸而行。首先是要靠越南半岛的海岸而行，林邑或占城在越南半岛所占领的海岸线比较的长，所以我国船舶之到东南亚各处的，也往往要沿着林邑的海岸而行。林邑傍海，其人又善于航海，他们的船舶也到东南亚各国，到中国的更多。所以两者的关系，很为密切。

历史与地理的原因，以及其他的原因，使林邑与中国发生密切的关系，因而自三国以后以至明末，无论那一个朝代的史书，以及其他好多著作，都有林邑或占城的记载。我们可以说，研究林邑或占城的史料，最为丰富的，要算中国了。

马司伯乐在其《占婆史》（冯承钧译）中说：

> 外国史籍所供给之占婆史料最多，尤以中国之史料为富。吉蔑（Khmers，即真腊）、安南次之，爪哇亦有数种，欧洲旅行家之记述最少。

我们应该说，林邑或占城本身的历史资料，除了近人发现或发掘一些碑文之外，根本就找不出占文的史籍。而且这些碑文也很多残缺，至于其他国家之关于林邑或占城的记载，也不算多，所以我们可以说，研究林邑或占城的历史，其资料最为丰富的是中国史书。假如没有中国史书，一部林邑或占城史，写起来不只很为简略，可能就很难下笔。关于这一点，鄂卢梭（Aurousseau）在其《占城史料补遗》（冯承钧译，收入在《西域南海史地考证译丛续编》，页一四一至一七二）中曾说：

> 就真相言，外国史文，尤其是中国载籍所供给的材料最为可宝贵，并最丰瞻，若是没有此种史料，仅据占语碑文同吉蔑语的记载，这部《占波史》就很简略了。

然而很可惜的，自占城灭亡之后，我国人对于这个国家，几乎完全忘了。近十年来，国人对于东南亚及其历史的研究，虽逐渐注意起来，但对于林邑这个国家的历史，很少谈及。比方李长傅在一九三五年所出版的《南洋史纲要》第一章叙述后印度人种之渊源中，关于占人的叙述，不过五十余字，而第三章关于中印文化的输入，关于占婆的历史的叙述，也不过一百五十余字。又如冯承钧在其《中国南洋交通史》中（一九三七年出版）其下编有《扶南传》，有《真腊传》，有《阇婆传》，有《三佛齐传》，有《南海群岛诸国传》，有《马来半岛诸国传》，以至有《印度沿海诸国传》，而却没有林邑或占城传。

冯承钧在其序例中说：

> 兹编研究之范围，东起吕宋，西达印度西岸，阿刺壁海西岸诸国地不录，安南、占城、缅甸、暹罗四国亦不著于编。安南原列中国郡县，昔之占城，为今安南之中南圻。缅甸与中国交通常遵陆道而不循海道，暹罗至元代始合为一国，元以前其南境先隶扶南，后为杜和钵底国也。

冯承钧之所以不著录这四个国家的理由，似乎有三：一是曾列为中国郡县者不录,二是循陆道交通者不录,三是建国较迟者不录。安南或越南属于第一类,缅甸属于第二类,暹罗属于第三类。事实上,这三个理由,都不见得充足。越南自宋初就独立,其与中国交通,虽有陆道,但也往往由海道,而且应该说取海道而到越南的多于取陆道。缅甸之于中国交通,在蒲甘时代也曾从海道。暹罗与中国关系,很为密切,而且中暹交通也由海道。又况这本书中所录的好多国家,如麻剌甲,如柔佛,都是明朝才建立的,比之暹罗历史还要短。

所以上面三个国家,不列入于该书,虽说各有其理由,但这些理由,并不充足,而最为可惜的,是林邑或占城没有录入。这个国家之所以不录入,都不属于上面所说的三个理由。林邑历史,比之真腊、阇婆、三佛齐还要长,这个国家与中国交通,主要是靠海道,而且只有一个很短的时间,为中国所攻破。若说昔之占城为今安南之中南圻,而其史迹可以归并于安南或越南历史,这也是不妥当的。在越南未独立之前,林邑建国已有八百多年之久,越南独立之后,也继续存在五百多年之久。其种族既非越族,其文化也与越南不同。林邑主要可以说是一个印度化的国家,越南则受中国文化的影响较深,当为历史来看,两者不应混而为一。而况,林邑的历史,正如上面所说,在东南亚各国中是一个历史较长的国家。又况越南、暹罗与缅甸的历史学者,以及外国包括我国在内的学者,对于这三个国家的历史正在研究,林邑既已亡,我们若不研究,他人更难于研究。

冯承钧对于东南亚的外文著作翻译很多,他对于东南亚的历史地理作过不少的研究,在这本《中国南洋交通史》里,没有列入越南、暹罗、缅甸,而尤其是林邑或占城,是很可惜的。

林邑或占城,虽然亡了,占人自国亡之后,其生存于今日者虽然不多,然而史实既不应忘记,更不应抹杀。一部东南亚历史,尤其是一部东南亚古代史,林邑或占城应该占很重要的地位。缺乏了林邑这部份[这部]历史,所谓东南亚历史,就不够全面,不够完整,那是一种遗憾,尤其是我国历史学者,应该珍视我们过去的历史学者与其他的著作所留下来这笔丰富的林邑或占城的史料,应该好好的去整理起来,这是我们的宝贵的财产,也是我们应尽的责任。

然而正如我在上面已经指出,近年以来我国人对于东南亚的历史,虽然逐渐加以注意,很可惜的是对于林邑或占城的研究,还是不够重视。而对于这个国家的历史,比较能注意的是像马司伯乐所说的,记述这个国家的材料最少的欧洲人。

欧洲人之注意这个国家的历史较早的,是法国人,尤其是在越南河内远东法国学校的一些法国人。最早注意到这个国家的史料的是法人艾莫涅(Aymonier),他在一八八五年已在越南南圻搜罗占文石刻多种,这些碑文,为占文与梵文,他在一八八九年曾撰述《占语文法》(*Grammaire de La Langue Chame*)一书。其石刻梵文乃由贝尔甘(Abel Bergaigne)研究刊行《据碑文考证越南半岛之古占婆国》（*L'ancien Royaume de Champā dans L'indo-Chine d'après Les Inscriptions*）一书。

此后，远东法国学校一些学者对于占人的宗教、建筑等问题，都有专题研究。关于这方面的史料，马司伯乐（G. Maspero）在其所著的《占婆王国》（*Le Royaume de Champa*）（冯承钧译为《占婆史》）的叙言中，已经介绍，这里不必重述。

一九〇四年，伯希和（Paul Pelliot）在其所发表的《交广印度两道考》（原文为 *Deux Ltinéraires de Chine en Inde á La Fin du VIII Siècle*）在其上卷二十一节至二十三的三节中，讨论林邑或占城的交通、都城及其他问题（冯译，页四三至五九）。他这几段考订，虽然只约有八千字，但对于林邑或占城的历史上的好多问题，作了扼要的叙述，他虽然也利用艾莫涅的材料，但绝大部分的材料是根据中国的史书，这是利用中国史料来研究林邑或占城的最早的著作。

可是，叙述林邑的建立而至于灭亡的一本比较有系统的占婆历史，要算马司伯乐的《占婆史》了。这本书最初发表于一九一〇年至一九一三年的《通报》，其名称就是 Le Royaume de Champa，后来乃印为单行本。冯承钧的中译本发行于一九二八年。一九三〇年马司伯乐又将原书增补重刊新本，应该指出，直到现在，这本《占婆史》，还是唯一的关于这个国家的较有系统的历史著作。

冯承钧对于这本书曾作如下的评论：

> 今人之研究占婆史者，鲜有完备之书，惟马司帛洛之《占婆史》为较完善。其书乃集中越载籍、梵、占、吉篾诸碑等史料而成，所引史籍固不无遗漏之文，而原稿亦不乏错误之点，但首尾完具，为今日占婆史空前的撰述，其辨正补辑中国史书错误遗漏之处，亦复不少。（《占婆史》译序）

这是一个公平的评论。应该指出，马司伯乐的重新刊本已改补了不少错误，可是我们也得指出，这本著作只能算做占婆简史。冯译的《占婆史》约为五万余言，马司伯乐只利用中国一部分的史文，后来鄂卢梭在《远东法国学校校刊》第十四卷第九八八页以下发表一篇《占城史料补遗》，抄录不少中国史文，对于这个国家的历史研究，作了不少贡献。

一九四七年，石泰安（R. A. Stein）在北京（辅仁大学印书局印）发行一本《林邑》（*Le Lin-yi*）。本书分三篇，一为区粟（Kiu-sou），二为林邑的原来都城（La capitale du Lin-yi Primitif），三为屈都乾（Kiu-tou-K'ien），版本较大，三篇共一百二十三页。从题目看来，就可以明白他所研究的重点，是区粟城与原来的都城，此外还有数篇附录，如刘方行程、马援铜柱、林邑种族等等，又附以好多图表。

此外又如马查塔（R. C. Majumdar）在其《古代东方的印度殖民地：占婆》（*Ancient Indian Colonies in the Far East: I Champa*, Lahore, 1927）与 J. Y. Claeys《安南与占婆研究引论》（*Introduction á L'e dude de L'amnam et du Champa*, Hanoi,

1934）都可以做为研究林邑或占城的研究的参考。可惜我手头没有这两本书，至于近来之关于东南亚历史的书籍之出版者，为数不少，如荷尔（Hall）的《东南亚历史》（*A History of South-East Asia*），摩尔希德（Moorhead）的《马来亚及其邻国史》（*A History of Malaya and her neighbours*）都有关于林邑的叙述，可是篇幅既很少，也没有什么特殊的发现。

  我在这里，虽然把中国的关于这个国家而尤其是林邑与环王时代的史文，尽量加以选用，并采取了一些外交的资料，但这是一个很初步的探索而已。若从我国关于这个国家的丰富资料，而我们有责任去写好一部林邑或占婆史的角度来说，那么我在这里所作的工作，却还远远达不到这个要求。

第二章　林邑的名称

林邑也有称为临邑的。义净《南海寄归内法传》卷一说："南至占婆，即是临邑。"就是一个例子。但从历史的史文所载，绝对多数，称为林邑。

关于林邑这个国家的名称，《明史》卷三百二十四《占城传》中说：

> 占城居南海中……秦为林邑，汉为象林县，后汉区连据其地，始称林邑王。自晋至隋仍之。唐时或称占不劳或称占婆，其王所居曰占城。至德（肃宗年号，公元七五六至七五七）后改国号曰环。迄周宋遂以占城为号，朝贡不替。

冯承钧在其所译马司伯乐（Georget Maspero）所著的《占婆史》（Le Royaume de Champa）一书的译序中说：

> 我国史籍昔称占婆为林邑，唐元和（宪宗年号，公元八〇六至八二〇年）改称环王，五代时又改称占城，其名凡三变。但据占婆诸碑，其国始终自号占婆，未有林邑、环王之号。林邑之号，或因区连初王象林，故省称为林邑。环王似为当时王号之省译。惟占城一名，始为占婆补罗音义的对称。考《唐书》环王亦名占婆，又考《西域记》名摩诃瞻波，又考义净《南海寄归内法传》，亦名占波，则占婆、瞻波、占波、占城，实为其国名的对音，兹依名从主人之例，概名之曰占婆。

《明史》说林邑在唐至德后，改为环王，冯承钧说唐元和后改为环王，在时间上相差约五十年。《明史》说唐时已称占婆，冯承钧与其他一些著作以为占城的称呼，是在周（公元九五一至九六〇）宋之后，其时间上又相差了百余年。我们以为《明史》所说唐至德后改为环王，比较可靠。《新唐书》卷二二二下《南蛮传》"环王"条说：

> 至德后，更号环王，元和初不朝献，安南都护张舟执其伪骡、爱州都统，斩三万级。

这里所说，应该比较可靠。又同处说：

> 环王本林邑也，一曰占不劳，亦曰占婆。

然则在唐时，占婆这个名称，已为中国人所知道，也是无可疑的。所以在唐代这三个名称——林邑、环王、占婆，可以说是互相通用。《旧唐书》有《林邑传》，而《新唐书》立《环王传》。占婆正如冯承钧所说，是这个国家的人们的自称的名号，占城应为占婆补罗的音义简称，补罗的音义是城。所以人们不称占婆城，而称为占城。

虽然占婆这个名称或是占城的意义，在唐代的人们已经知道，可是占城这个国号的通用，是周宋而尤其是在宋以后。《宋史》称这个国家为占城，所以有《占城传》。从此后，在元、明，以至于清，皆称为占城。但应该指出，尽管名号几经改变，这个国家与这个种族，始终是一个，没有变更。其历史从汉末至清初，约有一千四百余年之久。

在这一章里，我们要将这几个名称，略加解释。

陈寿《三国志·吴志·吕岱传》中说：

> 岱既定交州，复进讨九真，斩获以万数，又遣从事南宣国化，暨徼外扶南、林邑、堂明诸王，各遣使奉贡，权嘉其功，进拜镇南将军。

这里所说的林邑，可能是这个国家的名称之见于我国史书的最早记录，虽则这个名称，可能早已被人所采用。根据一些人的意见，林邑这个名称，是始于后汉时代，这就是公元二世纪的上半叶，这就是《后汉书·西南夷传》中所说的"永和二年（公元一三七年），日南、象林徼外蛮夷区怜等数千人攻象林县"的时候。比方马司伯乐曾说过：

> 区怜所建的国名，固然未见著录，可是一切史文，皆说林邑王是他的后人，则他所建之国，必是林邑，质言之，古之占波，必无疑义。{见鄂卢梭（Aurousseau）所著的《占城史料补遗》，此文由冯承钧译，收入在《西域南海史地考证译丛续篇》，页一五五}。

鄂卢梭引用马司伯乐这段话之后，曾加以按说：

> 其实，还有更明确的史文，而足证实此一说的，比方《水经注》（卷四一）云："象林县人区怜杀县令自称林邑王"就是一例。这个林邑名称，原来必不是一个城名，应是由象郡转为象林，又由象林转为林邑的。区怜既在象林杀县令而自王，汉人遂以林邑都城之名为古占波全国之称，林邑一名之起源，我以为如此。

这应该是说林邑这个名称是始于区怜的时代，这也就是说是在公元二世纪的上半叶，或是更具体的说是在公元一三七年。冯承钧在其所译的《占婆史》译序中说：

> 林邑之号，或因区逵初王象林，故省称为林邑。

应该指出，《后汉书·西南夷传》中虽说区怜攻象林县，但既没有说他自称为王，也没有说他自称为林邑王。质言之，林邑这个名称，并没有见于后汉。而且，在这里说到区怜攻象林县之后不久，其地又为汉朝所平服，虽然在这一带的领土上，也是时乱时平。据《后汉书》所载，一直到灵帝光和四年（公元一八一),又为刺史朱俊所平。二年后(公元一八三)"日南徼外国复来献"。

这说明了一直到公元一八三年,在日南之南与扶南之北,还没有一个国家叫做林邑的建立起来。所以若说林邑的建国是始于公元二世纪上半叶,是很难相信。关于这一点,我们在下面还要加以较为详细的说明。

其实,马司伯乐在其《占婆史》一书中也这样的说:

> 据右引之文(按:指其所引《后汉书·西南夷传》关于区怜攻象林县一段),当时占种(按:指二世纪上半叶或一三七年)尚未建国,部落分立,最北部落或名"区逵"也。据《水经注》所引《林邑记》可以证之。记曰:"林邑建国起自汉末初平之乱,人怀异心,象林功曹姓区有子名逵(原注亦作达、作连)攻其县,杀令自号为王。"则林邑之建国,质言之,占婆之建国,约在纪元一九二年时也。(冯承钧译《占婆史》,页二三至二四)

马司伯乐在这里虽然是说明林邑这个国家的起源,而非解释林邑这个国家的名称的来源,但是林邑这个国家,既然不是建立于公元二世纪的上半叶,而乃建立在二世纪的末年或九十年代,那么这个国家的名称的采用,也应该是在公元二世纪的末年。

应该指出,林邑这个名称,据好几种史书所记载,在秦的时候已经采用。比方,《南齐书》卷五十八《东南夷传》"林邑"条已经指出道:

> 南夷林邑国……秦时故林邑县也。

杜佑《通典》卷一八八"林邑"条也说:

> 林邑国,秦时象郡林邑县地,汉为象林,属日南郡。

《新元史》卷一百五十《占城传》说:

> 占城本秦象郡林邑县地。

《明史》卷三二四《林邑传》说:

> 占城……秦为林邑,汉为象林。

明张燮在其所撰的《东西洋考》卷二"占城"条也说:

> 占城,古越裳地也,秦为林邑,汉象林。及区连杀县令自立,称林邑王。

我们随便抄录上面几条史文,记载林邑这个名称,是始于秦代。虽然这些史文,可能互相抄录而有重复的地方,但这么多的撰述者,都说林邑这个名词是始于秦代,这对于研究林邑这个国家的名称的来源,是有了密切的关系,假使上面所说的秦时已有林邑这个县，而后来区连所建立的国家，也就是在这个地方，或是汉时的象郡象林县，那么林邑这个国家的名称，是沿用林邑县这个名称，应该是没有问题。这样，林邑这个国名，就不见得是像上面所举一些学者所说的，这个名词是由"象郡转为象林，又由象林转为林邑"，而乃是沿用了秦时的林邑县名而名其国。我们很奇怪，一些考究林邑这个国家的名称的人们，对于一些史书所说秦为林邑县的记载，没有加以注意。

无论是在秦汉时代的著作里，或是在南齐以前的著作中，我们还找不出关于秦置林邑县的记载。至于《南齐书》以及上面所举的各书中，关于这一点的说法，究竟有何根据，不得而知。但我们也不能因此而遂说《南齐书》与《通典》等书所说是错误。其实就是近人所编的《中国古今地名大辞典》中还说：

> 林邑秦置，汉改日南象林县。后汉末邑人区连者，因中原丧乱，杀县令称林邑国王，隋时破亡，置林邑郡，后仍为林邑所有。

我们知道，不只在隋时置林邑郡，就是在唐代也在驩州南侨置林邑郡，所以林邑这个名称，是东南亚的一个国名，也是我国人所曾屡用的地名，秦置林邑县，也有可能。《通典》说林邑国是秦时象郡林邑县地，林邑是属于象郡，为象郡的一个县，秦时的郡与周代的郡不同，周制，天子地方千里，分为百县，县有四郡，这时的郡小于县。秦分天下为三十六郡，县是郡统治的小区域，县亦称邑，广东人说四邑，是指开平、恩平、台山、新会四个县而言，邑的意义是都邑，以往都与邑也有所不同。所谓大者为都，小者为邑。林邑可能是象郡中的一个小行政单位，或是这个单位的行政机构所在地。比方，文昌县城，人们有称为文城者，亦有称为文邑者。秦时这个郡名为象，而县或邑名为林，到了汉代，遂把这两个名词合而为一，遂名象林，属日南郡。说不定是因为在这一带的森林中，出很多象，故名象林。

林邑为什么改为环王呢？冯承钧以为环王似为当时王号之省译，这是可能的。马司伯乐说：

> 惟当中国号占婆为环王之时，即七五八至八七七年间，第五王朝君临占婆之际，商菩拔陀罗首罗神祠中，未能有此朝之碑文，其碑皆建于南方宾童龙、古笪二地。至第六王朝时，始重在占婆补罗附近见有碑文，然在东阳，不在美山也。……环王之称，非第五王朝诸王之尊号，即为王室发源国土之名，吾人既承认占婆南部为槟、椰部落之采地，此对译之原名或可于浦那竭罗（Po-nagar）及宾童龙（Panran）诸碑中寻求之。

我们同意马司伯乐所说环王这个称号可能是诸王之尊号，也可能是王室发源国土之名，但我们以为这是王室发源国土之名，更为可能。其实，所谓第五王朝的时代（七五八至八五九①）也可以叫做宾童龙王朝的时代，宾童龙的译写，不只一个，有译为宾瞳龙、宾瞳胧的，有译为邦都郎、宾陀陵、宾同陇、宾头狼、宾陀罗与奔陀浪。《旧唐书》卷一九七《真腊传》中说"真腊东至奔陀浪"，《新唐书·地理志》卷四三下贾耽"道程"中，也有奔陀浪这个国名，这个国名有写为 Pānduranga，有写为 Panran 或 Pandaran，也有写为 Phanrang。这个地方现在是译作藩笼，在林邑时代，这个地方是其属地，但有时脱离林邑而独立。中国史书也有把林邑与宾童龙分为二个国家的，第五王朝既然就是宾童龙王统治这个林邑，其统治者就把其国号叫做宾童龙（Phanrang）也是很合理的。Phanrang 可以译为宾童龙或藩笼等等，Phanrang 的声音，也颇接近于环王，环王之所以得名，不知是否从 Phanrang 而来。

《元史》卷六十三《地理志六》中说：

> 布政府路本日南郡象林县，东滨海，西际真蜡，南接扶南，北连九德。在汉末，区连杀象林令自立国，称林邑。唐时有环王者，徙国于占，曰占城。今布政乃林邑故地。

照这里所说，林邑之所以称为环王，是由于有王名为环王徙国于占城，故称环王了。

此外，顾炎武在其《天下郡国利病书》卷一一九中说：

> 至德后，以国在环州界，更号环王。

这不知有何根据，考《旧唐书》卷四一《地理志》在岭南道中有"环州"条说：

> 贞观十二年（公元六三八），清平公李弘节开拓生蛮环州，以环国为名。

这个环州，是在现在的广西省宜山与思恩一带，若说环王是因在这个环州界而得名，那就是错误了。

---

① 编注：此处时间与前述引文不一致，今从底稿。

第三章 林邑的方位

在这一章里，我们要讨论林邑的方位、幅员或疆界等问题。我们现在先把一些有关于这些问题的史文，录之于后，然后加以解释。

《晋书》卷九七《四夷传》"林邑"条说：

> 林邑国本汉时象林县，则马援铸柱之处也，去南海三千里。

《南史》卷七八《夷貊上》"林邑"条说：

> 林邑国，本汉日南郡象林县，古越裳界也。伏波将军马援开南境，置此县。其地纵广可六百里，城去海百二十里，去日南南界四百余里。北接九德郡，其南界水步道二百余里，有西（屠）国夷，亦称王，马援所植二铜柱表汉家界处也。

《北史》卷九十五"林邑"条说：

> 林邑，其先所出，事具南史，其国延袤数千里。

《南齐书》卷五十八"林邑"条说：

> 南夷林邑国，在交州南，海行三千里，北连九德。秦时故林邑县也。……自林邑西南三千余里至扶南。

《梁书》卷五四"扶南"条说：

> 扶南在日南郡之南，海西大湾中，去日南可七千里，在林邑西南三千余里。

又《梁书》卷五四"林邑"条所记关于这些问题与《南史》所载，几乎完全相同。《隋书》卷八二《南蛮传》"林邑"条说：

> 其国延袤数千里。

新旧《唐书》关于这个国家均有立传，但是《旧唐书》还称为林邑，而《新唐书》却叫做环王。宋以后这个国家均称为占城，名称虽是各异，但还是一个国家。而且，还是一个种族。《旧唐书》卷一九七《林邑传》说：

> 林邑国汉日南象林之地，在交州南千余里，其国延袤数千里，北与驩州接。

《新唐书》卷二二二下"环王"条说：

环王本林邑也。……直交州南,海行三千里,地东西三百里而赢,南北千里。西距真腊雾温山,南抵奔浪陀州。其南大浦,有五铜柱。山形若倚盖,西重岩,东涯海,马援所植也。

《宋史》卷四百八十九"占城"条说:

占城国在中国之西南,东至海,西至云南,南至真腊国,北至驩州界。泛海南去三佛齐五日程,陆行至宾陀罗国一月程,其国隶占城焉。东去麻逸国二日程,蒲端国七日程,北至广州便风半月程,至两浙一月程,西北至交州两日程,陆行半月程。其地东西七百里,南北三千里,南曰施备州,北曰乌里州,所统大小州三十六,不盈三万家。

《元史》二百一十《占城传》说:

占城近琼州,顺风舟行一日可抵。

《新元史》卷二五三《占城传》说:

占城本秦象郡林邑县。地东滨海,西际爪哇,南通真腊,北与安南之驩州相接壤。东西五百里而赢,南北三千里。都城去海一百二十里,近琼州,舟行顺风一日可至,其南施备州,西曰上源州,北曰乌里州。领大小州凡三十有八,亦有县镇诸名。

《明史》卷三二四《占城传》说:

占城居南海中,自琼州航海顺风一昼夜可至,自福州西南行十昼夜可至,即周越裳地。秦为林邑,汉为象林县,后汉末,区连据其地,始称林邑王。

又同处"宾童龙"条说:

宾童龙国与占城接壤,或言如来入舍卫国乞食,即其地。……有昆仑山,节然大海中,与占城及东西竺鼎峙相望。其山方广而高,其海既曰昆仑洋。诸往西(按:应为南)洋者,必待顺风,七昼夜始得过,故舟人为之谚曰:上怕七州,下怕昆仑,针迷舵失,人〈船〉莫存。

应该指出,宾童龙是占城的一部份,有时称为属国,但有时也统治占城。

记载林邑的地理的私家著作较为详细的,是郦道元的《水经注》,尤其是《水经注》所述的《林邑记》。《水经注》卷三十六说:

林邑西去广州二千五百里。

又说:

康泰《扶南记》曰:从林邑至日南卢容浦口,可二百余里,从日南发往扶南诸国，常从此口出也。故《林邑记》曰：尽绋沧之徼远，极流服之无外，地滨沧海，群国津径，郁水南通寿泠，既一浦也。浦上承交趾郡，南都官塞浦。《林邑记》曰：浦通铜鼓，外越安定、黄岗、心口，盖藉度铜鼓，即骆越也。有铜鼓，因得其名。马援取其鼓以铸铜马。至凿口，马援所凿，内通九真浦阳。《晋书·地道记》，九德郡有浦阳县。《交州记》曰：凿南塘者，九真路之所经也。去州五百里。建武十九年（公元后四三年），马援所开。《林邑记》曰，外越纪粟，望都纪粟，出浦阳，渡便州，至典由，渡故县，至咸骥，咸骥属九真。……渡治口至九德。按：《晋书·地道记》，有九德县。《交州外域记》曰：九德县属九真郡，在郡之南，与日南接。蛮卢攀居其地，死，子宝纲代，孙党服从吴化，定为九德郡，又为隶之。《林邑记》曰：九德，九夷所极，故以名郡。……自九德通类口，水源从西北远荒，径宁州界来也。九德浦，内径越裳究，九德究，南陵究。按：《晋书·地道记》，九德郡有南陵县，晋置也。竺枝《扶南记》：山溪濑中，谓之究。《地理志》曰：郡有小水五十二，并行大川，皆究之谓也。

又说：

《地理志》曰：九真郡，汉武帝元鼎六年（公元前一一一）开，治胥浦县。王莽更之曰驩成也。《晋书·地道记》曰：九真郡有松原县。……自南陵究出，于南界蛮进，得横山。……渡容卢县，日南郡之属县也。自卢容至无变，越烽火至比景县，日中头上，景当身下，与景为比。如淳曰，故以比景名县。阚骃曰：比，读荫庇之庇，景在己下，言为身所庇也。《林邑记》曰：渡比景至朱吾，朱吾县浦今之封界。……《晋书·地道记》曰：朱吾县属日南郡，去郡二百里。此县民汉时不堪二千石长吏，调求引屈都乾为国。《林邑记》曰：屈都，夷也。朱吾浦内通无劳湖，无劳究水通寿泠浦。

又说：

《山海经》曰：郁水出象郡而西南，注南海，入须陵东南者也。应劭曰：郁水出广信，东入海，言始或可，终则非也。

又说：

郁水南径广州南海郡西，浪水出焉。又南右纳西随三水，又南径四会浦，水上承日南郡卢容县西古郎究浦内漕口，马援所漕水，东南曲屈通郎湖，湖水承金山郎究究水，北流，左会卢容、寿泠二水，卢容水出西南区粟城南高山，山南长岭连接，天障岭西，卢容水凑，隐山绕西卫北，而东径区粟城北，又东，右与寿泠水合，出寿泠县界。……寿泠县水凑，故水得其名，东迳区粟故城南。

汉武帝征服南越，置交州刺史，越南分为交趾、九真与日南三个郡。交趾为现在的北圻或东京，九真为现在的汉华与义安，日南为现在的中圻。林邑建国的地方，就是汉代的日南郡所属的象林县。这是日南郡的极南的一个县。日南在隋时为唐之驩州，这就是现在的义安，也就是汉的九真，故隋时的日南的位置，并非汉代的日南的位置。因为汉的日南比之隋的日南是在隋的日南之更南。关于这一点，我们可以现在的横山来说明。上面所录的《水经注》中曾说："自南陵究出于南界蛮，进得横山。"古代的横山，到今仍叫做横山。这个山是在现在的河静与广平之间。伯希和在其《交广印度两道考》（冯承钧译，页四七）上卷《陆道考》中说：

> 《晋书》卷九七云："林邑少田，贪日南之地肥沃，常欲略有之。"至三四七年林邑王范文遂攻陷日南，据有其地。告交州刺史朱蕃，"求以日南北鄙为界"。按：一山之变迁，不同郡县，今日横山之名，仍旧未改，是为东京与安南的天然界线，其山在河静、广平之间，逶迤入海，欧洲人名之曰安南关。至若中国人移日南之名于其北者，盖因越年既久，渐忘日南之实在方位，乃以此名名其最近领地之区域。迨至七世纪初年，暂时占领旧日领地一部分之时，习惯已成，仍以汉时日南之比景、朱吾、西卷等名名之，然其视日南郡，仍在横山之北也。

杨衒之在其《洛阳伽蓝记》卷四《城西》中说：

> 从扶南北行一月至林邑国，出林邑，入萧衍国。

近人范祥雍在《洛阳伽蓝记校注》中《林邑国》下曾加以按语说：

> 按：林邑在今越南北境。

杜佑《通典》卷一八八"林邑"条，也以为林邑是秦象郡林邑地，汉为象林县属日南郡，其方位与幅员是：

> 在交趾南海行三千里，其地纵横可六百里，去日南界四百余里。

赵汝适《诸蕃志》卷上"占城"条说：

> 占城东海路通广州，西接云南，南至真腊，北抵交趾，通邕州。自泉州至本国顺风舟行二十余程。其地东西七百里，南北三千里，国都号新州。

又如费信在其《星槎胜览》"占城国"条说：

> 福建五虎门开洋，张十二帆，顺风十昼夜到占城国。其国临海，有港曰新州，西抵交趾，北连中国。

从上面所抄录的史文来看，关于林邑或占城的方位与幅员，就有不少的差异。比方《晋书·林邑传》说林邑去南海三千里，既未指明是从何处起程，而《南齐书》与《通典》说在交州、南海行三千里。究竟是从交州海行三千里，还是从广州海行三千里，也说不很清楚。若《晋书》说去南海三千里，是从中国或广州，而《南齐书》与《通典》所说是从交州，那么其差异就很大。就是三者都是指从广州而说，与其他书所记，也有不少出入。比方，《水经注》说林邑西去广州二千五百里，那么这里所说的二千五百里，与上面所说的三千里，就有五百里之差异。又《新唐书》"环王"条说："林邑……直交州南，海行三千里"，从其语气来看，应该是从交州到林邑三千里，若照《水经注》所说，从广州到林邑不过二千五百里，而从交州到林邑是三千里，这就很不合理了。事实上，从广州到西贡也约三千里，林邑的都城可能是在今日越南的蚬港或土伦附近，《水经注》所说西去广州二千五百里，是比较合理的。当然，若是靠岸而行，可能路程较长，所以说林邑离广州三千里，也不见得很错误，问题是各书所记，不大清楚而已。

又如《南齐书》说"自林邑西南三千余里，至扶南"，这是说得太长。我们知道从蚬港到西贡，约四百三十余海里，从西贡到当日的扶南都城，约为一百海里，最多也不过一千七百里，说为三千余里就太多了。至于杨衒之在《洛阳伽蓝记》说"从扶南北行一月至林邑"，其时间也未免太长。

又林邑是在广州的西南，《水经注》说其在广州之西，也是错误。费信《星槎胜览》说林邑"西抵交趾"，也是错误。赵汝适的《诸蕃志》与《宋史·占城传》都说其疆域"西接云南"或"西至云南"也是不对。林邑从其建国至后来的占城时代，从没有与云南接壤，在扶南与真腊时代，其领土不会西接云南。其实，云南这个名称，是后来才有的，就有称为云南之后，云南边界也没有与占城接壤。唐代的南诏，曾数次侵入交趾，但也不见得南诏的领土是与林邑接壤，至于《新元史》说"占城西际爪哇"更为不对。爪哇远在占城之南而偏东，而非在其西。

关于林邑或占城的幅员，各书所载，也有所不同。《南史》说其地纵广六百里，《北史》却谓其国延袤数千里。《北史》《南史》均为唐李延寿所撰，而其所记的幅员，相差若此之大。《旧唐书》也说其国延袤数千里，而《新唐书》却说其地东西三百里而赢，南北千里。《新元史》又说其地东西五百里而赢，南北三千里。赵汝适《诸蕃志》却说其地东西七百里，南北三千里。

一个国家的幅员，可以随时代的不同而变更的。强盛时，其版图可以扩大，衰弱时可以缩小，但我们上面所举出的例子如《北史》与《南史》的记载，不只差不多同一时代，而且同为一个撰述者。新旧《唐书》所记的是唐代的林邑或环王，而《诸蕃志》与《元史》所说的占城时代，也差不多相近，其领土的大小却相差那么大，这必定有其错误的地方。

我们知道，林邑所领有的地方是东边靠海，而西面有山，这就是俗人所说的安南山脉。从东边的海岸到西面的山脉，其最狭处不到一百公里，在近代以至现在来说，这条山脉是越南西边与老挝与柬埔寨交界的地方，这可以说是一条天然的疆界。在唐宋时代，真腊强盛，其领土北面可能伸张到现在老挝的万象或其南，而其东边也以这条山脉为界。至于扶南时代，其北境虽不一定达到万象，但在万象与朗勃拉邦一带，可能是道明与参半一些较小的国家。质言之，林邑以至后来的占城，其领土东西不只不会有数千里，就是五百里恐怕也没有。因此，我们觉得《新唐书》所说其地东西三百里而赢，是比较合理。

这是说明林邑的领土之从东至西的距离。至于从南至北，各书所说为三千里，也是太长。我们知道，从海防到西贡，这几乎是包括越南从北到南的距离，也不过七百四十海里左右，约为二千三百里。在林邑时代，其北境越过现在的顺化不远，而其南境不会越过现在的庆和南境。从顺化到庆和约为四百三十海里或约为一千三百里。因此之故，《新唐书》所说其南北为千里，也是比较合理的。

第四章　林邑的种族

林邑的种族也就是后来的占城的种族。上面已经指出这个国家自后汉末年建国以至清初灭亡，约有一千四百余年的历史，其国名与扶南一样的随时代而更改，但其民族——统治民族与大多数的民族，却是一个，这就是所谓占人（Chams）。占族自其国亡后，其人民还有散居于越南南圻与柬埔寨一带的，其人数据人们估计约有十余万人，其中有了不少信仰回教。

林邑时代的占人，究竟有多少，不易估计，《晋书·南蛮传》"林邑"条说：

有众四五万人。

这里所说的四五万人是指着林邑的全国人数，还是指其士兵的人数，似乎不易确定。若说这是全国的人数，那么其人口的数目似乎过小，就算这是士兵的数目，以每家五人计算，每家以一人当兵，那么整个国家的人口也不过二十余万，这也不算很多。

又据《宋史》卷四百八十九《占城传》说：

所统大小州三十八，不盈三万家。

就以三万家来计算，每家五人，其整个人数也约为十五万，若是这种说法没有错误，那么在宋代的占城，还只有约十五万人，则晋代的林邑只有四五万人，也是不足为奇。

应该指出，史书所说关于人口的数目，不只对于外国的人数的估计多不正确，就是对于本国的人口的估计，也往往错误。我们在这里所要加以说明的，是林邑的领土既不很大，而其土地又不够肥美，《晋书·林邑传》说"林邑少田，贪日南之地"，说明了这一点。因此，林邑的人口是不会太多的。

而况，这个国家自建立以后，不只与北边的中国以及后来的越南不断的有战争，而且有时还与南方的扶南与后来的真腊互相征伐，此外它还与其他的东南亚一些国家如爪哇有过战争，那么对于其人口的损亡数目，也是相当可观的。《晋书》说"其人凶悍，果于战斗"。所谓"果于战斗"，也就是肯于牺牲。林邑的人口本来就不很多，而又频于战争，阵死的不少，所以直到宋代，其人口不盈三万家，也是不足为奇的。宋代的占城人口既不盈三万家，在林邑的时代或是唐以前的林邑其人数较少，也是可能的。《宋书·占城传》说"其胜兵万余人"，那么在林邑时代所谓其众四五万，就不见得是其兵士的数目。

上面是略为说明林邑的人口，我们现在且来讨论林邑的种族，究竟是属于那一个种族，或是来自那一个地方。

因为今日的占人，有不少信仰回教，其史表还以为其国王是阿罗（Allah）的后裔。阿罗是回教最高的神，也可以说是回族的祖宗。国王为阿罗的后裔，虽不等于说人民是阿罗的后裔，但王室人物为阿罗后代的看法，也是错误的。事实上，占人之信仰回教，是在宋代以后，这种看法显然是假托，我们不能相信。此外，关于林邑种族的来源的传说还有数种。《越史纲目》引《胡孙旧史》一书中所说的故事，《大越史记》以为其所记载的地方就是林邑，这个故事说林邑占族是胡孙精的后裔。据该书说：

> 昔居安南及貂貉境外，有国名妙严者，其王号鬼王，亦号长明王，或名十头王，其国之北为胡孙国，其王名十车王（Dacaratha），太子名微姿，太子妃名白净，妙丽无双。鬼王欲得之，乃以兵侵胡孙国，取白净妃以归。太子征姿怒，统率猴军，拔山填海，破妙严国，杀鬼王，得妃以归。胡孙精，猴种也，今之占种乃其后裔。

这是以占种为猴种的传说。又有以为占种乃来自槟榔树与椰子树的，因而有所谓槟榔部落与椰子部落的分别。据说：

> 昔日占婆国王王宫附近有一槟榔树，有果甚大，至期不开，国王命奴取此果下，国王破果，其中有儿甚美，遂名之曰罗阇浦克龙（Radja-Po-Klong）。命人乳哺之，儿拒不食，时国王有一五色牝牛，又命取牛乳哺之，儿乃食，是以占婆之人，不杀不食牝牛，浦克龙长大，妻国王之女，继王其国，而建一大城于七陵之上，而名其城曰波耳（Bal）。

椰子部落的故事与槟榔部落的一样，不过把槟榔改为椰子而已。占婆的两个最大的部落，就是槟榔部落与椰子部落，前者统治南方的宾童龙（Panduranga），后者统治占婆之北部。

这两种部落的来源的传说以及上面所说的胡孙精的故事，均记载于冯承钧所译马司伯乐（Georges Maspero）的《占婆史》。所谓胡孙精为猴种或是占婆人为槟榔或椰子所出，可以说是原始社会中所流行的图腾主义，这只能当为民间的传说，不是占种真实的来源，也不能说明占种是属于那一种族。

《隋书》卷八十二《林邑传》说：

> 其人深目高鼻，发卷色黑。

杜佑《通典》卷一八八说："其人深目高鼻，发卷色黑。"《旧唐书》卷一九七《林邑传》云"自林邑以南皆卷发黑身通号为昆仑"。《通典》又说"其大姓号婆罗门"。

深目高鼻以及发卷多为白种人的特性，但是色黑可能是与印度南部的人种相似。据《隋书》所载占人的种族，应为印欧人，占人文化在古代深染印度文化，可能这个国家，是由印度移民所建立，所以种族与文化都应是属于印度的。

应该指出，占种在历史上与越南与扶南或真腊人或是柬埔寨人的关系密切，故其种族与越南人与柬埔寨人的血统早已互相混杂，所以隋以后的占人，在种族上已逐渐变化，到了近代占婆灭亡之后，占人散居各处，其种族之与越南人与柬埔寨人同化的程度更深。所以在今日的约十五万至二十万的占人中，所谓深目高鼻的特性，早已减少。故今日的占人是与柬埔寨人相似，尤值得我们注意的，是居于柬埔寨的七八万占人完全信仰回教，而在越南的十万左右的占人，有三分之一是信仰回教，其余三分之二，还信仰婆罗门教。

古代占人，是信仰印度的婆罗门教与佛教，回教之传入占城似在宋代，《宋史·占城传》有"阿罗和及拔"一语，但在一四七〇年占婆灭亡之前，占婆碑文没有回教传入占城的记载。

古代扶南，也是一个印度化的国家，据说其王是从印度来。林邑的建国似在扶南之后，扶南在林邑之南，扶南人或近代的柬埔寨人，主要也是来自中国的南部，虽则其统治者可能是从印度而来。《隋书》谓占人"深目高鼻，发卷色黑"，不一定是指全部或大多数的占人而言，可能只是指着小部份的统治者而说。以常理说，印度移民至越南半岛，应是由南而北，因为他们从海道而来，应先到越南半岛的南部，然后到北部，但是在北部的占婆的印欧人种，不会多于南部的扶南的印欧人。又值得我们注意的，是在扶南史上曾数次述及外来人到扶南王其国，在占婆史上却没有这种记载。若说"深目高鼻，发卷色黑"的占人，原来就占有占婆地方，这似乎也是不可能的，所以根据我们目前所有材料，我们很难相信占人的种族是属于印欧种族。

很有可能的，《晋书》所说的深目高鼻的林邑人，是林邑所派的使者的形貌，我们知道，在东南亚的各国中，其遣派使者之到中国，有的并非其本国人，而是外国人。《南齐书》卷五十八《扶南传》说，扶南王阇耶跋摩，遣天竺道人释那伽仙当扶南的使者到中国上表，这是一个例子。林邑像扶南一样，是一个印度化的国家，印度人之到或居于这个国家，可能不少。这个国家所用的文字，也是梵文，说不定林邑国人是用印度人去充当其国的使者，我国人见其使者是深目高鼻，遂以为其国人也是深目高鼻，因而遂有这种记载。

又上面已经指出，在林邑，也有不少人民相信婆罗门教与佛教，说不定有了不少印度人到林邑宣传宗教，尤其是婆罗门教在好多的东南亚国家中占了比较重要的地位。他们不只主持好多国家典礼，就是国王加冕典礼，也要他们主持。他们是宗教领袖，也是文字与知识的导师，其地位较高者，还住在王宫之内，时与国王接触，当国王的顾问，所以国王用这些人，当为使者，而遣派到外国，也是很可能的。

又在这些国家中，有的国王是来自外国，像上面所说的扶南有好几位国王是外国人。其国王憍陈如就是一个印度人。我国史书虽然没有记载林邑国王为印度人，但在王室之中，国王或大臣娶了印度妇女，其子孙的样子像印度人，也是不足为奇的。

其实，在林邑这个国家里，虽像上面所说人口较少，但其种族也很复杂，这就是说，除了占族之外，还有其他的种族，《水经注》卷三十六《温水》引《江东旧事》云：

> 范文咸加诸夷，或夷椎蛮语，口食鼻饮，或雕面镂身，狼腄裸种，汉魏流赭，咸为其用。

这不只说明了在林邑的境内，有了各种夷人，而且有不少中国人。范文本人是中国人，在他的国家中他用很多中国人去助理国家事情。又林邑自汉魏以来，就有好多中国人流寓在这个地方。又同处说：

> 马援竖两铜柱于象林南界，与西屠分汉之南疆也。土人以之流寓，号曰马流，世称汉子孙也。

《太平御览》卷七九〇引《异物志》说：

> 西屠国在海水，以草漆齿，用白作黑，一染则历年不复变，一号黑齿。

又同书引《交州南外国传》说：

> 有铜柱表为汉之南极界，左右十余国，悉属西屠，有夷民所在二千余家。

西屠既在象林之南，林邑崛起于象林，其南界的西屠，若不被其征服，则其人民也必杂居通婚，那么林邑可能也有西屠人。西屠人既有号为汉之子孙，其有中国人杂居其间，也是很可能的。马援既带兵到这个地方，兵士之流寓于这个地方的，也是可能的。

又西屠既有十余属国，其属国人种，也可能各异。又《水经注》卷三十六引《林邑记》说：

> 渡比景至朱吾，朱吾县浦，今之封界，朱吾以南，有文狼人，野居无室宅，依树止宿，食生鱼肉，采香为业，与人交市，若上皇之民矣。

那么林邑也有最原始的民族了。又《晋书·林邑传》说，范文曾征服"大岐界、小岐界、式仆、徐狼、屈都乾、鲁扶单等诸国"。徐狼不知是否为文狼，但他所征服诸国，其种族也可能各异。这样林邑的人种是相当复杂的。《晋书》卷五十七《陶璜传》说，吴既被晋灭亡之后，陶璜曾上书于晋帝叙述当时的林邑情况，同时且说：

> 交土荒裔，斗绝一方，或重译而言……且连接扶南，种族猥多。

也说明在林邑与其邻国扶南的种族是繁多。然而正是因为这个种族是与扶南或其邻国的人民错处杂处，其人种也受了其他种族的影响，就以今日的占人之居于越南与柬埔寨的来说，其人种就与柬埔寨人相似，其实，这两个国家人民，既互相通婚，而扶南人又做过林邑的国王，两国人种的相似，也是自然而然。

第五章　种族的来源

杜佑《通典》卷一八八《南蛮下·岭南序略》说：

> 五岭之南，涨海之北，三代以前，是为荒服。秦平天下，开置南海等三郡。秦乱，赵陀据有其地，传五代九十三岁。至汉武帝建元（公元前一四〇至一三五）中，伏波将军路博德灭之。分为儋耳等九郡。其珠崖郡，在海洲中，大率数岁一反。元帝初元（公元前四八至四四）中，纳贾捐之议，罢之。后汉光武建武（公元二五至五五）交趾女子徵侧反，略有六十余城。伏波将军马援讨平之。桓灵（按：桓帝在位时为公元一四七至一六七，灵帝在位时为一六八至一八九）以后，蛮獠又据象郡象林县，遂为林邑国矣。

对于林邑的种族的起源这个问题来说，这是一段十分重要的史文。首先，让我们指出，这里所说的涨海，就是我们史书上所说的南海，或是近人所说的南洋，或是欧西人所说的中国南海。其范围是东至菲律宾，西至越南至马来亚的东岸，南至爪哇、苏门答腊，北至广东沿岸一带。这里所说的珠崖，就是现在的海南岛。

又这里所说的"蛮獠"这两个名词，可以分开来说，也可以当为一个名词来看。蛮是一个含义较广的名词，獠是一个含义较专的名词。所谓蛮大致上是我国人用来指明南方的兄弟民族，因而也往往称为南蛮。獠也是一种民族，虽则獠也可以说是蛮的一种，但二者也是有所分别。所以在史书中蛮与獠也分为二种不同民族，而分为二传来叙述。《北史》分蛮獠为二传，就是把二者当为两个民族，虽则《北史》也说"蛮者盖南獠之别种"。

但是蛮獠也可以当为一个民族的名词。其主要的意义应该是獠族。所以"蛮獠"也可以与《后汉书·南蛮》中所说的夷獠或《北史》中蛮传中的"蛮蜑"一样的用法，其主要意义是蜑，或蛋或蛋族。应该指出，所谓"蛮獠""夷獠"或"夷蜑"，除了獠或蜑之外，也可能杂有其他的蛮族或夷族，但既称为蛮蜑或蛮獠或夷獠，那么这样的用法，主要的是指着蜑或獠，而不是蛮或夷。蛮字或夷字在这里也可以当为一个形容词来看。这种用法早已见于《诗经》所谓"蠢尔蛮荆，大邦为仇"，也就是指着荆蛮而言。荆就是后来的荆州，是一个地方名称，但在周代也是一个民族的名称，这也就是说住在荆的人们是一种蛮族，而异于其他的蛮族或民族，所以"蛮獠"也可以说是"獠蛮"。

上面是将獠或蛮獠这个名词略加说明，我们所要特别加以注意的，是杜佑《通典》所说"桓灵以后，蛮獠又据象郡、象林遂为林邑国矣"。

这是很显明的指出，林邑是蛮獠或是獠蛮或是獠人所建立的国家。杜佑以为林邑是僚族所建立的国家，是根据那一种史书的记载，不得而知，但是杜佑所说，当有所根据，不会凭空造说，也是无可疑的。

关于僚，杜佑自己在《通典》卷一八七"獠"条说：

> 獠益蛮之别种，往代应出自梁益之间，自汉中达于邛筰川谷之间，所在皆有（原注此自汉中西南及越巂以东皆有之）。俗多不辨姓氏，又无名字，所生男女，长幼次第呼之。其丈夫称阿謩、阿段，妇人阿夷、阿等之类，皆其语之次第称谓也。依树积木，以居其上，名曰干栏。干栏大小，随其家之口数，往往推一酋帅为主，亦不能远相统摄。父死则子继，若中国之党族也。獠主各有鼓角一双，使其子弟自吹击之。好相杀害，多仇怨，不敢远行。性同禽兽，至于念怒，父子不相避，唯手有兵刃者，先杀之。若杀其父，走避于外，求得一狗以谢其母，然后敢回。母得狗谢，不复嫌恨。若报怨相攻击，必杀而食之。递相劫掠，不避亲戚，卖如猪狗而已。亡失儿女，一哭便止。被卖者号叫不服，逃窜避之，乃将买人捕逐，若亡叛获，便缚之，但经被缚者，即服为贱隶，不敢更称良矣。唯执楯持矛，不识弓矢，用竹为簧，群聚鼓之，以为音节。为细布，色至鲜净。大狗一头买一生口，性尤畏鬼。所杀之人，美须髯者，必剥其面皮，笼之于竹，及燥，号曰鬼鼓，舞祀之以求福利。俗尚淫祀，至有卖其昆季妻孥尽者，乃自卖以供祭焉。铸铜为器，大口宽腹，名曰铜爨，既薄且轻，易于熟食。
>
> 蜀本无獠，李势时，诸獠始出巴西、渠川、广汉、阳安、资中、犍为、梓潼，布在山谷，十余万落，攻破郡县，为益州大患。……其与华人杂居者，亦颇从赋役，然天性暴乱，旋致扰动。每岁命随近州镇出兵讨之，获其生口，以充贱隶，谓之压獠焉。复有商旅往来者，亦资以为赍，公卿达于人庶之家，有獠口者多矣。
>
> 其种类滋蔓，保据岩壑，依林走险，若履平地。性又无知，殆同禽兽。诸夷之中，最难以道义招怀也。

《北史》卷九十五有关于僚的记载，其叙述僚的史实，比之《通典》所说，较为详细，而且其中也有不少与《通典》所说有所不同。比方《通典》说僚为益蛮之别种，而《北史》却说僚为南蛮之别称。虽则益蛮也可以说是南蛮的别种，但像我们上面已说过，南蛮是一个比较普遍的名，而益蛮却是南蛮的一种，僚既为益蛮之别种，那么僚可以说是南蛮中的一个支派的小支派而已。又如，《通典》说杀其父者"走避于外，求得一狗以谢其母，然后敢回。母得狗谢，不复嫌恨"。而《北史》只说"若杀其父走避外，求得一狗以谢，不复嫌恨"。

其实，僚这个民族，早见于《后汉书》卷一百十六《南蛮西南夷传》"夜郎"条。"夜郎"条说：

> 夜郎者，初有女子浣于遯水，有三节大竹，流入足间，闻其中有号声，剖竹视之，得一男子，归而养之，及长有才武，自立为夜郎侯。以竹为姓，武帝元鼎六年（公元前一一一）平南夷为牂柯郡，夜郎侯迎降，天子赐其王印绶，后遂杀之。夷獠咸以竹王非血气所生，甚重之，求立为后，牂柯太守吴霸以闻，天子乃封其三子为侯，死，配食其父，今夜郎县有竹王三郎神是也。

从这段话的语气来说，夷獠不只见于前汉初叶，可能其历史更久。又夷獠是否为夜郎后裔，虽不得而知，但在夜郎这个国里有夷獠，也是没有问题的。又在同处说：

> 西南夷者在蜀郡徼外有夜郎国，东接交趾，西有滇国，北有邛都国，各立长君，其人皆椎结右衽，邑聚而居，能耕田。

夜郎国中有夷獠，夜郎这个国家又东接交趾，那么，獠人或夷獠从夜郎移入交趾，或是越南半岛其他各处，比较方便，也是没有问题的。此外，又如张华的《博物志》说荆州极西南界至蜀诸民，曰"獠子"，常璩《华阳国志·蜀志》说"滇獠宾僰""雄张獠僰"等等，说明獠不只是历史很久，而且在地理上，其分布也很广。

又《通典》与《北史》所载关于獠的事情虽多在三国之后，但是杜佑《通典》既以为獠为益州蛮族之别种，獠在三国之前，也可能通称为"益獠"，所谓"益獠"，也见于《前汉书》卷九十五《西南夷传》，传说：

> 后二十三岁，孝昭始元（公元前八六年）益州廉头姑缯民反，杀长吏牂柯谈指同并等二十四邑，凡三万余人皆反，遣水衡都尉发蜀郡犍为犙命万余人击牂柯，大破之。后三年（公元前八三年）姑缯、叶榆复反，遣水衡都尉吕辟胡将郡兵击之，辟胡不进，蛮夷遂杀益州太守，乘胜与辟胡战，士战及溺死者四千余人。明年复遣军正王平与大鸿胪田广明等并进，大破益州，斩首捕虏五万余级，获畜产十余万。

益蛮虽经过这次的大败，但此后还时起而反抗汉朝的统治者。在王莽时代，益州蛮夷又反叛，王莽虽遣兵攻伐，但并不胜利。直到后汉明帝的时候（公元五八至七五年），益州蛮夷还起而反抗。假使獠在三国之前，统称为益蛮，那么，獠的历史可以追溯至前汉或公元前一二世纪。

《图书集成》卷一四一〇也有关于獠及其来源的记载，今录之于后：

> 南越王有犬名盘瓠，王被擒，其母传令，有能脱王归者，以王女妻之。盘瓠闻言，欣然往，窃负而逃，遂妻以女。盘瓠纳诸石谷，与之交媾，生子数人，曰獋、曰獠、曰狼、曰狑、曰狪，各成一族，自为部落，不相往来。

故猺人多姓槃，嫌犬名不雅，改为盘，且冒称盘古之后，其实非也。

盘瓠与盘古声音相近，所以人们把二者混而为一，并不奇怪。但《后汉书》卷一一六《西南夷传》中，又指出盘瓠为高辛氏时的狗，这么一来，这个传说可以追溯得更古，但无论如何，僚是南蛮的一种，当无可疑，所以《隋书·南蛮传》也说：

> 南蛮杂类与华人错居，曰蜑、曰獽、曰俚、曰獠、曰㐌，俱无长君，随山洞而居，所谓百越也。

近人刘锡蕃在其《岭表纪蛮》一书中说：

> 蜀土之獠，当既古代羌戎百濮之类（按：江汉巴蜀之间古为百濮之地，汉人以其人为当地土著，故以土佬称之，后人不察，书佬为獠，而獠遂成为种族之名……），秦汉盛时不得逞，散居山谷。两晋之间，国土分裂，天下大乱，乃出而为患。其后北魏立巴州以制獠，陆腾、赵文长等又先后以兵力蹴之。益州天府之国，密迩长安，开拓最早，逐鹿中原者，势之所必争，故汉人移殖甚众。獠人惨败而后，不敢与汉人敌，乃由蜀土南向逃窜，先后散流西南各省，而旁及于暹罗、缅甸、越南各地，以至马来亚群岛。

僚是否为古代的羌戎百濮，是一个问题，我们不能在这里讨论。但是僚若先后迁移到暹罗、缅甸、越南各地，以至马来亚群岛，那么应该也有一部份是移殖林邑。这种看法与杜佑《通典》所说林邑为僚族所建立的国家，是有关系的。因为僚族既到越南，而又到马来亚的，应该先到林邑，在长期的迁移过程中，至少也有一部份留在林邑。

上面已经指出，《通典》与《北史》关于僚为林邑种族的记载，主要是三国以后的情事，但我们也已指出，僚族之出现于中国历史的时间是很久的。传说这个民族是盘瓠的后裔，虽不一定可信，但是杜佑在《通典》中说其族是益蛮的别种，与《后汉书》所说在前汉的夜郎国，已有僚族，应该是没有问题的。上面已经指出，这个种族也见于汉晋常璩的《华阳国志》，其卷四"永昌郡"条说：

> 永昌郡，古哀牢国也。哀牢山名也。……明帝乃置郡，以蜀郡郑纯为太守，属县八，户六万，去洛六千九百里，宁州之极西南也。有闽濮、鸠獠、僄越、裸濮、身毒之民。

又说：

> 有兰干细布，兰干，獠言纻也，织成文，如绫锦。

哀牢见于《后汉书》，其立国时期应该在西汉时代，或西汉之前。常璩的

《华阳国志》所记载的史事，是始于所谓天地开辟，而终于永和三年（公元三四七年）。古哀牢或永昌既已有僚人，那么，僚族不只是历史很久，而且在地理上也分布得很广。

我们知道林邑建国是在后汉末年。《通典》说其建国时期为后汉桓、灵以后，这就是约在公元二世纪的中叶以至末叶，《后汉书·西南夷传》说象郡象林区怜反叛，区怜也可能是林邑王室的祖宗，虽则《后汉书》并没有说明这位区怜是林邑的建立者，同时林邑这个名词，并没有见于《后汉书》。

上面已经指出，林邑这个名词，虽然最先见于《三国志·吴志·吕岱传》，但这个国家的建立，应该是在后汉的末年。杜佑《通典》说这个国家的建立是在桓灵以后，这就是公元一四八至一八九以后。郦道元在《水经注》卷三十六说其建立时期是在后汉献帝初平（公元一九〇至一九三年），所以我们可以相信其建立时期是在公元第二世纪的末年或九十年代。

明白了林邑建国的时期，我们现在可以进一步去考究杜佑所说林邑为僚人所建立的国家，是否有其充份的理由。应该指出，杜佑在《通典》卷一八八《南蛮下·岭南序略》中，虽指出林邑为蛮僚所建立的国家，但在卷一八七"僚"条，并没有提到林邑与僚的关系，也没有提到林邑这个名词。而且，除了头一段叙述关于僚的一般情况外，大部份的篇幅是记载三国以后的僚的史略。《南史》所说的僚，虽然较为详细，但大致是与《通典》所说没有多大差异。同时，其关于僚族的历史的记载，也是三国以后的事情。

但是我们已经指出，前汉夜郎既已有僚，而夜郎又接交趾或是越南半岛，而林邑又在越南半岛，那么，林邑在建国之前，已经有僚族，也是很可能的。这样，林邑的僚人是来自中国的西南地区，也是很可能的。

我们知道，在东南亚的古代各国，其文化虽然主要是受了印度文化的影响，但是其种族主要是来自中国。印度在东南亚的西北，所以东南亚的印度化的传播，是从西北而至东南。中国是在东南亚的北方，所以东南亚的种族的迁徙，是从北方而到南方。越南、扶南、猛族、掸泰、藏缅诸国以至马来亚、印度尼西亚的民族，主要都是从中国的西南各处迁徙而到这些国家的。

这并不完全否定这些国家的统治者或被治者是来自其他的地方。应该说，古代东南亚的好多国家，不只深受了印度文化的影响，而且也有不少印度人到了这些地方。王室统治者，固有时来自印度，如扶南的憍陈如，商人或人民之从印度到这些地方经商或居留的也有不少。可是他们并不是组成这些国家的民族的主要部分，而这个主要部分的民族是来自中国的西南地区。

我国的僚，在春秋战国的时代可能已散布于四川、贵州、云南以至广西一带，秦末统一天下之前，接受司马错的建议，南取巴蜀，使僚人逐渐南迁，秦始皇扩充其势力到广东、广西以至越南北部各地，后来汉武帝又开发西南一带，使这个民族可能更大量南移，因而不只在广西与越南有了不少的僚人，就是在云南的永昌一带，也有僚人的踪迹。有人以为僚与掸、僰、獞等在种族上有了密切的关系，在广西獞、僚并称，《庆远府志》说："狑獠獞之别种，其饮食、婚丧、居室、服用、燕祭，皆与獞同。"《广西通志》说："獠、獞诸族自巴蜀汉中移来。"而僰、獞自己也有这种传说，这说明僚、獞是来自四川，也说明了两者有了关系。

我们知道，在现在的越南境内，在公元一世纪前后，在越北尤其是在交趾或东京一带，已为越族所居住，在其南方，这就是在现在的南圻各处，是属于扶南的领土。前者既有了红河三角洲，后者是居于湄公河的下游，二者都是现在的越南土地肥美、米粮丰富的地方，只有越南的中部，这就是中圻一带，东临南海，西靠山区，地形南北长而东西狭，河流较少，土地较瘦，其中虽有不少部落或小国，但皆非富强之邦。僚人到越南半岛的时候，好的地方已为越族或扶南人所聚居，他们似乎只好移到比较偏僻与人烟较少的中圻。而况，正如《通典》与《北史》所说，他们一向就惯于川谷的生活，《通典》说，其人"保据岩壑，依林走险，若履平地"，就是这个意思。

在汉代的初年，这个民族应该已有不少散居于现在的越南的中圻，汉代的版图扩张到日南象林，象林应该是在中圻而偏南，这就是现在的广南、广义一带，这也可以说是中国所统治的交趾的南部所领属的边界一带。中国是当时一个大帝国，而扶南是当时的东南亚的最富强的国家，在二强之间，有了不少的部落或小国，这是二个强国的边界地方，也是二个强国的缓冲地带，这个地方既又非肥美之地，僚人之到越南半岛者，逐渐聚居于此，有的受了中国的统治，有的受了扶南的统治，也有的受了一些小国如西屠所统治，同时也有不少是与其他一些部落的人民杂处。

在后汉时代，这个民族之散居于这一带地方的必已很多，到了后汉的下半叶，他们可能成为象林一带的多数民族，他们虽然是受中国的统治，但也已受了扶南的印度化的影响，因为有时也不堪于中国的地方官吏的压迫，同时又得到扶南的帮助或鼓动，这样，遂慢慢的团结起来，组织起来，而成为一个有组织有领导的民族集团。

最后在种族的性格上，史书所载多说僚人凶悍而好斗，《晋书》与其他史书也说林邑人性凶悍，果于战斗，僚人惯居山地，林邑人据《晋书》所说，也便山习水，不闲平地。僚人所住的房屋为干阑，林邑人也居干阑，这些相似之点，虽不一定说明林邑民族是源于僚族，但也不能说这种相同之处，是完全没有关系的。

第六章　林邑的物产

　　林邑所占领的地方差不多等于今日的越南的中圻。人们也叫这块地方为安南，虽则这个名词，在历史上以至现在，也指着全部越南。在林邑建国的初年，可能只占有象林一县，后来慢慢的向北扩张其领土，而达到顺化之北。其南大致伸张到平顺省，整个领土，大致包括了今日的平顺，与北边的富安、平定、广义、广南、承天等省。这个国家的版图，正如上面所说，是南北长而东西狭。最狭约为二百里，而长度约为一千里。

　　林邑的东边是南海，这个南海就是中国海，在林邑时代是叫做涨海，《初学记》卷八引《越南志》说：

　　　　马援凿通九真山，又积石为坻，以遏海波，由是不复过涨海。

　　这就是说，在马援未凿通九真山之前，水路交通要行海道，这也就是靠海岸而行，而这个海是叫做涨海。涨海的范围差不多等于今日的中国南海，林邑的海岸线虽是很长，但良好的港口并不很多。就以现在的北圻的海防与南圻的西贡来说，其港口并不很好。而且靠岸的地方风波较为险恶，河流又多不便于交通，不像北圻的红河，或南边的湄公河。其河流较狭而短，靠近海岸一带，道途相当岖崎，其西边又有安南山脉，交通也不方便。土地远比不上北越或南越那么肥美。

　　所以《晋书·林邑传》说："林邑少田，贪日南之地。"

　　关于这个国家的气候，《晋书·林邑传》说：

　　　　四时暄暖，无霜无雪。

　　《旧唐书》卷一百九十七《林邑传》说：

　　　　地气冬温，不识霜雪，常多雾雨。

　　《诸蕃志》卷上"占城"条说：

　　　　其国四时皆夏。

　　《明史》卷三百二十四《占城传》说：

　　　　草木常青。

　　其实，在这个地方，不只是四时皆夏而暄暖，而且很为炎热。尽管这是热带地方，但在农业上也远比不上北越与南越。所以《明史》卷三百二十四《占城传》说：

> 国无二麦，力穑者少，故收获薄。

然而这也不等于说，林邑人不务农业，在今日的平顺一带平原，还可以看到过去的灌溉的遗迹。又每岁稻熟的时候，国王亲自割稻，说明了政府对于农业是重视的。《宋史·占城传》说其地：

> 五谷无麦，有粳米、粟、豆。

同处又说：

> 每岁稻熟，王自割一把，从者及群妇竞割之。

现在海南岛与福建南部的占粟，就是占城种。此外又有：

> 莲、甘蔗、蕉子、椰子。

晋嵇含在其《南方草木状》里说：

> 昔林邑王与越王有故怨，遣侠客割得其首悬之于树，俄化为椰子，林邑王愤之，剖为饮器，南人至今效之。当刺时越王大醉，故其浆如酒云。

这个传说不一定是事实，但椰子是这个地方出产很多的物品，用途很大。所以林邑有椰子部落。《旧唐书·林邑传》说：

> 以槟榔汁为酒。

费信《星槎胜览》"占城"条说：

> 其国之人惟食槟榔里荖叶，色蛎壳灰，行住坐卧，不绝于口。

林邑是盛产槟榔的地方，所以也有槟榔部落的传说。在越南各处，直到近代，槟榔是敬客送礼的物品。无论男女，皆嗜槟榔，口嚼不绝，吃槟榔时，所吐出之唌，其色如血。林邑也有波罗蜜，马欢所撰的《瀛涯胜览》"占城"条说：

> 占城有果曰波罗蜜，状如冬瓜，皮似荔枝，内有黄肉，大如鸡子，味甘如蜜，中有子似鸡腰子，炒食之，味若栗。

林邑也产胡椒，又有海梧子。《南方草木状》说：

> 树与中国松同，但结实绝大，形如小栗，三角肥甘，樽俎间佳果，也出林邑。

林邑的水果当不止此，我们只将古书所记载的一些当为举例说明而已。
林邑也出产各种香木，《古今注》说：

> 紫栴木出林邑。

又有麝香。《旧唐书》卷一九七《林邑传》说：

> （林邑人）得麝香以涂身，一日之中，再涂再洗。

此外，龙脑香、降真香与丁香等，均有生产，而奇（亦作棋）楠香最好。费信《星槎胜览》"占城"条说：

> 棋楠香，在一山所产，酋长差人守看采取，禁民不得采取。如有私偷卖者，露犯则断其手。乌木降香，民下樵而为薪。

《梁书·林邑传》说：

> 沉木者，土人斫断之，积以岁年，朽烂而心节独在，置水中则沉，故名曰沉香。次不沉不浮者，曰簰香也。

有吉贝。《梁书·林邑传》指出"以吉贝为幡旗"。又说：

> 吉贝者，树名也。其华成时，如鹅毳，抽其绪，纺之以作布，洁白与纻布不殊，亦染成五色，织为班布也。

又有贝多叶簟，长约一尺五六寸，阔五寸余。叶形似琵琶而较厚。林邑人用以写字。这种叶可以织为簟。

林邑或占城出产好多种竹类，有名为观音竹的。明郑晓所撰的《吾学编》说：

> 观音竹如藤，长丈八尺，色黑如铁，一寸二三节。

林邑也出好多种木。苏木与乌楠木，在宋代占城曾当为礼物送给中国。林邑的蔬菜也很丰富。《旧唐书·林邑传》说：

> 自此以南，草木冬荣，四时皆食生菜。

林邑也有各种动物与家畜。其国有象，象用以作战，也用以为交通工具。《梁书·林邑传》说：

> 国不设刑法，有罪者使象蹈杀之。

费信所撰的《星槎胜览》"占城"条说：

> 其国所产巨象、犀牛甚多，所以象牙、犀角广贸别国。

《旧唐书·林邑传》说："王出则列象千头。"《星槎胜览》说：

> 王乘象，……其部领皆乘马出郊迎接诏赏，下象膝行，匍匐，感沐天恩。

唐段成式所撰的《酉阳杂俎》说：

> 环王国野象成群，一牡管牝三十余，国人养驯者，可令代樵。

明张燮《东西洋考》卷二"占城"条注引《林邑记》说：

> 犀行过丛林不通，开口露齿前向，棘林自开。

林邑也有牛马。《旧唐书·林邑传》说："王出列象千头，马四百匹，分为前后。"应该指出，林邑的马并不多。在宋代，占城时时请中国赐马。《宋史·占城传》记载闽人有浮海到吉阳军的，因为风漂其舟到占城，当时占城正与真腊交战，大象不能用，这位闽人，教王习骑射，结果得胜，其王用舟送回吉阳购得数十匹归，战大捷。

林邑出白猴。《梁书·林邑传》说：

> 天监九年（五一〇年）文赞子天凯奉献白猴。

又有猩猩与其他野兽。飞禽之有名的，叫做归飞。《水经注》卷三十六说：

> 其城（按：指林邑都城）隍堑之外，林棘荒蔓，榛梗冥郁，藤盘筀莠，参错际天。其中香桂成林，气清烟澄。桂父，县人也。栖居此林，服桂得道。时禽异羽，翔集间关，兼比翼鸟，不比不飞。鸟名归飞，鸣声自呼，此恋乡之思，孔悲桑梓之敬，成俗也。豫章愈益期，性气刚直，不下曲俗，容身无所，远适在南，与韩康伯书曰：惟槟榔树，最南游之可观，但性不耐霜，不得北植。不遇长者之目，令人深恨。尝对飞鸟恋土，增思寄意。谓此鸟其背青，其腹赤，丹心外露，鸣情未达。终日归飞，飞不十千路余万里，何由归哉？

又有能语的秦吉鸟。《唐会要》"林邑"条说：

> 林邑国有结辽鸟，谓之吉了，能人语。

林邑也有鹦鹉。《旧唐书·林邑传》说：

> 五年（按：为太宗五年，公元六三一年）又献五色鹦鹉，太宗异之，诏太子右庶子李百药为之赋。又献白鹦鹉，精识辩慧，善于应答，太宗悯之，并付其使，令放还于林薮。

林邑靠海，海岸线又长，渔利很为丰富，林邑人又善于航海，渔业必定很为发达，《宋史·占城传》说：

> （官员）亦无资俸，但给龟鱼充食，及免调役而已。

这是用龟鱼当为资俸了。那么龟鱼的数量也必定很多。又林邑靠海，《星槎胜览》说其民"煮海为盐"。

林邑是产金较多的地方。《南齐书·林邑传》说：

> 其国有金山，金汁流出子浦。事尼乾道，铸金银人，像大十国。

《梁书·林邑传》说：

> 其国有金山，石皆赤色，其中生金。金夜则出飞，状如萤火。

《南齐书》又说：

> 元嘉二十二年（公元四四五年）交州刺史檀和之伐林邑，杨迈欲输金万斤，银十万斤，铜三十万斤，还日南地。

银与铜应也是林邑的产品。《宋史·占城传》说，占城有铁。《吾学编》说，这个国家有锡。可见得林邑的金属丰富。

林邑或占城也出宝石与珍珠。张燮《东西洋考》卷二"物产宝母"条注云：

> 《原化记》魏生得一美石，有胡人见之曰，此宝母也，每月望设坛海边，置石其上，可得美珠，《一统志》载为占城产。

林邑出火珠。《旧唐书·林邑传》说：

> 王范头黎，遣使献火珠，大如鸡卵，圆白皓洁，光照数尺，状如水精，正午向日，以艾蒸之，既火燃。

又有水精。张燮《东西洋考》同处"水精"条注云：

> 一名水玉，太康四年，林邑王献紫水精唾壶一口、青白水精唾壶二口。

又有菩萨石、蔷薇水、猛火油等。《宋史·占城传》说：

> 周显德中（公元九五四至九五九），其王释利因德漫遣其臣莆阿散贡菩萨石，又有蔷薇水，洒衣经岁香不歇，猛火油，得水愈炽，皆贮以玻璃瓶。

其地又有琥珀。张燮《东西洋考》卷二引《华夷考》说：

> 林邑多琥珀，琥珀在地，其上及傍，不生草木，深者或八九尺，大如斛屑，去皮成焉，初如桃胶，凝成乃坚。

《通典》卷一八八"林邑"条说：

> 多琥珀、松脂，沦入地千岁为茯苓，又千岁为琥珀。

林邑还有璁瑁、硫黄等产品。《旧唐书·林邑传》，王的夫人服朝霞吉贝以为短裙。在贞观年代，林邑还用朝霞布当为礼品。此外，还有丝纹布、白氎布等。这些产品可能也是林邑所出的，然则林邑不只有很多天然物产，而且有工艺品了。

林邑人既善于航海，他们的对外贸易，相当发达。他们的船舶北到交趾，东北到广南到扶南，东南到爪哇、婆罗洲，西南到马来半岛与苏门答腊。质言之，他们的船舶是行驶于所谓涨海的多处。

应该指出，史书所载林邑的船舶与使者之到我国者，一方面虽是与中国友好关系的表示，但另方面可以说是要与我国做生意。可能后者的动机比之前者还要重要，因为这些船舶与使者，除载运一些礼物之外，其大量的货物，是为了交易，这就是以其土产或从他处运来的东西，去交换中国的特产。

就是其使者所贡献于中国的物品，在某种意义上，也可以说是企图以物换物。他们送礼于中国，中国皇帝赐给他们以中国特产，这是礼物的交换，但在实质上，也可以说是货物的交换。因为在那个时候，中国的朝廷人物以大国或大朝自居，而当他为小国看待，他们遣使来中国，中国王室总以为他们是慑于中国的威力或是羡慕中国的德化，所以他们送来一些礼物，中国就赐给很多东西。这样，所谓"朝贡"者往往是盼望中国给以较多的物品。因此在东南亚的各国中，不只林邑遣使送礼，其他的国王也同样的这样作。《南史·林邑传》说"献亦陋薄"。宋元嘉时代，林邑常遣使贡献，说明这一点。

其实，不只国王遣使朝贡与做买卖，就是王公大臣也这样作。林邑国王范文，在未当林邑国王之前，是日南夷帅范稚的家奴，当其为奴的时候，据《南齐书·林邑传》说：

> 晋建兴（愍帝年号，公元三一三至三一六年）中，日南夷帅范稚奴文数商贾，见上国制度。

所谓数商贾者，不止一次，而是好多次。范稚可以这样做，其他将帅与官员也可以这样。至于人民之为谋利而到中国或其他各国的当然更多。

林邑除了自己到各国贸易之外，这个国家又往往派船舶去掠夺他国的船舶。一些史书说，其国人民"常以掠夺为业"，这可能言之过甚，但林邑既少田，而工业又不发达，其依靠经商以裕国库，固是必然，而在古代武装设备较好的船舶，劫掠武装较弱的船舶，也是时有的事情。林邑位涨海或南海的西岸，古代船舶小而设备差，加以航海技术还未发达，船舶不得不靠岸而行，林邑所占有的地方，海岸既长，风波又较险恶，船舶之经过其海岸而为其劫取，当有所不免，尤其是在船舶之为风波所迫而靠岸的时候，被其劫取货物，更所难免。比方《南齐书·扶南传》中说：

> 宋末（按：为南北朝时代的宋）扶南王姓憍陈如名阇耶跋摩，遣商至广州，天竺道人那伽仙附载欲归国，遭风至林邑，掠其财物皆尽。

然而正是因为林邑或后来的占城有了这种掠夺与贪婪的行为，对于其对外贸易上是有其相当影响的。张燮在其《东西洋考》卷二"占城"条的"交通"一段中说：

> 贾舶抵岸，献果币于王，王设食待之，国人狠而狡，贸易往往不平，故往贩者少。

"狠而狡"不只会使"贸易往往不平"，而且在有机可乘时，也容易趋于掠劫的举动。

第七章　林邑的城市

林邑的城市之最值得我们注意的，有二个。一为其都城，一为区粟城。前者在其南部，后者在其北部。我们现在先叙述区粟城。区粟这个城的位置，据近代人们的意见，应该在现在的承天府顺化的地方。《水经注》曾有关于这个城的记载：

> 考古志，并无区粟之名。应劭《地理风俗记》曰：日南，故象林郡。汉武帝元鼎六年（公元前一一一）开日南郡，治西卷县。《林邑记》曰：城去林邑步道四百余里。《交趾外域记》曰：从日南郡南去到林邑国，四百余里，准径相符，然则城故西卷县也。

又说：

> 区粟建八尺表，日影度南八寸，自此影以南，在日之南，故以名郡。望北辰星，落在天际，日在北，故开北户以向日，此其大较也。范泰《古今善言》曰：日南张重举计入洛，正旦大会，明帝问日南郡北向视日邪？重曰：今郡有云中、金城者，不必皆有其实，日亦俱出于东耳。至于风气暄暖，日影仰当，官民居止，随情面向，东南西北，迥背无定，人性凶悍，果于战争，便山习水，不闲平地，古人云五岭者，天地以隔内外，况绵途于海表，顾九岭而弥邈，非复行路之径阻，信幽荒之冥域者矣。寿泠水自城南东与卢容水合，东注郎究水，所积下潭为湖，谓之郎湖。浦口有秦时郡，墟域犹存，自湖南望，外通寿泠，从郎湖入四会浦。

《水经注》卷三十六又说：

> 《林邑记》曰：其城治二水之间，三方际山，南北瞰水，东西涧浦，流凑城下。城西折十角，周围六里一百七十步，东西度六百五十步。砖城二丈，上起砖墙一丈，开方隙孔，砖上倚板，板上五重层阁，阁上架屋，屋上架楼，楼高者七八丈，下者五六丈。城开十三门。凡宫殿南向。屋宇二千一百余间，市居周绕，阻峭地险，故林邑兵器战具，悉在区粟。

区粟城既就是汉时日南郡的西卷县，本是中国的属地，现在既成为林邑兵器战具所在地，那么，区粟不只为林邑所占领，而且占领之后，成为林邑军事的最重要的地点。这个地方也就变成为林邑的重要城市。

鄂卢梭（Aurousseau）在其《占城史料补遗》一文（冯承钧译，见《西域南海史地考证译丛续编》，页一四一——七二）中以为区粟应就是现在的承天府

(Hué)。他指出："区粟位置在寿泠县内，顾寿泠既在西卷县境，则区粟应距西卷不远。"他又说：

> 一方面《水经注》说二四八年林邑进侵寿泠，以为疆界，而在此次进侵以前，尚未见有区粟之名。首先著录此名者，就是《水经注》（五二七年撰）。据《水经注》说："古志并无区粟之名。"又说："然则城固西卷县也。"此说在地理与历史方面皆可承认。由是可见，区粟与西卷乃是一地之异称。至若其异称之理，我以为区粟在汉语方面无义可训，应是一种译名。其尤可注意者，这个区字在徼外夷蛮区怜名称中一见，又在最初林邑王区连名中一见，复在占人居宅一部份之"西区"名称中又一见。设若区粟是一个占语名称，当然用以替代他所攻取的西卷城名。由此应该在占波人于三世纪时所侵地之北境要塞中，寻求西卷，然则西卷应位置于何处呢？

他又说：

> 幸而《水经注》将西卷的地形记下来了。据说西卷在二四八年为占人所占取，大约在一世纪以后，便将他组织为藏聚兵器战具的区粟城。此城在两水之间，近在其中一水名曰卢容水者之南，此水出西南往东北流，复东流与别一水名寿泠水者合而为一。卢容水出区粟之南，东北流，与寿泠水会区粟城。三方有山，此二水合流后（余将名之曰卢容江）东行出郎湖，与四会浦注入之水合，复经郎湖出卢容浦口，而入于海。此卢容浦口在四会浦口之南。又一方面有朱吾水，北注入无劳湖，而此无劳湖又通卢容浦，其地理的大势如此。

他又说：

> 现在只要寻究适应这样记载的地方了。取一地图略微审查一下，就可见在广治同广义之间，而且在安南关同伐勒拉岬之间，只有承天府境（Hué）与此完全相合，卢容水就是承天府河，郎湖就是名曰 Cân-hai 的大海湖之东湖，四会浦就是顺安（Thuan-an）海口。卢容浦就是 Câu-Hai 湖，在 Chu-May 西岬北边入海的海口。无劳湖就是大海湖之西湖。朱吾就是从此湖注入广治河之水道。可见此处的形势大致与《水经注》所志相符。再就此城附近的形势说，城处卢容、寿泠二水间，此卢容水当然就是承天府水之主流。至若寿泠水或者就是古之罗绮水，后在一八三六年所开的 Phu-Cam 渠。

区粟城是日南郡所属的西卷县。自二四八年为林邑所占据之后，成为林邑的重要城镇，也是林邑的军事的根据地。除了这个重要城市之外，林邑还有一个重要城市，这可能是林邑原来的都城，是林邑最古的都城。很可能的，林邑占据区粟城之后，林邑迁都到区粟城，这也就是古代林邑的新都城。我现在且把《水经注》中所记载关于这个最古都城的情况抄录在下面：

> 渡寿泠至温公浦，升平三年（三五九年）温放之征范佛于湾，分界阴阳圻，入新罗湾至焉下，一名阿贲浦，入彭龙湾，隐避风波，即林邑之海渚。元嘉二十三年（四四六），交州刺史檀和之破区粟，已飞斾盖海，将指典冲，于彭龙湾上鬼塔与林邑大战，还渡典冲，林邑入浦，令军大进，持重故也。浦西既林邑都也。治典冲，去海岸四十里，处荒流之徼表，国越裳之南疆，秦汉象郡之象林县也。东滨沧海，西际徐狼，南接扶南，北连九德。

区粟城是在现在的顺化，而林邑这个古都城又应在区粟城之南。上面指出"汉武帝元鼎六年开日南郡，治西卷县"，这也就是后来的区粟城。《水经注》又说："城去林邑步道四百余里。"又引《交州外域记》曰："从日南郡南去到林邑国，四百余里。"这样看起来，林邑古都城当在现在的顺化之南约四百里了。《水经注》又说：

> 城西南角，高山长岭，连接天鄣。岭北接涧，大源淮水，出郍郁远界，三重长洲隐山绕西，卫北回东。其岭南开涧，小源淮水，出松根界上山壑，流隐山绕南，曲街回东，合淮流以注冲典。其城西南际山，东北瞰水，重堑流浦，周绕城下，东南堑外，因傍薄城，东西横长，南北纵狭，北边西端，回折曲入。

又说：

> 城周围八里一百步，砖城二丈，上起砖墙一丈，开方隙孔，砖上倚板，板上层阁，阁上架屋，屋上构楼，高者六七丈，下者四五丈，飞观鸱尾，迎风拂云，缘山瞰水，骞翥鬼崿。但制造壮拙，稽古夷俗，城开四门，东为前门，当两淮渚滨。于曲路有古碑，夷书铭赞前王胡达之德。西门当两重堑，北回上山，山西即淮流也。南门度两重堑，对温公垒。升平二年（三五八）交州刺史温放之，杀交趾太守杜宝，别驾阮朗，遂征林邑。水陆累战，佛保城自守，重求请服，听之。今林邑东城南五里，有温公二垒是也。北门滨淮，路断不通。城内小城周围三百二十步，合堂瓦殿，南壁不开。两头长屋，脊出南北，南拟背日。西区城内石山，顺淮面阳，开东向殿，飞檐鸱尾，青琐丹墀，榱题楠橼，多诸古法。阁殿上柱，高城丈余五，牛屎为泥，墙壁青光，回度曲陂，绮牖紫窗，椒房嫔媵，无别宫观，寝永巷，共在殿上，临踞东轩，径与下语，子弟侍臣，皆不得上。屋有五十余区，连甍接栋，檐宇相承。神祠鬼塔，小大八庙。层台重榭，状似佛刹。郭无市里，郡邑人居。海岸萧条，非生民所处，而首渠以永安，养国十世，岂久存哉？

上面已经指出，这个古都城是在顺化之南约四百里。巴门提亚（Parmentier）

与鄂卢梭都以为这个古都城应在现在的广南之南，这就是占不劳（Culao Cham）岛对面的入海的河水傍边。鄂卢梭在其《占婆史料补遗》一文中说：

> 根据上文所述，林邑国最古都城大致在广南之南，去海约二十公里的一水之上。此水是两条水道汇合而成的，则应在广南水系之上寻求。此典冲城其水应是占不劳（Culao Cham）岛对面入海之 Sông Ba-Rén 水或 Song-Thu-Bôn 水。若在去海二十公里的交切线上去寻典冲城，在后一水上，毫无可以注意的遗迹。在前一水上，则有一个世人所熟识的古迹，这就是茶荞的古迹。按照《水经注》所记载，林邑的古都，或者在此。可是按照巴门提亚（Parmentier）所撰的《安南占种古籍调查表》（第二册三七五页注一）之考证，此种或然性竟成事实。表中引有伯希和所撰的《交广印度两道考》中之一段，并云："他说现在广南尚未寻出一个适应《水经注》的记载之要城"这句话错了，其实在距美山十五公里，距洞阳二十公里之茶荞地方，有座砖城，奇〔契〕合《水经注》的记载。《水经注》说："城周围八里一百步，砖城二丈，上起砖墙一丈。"现在所存的城墙无几，不能确定他的周围，可是他一面靠水，一面陂陀起路伏，每面不难宽有一公里。至若其城是用砖造，其砖之多，致使人可以在附近用其余砖造一个大教堂，同一个传道会。《水经注》又说："城开四开，东为前门，当两淮渚滨。"现在茶荞的东边，就是出入很便利的所在，其东北有种种河流。《水经注》又云："于曲路有古碑，夷书铭赞前王胡达之德。"顾在其西四公里略偏北之河岸有一 Hon Cuc 大碑。此处七世纪以前的古刻甚稀，殆因岩上刻字的习惯，同字体之大，所以能够保存，方位虽然不对，我想只有此种摩崖可以使外人注意。五世纪初的范胡达颇有建此 Hon Cuc 碑刻的 Bhadra Varman 之可能。马司帛洛在他的《古占婆国考》中，作此考订。《水经注》又云："西门当两重堑北回上山。"此处有一直线小支流与河流并行，好像就是此处之遗迹。其西南则倚一小丘。《水经注》又云："南门度两重堑，对温公垒。"南边并无可以注意之点，可是有一小丘，占波人在此防守，当然愈严。《水经注》又云："北门滨淮，路断不通。"此处是河流主流经过之所。可是后来河流迁徙，改道昔日距城较远之一支流，就算此支流甚小，亦足使路断不通。《水经注》又云："城内小城周围三百二十步。"茶荞城中有一小丘或者不是天然的，其平台每方不过五十公尺，则亦距八十步不远。《水经注》又云："小大八庙。"茶荞城中有不少古代雕刻，前在丘上曾建有庙堂一所，今日保存之最古占种砖造古物，不逾七世纪，好像从前营造之物，是以木为之，因外侵而被毁，亦理中必有之事。由是观之，谓其林邑古都，并无不可能，反有不少或能性。

《水经注》说，从西卷或区粟到林邑或是林邑的都城，典冲是约四百里，合现在约二百公里。从现在的顺化到占不劳岛对面的河水的地方，差不多合于约二百公里的距离。林邑古都城或是在南边的典冲城，是汉时日南郡最南所属的象林县，这个地方，在公元初年，首先侵犯日南，而在后来逐渐的自南而北占据全郡而成为林邑这个国家的占波人，原来是处在日南郡的南边，到了公元三世纪的时候，整个象林都为他们所占领，所以正如鄂卢梭所指出："古占波人在三世纪初年业已确实占领林邑。质言之，确实占领古之象林了。"

此外，《新唐书》卷二二二下《环王传》说：

隋仁寿中（公元六○一至六○四）遣将刘方伐之，其王范梵志挺走，以其地为三郡，置守令。道阻不得通，梵志裒众别建国邑。

这个国邑就是国都，这个国都究竟在什么地方，不得而知。可是我们知道，这个新都的历史并不很久。又据张燮《东西洋考》卷二"占城"条说：

至唐而范（指统治的范姓）始灭，国人立其姑子诸葛地，更号圹王。元和（公元八○六至八二○）初都护张舟击走之，徙国于占，占城之名所自始也。

上面已经指出占人一向自称其国为占婆，所谓"徙国于占"然后有占城之名，也不一定是对。《新唐书·环王传》说"环王，本林邑也，一曰占不劳，亦曰占婆"，有人以为占不劳是占波补罗（Campapura）的对音，占婆是国名或族名，补罗意为城，不劳为 Pura，在贾耽"路程"中占不劳为一山名也是一个海岛。所以说"行至占不劳山，山在环王国东二百里海中"。若所谓占不劳只是指此海岛或山，那么所谓占不劳为 Campapura 之对音，又有问题了。但照上面所说，占不劳岛乃在广南之南河流出海处，这也就是在林邑古都典冲，或是后人所发掘的茶荞古迹的对面。那么，这个占不劳也可能是这个古都之名，因而在古都的对面的岛屿，也为人们所叫为占不劳耳。

此外，据费信的《星槎胜览》"占城国"条说：

其国临海有港，曰新洲。

马欢在其《瀛涯胜览》中说：

国之东北百里有一海口，名新州港。岸有一石塔为记，诸处船只到此泊登岸。岸有一寨，番名设比奈，以二头目为主，番人五六十家，居内以守港口。去西南百里，到王居之城，番名曰占城。其城以石叠，开四门，令人把守。国王系锁里（Cola）人。

新洲这个名称已见于赵汝适《诸蕃志》，且说占城国都在新洲，当为现在越南或安南的归仁。这个名称直到近代海南岛之航海者而到越南沿岸者，还称为新洲。所谓设比奈，可能是 Sri Vinaya 的对音，近代的越南人就称其地为尸耐或施耐，盖亦设比奈的对音，《瀛涯胜览》既说当时的国都为占城，而这个占城又在新洲西南百里，就应在今日的富安的涌桥，或其附近。

第八章 制度与风俗

　　林邑在建国之前，固是过着部落的生活，就是建国之后的一个相当长的时期，似乎还未脱离这种组织生活。在其传说中，所谓椰子部落与槟榔部落，像在上面所说的，就是这种部落生活的表征。但是建国以后，一方面受了扶南的印度化的影响，一方面受了中国的影响，使其部落生活，慢慢的起了变化，同时，也逐渐的建立起一些政治制度。在其国内，中央政府与王室之间树立一些制度，地方政府与中央的关系，也有所规定。而且，后来林邑或占城又征服了一些国家，成为属国或附庸国，这些属国与林邑的关系如何，也必有一些制度去管理。这样，过去的部落的管治方法，不能不有所改变，而代替以另一些的政治制度或管理方法。比方《南齐书·林邑传》说林邑"贵女贱男"，但受外来文化影响之后，男子的地位也大大的提高起来。

　　国王是一国之王，就位时有王号，而死后也有谥号，像中国一样。其加冕礼不一定行于就位之日，可以延迟至数年之后。除林邑全国的国王外，一个城或一个区域的首领，也可以称王。《水经注》说区粟王范扶龙，就是一个例子。王可以有副王，也可以有次王。前者往往是王之兄当之，而后者可以王之弟当之。《宋史》卷四百八十九《占城传》说：

> 其王或以兄为副王，或以弟为次王。设高官凡八，东西南北各二，分治其事。无俸禄，令其所管土俗资给之。别置文吏五十余员，有郎中、员外、秀才之称，分掌资储宝货等事。亦无资俸，但给龟鱼充食，及免调役而已。又有司币虏者十二员，主军卒者二百余员，皆无月奉，月给税米二斛，冬夏衣布各三匹至四匹。

《隋书》卷八十二《林邑传》说：

> 尊官有二，其一曰西郡婆帝，其二曰萨婆地歌。其属官三等，其一曰伦多姓，次歌伦致帝，次乙他伽蓝。外官分为二百余部，其长官曰弗罗，次曰可伦，如牧宰之差也。

《宋史》又说：

> 王每日午坐禅，官属谒见，膜拜一而止。白事毕，复膜拜一而退。或出游看象采猎观鱼，皆数日方还。近则乘软布兜，远则乘象，或乘一木杠，四人舁之。先令一人持槟榔盘前导，从者十余辈，各执、弓箭、刀枪、手牌等。其民望之膜拜，一而止，日或一再出。

《晋书·林邑传》说：

> 王每听政，子弟侍臣，皆不得近之。

《宋史·占城传》说：

> 其王脑后鬌髻，散披吉贝衣，戴金花冠七宝，装缨络为饰，胫股皆露；蹑革履，无袜。

《南齐书·林邑传》说：

> 王服天冠如佛冠，身披香缨络。

《梁书·林邑传》说：

> 其王著法服，加璎珞，如佛像之饰。出则乘象，吹螺击鼓，罩吉贝伞，以吉贝为幡旗。

据《美山碑文》，国王的威权的表征是伞。所以说"独伞御国"，意思就是当了王，伞用白色。《美山碑文》又指出王之内宫有后妃、嫔妇、歌女、舞女很多。《马可波罗行纪》（沙海昂注，冯承钧译）一六一章（下册，页六四二），占巴大国中说：

> 应知此国之妇女，未经国王目见者，不得婚嫁。国王见而喜，则娶以为妻，不喜则赐以嫁资，俾能婚嫁。并应知基督诞生后一二八〇年时，马可波罗阁下身在此国，是时国王有子女三百二十六人，其中能执兵者一百五十人。

《宋史·林邑传》又说：

> 每夕唯王升床而卧，诸臣皆寝于地蓐。亲近之臣，见王即胡跪作礼，稍疏远者，但拱手而已。

《美山碑文》说明国王死时，是采用印度风习，有人殉丧。王太子有自己的名号，号为瑜婆罗阇（Yuvaraja）。承继王位，必得大人会议，或贵族会议，始算有效。至于用兵力去争夺者，不在此例。王有生前禅位者。《梁书·林邑传》载其王敌真曾舍其位而到印度，让其位于外甥。也有禅位去潜修赎罪，而再回为王者。

上面是注重有关于中央王室国王的情况，至于地方的分区治理，据《宋史·占城传》说：

> 南曰施备州，西曰上源州，北曰乌里州。

马司伯乐在其《占婆史》（冯译，页一十一）说：其国划为三区或四区，阿摩罗波胝（Amaravoti）为其北区，这是在现在的广南，毗阇耶（Vijaya）为其中区，这是在现在的平定，宾童龙为其南区，这是在现在的藩龙。《宋史·占城传》又说：

> 所统大小州三十八，不盈三万家，其国无城郭，有百余村，村落户三百、五百或至七百，亦有县镇之名。

《宋史》说其国无城郭，似是错误。范文曾教范逸建城邑，而区粟城的建筑也是仿效中国的城邑。《明史》卷三百二十四《占城传》也说：

> 国所有土地，本二十七处、四府、一州、二十二县。

马司伯乐以为四府就是四区，而一州可能指着都会。在明代，占城的都会是在新州，这就是上面所说的毗阇耶。

《梁书·林邑传》说："国不设刑法，有罪者使象蹈杀之。"赵汝适《诸蕃志》卷上"占城"条说：

> 若有欺诈诬害之讼，官不能明，令竞主同过鳄鱼潭，其负理者，鱼即出食之，理真者，虽过十余次，鳄鱼自避去。

马欢的《瀛涯胜览》也有差不多同样的记载。又据碑文，没收财产与丧失自由，也是一种刑罚，而负债不能还的，应为人作奴，也是一种通例。马端临《文献通考》卷三百三十一"林邑"条说：

> 林邑浦外有不劳山，罪人亦送此山，令其自死。

《新唐书·环王传》也有有罪者"送不劳山，畀自死"。又《宋史·占城传》曾有一段较为详细的叙述：

> 刑禁亦设枷锁，小过以四人拽伏于地，藤杖鞭之，二人左右更互捶扑，量其或五六十至一百。当死者以绳系于树，用梭枪舂喉，而殊其首。若故杀、劫杀，令象蹈之，或以鼻卷扑于地。象皆素习，收刑人即令豢养之，以数谕之，悉能晓焉。犯奸者，男女共入牛以赎罪。负国王物者，以绳拘于荒塘，物充而后出之。

赵汝适《诸蕃志》说：

> 男女犯奸皆杀。盗有斩指、断趾之刑。战则五人结甲，走则同甲皆坐以死。唐人被土人杀害，追杀偿死。

《梁书·林邑传》说"国不设刑法"，可是上面所摘录的一些史文，都是林邑或占城的刑法。其实，《梁书》虽然说国不设刑法，可是《梁书》紧接着说："有罪者使象蹈杀之。"用象去蹈死有罪的人，就是处理有罪者的一种办法或规定。这种办法或规定，也就是一种刑法。在东南亚各国中，在以往也有一些国家是用这种办法去处理有罪的人，因此我们可以说《梁书》所说国不设刑法，是不符合于史实。

应该指出，各史书所载关于刑罚的轻重，有所不同。比方，《宋史》说犯奸者男女共入牛以赎罪，而《诸蕃志》却说，男女犯奸皆杀。可能犯奸情节也有所不同，故处罚的方法也各异。但在东南亚各国中，犯奸处死是较重的刑法。

关于林邑的婚姻，《晋书·林邑传》说：

> 贵女贱男，同姓为婚，妇先娉婿，女嫁之时，著迦盘衣，横幅合缝如井栏，首戴宝花。

《南齐书·林邑传》说：

> 贵女贱男，谓师君为婆罗门，群从相姻通，妇先遣娉求婿，……婆罗门牵婿与妇，握手相付咒，愿吉利。

《梁书·林邑传》说：

> 嫁娶必用八月，女先求男，由贱男而贵女也。同姓还相婚姻，使婆罗门引婿见妇，握手相付，咒曰：吉利，吉利，以为成礼。

《隋书·林邑传》说：

> 每有婚媾，令媒者赍金银钏酒二壶，鱼数头至女家，于是择日，夫家会亲宾歌舞相对，女家请一婆罗门，送女至男家，婿盥手，因牵女授之。

《梁书·扶南传》指出："扶南人无礼义，男女恣其奔随。"周达观在其《真腊风土记》说："至若嫁娶，则虽有纳币之礼，不过苟简从事。"若从上面所举关于林邑的婚姻的手续来看，既不见得男女恣其奔随，也不见得苟简从事。林邑与扶南接壤，关系至为密切，两者风俗习惯，也多相同，若说婚姻方面差别得很大，似乎不很合理的。又据《梁书》："其寡妇孤居，散发至老。"与今日东南亚各处的妇女，夫死可以再嫁，也有所不同。

此外，林邑人也采用印度人的四种阶级制度，但这种阶级，在林邑，并不很严。

关于林邑的死葬，据《晋书·林邑传》说：

> 居丧剪鬌，谓之孝，燔尸中野以为葬。

所谓燔尸中野以为葬，只能说是林邑的葬的一种方法。《北史·林邑传》指出另一种葬法，这就是水葬。《北史·林邑传》说：

> 王死七日而葬，有官者三日，庶人一日，皆以函盛尸，鼓舞导从，舆至水次，积薪焚之，收其余骨。王则内金罂中沉之于海，有官者以铜罂沉之海口，庶人以瓦送之于江。男女皆截发，哭至水次，尽哀而止，归则不哭，每

> 七日燃香，散花复哭，尽哀而止，百日三年，皆如之。

这里所说的七日、百日、三年的哀祭，有点像我国的作法。《隋书》除像上面所抄录外，还说"尽七七而罢"。这种七七哀祭，更像我国的丧礼了。

东南亚古代各国的葬法，除了火葬、水葬之外，还有鸟葬。这就是弃尸于野，使鸟吃其肉，然后烧其骨而沉于海。这是顿逊人所觉得最荣幸的葬法。《晋书》说林邑人燔尸中野以为葬，不一定是鸟葬。

但《南齐书·林邑传》很清楚的指出林邑也有鸟葬，据云：

> 居丧剪发，谓之孝，燔尸中野以为葬，远界有灵鹫鸟，知人将死，食死人肉尽，飞去，乃取骨烧灰，投海中水葬。

这与顿逊人的葬法是差不多一样的。

在古代东南亚各国中，人们得病的，多以为鬼神作祟，需要巫人医治。《美山碑文》说，林邑人亦有厚币祷于神者。此外，在占城，据《宋史·占城传》说：

> 人有疾病，旋采生药服食。

《太清金液神丹经》中说，葛洪曾到扶南、林邑，采取丹药。且说，林邑地多朱丹、硫磺，《太清金液神丹经》卷下，见《道藏》洞神部、众术类，据说是葛洪所序述，这恐怕是后人所假托。但林邑既饶朱丹与硫磺，而又惯于采取生药以治病，则其医药应该较为发达。

关于占城人的节日与娱乐，据《宋史·占城传》说：

> 其风俗，正月一日牵象周行所居之地，然后驱逐出郭，谓之逐邪。四月有游船之戏。定十一月十五日为冬至，皆相贺。州县以土产物帛献其王。每岁，十二月十五日城外缚木为塔，王及人民以衣物香药置塔上，焚之以祭天。

林邑人的音乐，据《隋书》卷八二《林邑传》说：

> 乐有琴、笛、琵琶、五弦，颇与中国同。每击鼓以警众，吹蠡以即戎。

其武器：

> 有弓箭、刀矟，以竹为弩，傅毒于矢。

《旧唐书》卷一九七《林邑传》说：

> 能用弩及攒，以藤为甲，以竹为弓，乘象而战。

《南齐书·林邑传》说：

> 国人凶悍，习山川，善斗，吹海蠡为角。

上面已经指出，在宋代有闽人漂到占城，曾教其国人习骑射，这对于占城战术上，有了很大的革新。

马在林邑或占城虽也当为交通工具，然陆地交通多用象，但亦有用兜者，至于水上交通，是用船舶。林邑人既善于航海，故其海上交通很为发达。

林邑人所居住的，据《梁书·林邑传》说：

> 其国俗居处为阁，名曰干阑，门户皆北向。

林邑人所住的干阑，也可以叫做浮脚屋。高出地面数尺，与我国南方兄弟民族所住的浮脚屋一样。里面很少有床，铺席于地板，而坐睡。《北史·林邑传》说"施椰叶席"，也就是这个意思。

《北史·林邑传》说：

> 以砖为城，蜃灰涂之，东向户。

费信《星槎胜览》"占城"条说：

> 酋长所居，广高屋宇，门墙俱砖灰甃砌，及坚硬之木，雕琢兽畜之形为华饰。外周砖垣。亦有城郭之备，练兵之具，药镞刀标之属。其部领所居，亦分等第，门高有限，民下编茅覆屋，门不过三尺，过则即罪之。

《晋书·林邑传》说，林邑人"皆倮露徒跣"。《南齐书》也说"人皆倮露"。这并不见得是对的。关于这一点，《梁书·林邑传》已经指出：

> 男女皆以横幅、吉贝绕腰以下，谓之干漫，亦曰都缦。穿耳贯小环，贵者著革履，贱者跣行。

干漫或都缦是绕腰以下的服装，这可能是现代像马来人所穿的纱笼，也可能像暹罗人或柬埔寨人所穿的帕农。《北史·林邑传》说：

> 王戴金冠，形如章甫，衣朝霞布，珠玑缨络，足蹑革履，时服锦袍。

《旧唐书·林邑传》还述其王的夫人穿得更华丽。《宋史·占城传》说：

> 其风俗衣服与大食国相类，无丝蚕，以白氎布缠其胸，垂至于足，衣衫窄袖，撮发为髻，散垂余髻于其后。

这种缠胸而垂足的服式，好像是与暹罗或柬埔寨的帕农相似。《北史》还说林邑人冬月衣袍，这可能是与中国的衣服相似。

关于饮食方面，《旧唐书·林邑传》说其"四时皆食生菜，以槟榔汁为酒"。在今日的越南半岛，有人吃槟榔，但没有以槟榔酿酒。赵汝适《诸蕃志》"占城"条说：

> 民间耕种，率用二牛，五谷无麦，有粳、粟、麻豆，不产茶，亦不识酝

酿之法，止饮椰子酒。

上面已经指出，林邑靠海，渔利丰富，国王以龟鱼当为资俸，那么，鱼类的出产必定很多。直到今日，越南半岛的各地人民尤其是靠近海边或河流的，是以鱼为主要的副食品，因为直到今天，鱼也是这些国家的出产大宗。

第九章　文化与宗教

　　林邑是介在扶南与中国所属的交趾之间，当林邑建国的初期，扶南已正在强盛起来。我们在其他地方，曾经指出，林邑的兴起，可能是得到扶南很大的帮助。原因是在林邑未建国之前，扶南的北方边境是靠近或连接中国所属的象郡象林县。中国是一个大国，地方广大，威力所及，远到东南亚各国，扶南在东南亚的各国中，虽然最为强盛，但也不能与中国相比拟，说不定为了这个原故，扶南就帮助林邑人起而反抗汉朝，争取独立，当为一个缓冲地带。假使这种看法，没有错误，林邑与扶南的关系，是很为密切的。也说不定在林邑的政府与军队中，有了不少的扶南人。而况，这两个国家土地既毗邻，人民也可能错居杂处，互相通婚。

　　我们知道，在林邑建国的初期，扶南已经印度化。它的第一位国王混填，可能还是受过印度化的人物。在第三世纪的时候，扶南之西的林阳国商人家翔梨，已来往于印度与扶南，因而劝其国王范旃遣使到印度，印度国王不久又遣使到扶南，从此以后，扶南的印度化的程度，更又加深起来。

　　林邑之于扶南的关系，既如上面所说，很为密切，林邑在文化上，受了扶南的印度化的影响，是自然而然。而况，在林邑建国的初期，其社会生活，还是很接近于原始的社会，生活比不上扶南的文化水平，所以我们说林邑之深受扶南文化的影响，是自然而然。又两者的印度化的最显著的，是在宗教方面，这就是说印度的婆罗门教与佛教，对于这两个国家影响极大。此外，两国文字也受印度的影响，采取印度字母，我们以为林邑的婆罗门教与佛教，以及其印度化的文字，可能也是从扶南这个国家传播而来的。

　　林邑建国于公元二世纪的末年，其所占领的地方，原为中国汉朝的象郡象林县，后来还逐渐的扩充其领土到现在的顺化一带，这些地方，原是中国的属地，在中国统治之下，至少已有五百年的历史，中国文化，也早已输入到这些地方，中国人民之移居于这些地方的也不算少，移居在马援所立铜柱的地方的马留人，还自称为汉人的后裔。据说这些人原来就是中国人，所以他们的语言、饮食，是与中国同样。

　　中国官吏之到这些地方，虽然有不少是贪婪，而有时引起当地人民的反感，但是也有不少循吏或好的官吏，如汉代的锡光、任延等，推广农业，介绍农具，设立学校，提倡文化，直到后代，越南人民还纪念着他们，这也就是说中国文化之传入这些地方，不只历史很久，而且影响很深。

　　到过东南亚的人们，尤其是三五十年以前，到过这些地方的人们，很能容易看出来越南的文化，基本是中国化的文化，而柬埔寨、老挝、暹罗、缅甸的文化，基本是印度化的文化，林邑所占领的地方，既原为中国所统治的地方，而且又受过中国文化的影响，那么林邑的文化，也不能不受中国文化的影响。史书所载林邑的建国，始祖是区怜或区连，据说他是象林县的功曹，功曹在汉代是地方的一个官员的称号。他既是汉朝的官员，他可能也是汉人，虽则我们也得指出，这个职位，也可能给与当地的土人，但无论如何，他若不是汉人，他也一定是受过汉化的人物，否则不易当中国官员，这位开国元勋，若是一个汉人或汉化的人物，那么他提倡汉化，固是可能，就不提倡，他也很难把汉化清除，而完全提倡印度化，或发扬当地的民族文化。

其实，在林邑的早期历史上，汉人曾当过国王。当范逸为国王的时候，有一位汉人叫做范文的，曾当过林邑将帅范稚的奴，他时到中国贸易，时而北上观光，他对范逸建议提倡中国制度，仿建中国城池，因而得到范逸的信用。范逸死后，他篡位自立，其子孙继承好多世。他既劝范逸采取中国文化，他自己也应提倡中国化，而其子孙之受中国文化的熏染，应该是没有问题的。

这样，林邑可以说是一个中印文化交流的国家。

然而我们也不能因此而以为林邑民族的固有文化，遂因之而完全消灭，相反的，这种文化，还有很多遗留下来。所谓椰子部落，所谓槟榔部落，其生活方式，其宗教信仰，还不断的存在下去，这是研究林邑的文化与宗教的人们，所不能不加以注意的。

文字是文化的一种基本要素，也是文化的一种特征。林邑的文字，据《晋书·林邑传》说：

> 其书皆胡字。

中国史书之叙述东南亚而称为胡者，是指印度或天竺，并非汉代匈奴的胡，所以《北史》卷九十五《林邑传》说，以及《隋书》卷八十二《林邑传》说：

> 文字同于天竺。

《旧唐书》卷一九七《林邑传》只说，其有文字，没有说明为何种文字。《诸蕃志》"占城"条说：

> 书白字。

马欢《瀛涯胜览》"占城"条说明道：

> 其书写无纸笔，用羊皮捶薄，或树皮薰黑，折成经折，以白粉写书为记。

费信在其《星槎胜览》"占城"条说得较详细：

其国无纸笔之具，但将羊皮挝薄，薰黑，削细竹为笔，蘸白灰书字，若蚯蚓委曲之状，语言燕颊，全凭通事传译。

《梁书·林邑传》说：

书树叶为纸。

林邑或占城与中国的关系很为密切，使者经常往来，货物时时流通，而写字的纸却没传入其国，直至元明，还用树叶、羊皮当为纸用，这是很为奇怪的。

林邑的胡字，具体的说就是梵文。其较古的Vocan梵文碑文很好，可是正像马司伯乐在其《占婆史》中指出，林邑或占城的梵文，时间愈晚，其程度愈低，与柬埔寨的梵文的正确，大不相同。而且，林邑或占城的梵文，还有很多错误，这也说明了在文化方面，赶不上柬埔寨，虽则林邑的梵文，也可能是从柬埔寨传播而来的。

林邑虽采用梵文，但其说话却是固有的语言，虽则其语言，也有不少是借用邻近的各种语言，而与碑文中所用的俗语，也大致相同。这种语言，据近人考证，可以列入马来群岛的语言系统。从这一点来看，尽管林邑的文字是印度化，但在林邑的语文中却保留了不少的固有成份，因为文字固是梵化，可是说话还是固有的。梵文介绍到林邑之后，又杂入林邑的俗语，有的全为俗语，这就成为林邑的固有语文，而别于其他国家的语文。

在其强盛的时代，林邑的艺术，也相当发达。关于城池的建筑与楼阁的构造，我们已在"林邑的都城"一章中说明。从这方面来说，虽然比不上扶南的壮丽，但也相当谙练。神祠中的浮雕，也自成风格。神像宝物因不断战争而毁坏，很少留存。但据碑文所记载，也很丰富而美观。《南齐书·林邑传》说林邑人"曾铸金银人，像大十围"。这是一个壮伟的作品。不幸在南北朝宋元嘉二十二年（公元四四五年）为交州刺史檀和之攻破区粟城所毁，而当为黄金来使用。传说和之后来得病，见胡神作祟而致于死，传说未见得可靠，但传说至少说明了人们对于金人的信仰之诚。

林邑的宗教碑文，多是叙述人们施舍之事，而没有什么文学的价值，所以今日也很难去考究其过去的文字的造就，有人甚至怀疑林邑或占城很少有文学，马司伯乐似乎就有这种看法，他在其《占婆史》中说：

林邑或占城与越国频年战争，全国之力，已罄于斯，故未暇修文欤？敌兵数入其都，渐以中国文化移殖，及至越人完全占领占婆之后，毁其建物碑铭神像，遂使安南领地中之印度文化遗迹，今遂为世人所遗忘矣。

林邑或占城文化本不很高，国亡之后，遗迹无多，这对于研究历史的人来说是一种很大的遗憾。

上面是略谈林邑或占城的文化，我们现在且来叙述这个国家的宗教与信仰。

在古代，东南亚各国的人民，都相信拜物主义（Animism），这就是说相信每种东西，无论是动物也好，植物也好，以至石头与其他的自然现象，都有其灵魂。林邑人似乎不是例外。林邑的椰子部落与槟榔部落的故事，可能也是这种信仰的一种，而转变为一种图腾主义，这就是说相信某种东西是他的祖宗，这是比较普遍的原始信仰。

林邑人之有病者，固亦采药以医治，但亦信仰是鬼神作祟，求神治病也是普遍的作法，他们也相当巫师作法，可以治病或治伤，赵汝适的《诸蕃志》"占城"条说：

> 若民入山为虎所噬，或水行被鳄鱼之厄，其家指其状诣王，王命国师作法诵咒书符，投民死所，虎鳄则自投赴请命，杀之。

汪大渊《岛夷志略》"宾童龙"条说：

> 其尸头蛮女子，害人甚于占城，故民多庙事而血祭之，蛮亦父母胎生，与子女不异，特眼中无瞳人。……

费信在其《星槎胜览》"占城"条对于尸头蛮的记载较为详细，今录之于后：

> 相传尸头蛮者，本是妇人也，但无瞳人为异，其妇与家人同寝，夜深飞头而去，食人秽物，飞头而回，复合其体，仍活如旧。若知而封固其项，或移体别处，则死矣。人有病者，临粪时遭之，妖气入腹，病者必死。此妇人亦罕有，民间有而不报官者，罪及一家。（按：《明史·占城传》亦载此事）

二十多年前，我在越南顺化。有一天晚上，与一位越南老人家谈话，他还说从前有尸头蛮的故事，可能是占城时代所传下的传说。上面已经指出，《旧唐书》一九七卷《南平獠》载有飞头獠者，头欲飞，可能林邑人这种传说，是来自獠人的传说。

林邑的外来宗教，主要是来自印度，或者是由印度传到扶南而再传到林邑。到了后来，也可以说在占城时代，回教又传到占城，但其历史既不若印度教之久，其影响也不见得若印度教之大。

从印度输入的宗教，有婆罗门教，也有佛教，在印度这两者虽处于对立地位，而互相代兴，在林邑像在扶南或其他一些东南亚国家，二者可以双双并立，而且常常相混起来。

所谓印度教，其崇奉的是大梵天王，或婆罗门（Brahma），幻惑天王（Visnu），大自在天王（çiva），这是三位一体（Trimurti）的宗教。

大自在天王是"诸世界之主，其身无定，其形在语言思想之外，其体为地水火风空日月"（参看冯译《占婆史》，页四）。大自在天王辅以其他诸神，这就是幻惑天王、大梵天王与火神 Agni 等，大自在天王有妻子，占人名为婆伽婆底（Bhagavati），也有专祠以崇拜。

林邑、扶南、爪哇等处的佛教，据马司伯乐的意见，应为大乘，但他又根据义净《南海寄归内法传》卷一节说："此国（按：指林邑）多是正量。"以为林邑也有小乘。

印度宗教之传入林邑较早的，应为婆罗门教。佛教何时传入，不得而知，但也不会太晚。《隋书》卷八十二《林邑传》说：

人皆奉佛。

杜佑《通典》卷一八八"林邑"条说：

皆奉释教。

这可以说佛教在林邑兴盛的时期。唐代或《隋书》以前，释教既已很为普及，其传入时间，应该较早。我们知道，佛教之传入扶南，是在三世纪的时候，佛教之传入林邑，似乎不会晚于四世纪。

尽管佛教很为流行，正如上面所说，林邑人既信佛教，同时也相信婆罗门教。《南齐书·林邑传》说："谓君师为婆罗门。"《梁书·林邑传》说："其大姓婆罗门。"《旧唐书·林邑传》载，国王有名为婆罗门者。其实，婆罗门教不只在王室中占重要的地位，男女结婚也要婆罗门引导，说明了其在林邑的影响之大。

而且，又如上面所说，这两种宗教可以双双并立，也常常混合。崇拜婆罗门也可以崇拜佛教。宁顺有碑文，记载一个大臣，既建佛寺以祈福，又建大自在天王祠庙以积善。杜佑《通典》"林邑"条说林邑人"皆奉释教"之外又说：

王事尼干道。

尼干道不知是否为 Naga 的崇拜，崇拜 Naga 是崇拜蛇。我国的蛋族曾拜蛇，也称蛇种。有时人们当为龙而拜。《真腊风土记》也有国王与蛇精交媾的记载。可能林邑王所奉事的尼干就是 Naga 的对音。

回教之传入占城，据近人考证，是在宋代。俞伯（Ed. Huber）指出《宋史》卷四百八十九《占城传》有阿罗和及拔一语，他以为这是阿拉伯语 Allah Arbar 的对音。马司伯乐也指出占婆有一种传说，以为有阿罗（Oulah，即 Allah）浦（Po，原注意为君）于一〇〇〇年至一〇三六年君临 Shri Banöy 都城之事，然而他又指出，直到一四七〇年占婆灭亡之前，无一碑文证明其事。他又指出，现居越南的约九万占人中，三分之二还信仰婆罗门教，而住在柬埔寨的六万占人乃全奉回教。照他的意见，也可能是由于柬埔寨的回教徒为马来人所化，因以传布回教于越南半岛。（参看冯译《占婆史》，页七）

第二编　史述

第十章　早期的历史

关于林邑最古的历史有人追溯到周代的初年，这就是公元前一千一百年。他们以为林邑之前这个国家是叫做越裳。比方，明罗曰褧在其《咸宾录》卷五"占城"条说：

> 占城古越裳氏，汉象林，后为林邑国，唐环王国，宋名占城，元与国朝因之。周成王时，越裳氏重九译而献白雉，以后罕通。及汉定南越之后，为象林县，属交趾者数百年。汉末大乱，县功曹子有区连者级（杀）县令，自树林邑王，子孙相继，吴时通使。

《水经注》卷三十六引《林邑记》说：

> 九德九夷所极，故以名郡。郡名所置，周越裳氏之夷国，周礼九夷，远极越裳，白雉象牙，重九译而来。

杜佑《通典》卷一八八"林邑"条与其他一些史籍却只说：

> 林邑国，秦象林郡林邑县地，汉为象林县，属日南郡，古越裳之界也。

李延寿所撰的《南史》卷七八"林邑"条说：

> 林邑国，本汉日南郡象林县，古越裳之界也。

姚思廉在其所撰的《梁书》卷五八"林邑"条说：

> 林邑国者，本汉日南郡象林县，古越裳之界也。

郦道元《水经注》卷三六中也说林邑：

> 处荒流之徼表，国越裳之疆南。

这就是说林邑所领有的地方，只是越裳曾经领有的地方。越裳并非林邑的前身，换言之，两者所占有的土地，虽相同，或差不多一样，但两者并不一定有关系，而是两个不同的国家。应该指出，罗曰褧虽然说占城为古越裳氏，他在"林邑"条的篇尾中也曾指出：

> 论曰，林邑、占城，故越裳氏，诸史载之。第考越裳氏之事，则大谬不然者，盖当周成王时，越裳贡雉使者曰：吾受命国之黄耇，天无烈风淫雨，海不扬波三年矣，意者中国有圣人乎？故越万里来献，周公归之王，荐于宗庙，久之使者欲归，迷路，锡以骈车五乘，皆为指南之制，使者载之，由扶南、林邑海际，期年而至国焉。今占城之地，路从闽广顺飙，不逾旬日可至，奚待期年？又云，由林邑海际而行何也？在秦汉既名林邑，乃后汉及王莽？盖时有书越裳贡白雉者，此又曷以称焉，余本志列但列越裳之名，而略其事，盖疑之也。

应该指出，越裳这个国家，是在周初，曾与中国通使，可能没有什么问题；而且，其所占有的地方，也可能是后来林邑所占有的地方。至说在周初从越裳到中国需要期年的时间，而在后来从闽广到占城，只需十日，在时间上，差别虽很大，但这也不能说是完全没有理由，因为在周的初年，周的版图还未超过长江以南，从长江之南至越南的中圻，交通当然很为不便，而且在那个时候，中国之于东南亚，海道固然不通，就是内河交通，也不方便，若全靠陆道而来，其所需要的时间，一定很久。又况，越裳的使者，要经过重九译而到周的都城，其困难情形可以概见。抵达中国之后，回国的时候，又怕迷路，要用指南车去指示路途，更说明道途跋涉的困难，所以在那个时候，在路途中，要用很长时间，是可以理解的。至于后来海道沟通了，从闽广靠北风而驶船到林邑，旬日可到，也是没有问题的。问题是在于人们把林邑当为越裳或当为两个有关系的国家。我们以为至多我们只能说这两个国家，前后曾领有同一或差不多同一的土地，除这一点以外，二者似乎没有其他的关系。所以，林邑的历史，就不能拉长到周初，而把越裳当为林邑的前身。

又《汉书》卷十二《平帝纪》"元始元年"（公元一年）中说：

> 元始元年春正月，越裳氏重译献白雉一、黑雉二，诏使三公，以荐宗庙。

有人怀疑这是王莽假托越裳之名，以自己比于周公。照王莽的作风来说，这也是可能的。班固撰《汉书》可能不察其是假托因而当为事实，但是周代的越裳还存在以至于前汉的末年也是有可能的，可是这个越裳也不见得就是林邑的前身。林邑建国的时期，应该是在后汉的末年，就使越裳还存在到前汉末年，其与后汉末年始建国的林邑，在时间上相距约有二百年之久，从前汉到后汉约四百年间，中国的版图包括了越南的北圻与中圻，在这一块的土地上，绝不会有一个越裳国，所以假使前汉末年或平帝的时候，有越裳国来朝贡的话，这个越裳，应在象林徼外，或其他地方，所以这个越裳也不会是林邑的前身。

早期的林邑虽然有其传说，但只是神话，不易相信。所以我们不得不从中国

古代的记载去寻找,《晋书》卷九十七《四夷传》"林邑国"条说:

> 林邑国本汉时象林县,则马援铸柱之处也,去南海三千里,后汉末,县功曹姓区,有子曰连,杀令自立为王,子孙相承。

《水经注》卷三十六"温水"条,引《林邑记》说:

> 林邑之号建国,起自汉末初平之乱,人怀异心,象林功曹姓区有子名逵(原注按:近刻讹作连),攻其县令,自号为王,值世乱离,林邑遂立。

《水经注》引《林邑记》作区逵,《晋书》作区连,《后汉书·南蛮传》又作区怜。《后汉书·南蛮传》说:

> 永和二年(一三七),日南、象林徼外蛮夷区怜等数千人,攻象林县,烧城寺,杀长吏。交趾刺史樊演发交趾、九真二郡兵万余人救之。兵士惮远役,遂反,攻其府。二郡虽击破反者,而贼势转盛。会侍御史贾昌使在日南,即与州郡并力讨之,不利,遂为所攻。围岁余而兵谷不继,帝以为忧。明年召公卿百官及四府掾属问其方略,皆议遣大将,发荆、扬、兖、豫四万人赴之。大将军从事中郎李固驳曰:若荆扬无事,发之可也。今二州盗贼,槃结不散,武陵南郡,蛮夷未辑,长沙桂阳,数被征发,如复扰动,必更生患,不可一也。又兖豫之人,卒被征发,远赴万里,无有还期,诏书迫促,必致叛亡,其不可二也。南州水土温暑,加有瘴气,致死亡者十必四五,其不可三也。远涉万里,士卒疲劳,比至岭南,不复堪斗,其不可四也。行军三十里为程,而去日南九千余里,三百日乃到,计人禀五升,用米六十万斛,不计将吏驴马之食,但负甲自至,费便如此,其不可五也。设军到所在,死亡必众,既不足御敌,当复更发,此为刻割心腹以补四肢,其不可六也。九真日南,相去千里,发其吏民,犹尚不堪,何况乃若四州之卒,以赴万里之艰哉?其不可七也。前中郎将尹就讨益州叛羌,益州谚曰:虏来尚可,尹来杀我。后就征还,以兵付刺史张乔。乔因其将吏,旬月之间,破殄寇虏。此发将无益之效,州郡可任之验也。宜更选有勇略仁惠任将帅者,以为刺史、太守,悉使共住交趾,今日南兵单无谷,守既不足,战又不能,可一切徙其吏民,北依交趾,事静之后,乃命归本。还募蛮夷,使自相攻,转输金帛,以为其资。有能反间致头首者,许以封侯列土之赏。故并州刺史长沙祝良,性多勇决,又南阳张乔,前在益州,有破虏之功,皆可任用。昔太宗就加魏尚为云中守,哀帝即拜龚舍为太山太守,宜即拜良等便道之官。四府悉从固议,即拜祝良为九真太守,张乔为交趾刺史。乔至开示慰诱,并皆降散。良到九真,单车入贼中,设方略,招以威信,降者数万人,皆为良筑起府寺,由是岭外复平。

先要指出，区连、区逵和区怜，应该是一人。其次，《后汉书》是作于五世纪的前半叶，《林邑记》是成于五世纪的末年，《水经注》是撰于六世纪的上半叶，而《晋书》是写于七世纪的上半叶。《晋书》与《水经注》所引的《林邑记》，均说林邑建国于后汉末年，《晋书》可能是从《林邑记》抄过来。可是《后汉书》只说后汉末年永和二年（一三七）区怜反叛，后来为汉所征服，却没有具体的记区怜建立林邑国。范晔撰《后汉书》既在《林邑记》及《晋书》之前，《后汉书》没有说明区怜建立林邑国，而《林邑记》又说林邑建国于东汉献帝初平年间（一九〇至一九三），至于《晋书》只说林邑建国是在后汉末年，区怜自立为王，在时间上，是很可疑的。

至于区连或区逵以后的历史，也是很不清楚的。《水经注》引《林邑记》也指出：

> 自区逵以后，国无文史，失其篡代，世数难详，宗胤灭绝，无复种裔。

又关于日南及其附近的外族的情况，自祝良、张乔于顺帝永和三年（一三八）降服外族，恢复秩序之后，以至灵帝光和六年（一八三年）的四十五年间，这些外族还是时叛时平。《后汉书·南蛮传》，紧接着上面所录那段话又说：

> 建康元年（一四四）日南蛮夷千余人复攻烧县邑，遂煽动九真，与相连结。交趾刺史九江夏方，开恩招诱，贼皆降服。时梁太后临朝，美方之功，迁为桂阳太守。桓帝永寿三年（一五七年），居风令贪暴无度，县人朱达等及蛮夷相聚，攻杀县令，众至四五千人，进攻九真，太守兒式战死，诏赐钱六十万，拜子二人为郎。遣九真都尉魏朗讨破之，斩首二千级。渠帅犹屯据日南，众转强盛。延熹三年（一六〇年），诏复拜夏方为交趾刺史。方威惠素著，日南宿贼闻之，二万余人相率诣方降。灵帝……熹平二年（一七三）冬十二月，日南徼外国重译贡献。光和元年（一七八）交趾、合浦、乌浒蛮反叛，招诱九真、日南，合数万人，攻没郡县。四年（一八一）刺史朱儁击破之，六年（一八三）日南徼外国，复来贡献。

这样看起来，从区怜杀县令以至光和六年的约五十年间，不只区氏以后，像《林邑记》所说"世数难详"，而且自区怜被征服后，据《后汉书》所载，就没有区氏的后裔，没有区氏反叛，而反叛的是县人朱达等。林邑建国的始祖，既溯源于区氏，区氏之后，不只世代难详，恐怕自区怜被消灭后，就没有后裔复起，那么所谓林邑始于区怜，是很可疑的。

又若照《晋书》及《水经注》所引《林邑记》所说区连，或区逵，是象林县功曹姓区的儿子，那么这个区逵，也可能是汉人。功曹是官名，汉时有功曹史，为郡属史掌选署功劳。这个官职，似乎不见得用所谓蛮夷去当，那么区逵可能为中国人。他反叛祖国，杀县令自立为王，在他的左右的重要人物，应该也是中国人，就使他建立了一个国家，这个国家，还是汉族的国家，而非外族的国家。

这是照《晋书》及《林邑记》的记载而得到的推论。但是我们若根据《后汉书》的记载，那么区怜似为外族人，因为《后汉书》明明指出"日南、象林徼外蛮夷区怜等数千人攻象林县"。这样看起来，区怜似又不是象林县人或功曹姓区的儿子，而是徼外蛮夷，是蛮夷的一个领袖。

这又是《晋书》或《水经注》所引《林邑记》之于《后汉书》所记的不同之处。因此究竟区怜或区连或区逵是中国人，还是日南、象林徼外蛮夷，却又是一个值得我们研究的问题。马司伯乐（G. Maspero）在其《占婆史》（冯承钧译）中以为占婆碑文中有释利摩罗（Çri Mara）者，是占婆有史以来的第一国王，他又以为这位释利摩罗，与区逵似为一人，我们以为在我们没有确定区逵是中国人，还是徼外蛮夷之前，马司伯乐这种假设，也是难于成立。

此外，《隋书》卷八十二《林邑传》说：

> 林邑之先，因汉末交趾女子徵侧之乱，内县功曹子区怜，杀县令自号为王。

据《后汉书·南蛮传》徵侧反抗汉的压迫，是在后汉光武建武十六年（公元后四〇年）。光武遣马援去击败徵侧，是在建武十八年（公元后四十二年）。又据《后汉书·南蛮传》区怜是在永和二年（公元后一三七年）杀县令而自立为王，我们若相信《隋书》所说，区怜是在徵侧反抗汉朝的时代的人物，那么林邑建国的历史应当拉长了约一百年了。《后汉书》对于区怜反汉的日子，说得十分准确，这就是永和二年（一三七年），这与《水经注》与《晋书》所说汉末是相符合。《隋书》也指出林邑之先，是在汉末建国，然而同时又说是因徵侧的反汉而自立为王，这就有问题了。徵侧是在光武中兴的时候起而反汉，既不是西汉之末，更不是东汉之末，所以我们以为《隋书》把区怜自称为王与徵侧反汉，是在同一时间，是不对的。

但是同时，我们也应指出，徵侧的反抗汉朝的斗争，虽然是失败了，日南徼外的外族与中国却不断的有了关系，他们有时贡献，或内属于汉朝，有时侵犯日南各地。《后汉书·南蛮传》说：

> 肃宗元和元年（公元后八四年）日南徼外蛮夷究不事人（注：究不事人，蛮夷别号也）邑豪献生犀白雉。和帝永元十二年（公元后100）夏四月，日南象林蛮夷二千余人，寇掠百姓，燔烧官寺，郡县发兵讨击，斩其渠帅，余众乃降，于是置象林将兵长史，以防其患。……延光三年（一二四），日南徼外蛮复来内属。

这说明了日南、象林以外的外族与汉朝的不断关系，可是这里所说的日南、象林的蛮夷，或日南徼外的蛮，究竟是属于那一种人或是那一个国家，《后汉书》就没有说明，只有在同处说到顺帝永建六年（一三一年）才指出"日南徼外叶调王便遣使贡献"时，才说明是叶调王便。这个国家是否就在日南的南边，或是像过去一些学者以为是在缅甸，我们不准备在这里讨论，我们所要指出的是，既然《后汉书》没有说明这些国名，也说明了在当时的中国人，对于日南徼外的外族的情况，是不清楚。同时我们相信这些外族与区怜的祖宗，未必是有了关系。

又《隋书》又说：

> 区怜杀县令自号为王，无子，其甥范熊代立。

《晋书》《水经注》均说区连自立为王后子孙相承其后王无子，外孙范熊代立，而《隋书》却说范熊是区怜的外甥，这显然又是不可靠的。

第十一章　区怜至范熊

从区连到范熊的百余年中，据《水经注》引《林邑记》所说："是国无文史，失其纂代，世数难详。"这是不错的。但据《晋书·林邑传》说，是自"孙权以来，不朝中国，至武帝（晋）太康中（二八〇至二八九年）始来贡献"。这也就未见得完全是对的。《三国志·吴志·吕岱传》中曾指出道：

> 交州刺史吕岱，遣从事南宣国化，扶南、林邑、堂明诸王，各遣使奉贡。

这是吴孙权时代的事，大约是在二二〇至二三〇年间。从这段短短的记载中，我们可以指出下面数点：第一，就我们现在所能考证出来的，这是林邑这个国名最先见于史书的记载，虽则我们也得指出，林邑之建立国家，是始于东汉的末年，或是在吕岱遣使到林邑宣化之前差不多一百年。第二，这是中国与林邑关系的最先见于史书的纪录，不只说明了中国曾遣使到林邑，而且指出林邑也遣使到中国。

应该指出，林邑建国之后，其所占据的地方，乃汉时日南南边的象林县，这本来是中国的属地。自林邑占据之后，中国失了象林的地方，既不见得甘心放弃，林邑占据日南一部份的地方之后，也未必就能满足，两者毗邻，不会没有来来往往，也难免时有争端。我们不能因为史书没有载这种关系，遂说两者完全没有接触。

根据我们现在所得的材料来看，自林邑占据象林之后，在公元后二四八年，又侵犯中国的日南。《水经注》说：

> 吴赤乌十一年（二四八年），魏正始九年，交州与林邑战于湾（按：为古战湾），大战初失区粟也。

我们上面已叙述了区粟城。根据《水经注》[说] 的记载，这个城就是汉时日南郡的西卷县，也就是现代越南承天府的顺化。鄂卢梭在其《占城史料补遗》一文中，曾以为区怜的区字是一个占语名词。我们应该指出，区怜与区连实为一人，不应当为两个人来看。又我们在上面已经说过，区怜是不是外族人，还是一个问题。虽则《后汉书》有了"徼外蛮夷区怜等"的词句，所以只凭区怜这个区字而遂谓区粟是一个占语名称，是不可靠的。

其实，除了区怜的区字之外，《水经注》中还引《林邑记》曰"外郡纪粟，望都纪粟，出浦阳"，这就是说粟字也见于《林邑记》。这个粟字不一定是一个翻译名词，可能是一个中国名称。

而且，假使区粟是一个占语名词，那么这个名称，应该是在占人占据之后，始改为区粟。但是我们根据在"林邑的城市"一章中所抄那段语来看，《水经注》既明白的指出二四八年"交州与林邑战于湾，大战初失区粟也"，那么所谓初失区粟，虽然可以当为用一个后来改变的名词去追述以往的事件，然而所谓初失区粟，也可以说明区粟这个名词，在二四八年以及在二四八年之前已经有了。这就是说，在林邑没有占据区粟城之前，这个城可能已经叫做区粟。

自然的，这个名词，也可能是与当地的外族语言是有关系。然而这也不能断定其必定是一个占语名词，所以鄂卢梭的说法不一定是对的。

区怜占据典冲，或是日南的最南的地方之后，他的子孙到了二四〈八〉年，又占据了北部的区粟城，或是汉时的西卷之北的一部份地方，这说明自区怜之后，这个国家，是逐渐的扩张其疆界。《水经注》还告诉我们道：

> 魏正始九年（公元二四八年），林邑进侵至寿泠县，以为疆界，即此县也。

又说：

> 三国鼎争，未有所附（指林邑），吴有交土，与之邻接，进侵寿泠，以为疆界。

寿泠是一个地方名，据《水经注》，也是一条水名，所以《水经注》说："左会卢容、寿泠二水。"《宋书》卷三八指出晋时分西卷为寿泠县（始在二八九年），那么寿泠原来是在西卷县内，后来始分为二县，寿泠应该离西卷不远，而且，应在区粟城之北，因为林邑既占了区粟，又以寿泠为疆界，这个疆界，应是与中国接壤的地方。区粟是一个险要的地方，应当是在寿泠之南，或是中国与林邑的疆界之南，可能也就是在寿泠的境内，是一个险要的军事重点，后来成为林邑的兵器战具所在地，不会就位在两国交界的地方。所以在二四八年，林邑占据了区粟时，同时又占据了区粟以北的一部份地方，这些地方，就是寿泠的地方，或一部份地方。区粟既为现在的顺化，寿泠应为现在的广治或是到了广平了。

林邑的南部，在这个时候，应该是与扶南接壤。但是《三国志·吴志·吕岱传》还把扶南、林邑与堂明三个国家相连起来，堂明究竟是否与林邑相接壤，我们无从考订，但是《水经注》曾说：

> 建武十九年（公元后四三年），马援树两铜柱于象林南界，与西屠国分汉之南疆也。

又《通典》卷一八八"林邑"条说：

> 林邑去日南界四百余里，其南水步道二千余里，有西屠夷，亦称王焉。马援所植两铜柱表，汉界柱处。

这就是说在象林之南在公元第一世纪时，有一个西屠国。西屠国的声音既与扶南或林邑或占婆的声音都不相近，这个国家在公元第一世纪，已经存在于日南郡的象林县之南，那么后来林邑建国，是否也领据了这个国家的地方，抑或这个国家为扶南所征服，这也是一个值得注意的问题。因为在公元后四三年的时候，区怜还没自立为王，至于扶南这个国家应早已建立。西屠既在象林县之南，那就是在后来的林邑与扶南之间或附近的地方。

《三国志·吴志》卷十七《陆胤传》说：

> 赤乌十一年，交趾九真夷入南界，攻没城邑，交部骚动，以胤为交州刺史安南校尉，胤入南界，喻以恩信，务崇招纳，高凉渠帅黄吴等支党三千余家，各出降，引军而南，重宣至诚，遗以财币，贼帅百余人，民五万余家，深幽不羁，莫不稽颡，交城清泰，就加安南将军。

吴孙权赤乌十一年，也就是魏正始九年（二四八年），《陆胤传》所载这段话，虽没有说是林邑侵入南界，攻没城邑，但是《水经注》所说的与《陆胤传》所说似为一件事。《陆胤传》所说的交趾九真夷，可能就是林邑。

应该指出，在三国时代，交趾、九真、日南等地，是在吴国的统治之下，但是到了吴孙休永安六年（公元后二六三）之后不久，这些地方却叛吴归晋，《三国志·吴志》卷三"永安六年"中说：

> 交趾郡吏吕兴等反，杀太守孙谞，谞先是科郡上手工千余人送建业，而察战至，恐复见取，故兴等因此扇动民兵，招诱诸夷也。……吕兴既杀孙谞，使使如魏请太守及兵。

司马光《资治通鉴·魏纪十·元皇帝下》"景元四年"（公元后二六三年）中也说：

> 吴交趾太守孙谞，〈贪暴〉，为百姓所患，会吴王遣察战邓荀至交趾（原注：裴松之曰：察战，吴官号），荀擅调孔爵三十头送建业，民惮远役，因谋作乱。夏五月，郡吏吕兴等杀谞及荀，使来请太守及兵，九真、日南皆应之。

同处"咸熙元年"（二六四）中说：

> 诏以吕兴为安南将军，都督交州诸军事，以南中监军霍弋遥领交趾刺史，得以便宜选用长吏，弋表遣建宁爨谷为交趾太守，率牙门董元、毛灵、孟幹、孟通、爨能、李松、王素等将兵助兴，未至，兴为功曹王统所杀。

二六三年交趾、九真与日南既叛吴，吕兴于二六四年虽为其部下所杀死，但是这些地方，仍为魏所有。二六三年蜀降于魏，到了二六五年，晋受魏禅，交趾、九真、日南等处又属于晋。

《晋书》卷三武帝"泰始四年"（二六八）中说：

> 扶南、林邑各遣使来献。

因为交趾、九真、日南等处是属于晋，林邑与晋接壤，所以林邑，乃遣使贡献于晋，这些地方，虽然为晋所有，但是吴并没放弃争回这些地方的意图。

《通鉴》卷七十一《晋纪一》"泰始四年"（二六八年）中说：

> 吴交州刺史大都督刘俊、大都督修则、将军顾容前后三攻交趾。交趾太守杨稷，皆拒破之，郁林、九真皆附于稷。稷遣将军毛炅、董元攻合浦，战于古城，大破吴兵，杀刘俊、修则，余兵散还合浦。稷表炅为郁林太守，元为九真太守。

晋泰始五年，吴孙皓建衡元年（二六九年），据《三国志·吴志》这一年中说：

> 遣监军虞汜、威南将军薛珝、苍梧太守陶璜，由荆州监军李勖、督军徐存，从建安海道，皆就合浦击交趾。

《资治通鉴》卷七十九《晋纪》"泰始七年"（二七一年）中说：

> 夏四月，吴交州刺史陶璜，袭九真太守董元，杀之，杨稷以其将王素代之。

又说：

> 吴大都督薛珝与陶璜等兵十万，共攻交趾，城中粮尽援绝，为吴所陷，房杨稷、毛炅等，璜爱炅勇健，欲活之，炅谋杀璜，璜乃杀之。修则之子允，生剖其腹，割其肝曰，复能作贼不？炅犹骂曰，恨不杀汝孙皓，汝父何死狗也。王素欲逃南中，吴人获之，九真、日南皆降于吴，吴大赦，以陶璜为交趾牧，璜讨降夷獠，州境皆平。

《三国志·吴志》："建衡三年（二七一），是岁汜、璜破交趾，禽杀晋所置守将，九真、日南皆还属。"《三国志·吴志》卷三还说："分交趾为新昌郡。"

陶璜从此之后，一直在交趾任职到他死为止。自晋武帝太康元年（二八〇年），晋灭吴后，陶璜又降于晋，但他仍被命为任原职。陶璜降晋之后，曾上书给晋武帝，书里说及林邑及其王范熊事。据《晋书》卷五十七《陶璜传》说：

> 吴既平，晋减州郡兵，璜上言曰，交土荒裔，斗绝一方，或重译而言，连带山海。又南郡去州，海行千有余里，外距林邑，才七百里，夷帅范熊，世为逋寇，自称为王，数攻百姓，且连接扶南，种类猥多，朋党相倚，负险不宾。往隶吴时，数作寇逆，次破郡县，杀害吏民，臣以尫惊，昔为故国所采，偏戍在南，十有余年，虽前后征讨，剪其魁桀，深山僻穴，尚有逋窜。

又臣所统之卒，本七千余人，南土温湿，多有气毒。加累年征讨，死亡减耗，其见在者，二千四百二十人。今四海混同，无思不服，当卷甲消刃，礼乐是务，而此州之人，识义者寡，厌其安乐，好为祸乱。

晋罢州郡兵，是在晋武帝太康元年（二八〇），这也是吴亡的那一年，所以陶璜上书，也是在这一年。陶璜的意见，是罢州郡兵是应该的，但是交趾、九真、日南等地，有特殊情况，不只这些地方的"深山僻穴，尚有逋窜"，而且"外距林邑""连接扶南"，而尤其是林邑与中国属地毗邻，时时为患。此外，他所统率的士卒七千余人，十余年中，死亡大半，所余者约三分之一，他不只不赞同罢免交州的军队，可能他还希望再增加兵力，其主要目的，是防御林邑。

关于范熊，我们当然在下面再说，我们在这里要指出的是在范熊未称王或当权之前，或是晋未灭吴（二八〇）之前，林邑不只是与吴不断的有关系，而且在晋武帝泰始四年（二六八）也曾遣使去贡献于晋。

假使林邑建国是在后汉末年或是二世纪的末年没有错误，那么从这个时候到范熊当权的时候约有一百年，在这个时期中，林邑这个国名之见于中国史书，以至与中国遣使来往是在二二〇至二三〇年间。到了二四八年，林邑又占据了区粟城，并进到寿泠。在这一年中，陆胤虽然平定了林邑，但是并没有争回已失的区粟城。到了二六八年，林邑虽然遣使奉献于晋，可是林邑对于中国在越南半岛的势力，始终是一种威胁，就是陶璜在交趾的时候，林邑也还"数攻百姓"。

林邑在约一百年中，其势力之所以逐渐增长，成为这个时期以至后来的好多年中的边患，可能是由于林邑内部领导得人，政治精明，可是主要的还是由于中国内部的紊乱，少有余力去兼顾这些地方。区怜之所以杀县令而自立为王，固是由于东汉末年的紊乱，三国时代的三国鼎立，力量都消耗在内战，难于兼顾外患。晋朝统一之后，没有多久，内部又紊乱起来，所以林邑能在这个时期中占据中国的土地而建立为独立的国家，并能慢慢的扩张其领土。

第十二章　范熊的时代

　　林邑的历史到了范熊与范熊以后，才较为清楚而准确，虽则还有好多可疑的地方。就以范熊来说，《晋书》卷五十七《陶璜传》仅说他是林邑的夷帅，世为逋寇，自称为王，《水经注》与范《书》却说他是林邑王的外孙。因为林邑王室没有后裔，故推他为王。至于《隋书》卷八十二《林邑传》说，他是林邑王的外甥，外甥与外孙，可能是一个人，但也有了分别。假使林邑王是舅父，王死没有子而以王的姊子或妹子为王，这是外甥。假使林邑王只有女没有儿子，死了之后，传位于其女之子，这是外孙。因此之故，外甥与外孙的称呼，是不同的。

　　陶璜不只是范熊同时人，而且是与林邑有关系的人物。他上书中没有说范熊为林邑王外孙或外甥，只说是夷帅。而且陶璜既然说他自立为王，并不见得是因为王室没有后裔而传之范熊，可能是他的权力大起来，他把王室的人们杀死了，否则陶璜不会说他为自立为王。

　　关于范熊的时代，《晋书》与《水经注》均没有说明。《水经注》还且指出在范熊之前，"国无文史，失其篡代，世数难详"，后来才由范熊代立。《隋书·林邑传》说成范熊是区怜的外甥，那么范熊应该是汉末时人，这是一种错误，上面已经指出。

　　《陶璜传》载璜上书说："夷帅范熊，世为逋寇，自称为王，数攻百姓。"这是陶璜在交州的时候或在交趾以前的事情。陶璜本事吴，吴亡于晋是在二八○年，陶璜上书于晋帝是在晋平吴后而罢郡州兵的时候，这也就是在二八○年，这也就是说范熊世为逋寇以至自称为王，应该是在二八○年前。

　　马司伯乐在其《占婆史》中以为范熊在位时期为公元二七○至二八○年，范熊在位时期，可能早于二七○年，也可能迟于二八○年，我们知道，陶璜是二六九年被遣去交趾，可能范熊在二六九之前，已经称王，《晋书》说范熊死后，其子范逸就位，又说林邑在晋武帝太康中遣使贡献，又《晋书》卷三《武帝纪》中说：

　　　　晋太康五年（二八四）十二月庚午，……林邑、大秦国各遣使来献。

　　从《晋书》卷九十七《四夷传》"林邑"条的语气来看，太康五年（二八四年）遣使中国贡献的，似为范逸，马司伯乐是这样看法，假使这个看法是对的，那么范熊的死年应该是在二八四年之前，但是《晋书》"林邑"条既没有清楚的指出这次遣使是范逸，《晋书》卷三《武帝纪》也没有说是林邑那一个王遣使来献，那么这一次的贡献，究竟是范逸，还是范熊，仍是一个值得研究的问题。

　　其实，不只是关于范熊的死年，史书没有说清楚，就是关于范逸的死年的说法，也有不同。《水经注》说范逸死于晋成帝咸和六年（三三一），《晋书》却说他死于咸康二年（三三六），相差了五年之久。至于《梁书》卷五十四《林邑传》又说逸死于咸康三年。

大致上，关于范熊的年代，我们的意见是这样：范熊在二七〇年之前，很久已在林邑当权，可能在二七〇年之前不久，自立为王。到了二八〇年以后，这就是在晋武帝太康年间（二八〇至二八九）他死了。死了之后，由他的儿子范逸代立。太康五年，林邑遣使贡献，可能还是范熊所遣派的。《陶璜传》中所说关于范熊的事迹，虽很简略，但至为重要。因为他们既同时，而且有过交涉与打仗，陶璜在交趾，据《晋书·陶璜传》说：

在南三十年，威恩著于殊俗。及卒，举世号哭，如丧慈亲。

范熊虽然"世为逋寇""数攻百姓"，但我们相信在陶璜在交州的时候，尤其是自晋平吴之后，中国又统一了。他在交州约二十年之久，林邑不见得不受他的恩威，曾与他做过对手的范熊，可能也不得不向中国贡献。所以太康四年与五年林邑所遣的使者，可能就是范熊所遣派的，至少我们可以说，范熊之死是在二八〇年之后，因为在这一年中，陶璜还说到范熊，不只与中国对抗，而且与南边的扶南"倚党相依"，这说明范熊的势力，正在扩张，未见得就在这一年中死的。

范熊是林邑的一位特出的君主，他既能与扶南朋党相倚，北侵中国边境，在中国力量增强的时候，他也可能与中国讲和。《晋书》卷三武帝"泰始四年"（二六八年）中说林邑遣使来献，既可能是范熊所遣派的使者，我们以为《三国志·吴志》所载赤乌十一年（二四八年）林邑进侵至寿泠县也可能是范熊所带领的军队，虽则在这个时候，范熊还没有自立为王，而是林邑的将官。陶璜上书说夷帅范熊"世为逋寇"，这个世字所指的时间，应该很长。因为他长期率领军队，而且在陶璜没有做交州太守之前，他屡次打败中国军队，就是陶璜当吴太守的初期时候，他有时还侵犯中国边境，这样，使他的权力，越来越大，所以他在二八〇年之前，就取林邑的王位而代之。从一个军队的将官而自立为王，可能经过一个长时期，所以陶璜才说他"世为逋寇，自立为王"。

《晋书》"林邑"条，不只对于范熊的在位时期与死年没有说得清楚，就是对于林邑的朝贡时期，也有错误。据"林邑"条说，林邑"自孙权以来不朝中国，至武帝太康中始来贡献"，这就有不对的地方，因为《晋书》卷三武帝"泰始四年"（二六八年）中曾说林邑遣使来献，至于孙权时代，吕岱遣使南宣国化，林邑王遣使奉贡，时间更早。所以我们说，关于范熊的年代，应以陶璜上书为根据。

我国史文之记载范熊与中国关系的，除《陶璜传》外还有好多处，上面虽已略为提及，现在且再录之于后。

《晋书·武帝纪》说：

> 泰始四年（二六八年），扶南、林邑各遣使来献。

吴士鉴《晋书斠注》引《北堂书钞》一百三十六卷《晋武帝起居注》说：

> 林邑王献奉，及世子金指环。

《艺文类聚》卷七十三引《交州杂事》说：

> 太康四年（二八三），刺史陶璜表送林邑王花然所献银钵一口、水精钵一口。

按：林邑王花然，应是林邑王范熊，花字似乃范字之误，而然字似乃熊字之误。

《太平御览》卷七百五十八又引《交州杂事》说：

> 太康四年，刺史陶璜送林邑王范熊所献缥绀、水精槃各一枚。

同处又说：

> 太康四年，刺史陶璜表送林邑王范熊所献青口碗一只、白水精碗二口。

上面所钞录几条史文，虽然多是太康四年的事情，虽然也多为陶璜所表送，但其所贡献的东西，却不完全相同，可能是在这一年内范熊送给中国的东西，分为好几次，而不只一次。《太平御览》所引《交州杂事》，也分卷来引载，也说明这一点，否则林邑王所贡献的东西，可以概括在一条史文中列举出来，而不必分为数次贡献，这也说明二国的关系，必定很好。

又我们上面已经指出，虽然有人像马司伯乐以为范熊是死于二八〇年，而其子范逸也即位于这一年，然而在上面所举出各条史文，应该均说明在二八三年，林邑国主还是范熊，而不是范逸。又《南齐书·林邑传》说：

> 晋太康五年（二八四）始贡献。

这里所说林邑，晚到二八四始贡献，显然是错误。因为晋武帝泰始四年（公元二六八）已遣使来献。而且，这只是对于晋朝来说。至于中国来说，林邑遣使到中国，是在吴孙权时代，此事已见于《三国志·吕岱传》。

从范熊所贡献的东西来看，其水精钵与水精槃等，应该是林邑的特产，这些用具，似乎是吃槟榔时所用的槃，是用装槟榔的，而钵是用以吐其吃槟榔时所吐出的口唌，这种口唌，其色如血。

范熊与扶南的王室范氏有没有关系呢？这是很值得我们注意的问题。《水经注》与《晋书》都说范熊是林邑王的外孙，这说明范熊与林邑王族，是不同姓氏的。国王的女儿，除了嫁与本国的大臣子弟外，往往嫁与外国的王子或王室有关人物。在范熊当权或称王的时候，以至在他当权之前，扶南是在范氏统治之下，最先是雄才大略的范蔓，次为范旃，再次为范寻。范熊是与扶南的范寻同时，说不定范熊是范蔓的子孙，范蔓曾征服了好多国家。而且制造大舶到海外，远征征服了好多国家。林邑与扶南毗连，很可能受到范蔓的威胁，因而用和亲的方式去与范蔓讲和。范蔓接受了这种建议，自然的，要求与林邑王的女儿结婚。可是联婚之后，二国友好，而像陶璜所说朋党相倚。范蔓有好多个小孩，有一位叫金生，有一位叫做长，可能范熊也是范蔓的很多小孩之一位。范蔓将死时，本要金生传位，可其姊子旃乃杀金生而自立，他就是史书中所说的范旃。金生被杀，其乳儿长，逃避在民间，长大后，杀了范旃，为父兄报仇。我们相信，范蔓的儿子没有被范旃杀死的，必定逃跑，可能范熊因母亲为林邑王女，所以他逃到林邑，也有可能的，是他因为母亲的关系，在这次政变之前，已依归外祖父而住在林邑，自小就为外祖父所欢喜，所以很快的就握了林邑的大权。无论是外祖父没有后裔而代立，或是因为他得了大权之后而篡立，他之所以得到大权是因为他是林邑王的外孙，到了他当权的时候，他对于中国的边界，时加侵犯，而与扶南却仍然朋党相倚，说明了他与扶南的范氏的关系，是一种特殊的关系。我们所以说，他可能是扶南的范氏子孙，并非完全没有理由的。

也许有人说，扶南与林邑两个国家，在这个时候已经印度化，王姓范不外是梵文贵族 Verman 的对音，所以范熊与扶南范氏并非其本姓，而乃中国人译其贵族的称呼，这也是可能的。但我们也得指出，扶南与林邑的印度化的历史，是很长的。可是我国人对于其他王姓很少译为范姓，如齐永明中（四八三至四九三）的扶南王阇耶拔摩，拔摩是 Varman 的对音，当时人并不译为范阇耶，而译为阇耶拔摩。这种例子，其实很多，如留陀跋摩等，我们不能多举，但已够说明，范熊、范蔓、范寻等的范字，不一定就是 Varman 的对音。而况 Varman 是含有两个音，而范字只是一音，所以把范当为 Varman 的对音，也不一定是对的。

假使这种看法是不错的话，那么范熊、范寻等的范字也可能是姓氏，而不是普通贵族的称呼，这就是说，林邑的范熊与扶南的范氏是同姓的。扶南范蔓之先，是盘盘，林邑范熊之先，大致还是在区怜之后的区氏统治之下，到了三世纪的中叶至末叶，两者都为范氏所统治，那么两者的关系的可能性，是很大的。

范熊死后，由其子范逸代立，范逸大致上就位的时间约为二八五年至二八九年间，他死于三三一至三三六年间，这就是说，他在位约有五十年之久。在范熊的时代，林邑既很为强盛，范逸在这个基础上，做了国王五十年之久，也说明了在他在位的时候，林邑的内部已很巩固。他缮治甲兵，建筑城池，这主要由他得到范文的帮助，关于范文，我们当在下面叙述，我们在这里所要指出的是他除了与南边的扶南，仍然联络之外，他对于北边的中国边境，没有像他父亲一样的，时时侵犯。假使如上面所说二八四年林邑遣使到中国贡献是他的父亲所遣派的使者，那么在他的长期统治的时代，他也必时派使者到中国。陶璜在交州有三十年之久，死于三世纪的末年，那么陶璜在交州最后的十余年中，也免不了与范逸互相往来。《范逸传》中没有说到陶璜与范逸有过冲突，这至少说明了两者没有严重的争端。所以在这个时朝内，中国与林邑的邦交是比较正常的。而且，在范逸在位的时期中，林邑不只在武备上准备得很好，而在文化的发展，尤值得我们注意，他除了筑城池、修甲兵之外，又建造宫室，这些建筑，大致是模仿自中国，这是林邑华化较深的时代，也是林邑文化较盛的时代。

第十三章　范逸与范文

我们在上面曾经提出区怜可能是中国人，而范熊又可能是扶南人。范熊之后，传到范逸，范逸死后，为范文所篡位。范文没有问题，是中国人。范文的子孙传了许多代，后来又有当根纯与鸠酬罗，都是扶南人。假使这些人，是外国人，那么林邑的国王，自其开国君主以至好多代，君王位者，不少是外国人。这与扶南的第一位男子为王的混填，以及后来的憍陈如等等，都是外国人，是一件很为奇特而凑巧的事情。其实，在东南亚各国中，除了扶南之外，这种例子，也不是没有的。

我国人之当东南亚各国王的，也有几位。除了范文及其子孙之外，在暹罗，在乾隆时代，就有我国人郑昭起兵击败占据暹罗的缅人因而立为国王。又如郑玖或者莫玖之土河仙，也差不多在这个时代。至于称长于一些小区域者，为数更多。

但在历史上，在东南亚的国家中我国人之称王最早的，恐怕要算范文。范文既称王于林邑，又介绍了中国的文化、制度于这个国家。而且，是在他在位的时代，林邑的领土，更伸张到其国之北部，同时又征服了很多国家，以为林邑的属国。

关于范逸死后林邑的王位为范文所篡，《水经注》引《江东旧事》曾记其事说：

> 范文，本扬州人，少被掠为奴，卖堕交州。年十五六，遇罪当得杖，畏怖因逃，随林邑贾人渡海远去，没入于王，大被幸爱。经十余年，王死，文害王二子，诈杀侯将，自立为王。

《水经注》又说：

> 范文，日南西卷县夷帅范椎奴也。文为奴时，山涧牧羊，于涧水中得两鲤鱼，隐藏挟归，规欲私食。郎知检求，交大惭惧，起托云：将砺石还，非为鱼也。郎至鱼所，见是两石，信之而去，文始异之。石有铁，文入山中，就石冶铁，锻作两刀，举刀向鄣，因祝曰：鲤鱼变化，冶石成刀，斫石鄣破者，是有神灵，文当得此，为国君主，斫不入者，是刀无神灵。进斫石鄣，如龙渊干将之斩芦藁，由是人情渐附。今斫石尚在，鱼刀犹存，传国子孙，如斩蛇之剑也。

《晋书·林邑传》说：

咸康二年（三三六）范逸死，奴文篡位。

又说：

文，日南西卷县夷帅范椎奴也。

《梁书·林邑传》与《南史·林邑传》均说：

晋成帝咸康三年（公元三三七），逸死，奴文篡立，文本日南西卷县夷帅稚家奴。

《隋书·林邑传》说：

日南人范文，因乱为逸仆隶，……及逸死，国无嗣，交自立为王。

杜佑《通典》卷一八八"林邑"条说：

成帝咸康二年（三三六），范逸死，奴文篡位。

《水经注》引《林邑记》曰：

王（指范逸）爱信之（范文），使为将帅。……成帝咸和六年（公元三三一年）死。

《艺文类聚》引《林邑记》曰：

范文夷帅奴也。

《太平寰宇记》卷一百七十六"林邑"条说：

文，本日南西卷夷帅范稚家奴。

从上面数段史文来看，有了下面数个问题。〈第〉一，是林邑夷帅的名字，《晋书》《水经注》均作椎，而《梁书》《太平寰宇记》均作稚，似乎应是范椎。《艺文类聚》引《林邑记》只说是夷帅，而不指其名，大概是简称而已。

第二，好多处都说范文是范椎的奴，可是若照《晋书》《隋书》《通典》的语气，应是范逸的奴，至于《水经注》引《林邑记》说范逸爱信范文，而使之为将帅，应是见用于范逸以后的事情。

第三，是范逸的死年的问题。《水经注》引《林邑记》说，范逸死于成帝咸和六年，就是公元三三一年，而《晋书》《通典》却说他死于咸康二年，这就是公元三三六年。此外，《梁书》又说他死于咸康三年，这就是公元三三七年。范逸应该是死于三三一年，因为据史书所载范熊死于二八〇至二八五年，范逸是范熊的儿子，熊死逸就位，从二八〇年至三三一年，已有五十一年之久，若说逸死于三三六，或三三七，则在位的时间应为五十六，或五十七年，这样似乎太长。

第四，《水经注》引《江东旧事》说范文为扬州人，而照《隋书》的语气，他似乎又是日南人。我们以为范文应该是扬州人,他在日南为范椎的奴,可能《隋书》就因此遂以为他是日南人。假使他是日南人,他也可能是日南的当地人,而不一定是中国人。

《水经注》又说:

> 椎常使文远行商贾,北到上国,多所见闻。以晋愍帝建兴中南至林邑。教王范逸制造城池,缮治戎甲,经始廓略,王爱信之,使为将帅,能得众心,文谮王诸子,或徙或奔,王乃独立。成帝咸和六年(三三一)死,无胤嗣,文迎王子于外国,海行取水置毒椰子中,饮而杀之,遂胁国人自立为王,娶前王妻妾,置高楼上,有从己者,取而纳之,不从己者绝其饮食而死。

范文除既教范逸制造城池,治戎甲,经始廓略,在他在位的时候,他又铸铜牛与铜屋。《太平御览》卷八百一十三引《林邑记》说:

> 林邑王范文铸铜为牛,铜屋行宫。

范文自立为王之后,据《水经注》说:

> 威加诸国,或夷椎蛮语,口食鼻饮,或雕面镂身,狼腄裸种,汉魏流赭,咸为其用。

林邑自范逸用了范文之后,中国人之到这个地方的很多,因而华化的程度,也逐渐加深,城池宫室,兵车器械,固是受了中国的影响,就是其他方面,如政治制度,以至风俗习惯,我们相信,也必受了中国的影响。因为这不只是因为范文本身是中国人,与用了好多中国人去建设与治理林邑,而且因为他曾"北到上国,多所见闻"。他自己本来生长在中国,后来又回到中国,见闻祖国的文物制度,因而得到范逸的爱信,所以我们相信自他得到范逸的信任之后,尤其是自他自立为王之后,他对于中国的文化的推动,必定尽了很大的力量。

也是在范文统治之下的林邑,国力大为增长。《水经注》说他威加诸国,《晋书》卷九十七《林邑传》更指出:

> (范文)乃攻大岐界、小岐界、式仆、徐狼、屈都、乾鲁、扶单等诸国并之,有众四五万人。

范文就位之后,征服这么多的国家,说明他的兵力的强盛。至于他所征服的诸国,如大岐界、小岐界、式仆,都无法考证其在何处。徐狼见于《水经注》,屈都也见于其他史文,我们已在别的地方解释。乾鲁不知在何处,扶单不知是否为唐代的文单。他所征服的国家,虽然很多,但我们相信,这些国家,都是较小或很小的国家。而且,除了屈都,可能是在马来半岛(?)的北部之外,其他国家可能都是接近于林邑。

范文除征服上面的国家之外，他又向北边扩张其领土，这就是向中国所属的交趾发展。我们知道，在林邑原来所占领的地方，是汉象郡的象林县。大约五十年后，这就是吴赤乌十一年，或魏正始九年（公元二四八年），林邑又向北扩张，占领区粟。到了范文时代，又向北发展。《水经注》引《江东旧事》说：

> 文建元二年（公元三四四年）攻日南、九德、九真，百姓奔迸，千里无烟，乃还林邑。

照史文的语气来看，他没有占据这些地方，但是他这一次的进攻，对交趾来说，损失极大，"百姓奔迸，千里无烟"，说明受他所蹂躏的地方，面积既大，损失严重。数年后，范文又来进攻。《资治通鉴·晋纪二十·孝宗穆皇帝之上》中说：

> 永和三年（公元三四七年），日南太守夏侯览贪纵，侵刻胡商，又科调釭材，云欲有所讨，由是诸国恚愤，林邑王文攻陷日南，将士死者五六千，杀览以尸祭天。檄交州刺史朱蕃，请以郡北横山为界。文既去，蕃遣督护刘雄戍日南。

应该指出，中国对于这些边疆地带的民族，时时当为不开化看待，地方官吏之到这些地方的，不少是贪暴之徒，他们对于地方，不只少有建树，而且往往多方勒索，因而引起当地人民的不满，以至反抗。范文是一位野心的君主，他既征服好多国家，他当然也想承机去北侵，中国的官吏的贪暴行为，既使当地人民的不满，范文也可能承机煽动，使他们先起而反抗，然后遣兵去。

关于范文这一次的进攻，《梁书》卷五十四《林邑传》说得较为详细，今录之于下：

> 时交州刺史姜庄，使所亲韩戢、谢稚，前后监日南郡，并贪残，诸国患之。穆帝永和三年（三四七），台遣夏侯览为太守，侵刻尤甚。林邑先无田土，贪日南地肥沃，常欲略有之。至是，因民之怨，遂举兵袭日南，杀览，以其尸祭天，留日南三年，乃还林邑。交州刺史朱蕃后遣督护刘雄戍日南，文复屠灭之，进寇九德郡，残害吏民，遣使告蕃，愿以日南北境横山为界，蕃不许，又遣督护陶缓、李衢讨之，文归林邑，寻复屯日南。

《资治通鉴·晋纪二十·孝宗穆皇帝上之下》中又说：

> 永和四年夏四月，林邑寇九真，杀士民什八九。

同处"五年夏四月"又说：

> 桓温遣督护滕畯帅交广之兵，击林邑王文于卢容，为文所败，退屯

九真。

《晋书·林邑传》说：

> 永和四年（三四八），文又袭九真，害士庶十八九。明年（三四九），征西督护滕畯，率交广之兵伐文于卢容，为文所败，退次九真，其年文死。

《水经注》说得较为详细：

> 永和五年（三四九）征西桓温遣督护滕畯，率交广兵伐范文于旧日南之卢容县，为文所败，即是处也。退次九真，更治兵，文被创死。

若照《梁书·林邑传》所说，范文杀夏侯览为永和三年（公元三四七年），并且留日南三年，乃还林邑，这里所说的三年，若是足足三年，那么从三四七年算起，他还林邑，应该是三五〇年。但《水经注》说范文于永和五年，这就是三四九年，被创死，那么他就不会留日南三年。所谓三年者，可能是把三四七年至三四九为三年，而不一定足三年。

假使范逸是死在三三一年，那么范文之见用于范逸可能是在三一五至三二〇之间。范文随贾人到林邑的时候，年纪不过十五六，那么他是生于三世纪的末年，而其篡位自称为王的时候，应是他四十多岁的时候。他在位十八年，死时在六十岁左右。

这是东晋的时代。中国的北方，有了强胡的占据，晋室内部也有问题，对于南边的交州、日南，当然不能兼顾。加以边吏贪暴，当然引起当地人民的反抗。但是范文以奴人出身，帮助范逸治理国家，自立为王，是一位野心极大的君主。林邑先无田土，日南土地肥沃，他想得日南的土地，从事农业，使林邑的经济得到富足。横山是越南半岛一条天然边界，所以他占据日南之后，请求朱藩以横山为界，目的是二方面的，一是巩固他的经济地位，一是巩固他的军事地位。

范文虽然屡侵交趾，杀害交趾的人民，但是在他在位的时代，他并不完全与中国断绝国交。尤其是在他在位的早期，他曾遣使到中国。《晋书》卷九十七《林邑传》记载：

> 交遣使通表入贡于帝（这应该是指成帝在位的时候，这就是公元三二六至三四二），其书皆胡字。

范文虽是中国人，提倡中国文化制度，但其所用的文字，既是胡字，说明这个国家也是受印度文化较深的一个国家。范文作为林邑的国王，也不能不维持这个国家的印度的传统，否则他可能遭到林邑人的反感。

林邑的文化，像上面已说过，主要是受到印度与中国的文化的影响，而所受前者的影响尤甚，特别是在宗教、文字方面。至于中国文化之影响于林邑，主要是在物质文化方面。这种影响，历史较长，因为林邑所领的土地原为中国所属的日南象林县，早受中国文化沾染，反抗中国而独立以后，又与中国边境接壤，故林邑文化自建国之前就已受中国的影响，然而影响最大的时代，要算范文的时代。

总而言之，林邑在范文时代，不只在文化方面很为繁盛，就是在武力方面，也很强盛。范文死于晋穆帝永和五年（三四九年），他死之后，林邑文化固是逐渐衰微，就是武力方面，也逐渐趋于衰微。

第十四章　范佛至胡达

范文死了之后，继其位的是其子范佛，虽然范文是被创而死，林邑的军队，还是占据九真。《梁书》卷五十四《林邑传》说：

> 五年（按：即穆帝永和五年，公元三四九年），文死，子佛立，犹屯日南。将军桓温遣督护滕畯、九真太守灌邃，帅交广兵讨之。佛婴城固守，邃令畯盛兵于前，邃帅劲卒七百人，自后逾垒而入，佛众惊溃奔走，邃追至林邑，佛乃请降。哀帝（公元三六二至三六五）升平（按：升平为穆帝年号而非哀帝年号）初，复为寇，刺史温放之讨破之。

《水经注》卷三十六说：

> 永和五年（二四九）……文被创死，子佛代立。七年（二五一）畯与交州刺史杨平，复进军寿泠浦，入顿郎湖，讨佛于日南故治。佛蚁聚连垒五十余里，畯平破之。佛逃窜川薮，遣大帅面缚请罪军门。遣武士陈延劳佛，与盟而还。

关于范文末年与范佛初年之侵略交趾，《晋书》、《梁书》与《水经注》所说颇不清楚。吴士鉴的《晋书斠注》中，对于这一段历史，曾加以解释。今录之于后：

> 《晋书》校文四曰《梁书·林邑传》，桓温遣灌邃，帅兵讨之，佛婴城固守，邃令畯盛兵于前，邃率劲卒七百，自后逾垒入，佛众惊走，迫至林邑，佛乃请降（《南史·林邑传》同），与此传（按：乃指《晋书·林邑传》）所载互异。以《水经注·温水》篇注（按：即上面所抄录那段话）考之，则永和五年，自卢容败后，退次九真，更治兵，文被创死，子佛立，畯与刺史杨平复进兵破之，与盟而还。然则林邑前败后胜，本有二役，此传仅记畯讨文事，而不及后一役。《梁书》又仅载佛事，而不及前一役，实则各有漏略，当合观之，事之首尾乃具。

没有问题，这是二次战役。《晋书》所载者为范文未死前的事情，而《梁书》所载的是范文死后其子范佛与中国的冲突。从中国方面来说，也是二次战役。首一次败了，后一次才胜。《晋书》只说其与范文交锋的主帅是滕畯。滕畯与范文初战而败，退守九真。据《梁书》，后来又得了九真太守灌邃参与战役，据《水经注》，是后来得了交州杨平参与战役，然后击败范佛。大致的情况可能是这样：滕畯于三四九年率领军队去攻伐范文，可是失败了，范文也于这一年死了。《晋书》《梁书》都只说文死，而没有说其死因。《水经注》却说他是被创死。可能《水经注》所说的较为可靠。我们相信范文进攻九真的时候，范佛可能同行，而且范佛在这个时候，年岁可能相当大，所以他的父亲一死，既由他代立，当时林邑的军队，还屯九真，所以由范佛率领军队。他既占据九真不退，中国不得不加强兵力去攻击。因此，除了滕畯出兵之外，又加了交州刺史杨平，与九真太守灌邃，这说明了是用更大的兵力去征伐范佛。而且，《梁书》说灌邃令滕畯盛兵于前，说明灌邃是这次战的主帅，这是可以理解的，他是九真太守，九真为范佛所占据，所以由他去统率全军。

范佛虽经过这一次的失败而不得不请降，可是他并不甘心。没有多久，范佛又来进攻。杜佑《通典》卷一八八"林邑"条说：

> 其后频寇日南九德之郡（原注云：今安南日南郡界），杀伤甚多，交州遂至虚弱。

从上面所钞录《梁书》最后那段话来看，范佛是在升平年间（三五七至三六一年之间），又来北攻。但若照杜佑所说的语气来看，可能从三五一年至三五七年之间，还有不少的侵略，不过其侵略的规模，可能较小，所以史书少有记载。是在升平的初年，林邑又来进攻，这次击败林邑的，是交州刺史温放之。《水经注》卷三十六说：

> 升平二年（三五八）交州刺史温放之杀交趾太守杜宝，别驾阮朗，遂征林邑，水陆累战，佛保城自守，重求请服，听之。今林邑东城南五里，有温公二垒是也。

同处又说：

> 升平三年（三五九）温放之征范佛于湾，分界阴阳圻，入新罗湾，至焉下，一名阿贲浦，入彭龙湾，隐避风波，即林邑之海堵。

《水经注》在上段话中说，温放之征林邑，是在三五八年，下段话说其征范佛是在三五九年，可能这是一件事，而非两次战役。范佛既败之后而请降，似不会于次年又反叛。《晋书》卷八《穆帝纪》没有记升平二年温放之征林邑事，只在"升平三年"中说：

> 交州刺史温放之，帅兵讨林邑。

很可能，《水经注》所记二年温放之征林邑是错误。升平年号共五年，这就是从三五七至三六一，温放之征服林邑之后不久，据《晋书·林邑传》说：

> 升平末，广州刺史滕含率众伐之，佛惧，请降，含与盟而还。

这应该是在升平四年或五年之间，可能是在四年。因为据《晋书》卷八

《穆帝纪》"升平五年"中说，广州刺史阳夏侯滕含死于这一年。

《隋书·林邑传》说：

> 其后范佛为晋扬威将军戴垣所破。

此役不知是在那一年。看来不应在三六一年之前。范佛在就位之后的十年间，不断与中国战争，交州的损失固是很大，林邑的也一定因之而虚弱，所以在范佛在位的后期，战争似乎减少或没有。同时，他又遣使到中国贡献。《晋书》卷九《简文帝纪》"咸安二年"（三七二）说：

> 二年春正月辛丑，百济、林邑王，各遣使贡献方物。

范佛经过好多次的失败之后，遣大帅面缚请罪，又一再请降，加以人力物力，耗费不少，在其晚年，与中国和好，是合情合理的。他除三七二年贡献之后，据《晋书·林邑传》说：

> 至孝武帝宁康中（公元三七三至三七五年），遣使贡献。

此事没有见于《晋书》卷九《孝武帝纪》宁康中，但我们也不能因为《帝纪》中没有记载而遂谓其没有此事。范佛既要与中国和好，他在简文帝时，遣使到中国，简文帝死后，孝武帝就位。在过去，帝王就位，往往通告国外一些互相往来的国家，同样，一些与中国有往来的外国，国王死后，而新的国王就位时，也往往遣使告知中国，中国也有时遣使去吊祭与祝贺。那么晋孝武帝就位时也可能通知林邑，林邑王遣使贡献，也是一种国与国之间的礼尚往来的事情。而况，林邑与中国既是毗邻，又经长期互相征伐，在讲和之后，一再遣使到中国，不只是理所当然，而且也是必要的。

范佛死后，继其位的，是其子范胡达。范胡达见于《晋书·林邑传》与《水经注》。但《晋书·安帝纪》称为范湖达，又作范达，《梁书·林邑传》又作范须达，《太平御览》卷七百六十引《义熙起居注》及《林邑传》均作明达，《资治通鉴·晋纪三十三》安帝"隆安三年"中作范达。湖达、须达与明达，恐怕都是胡达之误。因为湖、须、明都与胡字相似，我们应从《晋书》与《林邑记》。

又《晋书·林邑传》说，胡达是范佛的儿子，而《梁书》却说须达是范佛的孙儿，《南史·林邑传》也当为范佛的孙儿。我们以为应从《晋书》，这就是胡达是范佛的儿子。

《晋书·林邑传》说：

> 佛死，子胡达立，上疏贡金盘碗，及金钲等物。

《晋书》没有说明是那一年。《晋书》卷九《孝武帝纪》"太元七年"（公元三八二年）中说：

>七年春三月林邑范熊遣使献方物。

范熊是三世纪下半叶（按：其在位时期为公元二七〇至二八〇年）的人物，这里说范熊于三八二年遣使贡献，显然是错误，马司伯乐在其《占婆史》（冯译，页二八）中却说：

>或因胡达尚幼，范熊监国，故贡表称熊名欤？

这也是不会有的事情。因为范熊是一百年前的人物，不会存在到三八二年，而为林邑监国。假使是有监国，而又叫做范熊的话，那么这个范熊，是另一位范熊，也可能采用了其祖宗的名字，而非三世纪的范熊。

我们在上面已经指出，范佛在其在位后期，对于中国持了友好的态度。所以他死之后，他的儿子大致也执行他的这种友好的政策。所以，《晋书·林邑传》说他立之后，上疏贡物。至于孝武帝太元七年所遣使贡方物的国王，应该也是范胡达，除非范佛的死年不是三八〇年，而是在三八二年之后。所以假使范佛死年是三八〇，那么这一次的使者，一定是范胡达所遣派的。

可是中国与胡达的友好关系，也不见得维持很久。《梁书·林邑传》说：

>安帝隆安三年（公元三九九年）佛孙须达（按：应为佛子胡达）复寇日南，执太守炅源，又进寇九德，执太守曹炳，交趾太守杜瑗遣都护邓逸等击破之，即以瑗为刺史。

《晋书》卷十《安帝》"隆安三年"中与《资治通鉴》卷一百一十一《晋纪三十三》安帝"隆安三年"亦记此事，但比之《梁书》为简单。《梁书·林邑传》又说：

>义熙三年（公元四〇七）须达复寇日南，杀长史，瑗遣海逻督护阮裴讨破之，斩获甚众。

胡达虽然经杜瑗的两次打败，但不久，两方战事又起。《梁书·林邑传》说：

>九年（四一三）须达复寇九真，行郡事杜慧期与战，斩其息交龙王甄知，及其将范健等，生俘须达息郁能，及虏获百余人。自瑗卒后，林邑无岁不寇日南、九德诸郡，杀伤甚众，交州遂虚弱。

《水经注》卷三十六引《林邑记》说得较为详细：

>义熙九年（四一三），交州太守杜慧度造九真水口，与林邑王范胡达战，擒斩胡达二子，虏获百余人，胡达遁。五月慧度自九真水历都粟浦，复袭九真，长围跨山，重栅断浦，驱象前锋，接刃城下，连日交战，杀伤乃退。

《宋书》卷九十二《杜慧度传》说：

> 杜慧度，交趾朱䳒人也，本属京兆，曾祖元为宁浦太守，遂官交趾。父瑗，字道言，仕州府，为日南九德太守、交趾太守。初九真太守李逊父子勇壮，有权力，威振交土，闻刺史滕遯之当至，分遣二子断遏水路津要，瑗收众斩逊，州境获宁，除龙骧将军。遯之在州十余年，与林邑屡相攻伐。遯之将北还，林邑王范胡达攻破日南、九德、九真三郡，遂围州城。时遯之去已远，瑗与第三子玄之悉力固守，多设权策，累战，大败之，追讨于九真、日南，连捷，故胡达走还林邑，乃以瑗为龙骧将军、交州刺史，义旗进号冠军将军，……弟交趾太守慧期……其年（义熙七年，公元四一一）率文武万人，南讨林邑，所杀过半，前后被抄略悉得还本，林邑乞降，输生口、大象、金银、古贝等，乃释之，遣长史江悠奉表献捷。慧度布衣蔬食，俭约质素，能弹琴，颇好老庄，禁断淫祀，崇修学校，岁荒民饥，则以私禄赈给。为政纤密，有如治家，由是威惠沾洽，奸盗不起，乃至城门不夜闭，道不拾遗。

从《宋书·杜慧度传》来看，《梁书》所说杜慧期与林邑战，应该是杜慧度，但杜慧期也可能参加这一次的战役。又据《晋书》卷十《安帝纪》"义熙九年"说：

> 林邑范湖达寇九真、交州，刺史杜慧度斩之。

所谓杜慧度斩林邑王范湖达，似乎是错误了。

范胡达在位的时候，除其初期与中国友好之外，在其后期正如《梁书·林邑传》所说："自杜瑗卒后，林邑无岁不寇日南、九德诸郡。"但也应该指出，范胡达之朝贡中国，也有好多次。《太平御览》卷七百六十引《义熙起居注》说：

> 诏林邑王范明达献金碗一、副盖两副。

又同处引《林邑记》说：

> 林邑王范明达献流离苏钲二口。

又同处卷八百十三引《林邑记》说：

> 林邑王范明达献金刚指环。

这些记载，没有说年日，可能都是隆安三年（三九九）以前的事情，似不会在两国时时有战事的时候。

范胡达是死在四一三这一年，在位三十三年，时间很长，因为他时时侵略中国边境，可能对于国内建设，并没有什么特出之处。《水经注》卷三十六说：

> 林邑城开四门，东为前门，当两淮诸滨，于曲路有古碑，夷书铭赞前王胡达之德。

马司伯乐在其《占婆史》（冯译，页二九）中指出在林邑的梵文碑文中，有三个为法大王（Dharmanmaharaja）拔陀罗跋摩一世（Bhadravarman Ⅰ）所建立，这是释利摩罗（Sri Mara）碑文之后的最古者。这三个碑文，虽没有记载年月，但应为四五世纪的刻物。他以为胡达在位的时候，既是三八〇至四一三，似与拔陀罗跋摩为一人。他又指出拔陀罗跋摩在美山曾建立第一个神庙，后王多在其他地方建祠，其遗迹还存，这也可以作为参证。

第十五章　胡达与敌真

胡达死后其子敌真立,《梁书·林邑传》说：

> 敌真立，其弟敌铠携母出奔，敌真追恨不能容其母弟，舍国而之天竺，禅位于其甥。国相藏驎固谏不从，其甥既立，而杀藏驎，藏驎子又攻杀之，而立敌铠同母异父之弟曰文敌，文敌后为扶南王子当根纯所杀，大臣范诸农平其乱，而自立为王。诸农死，子阳迈立，宋永初二年（四二一年）遣使贡献，以阳迈为林邑王。阳迈死，子咄立，慕其父，复曰阳迈。

这一段话虽不很长，然其所经过的时间，虽也很短，但包括一段很多与很复杂而不易解决的问题。这是王室中的问题——纠纷的问题，也是王室与大臣的争执问题，而且又引起国与国的问题——国际的问题。

范胡达有多少位儿子，不得而知，但他有很多的儿子，是无可疑的。首先，在他与杜慧度的交战中，已被后者斩了二个儿子，在连年不断战争中，可能还有儿子被杀，而为史书所没有记载的。在上面那段话里，又有三位儿子，一位是敌真，一位是敌铠，一位是异父弟文敌，胡达死了之后，在这三个兄弟中，敌真既是最大的，父死子继。而且在东南亚各国，继王位的儿子，也与我国一样，往往是大儿子。敌真继承胡达王位，应该是没有问题的。可是他一登位，不只他的弟弟敌铠出奔，而且携母出奔，这说明不只他的弟弟对他有所不满之处，就是其弟的母亲，也不留下来，而与其弟同奔，说明了这位母亲是同情于其弟的行为，这也可能是敌真在未继位之前，与其弟不相和睦，否则其弟与母，断不会有这种举动。可能敌真做了对弟不住的地方，而却不自觉，或是虽然这样做而却觉得自己是没有错，可是就位之后，慢慢的回忆，以为做错了，所谓"追恨不能容其母弟"大概就是这个意思。

这件事对敌真来说，必定是一件十分重要的事情，而且对他来说，必定是一件万分痛心的事情，"不爱江山"，"远离祖国"，说明了这一点。而况，他自己想这样做，是经过国相藏驎力劝之后，更说明其内心的痛苦。

又他要退位不传其位于其异母之弟，而传之其甥，结果是其甥就位之后，乃杀其劝他不要去国的国相，这不只说明了其甥与国相有了矛盾，可能他与异母之弟之间，也有矛盾。从这里，我们可以看出，在这个家庭中，在这个王室中，在王室与其大臣之间，都有了不少矛盾，有了很多纠纷。

而且，这里又关系到国际方面。关于这方面，可以分为三点来解释。一是与天竺的关系，二是与扶南的关系，三是可能与中国的关系。首先是"敌真舍国而之天竺"这件事。

上面已经指出，林邑的印度化的历史既久，程度又深。但这种印度化，可能是从扶南传播过来。扶南王混填虽不是印度人，可是他的名字是一个印度化的名字，这就是 Kaundiya 的对音。他不只是名字印度化，他个人也可能也是一个印度化的人物。到了三世纪的中叶，其王范旃的时代，林阳国有一位商人到扶南，告诉范旃称天竺地方很好，虽然据这位商人所说，途程有三万之遥，可是范旃仍派其亲人到天竺。这位亲人叫做苏物，他见过天竺王，参观其国各处，回国时，天竺王既派遣使者陈宋同到扶南，又赠送一些礼物给扶南王。苏物回国时，范旃已死，在位者为范寻，因为道途往返，加上在天竺的时间，回时已离开扶南三年，陈宋在扶南时，正是中国孙权所遣的使者朱应、康泰到扶南的时候，因而朱应、康泰得见到陈宋。

我们把扶南这件事加以说明，因为这是扶南与印度第一次交换使者。林邑与扶南毗邻，受扶南的影响很大，尤其是在文化宗教方面，可能其印度文化宗教是从扶南输入。扶南在三世纪已与天竺互换使节，则此后的印度化愈当加深。林邑人包括王室的人物在内，从扶南人而知道天竺的情况。而况林邑是一个善航海的国家，其船舶也可能到印度。印度的商人与林邑的商人，也可能互相往来，因而林邑人对于印度的情况得到了解。

我们相信，不只林邑与印度的商人，互有往来，就是印度的教士——婆罗门教徒或佛教教徒，也可能有到林邑的。在五世纪的初期，中国已有僧人从印度回到中国，法显就是一个很显明的例子。他于四世纪的末年，从中国经西域或是现在的新疆到印度去，到了五世纪的初期，从印度经海道回中国。途经苏门答腊或爪哇，这些载客的船舶，经常是沿马来亚的东岸而到越南半岛的东岸。林邑既处在越南半岛的东岸，其船舶之从印度到中国或从中国到印度的，都要经过林邑的沿岸一带。所谓"上怕七洲""下怕昆仑"，昆仑是海洋名也是一个岛名，位在林邑南部的海洋外。法显从苏门答腊回中国，因风浪吹船，一直吹到山东而没有经过林邑，可是一般的船舶，是经过林邑的。僧人法显，既可从印度到中国，而印度僧人到扶南者又不少，那么印度僧人之到林邑的，也应无问题。其实，在五世纪的下半叶，一位印度僧人叫做那伽仙，曾由中国附船回国，中途风漂到林邑，为林邑所劫掠，后来到了扶南，还当扶南使者，又到中国控诉扶南〔林邑〕王，希望中国去征伐林邑。

我们上面的解释，目的是说明林邑在敌真之前，也可能有使者到印度，可是商人与僧人，可能已互相往来，所以林邑的国王对于印度的情况，必定很为熟悉。

可是在林邑的历史上，说到林邑人而尤其是国王到天竺的，据我们从史文或碑文中所能找出的，敌真恐怕是第一位。扶南到天竺既很远，林邑到天竺又更远。我们知道在东南亚各国之受印度化与崇拜佛教的国王，在未做国王之前，有的曾在过寺庙潜修，就是做了国王，有的弃了王冠，跑到寺庙以终其生，也有的跑到深林，苦行锻炼，像敌真舍国而到天竺的，并不多见。可是他之所以跑去天竺，也无疑的受了宗教的影响或信仰所鼓舞，像今日的一些在马来亚的苏丹，以为能到西天的麦加（Meca）（按：此地在红海的西北岸亚拉伯半岛）一见圣地，是光荣的事情。敌真也可能像范旃一样，羡慕天竺，所不同者范旃遣派使者，而敌真却自己到天竺耳。这也可以说林邑受了印度宗教的影响的一种表征。

这件事与《美山碑文》所记载的一件事，似乎是一件事，据《美山碑文》说：

> 昔有恒河王（Gangaraja），明智勇武，禅让王位，以见恒河为大乐，乃自此赴恒河。

这也说明了林邑人对于到天竺的一种看法。

敌真既不听国相藏骥的力谏而赴天竺，其甥就位之后，乃杀藏骥，藏骥的儿子又杀其王而立敌铠同母异父之弟文敌为王。可是文敌却为扶南王子当根纯所杀。

林邑的国王为什么为扶南当根纯所杀呢？史文没有加以说明。但是我们知道，这两个国家的关系，至为密切，林邑的建立可能得到扶南的扶植，范熊可能是林邑国王的外甥，这位国王也可能是扶南的王子，当根纯也可能是与林邑王室有关系，也可能是林邑王的外甥或外孙，也时时来林邑，在林邑王室中居住。这样，他不只对于林邑内部的情况，很为清楚，可能还为一部份的王室人物或大臣所拥护。假使一个外国王子而与一个国家没有相当的密切关系，没有内应，除非是用兵力去征服这个国家，能够杀其国王自立为王，这是很难想像的。其实，在五世纪的下半叶，还有一位扶南王子当林邑国王，这是鸠酬罗。有人说当根纯就是鸠酬罗，我们以为这是两个人，而非一个人。关于这点，我们应当在下面讨论。我们在这里所要指出的，是因为敌真跑去天竺，引起王位的争执，结果是一位扶南王子杀死林邑国王，而自立为王。从此，我们可以看出扶南之于林邑不只在外交上，是与林邑有了关系，就是在其内政上，也有密切的关系。说不定当根纯之杀林邑王而自立为王，还是得到扶南王的协助。

林邑自范胡达死后以至当根纯杀死文敌自立为王，时间虽然不过数年，而内部却十分紊乱。可是，就在这个时期中，林邑与中国的关系，并不因之而中断。《晋书》卷十《安帝纪》"义熙十三年"（公元四一七年）中说：

> 六月癸亥，林邑献驯象、白鹦鹉。

上面已经指出，在范胡达在位的初期，林邑与中国的关系是友好的。但自三九九年以后，尤其是杜瑗死后，两国差不多年年都有战事，直到四一三年，范胡达死为止。胡达被杜慧度痛击之后而死，其子在位不久，又弃王位而跑去天竺，一方面是大败之后，军事力量一时不易恢复，一方面又因国内为争王位而互相残杀。林邑在这种情形之下，不易向北用兵，所以又不得不与中国和好。四一七年遣使献驯象与白鹦鹉，就是这种友好的一种表示。

而且，这次的朝贡，可能还有一种特殊的任务，这就是因为内部的紊乱，而希望中国给以帮助，解决其内部的纷争。在这一点上，在东南亚各国的历史上，也是数见不鲜的。在五世纪的下半叶，扶南王子鸠酬罗做了林邑国王之后，截劫扶南船舶，又与扶南王作对，扶南王憍陈如就致书与中国皇帝，请其讨伐林邑。林邑既为争王位而互相残害，而其王位又为扶南王子当根纯所占，说不定遣使贡献，一方面固是表示友好，一方面也希望中国给以帮助，解决其内部的纷争。

据《南齐书·林邑传》，当根纯做了国王之后，也遣使到中国贡献金簟等物。这也可能是想利用与中国友好，而巩固其地位。中国对于这位外国王子，还加以勉励，并封爵号。所以诏曰：

> 林邑蠢尔，介在遐外，世服王化，当根纯乃诚恳款到，率其僚职，远绩克宣，良有可嘉，宜沾爵号，以弘休泽，可持节、都督缘海诸军事、安南将军、林邑王。

这就是说，不只承认这位国王或政府，而且给以官爵。应该指出，《南齐书》把这件事当为五世纪下半叶的事情，这与《梁书》所说的，相差了六十年之久，但关于这一点，我们当在下面加以说明。

至于上面所说的四一七年，林邑王遣使贡献驯象与白鹦鹉，是否也为当根纯所遣的使者，那就不得而知。林邑对于中国，既是友好，中国对于林邑，在这个时期中，也表示亲善，尤其是在紊乱的时候，中国没有乘机去征伐，说明了这一点。

应该指出，中国王朝对于东南亚的国家，既很少愿意用武力去干预其两个国家间的争端，至于其内部的争夺王位或其他纠纷，也少加干涉。比方，扶南欲中国用武力去征服林邑，中国用婉言去推辞。林邑的当根纯遣使到中国贡献，中国固然接受而封以官爵，攻败当根纯的范诸农自称为王，遣使到中国，中国同样的承认其王位与政府，而且给以同样的官衔。

这就是我们所以说因敌真的放弃王位而关系到国际方面的大致情况。

至于林邑的内部的紊乱并不因当根纯的自立为王而停止。当根纯虽可能因得一部份的林邑人的拥护而自立为王，然也有人起而反对。反对他的首领，就是林邑的大臣范诸农。据《南齐书·林邑传》，中国对于范诸农除给与都督缘海诸军事、安南将军、林邑王，后来还进号镇南将军。《南齐书》还记载范诸农曾到中国入朝，因遭海中大风而溺死。假使《南齐书》所载没有错误的话，这是林邑亲到中国入朝的第一位国王了。

第十六章 阳迈的时代

林邑历史自文敌以后，我国史书所记载，很不明瞭，而且，有很多矛盾的地方。根据上面的《梁书》，大臣范诸农击败了杀死文敌而自立为王的扶南王子当根纯，诸农又自立为王。到了诸农死后，其子阳迈继其王位。但《南齐书·林邑传》，却以为范阳迈乃范诸农的孙，而诸农之子是叫做文欸，并且其子文欸曾继诸农而为国王。照《梁书》的记载，当根纯是五世纪初年的人物，而《南齐书》却把他当为五世纪下半叶的人物。究竟《梁书》还是《南齐书》所记载为正确？这是很值得我们的注意的事情。此外，杜佑《通典》卷一百八十八"林邑"条，亦以阳迈为范诸农之子。而《水经注》却以为阳迈为胡达的儿子。《水经注》云：

> 初阳迈母怀身，梦人铺阳迈金席与其儿落席上，金光色起，昭晰艳曜。华俗谓上金为紫磨金，夷俗谓上金为阳迈金。父胡达死，袭王位，能得人情，自以灵梦，为国祥庆。其太子初名咄，后杨迈死，咄年十九，代立，慕先君之德，复改名阳迈。

究竟是《水经注》所说为确实，抑是《梁书》所说为可靠，不得而知。但是《水经注》说阳迈在父胡达死，就袭王位，这不只推翻了《梁书》所说阳迈为诸农子，而且否定了胡达子敌真继位的记载与敌真逃去天竺而让位于其甥以及文敌继位与范诸农平乱的记录。

《资治通鉴》卷一百二十《宋纪二》"元嘉元年"（四二四）中说：

> 林邑王范杨迈，寇日南、九德诸郡。

《梁书》又说：

> 元嘉初（宋文帝元嘉年间为公元四二四至四五三），阳迈侵暴日南、九德诸郡，交州刺史杜弘文建牙欲讨，闻有代，乃止。八年（四三一）又寇九德郡，入四会浦口，交州刺史阮弥之遣队主相道生，帅兵赴讨，攻区粟城，不克，乃引还。尔后频年遣使贡献，而盗寇不已。

《水经注》说：

> 元嘉元年（四二四）交州刺史阮弥之征林邑，阳迈出婚不在，奋威将军阮谦之，领七千人先袭区粟，已过四会，未入寿泠，三日三夜无顿止处。凝海直岸，遇风大败。阳迈携婚，都部伍三百许船来相救援，谦之遭风，余数船舰，夜于寿泠浦里相遇，暗中大战，谦之手射阳迈柁工，船败，纵横昆

仓，单舸接得阳迈，谦之以风溺之余，制胜理难，自此还渡寿泠，至温公浦。

温公就是上面所说的温放之，到了元嘉二十年（四四三）交州刺史檀和之，又被命去征伐林邑。据《水经注》卷三十六说：

> 元嘉二十年（四四三）以林邑顽凶，历代难化，恃远负众，慢威背德。北宝既臻，南金阙贡。乃命偏将与龙骧将军、交州刺史檀和之，陈兵日南，修文服远。二十三年（四四六），杨𩦑从四会浦口入朗湖，军次区粟，进迫围城。以飞梯云桥，悬楼登垒，钲鼓大作，虎士电怒，风烈火扬，城摧众陷，斩区粟王范扶龙首，十五以上，坑截无赦，楼阁雨血，填尸成观。

又说：

> 元嘉二十三年，交州刺史檀和之破区粟，已，飞旆盖海，将指典冲，于彭龙湾上鬼塔与林邑大战，还渡典冲，林邑入浦，令军大进，持重故也。

《梁书》卷五十四"林邑"条说：

> 二十三年（四四六），使交州刺史檀和之、振武将军宗悫伐之。和之遣司马萧景宪为前锋，杨迈闻之惧，欲输金一万斤、银十万斤，还所略日南民户。其大臣蒌僧达谏止之，乃遣大将范扶龙，戍其北界区粟城。景宪攻城，克之。斩扶龙首，获金银什物不可胜计，乘胜径进，即克林邑。阳迈父子并挺身逃奔，获其珍异，皆是未名之宝。又销其金人，得黄金数十万斤，和之后病死，见胡神为祟。

《水经注》说：

> 元嘉中，檀和之征林邑，其王阳迈举国夜奔，窜山薮；据其城邑，收宝巨亿。军还之后，阳迈返国，家国荒殄，时人靡存，踌躅崩擗，愤绝复苏，即以元嘉二十三年（公元四四六年）死。

《宋书》卷七十六《宗悫传》说：

> 元嘉二十二年（四四五），伐林邑，悫自奋请行，义恭举悫有胆勇，乃除震武将军，为安西参军萧景宪军副，随交州刺史檀和之，围区粟城。林邑遣将范毗沙达来救区粟，和之遣偏军拒之，为贼所败。又遣悫，悫乃分军为数道，偃旗潜进，讨破之，拔区粟，入象浦。林邑王范阳迈倾国来拒，以具装被象，前后无际，士卒不能当。悫曰：吾闻狮子威服百兽，乃制其形与象相御，象果惊奔，众因溃散，遂克林邑。收其异宝什物，不可胜计，悫一无所取，衣栉萧然，文帝甚嘉之。

应该指出，《水经注》所说明的死于元嘉二十三年的阳迈，应该是子阳迈，而不是父阳迈。至于《梁书》所说的挺身逃奔的阳迈父子，应该是阳迈之子及其孙。

林邑这一次的惨败，与中国这一次的胜利，对于林邑的邻国，留下极深的印象。所以差不多四十年后，当扶南王阇耶跋摩于四八四年上表与中国时，还追述这件事说："林邑昔为檀和之所破，久已归化，天威所被，四海称伏。"

阳迈死后的林邑历史，据《梁书》卷五十四《林邑传》说：

> 孝武孝建、大明中（四五四至四六四），林邑王范神成累遣长史奉表贡献。明帝泰豫元年（四七二）又遣使献方物。齐永明中（四八三至四九三），范文赞累遣使贡献。

范神成是什么时候死了，不得而知。但是在明帝泰豫元年（四七二年），他还遣使到中国，那么他应当死在四七二年之后。又齐永明四八三年以后，是由范文赞遣使贡献，那么神成应当是死在四八三年之前。在四七二至四九三年的期间，林邑曾为扶南国人夺取其王位，据《南齐书》卷五十八《扶南传》载，永明二年（四八四）扶南王阇耶跋摩曾上表云："臣有奴名鸠酬罗，委臣逸走，别在余处，构结凶逆，遂破林邑，乃自立为王，永不恭从，违恩负义，叛主之愆，天不容载。"扶南王的上表是在四八四年，那么鸠酬罗之攻破林邑自立为王，当在四八四之前。而且，表中说鸠酬罗自立为王之后，永不恭从，说明了鸠酬罗之自立为王，可能有了好多年之久。可能范神成是死在四七五年左右。至于他是为鸠酬罗所杀死或病死，不得而知。但从攻破林邑这句话来看，可能是失败之后被杀死，或逃到别处而病死。

然则在永明中（四八三至四九三）《梁书》所说的累遣使贡献的范文赞，是不是鸠酬罗呢？这是可能的。因为鸠酬罗攻破林邑，自立为王之后，可能用范姓去上表中国，正如范文之篡范逸的王位，而自称范姓一样。但是，同时我们也得指出，《南齐书·林邑传》中曾有下面一段话：

> 杨迈子孙相传为王，未有位号，夷人范当根纯攻夺其国，篡立为王。永明九年（四九一），遣使贡献金簟等物。诏曰："林邑蠢尔，介在遐外，世服王化，当根纯乃诚恳款到，率其僚职，远绩克宣，良有可嘉。宜沾爵号，以弘休泽，可持节、都督缘海诸军事、安南将军、林邑王。"

又说：

> 杨迈子孙范诸农，率种人攻当根纯复得本国。十年（四九二）以诸农为持节、都督缘海军事、安南将军、林邑王。建武二年（四九五）进号镇南将军，永泰元年（四九八）诸农入朝，海中遭风溺死，以其子为假节、都督缘海军事、安南将军、林邑王。

《梁书·林邑传》记载当根纯的篡立，是在范胡达死后，文敌代立的时候，同时指出当根纯是扶南王子。《梁书》所述的是在四一五年左右的事，而《南齐书》所说的鸠酬罗攻破林邑自立为王是在四七五年左右，两者相差时间有了约六十年之久，有些人像马司伯乐以为当根纯就是鸠酬罗。我们以为这恐怕还是两个人与两件事。扶南与林邑，边界毗连，关系甚深，我们上面已经指出，范熊可能是扶南王室的人物，当根纯也可能是一位，而鸠酬罗又是另一位。或因亲戚的关系而代立，或用武力以夺取王位。范熊代立之后，传其位于其子，当根纯攻夺王位之后，为林邑人所反抗，不久就为林邑人所杀死。鸠酬罗自立为王时间，相当的长，假使他就是范文赞，他还传位于其子天凯。

然而这里还有一个问题，需要解决的，这就是当根纯既为五世纪初年的人物，范诸农也应该是这个时代的人物，可是，《南齐书·林邑传》却说，永明十年（四九二）中国以他为持节、都督缘海诸军事、安南将军、林邑王，又说建武二年（四九五），进号镇南将军，又说在永泰元年（四九八）他亲到中国贡献，海中遭风溺死。从这几件事来看，可能这里所说的范诸农，就是鸠酬罗。《南齐书》的撰者，把名字弄错了，把鸠酬罗所做的事情，当为范诸农所做的事情。还有可能的是《南齐书》把鸠酬罗所作的事情，当为当根纯所作的事情。

因此，我们以为范诸农杀当根纯这件事，应该是在四一五年左右。范诸农不是五世纪末的人物，而是五世纪初的人物。鸠酬罗是五世纪末的人物，而且，好像是《梁书》中所说的范文赞。扶南王阇耶跋摩希望齐武帝派兵或帮助他去讨伐鸠酬罗，后来武帝诏报以"朕方以文德来远人，未欲便兴干戈"，可能一方面是不愿劳师远征，一方面是因为文赞（鸠酬罗）累遣使贡献，极力讨好于中国，所以武帝更不愿意去加以讨伐。

文赞（可能也就是文欹或是鸠酬罗）以后，林邑还时时奉贡中国。《梁书》卷五十四《林邑传》说：

> 天监九年（五一〇），文赞子天凯，奉献白猴。诏曰：林邑王天凯，介在海表，乃心款至，远修职贡，良有可嘉，宜班爵号，被以荣泽，可持节督缘诸海军事、威南将军、林邑王。十年（五一一）、十三年（五一四），天凯累遣使献方物，俄而病死。子弼毻跋摩立，奉表贡献。普通七年（五二六）王高式胜铠遣使献方物，诏以持节督缘海诸军事、绥南将军林邑王。大通元年（五二七），又遣使贡献。中大通二年（五三〇）行林邑王高式律陀罗跋摩，遣使贡献，诏以为持节、督缘海诸军事、绥南将军、林邑王。六年（公元五三四年），又遣使献方物。

马司伯乐指出天凯是 Devavarman 的意译。他是文赞或文欹的儿子，在他在位的时候，数次遣使到中国。天凯死后，他的儿子弼毻跋摩（Vijayavarman）继位。这位国王也与中国友好，遣使来朝。《梁书》所说普通七年遣使贡献的高式胜铠，这个名字，据马司伯乐的意见，上二字为译音，而下二字乃译意，这是弼毳跋摩的同名异译。

高式律陀罗跋摩，乃 Ku Cri Rudravarman 的译音。据《美山碑文》说：

> 父为著名的婆罗门，母为荣誉的……Rathayaman 之孙女，非弼毳跋摩之后嗣，乃其远族系，出自恒河王。(参看冯译《占婆史》，页三八)

恒河王是指着上面所说的舍国而天竺的敌真。他就位之后，也常常遣使到中国。但据《大越史》卷五中载，林邑王律陀罗曾攻破九德。在这个时候，占据龙编的是李贲，李贲遣将范修又败林邑王于九德。

第十七章　林邑与隋代

林邑在梁时与中国关系较多，其遣使送礼的次数也较频，故《梁书》对于林邑的叙述，也较为详细。有些人像马司伯乐在其《占婆史》（冯译，页三八），以为"陈朝衰微久不入贡"。这不见得是对的。陈朝享祚虽不过二十五年，但据《陈书》所载，林邑之遣使到陈的不止一次。所以《隋书·林邑传》也告诉我们道：

>林邑至梁陈，亦通使往来。

陈武帝在位不够四年，但《陈书·高祖本纪下》"永定三年"（公元五五九）中曾载："扶南遣使献方物。"扶南在林邑之南，从扶南到中国，其路途比之从林邑到中国较远，扶南有使者到陈朝，说明陈朝初年，其声威已远及东南亚。据《陈书》卷四《废帝本纪》"光大二年"（公元五六八）中说：

>九月甲辰，林邑国遣使献方物。

在这一年中，东南亚各国之遣使到中国的，除林邑外，还有狼牙修。又《陈书》卷五《宣帝本纪》"太建四年"（公元五七二）中又说：

>乙丑，扶南、林邑国并遣使来献方物。

在梁的末季，当林邑王的是高式律陀罗跋摩第一，他就位于五二九年，梁亡于五五七年。陈霸先就位之后，这位林邑国王，可能还在位。《陈书》所载林邑王的二次入朝（按：即五六八年与五七二年），假使还是高式律陀罗跋摩的话，那么这位国王之在位至少有四十五年之久。马司伯乐在其《占婆史》（冯译，页三八）指出范胡达所建筑的拔陀罗首罗（Bhadra Cvara）神，是被焚于这位国王在位的时候。

律陀罗跋摩死于那一年，不得而知。据说这位国王死后，其子商菩跋摩（Gambhu Varman）继位。马司伯乐以为商菩跋摩就是中国史书所载的范梵志。但是范梵志在那一年就位，也不得而知。除了上面所说五七二年林邑遣使以后，据《册府元龟》卷九百七十的记载，隋高祖"开皇二年"（五八二）曾遣使献方物。此事没有见于《隋书·高祖本纪》"开皇二年"。但《册府元龟》所志，应当是事实。因为《隋书·林邑传》也说："高祖既平陈，乃遣使献方物。"又在"开皇十五年"（公元五九五）中说：

>乙未，林邑遣使来贡。

据说范梵志死于唐贞观元年（公元六二七）。律陀罗跋摩就位于五二七年，而范梵志死于六二七年，范梵志既为律陀罗跋摩的儿子，两位国王，在位有一百年之久，这似乎是不大可能的。

但我们也得指出，五二七年就位的律陀罗跋摩是称为第一世，这就是律陀罗跋摩第一。这位第一世王死了之后，可能还有第二、第三世王。这样，在一百年中，有了二三位或三四位国王，然后传到范梵志，也是可能的了。这样而谓范梵志乃律陀罗跋摩的儿子，也就没有问题了。

我们知道，在梁大同七年（公元五四一），交州刺史武林侯萧咨，因为刻薄暴虐，大失人心，当时交趾龙兴太平有一位叫做李贲的，其祖宗原为汉人，西汉末年，因避兵乱而居南土。李贲最初仕梁，后来却起兵反梁。当时从者很多，萧咨知道之后，逃跑回广州，李贲于是乃据龙编。后来还以龙编为都城。在李贲时代，像上面所说，最初为林邑所败，后来才击败林邑。李贲既反梁而自立，称南越帝，中国方面对于越南半岛，包括林邑在内的情况，当然比较隔膜。李贲虽死于五四八年，可是梁末至陈时，交趾方面的情况，相当紊乱。隋高祖就位之后，林邑虽遣使贡献，但《隋书·林邑传》也说"其后朝贡遂绝"。直到仁寿（公元六〇一至六〇四）末，始又遣兵去征伐林邑。从此以后，中国史文，对于林邑的记载，又较为详细。其实在隋代范梵志被刘方大败之后，隋把林邑分为三郡十二县。这样，就把林邑当为内地的地方一样的看待，一样的管理。

《隋书》卷八十二《林邑传》说：

> 林邑之先，因汉末交趾女子徵侧之乱，内县功曹子区连杀县令自号为王。无子，其甥范熊代立。死，子逸立。日南人范文，因乱为逸仆隶，遂教之建宫室，造器械，逸甚信任，使文将兵，极得众心。文因间其子弟，或奔或徙。及逸死，国无嗣，文自立为王。其后范佛为晋扬威将军戴桓所破，宋交州刺史檀和之将兵击之，深入其境。至梁陈亦通使往来。
>
> 其国延袤数千里，土多香木、金宝，物产大抵与交趾同，以砖为城，蜃灰涂之。东南向户。尊官有二，其一曰西那婆帝，其二曰萨婆地歌。其属官三等，其一曰伦多姓，次歌伦致帝，次乙他伽兰。外官分为二百余部，其长官曰弗罗，次曰可轮，如牧宰之差也。王戴金花冠，形如章甫。衣朝霞布，珠玑璎珞，足蹑革履，时复锦袍。良家子侍卫者二百许人，皆执金装刀，有弓箭、刀槊，以竹为弩，傅毒于矢。乐有琴、笛、琵琶、五弦，颇与中国同。每击鼓以警众，吹蠡以即戎。其人深目高鼻，发卷色黑。俗皆徒跣，以幅布缠身。冬月衣袍，妇人椎髻，施椰叶席，每有婚媾，令媒者赍金银、钏酒二壶、鱼数头，至女家，于是择日。夫家会亲宾，歌舞相对。女家请一婆罗门，送女至男家，婿盥手，因牵女授之。王死七日而葬，有官者三日，庶人一日，皆以函盛尸，鼓舞导从，舆至水次，积薪焚之，收其余骨。王则内金罂中，沉之于海。有官者以铜罂沉之于海口，庶人则以瓦送之于江。男女

> 皆截发，随丧至水次，尽哀而止，归则不哭。每七日，然香散花复哭，尽哀而止尽，七七而罢，至百日，三年亦如之。人皆奉佛，文字同于天竺。
>
> 高祖既平陈，乃遣使献方物，其后朝贡遂绝。时天下无事，群臣言林邑多奇宝者。仁寿末，上遣大将军刘方为驩州道行军总管，率钦州刺史宁长真、驩州刺史李晕、开府秦雄、步骑万余，及犯罪数千人击之。其王梵志率其徒乘巨象而战。方军不利，方于是多掘小坑，草覆其上，因以兵挑之。梵志悉众而阵，方与战，伪北，梵志逐之，至坑所，其众多陷，转相惊骇，军遂乱。方纵兵击之，大败之。频战辄败，遂弃城而走。方入其都，获其庙主十八枚，皆铸金为之，盖共有国十八叶矣。方班师，梵志复其故地，遣使谢罪，于是朝贡不绝。

我们在上面已经指出，《隋书》以为林邑的建国是由于西汉末年交趾女子"徵侧之乱，内县功曹子区连杀县令自号为王"，这是很大的错误。因为徵侧的反抗，是在后汉光武时代，这就是公元后四〇年，马援击败徵侧，是在公元四三年，而林邑建国是在后汉末年，这就是公元二世纪末年，两者时间相差约为一百五十年。

林邑在隋高祖时，既数次遣使贡献，这是对中国友好的表示。可是隋高祖听了群臣的话，以为林邑多奇宝，因而兴兵征伐，所以这一次的战端，开自中国。在这一次的战役中，其主要的人物，是刘芳或刘方。《隋书》有《刘方传》，关于这次战役，也有叙述，兹将《隋书》卷五十三《刘方传》中一段话录之于后。

> 寻授驩州道行军总管，以尚书左丞李纲为司马，经略林邑。方遣钦州刺史宁长真、驩州刺史李晕、上开府秦雄，以步骑出越常。方亲率大将军张愻、司马李纲，身师趣比景。高祖崩，炀帝即位，大业元年正月，军至海口，林邑王梵志遣兵守险，方击走之。师次阇黎江，贼南岸立栅，方盛陈旗帜，击金鼓，贼惊而溃。既度江，行三十里，贼乘巨象，四方而至，方以弩射象，象中疮却，蹂其阵，王师力战，贼奔于栅，因攻破之，俘馘万计。于是济区粟，度六里前后逢贼，每战必擒，进至大缘江，贼据险为栅，又击破之。径马援铜柱，南行八日，至其国都，林邑王梵志弃城奔海，获其庙主金人，污其宫室，刻石纪功而还，士卒脚肿，死者十四五，方在道遇患而卒。

杜佑《通典》卷一百八十八"林邑"条说：

> 方既平其国，班师，故地遂空。梵志收拾遗人，别建国邑。

《新唐书》卷二二二下"环王"条说：

> 隋仁寿中，遣将军刘芳伐之，其王范梵志挺走，以其地为三郡，置守令，道阻不得通。

这里所说的三郡，一为荡州，后来改为比景郡，统比景、朱吾、寿泠、西卷，共四个县。二为农州，后来改为海阴郡，统新容、真龙、多农、安乐共四个县。三为冲州，后来改为林邑郡，统象浦、金山、交江、南极，共四个县。

从上面看起来，不只以往林邑所占据汉日南郡西卷县的区粟为隋所征服，而且，中国的势力，伸张过马援铜柱而南达到林邑故都，这么一来，林邑在当时所存的疆土，必定很小。

然而同时也得指出，隋虽然置了三郡十二县，可是是否所有的郡县，都有中国官吏直接统治，是很成问题。《新唐书·环王传》虽指出"以其地为三郡，置守令"，但同时也指出"道阻不通"，说明虽置了郡县，但是道阻不通的地方，中国官吏就难于到达。又《隋书·林邑传》说："方班师，梵志复其故地。"所谓复其故地，是全部或一部分，不得而知，但是既然这些地方经过大战之后，中国既没有移民去居住，也有的地方官吏不能到任，除了据了一些军事重点之外，大部分必为梵志所收复。

林邑最大的两个城，　为区粟，　为都城，二者既都为刘方所攻破，梵志不得不另建新都，说明了林邑这一次的损失是很大的。

林邑自建国以后，多次与中国战争，有胜有负，然而这是损失最大的一次。林邑本身固如杜佑《通典》所说，其地遂空，同时又不得不别建国邑，可是中国的损失，也不算少。中国班师回时，士卒脚肿者十四五，至于所打仗时的死伤，也当不少，刘方自己也患病而卒。

值得注意的，是林邑的金之多。在这次战役之前，宋文帝元嘉时代（公元四四六年）交州刺史檀和之与振武将军宗悫曾征伐林邑，得其金人，得黄金数十万斤，而这一次又获其庙主十八枚，皆用金铸制。隋初群臣所谓林邑多奇宝者，并非虚传。林邑虽是产金的地方，但林邑国王除用金当为货币外，又用以铸金人佛像，也说明了林邑对于佛教的尊崇备至。

说到这里，还值得我们注意的，是在这次战役中，中国"得佛经五百六十四夹，一千五百余部，并昆仑书"。上面已经指出，印度宗教之最初传入林邑，似是婆罗门，佛教可能输入较晚，然而这个宗教传入之后，很快的发展起来，在连年战争的状态之下，林邑藏了这么多的佛经，说明其佛教的发达。佛教经典在东南亚各国多为梵文，林邑似非例外。《刘方传》又说，除了佛经之外，还得昆仑书，这里所说的昆仑书，应该是占文，可是我们也得指出，在苏门答腊与其他的一些东南亚地方，也有昆仑，这种昆仑字可能是在东南亚相当流行的一种梵文化的文字，这种昆仑书，也可能是猛文。

范梵志经过大败之后，不只遣使谢罪，而且朝贡不绝。应该指出，自范梵志就位之后，对于中国，一向是友好的，而且常遣使朝贡，这一次的被攻，正如上面所指出，战端是起自中国，而其动机是贪图林邑的奇宝，范梵志经过这一次的被打之后，对于中国，当然是朝贡更多。

而且，不只在隋未亡之前，范梵志会时时遣使到中国，就是到了唐代，范梵志对于中国，还是不断朝贡。据《旧唐书》卷一九七《林邑传》，唐高祖武德六年（公元六二三）曾来朝贡。《林邑传》说：

> 武德六年，其王范梵志遣使来朝。

同处又说：

> 八年（六二五年），又遣使献方物，高祖为设九部乐以宴之，及赐其王锦彩。

六二三年所遣派的使者，固是范梵志所遣派的，就是六二五年所遣派的使者，也应该是这位国王所遣派的。唐代帝王设九部乐来宴会林邑使者，说明当时的统治者，对于林邑的重视，也说明了两国的友好的关系。

范梵志死于六二七年，在六二五至六二七年之间，有否遣派使者到中国，不得而知，但在贞观初年，林邑又遣使到中国，这应该是他的儿子所遣派的。这也说明了他的承继者，还是执行了他与中国的友好的政策。

第十八章 林邑与环王

《旧唐书》卷一九七《林邑传》说:

> 贞观(六二七至六四九)初遣使贡驯犀。四年,其王范头黎遣使献火珠,大如鸡卵,圆白皎洁,光照数尺,状如水精,正午向日,以艾蒸之,即火燃。五年又献五色鹦鹉,太宗异之,诏太子右庶子李百药为之赋。又献白鹦鹉,精识辩慧,善于应答,太宗悯之,并付其使,令放还于林薮,自此朝贡不断。头黎死,子范镇代立。太宗崩,诏于陵所刊石图头黎之形,列于玄阙之前。十九年(六四五),镇龙为其臣摩诃漫多加独所杀,其宗族并诛夷,范氏遂绝。国人乃立头黎之女婿婆罗门为王,后大臣及国人感思旧主,乃废婆罗门,而立头黎之嫡女为王。

《新唐书》卷二二二下"环王"条所记载,关于林邑的事情,有多少不同之处,但较为详细。今录之于后:

> 贞观时,王头黎献驯象、镠锁、五色带、朝霞布、火珠。与婆利、罗刹二国使者偕来。林邑其言不恭,群臣请向罪,太宗曰:"昔符坚欲吞晋,众百万,一战而亡,隋取高丽,岁调发,人与为怨,乃死匹夫手,朕敢妄议发兵邪?"赦不问。又献五色鹦鹉、白鹦鹉,数诉寒,有诏还之。头黎死,子镇龙立,献通天犀、杂宝。十九年(六四五),摩诃慢多伽独弑镇龙,灭其宗,范姓绝。国人立头黎婿婆罗门为王,大臣共废之,更立头黎女为王。诸葛地者,头黎之姑子,父得罪,奔真腊。女王不能定国,大臣共迎诸葛地为王,妻以女,永徽至天宝,凡三入献。

诸葛地,据《美山碑文》,就位于六五三年,他号为毗建陀跋摩(Virantavarman)。诸葛地死后,继他位者亦名毗建陀跋摩。马司伯乐在其《占婆史》中(页四二)说:

> 嗣王亦号毗建陀跋摩,即《唐会要》所称之建多达摩也。入贡于唐十五次。

又说:

> 按中国史书其王名建多达摩,建多似为 Vikranta 之省译,达摩又似为 Prakacadharma 之省译。第此王就位于六五三年至七三一年,入贡之时,已有七十八年,不应尚存也,遂又疑建字为律字之讹,或为后王律陀罗跋摩二世(Rudravarman II)之省译,亦即《唐会要》卷七十八之卢陀罗,《册府

元龟》卷九百七十一之卢陀也。若以此说为是，但此王没于七四九年，自六五三至七四九年又为时太远，其中间似又有一王，兹宋芬诺（Finot）之说，臆定其间有毗建陀跋摩一世，毗建陀跋摩二世，律陀罗跋摩二世三王，但未敢确定不误也。

《新唐书》说林邑自永徽至天宝凡三入献。永徽是唐高宗年号，从六五〇年至六五五年，天宝为唐玄宗年号，从七四二年至七五五年，这就是从六五〇年至七五五年的一百零五年中，林邑曾遣使到中国贡献三次，据说这三次朝贡最后一次是在玄宗天宝八年（七四九）。

杜佑《通典》卷一百八十八"林邑"条说：

> 诸葛地者，头利之姑子，女王独在，国中不宁，大臣可伦翁定乃立地为王，妻之以女，主其国，乃定。诸葛地自立后，遣使可伦因地盘，献火珠，形如水精，日正午时，以珠承影，取艾衣之，火见，云得之于罗刹国。

同处"罗刹"条说：

> 罗刹国在婆利之东，其人极陋，朱发黑身，兽牙鹰爪，时与林邑人作市，辄以夜，昼日则掩其面。隋炀帝大业三年，遣使常骏等使赤土国，至罗刹。

婆利是在爪哇之东，罗刹既又在婆利之东，则与林邑、赤土距离甚远，这里说常骏使赤土至罗刹，恐怕是错误。至于林邑所献火珠，是从罗刹买到来，似无问题，不过既说罗刹与林邑人作市，那么又不见得罗刹是与林邑相距太远。

《新唐书》卷二二二下"环王"条云：

> 至德后更号环王。

至德是唐肃宗的年号，从七五六年至七五七年，《新唐书》既说是至德后更号环王，那么更号的时间，应该是在七五六与七五八年之间。我们知道《旧唐书》卷一九七还是称为林邑，而且在《旧唐书》的《林邑传》中，并没有说到林邑改为环王。至于《新唐书》不只说到林邑改为环王，而且卷二二二下是用环王为标题。林邑改为环王，在唐时已是中叶，《新唐书》不称林邑而称为环王，说明了这个国号的更改，是一件很为重要的事情。

环王这个名称，也见于唐人贾耽的"道程"。《新唐书》卷四三下贾耽"道程"说：

> 自骤州东二日行至唐林州安远县，南行经古罗江，二日行至环王国之檀洞江，又四日至朱崖，又经单补镇二日至环王国城，故汉日南郡地也。

伯希和在《印度交广两道考》（冯译，页四四）中解释这一段路程及其地理说：

> 按：环王即占波，二日行至占婆之边境，路程所志，似与地图所载不符，盖在安南，此处海岸之间，须自河静东行绕过横山，始再南行也。其古罗江余以为今之 Song Giang，其檀洞江余以为今之日丽或东海（Dong-hoi）江。此处之朱崖，与海南岛之朱崖同名，意者两地同名，抑为朱吾之误，未可知也。

《资治通鉴》卷二〇八《唐纪二十四》"神龙二年"（七〇六）袁恕己于环州注云：

> 贞观十二年（六三八）李弘节开拓生蛮置环州，取环王国为名，属岭南道。

《唐书》卷四一《地理志》"环州"条也说到这件事，这就是名环州为环王国。又说天宝七年（七四八）改为平郡。乾元元年（七五八）复为环州，这个环王国虽非林邑，可是这个环王国的国名，比之林邑改为环王还要早了一百多年。

为什么林邑改为环王呢？《新唐书》并没有说明这一点。马司伯乐在其《占婆史》中（页四四）说：

> 中国史载占婆于七五八年后更号环王，不名林邑，此种对译，在占文梵文中皆无法寻译原名。

《通鉴》卷二〇八《唐纪二十四》"神龙二年"（七〇六）流袁恕己于环州注云："贞观十二年，李弘节开拓生蛮，置环州，取环王国为名，羁岭南道。"《通鉴》卷二一九《唐纪三十五》"至德元年"（七五六）载："国人立其王头黎之女为王，不能治国，更立头黎之姑子诸葛地，谓之环王，妻以女王。"

我们以为名环王之称，可能如马司伯乐所说："非第五王朝诸王之尊号，即为王室发源国土之名。"照我们看起来，环王这个名词，是王室发源国土的可能性最大。我们知道，林邑、环王、占城，这三个名词，都是中国人所称占婆的名词。占婆人自己一向就叫做占婆。林邑可能如上面所说，在秦时已有林邑县，也可能是由象林转过来。占城更没有问题的从占婆转过来。林邑与占城都是指明地方或都城，那么唐人说林邑更为环王，似乎也是指明地方。可能有人怀疑环王的王字是指着王室的姓氏，然而我们也得指出，在林邑的历史，王室不知更改了多少次，可是并不因此而改国名。范熊代区氏而为王，林邑没有改名，范文代范逸而为王，林邑也没有改名。又唐贞观十九年（六四五）林邑王镇龙被摩诃漫多加独杀死后，《新唐书·环王传》说范姓因此而绝，后来国人立头黎之婿婆罗门为王，可是也不因此而改国号。所以所谓环王，不见得是因改姓而改国号。

杜佑《通典》卷一百八十八"林邑"条云：

　　今之环王国主，即梵志之后。

这个纪录很为重要。因为假使在王室的系统上环王国的王室，还是与范氏有关系，那么环王国主是范梵志的后裔。

因此之故，我们以为林邑改为环王，大概是由于国都的迁移，或与王室发源地有关。又在环王国的时代，原属于林邑的南方的宾童龙称霸的时代，可能是范梵志遣去统治宾童龙的后裔，后来当权成为占婆的统治者，而其发源地是叫做环王。其实宾童龙就是 Panduranga 的对音，土人名其地为 Panran，安南人译为藩龙，藩音与环音有了相近之处，而笼音与王音也有了相近之处，尤其是今日的海南音番与环很为接近，是否从安南音转为中国音，藩就遂成为环王，这是很值得我们注意的。

又宾童龙就系上面所指出，有译邦都郎、宾陀陵等好几个说法，但其最早的译法，是叫做奔陀浪。《旧唐书》卷一九七《真腊传》说：

　　真腊东至奔陀浪。

又《唐书·地理志》卷四三下贾耽"道程"中也说：

　　广州东南行……，又一日至古笪国，又半日至奔陀浪州。

我们还找不出唐以前关于这个国家的记载。我们知道在汉代象林县之南有一个西屠国，林邑建立以后，这个国家可能被林邑所灭亡，或者扶南也占据一部份的地方，所以林邑成立之后，林邑的南疆应与扶南毗连，但是到了六世纪以后，扶南逐渐衰弱，其属国真腊继之而兴。扶南逐渐向南迁移，可能其连接林邑的一部份土地，原为扶南的属国或采邑，到了这个时候因为扶南衰弱南移，遂独立起来而建立为国家。因此，在唐以前的历史记载，找不出这个国家。

宾童龙虽然因扶南的衰弱而独立，而且可能在争取独立期间，还得到林邑的帮助，但是真腊正在兴盛，到了真腊征服整个扶南之后，宾童龙可能怕被真腊征服，同时林邑也这样的怕，于是乃通过外交方式或武力压迫，而使宾童龙成为林邑的属国。这个属国，到了后来，可能是因与林邑王室的关系或是因武力的增长，逐渐地得到林邑的统治权，而统治整个林邑。

《新唐书》卷七《德宗本纪》"贞元十八年"（八〇二）中说：

　　十二月环王陷驩、爱二州。

同书卷七《宪宗本纪》"元和四年"中说：

　　元和四年环王寇安南，都护张舟败之。

又同书卷二二二下"环王"条说：

元和（八〇六—八二〇）初不朝献，安南都护张舟执其伪骦、爱州都统，斩三万级，虏王子五十九，获战象、舠、铠。

马司伯乐在其《占婆史》中（页四八）指出道：

张舟此役，或有虚报，不然所获者似属骦、爱州之人民，盖诃梨跋摩曾留碑铭云："伸其如太阳之长臂，以焚暗如黑夜之中国民族。"

张舟可能夸大其胜利，但是诃梨跋摩所留的碑铭也可以说是"夜郎自大"，因为他所能侵犯者，最多不过是骦、爱二州，还没有北占交州，更说不上以焚暗如黑夜之中国民族。然而同时，也得指出，环王陷骦、爱二州，是在八〇二年，而张舟征伐环王是在八〇九年，那么这两个州之被环王占据有了七年之久，这也说明了唐朝在这个时候，在边疆的势力上的薄弱。我们知道，在贞元十九年（八〇三）"安南将王季元逐其经略使裴泰，兵马使赵均败之"。

但是环王于八〇二既陷了骦、爱二州，于八〇九年又寇安南，使中国不得不遣兵征伐。同时，也得指出，张舟只是收复了已失的骦、爱二州，似并没过南下到环王的都城，所以环王所损失的，只是在骦、爱二州的势力。

环王的历史大致有了一百二十年左右。《岭表录异》载唐僖宗乾符四年（八七七），占城献驯象，那么在八七七年的前后，占城这个名称已采用了。

第三篇 附录

附录一 五代的占城

在这一编里，像我们在上面已经指出，对于五代或宋以后的占婆历史，只能把我国的主要史文，抄录下来，作为附录。五代始于梁朱全忠废唐帝而就位于大梁，这是公元九〇七年的事情。所谓五代，虽然经过梁、唐、晋、汉与周五个朝代，可是时间总共不过五十二年，这就是从公元九〇七年至九五九年。记载五代的史书，有《旧五代史》与《新五代史》。前者是宋薛居正等撰，后者为欧阳修所撰。《旧五代史》卷一三八《外国传》中只有下列一条关于占城的史文。

> 占城，本地鸟之大者有孔雀。

这是太简单了。《新五代史》卷七十四有下面一段：

> 占城在西南海上，其地方千里，东至海，西至云南，南邻真腊，北抵驩州。其人俗与大食同。其乘，象、马，其食，稻米、水兕、山羊，鸟兽之奇，犀、孔雀。自前世未尝通中国，显德五年（按：为五代周世宗年号，公元九五八），其国王因德漫遣使者莆阿散来，贡猛火油八十四瓶、蔷薇水十五瓶。其表以贝多叶书之，以香木为函。猛火油以灑物得水则出火，蔷薇水云得自西域，以洒衣，虽敝而香不灭。
>
> 五代，四夷见中国者，远不过于阗、占城，史之所纪，其西北颇详，而东南尤略，盖其远而罕至，且不为中国利害云。

按云南这个名称，人们多以为始于元置云南行中书省，五代与宋均称大理，宋欧阳修以为占城西至云南，那么这个名称已见于宋代（按：这个名称也见于乐史《太平寰宇记》卷一七九"占城"条）。占城是相当于今日的越南中圻，其西应为今日的老挝与暹罗，在五代与宋的时代，应为真腊所属。云南或大理的版图不见得伸张到这些地方。所谓占城西至云南，是不对的。又说，这个国家前世未尝通中国，显德五年始遣使到中国，也是错了。五代几个朝代为时极暂，对于东南亚无暇顾及，占城北与驩州接，而东北是海南岛，顺风一日可至，欧阳修说其远而罕至，也是有问题的。

附录二 《宋史》的占城

《宋史》卷四百八十九"占城"条说:

占城国在中国之西南,东至海,西至云南,南至真腊国,北至骥州界,泛海南去三佛齐五日程,陆行至宾陀罗国一月程,其国隶占城焉。东去麻逸国二日程,蒲端国七日程,北至广州,便风半月程,东北至两浙一月程,西北至交州两日程,陆行半月程。其地东西七百里,南北三千里,南曰施备州,西曰上源州,北曰乌里州。所统大小州三十八,不盈三万家。其国无城郭,有百余村,村落户三五百或至七百,亦有镇县之名。

土地所出:笺沉香、槟榔、乌楠木、苏木、白藤、黄腊、吉贝花布、丝绫布、白氎布、藤簟、贝多叶簟、金银铁锭等物。五谷无麦,有粳米、粟、豆、麻子。官给种一斛,计租自斛。果实有莲、甘蔗、蕉子、椰子。鸟兽多孔雀、犀牛。畜产多黄牛、水牛,而无驴。亦有山牛,不任耕耨,但杀以祭鬼,将杀,令巫祝之曰:阿罗和及拔,译云:早教他托生。民获犀、象皆输于王。国人多乘象或软布兜,或于交州市马,颇食山羊、水兕之肉。

其风俗衣服与大食相类,无丝蚕,以白氎布缠其胸,垂至于足,衣衫窄袖,撮发为髻,散垂余髻于其后。互市无缗钱,止用金银较量锱铢,或吉贝锦定博易之直。乐器有胡琴、笛、鼓、大鼓,乐部亦列舞人。其王脑后鬐髻,散披吉贝衣,戴金花冠,七宝装缨络为饰,胫股皆露,蹑革履无袜。妇人亦脑后撮髻,无笄梳,其服及拜揖与男子同。王每日午坐禅〈椅〉。官属谒见膜拜一而止,白事毕复膜拜一而退。或出游,看象、采猎、观渔,皆数日方还。近则乘软布兜,远则乘象,或乘一木杠,四人昇之。先令一人持槟榔盘前导,从者十余辈,各执弓箭、刀枪、手牌等。其民望之膜拜一而止,日或一再出。每岁稻熟,王自刈一把,从者及群妇女竞割之。

其王或以兄为副王,或以弟为次王。设高官凡八员,东西南北各二,分治其事。无俸禄,令其所管土俗资给之。别置文吏五十余员,有郎中、员外、秀才之称,分掌资储宝货等事,亦无资俸,但给龟鱼充食,及免调役而已。又有司帑廪者十二员,主军卒者二百余员,皆无月俸。胜兵万余人,月给粳米二斛,冬夏衣布各三匹至五匹。每夕唯王升床而卧,诸臣皆寝于地蓐。亲近之臣,见王即胡跪作礼,稍疏远者,但拱手而已。

其风俗,正月一日牵象周行所居之地,然后驱逐出郭,谓之逐邪。四日有游船之戏,定十一月十五日为冬至,人皆相贺。州县以土产物帛献其王,每岁十二月十五日城外缚木为塔,王及人民以衣物香药置塔上,焚之以祭天。人有疾病旋采生药服食，地不产茶，亦不知酝酿之法，止饮椰子酒，兼食槟榔。

刑禁亦设枷锁，小过以四人拽伏于地，藤杖鞭之，二人左右更互捶扑，量其或五六十至一百。当死者以绳系于树，用梭枪舂喉而殊其首。若故杀、劫杀，令象踏之，或以鼻卷扑于地。象皆素习，将刑人，即令荟养之，以数谕之，悉能晓焉。犯奸者，男女共入牛以赎罪。负国王物者，以绳拘于荒塘，物充而后出之。

其国前代罕与中国通。周显德（公元九五四—九五九）中，其王释利因德漫遣其臣莆阿散贡方物，有云龙形通犀带、菩萨石。又有蔷薇水，洒衣经岁香不歇，猛火油，得水愈炽，皆贮以琉璃瓶。

建隆二年（九六一），其王释利因陀盘，遣使莆阿散来朝，表章书于贝多叶，以香木函盛之。贡犀角、象牙、龙脑、香药、孔雀四、大食瓶二十，使回，锡赉有差，以器币优赐其王。三年（九六二）又贡象牙二十二株、乳香千斤。

乾德四年（九六六），其王悉利因陀盘遣使因陀玢李帝婆罗贡驯象、牯犀、象牙、白氎、哥缦、越诺，王妻波良仆瑁、男占谋律秀琼等，各贡香药。五年，又遣使李咩、李被瑳，相继来贡献。

开宝三年（九七〇）遣使贡方物，雌象一。四年，悉利多盘副国王李耨、王妻郭氏、子蒲路鸡波罗等，并遣使来贡。五年，其王波美税褐印茶，遣使莆阿散来贡。六年又贡。七年又贡孔雀伞二、西天烽铁四十斤。九年遣使朱陀利陈陀野等来贡。

太平兴国二年（九七七），其王波美税阳布印茶，遣使李牌来贡。三年，其王及男达智遣使来贡。四年，遣使李木吒哆来贡。六年，交州黎桓上言，欲以占城俘九十三人献于京，太宗令广州止其俘，存抚之，给衣服资粮遣还占城，诏谕其王。七年，遣使乘象入贡，诏留象广州畜养之。八年，献驯象，能拜伏，诏畜于京畿宁陵县。

雍熙二年（九八五），其王施利陀盘吴日欢，遣婆罗门金歌麻献方物，且诉为交州所侵，诏答令保国睦邻。三年，其王刘继宗遣使李朝仙来贡，儋州上言占城人蒲罗过为交州所逼，率其族百口来附。四年秋，广州上言，雷、恩州关送占城夷人斯当李娘并其族一百五十人来归，分隶南海、清远县。端拱元年（九八九），广州又言，占城夷人忽宣等族三百一人来附。

淳化元年（九九〇）新王杨陀排自称新坐佛逝国，杨陀排遣使李臻贡驯犀方物，表诉为交州所攻，国中人民财宝，皆为所略。上赐黎桓诏，令各守境。三年，遣使李良莆贡方物，赐其王白马二、兵器等。本国僧净戒，献龙脑、金铃、铜香炉、如意等，各优赐之。

至道元年（九九五），其王遣使来贡，表奉言："前进奉使李良莆回，伏蒙圣慈赐臣细马二匹、旗五面、银装剑五口、银缠枪五条、弓弩各五张及箭等，戴恩感惧，稽首稽首。臣生长外国，夐远天都。窃承皇帝圣明，威德广大，臣不悼介居海裔，遣使入朝。皇帝不弃蛮夷山国，曲加优赐。然臣自为土长，声势尚卑，常时外国颇多侵挠，况以前民庶如芥，随风星散，流离各不自保。近蒙皇帝赐臣内闲驵骏及旗帜、兵器等，邻国闻之，知臣荷大国之宠而各惧天威，不敢谋害。今臣一国安宁，流民来复，若非皇帝天德加护，何以至此！臣之一国仰望仁圣覆之如天，载之如地。臣自思惟，鸿恩不浅。且自天子之都至臣所居之国，涉海绵邈，不啻数万里，而所赐之马及器械等并安全而至，皆圣德之所及也。自前本国进奉，未尝有旌旗弓矢之赐，臣今何幸，独受异恩。此盖天威广被，壮臣土疆。臣虽殒身，无以上报。兼臣贡使往复，资给备至，恩重山岳，不可具陈。今特遣专使李波珠、副使诃散、判官李磨勿等，进奉犀角十株，象牙三十株，玳瑁十斤，龙脑二斤，沉香百斤，夹笺黄熟香九十斤，檀香百六十斤，山得鸡二万四千三百只，胡椒二百斤，簟席五。前件物固非珍奇，惟表诚恳。臣生居异域，幸遇明时，不贵殊珍，惟重良马。倘皇帝念及外国，不罪恳求，若使介南归，愿垂颁赐，臣之幸矣。兼臣本国元有流民三百，散居南海，曾蒙圣旨许令放还，今有犹在广州者。本国旧有进奉夷人罗常占见驻广州，乞诏本州尽数点集，具籍以付常占，令造舶船，乘便风部领归国，冀得安其生聚，以实旧疆。至于万里感恩，一心事上，臣之志也。"上览表，遣使诣广州询问，愿还者悉付波珠。使还，复赐白马二，遂为常制。

咸平二年（九九九），其王杨普俱毗茶逸施离，遣使朱陈尧、副使蒲萨陀婆、判官黎姑伦，以犀、象、玳瑁、香药来贡，赐尧等冠带衣襦有差。景德元年（一〇〇四），又遣使来贡，诏以良马、介胄、戎器等赐之。四年，遣使布禄爹地加等奉表来朝，表函藉以文锦，词曰："占城国王杨普俱毗茶室离顿首言：臣闻二帝封疆，南止届于湘、楚；三王境界，北不及于幽、燕。仰瞩昌时，实迈往迹。伏惟皇帝陛下，乾坤授气，日月储英，出震居尊，承基御极。慈悲敷于天下，声教被于域中。业茂前王，功芳徂后，苍生是念，黄屋非心。无方不为生灵，有土并为臣妾。真风遍布，霈泽周行，凡沐照临，共增耸抃。臣生于边鄙，幸袭华风。蚁垤蜂房，聊为遂性；龙楼凤阁，尚阻观光。再念自假天威，获全封部，邻无侵夺，俗有舒苏。每岁拜遣臣下，问宁上国，蒙陛下恩霈行苇，福及豚鱼，特因回人，颁赐戎器。臣本土惟望阙焚香，欢呼拜受，心知多幸，曷答洪恩。圣君既念于宾王，诚恳肯忘于述职。今遣专信臣布禄爹地加、副使臣除逎麻瑕珈耶、判官臣皮霸抵一行人力等，部署土毛，远充岁贡。虽表楚茅之礼，实怀鲁酒之忧。虔望睿明，甫宽谴戮。专信臣等回日，军容器仗，耀武之物，伏愿重加赐赉，盖念悉为臣子，合告君亲，服饰车舆，咸仪斧钺，不敢私制，惟望恩颁。干冒冕疏，不任死罪。"布禄爹地加言，本国旧隶交州，后奔于佛逝，北去旧所七百里。使还，赐物甚厚。

大中祥符三年（公元一〇一〇），国主施离霞离鼻麻底，遣使朱淳礼来贡。四年，遣使贡师子，诏畜于苑中，使者留二蛮人以给豢养，上怜其怀土，厚给资粮遣还。八年，遣使波轮诃罗帝来贡，诃罗帝因上言有弟陶珠顷自交州押驯象赴阙，今幸得见，欲携以还。许之。仍赐陶珠衣币装钱。

天禧二年（公元一〇一八）其王尸嘿排摩愒遣使罗皮帝加，以象牙七十二株、犀角八十六株、玳瑁千斤、乳香五十斤、丁香花八十斤、豆蔻六十五斤、沉香百斤、笺香二百斤、别笺一剂六十八斤、茴香百斤、槟榔千五百斤来贡。罗皮帝加言，国人诣广州或风漂船至石塘，即累岁不达矣。三年，使还，诏赐尸嘿排摩愒银四千七百两，并戎器鞍马。

海上又有蒲端国、三麻兰国、勿巡国，蒲婆众国。大中祥符四年祀汾阴，并遣使来贡。先是咸平景德中（公元九九八至一〇〇七），蒲端国主其陵，数遣使来贡方物，及献红鹦鹉。其后国主悉离琶大遐至，亦以金版镂表来上，其使已絮汉上言，伏见诏旨赐给占城使鞍勒马、大神旗各二，乞如恩列。有司以蒲端在占城下，请赐杂彩小旗五，从之。

天圣八年（公元一〇三〇）十月，占城王阳补孤施离皮兰德加拔麻叠，遣使李蒲萨麻瑕陀琶来贡木香、玳瑁、乳香、犀角、象牙。

庆历元年（一〇四一）九月，广东商人邵保见军贼鄂邻百余人在占城，转运司选使臣二人赉诏书器币赐占城，购邻致阙下，余党令就戮之。明年十一月，其王刑卜施离值星霞弗，遣使献驯象三。皇祐二年（一〇五〇）正月，又遣使俱舍唎波微收罗婆麻提杨卜贡象牙二百一、犀角七十九、表二通，一以本国书，一以中国书。五年（一〇五三）四月，其使蒲思马应来贡方物。

嘉祐元年（公元一〇五六）闰三月，其使蒲息陀琶贡方物，还至太平州，江岸崩，沉失行橐。明年正月诏广州赐银千两。六年（一〇六一）九月又献驯象。七年（一〇六三）正月，广西安抚经略司言，占腊素不习兵，与交趾邻，常苦侵轶，而占城复近修武备，以抗交趾，将繇广东路入贡京师，望抚以恩信。五月，其使顿琶尼来贡方物。六月，赐其王施里律茶盘麻常杨溥白马一，从其求也。

熙宁元年（一〇六八），其王杨卜尸利律陀般摩提婆遣使贡方物，乞市驿马，诏赐白马一，令于广州买骡以归。五年（一〇七二），贡瑠璃、珊瑚、酒器、龙脑、乳香、丁香、苹登茄、紫矿。七年（一〇七四），交州李乾德言，其王领兵三千人并妻子来降，以正月至本道。

九年（一〇七六）复遣使来言，其国自海道抵真腊一月程，西北抵交州四十日，皆山路，所治聚落一百五，大略如州县。王年三十六岁，著大食锦或川法锦大衫、七条金璎珞，戴七宝装成金冠，蹑红皮履。出则从者五百人，十妇人执金柈盒贮槟榔，导以乐。

王师讨交趾，以其素仇，诏使乘机协力除荡，行营战棹都监杨从先遣小校樊实谕旨。实还，言其国选兵七千，扼贼要路。其王以木叶书回牒，诏使上之，然亦不能成功。后两国同入贡。占城使者乞避交人，诏遇朔日朝文德殿，分东西立，望日则交人入垂拱殿，而占城趋紫宸，大宴则东西坐。

元祐七年（一〇九二），又表言，如天朝讨交趾，愿率兵掩袭。朝廷以交趾数入贡，不绝臣节，难以兴师，答敕书报之，而以其使良保故伦轧丹、副使傍木知突为保顺郎将。政和（一一一一至一一一七）中授其王杨卜麻叠金紫光禄大夫，领廉、白州刺史。杨卜麻叠言：身縻化外，不霑禄食，愿得薄授奉给，壮观小国。许之。

宣和元年（一一一九），进检校司空兼御史大夫、怀远军节度、琳州管内观察处置使，封占城国王。自是，每遇恩，辄降制加封邑。建炎三年（一一二九），杨卜麻叠遣使入贡，遇郊恩，制授检校太傅加食邑。绍兴二十五年（一一五五）其子邹时阑巴嗣立，遣使进方物，求封爵，锡宴于怀远驿，以其父初封之爵授之，报赐甚厚。

乾道三年（一一六七），子邹亚娜嗣，掠大食国方物，遣人来贡，以求封爵，为其国人所诉，诏却之，遂不议其封。七年，闽人有浮海之吉阳军者，风泊其舟抵占城，其国方与真腊战，皆乘大象，胜负不能决，闽人教其王，当习骑射以胜之。王大说，具舟送之吉阳，市得马数十匹归，战大捷。明年（一一七二）复来，琼州拒之，愤怒，大掠而归。淳熙二年（一一七五），严马禁，不得售外蕃。三年，占城归所掠生口八十三人，求通商，诏不许。四年，占城以舟师袭真腊，傅其国都。

庆元（一一九五）以来，真腊大举伐占城，以复仇，杀戮殆尽，俘其主以归，国遂亡，其地悉归真腊。

附录三 《宋会要》占城

《宋会要》一百九十七册《蕃夷四》中,有关于占城的记载,题为"占城蒲端",但主要是叙述占城,兹抄之于下:

占城国在中国之西南,泛海南去三佛齐五日程,陆行至宾陀罗国一月程,其国隶占城焉。东去麻逸国二日程,蒲端国七日程,北至广州两日程,东北至两浙一月程,西北至交州两日程,陆行半月程。其地东西七百里,南北三千里,南曰施备州,西曰上源州,北曰乌里州。国无城郭,有百余村,村落三五百或至七百,亦有县镇之名。土地出产笺沉香、槟榔、乌楠木、苏木、白藤、黄腊、吉贝花布、丝绫布、白氎布、藤簟、贝多叶、簟、金银铁锭等物。五谷无麦有粳米、粟、麻子。官给种一斛,计租百斛。果实有莲、甘蔗、蕉子、椰子。鸟兽多孔雀、犀牛。畜产多黄牛、水牛,而无驴,亦有山牛,不任耕耨,但杀以祭鬼,将杀,令巫祝之曰:阿罗和及拔,译之云:早教他托生。民获犀、象皆输于王。国人多乘象或软布兜,或于交州市马,颇食山羊、水兕之肉。

其风俗、衣服与大食国相类,无丝蚕,以白氎布缠其胸,垂至于足,衣衫窄袖,撮发为髻,散垂余髻于其后。互市无缗钱,止用金银较量锱铢,或古贝锦定博易之直。乐器有胡琴、笛、鼓、大鼓,乐部亦列舞人。其王脑后髽髻,散披古贝衣,戴金花冠,七宝装璎珞为饰服,胫皆露,蹑革履,无袜。妇人亦脑后撮髻,无笄梳,其服及拜揖,与男子同。王每日午坐禅椅,或出游,看象、采猎、观渔,皆数日方还。近则乘软布兜,远则乘象,或乘一木杠,四人昇之。先令一人持槟榔盘前导,从者千余辈,各执弓箭、刀枪、手牌等,其民望之,膜拜一而已,日或一再出。每岁稻熟,王自刈一把,从者及群妇女竞割之。

其王或以兄为副王,或以弟为次王,设高官凡八员,东西南北各二,分治庶事。无俸禄,令其所管土俗资给之。别置文吏五十余员,有郎中、员外、秀才之称,分掌资储宝货等事,亦无资俸,但给龟鱼充食,及免调役而已。又有司币廪者十二员,主军卒二百余员,皆无月俸,胜兵万余人,月给粳米二斛,冬夏衣布各三四至五四。每夕唯王升床而卧,诸臣皆寝于地蓐。亲近之臣,见王即胡跪而礼,稍疏远者,但拱手而已。

其风俗,每岁十二月十五日,城外缚木为塔,王及人民以衣物香药置于塔上,焚之以祭天。人有疾病,旋采生药服食。刑禁亦设枷锁,小过以四人拽伏于地,藤杖鞭之,二人左右互朴,量其罪,或五六十至一百。当死者绳系于木，用梭枪舂喉而殊其首。若故杀、劫杀，令象踏之，或以象鼻卷扑于地。象皆素习，将刑人，即令豢象之人，以数谕之，悉能晓焉。犯奸者男女共入一牛以赎罪。负国王物者，以绳构于荒塘，物充而后出之。

其国前代罕与中国通。周显德（公元九五四—九五九）中，其王释利因德漫尝遣使来贡。太祖建隆元年（公元九六〇）十二月，其王释利因塔蛮，遣使菩诃萨布君等，以方物犀角、象牙来贡。二年（九六一）正月，其王释利因陀盘，遣使莆诃散等来朝，表章书于贝多叶，以香木函盛之，贡犀牙、龙脑、香药、孔雀四、大食瓶二十，使回赐赍有差，仍以器币优赐其主。三年（九六二）九月，遣使来朝，贡象牙二十二株、乳香千二百斤。

乾德四年（公元九六六）三月，其王悉利因陀盘遣使因陀玢李帝婆罗、使副白不罗低冬来朝贡牯犀一株、象牙二株、白氎二十条、哥缦三十五条、绣哥缦一对、亲色哥缦十四合、并杂药物等。王妻波良仆瑂、男茶罗继占谋律秀琼等又各贡犀角、象牙、龙脑、玳瑁、香药。其进奉使副又各进奉犀象方物，赐衣服、金带、银器、鞍马、被褥、巾屦有差。六月遣还本国。七月，江南国主李煜上言，占城国使入贡，道出臣国，遗臣犀角一株、象牙二株、白龙脑三十两、苍龙脑十斤、乳香三十斤、沉香三十斤、煎香七十斤、石亭脂五十斤、白檀香百斤、紫矿五十斤、荳蔻二万颗、龙脑后三片、槟榔五十斤、藤花簟四领、占城孤班古缦二段、阇婆马礼偃鸾国古缦一段、阇婆沙剜古缦一段、阇婆绣古缦一段、大食古缦一段、大食缦锦古缦一段、占城绣水织布五匹、阇婆沙剜锦绣古缦一段，以其物来上。诏曰：远夷述职，钦我文明，经行既历于彼邦，赞聘遂修于常礼，烦持信币，远至上都，深认忠勤，即宜收领，今后更有礼币，不须进来。九月遣使李咩来贡巨象一，其色青，蛮人控之，能摇鼻跪膝，命以金鞍饰之，置都亭驿。京城士庶观者阗街。李咩等又献象牙、香药，赐来使器币钱帛之服遣之。五年（九六七），遣使李咩、李被瑶来贡。

开宝三年（公元九七〇），遣使来贡雌象一。四年（九七一），悉利多盘副国王李耨、王妻郭氏、男蒲路鸡波罗等，并遣使来贡。五年（九七二）三月，其王波美税遣使蒲诃散来贡方物。六年（九七三）四月，其王悉利盘盘印茶遣使布你齐等来贡。六月，其波美［美］税杨布印茶遣使贡方物。七年（九七四）正月，其王波利税褐茶遣使来贡孔雀伞二、西天烽铁四十斤。九年（九七六）遣使朱陀利陈陀野等来贡。太宗太平兴国二年（公元九七七）二月，其王波美税杨布印茶遣使李牌、副使李麻郁、判官李屠奉方物越诺布四段、龙脑二斤、杂香药千斤、丁香五十斤、煎香二十五斤来贡。三年五月，其王与其男达智遣使来贡。四年（九七九）十二月遣使李木吒哆来贡。六年（九八一）三月交州黎桓言，欲以占城俘九十三人献于京师。

帝令广州止其俘，存抚之，给衣服资粮遣还占城，诏谕之。七年（九八二）闰十二月占城遣使承象入贡方物，诏留象广州荼养之。八年（九八三）九月，遣使来献驯象，能拜伏，诏畜于京畿之宁陵县。

雍熙二年（公元九八五）二月，其主施利陀盘吴日欢遣使婆罗门金歌麻来献龙脑、玳瑁、象牙、越诺、无名异，赐衣服、冠带、鞍辔马。且诉为交州所侵，诏答令其保国睦邻。三年（九八六）三月，其王刘继宗使李朝仙来贡通犀二株、生白龙脑十斤、速香五十斤、丁香五十斤、钱香二百斤、沉香百八十斤，朝仙又进牙二株、白龙脑十斤。九月，儋州言占城国人蒲罗遏为交州所逼，率其家百余口内附。四年（九八七），广州言，雷州关送占城夷人使当李娘并其族百五十人来归，诏分隶南海、清远二县。

端拱元年（公元九八八）正月，遣使来贡方物，使者往东郊游看，就赐酒食以劳之。十一月，广州又言，占地夷人忽宣等族三百一人来附。

淳化元年（公元九九○）十月，新王杨陀排自称所生佛逝国，杨陀排遣使李臻、副使莆诃散来贡进驯犀及螺犀十株、象牙十五株、腊沉香一斤、白龙脑二斤、山得鸡三十三斤，其使副又献螺犀、药犀、象牙、没药、胡卢巴、龙脑、白豆蔻，及蔷薇水。赐袭衣、巾带、被褥、靴、笏、器、帛有差。表诉为交州所攻，国中人民财宝皆为所略，帝赐诏黎桓各令保境。三年（九九二）十二月，其王李陀排遣使李良甫、副使亚麻罗婆低来贡螺犀、药犀十株、象牙二十株、煎香三十六斤、白龙脑一斤四两、绞布六段、槟榔十三斤、山得鸡六十四斤、椰子五十颗。其使副又献象、犀、螺犀、玳瑁、煎香等。赐其王白马二匹、兵器等，占城喜白马，故以赐之。本国僧净戒又献金龙脑、金铃、铜香炉、如意等，各优赐之。

至道元年（公元九九五）正月，其王杨波占遣使李波珠来贡。杨波占表云："李良甫回，伏蒙圣慈赐臣细马二匹、旌五面、银装剑五口、银缠枪五条、弓弩各五张及箭等，戴恩感惧，稽首稽首。臣生长外国，曼远天都。窃承皇帝圣明，威德广大，不惮介居海裔，遣使入朝。皇帝不弃蛮夷小国，曲加优赐。然臣自为土长，声势尚卑，当时外蕃，颇相侵挠，况以前庶民如芥，随风星散流离，各不自保。近蒙皇帝赐臣内闲驵骏旗帜、兵器等，邻国闻之，知臣荷大国之宠而各惧天威，不敢谋害。今臣一国安宁，流民来复，若非皇帝天德加护，何以至此？臣之一国仰望仁圣，覆之如天，载之如地。臣自思惟，鸿恩不浅。且自天子之都，至臣所居之国，涉海绵邈，不啻数万里，而所赐之马及器械等并安全而至，皆圣德所及。自前本国进奉，未尝有旌旗弓矢之赐，臣今何幸，独受异恩、此盖天威广被，壮臣土疆。臣虽陨生，无以上报。兼臣贡使往复资给备之，恩重如岳，不可具陈。今特遣专使李波珠、副使诃散、判官李磨勿等进奉犀角十株、象牙三十株、玳瑁十斤、龙脑二斤、沉香百斤、夹笺黄熟香九十斤、檀香六十斤、山得鸡一万四千三百只、胡椒二百斤、簟席五,前件物固非珍奇,惟表诚恳。臣生居异域,幸遇明时,不贵殊珍,惟重良马。倘皇帝念及外国,不罪恳求,使介而归,愿垂颁赐,臣之幸也。兼臣本国元有流民三百,散居南海,寻曾奉旨许令放还,今有犹在广州者。本国旧有进奉夷人罗常占,见在广州,乞诏广州尽数点集,具籍以付常占,令造舸船,乘便风部领归国,冀得安其生聚,以实旧疆。至于万里感恩,一心事上,臣之志也。"帝览表,遣使奉职曹令赟诣广州询问,愿还者悉付波珠使回。复赐白马二匹,遂为常制。三年（九九七）三月二日,遣使朝贡。五月其王杨甫恭毗施离遣使李补良押陀罗潘思来贡。

真宗咸平二年（公元九九九）二月,其王杨王俱毗茶逸思离遣使朱陈尧、副使蒲萨陀婆、判官黎姑伦,以犀牙、玳瑁、香药,来贺皇帝登极,赐尧等冠带衣裈有差。

景德元年（公元一〇〇四）九月,遣使奉方物来贡,且求赐良马二匹、马面二副、介胄、弓、剑枪旗等,诏并给之。二年（一〇〇五）四月,遣使来贡。四年（一〇〇七）五月,遣使布禄爹地加等,奉方物来贡。其国王表函藉以文锦奇香,词曰:景德三年（一〇〇六）五月十七日,占城国王臣杨普俱毗茶室离,顿首死罪言:"臣闻二帝封疆,南止届于湘楚,三王境界,北不及于幽燕,仰瞩昌时,实迈往迹。伏维皇帝陛下,乾坤授气,日月储英,出震居尊,承基御极。慈惠敷于天下,声教被于域中。业茂前王,功芳徂后,苍生是念,黄屋非心。无方不是生灵,有土兼为臣妾。真风遍布,泽霈周行,凡沐照临,共增悚忭。臣生于边鄙,幸袭华风。蚁蛭蜂房,聊为遂性；龙楼凤阁,尚阻观光。再念自假天威,获全封部,邻无侵夺,俗有舒苏。每岁拜遣下臣问宁上国,蒙陛下恩霈行苇,福及豚鱼,特因回人,颁赐戎器。臣本土维望阙焚香,欢呼拜受,心知多幸,曷答洪恩。圣君既念于宾王,微恩肯忘于述职。今遣专信臣布禄爹地加、副使臣除逎麻瑕珈耶、判官臣皮霸坻一行人力等,部署土毛,远充岁贡。虽表楚茅之礼,宾怀鲁酒之忱。虔望睿明,甫宽谴戮,专信臣等回日,军容器仗,耀武之物,伏愿重加赐赉,盖念忝为臣子,合告君亲,服饰车舆,威仪斧钺,不敢私制,唯望恩颁。干冒冕旒,不任死罪。"布禄爹地加言,本国旧隶交州,后奔于佛逝,去北旧所七百里许。使还,赐物甚厚。

大中祥符元年（公元一〇〇八）,遣使陀傍亚声来贡,会于泰山之下,礼成,授其使奉中郎将。三年（一〇一〇）四月,其王施利离霞离罩麻庶遣使朱浮礼来贡。其王又言,每蒙宣赐,皆是白马,不宜炎土,乞黄赤色马二匹,甲马、马面,并以银花装及浑镀金剑、手剑五口,金钢射甲箭百五十只、银桶枪五条,错彩转光旗五口,白桦弓五张,银装器械五副,金线扎弩五枝，锯刀二条，并从其请。四年（一〇一一）十一月，遣使蒲萨多婆、副使蒲多波底、判官陈义来贡象牙六十二株、螺犀十一株、药犀二十九株、玳瑁三百片、沉香五十斤、煎香三百五十斤、黄熟香二百一十斤、带枝丁香三十斤、豆蔻六十斤，其役又进熟龙脑三十两、没药八十斤、紫矿四百七十斤、肉荳蔻二百斤、胡椒二百斤、没药三十斤、紫矿百斤。其王又言，本国地毛不壮，土产无精，常思奇异而供王。每欲殊珍而作贡，所以特遣使使遍诸邻蕃。昨于三佛齐国得金毛狮子一，其狮子本出天竺国，彼人豢养，今以驯良，传来大食，又至三佛齐，蕃语谓之虓猫，唐言谓之狮子。今遣专使诣阙上进，是日再见于便殿，命舁狮子之槛以出，本国二蛮人引狮子出槛。其状正黄色，首班而身纯，视之可畏，偃仰于地，驯狎久之，命养于玉津园。十一月八日召近臣馆阁官于崇政殿观狮子。帝曰：其使称跨越山海求之而获本国之量，赐器帛，二蛮人乞留苑中豢养之。五年（一〇一二）二月，帝愍其怀土，命厚给资粮放归本国。七年（一〇一三）正月遣使来贡。八年（一〇一四）二月，遣使来贡。五月，其王上表遣腹心人波轮诃罗带充专使，刘公简充副使，判官防援人，犀牙、玳瑁、乳、沉、煎香、荳蔻、槟榔等来贡。波轮诃罗带自言，有亲弟陶珠，顷以交州侵夺，交州令押象到阙，今至京师，得与弟相见，愿将回本国。从之，仍赐陶珠衣物缯钱等。闰六月，赐占城国王枪、旗、弓弩、器、甲、马，从所请也。

天禧二年（公元一〇一八）九月，其王尸嘿排摩㩼遣使罗皮帝加等，以象牙七十二株、犀角八十六株、玳瑁千片、乳香五十斤、丁香花八十斤、荳蔻六十五斤、沉香百斤、笺香二百斤、别笺一剂六十八斤、茴香百斤、槟榔千五百斤来贡。罗皮帝加言：国人请广州或风漂船至石堂，则累年不达矣。使还，诏赐其王尸嘿排摩㩼银四万七千两、器仗鞍马等。

仁宗天圣七年（公元一〇二九）五月，国王杨卜俱室离遣叱达巴李菩萨等奉表进生凤一只、犀三十株、象牙七十株、玳瑁二斤、木香七百八十斤，其表以凤表王者之瑞，冀应圣人之运也。八年（一〇三〇）十月，遣进奉使、李菩萨麻瑕陀琶表献礼物，入见于崇政殿，所献木香七百斤、犀角四十余株、玳瑁四百余片、乳香二千斤、象牙八十株。

庆历元年（公元一〇四一）九月，广南东路转运司言，商人邵保至占城国，见军贼鄂邻等百余人，羁縻在其国中。诏本路选差使臣二人，赍诏书器币赐占城国王，购致贼酋于阙下，余党令就戮之。二年（一〇四二）十一月，国王刑卜施离值星霞弗遣使献驯象三。

皇祐二年（公元一〇五〇）正月，国主俱舍唎波微收罗婆麻提杨卜贡象牙二百一、犀牛角七十九，赍表二通，一以蕃书，一以中国书。五年（一〇五三）四月，遣蒲思马应来贡方物，赐紫罗宽衫、小绫宽汗衫、大绫夹袜、头裤、小绫勒帛、一十两金花银腰带、幞头、丝鞋、衣著十匹、紫绮褥毡一副,副使良保赐紫罗宽衫子、小绫宽汗衫、大绫夹袜头裤、八两金花银腰带、幞头、丝鞋、衣著五匹,判官淡鼻赐紫罗宽衫子、小绫宽汗衫、大绫夹袜、头裤、八两金花银腰带、幞头、丝鞋、衣著三匹,防援官一十人,各赐紫官绅衫子、绢汗衫、绢夹袜、头裤、绢勒帛、幞头、麻鞋、衣著二匹。至闰七月辞,蒲思为马应赐紫罗窄袖子小绫窄汗衫、小绫勒帛、银器一十两、衣著二十匹,副使良保赐紫罗窄衫子、小绫窄汗衫、小绫勒帛、银器七两、衣著一十四匹,判官淡鼻紫罗窄衫子、银器五两、衣著十匹,防援官一十人各赐银器三两、衣著五匹。

嘉祐元年(公元一〇五六)闰二月,遣使蒲息陀琶来贡方物。二年(一〇五七)正月八日,诏广州赐占城国进奉使蒲息陀琶银千两,以舟行至太平州江岸崩沉其行李,特赐之。六年(一〇六一)九月遣使顿琶等特献驯象。七年(一〇六二)正月,广西安抚经略司言:体量得占城、真腊二国与交趾为邻,素不习兵战,常苦侵轶,而占城日近颇修武备,以抗交趾,见緣广东路入贡京师,望以恩信抚纳之。五月,遣使顿琶尼来贡方物,诏赐其国王施里律茶盘麻常杨溥白马二,从其求也。

神宗熙宁元年(公元一〇六八)六月四日,遣使蒲麻勿等贡方物,赐物有差,奉占城藩王杨卜尸利律陀般摩提婆表,乞买骡马一二匹,将回本土看玩,诏特赐白马二匹,开花鞭银鞍辔一副,所有骡令就广州取便收买,麻勿特授归德郎将。四年(一〇七一)九月,遣大使李蒲萨麻瑕陀琶、副使婆王麻可箪离、判官钻巴必呓入贡。五年(一〇七二)五月二十二日,占城国进奉琉璃、珊瑚、酒器并龙脑及药物、乳香、丁香、荜澄茄、紫矿等,诏回赐外特赐银二千一百两。九年(一〇七六)二月二日,诏占城、真腊二国久为交趾寇扰,今王师伐罪,可乘机会协力荡除,事平之日,当优爵命,厚加酬赏。仍闻彼国户口多为交趾所俘,已令招讨司候到彼检栝遣还。惟占城旧土,势难复归,本国亦当诏令赴阙,抚以厚恩。仍遣容州节度推官李勃、三班奉职罗昌皓赍敕书赐二国药物器币有差。四月十四日,降诏书分物赐占城、真腊国王及真腊国将帅司马极以问罪,交趾战棹经其国,且俾助顺讨逆也。八月十二日遣使灵保麻遐钹啰底亚尼律等二十一人贡奉,使言本国东抵大洋海,发船去诸国,南抵真腊国,计一月日程,别无水路,南抵真腊国港十八日程,西北国交州四十日程,并是山路,水路只可一十七程,所治一百五处,差人主守,如州县之类。本国主见年三十六岁,凡出入装束者大食锦,或川法锦大衫,头戴七星装或金冠,身上穿戴七条金装就璎珞,脚踏红皮履,抬篼子、打凉伞,从人执枪牌,围绕约有五百余人,左右有十八妇女执金盘合乘载槟榔契,前面动番乐迎引。

元丰元年（公元一〇七八）三月二十五日，前安南道行营战棹总监杨从先言，昨差效用、樊实等往谕占城，毋援交趾，今据实等状称占城遣蕃兵七千扼交贼要路、得其国主木叶蕃书回牒诏缴进蕃书牒本，其樊实等仍发遣赴阙。九月十四日，三班奉职罗昌皓言，昨赍敕书礼物往占城国，今画占城至交趾地图。上批昌皓不惮艰危，远使绝域，虽不能成元授命之功，然勤劳海道，亦不敢奖，宜转一官。十六日，诏占城与交趾为仇国，其起居及内燕听回避，以占城使副乞避故也。哲宗元祐元年（公元一〇八六）十月十五日，礼部言，占城国进奉大使布灵息弛琴蒲麻勿等，乞续进物，从之。十二月三日，续进犀、裤等，诏回赐钱二千六百缗。七年（一〇九二）二月四日，占城国酋领表言，应大朝讨荡交趾，乞率兵协力掩袭。诏交趾见今入贡不绝，臣节难议兴师，令学士院候将来降占城国敕书，依此回答。时占城、交趾有旧怨，故以表言，至是不从。三月五日，诏占城国进奉使良保故伦轧丹、副使傍木知突为保顺郎将。

徽宗崇宁三年（公元一一〇四）六月十一日，遣使入贡。四年（一一〇五）六月十一日，遣进奉使蒲萨达琶，副使古论思唐，判官力占琶入贡。大观三年（公元一一〇九）七月十二日，遣使入贡。

政和五年（公元一一一五）八月八日，礼部言福建路提举市舶司状，本路昨自兴复市舶，已于泉州置来远驿，及已差人前去罗斛、占城国说谕招纳，许令将宝货前来投进外，今相度欲乞诸蕃国，贡奉使副判官首领所至，州军并用妓乐迎送，许乘轮或马。至知通或监司客位，候相见罢赴客位上马，其余应于约束事件，并乞依蕃蛮入贡条例施行。本部寻下鸿胪寺勘会，据本寺契勘，福建路市舶司依崇宁二年（公元一一〇三）二月六日朝旨纳，纳到占城、罗斛二国前来进奉，内占城先累赴阙进奉，系是广州解发。福建路市舶申到外有罗斛国，自来不曾入贡，市舶司自合依政和令询问其国远近、大小、强弱与已入贡何国为比，奏本部勘会。今来本司并未曾勘会施行，诏依本司所申，其礼部并不勘，当郎官降一官，人吏降一资。六年（一一一六）三月六日，占城国藩主杨卜麻叠言，昨蒙封臣金紫光禄大夫，遥授廉白州刺史，臣身縻化外，不沾禄食，欲得薄授大朝俸给，壮观小蕃，从之。

宣和元年（公元一一一九）十二月九日，诏以占城国王杨卜麻叠为检校司徒，使持节琳州诸军事、琳州刺史、兼御史大夫，充怀远军节度使、琳州管内观察处置等使、占城国王。自是每遇郊恩辄降制加封邑。

光尧皇帝建炎三年（公元一一二九）正月十日："内降制曰，门下得大横之兆。式帝命于九围，推神笑之占，候阳明于七日，草烟泰畤，登就吉仪，孚号明庭，诞敷沛泽。怀远军节度、琳州管内观察处置等使、金紫光禄大夫柱检校太保、使持节琳州诸军事,琳州刺史兼御史大夫、上国占城国王,食邑五千户,食实封二千一百户。杨卜麻叠躬怀德善,世载忠劳。推虎落之雄迈,城池金汤之固、导驿旄之节书,山河带砺之盟。属予巡甸之初,适在当郊之岁。一时交轨,方丕冒于海隅;万里梯航,谅心存于魏阙。奉禋祠于奠璧,效方物于贡琛。进升槐位之联,申衍爰田之食。于戏戎祀国之大事,迨臻奏假之成黼。哔王之荩臣,用介庞鸿之祉,克祇犹训,茂对宠光,可特授检校大傅,加食邑一千户,食实封四百户。"

绍兴二年（公元一一三二）三月八日,制加怀远军节度、琳州管内观察处置等使,金紫光禄大夫、检校太傅,使持节琳州诸军事、琳州刺史,兼御史大夫、上柱国,占城国王杨卜麻叠,食邑五百户,食实封二百户。

绍兴二十五年（一一五五）,其子邹时巴兰嗣立,贡方物,求封爵,诏授以来父官。八月十四日,宰执奏广东经略司言,占城国计置驯象进献。上曰:祖宗时每遇大礼须用此谓之六引,今见有驯象,若其未至,姑俟之可也。二十一日,提举福建市舶郑震奏,占城国遣使,赍到进奉表章方物并书信上宰相,见听候指挥缴纳。礼部太常寺讨论到占城国进奉典故。

天圣八年（公元一〇三〇）十月,遣使贡献礼物,入见于崇政殿。

皇祐五年（公元一〇五三）四月,遣使来贡,今欲依罗殿国王罗部贡,已降指挥令近上二十三人赴阙,仍令本司差熟事使臣引件前来。宰臣秦桧奏欲依所请内献宰臣等物,乞说谕不当创例。上曰,可依讨论典故施行,其书信婉顺说谕,不须创开新例。九月二十五日,尚书省言,将来占城国进奉人到阙,其朝见使欲给紫罗宽衫、小绫宽衫、大绫夹袜、副裤、小绫勒帛、十两金腰带、幞头、丝鞋、衣著三十匹、紫绮被褥毡一副,副使紫罗宽衫、小绫宽汗衫、大绫夹袜、头裤、小绫勒帛、七两金腰带、幞头、丝鞋、衣著二十匹,判官各紫罗宽衫、绢宽汗衫、小绫夹袜、头裤、十两金花银腰带、幞头、丝鞋、衣著十匹,防援官各紫官绝衫、紫绢汗衫、绢夹袜、头裤、绢勒帛、幞头、麻鞋、衣著七匹。朝辞使紫罗窄衫子、小绫窄汗衫、小绫勒帛、银器五十两、衣著三十匹,副使紫罗窄衫子、小绫窄汗衫、小绫勒帛、银器三十两、衣著二十匹,判官各紫罗窄衫子、银器十两、衣著十足,防援官银器七两、衣著五匹,从之。十月二日,礼部言占城国已降指挥许令入贡,检准旧例进奉,回赐外别赐翠毛细法锦夹袄子一领、二十两金腰带一条、银器二百两、衣著绢三百匹、八十两闹装银鞍辔一副,其马令骐骥院预行椿办给赐,从之。十一月十四日,占城蕃首邹时芭兰,遣部领萨达麻滂摩加夺满翁都纲以次凡二十人到阙入见,贡附子沉香一百五十斤,沉香三百九十斤,沉香头二块一十二斤,上笺香三千六百九十斤,中笺香一百二十斤,笺香头块四百八十斤,笺香头二百三十九斤,澳香三百斤,上速香三千四百五十斤,中速香一千四百四十斤，象牙一百六十八株，犀二十株，玳瑁六十斤，暂香一百二十斤，细割香一百八十斤，翠毛三百六十只，蕃油一十灯，乌里香五万五千二十斤。二十八日礼部言：占城国入贡，回答敕书制度，乞依学士院检坐到交趾国进奉方物给降敕书体例。从之。十二月六日，宰执奏礼部兵部状，占城国赴阙进奉，其国王并进奉人封爵，今检会占城国旧蕃王杨卜麻叠初封崇宁三年（公元一一〇四），授怀远军节度、观察留后、金紫光禄大夫、检校司空使、持节琳州诸军等，琳州刺史兼御史大夫、上柱国、占城国王，食邑一千户，食实封五百户，今来邹时芭兰系初承袭未有官封，乞依杨卜麻叠初封官爵，除授给赐礼物银绢各一千匹两，宽衣一对，二十两镀金带一条，细衣著一百匹，金花银器二百两，衣著一百匹，其进奉人萨达麻依国朝会要大中祥符元年（公元一〇〇八），本国遣陀傍亚声来贡，会于泰山，候礼成，授其使奉华郎将。

熙宁元年（公元一〇六八）遣蒲麻等等贡方物，特授麻勿归德郎将。上曰，可并依此例。前日有司失于检举，昨问客者亦不知此例便可行遣，恐失远人归附之意，其合赐礼物令有司限三日排办一切足备，萨达麻与补归德郎将。九日，制曰，推恩以保四海，式昭博爱之仁，建国而亲诸候，厥有疏封之典，肆诞扬于命缓，用敷告于廷绅，占城蕃首邹时芭兰节槊沉雄器怀，明果眷言，懿德守信，顺而不渝，奠尔海邦用忠勤以自厉，克辑宁于南服，尤响慕于中朝，兹修实贽之仪，适届阳郊之祀，有嘉诚款，爱焕宠章，锡以山川，尽付土疆之旧，授之旄节，聿临将闻之严，视爵秩于宪台，衍圭腴于井赋，以定甸畿之列，以隆千里之瞻，于戏，率由典常，既恪修于臣职，永为藩辅，尚承卫于王家，往迪令犹，益绥纯嘏，可特授紫金光禄大夫、检校司空使、持节琳州诸军事、琳州刺史、充怀远军节度观察留后，兼御史大夫、上柱国、占城国王，食邑一千户，食实五百户。绍兴三十二年（公元一一六二）十月二十六日，制邹时芭兰加食邑五百户，食实封二百户。寿皇圣帝（孝宗？）

乾道元年（公元一一六五）六月八日，制邹时芭兰加食邑五百户，食实封二百户。乾道四年（公元一一六八）正月七日，制邹时芭兰加食邑五百户，食实封二百户。三月四日诏礼部开具绍兴二十五年（公元一一五五），答占城诏书制度送尚书省，先是占城蕃首邹亚娜遣使杨卜萨达麻等贡方物诏受其献十分之一，使人免到阙，既而福建市船司言，大食国人乌师默等诉，占城所贡，即所夺本国，上以争讼却之，至是宰执进呈答占城国诏书直学士院答敕洪迈奏，宜用崇宁故事，白背金花绫纸匣襆，而李焘引绍兴二十五年尝受其贡，答诏只麻纸，现今进贡非诚，却而不受，岂宜更优其礼。上曰李焘之论有理，可检二十五年案沓，如有可据，即用近例。九日中书门下省言，勘会提举市舶程祐之乞降诏旨开谕占用城，备悉入贡向化之意，所进物货以大食有词，不欲收受，已尽收买，优支价钱，见拘大食人宜尽放还本国，令学士院降诏。既而臣寮言占城故王既死，邹亚娜承袭，若以礼入贡，则当议封爵，既大食争讼，难即降诏，乞令程祐之以大食争讼市舶司牒报其因，再贡如礼，然后赐敕书，降告命，从之。

乾道七年（公元一一七一），闽人有泛海官吉阳军者，飘至占城，见其国与真腊乘象以战，无大胜负，乃说王以骑战，教之弓弩骑射，其王大悦，具舟送之吉阳，厚赍随以买马，得数十匹，以战则克。

淳熙元年（公元一一七四）七月三日，诏占城国使人免到阙，令泉州如法管待，表章令先次入递，前来候到，令学士院降敕书回答，福建路市舶张坚言，占城国奉使杨卜萨达麻翁毕顿、副使教领离力星翁，令判官罗日加益王迟恻到本司，赍出蕃首邹亚娜表章一通，并进奉物数一本，共一银筒，称愿赴朝见，故有是诏。既而十二月二十三日学士院言，乾道三年（公元一一六七）占城邹亚娜进奉称为占城嗣工，今邹亚娜既未曾正授朝廷封册，难以便称国王，有旨令学士院以占城嗣国王称呼回答。二年（一一七五）九月十日诏，占城国蛮王，辄通书琼管，遣人船过海南买马，官司禁约，怒回辄劫略人物，令帅臣张栻草书付琼管司回答，谕以中国马自来不许出外界，令还所掠人口等，自今不得生事。仍令张栻以书藁缴申朝廷，知吉阳军林宝慈令王三俊，指引占城国人，公然买马，规图厚利，今本司疾速取勘具案闻奏。三年（一一七六）三月五日，福建路提举市舶司奏，占城蕃主事官馆宁，赍到蕃首邹亚娜表章一牙匣，诏学士院降敕书回答。七月十三日，广西总路安抚司言，琼管司申准差赍书前占城取回被虏人口，除病死外，见存八十三人，录白到占城，申牒内乞三司敷奏，行下特与本蕃通商，本司检坐见行条法，牒琼管司移交占城，称朝廷加惠外国，各已有市舶司管主交易，海南四郡即无通商条，令仰遵守敕条约束，张栻行下琼管司遵依自来条法体例施行。淳熙四年（一一七七）五月，以舟师袭真腊，请和不许，杀之，遂为大仇。庆元己未（公元一一九九）真腊大举入占城，初尝奉表来降，至元杀几无噍类，更立真腊人为主。

附录四 《通考》的占城

宋马端临在其《文献通考》卷三百三十二中《四裔考》"占城"条中说：

> 占城国在中国之西南，东至海，西至云南，南至真腊国，北至骧州界，泛海南去三佛齐五日程，陆行至宾陀罗国一月程，其国隶占城焉。东去麻逸国二日程，蒲端国七日程，北去广州，便风半月程，东北至两浙一月程，西北至交州两日程，陆行半月程。其地东西七百里，南北三千里，南曰施备州，西曰上原州，北曰乌里州。国无城郭，有百余村，村落户三五百或至七百，亦有县镇之名。
>
> 土地所出笺沉香，槟榔，乌楠木，苏木，白藤，黄蜡，吉贝，花布，丝绫布，氍布，藤簟，贝多叶簟，金银铁锭等物。五谷无麦，有粳米、粟、豆、麻子，官给种一斛，计租百斛。果实有莲、甘蔗、蕉子、椰子。鸟兽多孔雀、犀牛。畜产多黄牛、水牛，而无驴，亦有山牛，不任耕耨，但杀以祭鬼，将杀，令巫祝之曰：阿罗和及拔，译之云：早教他托生。民获犀象皆输于王，国人多乘象或软布兜，或于交州市马，颇食山羊、水兕之肉。
>
> 其风俗衣服与大食国相类，无丝茧，以白氎布缠其胸，垂至于足，衣衫窄袖，撮发为髻，散垂余髻于其后。互市无缗钱，止用金银较量镏铢，或吉贝、锦定博易之直。乐器有胡琴、笛、鼓、大鼓，乐部亦列舞人。其王脑后鏊髻，散披吉贝衣，戴金花冠，七宝装缨络为饰。股胫皆露，躏草履，无袜。妇人亦脑后撮髻，无笄梳，其服及拜揖与男子同。王每午坐禅椅，官属谒见，膜拜一而止，白事毕，复膜拜一而退。或出游，看象、采猎、观渔，皆数日方还。近则乘软布兜，远则乘象，或乘一木杠，四人舁之。先令一人持槟榔盘前导，从者千余辈，各执弓箭、刀枪、手牌等，其民望之膜拜一而止，日或一再出。每岁稻熟，王自刈一把，从者及群妇女竞割之。
>
> 其王或以兄为副王，或以弟为次王。设高官凡八员，东西南北各二，分治庶事。无俸禄，令其所管土俗资给之。别置文吏五十余员，有郎中、员外、秀才之称，分掌资储宝物等事，亦无资俸，但给龟鱼充食，及免调役而已。又有司币廪者十二员，主军卒者二百余员，皆无月俸。胜兵万余人，月给粳米二斛，冬夏衣布各三四至五匹。每夕唯王升床而卧，诸臣皆寝于地蓐。亲近之臣，见王即胡跪而礼，稍疏远者但拱手而已。
>
> 其风俗正月一日牵象周行所居之地，然后驱逐出郭，谓之逐邪。四月有游船之戏，定十一月十五日为冬至，人皆相贺，州县以土产物帛献其王。每岁十二月十五日，城外缚木为塔，王及人民各以衣物香药置于塔上，焚之以

祭天。人有疾病旋采生药服食。地不产茶，亦不知酝酿之法，止饮椰子酒，兼食槟榔。

刑禁亦设枷锁，小过以四人拽伏于地，藤杖鞭之，二人左右互扑，量其犯罪或五六十至一百。当死者以绳系于树，用梭枪舂喉而殊其首，若故杀、劫杀，令象踏之，或以象卷扑于地。象皆素习，将刑人，即令豢养之人以数谕之，悉能晓焉。犯奸者，男女共入一牛以赎罪。负国王物者，以绳拘于荒塘，物充而后出之。

其国前代罕与中国通，周显德（公元九五四—九五九）中，其王释利因德漫遣其臣莆诃散贡方物，有云龙形通犀带、菩萨石，又有蔷薇水，洒衣经岁香不歇，猛火油得水愈炽，皆贮以瑠璃瓶。

建隆二年（九六一）其王释利因陀盘遣使莆诃散来，表章书于贝多叶，以香木函盛之。贡犀牙、龙脑、香药、孔雀四、大食瓶二十。使回，锡赉有差，以器币优赐其王。三年（九六二），乾德四年（九六六），开宝三年（九七〇）、五年、六年、七年、九年，太平兴国二年（九七七）、三年、四年，俱遣使入贡。六年（九八一），交州黎桓上言，欲以占城俘九十三人献于京师，太宗令广州止其俘，存抚之，给衣服资粮，遣还占城，诏谕其王。七年（九八二）、八年，俱入贡。

雍熙二年（九八五），遣使入贡，且诉为交州所侵，诏答令保国睦邻。三年（九八六）入贡，儋州言，占城人蒲罗遏为交州所逼，率其族百口来附。四年（九八七）秋，广州上言，雷恩州开送占城人夷斯当李娘，并其族一百五十人来归，分隶南海、清源县。

端拱元年（九八八），广州又言，占城夷人忽宣等族三百一人来附。

淳化元年（九九〇），遣使贡方物，且诉为交州所攻，国中人民财宝皆为所掠，上赐黎桓诏，令各守境。三年（九九二），遣使贡方物。

至道元年（九九五），其王遣使来朝贡奉表，词甚恭顺，且言：臣本国元有流民三百，散居南海，曾蒙圣旨许令放还，今有犹在广州者，本国旧有进奉夷人罗常占见驻广州，乞诏本州尽数点集，令造舶船乘便风部领归国。上览表，诏遣使广州询问，愿还者悉复使回，复赐良马二，遂为常制。

咸平二年（九九九）、景德元年（一〇〇四）俱入贡，诏以良马、介胄、戎器赐之。四年（一〇〇七），遣使奉表来朝，表函藉以文锦，其使言：本国旧隶交州，后奔于佛逝，北去旧所七百里，使还，赐物甚厚。大中祥符三年（一〇一〇）来贡。四年（一〇一一）又遣使贡狮子，诏畜于苑中，使者留二蛮人以给豢养，上怜其怀土，厚给资粮遣还。八年（一〇一五）、天禧二年（一〇一八），并遣入贡。三年（一〇一九）其使还，诏赐国王银四千七百两，并戎器鞍马。

海上又有蒲端国、三麻兰国、勿巡国、蒲婆众国。太平（大中？）祥符四年祀汾阴，并遣使来贡。蒲端国王上言，伏见诏旨给赐占城使鞍勒马、大神旗各二，乞如恩例，有司以蒲端在占城下，请赐杂彩小旗五，从之。

天圣八年（一○三○），入贡。庆历二年（一○四二），献驯象。皇祐二年（一○五○），贡方物，表二通，一以蕃书，一以中国书。五年（一○五三）、嘉祐元年（一○五六），俱入贡。六年（一○六一），献驯象。七年（一○六二）正月，广西经略司言，占腊素不习兵，与交趾邻，常苦侵轶，而占城复近修武备，以抗交趾，将繇广东路入贡，望抚以恩信。五月入贡，赐白马二。熙宁元年（一○六八）入贡，乞市骡马，诏赐白马一，令于广州置骡以归。五年（一○七二）贡方物。七年（一○七四）交趾李乾德言，其王领兵三千人并妻子来降，且言，其国自海道抵真腊一月程，西北抵交州四十日，皆山路，所治聚落一百五，大略如州县。后讨交趾，以其素仇，遣使诏以乘机协力荡除。使还，言其国选兵七千扼贼要路，其王以木叶蕃书回牒，诏使上之。然亦不能成功。后两国同入贡，占城使者乞避交人。诏遇朔日朝文德殿分东西立，望日则交人入垂拱殿，而占城趋紫宸，大燕则东西坐。元祐七年（一○九二），又表言如天朝讨交趾，愿率兵掩袭。朝廷以交趾数入贡，不绝臣节，难以兴师，答敕书报之，而以其使良保故伦轧丹、副使傍木知突为保顺郎将。政和（公元一一一一至一一一七）中授其王杨卜麻叠金紫光禄大夫，领廉白州刺史。杨卜麻叠言身縻化外，不沾禄食，愿得薄受俸给，壮观小蕃，许之。宣和元年（一一一九），进检校司空兼御史大夫、怀远军节度使、琳州管内观察处置等使，封占城国王。自是每遇郊恩，辄降制加封邑。

其国所统大小州三十八，通不盈三万家，甃砖为城，护以石塔，其戎器以标枪。榜牌，竹为弓，无翎箭，战则五人为甲，走则同甲皆坐。山多香木，每岁，官监民入山斫香输官，谓之身丁香，如中国身丁盐税之类，纳足听民贸易。商舶到其国，则差蕃官折黑皮为策，书白字钞物数，监盘上岸，十取其二，外听交易。

建炎元年（一一二七），国王入贡，遇郊恩，制授检校太傅，加食邑，后以为常。绍兴二十五年（一一五五），其子邹时巴兰嗣立，贡方物，求封爵，诏授以其父官。乾道三年（一一六七），其子邹亚娜遣使入贡，诏受其献十分之一，既而福建市舶司言大食国人乌师点等诉，占城入贡，即所夺本国物。上以争讼却之，诏学士院答敕。洪迈引崇宁故事，乞用金花绫纸写诏。礼部郎中李焘上言，当从绍兴二十五年（一一五五）例，用白藤纸，况今进贡非实，却而不受，岂宜更优其礼？上曰，李焘之论有理，即用近例。迈以为侵官，自是与焘有隙。臣僚亦言：邹亚娜承袭，若以礼入贡，则当议封，既与大食争讼，难以降诏，俟再贡如礼，然后赐命。乾道七年（一一七一），闽人有泛海官吉阳军者，飘至占城，见其国与真腊乘象以战，无大胜负。乃说王以骑战，教之弓弩骑射，其王大悦，具舟送之吉阳厚赍。随以买马得数十匹以战则克。次年复来，人徒甚盛，琼州不受，怒归，肆行劫掠。淳熙二年（一一七五），诏帅臣张栻草书付琼管司谕，以中国马自来不许出外界，令还所掠人口等，自今不得生事。知吉阳军林宝慈令王三俊指引占城国人买马图利，令本司取勘具奏。三年（一一七六）占城发回所掠人口，见存八十三人，又申乞与本蕃通商。诏栻行下琼管司，朝廷加惠外国，各已有市舶司主管交易，海南四郡，即无通商条令，仰遵依自来体例施行。淳熙四年（一一七七）五月，以舟师袭真腊，请和不许，杀之，遂为大仇。庆元己未（一一九九），真腊大举入占城，俘其主，戮其臣仆，剿杀几无噍类，更立真腊人为主。

附录五 其他的记载

宋周去非在其《岭外代答》中"占城"条说：

> 占城，汉林邑也。境上有马援铜柱，在唐曰环王。王所居曰占城，以名其国。地产名香、犀、象。土皆白砂，可耕之地绝少。无羊豕蔬茹，人采香为生。国无市肆，地广人少，多买奴婢，舶舟以人为货。北抵交趾，南抵真腊，臣事交趾，而日与真腊为仇。乾道癸巳（公元一一七三），闽人有以西班到选，得官吉阳军都监者，泛海之官，飘至占城，见其国与真腊乘象以战，无大胜负。乃说王以骑战之利，教之弓弩骑射，占城王大悦，具舟送至吉阳厚赉。随以买马得数十匹以战则克。次年复来，人徒甚盛，吉阳军因却以无马，乃转之琼管，琼管不受，遂怒而归，后不复至也。异时诸国舶舟，类为其所虏，盖其俗本好剽掠。其属有宾瞳胧国、宾陀陵国，目连舍基在宾陀陵，或云即王舍城。建隆二年（公元九六一），曾贡方物。三年（九六二）八月，又来贡。哲宗元祐元年（公元一〇八六）十二月，又进贡，有诏赐钱二千六百缗，其慕化抑可嘉也。

又宋赵汝适在其《诸蕃志》中"占城"条说：

> 占城，东海路通广州，西接云南，南至真腊，北抵交趾，通邕州。自泉州至本国，顺风舟行二十余程，其地东西七百里，南北三千里。国都号新州，有县镇之名，甃砖为城，护以石塔。王出入乘象或乘软布兜，四人舁之。头戴金帽，身披璎珞。王每出朝坐，轮使女三十人，持剑盾或捧槟榔从，官属谒见，膜拜而止，白事毕，膜拜一而退。妇人拜揖与男子同。男女犯奸皆杀，盗有斩指断足之刑。战则五人结甲，走则同甲皆坐以死。唐人被土人杀害追杀偿死。国人好洁，日三五浴，以脑麝合香涂体，又以诸香和焚薰衣。四时融暖，无寒暑候。每岁元日牵象周行所居之地，然后驱逐出郭，谓之逐邪。四月有游船之戏，陈鱼而观之。定十一月望日为冬至，州县以土产物帛献于王。民间耕种，率用两牛。五谷无麦，有粳、粟、麻、豆，不产茶，亦不识酝酿之法，止饮椰子酒。果实有莲、蔗、蕉、椰之属，土地所出，象牙、笺沉速香、黄蜡、乌楠木、白藤、吉贝花布、丝绫布、白氎簟、孔雀、犀角、红鹦鹉等物。官监民入山斫香输官，谓之身丁香，如中国身丁盐税之类，纳足听民贸易。不以钱为货，惟博米酒及诸食物，以此充岁计。若民入山为虎所噬，或水行被鳄鱼之厄，其家指其状诣王，王命国师作法，诵咒书符，投民死所，虎鳄则自投赴请命，杀之。若有欺诈诬害之讼，

官不能明，令竞主同过鳄鱼潭，其负理者，鱼即出食之，理直者虽过十余次，鳄自避去。买人为奴婢，每一男子鬻金三两，准香货酬之。商舶到其国，即差官折黑皮为策，书白字，抄物数，监盘上岸，十取其二，外听交易，如有隐瞒，籍没入官。番商兴贩，用脑、麝、檀香、草席、凉伞、绢扇、漆器、磁器、铅、锡、酒、糖等博易。旧州、乌丽、越里、微芮、宾瞳龙、乌马、拔、弄、容、蒲罗甘兀、亮、宝、毗齐，皆其属国也。其国前代罕与中国通，周显德（公元九五四—九五九）中始遣使入贡。皇朝建隆（九六〇—九六三）、乾德（九六三—九六八）间各贡方物。太平兴国六年（九八一），交趾黎桓上言，欲以其国俘九十三人献于京师。太宗令广州止其俘，存抚之，自是贡献不绝，辄以器币优赐，嘉其响慕圣化也。国南五七日程至真腊国。

宋乐史在其《太平寰宇记》"占城"条说：

占城国，周朝通焉。显德五年（九五八），其王释利因得漫遣其臣蒲诃散等来贡方物。中有洒衣蔷薇水一十五琉璃瓶，言出自西域，凡鲜华之衣，以此水洒之，则不黦而复郁烈，其香连岁不歇。又进猛火油八十四琉璃瓶，是油得水而愈炽，彼国凡水战则用之。是日因赐蒲诃散等冠带、衣服、缯帛裀褥等有差。且言：其国在中华西南，其地东西七百里，南北三千里，东暨海，西暨云南国，南暨真腊国，北暨驩州界，东北暨两浙，海程三十日，其王因得漫在位已五十五年矣。其衣服制度，大略与大食国同，所乘皆象马。粒食稻米，肉食水兕、山羊之类，兽之奇者有犀牛，禽之大者有孔雀。所贡表文以贝多叶，检以香木函，其言译之，方谕其意云。

附录六 《元史》的占城

在元代除了旧《元史》与《新元史》，均有《占城传》外，汪大渊在其《岛夷志略》中，也有"占城"条。兹先录《岛夷志略》的记载：

> 地据海冲，与新旧州为邻。气候乍热，田中上等宜种谷。俗喜侵略。岁以上下元日，纵诸人采生人胆以鬻官家。官以银售之，以胆调酒，与家人同饮，云通身是胆，使人畏之，亦不生疵疠也。
>
> 城之下水多洄旋，舶往复数日止，舟载妇人登舶，与舶人为偶。及去，则垂涕而别。明年，舶人至则偶合如故。或有遭难流落于其地者，则妇人推旧情以饮食衣服，供其身，归则又重赆以送之，盖有情义如此。仍禁服半似唐人。日三四浴，以脑麝合油涂体，以白字写黑皮为文书，煮海为盐，酿小米为酒。地产红柴，茄蓝木、打布，货用青磁花碗、金银首饰、酒、色、布、烧珠之属。

《元史》卷二百《占城传》说：

> 占城近琼州，顺风舟行一日可抵。其国世祖至元间（公元一二六四—一二九四）广南西道宣慰使马成旺尝请兵三千人、马三百匹征之。十五年（一二七八），右丞唆都以宋平遣人至占城，还言其王失里咱牙信合八剌哈迭瓦有内附意，诏降虎符，授荣禄大夫，封占城郡王。十六年（一二七九）十二月，遣兵部侍郎教化的、总管孟庆元、万户孙胜夫与唆都等使占城，谕其王入朝。
>
> 十七年（一二八〇）二月，占城国王保宝旦拏啰耶邛南诐占把地啰耶遣使贡方物，奉表降。十九年（一二八二）十月，朝廷以占城国主孛由补剌者吾曩岁遣使来朝，称臣内属，遂命左丞唆都等即其地立省以抚安之。既而其子补的专国，负固弗服，万户何子志、千户皇甫杰使暹国，宣慰使尤永贤、亚兰等使马八儿国，舟经占城，皆被执，故遣兵征之。帝曰：老王无罪，逆命者乃其子与一蛮人耳，苟获此两人，当依曹彬故事，百姓不戮一人。
>
> 十一月占城行省官率兵自广州航海至占城港。港口北连海，海旁有小港五，通其国大州，东南止山，西旁木城。官军依海岸屯驻。占城兵治木城，四面约二十余里，起楼棚，立回回三梢炮百余座。又木城西十里，建行宫，孛由补剌者吾亲率重兵屯守应援。行省遣都镇抚李天祐、总把贾甫招之，七往终不服。十二月招真腊国使速鲁蛮请往招谕，复与天祐、甫偕行，得其回

书云，已修木城，备甲兵，刻期请战。

二十年（一二八三）正月，行省传令军中，以十五日夜半发船攻城。至期分遣琼州安抚使陈仲达、总管刘金、总管栗全，以兵千六百人由水路攻木城，北面总把张斌、百户赵达以三百人攻东面沙觜，省官三千人分三道攻南面。舟行至天明泊岸，为风涛所碎者十七八。贼开木城南门，建旗鼓，出万余人，乘象者数十，亦分三队迎敌，矢石交下。自卯至午，贼败北，官军入木城，复与东北二军合击之，杀溺死者数千人。守城供饷馈者数万人悉溃散。国主弃行宫，烧仓廪，杀永贤、亚兰等，与其臣逃入山。十七日，整兵攻大州，十九日国主使报答者来求降。二十日兵至大州，东南遣报答者回，许其降，免罪。二十一日入大州。又遣博思兀鲁班者来言，奉王命，国王太子后当自来。行省传檄召之，官军复驻城外。二十二日遣其舅宝脱秃花等三十余人，奉国王信物、杂布二百匹、大银三锭、小银五十七锭、碎银一瓮为质来归款。又献金叶九节标枪，曰国主欲来，病不能进，先使持其枪来以见诚意。长子补的期二口请见。省官却其物。宝脱秃花曰，不受是薄之也。行省度不可却，姑令收置，乃以上闻。

宝脱秃花复令其主第四子利世麻八都八德剌、第五子世利印德剌来见，且言先有兵十万，故来战，今皆败散，闻败兵言，补的被伤已死。国主频中箭，今小愈，愧惧未能见也，故先遣二子来议赴阙进见事。省官疑其非真子，听其还，谕国主早降，且以问疾为辞，遣千户林子全、总把栗全、李德坚偕往觇之。二子在途先归，子全等入山两程，国主遣人来拒，不果见。宝脱秃花谓子全曰，国主迁延不肯出降，今反扬言欲杀我，可归告省官，来则来，不来我当执以往。子全等回营，是日又杀何子志、皇甫杰等百余人。

二月八日，宝脱秃花又至，自言：吾祖父、伯、叔前皆为国主，至吾兄，今字由补剌者吾、杀而夺其位，斩我左右二大指，我实怨之，愿擒字由补剌者吾、补的父子及大拔撒机儿以献。请给大元服色。行省赐衣冠，抚谕以行。十三日，居占城唐人曾延等来言，国主逃于大州西北鸦候山，聚兵三千余，并招集郡兵未至，不日将与官军交战。惧唐人泄其事，将尽杀之。延等觉而逃来。十五日，宝脱秃花偕宰相报孙达儿及撮及大师等五人来降。行省官引曾延等见，宝脱秃花诘之，曰，延等奸细人也，请系縻之。国主军皆溃散，安敢复战。又言今未附州郡凡十二处，每州遣一人招之。旧州水路乞行省与陈安抚及宝脱秃花各遣一人乘舟招谕攻取。陆路则乞行省官陈安抚与己往擒国主、补的及攻其城。行省犹信其言，调兵一千屯半山塔，遣子全、德坚等领军百余与宝脱秃花同赴大州进讨，约有急则报半山军。

子全等比至城西，宝脱秃花背约间行，自北门乘象遁入山。官军获谍者曰，国主实在鸦候山立寨，聚兵约二万余，遣使交趾、真腊、阇婆等国借兵，及征宾多龙、旧州等军未至。十六日，遣万户张颢等领兵赴国主所栖之境。十九日，颢兵近木城二十里。贼浚濠堑拒以大木，官军斩刈超距奋击，破其二千余众。转战至木城下，山林阻隘，不能进。贼旁出，截归路，军皆殊死战，遂得解还营。行省遂整军聚粮，创木城，遣总管刘金、千户刘涓、岳荣守御。

二十一年（一二八四）三月六日，唆都领军回。十五日，江淮省所遣助唆都军万户忽都虎等，至占城唆都旧制行省舒眉莲港，见营舍烧尽，始知官军已回。二十日忽都虎令百户陈奎招其国主来降。二十七日，占城主遣王通事来称纳降，忽都虎等谕令其父子奉表进献。国主遣文劳邛大巴南等来称，唆都除荡其国，贫无以献，来年当备礼物，令嫡子入朝。四月十二日国主令其孙济目理勒蛰、文劳邛大巴南等奉表归款。

是年命平章政事阿里海牙，奉镇南王脱欢发兵，假道交趾，伐占城，不果行。

附录七 《新元史》占城

《新元史》卷二百五十三《占城传》说：

> 占城本秦象郡林邑县地，东滨海，西际爪哇，南通真腊，北与安南之驩州接壤，东西五百里而赢，南北三千里。都城出海一百二十里，近琼州，舟行顺风一日可至，其南曰施备州，西曰上源州，北曰乌里州，领大小州凡三十有八，亦有县、镇诸名。
>
> 宋淳熙（公元一一七四——一一八九）中占城以舟师袭真腊，入其国都。庆元五年（一一九九），真腊大举复仇，俘其主以归，国遂亡，其地悉归真腊，因名占腊，其后国王或曰真腊人，或又谓占城恢复云。
>
> 至元十五年（一二七八），世祖既平宋，将有事海外，时荆湖行省左丞唆都，遣人至占城还言，其王舍利咱牙信合八剌麻哈迭瓦愿内附，诏封占城郡王，遣侍郎教化迪总管孟庆元、万户孙胜夫与唆都同往，谕其王来朝。
>
> 十七年（一二八〇），国王保宝旦拿啰耶邛南诐占巴地啰耶遣使奉表降，兼贡珍物及犀象。初朝廷以占城国王孛由补剌者吾称臣内附，命唆都就其国立占城行省抚之，既而其子补的专国不听命，会万户何子志、千户皇甫杰使暹罗，宣慰使尤永贤、亚兰等使马八儿国，道占城皆被执。事闻，命唆都讨之，兵出广州，航海至占城港，港口北连海，旁有小港五，通其国大州，东南皆山，西傍木城，官军依海岸屯驻，蛮兵治木城四百约二十余里，起楼棚，立炮台百余，又木城西十里建行宫，其国王亲率重兵屯守，遣镇抚李天祐招之，七往终不服。分遣琼州安抚使陈仲达以兵由水路攻木城北面，总把张斌、百户赵达攻东面沙觜，省官分二路攻南面，舟泊岸为风涛所碎者十七八，蛮兵开木城南门，建旗鼓，乘象拒战，败之，官军入木城，与东北二军合，其王弃行宫烧仓廪，杀永贤、亚兰等，与其臣逃入山谷，遣使者阳乞降，许之。官军入大州，王遣其舅宝脱秃花奉国信物杂布二百匹、大银三锭、碎银一瓮为质，又献金叶九节标枪，言：国王欲来，病未能起，先使持其枪来以见诚意。复令第四子利世麻八都八德剌、第五子舍利印德剌来见，诡言世子补的被伤死，王颊中箭未愈，故先使二子来议入觐事，以款我师。省官疑其非真王子，听其还，遣千户林子全偕往觇之。二子在途先归，子全入山两程。国王遣人来，拒不果见。又杀何子志、皇甫杰等百余人。
>
> 宝脱秃花俄又至，自言：我祖父、伯、叔皆为国王，传至我兄，孛由补剌者吾杀而夺其位，我实衔之，愿擒其父子以献。请给大元服色。唆都不虞其诈，赐衣冠抚谕而行。有居占城唐人曾延者来言，国王逃于大州西北鸦侯

山，诣交阯、真腊、阇婆诸国借兵未至，惧唐人泄其事，将尽杀之。延等觉而逃。未几，宝脱秃花偕其宰相根孙达儿及撮及大师等五人来降。省官引曾延与见。宝脱秃花曰：此奸细也，国军皆溃散，安敢复战，且今未附州郡凡十二处，每州遣一人招之，无不服者。唆都犹信其言，遣子全等同赴大州。比至城西，宝脱秃花背约，间行自北门乘象去。万户张颙等领兵赴国王所栖之地，近水城二十里。贼浚濠堑拒以大木，官军斩刈超距奋击转战至木城下，山林阻隘不能前，蛮兵旁出截归路，官军殊死战得脱。朝廷更命阿塔海发兵万五千人，船二百艘，助讨以安南道阻不果至，又命万户忽都虎乌马儿率江淮军二万人赴唆都军前，而唆都已回军。忽都虎等至占城，知官军退，令百户陈奎招其国王来降。其王遣阿不兰纳款，具言被官军劫掠，贫无以献，俟来年当备物，令嫡子入朝，未几，果遣其孙济日理勒蛰奉表归顺，朝廷未知也。再命镇南王脱欢发兵假道交阯征之。国王乞回军，愿出土产岁修职贡，使大盘亚罗曰翳大巴南等十一人诣阙，献驯象并贺圣诞节，旧州主宝嘉娄亦奉表入附，自是终元之世，贡使不绝。

英宗至治三年（公元一三二三），遣其弟保佑八剌遮贡方物。泰定帝致和元年（一三二八），遣使来贡，兼言屡为交阯所侵。帝下诏和解。文宗至顺三年（一三三二），遣其臣阿南那那里沙等奉金书表入贡。惠宗后至元年（一三三五），遣使献方物。且言交阯过其贡道，诏遣使开谕，其所贡云龙形通犀带，菩萨石，蔷薇水，猛火油皆贮琉璃瓶中以进。有火珠，大如鸡卵，正午承日影，取艾燃之，立见火。

其王每坐见官属一膜拜即起白事，事毕复一膜拜而退。亲近之臣见王跪，疏远者拱手而已。王脑后鬘髻散，披吉贝衣或大食锦或川法锦大衫，戴金花冠，七宝装璎珞为饰，胫股皆露，红革履无袜。男子以白氎布缠胸，下垂至足，衣袖甚窄，撮发为髻，散垂余鬓于后。妇人亦脑后撮髻，无笄梳，其服饰与男子同。人多乘象，食山羊、水兕。国无城郭，无丝蚕，有米、粟、豆、麻。每岁稻熟王自刈一把，从者及群妇女竞刈之。

其王或以兄为副王，或以弟为次王，设高官八员，分掌东西南北各二。无俸禄，所管土俗资给之。别置文吏五十员，有郎中、员外、秀才等，策管资储宝货，又司帑廪者十二员，主军卒者二百余员，皆给龟鱼以充食，免其调役而止。其大姓号婆罗门。兵万余人，月给粳米二斛，岁给布三五匹。

王乘木杠，四人舁之，从者十余辈，一人执槟榔柈合前导。乐有胡琴、笛、鼓、大鼓。乐部亦列舞人。兵器则刀枪、弓矢、手牌。夜卧惟王有床，诸臣则施地蓐。

以十一月十五日为冬至，相贺，十二月十五日祀天，缚木为塔，王及官民用衣物香药焚其上。州县各以土产献王。人有疾病，采生药服食。地不产茶，饮椰子酒。刑小过以藤杖，当死者标枪抉其喉，或令象蹈之，或以鼻卷扑，皆驯习随人意。世与交趾相恶，数攻杀。两国使者并至，则分东西赐宴，朝则交人入垂拱殿，占城趋紫宸以避，若誓不相见者。占城属国曰宾章〔童〕龙，即佛书之舍城，其地与城相连。

附录八　《明史》的占城

《明史》卷三百二十四《占城传》说：

占城居南海中，自琼州航海，顺风一昼夜可至，自福州西南行，十昼夜可至，即周越裳地。秦为林邑，汉为象林县。后汉末，区连据其地，始称林邑王。自晋至隋仍之。唐时或称占不劳，或称占婆，其王所居曰占城。至德（公元七五六）后改国号曰环，迄周、宋遂以占城为号，朝贡不替。元世祖恶其阻命，大举兵击破之，亦不能定。

洪武二年（公元一三六九），太祖遣官以即位诏谕其国，其王阿答阿者，先遣使奉表来朝，贡象虎方物。帝喜，即遣官赍玺书、大统历、文绮、纱罗，偕其使者往赐。其王复遣使来贡，自后或比岁贡，或间岁，或一岁再贡。未几命中书省管勾甘桓、会同馆副使路景贤赍诏，封阿答阿者为占城国王，赐彩币四十、大统历三千。三年（一三七〇）遣使往祀其山川，寻颁科举，诏于其国。

初安南与占城构兵，天子遣使谕解而安南复相侵。四年（一三七一），其王奉金叶表来朝，长尺余，广五寸，刻本国字，馆人译之，其意曰：大明皇帝登大宝位，抚有四海，如天地覆盖，日月照临。阿答阿者譬一草木尔，钦蒙遣使，以金印封为国王，感戴忻悦，倍万恒情。惟是安南用兵，侵扰疆域，杀掠吏民，伏愿皇帝垂慈，赐以兵器，及乐器、乐人。俾安南知我占城，乃声教所被，输贡之地，庶不敢欺陵。帝命礼部谕之曰：占城、安南并事朝廷，同奉正朔，乃擅自构兵，毒害生灵，既失事君之礼，又乖交邻之道。已咨安南国王，令即日罢兵。本国亦宜讲信修睦，各保疆土，所请兵器于王何吝。但两国互构而赐占城，是助尔相攻，甚非抚安之义，乐器、乐人语音殊异，难以遣发。尔国有晓华言者，其选择以来，当令肄习。因命福建省臣勿征其税，示怀柔之意。

六年（一三七三），贡使言海寇张汝厚、林福等自称元帅，剽劫海上。国主击破之，贼魁溺死。获其舟二十艘，苏木七万斤，谨奉献。帝嘉之，命给赐加等。冬，遣使献安南之捷。帝谓省臣曰，去冬安南言占城犯境，今年占城谓安南扰边，未审曲直，可遣人往谕各罢兵息民，毋相侵扰。十年（一三七七），与安南王陈煓大战，煓败死。十二年（一三七九），贡使至都。中书不以时奏，帝切责。丞相胡惟庸、汪广洋二人遂获罪。遣官赐王大统历及衣币，令与安南修好罢兵。

十三年（一三八〇），遣使贺万寿节。帝闻其与安南水战不利，赐敕谕曰：曩者安南兵出，败于占城，占城乘胜入安南，安南之辱已甚，王能保境息民，则福可长享，如必驱兵苦战，胜负不可知，而鹬蚌相持，渔人得利，他日悔之不亦晚乎？

十六年（一三八三），贡象牙二百枝及方物，遣官赐以勘合、文册，及织金文绮三十二、磁器万九千。十九年（一三八六），遣子宝部领诗那日忽来朝，贺万寿节，献象五十四，皇太子亦有献。帝嘉其诚，赐赉优渥，命中官送还。明年，复贡象五十一及伽南、犀角诸物，帝加宴赉，还至广东，复命中官宴饯，给道里费。

真腊贡象，占城王夺其四之一，其他失德事甚多，帝闻之，怒。二十一年（一三八八）夏，命行人董绍敕责之，绍未至而其贡使抵京，寻复遣使谢罪，乃命宴赐如制。

时阿答阿者失道，大臣阁胜怀不轨谋，二十三年（一三九○），弑王自立。明年遣太师奉表来贡，帝恶其悖逆，却之。三十年（一三九七）后，复连入贡。

成祖即位，诏谕其国。永乐元年（公元一四○三），其王占巴的赖奉金叶表朝贡，且告安南侵掠，请降敕戒谕。帝可之，遣行人蒋宾与、王枢使其国，赐以绒、锦、织金文绮、纱罗。明年以安南王胡奎奏，诏戢兵，遣官谕占城王，而王遣使奏：安南不遵诏旨，以舟师来侵，朝贡人回，赐物悉遭夺掠，又畀臣冠服、印章，俾为臣属。且已据臣沙离牙诸地，更侵掠未已，臣恐不能自存，乞隶版图，遣官往治。帝怒，敕责胡奎，而赐占城王钞币。

四年（一四○六），贡白象方物，复告安南之难，帝大发兵往讨，敕占城严兵境上，遏其越逸，获者即送京师。五年（一四○七）攻取安南所侵地，获贼党胡烈、潘麻休等献俘阙下，贡方物谢恩。帝嘉其助兵讨逆，遣中官王贵通赍敕及银币赐之。

六年（一四○八），郑和使其国，王遣其孙舍杨该贡象及方物谢恩。十年（一四一二），其贡使乞冠带，予之。复命郑和使其国。

十三年（一四一五），王师方征陈季扩，命占城助兵，尚书陈洽言，其王阴怀二心，愆期不进，反以金帛、战象资季扩，季扩以黎苍女遗之，复约季扩舅陈翁挺侵升华府所辖四州十一县地，厥罪维均，宜遣兵致讨。帝以交趾初平，不欲劳师，但赐敕切责，俾还侵地，王即遣使谢罪。十六年（一四一八）遣其孙舍那挫来朝，命中官林贵、行人倪俊送归有赐。

宣德元年（公元一四二六），行人黄原昌往颁正朔，绳其王不恪，却所酬金币以归，擢户部员外郎。

正统元年（公元一四三六），琼州知府程莹言，占城比年一贡，劳费实多，乞如暹罗诸国例，三年一贡。帝是之，敕其使如莹言，赐王及妃彩币。

然番人利中国市易，虽有此令，迄不遵。

六年（一四四一），王占巴的赖卒，其孙摩诃贲该以遗命遣王孙述提昆来朝贡，且乞嗣位。乃遣给事中管瞳、行人吴惠赍诏，封为王，新王及妃并有赐。七年（一四四二）春，述提昆卒于途，帝悯之，遣官赐祭。八年（一四四三），遣从子且扬乐催贡舞牌旗黑象。

十一年（一四四六），敕谕摩诃贲该曰：迩者，安南王黎濬遣使奏王欺其孤幼，曩已侵升、华、思、义四州，今又屡攻化州，掠其人畜财物。二国俱受朝命，各有分疆，岂可兴兵构怨，乖睦邻保境之义，王宜祗循礼分，严饬边臣，毋恣肆侵轶，贻祸生灵。并谕安南严行备御，毋挟私报复。先是定三年一贡之例，其国不遵，及诘其使者，则云先王已逝，前敕无存，故不知此令。是岁贡使复至，再敕王遵制，赐王及妃彩币，冬复遣使来贡。

十二年（一四四七），王与安南战，大败被执。故王占巴的赖侄摩诃贵来遣使奏：先王抱疾，曾以臣为世子，欲令嗣位，臣时年幼，逊位于舅氏摩诃贲该。后屡兴兵伐安南，致敌兵入旧州古垒等处，杀掠人畜殆尽，王亦被擒。国人以臣先王之侄，且有遗命请臣代位，辞之再三，不得已始于府前治事。臣不敢自尊，伏候朝命。乃遣给事中陈谊、行人薛干封为王，谕以保国交邻，并谕国中臣民，共相辅翼。十三年（一四四八），敕安南送摩诃贲该还国，不奉命。

景泰三年（公元一四五二），遣使来贡，且告王讣。命给事中潘本愚、行人边永封其弟摩诃贵由为王。

天顺元年（公元一四五七）入贡，赐其正副使钑花金带。二年（一四五八）王摩诃槃罗悦新立，遣使奉表朝贡。四年（一四六〇）复贡，自正使以下，赐纱帽及金银角带有差。使者诉安南见侵，因敕谕安南王。九月，使来，告王丧，命给事中黄汝霖、行人刘恕封王弟槃罗茶全为王。八年（一四六四）入贡，宪宗嗣位，应颁赐蕃国锦币，礼官请付使臣赍回，从之。使者复诉安南见侵，求索白象，乞如永乐时遣官安抚，建立界牌石，以杜侵凌。兵部以两国方争，不便遣使，乞令使臣归谕国王，务循礼法，固封疆，捍外侮，毋轻构祸，从之。

成化五年（公元一四六九）入贡，时安南索占城犀象、宝货，令以事天朝之礼事之，占城不从，大举往伐。七年（一四七一），破其国，执王槃罗茶全及家属五十余人，劫印符，大肆焚掠，遂居其地。王弟槃罗茶悦逃山中，遣使告难。兵部言：安南吞并与国，若不为处分，非惟失占城归附之心，抑恐启安南跋扈之志，宜遣官赍敕宣读，还其国王及眷属。帝虑安南逆命，令俟贡使至日，赐敕责之。

八年（一四七二）以槃罗茶悦请封，命给事中陈峻、行人李珊持节往，峻等至新州港，守者拒之。知其国已为安南所据，改为交南州，乃不敢入。十年（一四七四）冬，还朝。

安南既破占城，复遣兵执槃罗茶悦，立前王孙斋亚麻弗菴为王，以国南边地予之。十四年（一四七八），遣使朝贡，请封。命给事中冯义、行人张瑾往封之。义等多携私物，既至广东闻斋亚麻弗菴已死，其弟古来遣使乞封，义等虑空还失利，亟至占城。占城人言王孙请封之后，即为古来所杀，安南以伪敕立其国人提婆苔为王。义等不俟奏报，辄以印币授提婆苔封之，得所赐黄金百余两，又往满剌加国尽货其私物以归。义至海洋病死，瑾具其事，并上伪敕于朝。

十七年（一四八一），古来遣使朝贡，言：安南破臣国，时故王弟槃罗茶悦逃居佛灵山。比天使赍封谙至，已为贼人执去。臣与兄斋亚麻弗菴潜窜山谷，后贼人畏惧天威，遣人访觅臣兄还以故地，然自邦都郎至占腊止五处。臣兄权国，未几遽尔陨殁，臣当嗣立，不敢自专，仰望天恩，赐之册印。臣国所有土地本二十七处，四府、一州、二十二县，东至海，南至占腊，西至黎人山，北至阿本喇补，凡三千五百余里，乞特谕交人尽还本国。章下廷议，英国公张懋等请特遣近臣有威望者二人往使。时安南贡使方归，即赐敕诘责黎灏，令速还地，毋抗朝命。礼官乃劾瑾擅诏封，执下诏狱，具得其情，论死。时古来所遣使臣在馆，召问之，云，古来实王弟，其王病死非弑，提婆苔不知何人。乃命使臣暂归广东，俟提婆苔使至，审诚伪处之。使臣候命经年，提婆苔使者不至，乃令还国。

二十年（一四八四），敕古来抚谕提婆苔，使纳原降国王印，宥其受伪封之罪，仍为头目。提婆苔不受命，乃遣给事中李孟旸、行人叶应册封古来为国王。孟旸等言，占城险远，安南构兵未已，提婆苔又窃据其地，稍或不慎，反损国威。宜令来使传谕古来，诣广东受封，并敕安南悔祸。从之。古来乃自老挝挈家赴崖州，孟旸竣封事而返，古来又欲躬诣阙廷奏安南之罪。

二十三年（一四八七），总督宋旻以闻，廷议遣大臣一人往劳，檄安南存亡继绝，迎古来返占城。帝报可，命南京右都御史屠滽往。至广东，即传檄安南，宣示祸福，募健卒二千人驾海舟二十艘，护古来还国，安南以滽大臣奉特遣不敢抗，古来乃得入。

明年（一四八八），弘治改元，遣使入贡。二年（一四八九），遣弟卜古良赴广东言安南仍肆侵凌，乞如永乐时遣将督兵守护。总督秦纮等以闻，兵部言：安南占城皆祖训所载不征之国。永乐间命将出师，乃正黎贼弑逆之罪，非邻境交恶之故。今黎灏修贡惟谨，古来肤受之诉，容有过情，不可信其单词，劳师不征之国。宜令守臣回咨，言近交人杀害王子古苏麻，王即率众败之，仇耻已雪。王宜自强修政，抚恤国人，保固疆圉，仍以安南敦睦修好，其余嫌细故，悉宜捐除。倘不能自强，专籍朝廷发兵渡海，代王守国，古无是理。帝如其言。三年（一四九〇），遣使谢恩，其国自残破后，民物萧条，贡使渐稀。

十二年（一四九九），遣使奏：本国新州港之地，仍为安南侵夺，患方未息。臣年已老，请及臣未死，命长子沙古卜洛袭封庶，他日可保国土。廷议安南为占城患，已非一日，朝廷尝因占城之诉，累降玺书，曲垂诲谕。安南前后奏报皆言祗承朝命，土地人民，悉已退还。然安南辨释之语方至，而占城控诉之词又闻，恐真有不获已之情。宜仍令守臣切谕安南，毋贪人土地，自贻祸殃，否则议遣偏师，往问其罪。至占城王长子，无父在袭封之理，请令先立为世子，摄国事，俟他日当袭位时如例请封。帝报允，寻遣王孙沙不登古鲁来贡。

十八年（一五〇五），古来卒，子沙古卜洛遣使来贡，不告父丧，但乞命大臣往其国，仍以新州港诸地封之，别有占夺方舆之奏，微及父卒事。给事中任良弼等言：占城前因国土削弱，假贡乞封，仰仗天威，詟伏邻国，其实王之立不立，不系朝廷之封不封也。今称古来已殁，虚实难知，万一我使至彼，古来尚存，将遂封其子乎？抑义不可而已乎？迫胁之间，事极难处，如往时科臣林霄之使满剌加，不肯北面屈膝，幽饿而死，迄不能问其罪，君命国威，不可不慎。大都海外诸蕃，无事则废朝贡而自立，有事则假朝贡而请封。今者贡使之来，岂急于求封，不过欲复安南之侵地，还粤东之逃人耳。夫安南侵地，玺书屡谕归还，占据如故。今若再谕，彼将玩视之，天威亵矣。倘我使往封占城，羁留不遣，求为处分，朝廷将何以应？又或拘我使者，令索逃人，是以天朝之贵臣，质于海外之蛮邦，宜如往年古来就封广东事，令其领敕归国，于计为便。礼部亦以古来存亡未明，请令广东守臣移文占城勘报。从之。既而封事久不行。

（正德？）五年（一五一〇）沙古卜洛遣叔父沙系把麻入贡，因请封，命给事中李贯、行人刘廷瑞往。贯抵广东惮行，请如往年古来故事，令其使臣领封。廷议：遣官已二年，今若中止，非兴灭继绝义，倘其使不愿领封，或领归而受非其人，重起事端，益伤国体，宜令贯等亟往。贯终惮行，以乏通事、火长为词。廷议：令广东守臣采访其人，如终不得，则如旧例行。贯复设词言：臣奉命五载，似惮风波之险，殊不知占城自古来被逐后，窜居赤坎邦都郎，国非旧疆，势不可往。况古来乃前王斋亚麻庵之头目，杀王而夺其位。王有三子，其一尚存，义又不可，律以春秋之法，虽不兴问罪之师，亦必绝朝贡之使，奈何又为采访之议，徒延岁月，于事无益。广东巡按丁楷亦附会具奏，廷议从之。十年（一五一五），令其使臣赍敕往，自是遂为故事，其国贡使亦不常至。

嘉靖二十二年（公元一五四三）遣王叔沙不登古鲁来贡，诉数为安南侵扰，道阻难归，乞遣官护送归国，报可。

其国无霜雪，四时皆似夏，草木常青，民以渔为业，无二麦，力穑者少，故收获薄。国人皆食槟榔，终日不离口。不解朔望，但以月生为初，月晦为尽，不置闰。分昼夜为十更，非日中不起，非夜分不卧。见月则饮酒歌舞为乐。无纸笔，用羊皮槌薄熏黑，削细竹蘸白灰为字，状若蚯蚓。有城郭甲兵，人性狠而狡，贸易多不平。户皆北向，居民悉覆茅，檐高不得过三尺。部领分差等，门高卑亦有限。饮食秽污，鱼非腐烂不食；酿不生蛆不为美。人体黑，男蓬头，女椎结，俱跣足。

王，琐里人，崇释教，岁时采生人胆入酒中，与家人同饮，且以浴身，曰通身是胆，其国人采以献王，又以洗象目。每伺人于道，出不意急杀之，取胆以去。若其人惊觉，则胆已先裂，不足用矣。置众胆于器，华人胆辄居上，故尤贵之。五六月间，商人出，戒必备。王在位三十年，则避位入深山，以兄弟子侄代，而己持斋受戒，告于天曰：我为君无道，愿狼虎食我或病死。居一年无恙则复位如初。国中呼为昔嚓马哈剌，乃至尊至圣之称也。

国不甚富，惟犀象最多。乌木、降香樵以为薪，棋枏香独产其地一山。酋长遣人守之，民不得采，犯者至断手。

有鳄鱼潭，狱疑不决者令两造骑牛过其旁，曲者鱼辄跃而食之，直者即数往返，不食也。有尸头蛮者，一名尸致鱼，本妇人，惟无瞳神为异。夜中与人同寝，忽飞头食人秽物，来即复活。若人知而封其颈，或移之他所，其妇即死。国设厉禁，有而不告者，罪及一家。

附录九 其他的史文

明马欢在其《瀛涯胜览》中"占城"条说：

其国即释典所谓王舍城也。在广东海南大海之南，自福建福州府长乐县五虎门开船，往西南行，好风十日可到。其国南连真腊，西接交趾界，东北俱临大海。国之东北百里有一海口，名新州港。岸有一石塔为记，诸处船只到此舣泊登岸。岸有一寨，番名设比奈（Sri Vinaya?），以二头目为主，番人五六十家居内，以守港口。去西南百里，到王居之城，番名曰占城。其城以石垒，开四门，令人把守。

国王系锁俚人，崇信释教。头戴金钑三山玲珑花冠，如中国副净者所藏之样，身穿五色线细花番布长衣，下围色丝手巾，跣足，出入骑象或乘小车，以二黄牛前拽而行。头目所戴之冠，用茭蕈（Kajang）叶为之，亦如其王所戴之样，但以金彩妆饰，内分品级高低。所穿颜色衣衫长不过膝，下围各色番布手巾。

王居屋宇高大，上盖细长小瓦，四围墙垣，用砖灰妆砌甚洁，其门以坚木雕刻兽畜之形为饰。民居房屋，用茅草覆盖，檐高不得过三尺，出入躬身低头，高者有罪。

服色禁白衣，惟王可穿。民下玄黄紫色，并许穿，衣服白者死罪。国人男子髽头，妇人撮髻脑后，身体俱黑，上穿秃袖短衫，下围色丝手巾，俱赤脚。

气候暖热，无霜雪，常如四五月之时，草木常青。山产乌木、伽蓝香（Calambac）、观音竹、降真香，乌木甚润黑，绝胜他国出者。伽蓝香惟此国一大山出产，天下再无出处，其价甚贵，以银对换。观音竹如细藤棍样，长一丈七八尺，如铁之黑，每一寸有二三节，他所不出。犀、牛、象牙甚广。其犀牛如水牛之形，大者有七八百斤，满身无毛，黑色，俱生鳞甲，纹癞厚皮，蹄有三跲，头有一角，生于鼻梁之中，长者有一尺四五寸。不食草料，惟食刺树刺叶，并食大干木，抛粪如染坊黄栌楂。其马低小如驴。水牛、黄牛、猪、羊俱有。鹅鸭稀少，鸡矮小，至大者不过二斤，脚高寸半及二寸止。其雄鸡红冠白耳，细腰高尾，人拿手中亦啼，甚可爱也。果有梅、橘、西瓜、甘蔗、椰子、波罗蜜、芭蕉子之类。其波罗蜜如冬瓜之样，外皮似川荔枝皮，内有鸡子大块黄肉，味如蜜，中有子如鸡腰子样，炒吃味如栗子。蔬菜则有冬瓜、黄瓜、葫芦、芥菜、葱、姜而已，其余果菜并无。人多以渔为业，少耕种，所以稻谷不广。土种米粒，细长多红者，大小麦俱无。槟榔荖叶，人不绝口而食。

男女婚姻，但令男子先至女家成亲毕。过十日或半月，其男家父母及诸亲友以鼓乐迎取，夫妇回家，则置酒作乐。其酒则以饭拌药封于瓮中，候熟欲饮，则以长节小竹筒，长三四尺者，插入酒瓮中。环坐，照人数入水，轮次咂饮，吸干再添入水而饮，至无味则止。

其书写无纸笔，用羊皮捶薄，或树皮薰黑，折成经折，以白粉载字为记。

国刑罪轻者以藤条杖脊，重者截鼻。为盗者断手，犯奸者男女烙面成疤痕。罪甚大者以硬木削尖，立于小船样木上，放水中，令罪人坐于尖木之上，木从口出而死，就留水上以示众。

其日月之定无闰月，但十二月为一年，昼夜分为十更，用鼓打记。四时以花开为春，叶落为秋。

其王年节日用生人胆汁调水沐浴，其各处头目采取进纳以为贡献之礼。其国王为王三十年则退位出家，令弟兄子侄权管国事。王往深山持斋受戒或吃素，独居一年。对天誓曰，我先为王，在位无道，愿狼虎食我，或病死之。若一年满足不死，再登其位，复管国事。国人呼为昔嚟马哈剌札（Sri Mahāraja），此至尊至圣之称也。

其曰尸头蛮者，本是人家一妇女也，但眼无瞳人为异。夜寝则飞头去，食人家小儿粪尖，其儿被妖气侵腹，必死。飞头回合其体则如旧。若知而候头飞去时，移体别处，回不能合则死。于人家若有此妇不报官，除杀者，罪及一家。再有一通海大潭。名鳄鱼潭。如人有争讼难明之事，官不能决者，则令争讼二人，骑水牛赴过其潭。理亏者鳄鱼出而食之，理直者虽过十次，亦不被食，最可奇也。其海边山内有野水牛甚狠，原是人家耕牛，走入山中，自生自长，年深成群，但见生人穿青者，必赶来抵触而死，甚恶也。番人甚爱其头，或有触其头者如中国杀人之恨。

其买卖交易使用七成淡金或银，中国青磁盘碗等品，纻丝绫绢烧珠等物，甚爱之，则将淡金换易，常将犀角象牙伽蓝香等物，进贡中国。

明费信在其《星槎胜览》前集"占城"条说：

永乐七年己丑（公元一四〇九），上命正使太监郑和、王景弘等统领官兵二万七千余人，驾使海舶四十八号，往诸番国，开读赏赐。是岁秋九月自太仓刘家港开船，十月到福建长乐太平港停泊，十二月于福建五虎门开洋，张十二帆，顺风十昼夜到占城国。

其国临海有港曰新洲，西抵交趾，北连中国。他番宝船到彼。其酋长头戴三山金花冠，身披锦花手巾，臂腿四腕俱以金镯，足穿玳瑁履，腰束八宝方带，如妆塑金刚状。乘象。前后拥随番兵五百余，或执锋刃短枪，或舞皮牌挝善鼓，吹椰笛壳筒。其部领皆乘马出郊迎接诏赏，下象，膝行匍匐，感沐天恩，奏贡方物。其国所产巨象、犀牛甚多，所以象牙、犀角广贸别国。棋楠香在一山所产，酋长差人看守采取，禁民不得采取，如有私偷卖者，露犯则断其手。乌木降香，民下樵而为薪。

气候常热如夏，不见霜雪，草木常青，随花随结。供民以煮海为盐，田禾甚薄。其国之人，惟食槟榔裹荖叶包蛎壳灰，行住坐卧，不绝于口。不解正朔，但看月生为初，月晦为尽，如此十次盈亏为一岁。昼夜以善挝鼓十更为法。酋长及民下非至午不起，非至子不睡。见月则饮酒歌舞为乐。酋长所居高广屋宇，门墙俱砖灰瞽砌，及坚硬之木雕琢兽畜之形为华饰，外周砖垣，亦有城郭之备。练兵之具，药镞刀标之属。其部属所居亦分等第，门高有限，民下编茅覆屋，门不过三尺，过则即罪之。

一国之食，鱼不腐烂不食，酿不生蛆不为美。造酒以米和药丸干持入瓮中，封固如法，收藏日久，其糟生蛆为佳酝。他日开封，用长节竹竿三四尺者，插入糟瓮中，或团坐五人十人，量人入水多寡，轮次吸竹引酒入口，吸尽再入水，若无味则止，有味封留再用。

岁时纵人采生人之胆，鬻于官。其酋长或部领得胆入酒中，与家人同饮，又以浴身，谓之通身是胆。相传尸头蛮者，本是妇人也，但无瞳人为异。其妇与家人同寝，夜深飞头而去，食人秽物，飞头而回复合，其体仍活如旧。若知而封固其项，或移体别处，则死矣。人有病者，临粪时遭之，妖气入腹病者必死，此妇人亦罕有。民间有而不报官者，罪及一家。番人爱其头，或有触弄其头者，必有生死之恨。男女椎髻脑后，花布缠头，上穿短布衫，腰围色布手巾。其国无纸笔之具，但将羊皮挝薄薰黑，削细竹为笔，蘸白灰书字，若蚯蚓委曲之状，语言燕鸪，全凭通事传译。

明巩珍在其《西洋番国志》中说：

占城国，即释典所谓王舍城也。在广东大海之南，自福建长乐县五虎门开船，往西南行，好风十日可至。其国南达真腊，西接交趾之后，东北俱大海。国之东北百里有海口名新州港，岸上有一石塔，诸处船望见塔即收港。海口有寨，番名设北奈，寨内番人五十家，有二头目主之。西南百里有王城，番名曰占。其城以石垒，开四门，各有守者。

国王锁里人，崇信释教，头以金为冠，钑三山玲珑花，其状如中国杂戏妆粉者所戴冠同。身衣五色长衣，以细花布为之，下围色丝手巾。王跣足，出入骑象，或以二黄牛驾小车而行。其头目所戴冠，用其土所产茭葦叶为之，其制度亦如王者，但饰以金彩，各分品级高下。所服衣衫，长不过膝，下围各色布手巾。

王居屋宇高大，上盖长条细瓦，四围墙垣，皆用砖灰，其门以坚木刻兽形为饰。居民房屋俱覆以茅，其檐不许过三尺，过三尺者，罪之。

服色皆用紫，玄黄亦不禁，王乃服白，余服白者罪死。

国人男子鬐头，妇人撮髻脑后，体貌俱黑，上衣短袖衫，下围色布手巾，俱赤脚。

气候常暖，如中国四五月，时无霜雪，草木长青。产茄蓝香、降真香、观音竹、乌木，其木甚黑润，绝胜他国所出者。茄蓝香惟此国有一大山产，他国俱无，价与银等。观音竹如细藤棍，色黑，长一丈七八尺，每寸有三二节，他国俱无。所生犀象，其牙角甚广，犀牛如水牛形，一角生鼻梁中，蹄有三跲，身黑无毛，皮粗厚纹，如鳞甲，体重七八百斤，食刺树刺叶及指大乾木。有牛、马、猪、羊，其马仅大如驴。鹅鸭少，鸡至小，脚仅高寸半或二寸，雄鸡则红冠白耳亚腰窍尾，人执手中犹啼，甚可爱也。果有梅、橘、西瓜、甘蔗、芭蕉、椰子。波罗蜜状如冬瓜，皮纹如荔枝，其中肉颗如鸡子大，色黄味甘如蜜，肉内有子，大如中国刀豆子，炒食如栗。蔬菜则冬瓜、黄瓜、葫芦、芥菜、葱、姜而已，其余果菜俱无。人多渔，少耕种，所以稻谷不广，土种米粒细长多红者，大小麦俱无，日食槟榔扶蒌叶不绝口。

婚姻，男子先至女家成亲，过十日或半月，男家父母及诸亲友以鼓乐迎回，饮酒作乐。其酒以药和饭封瓮中候熟，但饮时先数主客人数多少，以长节竹筒插入瓮中，人皆围坐，轮次而起，扶筒咂饮，干再增水，味尽方止。

书写无纸笔，揣羊皮令薄，或折树皮，以白粉书之。

国刑得罪轻者以藤条杖脊，重者截鼻，为盗者断手，男女犯奸者烙面。甚者以木为舡，行放水中，上立一坚木削尖，令罪人坐尖上，木自口出而死，就流水上示众。

岁月无闰，但以十二月为一年，昼夜分十更，击鼓以记之。

其王年节用生人胆调水沐浴。各处头目采取进纳以为贡献之礼。王居位三十年，令别弟兄子任权国事，自往深山持斋受戒，对天誓曰：我在先为王，若无道，愿虎狼食我或即病死。若一年不死，则复为王。人皆呼为昔嚟马哈剌扎，盖至尊至圣之称也。

其国中有人家妇人，呼名尸只于者，惟以目无瞳人为异。夜寝时头能飞去，食人家小儿粪尖，则妖气入儿腹，必死。其头复回本体，相合如旧。曾有人能以妇人之体移置他处，其妇亦死。但知人家有此妖异，不报官者，罪及合家。又有一大潭通海，其中有鳄鱼。国人有告争讼难明，官不能决者，则令各骑水牛过潭，鳄鱼见理曲者辄出而食之，其理直者虽过十余次无事，最为异也。海边亦有野水牛，甚狠恶可畏。其牛原是人家耕牛，因逸去他处，生养成群。但青衣之人相近，辄群逐来抵触而死，人皆避之。

国俗最忌触其胸怀，或有犯者恨而阴谋杀之。其买卖交易，惟以七成色淡金使用，所喜者中国青磁盘碗等器，及纻丝绫绢硝子珠等物，皆执金来转易而去。国王岁采方物、犀角、象牙、茄蓝等香，赴中国进贡。

明张燮在其《东西洋考》卷二"占城"条说：

占城，古越裳地也，秦林邑，汉象林。及区连杀县令自立，称林邑王，数世中绝，外甥范熊代之，子逸嗣，逸死，奴文篡立。永和间（公元一三六—一四一）袭破日南，杀其守夏侯览以尸祭天，屯日南久之。

文死，子佛嗣，屡为晋兵所破，然亦世为交南患。至孙文敌为扶南所杀，大臣范诸农平其乱，自立为王，传子阳迈，宋永初（公元四二〇—四二二）时遣使来贡。其后，叛服靡常，交州刺史擅和之将兵击之，深入其境。齐梁亦通使往来。隋时为大将刘方所破。至唐而范始灭，国人立其姑子诸葛地，更号环王。元和（公元八〇六—八二〇）初，都护张丹击走之，徙国于占。占城之名，所自始也。

宋时袭破真腊，后真腊大举复仇，俘杀几尽，更立真腊人主之。

元世祖诏降虎符，授荣禄大夫、占城郡王，即其地立省抚安之，然竟负固。大军南讨，国王战败逃遁，然不果降。

明兴，高皇帝赐占城国玺书，国王阿答阿者遣使朝贡，盖从此始归款矣。四年（公元一三七一），王为安南所苦，奉表乞赐兵器、乐人，俾安南知我为声教所被，不敢辄欺负。上怜之，报曰，两国既共内附，岂宜擅兵相攻。业诏安南无开疆畔，兵器不尔吝，但以安南故，赐尔是助尔构兵也。乐有声律，方言各异，中国人不可遣，尔国人能习华语者来习肄。十六年（一三八三）遣子入贺圣节。

永乐改元（公元一四〇三），遣使告谕即位，其王占巴的赖奉金叶表来贡，上使行人蒋宾、王枢往报之，赐金绮有差，且敕安南毋相侵掠，从来请也。四年（一四〇六），遣中贵马彬谕以共伐安南，诏粤东诸将缮兵甲由海道与占城会，赐占城王镀金银印，他物甚侈。王出兵助征。五年（一四〇七），奏言克复安南所侵地，献俘贡方物。上下诏褒美，数年间屡遣使来贡，悉厚答之，至命中贵彬护其使臣以归。

十三年（一四一五），兵部尚书陈洽驰奏："初讨安南时，占城王虽听命出征，然实怀二心，怼期不进。又以金帛、战象资季扩。季扩以黎苍女遗之，复约陈翁挺侵升华府所隶地，罪下季扩一等耳，请发兵征之。"上以交趾初平，不欲穷兵远夷，遣使谕王，归我侵地。其后三年一朝贡，诏使亦间往不绝。景泰（公元一四五〇——一四五七）末，王摩诃贵殂。天顺（一四五七——一四六四）初年，弟盘罗悦驰使请封，命给事中江彤、行人刘寅之持册往，王亦遣使来谢云。

成化（一四六五——一四八七）中，王荼全为交趾所破，嗣王徙居赤坎邦，遣使请封如故事。而安南陪臣据其故都，诡称占城王迎诏，使臣冯又误谓真王也，持封册给之。嗣王古来航海奔广州投诉，更以来朝为辞，督臣屠滽命参议姜英核其事。时安南纳叛将而助之虐，申言古来不当嗣。滽从金议，谓册印元有古来名，宜王其地，具疏以闻。仍移檄安南，道之顺逆。安南亦不敢大肆其狼噬，乃选官军二千，令东莞商人张宣护送古来还国。弘治十八年（公元一五〇五），古来卒，沙古卜洛嗣。正德五年（一五一〇），奉诏册封者，给事中李贯、行人刘廷瑞也。十二年（一五一七）来朝，嘉靖二十一年（一五四二）再至云。

其俗果于战斗，尚释教。王冠三山金花玲珑冠，披锦帔，著玳瑁履，腰束八宝方带。出游乘象或黄犊车，一人持槟榔盘前导，从者十余辈，各执弓矢、刀枪。民望之膜拜一而止。臣菱叶冠，男蓬头，女后椎结。居处为阁，名曰干阑。门户皆北向。民居茅茨，不得逾三尺。衣紫衣，僭玄黄者论死。椰叶为席，以麝涂身。山牛不任耕耦，但杀以祭鬼，令巫祝之曰：阿罗和，教他早脱生也。

正月一日牵象周行所居之地，然后驱逐出郭，谓之逐邪。四月游船，十一月望日为冬至，所部各献方物。十二月望日城外缚木为塔，以衣服香药置塔上，焚之祭天。酿酒瓮中，俟熟，宾主绕瓮坐筒而吸，且吸且注水，味尽而止。无纸笔，以羊皮捶薄，削竹为笔，蘸白灰书字。或击鼓以警众，或吹蠡以即戒。古称岁时采生人胆入酒，饮之，又以浴身，谓之通身是胆也。嫁娶必用八月，女先求男。同姓还相婚姻，使婆罗门引婿见妇，握手相守嘱曰：吉利，吉利。丧用火蒸，以器乘余骨沉之。

王在位三十年即入山茹素，受戒曰：我不道，当充虎狼食或病死。从此国事不得复相关，传子摄国，期年得无恙，复入为王，国人呼为芳嚓马恰刺札焉。

东南亚古史研究之八

东南亚古史初论

東南亞古史研究之八

東南亞古史初論

陳序經 著

《东南亚古史初论》20 世纪 60 年代内部印刷版封面

目　　录

第一编 ·· **417**

　第一章　研究的需要 ·· 417

　第二章　名称的解释 ·· 420

　第三章　历史的分期 ·· 425

　第四章　种族与国家 ·· 430

第二编 ·· **435**

　第五章　种族的来源 ·· 435

　第六章　种族的分类（一）① ······································ 441

　第七章　种族的分类（二） ·· 447

　第八章　种族的分类（三） ·· 452

第三编 ·· **457**

　第九章　地理的概况 ·· 457

　第十章　物产的简述 ·· 462

　第十一章　生活与风习 ·· 468

　第十二章　宗教与信仰 ·· 474

第四编 ·· **479**

　第十三章　中国与南海 ·· 479

　第十四章　海道的交通（一） ···································· 484

　第十五章　海道的交通（二） ···································· 489

　第十六章　河道与陆道 ·· 494

第五编 ·· **499**

　第十七章　文化的交流 ·· 499

---

① 编注：底稿中相同的章题未做区分。为便利读者检索，编辑加（一）（二）……以示区分。类同者，不再注。

- 第十八章　中国的影响 …………………………………… 504
- 第十九章　印度的影响 …………………………………… 509
- 第二十章　伊斯兰教的影响 ……………………………… 515

第六编 …………………………………………………………… 520
- 第二十一章　中国的史料（一）………………………… 520
- 第二十二章　中国的史料（二）………………………… 526
- 第二十三章　外国的史料 ………………………………… 532
- 第二十四章　碑文与古物 ………………………………… 537

附　记 …………………………………………………………… 542

第一编

第一章 研究的需要

为什么我们要研究东南亚的历史而尤其是东南亚的古代历史呢？

关于这个问题，我们在下面谈到好多问题时，对于这个问题，还会加以较为详细的解释，在这里，我们先要指出，因为无论在地理上，在种族上，以及在文化的好多方面，我们祖国与东南亚各国，都有了密切的关系；而且，这种关系是有其长久的历史的。

在地理上，东南亚有几个国家，这就是越南、老挝、缅甸，是与我们的西南的广东、广西、云南毗连。马来半岛是从缅甸与暹罗的南部伸下去的一个半岛，所以越南、老挝、缅甸、暹罗、柬埔寨、马来半岛，在地形上，在山脉上，以至在河流上，都与我们息息相关。从马来半岛到印度尼西亚，从苏门答腊至爪哇，从爪哇至婆罗洲，从婆罗洲至菲律宾，从菲律宾而至台湾，也都只隔了一衣带水，世界没有一个国家，像我们中国之于东南亚各国，有了这样密切的关系；我们在西南的好多河流，是经老挝、柬埔寨、越南、暹罗、缅甸而出海，我们在西南的好多山脉，起伏不断的伸到这些国家，以至马来半岛。所以，比方，我们无论是研究我们的河流也好，山脉也好，地形也好，以至动物、植物也好，我们要想了解比较全面的话，我们不只要知道比方澜沧江的发源与上游，我们还要知道这条江在下游所经过的地方，以至其出海的地方。河流的关系，固是如此密切，山脉、地形、气候，以至动物植物的关系，也是很密切的。

在种族上，在东南亚各国，我们有千千万万的华侨，在好多国家中，华侨虽是少数，但也有的地方如马来半岛，而尤其是在新嘉坡，华侨是多数的民族。其实，在种族上，我们的民族数千年来就与东南亚各国的民族有了血统的关系。比方在柬埔寨人民就同中国人民存在着骨肉般的关系，现在在约四百万柬埔寨居民中，就有三十多万是中国侨民，他们之间，很久以来就有互通婚姻，这一点在元人周达观在其《真腊风土记》中，早已指出。此外，又如，缅甸人民，对中国人民，不只有着深厚的友谊，而且往往称我们作胞波，意思就是同胞的兄弟。

一九五六年，当老挝总理富马所带领的代表团访问我国时，也曾指出我们两个国家有了亲戚的关系，暹罗的第七世皇，在公开的场合中，曾经宣布他自己以及其王室的人们，是有了中华民族的血统，其人民也有中华民族的血统，是更用不着说的。前菲律宾总统奎松以及好多政府人员与民众，并没有隐蔽他们是有了中华民族的血统。此外，如印度尼西亚，如马来亚的民族而尤其是越南的民族之有中华民族的血统，也是无可疑的。

在文化上，越南的文化系统是与中国的文化系统有了密切的关系固不待说，就是东南亚其他各国的文化，或多或少，也受过中国文化的影响，也是很显明的。

而且，我们之于东南亚各国的关系，其历史既可以追溯到周秦时代，到了汉代，中国的船舶与使者，除了到了东南亚的好多国家之外，还到印度洋沿岸一带，从两汉以后，时代愈近，我们与东南亚各国的往来愈多，愈为密切，而且，正是因为两者的关系的历史很久，所以在种族上、在文化上，其关系的程度，愈加深切，因而我们对于研究东南亚的各国历史，更为需要。

因为我国与东南亚有了这样的密切关系，在我们的历史上所发生的一些重要事件，往往也会影响到东南亚各处。比方在中华民族受到异族的压迫的时候，如宋末元初，如明末清初，如太平天国失败之后，好多中国人民，逃到东南亚各国避难，而且这些避难的人们，往往就永久的居留在这些地方。

同样，中国的革命运动，对于东南亚各国的政府与人民，也有过影响。辛亥革命之前，孙中山先生及其参加革命的人们，常在东南亚策动其革命工作，解放以前的越南的反帝主义的革命运动，已受了辛亥革命的影响，印度尼西亚的领导人到中国访问时，一再指出他所领导的革命运动，曾经受了孙中山先生的革命的影响。又如在泰国，孙中山先生的《三民主义》一书早已译成泰文出版。至于最近十余年的革命运动对于东南亚各国的影响，是更不用说的。

我们与东南亚的关系，既如此密切，我们对于东南亚，应该加以研究，所谓研究，不只要研究东南亚各国的近代与现代的情况；而且，也需要研究这些国家的有关古代知识，尤其是在帝国主义者诬蔑东南亚各国人民，以为他们没有什么文化，没有创造文化的能力的时候，我们应该用历史的事实去驳斥他们，使他们明白在他们的祖宗还正处在中世纪的黑暗时代的时候，东南亚的好多国家，如柬埔寨，如爪哇，文化艺术，已达到很高的地位。今日还存在的吴哥王宫与吴哥寺，今日还存在的爪哇的佛楼，就是很显明的例子。

关于东南亚的古代历史资料，我们当在下面叙述，我们这里只要指出，在西方国家没有侵略东南亚各国之前，关于东南亚各国的古代历史，资料保存得最多而最为丰富的是我们中国。近年以来，研究东南亚古代史的人们，虽然在东南亚各地，发掘或发现了不少碑文古迹古物，使研究东南亚的资料，增加不少，然而我们也应该指出，这些新的材料，还是比较片断，还不完整，作为研究东南亚的补充材料，固有很大的价值，若专拿这些材料，再加以东南亚各国的一些历史文献，还不能写成一部比较完整的东南亚的通史或国别史。

这就是说，欲研究东南亚各国历史，而尤其是古代东南亚，非用中国资料，就不容易或不可能了解东南亚各国的历史的重要事件。其实，有的东南亚的各国家的古代史，如扶南、林邑，以至古代的越南，几乎完全要靠中国的历史文献。

然而这也并不是说，专靠我国的历史文献，去研究东南亚各国历史，也就够了。相反的，我们应该利用近来发掘的或发现的一些碑文、古迹、古物，以及东南亚各国的历史文献。所以我们寻求东南亚各国的知识，不只要利用我国的史料，还要利用东南亚各国的史料，就如研究柬埔寨的古代史来说，元代周达观的《真腊风土记》，是一部很好的真腊史料，可是周达观对于吴哥宫与吴哥寺的叙述，还不够详细，还有遗漏，我们今日若到柬埔寨的吴哥，做了实地的调查，那不只对周达观的记载，觉得很为确实，而且可以补充其好多遗漏的地方。

所以寻求关于东南亚各国的知识，是我们一种责任，而且，因为我们有了关于东南亚的古代历史的丰富资料，我们更有责任，一方面去整理我们固有的关于东南亚的古代史料，一面去寻求有关于东南亚各国的古代史的资料，互相对照，互相补充，使东南亚的人民，更加了解他们过去的历史，更加了解他们过去的光荣历史，使他们对于今后，利用他们的丰富资源去建设他们的祖国，更加有了信心。

第二章 名称的解释

"东南亚"这个名词,据我们所知道,已见于一八三八年前马尔科姆(Howard Malcom)所著的《东南亚旅行记》(Travels in Southeast Asia)。一九〇〇年,在上海出版的世增与张美翊所译西人所著的 Geography of Oceania 一书,命名为《东南海岛图经》,里面包括马来亚、苏门答腊、爪哇、婆罗洲与菲律宾等处。所谓东南海岛,并不包括越南、柬埔寨、老挝、暹罗、缅甸等地。应该指出,在清朝初年陈伦炯,在其《海国闻见录》一书中,已用了东南洋这个名词,可是他所说的东南洋,范围较小,因为除了东南洋之外,还有南洋,这也是属于东南亚的范围,到了第二次世界大战的时候,东南亚这个名词,采用的人,逐渐增加。比方,一九四一年斐尼发尔(J. S. Furnivall)曾写一本书叫做《东南亚的进步与繁荣》(The Progress and Prosperity of Southeast Asia),一九四二年密尔斯和汤卜逊(Emerson Mills and Thompson)所刊行的《东南亚的政府与民族主义》(Government and Nationalism in Southeast),一九四八年密尔斯(L. A. Mills)所编辑的《东南亚的新世界》(The New World of Southeast Asia);此外,又如谟克(H. J. Van Mook)、多比(E. H. D. Dobby)、柏塞尔(V. W. Purcell)等人,均用这个名词以为书名,英国人在第二次世界大战时,还用过什么东南亚总司令的名称。在我国在抗战时期,这个名词,也逐渐的流行起来,现在这个词,已很普遍,而且在高等学校的课程中,也已用了这个名词。

大致上,东南亚这个名词,在地域上,相当于我国所常用的南洋这个名词,但是也得指出,南洋这个名词在清朝末年有一个时期也是指着江苏以南及长江下游各处,这与北洋这个名词,是指着河北或直隶而言,这是那个时候的分区治理的名称,所以直隶总督,是兼北洋大臣,而两江总督,兼南洋大臣,后来所谓北洋军阀,以至南洋公学等等名称,都是从这样的分区而产生的。

可是更普遍的是南洋这个名词,是应用于我国以南的好多国家,这是与我们这里所说的东南亚,大致上是相同,如上面所举出世增与张美翊所译的《东南海岛图经》,所用南洋这个名词。其实在清朝初年,陈伦炯在其《海国闻见录》一书中,已用过南洋这个名词,虽则像上面所说,这里所说的南洋,只是现在的东南亚的一部分。

在历史上,我国在很早的时候——秦汉的时代,已经知道这个地域以及其国家;而且,也与这些国家有过密切的关系。不过在那个时候所用以指明这些地方,是包括在南蛮、南夷这个名词。应该指出,南蛮不只是指着南洋各处,而也指着中国的南部的像广东、广西各处。班固《汉书》卷九十五说"南夷君长以十数，夜郎最大"，其所指的包括了福建、广东、广西、贵州、云南各处的兄弟民族。他在卷二十八下《地理志》中又把东南亚的一些国家归在粤地。粤与越通，也可以说是越地。《地理志》还指出在西汉的时代，我国的船舶已到南海以至印度沿岸好多地方，虽然《地理志》中所说的好多地名，现在很难考订出来，但是我国人在那个时候，不只知道这些地方的国家，而且有使者去访问与有商人去经商，是无可疑的。司马迁的《史记》卷一百一十三的南越尉陀所统治的地方，就包括了桂林、南海、象郡，这就是包括了广东、广西，以及现在的越南的一部分，其最南的疆界是日南，这也就是越南的中部。

范晔《后汉书》卷一百一十六《南蛮传》所谓南蛮是包括了越南北部的交趾，也包括了当时新建立的林邑，虽然林邑这个名词，并没有见于《后汉书》。范晔把在日南以外的诸国谓为"日南徼外"。"日南徼外"除了区怜所建立的林邑，还包括了叶调王便以及掸国王雍由调。掸国是在云南的西南、缅甸的北部。在《西南夷传》中，他还说"掸国西南通大秦"，这是包括了欧洲的罗马了。

《晋书》卷九十七也用南蛮这个名词，在《南蛮传》中有林邑与扶南，林邑、扶南在正史上有传始于《晋书》，但是这两个国名已见《三国志·吴志·吕岱传》。《吕岱传》中除了这两个国外，还有堂明国，其位置不得而考，大概是与扶南接近，《唐书》也用南蛮这个名词。

《梁书》卷五十四《诸夷列传四十八》中用海南这个名词，其叙言中说：

> 海南诸国，大抵在交州南及西南大海洲上，相去近者三五千里，远者二三万里，其西与西域诸国接。汉元鼎中，遣伏波将军路博德开百越，置日南郡，其徼外诸国，自武帝以来，皆朝贡，后汉桓帝世，大秦、天竺皆由此道遣使贡献。及吴孙权时，遣宣化从事朱应、中郎康泰通焉。其所经及传闻，则有百数十国，因立记传。晋代通中国者盖鲜，故不载史官，及宋、齐，至者有十余国，始为之传。自梁革运，其奉正朔，修贡职，航海岁至，逾于前代矣。今将其风俗粗著者，缀为海南传云。

唐时杜佑，在其《通典》卷一八八中，也用海南这个名词。他在其序略中所说差不多与《梁书》相同，但他又说：

> 大唐贞观以后，声教远被，自古未通者，重译而至，又多于梁隋焉。

《旧唐书》卷四十一《地理志》也用海南这个名词，《地理志》说：

> 交州都护制诸蛮，其海南诸国，大抵在交州南及西南，自汉武帝来皆朝贡，必由交趾之道。

宋末元初的马端临在其《文献通考》里也用海南这个名词。马端临的叙言，完全是从杜佑《通典》抄录过来。姚思廉的《梁书》、杜佑《通典》及马端临

《文献通考》所说的海南，可以说与我们现代所用的南洋是没有什么分别的。

《元史》卷二十（一二九九年）五月丙申中说：

> 海南速古台、速龙探、奔奚里诸蛮，以虎象及杪罗木舟来贡。

此外，又有好多人用南海这个名词。秦平天下，开置郡中，有南海郡，但这个南海最初是指着广东而言，在后来的史书与著作中始用南海去指明我们所说的南洋或东南亚。比方《隋书》卷八二《赤土传》中说："赤土国……在南海中。"唐代僧人义净也用南海这个名词，他的《南海寄归内法传》就是一个例子，这本书卷一记南海诸洲，这也就是指着从广东以南而至苏门答腊、爪哇的海洋，这个南海，在古代也叫做涨海的，《梁书·扶南传》说扶南王范蔓"治作大船，穷涨海"，又说"涨海无涯岸"。杜佑《通典》卷一八八《岭南序略》中说五岭之南，涨海之北，也就是这个南海。南海与南洋在意义上，可以说是没有什么分别。

南洋这个名词始于何时，不得而知，清代乾隆道光间谢清高（一七六五 — 一八二一）在其《海录》卷一"乌土"条中说"乌土国……实南洋中乐国也"，那么这个名词至少有了一百五十年的历史。李长传在一九三八年所出版的《南洋史纲要》中说：

> 近二十年来，"南洋"名词乃通行于全国，所谓南洋者，以其在我国之南方，而远隔重洋也。

其实，南洋这个名词在十九世纪，尤其是在太平天国灭亡以后，已逐渐应用，到了二十世纪以后，更为普遍，这不只在国内很为普遍，就是在南洋各处，也是如此。从前上海暨南大学有南洋研究部，刊行《南洋研究》期刊，直到最近，厦门大学还用南洋这个名词，设立南洋研究所。在南洋各处，这个名词，也多采用，南洋大学、南洋女校，至于其他团体机关之用这个名称，不胜枚举。

与南洋这个名词有关系的另一个名词，是西洋或东西洋。明初郑和到南洋以至印度洋与一些阿拉伯国家，后来人说是三保太监下"西洋"，这个"西洋"，虽然也包括了印度洋及阿拉伯一些国家，但主要的是指着南洋诸国。明朝末季张燮著了一本《东西洋考》，他在卷五"文莱"条说：

> 文莱，即婆罗国（婆罗洲），东洋尽处，西洋所自起也。

他所指的西洋，是交趾、占城、暹罗、柬埔寨、马来半岛、苏门答腊等处，东洋是婆罗洲、菲律宾等处。

宋代周去非在其《岭外代答》卷二"海外诸蕃国"条说：

> 诸蕃国大抵海为界限，各为方隅而立国。……东南诸国，阇婆其都会也，西南诸国，浩乎不可穷，近则占城、真腊，为宾里诸国之都会，远则大

> 秦，为西天竺诸国之都会。

这是把所谓南洋各国分为东南诸国，与西南诸国，与张燮所说的东西洋又有不同之处。

从现在看起来，东南海、西南海，尤其是东西洋这个名词，很容易引起误会，因为西洋这个名词，百多年来，逐渐成为指明欧洲以至美洲各国，至于东洋这个名词，数十年来，也多用以指明日本，若用之以指明南洋，都有问题，海南这个名词，在历史上虽然用的时间相当的长，但是宋元以后已较少用，而且这个名词，成为海南岛的专用名词，现在若再用以指南洋，也是不适宜的。至于南海这个名词，在秦汉既是指着广东，近来主要是指着中国的南海，用为指明南洋，既少有人用，也不见得适当。

至于南洋这个名词，虽然用了很久，现在还有用的，我们觉得也不大妥当。南洋本来是与南海同一意义，指的都是海洋，义净用南海诸洲既不见得很好，近人用南洋群岛这个名词，也不能表达这个地域的真谛，所谓诸洲或群岛，大致是与大陆有了对立的意义，但是我们知道，在所谓南洋诸国中，不只包括了一些岛国，如苏门答腊、爪哇、婆罗洲、菲律宾等等，而且包括了马来半岛，以及紧连着大陆的越南、老挝、柬埔寨、暹罗、缅甸等国家，所以南洋这个洋字，就有了问题；如李长传所说："所谓南洋者以其在我国之南方，而远隔重洋也"；我们以为南洋各国，固在我国之南方，可是并不见得这些国家都是与我国远隔重洋，越南、老挝、缅甸与我国的疆土接壤，暹罗与我们疆土也不过隔了一个地方较狭的走廊，从云南与广西至新嘉坡，不用船舶，乘坐火车、汽车也可以抵达。其实除了从西贡至金塔的约二百多公里，只有公路，没有铁路外，其他地方，都有火车可通，自新嘉坡与柔佛新埠通桥之后，新嘉坡也与马来半岛连接起来，所以从中国的西南经过中南半岛，包括至马来半岛与新嘉坡，完全可以利用陆地交通，并没有远隔重洋。自然的，到这些国家的交通工具，主要虽然还靠渡海洋的船舶，可是从地理上来说，陆地交通不只在今日已很方便，就是在历史上，也曾用过。

这样看起来，从中国到所谓南洋的大多数的国家，不只没有远隔重洋，而且，根本上就没有海洋以至海峡的间隔，所以用南洋这个名词，也不见得妥当的。

因此，我们觉得东南亚这个名词，比之其他一些名词，以至南洋这个名词，都较为妥当。东南亚是一个地域的名称，既不一定是专指着海洋，也不一定是专指着大陆，这个名词，可以兼了两者，它可以包括了一些半岛，也可以包括了一些群岛。

而且东南亚这个名词，是指着亚洲的东南部分，它不以中国为本位，而像南洋这个名词是位在我国的南方，东南亚是亚洲一部分，应该从整个亚洲的立场来看，东南亚这个区域，是在亚洲的东南，所以叫做东南亚，这样，在地理上，其方位比较明确，它并不在亚洲之东或东北，所以日本、中国都不包括在内；它并不在亚洲之中，所以中亚阿富汗、印度也不包括在内；它并不在亚洲之西，所以伊朗、阿拉伯半岛各国、土耳其等，也不包括在内。

东南亚是亚洲的一部分，因此东南亚以外的国家，当然也不包括在内，有些人如李长传在其《南洋史纲要》以为南洋在中国之南，因而把这个南洋范围放广到澳大利与新西兰等地（按：他把澳大利等处名为外南洋），这样就把这些国家，也放在南洋的范围之内，澳大利与新西兰是属于澳洲地系，这是世界五大洲之一，而并不属于亚洲或任何其他一洲，把这两个地方列入亚洲，固不妥当，把它们列入南洋，也未免把南洋的范围放得太广，而况，就在习惯上，一般人也不把这两个地方，列入南洋，所以南洋这个名词，虽然也用了很多年，可是在意义上，还是不够明确。

应该指出，一些用东南亚这个名词的人们，对于东南亚的范围，也有不同的看法。马尔科姆所说的东南亚，是包括了中国与印度在内，若以西伯利亚为亚洲之北，中国为南，那么中国也可以列为东南亚之内，中国南部虽然也属于东南亚，但中国是在温带，是在亚洲之中，而偏北，中国是一个国家，不能划分为二，应该列入亚洲的东北区域。至于印度，从整个亚洲来看，是居中偏西，所以也不应列入东南亚的范围。

然而又有些人如哈尔（D. E. Hall）在其最近所出版的《东南亚历史》（*A History of South-East Asia*, 1955），没有把菲律宾放在东南亚的区域之内，他的理由，是在历史发展的主流中，菲律宾并不在内，这种看法，是不对的。菲律宾不只也是这个历史发展的主流之一，而且在地理上，它是东南亚的不可分割的一部分，它与婆罗洲只隔一带之水，婆罗洲既是在这个地域之内，而也是历史发展主流之一，菲律宾就不能放在这个范围与主流之外，而况，菲律宾的最东的地方，还在印度尼西亚的最东的地方之西，所以不把菲律宾当为东南亚的一部分，是不可思议的。

因此，我们以为东南亚的范围，应该包括了越南、老挝、柬埔寨、暹罗、缅甸、马来半岛、新嘉坡、印度尼西亚、婆罗洲（英属部分）与菲律宾。

第三章　历史的分期

我们在这里所叙述的是东南亚的古代史，但是这个古代，应该始于什么时候，而止于什么时候？这是值得研究的一个问题。而且，这也就是东南亚的历史的分期的问题。

以前有好多人以为东南亚是一个文化较低而历史较短的一个地方，他们看到东南亚的人民，生活比较简单，而尤其是在这些地方的一些比较偏僻或山区地带，有不少居民，还是过着很原始的生活，他们有的居无常处，也有点像衣蔽前而不蔽后。吃呢？也至为简陋。因而有的人甚至说他们没有文化。

这些人既以为他们的文化很低，或甚至以为他们没有文化，因而又以为他们的历史很短，或甚至没有什么历史。这些人之所以这样看法，是因为他们当文化为人类的活动的表征，当文化为历史研究的对象，他们以为在东南亚这个地方，而尤其是在古代的东南亚的时候，当地的文字的记载既是很少，留下来的古迹也并不多，因而遂以为他们的历史不会很长，或甚至没有什么历史。简单的说，他们既以为这个地方还是一个原始社会，或是停留在原始的阶段，过去的东南亚，也就是今日的东南亚，所以在这个地区，就没有什么历史可谈，既然没有什么历史可谈，那么，也就不会有历史的分期。

我们应该指出，这种看法，是错误的。在东南亚不只有了文化，而且有过很高的文化，不只有历史，而且有了很长的历史。

广泛的说，文化是人类活动的结果与总和，有了人类社会，与所思维的方法，都可以成为文化的表征。一块很简单的石斧，与一把很尖利的刀子，虽然在其发展的历史上，是有进化与落后的区别，但在某种意义上，刀子可以说是从石斧演变而来，这是物质文化的方面的例子。一个简单的家庭，子子孙孙繁殖起来，成为一个氏族，好多氏族成为部落，再发展而成为一个国家，这是社会文化的演进。拜物主义与祖宗崇拜是宗教信仰的表征，好多神话式的故事，虽然不一定是历史事实，但也可以说是一种历史环境的反映，从这个神话式的故事中，可以推想到那个社会的好多情况与意识形态。歌唱舞蹈，固是艺术的表征，但是在一块石器上所雕刻的一些花纹，也是艺术的表征。有感情的歌唱，可以成为很好的文学资料，有音节的歌唱，可以成为很好的音乐，也可以成为很好的诗词。

爪哇的佛楼、柬埔寨的吴哥（Angkor）寺庙与王宫的建筑，是当地人民的精致的物质文化的遗迹，也是强有力的政治组织的表征，又是很高度的艺术天才的产品。直到今天，凡是参观这些古迹的人们，无不惊叹其精美而伟大。而且，我们不要忘记，这是爪哇人、柬埔寨人在一千年之前所作出的成就。其实，除了爪哇、柬埔寨之外，又如在缅甸、在暹罗好多伟大而美丽的寺庙，都说明了这些地方的文化是很高的。至于近来，在东南亚各处从地下掘出好多的物件，也说明了这些地方的人民，在很久以前，已能制造出多种精良物品。

不但这样，在公元前后的数百年间，在东南亚已建立很富强的帝国，扶南是一个例子；这个国家，在北边征服了现在的老挝与越南一部分的地方，在西边又占有现在的暹罗的大部份的国土，其势力伸张到马来半岛，这是一个大陆帝国，也是一个强大的海权国家，其海军与商舶，穷涨海，这就是现在的中国南海，或是所谓南洋一带，同时，又控制了西边的孟加拉湾或印度洋的一部分，这说明了其人民是有高度的政治组织的能力。

这样看起来，东南亚的历史，不只不是很短，而是很长了。

其实，自从爪哇的直立猿人（Pithecanthropus Erectus）发现以后，虽则这种猿人，还不是像我们今日的人类一样，但也说明了在这个地方，很早就有人类的居住，有了人类，就有文化的开端，虽则在其初期其文化的程度是很低的。人类的活动，既是历史的研究的对象，那么在东南亚的人类的活动的历史，既是很久，我们没有理由去说这个地方的历史很短，更没有理由去说这个地方没有什么历史。

虽然东南亚的历史是很为悠久，可是我们写历史的人，也不能推上去太远或太长。就如中国是历史很长而史料至为丰富的国家，可是公元前约二千年的事情，就很不容易考证，正所谓太古之事，渺不可知。东南亚的历史之较长的，据我们所知道是现在的越南，虽然也有不少的学者，把越南的历史推到黄帝的时候，但是比较正确的记载，是始于公元前约三四百年的时代。此外，如扶南，如掸国，如猛族诸国，都是东南亚最古的国家，其历史大致也只能推到公元前二三世纪，其他各国的建立都比较在后，因此，我们叙述这些地方的历史，大致可以说是始于公元前三四世纪的时代。

当然，若从人类的发展史来说，上面所说的爪哇直立猿人，就有五六十万年的历史，至如一九三〇年所发现的梭罗人，一九三六年所发现的惹班人，这也就是人类学者所谓为古人，也有二十万年的历史，可是这个历史，最好是让人类学者去研究。历史学者所注重的，主要应该是有文字记载的史料，我们在这里所叙述的历史，主要也是偏重在这方面的材料，虽然我们也应利用在地下所发掘的一些古物，或在地面上所发现的一些比较原始的工具，可是我们也得指出，不只在公元前三四百年之前，在东南亚各处固然很难找出一些古物与古迹，就是在公元后二三世纪，这些东西，也是不易发现。在东南亚，越南是历史最古的国家，可是关于这个时代的古代历史，主要是依靠中国的史文，而这些史文，既是缺乏，又很零散片断，这是研究东南亚的古代历史的最大的困难。比较可靠的史料，是公元后三四世纪以后的一些史文，虽则在这些史文中，有时也追述了较古的事迹。

因此，我们在这里所叙述的东南亚历史，大致是始于公元前二三世纪。

关于东南亚历史的分期，按照社会发展的阶段，可以分为原始社会时代，奴隶时代，封建时代……又有些人按照时间的远近分为古代，近代与现代（也有人主张分为上古，中古，近代与现代）。此外，又有人分为欧人未来之前与欧人抵达之后，在这些不同的看法之中，那一种是比较合理而适用呢？

东南亚的历史，是经过一个原始社会的时代，是无可疑的。应该指出，这个时代，在东南亚各处是经过一个相当长的时候，其实，直至今天，在东南亚还有些地方，其人民生活，还是或多或少处在原始社会的状态，这是到过东南亚内地各处旅行的人们，最能容易看出来的。

在东南亚的历史上，不只有过奴隶，而且奴隶相当的多。我国历史上所记载的是昆仑奴，是从这些地方带进来的。在东南亚的一些国家的国王，在其送给中国的礼物中，也有奴隶。如《明史》卷三二四《爪哇传》中载洪武十四年（一三八一）爪哇"遣使贡黑奴三百人及他方物"，元朝周达观在其《真腊风土记》中，也有一段是记载奴婢的，今录之于后：

> 人家奴婢，皆买野人以充其役，多者百余，少者亦有一二十枚，除至贫之家则无之。盖野人者，山野中之人也。自有种类，俗呼为撞贼。到城中，亦不敢出入人之家。城中人相骂者，一呼为撞，则恨入骨髓，其见轻于人如此。少壮者一枚可值百布，老弱者止三四十布可得，只许于楼下坐卧，若执役方许登楼，亦必跪膝合掌顶礼而后敢进。呼主人为巴驼，主母为米，巴驼者，父也，米者，母也。若有过挞之，则俯首受杖，略不敢动。其牝牡者自相配偶，主人终无与之交接之理，或唐人到彼久旷者不择，一与之接，主人闻之，次日不肯与同坐，以其曾与野人接故也，或与外人交，至于有妊养子，主人亦不诘问其所从来，盖以其所不齿，且利得其子，仍可为异日奴婢也，或有逃者擒而复得，必与面刺以青或于顶上带铁以锢之，亦有带于臂腿间者。

应该指出，在过去的柬埔寨（真腊）以至东南亚的好多地方，奴隶不只来自这里所谓野人，或所谓黑奴，往往也因负债而给其子女为奴婢者。此外叛徒与俘虏本人或其后裔，亦有当为奴婢者。但是只从上面一段话来看，除了至贫者没有奴婢外，多者有百余，少者亦有一二十位，说明在当时的真腊的奴婢之多。奴隶制度之在东南亚，不只历史很久，而且继续存在至于近代。暹罗是在十九世纪的中叶，始解放奴隶。有的地方直到二十世纪初年，还存在着，说明了东南亚的奴隶，不只历史很久，而且数目很多。

没有疑问，东南亚也有封建制度的存在，《梁书》卷五十四《扶南传》说扶南王混填与其妻柳叶"生子分王七邑"，我在《扶南史初探》一书中指出"这可能是一种采邑或是采邑的萌芽",我又指出"这也可以说是封建制度的表征",这种看法可能把中国的采邑或封建制度去套上这个地方,但是在东南亚的历史上,好多国家的国王,以其土地封其子孙或王室人物,也不能说是没有封建制度的表征。

总而言之,在东南亚这个地区,在历史上,有原始社会,有奴隶制度,也有封建制度,可是若把整个东南亚的历史分为原始社会、奴隶社会与封建社会,那也是有困难的。因为除其早期历史都处在原始生活的状态以外,我们不易划分从某个时代到某个时代都是奴隶社会,或从某个时代到某个时代都是封建社会。其实,不只整个东南亚的历史,难于这样的划分,就是任何一个东南亚的国家,也难于这样的划分。就以真腊的时代来说,奴隶的数目,一定很多,若照周达观的记载来说,这个国家的奴隶,比之这个国家的"公民",可能还多得多,然而当时的真腊,也可以说是一个具有封建社会的特征的国家,同时在这个国家里,也有很多人们还是过着原始或接近于原始的生活,周达观的《真腊风土记》中,也这样的告诉我们:

> 野人有二种,有一等通往来语言之野人,乃卖与城间为奴之类是也,有一等不属教化,不通语言之野人,此辈皆无家可居,但领其家属巡行于山,头带一瓦盆而走,遇有野兽,以弧矢标枪射之而得,乃击火于石,共烹食而去,其性甚狠,其药甚毒,同党中常自相杀戮。

应该指出,这不只是在真腊如此,就是在东南亚的其他的好多国家,也是如此。直到近代,有的东南亚的国家,有一部分的人民还是过着原始或接近于原始的生活,也有一部分是奴隶,同时这个国家也有封建制度的表征,这就是这三种社会是同时并存,所以不易从时代上而划分为属于某一种社会。最近来有些关于东南亚历史的著作,虽然也用这种划分的方法去叙述整个东南亚或某一个东南亚的国家,可是除了标题是用原始公社时代、奴隶王国时代以外,其内容所说,往往与其标题的意义,好像没有多大关系。应该指出在人类社会的发展史上,是有了原始社会、奴隶社会,与封建社会,可是应用来划分东南亚的历史,是有其困难的。

是不是可以用古代、近代与现代去划分东南亚历史的时期?这当然是可以的。有人把欧洲人未到东南亚以前的东南亚历史,叫做古代,把欧美的殖民主义者到了之后以至第二次世界大战之前,叫做近代,又把第二次世界大战之后以至现在,叫做现代。关于近代与现代这两个时期的划分,我们不准备在这里讨论,我们所要讨论的是古代与近代的时期划分。我们同意把欧人未来之前的东南亚历史,当为古代,但这样的划分,也不能说完全没有问题,问题在于有的国家,如现在的马来亚的马六甲,是欧人到东南亚的最早的地方,我们知道葡萄牙人是欧人之最早到东南亚的,其时间是在十六世纪的初年,这就是一五一一年,这也就是葡人征服马六甲那一年，然而这种划分，只能应用于马来亚这个国家，有的国家像老挝，直到十九世纪的中叶，还没有欧人到其地，而这个国家之为法人所征服，成为法国保护国，是在一八九三年，这样，用这个划分方法去划分东南亚的历史，就要以个别国家为单位，而不能应用于整个东南亚，因为老挝的古代史，比之马来亚的古代史，要［拉］晚了约四百年。

而且，这样的划分，也与其他的划分如西洋历史的划分，也有所不同。西洋的古代中的中古，大致是止于文艺复兴以后，文艺复兴可以说是始十一世纪而盛于十四世纪，至于欧洲人之征服东南亚是始于十六世纪，终于十九世纪，这就是说东南亚的古代比之欧洲的古代，也晚了约数百年。

然而尽管如此，我们以为还是用欧人的东来划分东南亚的历史，是比较合理的。因为，在此之前，东南亚各国是独立自主的——从此以后，逐渐的成为欧美的殖民地，而役属于欧美人，因而无论在其政治组织、经济制度以至风俗、习惯、宗教，都起了很大的变化，虽然各地所受欧美人的征服或影响，在时间上，虽各有不同，但是被征服或受影响之后，其历史的演变，是与以往有根本的差别，这应该是一个极重要的历史分界线。

然而我们也得指出，古代历史的终止时间，在各国固有不同之处，就是这些国家的开始时间，也各有不同，而且在时间上，也相差得很长。越南的历史的开始是在公元前约三百年，或是更早，扶南、掸国与猛族诸国可以追溯到公元前约二世纪，苏门答腊、爪哇的历史可以推到四五世纪或之前，可是泰族所建立的暹国，是始于十三世纪，至于马六甲，可靠的史料，是始于十五世纪的初年，从欧洲的历史来说，十五世纪已入于近代，而在马来亚来说，这个马来人在历史上所建立的强大国家是在十五世纪的初年，才建立起来，因此，马来人的国家的古代史，与今天的柬埔寨人或吉蔑人的古代史，在时间上其相差约有千年之久。

从这样看起来，所谓东南亚的古代史，又不能不以个别国家为主体。

当然，所谓古代，也可以分为上古与中古，这样，以柬埔寨来说，扶南时代是柬埔寨的上古史，而真腊可以当为中古，这样，八百媳妇、暹国、老挝、蒲甘等等国家，都是属于中古的时代。

可是这样的划分，也只是时间上的不同，在其国家的本质上，没有很大的分别，因此之故，我们虽然不反对把古代分为上古与中古，可是我们以为既然古代这个名词，可以包括上古与中古，而上古与中古，在东南亚社会发展的本质上既也没有很大的差别，那么我们还是采用这个较为广泛的古代这个名词，这也就是说我们是以欧人未征服这个地区之前，当为古代，而所谓古代，并没有具体去再分为上古或中古。

第四章　种族与国家

现在的东南亚，共有八个国家，这就是：越南、老挝、柬埔寨、泰国、缅甸、马来亚、印度尼西亚与菲律宾。从历史看起来，不只这些国家的名称，是采用得较晚，而且这些国家的建立，有了不少，也是较晚。

传说越南很早称为文郎国，秦时属桂林、象郡，汉属于越南或南粤，历代也称交趾或交州，又称为安南，近代华侨多称安南，越南这个名词采用较晚，《清史稿》一百三十册《属国传二》有一段关于这个名称的来源说：

> 阮福映攻复安南全境以闻，十二月（按：为清嘉庆七年，公元一八〇二年）阮福映灭安南，遣使入贡，备陈构兵始末，为先世黎氏复仇，并言其国本古越裳之地，今兼并安南，不忘世守，乞以南越名国。帝谕以南越所包甚广，今两广地，皆在其内，阮福映全有安南，亦不过交趾故地，不得以南越名国。八年（一八〇三）改安南为越南国。六月，命广西按察使齐布森往，封阮福映为越南国王。

越南这个名称，是否始于十九世纪的初年，抑或在这个时候之前，已有这个名词，不得而知，但《辞源》与《中国古今地名大辞典》只有"安南"条，而没有"越南"条，说明"安南"这个名称，比之"越南"这个名称较为通用，也说明后者的采用是比之前者的采用，较晚得多。

老挝也叫做南掌，也有人叫做哀牢，哀牢这个名词，虽然见于《后汉书·西南夷传》，但老挝之所以被称为哀牢，主要是从种族方面来说。哀牢是一个古代的国家，方位是在云南永昌或保山一带，现的老挝，因其人种与哀牢人有关，而谓为哀牢，越南人虽也叫老挝为哀牢，但这是用一个古名，而且这种用法不很普遍。又这个国家在方位上，是在湄公河畔，与古哀牢之在永昌一带是不相同。南掌是 Lan Chang 的对音，意义为百万稻田，可是南掌或老挝，都是十四世纪中叶以后才采用的。

柬埔寨是我国以前所谓的真腊，更古就称为扶南。元周达观《真腊风土记》中，只有真腊"甘孛智"的名称，没有说到扶南，似乎说明在当时人们已忘记扶南这个国家。他说：

> 真腊国或称占腊，其国自称甘孛智，今圣朝按西番经名其国曰澉浦只，盖亦甘孛智之近音也。

又《明史》卷三二四《真腊传》说：

> 其国自称甘孛智，后讹为甘破蔗。万历（一五七三至一六一九）后，

又改为柬埔寨。

《明史》也称为甘武者、甘菩者，其实这两个名称，以及甘孛智、澉浦只、柬埔寨等等，均为 Kamvuja 或 Kamboja 的对音。西番经应为梵经，印度西北有过这个国名，但并非现在的柬埔寨。澄观（殁于八〇六至八二〇年间）所撰《华严法界玄镜》，谓甘菩遮出于绀蒲（Kambhu），绀蒲果名，甘菩遮的妇女面似此果，故以名其国。这个国名是否这样的来源，不得而知，但这个名词的采用，可能是宋元的时代。

泰国本为暹罗，暹罗是暹国与罗斛国合并（一三四九）之后而始这样的称呼。在未合并之前，罗斛的历史较久，但这是猛族所建立的国家。至于泰人所建立的暹国，是始于十三世纪的中叶。暹罗之所以改为泰国，是二十世纪三十年代的事情。第二次世界大战以后，泰国又一度改为暹罗，但不久又改为泰国。

缅族之建立国家虽溯源于十一世纪的蒲甘，但缅国这个名词，是在元朝以后才通用的。缅甸这个名词的采用，也比较的晚。

马来亚之当为国名，是在第二次世界大战之后才采用的，虽则马来亚这个名词的采用，比较的早。

印度尼西亚当为一个种族来说，可能其来源很早，但是所谓以往的印度尼西亚人，现在已不多。其实，Indonesian 这个名词的采用，最先是见于一八五七年罗根（J. R. Logan）所著的《印度群岛的语言与民族》（*The Language Athnology of Indian Archipelago*）一书。他用这个名词，去指明当时的荷属东印度或就是现在的印度尼西亚的一些非马来的居民。

至于菲律宾这个名称的采用，是在西班牙人占据一部分土地之后而始用以纪念其国王菲律（Phillip）。

这八个国家的名称的应用，固是较晚，而其建国的时期，除越南、柬埔寨之外，也比较的晚，柬埔寨的前身是真腊，真腊的前身是扶南。扶南建国约在公元前一二世纪，虽然国名几经改变。可是在种族上，还是一个，这就是吉蔑（Khmer）族。越南的历史虽也可以追溯到周秦时代，或者更古，可是在宋之前，是列为中国郡县。自宋以后，脱离中国而独立，后来在明代，又曾列为郡县，但为时较暂，所以大致上，越南成为独立自主的国家，是在唐宋之际的五代或宋的初年，但以往是叫做安南或交趾。至于泰国是在十三世纪的中叶，老挝是在十四世纪的中叶，缅甸的缅族可以说是在十一世纪的中叶，马来亚、印度尼西亚都在第二次世界大战以后，菲律宾的真正独立，也是在第二次世界大战以后。

我们之所以叙述上面几段话，是要说明这八个国家的名称与建国时期，都是比较的晚，我们在这里所研究的时代，是东南亚的古代的历史，而在古代史中，现在的东南亚的好多国名，还未见于古代的史文或碑文。

在现代的八个国家之中，还有过好多个国家，而这些国家，不只其名称是与现代所叫的有所不同，就是在民族上，也有所不同。以越南来说，以前的交趾大致是在今日越南的北圻，而在今日的中圻，是另有一个国家。起初是叫做林邑，在唐的时代是叫做环王，而在宋以后是叫做占城或占婆，虽则占婆这个名词已见于唐代。林邑建国于汉代的末年，这就是在公元后第二世纪的末年，而占城的灭亡，是在十九世纪的初年。又在南圻一带，在历史上本为扶南、真腊的一部份领土。又据传说，周初遣使到中国来的越裳，也是在现在的越南的境内。越裳究竟是否在越南的境内？越裳种族是否就是现在的越南人的祖先？都是值得研究的问题。可是我们不准备在这里讨论这些问题。至于林邑、环王、占城，可以肯定的说，不是越南族的同族，而是另一个种族。唐代的杜佑在其《通典》里说林邑人是僚人所建立的国家，也有人说林邑人是马来人的一个支派，我们也不想在这里去讨论这些问题，但林邑人、占城人不是越南族，是无可疑的。

占人所建立这个国家，有一千多年的历史，领土虽不很大，在唐之前北与中国抗衡，南与扶南也有时互相征伐，宋代以后，它北与交趾争霸，而南与真腊比武，是东南亚一个历史很长的国家，也是一个相当强盛的国家，在近人所编的《越南史》中，虽然有时也提到这个国家，可是其所占的篇幅是很少的，日人岩村氏所著的《安南通史》，就是一个例子。

又如在现在的泰国的领土中，其较早所建立的国家，有林阳国，唐代有投和国，投和之后，唐宋至元，又有罗斛国。又在其北部，唐代已有一个女王国，这个国家，继续存在到元朝初年。这几个国家都是猛族所建立的国家，至于泰族所建立者，除十三世纪所建立的速古台王朝与后来的阿瑜陀以及曼谷王朝之外，在北方，在宋末元初又有一个八百媳妇或揽那（Lan Na）国，这个国家的统治者及其人民虽也是泰族，但在种族上，在语言，与速古台的也有多少不同之处。其在元朝时代，这个国家的版图，比之速古台为大，同时比之后者较为富强，可是无论在达玛銮（Damrong）的《暹罗古代史》中，或是在胡迪（Wood）的《暹罗史》，不只对于上面所举出几个猛族的国家，没有叙述或很少叙述，就是对于八百媳妇，也只是注重于其与速古台有关系的事情，加以说明，所以他们所写的暹罗史，只能说是速古台、阿瑜陀与曼谷王朝的历史而已。

又如在缅甸的领土上，在公元前后的二三世纪，猛族已在这里建立国家，上面所说的林阳，也在缅甸的南部，其所占领的土地，南至于海，而北至叫栖或以北。在两汉时代，在其北部又有一个国家叫做掸国，这是掸族所建立的国家。在魏晋或三国时代，在其中部以至北部，又有一个骠国，其种族也可能是藏缅族，但是不只在语言与后来的缅族，有所不同，就是在种族上，也有所差异。近人写缅甸史的如哈威（Harvey）的《缅甸史》（*History of Burma*），对于骠国，虽也叙述，但叙述很少。至于猛族所建立的国家，其所叙述的，主要也只是与蒲甘或后来的缅国有关系的事件而已。至于猛族在蒲甘之前的历史，就很少记载，对于掸族只是叙述蒲甘之后的掸族王朝,而对于古代掸国,就没有解释。

又如在缅甸北部,在宋元时代,还有一个国家叫作建都,也是藏缅种族所建立的。这个国家的疆域,是与蒲甘接壤,后来为蒲甘所控制,最近为元朝所征服。近人之写缅甸史的,几乎没有注意到这个国家。

此外,又如在马来半岛上,在唐与唐之前建立好多国家,如顿逊,如盘盘,如丹丹,如狼牙修,如赤土,如罗越,等等,这都是猛族所建立的国家,可是同样,在近人所著的马来亚史中,如温士德(Winstedt)的《马来亚史》(*History of Malaya*),对于这些国家,很少提及,他所写的《马来亚史》,主要是马来人所建立的国家。

不只这样,在历史上,上面所说的好多国家,其疆域是随时代而变更的,越南的疆域,正如上面所说,最初只是北圻或河内一带,后来才慢慢的发展到南方。现在的柬埔寨,比之原来的扶南与真腊的本土还要小,扶南在其强盛的时候,不只东南占有现在的越南南部一部份,而且在北边也占有老挝一部分,至于西边或西北,其领土伸张到暹罗西部,或是缅甸的东部,至于西南又占有马来半岛的北部。真腊强盛时,其版图也很广,而与扶南差不多大。三佛齐在其强盛的时候,马来半岛的一部份,曾为其属国。

一部暹罗史,若从其他地域的历史来说,应该是包括了林阳、投和、罗斛、女王、八百媳妇等等国家,可是历史学者,只是注重于暹罗与其泰族的后代的王朝,这只能说是暹罗的一部份的泰族的国家的历史。而况这个历史,又往往是从十三世纪的中叶说起,这就遗漏了历史上好多重要的国家,也忽视了约一千多年的历史。

但是我们也得指出,写暹罗史的人,也很难把在这块土地上自古以来所有的或重要的国家,加以详细的叙述,因为若是都把这些国家都加进去,那就不是暹国史,也不是罗斛国史。暹罗史的主要目的是叙述暹国或是暹与罗斛归并以后的暹罗国,这样不只在时间上,只能从十三世纪的中叶开始,而且在范围上就不可能包括了那么多的国家。因此要以暹罗这个国家或是泰国这个国家的名称,去包括了在这个国家的领土上所有的历史上的国家,也不一定适当。这个暹罗史或泰国史,既很难包括了猛族的国家,也很难详细的叙述扶南或真腊所统治下的情况,同时对于大同而小异的种族的八百媳妇,也不容易去给以较多的篇幅。这样,所谓暹罗史或泰国史,也只能注重于暹国的泰族的历史,以及其所谓暹国的泰族的后代的王朝的历史。

我们所研究的是东南亚的古代历史,这个古代,以暹罗来说,在其早期既没有所谓暹国或暹罗或泰国,我们也就不能而且不必用一个较晚的国名去包括了较早的国家。历史学者的最初步任务是把历史上的事实与真相尽量的发掘,加以整理与叙述。比方八百媳妇,在十九世纪虽然为暹罗所灭亡而成为暹罗一部份土

433

地，可是这个国既有约六百年的历史，这个国家的历史，是自成一个体系。无论在泰族的历史上，或是在东南亚的历史上，都占了一个重要的地位。历史学者应该把这个国家的历史，当为一个独立的单位的历史看待，这样，才能表现历史的真相。从现代的东南亚的国家来看，一部暹罗史或泰国史，固是很为重要，但从历史学者来看，一部八百媳妇史，与一部暹罗史，是同样的有写作的必要，而且有同样的价值。至于暹国或八百媳妇之前的猛族诸国，也是同样的值得我们注意，值得我们研究。

近年以来，研究东南亚历史的人们——无论是整个东南亚，或是这个地区的个别国家的历史——逐渐增加了，可是人们所研究的重点，多是在近代史方面，尤其是对于欧洲人到这个地区以后的历史，他们对于古代，虽也有所叙述，但其所占的篇幅，比较的少，就以哈尔（D. G. E. Hall）所著的《东南亚历史》（A History of South-East Asia）来说，该书共七百二十六页，叙述欧洲人东来之前的只有一百八十五页，其余五百四十一页是叙述近代，可是在时间上，欧洲人之到这个地区最早的，是十六世纪初年的葡萄牙人。我们上面已经指出，越南的历史可以追溯到公元前三四世纪，扶南与猛族诸国的历史，可以追溯到公元前二三世纪，在二千二三百年的历史中，欧洲人的东来至今不过四百五十年，而过去约二千年的历史，其所占的篇幅，却如此之少，从历史学者来看，这是厚今而薄古。

因为专门研究东南亚的古代史的人们不多，所以我们在这里想把这一段的长期历史，作为较详细的研究。我们应该指出，我们所研究的是偏重于政治组织较高的种族，至于长期的原始时代，以至人类的早期社会发展史，在广义上，虽然也可以列入东南亚的历史，但并不是我们研究的重点。

东南亚的种族很多，我们研究的重心，既然是政治组织较高的种族，我们对于好多种族，只能简单的叙述。我们所研究的主要种族，是越南族、占族、吉蔑族、猛族、掸泰族、藏缅族，以及所谓马来族与印度尼西亚的种族，或是马来南海诸国的种族，质言之，我们是以种族为纲，而在种族的名称之下，分国叙述，这样的叙述，是与近来一般研究东南亚史的人们之以国别为纲的研究方法，有所不同。我们相信这样的解释这一段古史，似乎是比较合理的。

第二编

第五章　种族的来源

东亚，在很早的时候，已有人类的足迹，这一点自从爪哇的直立猿人（Pithecanthropus Erectus）与我国周口店的震旦人发现以后，更是无可疑义。这两种人，产生的时代，是在四五十万年前。周口店是在东亚之北，爪哇是东亚之南，距离得很远，说明了不只在东亚的大陆上，早就有人类，就是在现在的东南亚的南洋群岛，那早就有人类。

应该指出，直立人猿，是与现在的人类，是不同的，然而在约五十万年以前，已有人猿，那么亚洲很早已有人类的足迹，应该没有什么问题。

从前有人主张人类的起源，是在中亚细亚或高加索高原，也有人主张人类的起源是在欧洲，因而主张东南亚的人类，也是来自这些地方，周口店的震旦人与爪哇的直立人猿的发现，说明人类，早就已在东亚发现，所谓东亚的人类，是来自中亚或西亚或是欧洲的学说，似乎可以不攻而破，而且，有人相信东亚是世界人类的发源地，我们虽然不能说周口店与爪哇的发现，是人类最早的发源，然而东亚人类，不一定来自西方，是有其理由的。

然而这也并不是说，在东亚，在悠久的历史上，人类是没有迁动的。其实，不只是几十万年来，东亚的人类，有过不少的变动，就是三四千年来，东亚的人类，也有很大的变动。

我们知道，大约在二千五百年前，在长江流域一带与长江以南的人们，都是叫做南蛮或东南夷或西南夷，而住在东南亚各处的人们大致上多是叫做矮黑人（Negritos）。南蛮、东夷，或是矮黑是否原来就是在这些地方，或者就是这里的最初出现的人类，我们难于断定，然而二三千年来，在中国的南部与东南亚各处的人种的变动，却是研究东南亚历史的人们，最值得加以特别注意的一件事情。

大致上，东亚种族迁移的方向，是自北而南的，虽则在局部上，也有自南而北，或自西而东的，质言之，种族的迁移的主流，是自北而南。中国的汉族是从黄河流域而至长江流域，又从长江流域而到珠江流域，这是大家所知道的，因为汉族自北迁到南边，原在中国南部的好多种族也就从长江流域迁到珠江流域，再从珠江流域而迁到更南的中南半岛，以至南洋群岛。

此外，在这二三千年内或是更早的一些时间，从印度半岛也有一些种族迁到东南亚各处，这可以说是局部上的从西到东的迁移，至于菲律宾、婆罗洲的一些种族，是来自东南亚的南边，也可以说是从局部上的从南到北，但是也有很多原来是从北而南，然后又从南而北，这一点，我们下面还要说及，我们现在且先谈谈东亚种族的从北而南的主流的迁移。

因为无论汉族也好，在其南边的各种种族也好，在历史上大致都是向南方迁移，那么要想明白东南亚的种族的迁移，以及其分布的历史，我们最好是从中国的南部的种族说起。

《史记》卷四十一《越王勾践世家》中说：

> 越王勾践，其先禹之苗裔，而夏后帝少康之庶子也，封于会稽，以奉守禹之祀，文身断发，披草莱而邑焉。

《史记》卷三十一《吴太伯世家》中说：

> 吴太伯，太伯弟仲雍，皆周太王之子，而王季历之兄也。季历贤而有圣子昌，太王欲立季历以及昌，于是太伯、仲雍二人，乃奔荆蛮，文身断发，示不可用，以避季历，季历果立，是为王季，而昌为文王，太伯之奔荆蛮，自号句吴，荆蛮义之，从而归之千余家，立为吴太伯。

《史记》卷四十《楚世家》中说：

> 楚子熊绎，当周成王之时，举文武勤劳之后嗣，而封熊绎于楚蛮，封之以子男之田，姓芈氏，居丹阳。……当周夷王之时（公元前八九四—八七九）王室微，诸侯或不朝，相伐，熊渠甚得江汉间民和，乃兴兵伐庸，扬粤，至于鄂，熊渠曰：我蛮夷也。

我们知道，吴于周元王四年（公元前四七三）为越所灭，到了周显王三十五年（公元前三三四），越又为楚所灭，因而在公元前四世纪的前半叶，楚的地方东至于浙江，南也可能越了五岭，大约等于现在的江苏南部、浙江、湖北、湖南，以及江西、广东一部份地方，因为熊渠所征伐的扬粤的粤，应该就是广东、广西。

据说，越芈姓也与楚同祖，那么越楚的人种，是有了相同之处。而且吴越都是文身断发，那么吴越的人种也有了相同之处。

到了公元前二二三年，楚又为秦所灭。

《史记》卷一百十四《东越列传》说：

> 闽越王无诸，及越东海王摇者，其先皆越王勾践之后也。姓驺氏（《集解》徐广曰：驺，一作骆），秦已并天下，皆废为君长，以其地为闽中郡，及诸侯畔秦，无诸摇率越归鄱阳令吴芮，所谓鄱阳君也，从诸侯灭秦，当是

之时，项籍主命弗王，以故不附楚，汉击项籍，无诸摇率越人佐汉，汉五年（公元前二〇二）复立无诸为闽越王，王闽中故地，都东冶。孝惠三年（公元前一九二）举高帝时越功，曰闽君摇功多，其民便附，乃立摇为东海王，世俗号为东瓯王。……至建元三年，闽越发兵围东瓯，东瓯食尽困且降，乃使人告急天子。……遂发兵浮海救东瓯，未至，闽越引兵而去，东瓯请举国徙中国，乃率举众来处江淮之间。

又说：

至建元六年（公元前一三五）闽越击南越，南越守天子约，不敢擅发兵击，而以闻。

经过好多年的征伐，到了武帝元封（公元前一一〇—一〇五）的时候始平闽越。《东越列传》说：

天子曰，东越狭多阻，闽越悍，数反覆，诏军吏皆将其民徙处江淮间，东越地遂虚。

《史记》虽然说东越、闽越两地的人民，迁徙到江淮，而使其原住的地方空虚，但我们相信，没有组织的闽越、东越的人民应当还有不少散居在这两个地方。而且还有一部份不愿徙到江淮的，可能移到南越居住。所以，南越后来成为中国南部的一个强大部落。《南越尉陀列传》说：

南越王尉陀者，真定人也，姓赵氏，秦时已并天下，略定扬越，置桂林、南海、象郡，以谪徙民与越杂处。……秦已破灭，陀即击并桂林、象郡，自立为南越武王。……孝文元年……陆贾至南越，王甚恐，为谢书称曰，蛮夷大长老夫臣陀，前日高后隔异南越，窃疑长沙王谗臣，又遥闻高后尽诛陀宗族，掘烧先人冢，以故自弃，犯长沙边境，且南方卑湿，蛮夷中间，其东闽越千人，众号称王，其西瓯骆裸国，亦称王，老臣妄窃帝号，聊以自娱，岂敢以闻天王哉。

秦的南海，就是广东，秦的桂林，就是广西，秦的象郡，就是现在的越南北圻与中圻一部份地方。秦亡之后，赵陀既征服桂林、象郡，那么赵陀的土地，包括了广东、广西及越南北圻与中圻一部份。关于这段话里所说的东越，上面已经说过，关于西瓯就是广西的越人。《淮南子·人间训》说：

秦始皇使尉屠睢发卒五十万，……使监禄……以卒凿渠而运粮道，以与越人战，杀西瓯君译吁宋。

这里所说的西瓯，就是《赵陀传》中所说的广西、越南等处的西瓯、骆裸国。《史记·赵陀传》索隐云：

> 姚氏案，《广州记》云交趾有骆田，人食其田，名曰骆人，……后蜀王子讨骆侯，自称为安阳王，治封溪县，后南越王尉陀攻破安阳王，令二使典主交趾、九真二郡，寻此骆即瓯骆也。

这样看起来，瓯骆的地方，是包括了现在的广西以及越南的北圻、中圻一带。

从地理的分布上来看，从江苏南部以至浙江、福建、湖南、广东、广西、越南的北圻及中圻一部份，都有越人居住，也就是所谓"百越之地"。从历史的发展来看，从越王勾践建国而至灭吴称霸于江苏、浙江，这是越国，〈公元前〉三三四年越为楚所灭，楚在春秋时代，也是"蛮夷"所居之地，而且与越同姓，其土地最广时，东至海，西至黔中，南至苍梧，那么在这个时候，江苏、浙江、福建、湖南、广西及广东的越人，是在楚国的统治之下。

秦统一天下，置南海、桂林、象郡。秦所统治越人的范围扩大到越南一部份地方，秦汉之际，广东、广西、越南的越人是在南越赵陀的统治之下，自汉统一大卜之后，这些地方，又为汉所统治，到了汉武帝的时候，东越闽越大部份移到江淮，有的散居于原来地方，有的可能跑到南越，因而广东、广西及越南，成为越人最多的地方。

应该指出，中国南部的越人，很早就与汉族杂处而居，假使吴的文身断发的人们，也是越人，那么从吴太伯、仲雍以后都有汉人参杂其中。越王勾践，据史书所载是汉人，那么后来的东越、闽越的人们，部份也是他的苗裔，南越王赵陀是中国人，是没有问题，他的子孙是汉人血统。赵王兴的母亲邯郸缪氏，也是北方人，又在春秋战国时代，必定有了不少汉族从北方移到南方，而与越人杂处。秦始王前后发了百万士卒征伐南越，必有不少流落在这些地方。同时，还徙了好多人使与百粤杂处，都说明从古代至秦汉汉越民族的血统，互相混杂。

除了上面所说的越人之外，在黔、滇、蜀，这就是现在的贵州、云南与四川各处，又有好多的西南"夷"。《史记》卷一百十六《西南夷列传》说：

> 西南夷君长，以什数，夜郎最大，其西靡莫之属，以什数，滇最大，自滇以北，君长以什数，邛都最大，此皆魋结，耕田，有邑聚，……北至楪榆，名为嶲、昆明，皆编发，随畜迁移，毋常处，毋君长，地方可数千里，自嶲以东北，君长以什数，徙、筰都最大，自筰以东北，君长以什数，冉駹最大，其俗或土著，或移徙，在蜀之西，自冉駹以东北，君长以什数，白马最大，皆氐类也，此皆巴蜀西南外蛮夷也。

所谓什数者，以其种很多也，并不一定是说每个地方都是什数。除了白马及其附近的种族是民族以外，所谓夜郎、滇、嶲、昆明等等，都没有说明出是属于我们现在所知的西南少数民族中的何种民族，但在地理分布上，西南夷的范围包括了现在的贵州、云南、四川，以及西藏一部分地方。除了黔、滇、蜀三个地方的各种少数民族外，西藏的民族也包括在内。

汉武帝时征服西南夷，据《史记·西南夷传》中说：

> 平南夷为牂牁郡。……以邛都为越巂郡，笮都为沈犁山郡，冉駹为汶山郡，广汉西白马焉武都郡。

牂牁郡，包括了黔及滇桂一部份地方。巂谓为越巂，可能与当时的越族有了关系，《史记·西南夷传》说"夜郎侯始倚越南"，说明南越与西南夷是有关系的。

《后汉书》卷一百十六《西南夷传》中说：

> 西南夷者，在蜀郡徼外，有夜郎国，东接交趾，西有滇国，北有邛都国，各立君长，其人皆椎结左衽，邑聚而居，能耕田，其外又有巂、昆明诸落，西极同师，东北至叶榆，地方数千里，无君长，辫发，随畜迁徙无常，自巂东北有笮都国，东北有冉駹国，或土著，或随畜迁徙，自冉駹东北有白马国，氐种是也，此三国，亦有君长。

这段话大致与《史记》所说相同，但这里指出夜郎之东为交趾，而且《后汉书》的《西南夷传》中有一长段关于哀牢夷的记载，《后汉书·西南夷传》说：

> 建武二十七年（公元后五一）贤栗（按：乃哀牢王名）等遂率种人户二千七百七十，口万七千六百五十九，诣越巂太守郑鸿降，求内属。……显宗（明帝五八至七五）以其地置哀牢、博南二县，割益州郡西部都尉所领六县，合为永昌郡，始通博南山，度兰仓水。

永昌在滇西，后来也称为保山，兰仓就是澜沧江，这就是说在滇西永昌一带，有了哀牢族，哀牢族属于现在的僰掸族，《哀牢传》中又说：

> 永元九年（公元后九七），徼外蛮及掸国王雍由调遣重译，奉国珍宝，和帝赐金印紫绶，小君长皆加印绶钱帛。永初元年（一〇七年），徼外焦侥种夷陆类等三千余口举种内附，献象牙水牛封牛，永宁元年（一二〇），掸国王雍由调复遣使者诣阙朝贺。

从这里，我们可以明白，在滇西以及滇西以南，这就是所谓徼外地是掸族所居的地方。《汉书》卷九十五《西南夷传》颜师古注云：

> 巂即今之巂州也，昆明又在其西南，即今之南宁州，诸爨所居，是其地也。

假使颜师古所说是对的话，那么在昆明及昆明以东各地是爨族所居，爨也就是现在的罗罗。

从上面所说的看起来，我们大致可以这样的说，在西南夷中，在桂、黔、滇数个地方，而与桂接近的有了越嶲，越嶲成为一郡。可能是除了嶲族或是爨族或是罗罗之外，还有越族杂处其间。在滇的西南有哀牢或掸族，滇的西北以及四川西南与西藏的西南有氐族。至于交趾、广西、广东以至福建、浙江等地，是有越族。可是到了武帝征服东越、闽越，而迁徙其人到江淮之后，越族的集中地点大致是在广东、广西以及交趾一带，越族中有了汉族的血统，既如上面所说，西南夷也有了汉族的血统。据《史记·西南夷传》说：

> 始楚威王时使将军庄蹻将兵循江上，略巴蜀黔中以西，庄蹻者，庄王苗裔也。蹻至滇池，地方三百里，旁平地肥饶数千里，以兵威定属楚，欲归报，会秦击夺楚巴黔中郡，道塞不通，因还，以其众王滇，变服，从其俗以长之，秦时常颇略通五尺道，诸此国颇置吏焉。

这就是说在战国与秦时，中国汉族，已移殖于滇。汉族到了这个地方，有了变服，而从其俗，与土人通婚，所以这里的土人中，也免不了有了汉族的血统。

应该指出，因为越族与汉族的关系的历史较久，而且汉族之移居于南越交趾者，比之移居于西南各处者较多，所以越族中的汉族血统，也就比之西南夷各族中的汉族血统较多得多。这种历史上的种族的关系，直到现在，还可以看出来，这就是说，直到现在，在南越的越人，不只在文化上，是与汉族的有了密切的关系，就是在于种族的体质上，也很为相似。至于西南一带，汉族的势力之伸张于这些地方，时间既较晚，而人数之到这些地方的也较少，因而无论在文化上，或是在种族的体质上，这些原来住在西南一带的少数种族，其受汉化的程度，也比较为少，这是与我们研究东南亚的种族的迁移的历史上，特别值得注意的事情。

此外在我国的西北一带，还有一种叫做羌氐族，原来居在甘肃、青海、四川、西藏一带，后来向南迁移而到云南，以至于缅甸，唐代在西藏建立的吐蕃，在云南建立的南诏，都是属于这个种族。

第六章　种族的分类（一）

我们在上面曾把我国的南方——东南与西南的古代种族，略加叙述，我们所以这样的做，因为东南亚的好多种族——好多主要种族，是来自我国，比方越南的种族，固是来自我国，就是古代林邑人，据杜佑《通典》所说，是源出于我国的僚族，扶南人就是现在的柬埔寨或是吉蔑人以及猛族，很早就从我国的南方移居于现在的柬埔寨与越南南部。掸泰族主要是从我国的云南，迁移到现在的缅甸、暹罗，与老挝。此外，现在的缅甸人以及以往的蒲甘人、骠人与建都的统治者，是人类学者所称为藏缅族，其来源是自我国的西藏与甘肃一带。马来亚人似乎也是从中国南方移去的。至于现在还存在马来半岛的沙盖人以及古代的所谓印度尼西亚人，是否也从中国移去，就不得而知。

在上面七本册中我们所研究的种族，主要是吉蔑、猛、越、掸泰、藏缅、马来，以及南海的其他一些种族。在这里，我们主要是想把上面所说数种以外的一些较古而且或者还留存于今日的一些种族，加以简略的说明。

在东南亚这个地区，在历史上，曾有一种叫做昆仑人，这是一个种族的名称，这种人在东南亚相当普遍，可是这个名称，也是一个很为广泛的名称，其所指的人们，是一般色黑的人们，而这种人们，在历史上，种类既很多，直到现在，还有很多居住在东南亚各地。但在狭义上，照我个人的意见，主要可能是指着古代的猛族，可能也包括了吉蔑族，或是现在的柬埔寨人。因为这两种人，不只在种族上很为接近，在语言上也有其根本相同之处，所以人类学者称他们为猛吉蔑（Mon-khmer）族。

我们现在要来谈谈古代的中南半岛以及东南亚的群岛的种族情况。这些种族虽然与前面数本书中所说的种族有关系，或者是密切的关系，可是从现在看起来，不只在文化上，有了很大的差别，就是在种族上，也有很多的不同。

《汉书》卷二八下"粤地"条后说在日南、障塞、徐闻、合浦之外有都元国，有邑卢没国，有谌离国，有甘夫都卢国。此外又有"黄支国，民俗略与珠崖相类。……蛮夷贾船，转送致之"。黄支国，据人们考订，是在印度之南部，这是在我们研究范围之外。其他各国应在黄支之东，但是黄支的风俗，既与珠崖略同，可能其他数国的风俗，也与珠崖略同，然而风俗略同，也不一定能说明是种族相同，因此，这些国家的民族，是属于那一类，无从知道，我们所知者，是一个普通名词"蛮夷"而已。

《后汉书》的《南蛮西南夷传》说得比较具体，大致上，在云南西南徼外有了掸国，这是掸种，这就是在后来在缅甸、暹罗以及老挝的掸族以及泰族及老挝的民族。《后汉书·南蛮传》，又日南、象林徼外蛮夷区怜等数千人攻象林县，《三国志》卷五十七《陶璜传》说交趾之外，有林邑夷帅范熊，再南又有扶南种类猥多。《晋书·林邑传》《水经注》卷三六均说林邑建国始于区怜，后来传到范熊。林邑就是后来的占婆，其人种是叫做占种，扶南是后来的真腊，与柬埔寨其人种是叫做吉蔑种，或猛吉蔑（Mon-khmer）种，占婆或占城这个国，虽早已灭亡，可是直到现在，越南与柬埔寨还有占人，至于吉蔑或猛吉蔑的后裔，就是现在的柬埔寨人，占人与柬埔寨人虽然也有其不同之处，然而二者据一些人类学者的看法，都是原始蒙古利亚种（Primitive Mongoltype）（看 A. H. Keane：*Man Past and Present*，P. 66），他们很早就住在这些地方，这两种民族也被称为大陆蒙古利亚种，可能很早就是从中国的西南地方迁到这里，到了公元前后的时候，始建立国家。当其建立国家时，这两种人可能已与更早住在这个地方的民族混杂，因为在我国的史书中说到林邑与扶南或后来的真腊时，还指出在这两个国家的接壤地方，还有其他的野人或文化较低的种族，比方《新唐书》卷二二二下《真腊传》中告诉我们在陆真腊之北，有一个道明国，属于真腊，其民族是这样的：

> 无衣服，见衣服者，共笑之，无盐铁，以竹弩射鸟兽自给。

又《新唐书》卷二二二下《扶南传》说：

> 又献白头人二，白头者，直扶南西，人皆素首，肤理如脂，居山穴，四面峭绝，人莫能至。

应该指出，扶南人的祖先柳叶，在混填没有到扶南取她为妻之前，也是裸体，没有衣裳，可是扶南人逐渐开化，而这些民族还保留其原始生活状态，这可能是与扶南或林邑的种族是不同的。

至于林邑与扶南人的形态，是怎么样呢？《晋书》卷九十七《四夷传》"林邑"条说：

> 人皆裸露，徒跣，以黑色为美。

《隋书》卷八十二《林邑传》说：

> 其人深目高鼻，拳发色黑，俗皆徒跣。

杜佑《通典》卷一八八《林邑传》所载与《隋书》一样，《唐书》卷一九七《林邑传》也说其人拳发色黑俗皆徒跣，但杜佑《通典》卷一八八《岭南序略》中也指出林邑是蛮僚人所建立的国家。

关于扶南人，《梁书》卷五十四《扶南传》说：

> 今其国人皆丑黑，拳发。

《新唐书》卷二二二下《扶南传》说：

> 其人黑身鬈发，裸行。

林邑与扶南都建国于公元前后约百余二百年，林邑是唐代的环王，宋以后的占城，直到十五世纪，始为越南所灭，扶南在到唐时，称为真腊，近代称为柬埔寨，这两种人到了现在既还继续存在，则今日的林邑、扶南人，虽然在历史上因为与他族免不了有了多少同化，然而大致上，其体质、形貌与二千年前的林邑或扶南人，却有了基本相同之处，所以古代的林邑、扶南人的形貌与今日的林邑、扶南人是大致相同。

大致上，在公元前约三世纪，至公元后约十世纪的千余年来，在中南半岛各地方，这就是现在的越南、柬埔寨、老挝、暹罗与缅甸，这些国家的地方上，主要的民族有了越人、掸人、占人、猛吉蔑人、藏缅人，以及马来人。越人住于越南北圻一带，占人是在安南中圻一带，掸人住在越南、暹罗以及缅甸的北部，猛吉蔑人住在越南南圻，现在的柬埔寨、暹罗的南部以及缅甸的东南一部份与马来亚的北部马来人，住在柬埔寨的西南部、暹罗的南部，以及缅甸的东南部，在缅甸的西北，又有从印度移来的一部分人民，除此以外，还有好多民族，如老挝的卡种（Khas）等。

自然的，在这千余年中，这些民族是时有变动的，而且，在近代的历史上，他们的变动是很大的。比方，越人从越南北圻逐渐移至中圻，又由中圻而移到南圻，一直至西南的河仙，至于暹罗的泰族在近代从暹罗的北部向南迁移，而占有湄南流域，都是很为显明的例子。

这些种族，在中国的记载中，自从公元前后以至十三四世纪，都说他们黑丑，而所谓黑者，是比之中国人为黑，所谓丑者大致是因为不同于中国人的样子，然而事实上他们之中不见得全是黑的，而且他们之中有难看的，也有好看的，我国人没有加以详细与深刻的观察，所以用了很笼统的语言，而谓之为黑丑。

然而在我国的记载中，还有一个名词是应用于这些民族的，这就是昆仑这个称呼，《唐书》卷一九七《林邑传》说：

> 自林邑以南，皆卷发黑身，通号为昆仑。

伯希和在《交广印度两道考》中（页六七）摘录这段话后说：

> 准是以观，似越南半岛南部及诸岛之人，大致皆名昆仑。

义净撰《大唐西域求法高僧传》中说：

> 良为掘伦，初至交广，遂使总唤昆仑国焉，惟此昆仑，头卷体黑。

冯承钧在《中国南洋交通史》中（页五一）也说：

昔日昆仑国，泛指南海诸国，北至占城，南至爪哇，西至马来半岛，东至婆罗洲一带，甚至远达非洲东岸，皆属昆仑之地也。

昆仑是表示卷发，而尤其是黑身的人。《晋书》卷三二《孝武文李太后传》说：

后为宫人，在织坊中，形长而色黑，宫人皆谓之昆仑。

这可能是因为李太后是昆仑人，所以谓之昆仑，但也可能是因为在东南亚各处有了昆仑人，其色黑，李太后色也黑，故谓为昆仑。假使这种看法是对的，那么昆仑人之为中国人所知道，是在晋朝的时候或是晋朝之前（近来在广州附近的两汉墓中，发现好多黑奴俑，应该就是这种昆仑人或昆仑奴）。到了唐与唐以后，因为南海交通，更为发达，昆仑这个名词，更为普遍。昆仑人色黑，因而其国也谓为昆仑国。

其实，不只在南海的好多国家，是叫做昆仑国，在唐时的云南大理东南也有昆仑国。樊绰所撰的《蛮书》卷十中说：

昆仑国，北去蛮界西洱河，八十一日程。

西洱河蛮地是南诏大理的地方，这个昆仑国，是在大理的东南了。又同书卷十说：

南诏攻昆仑，昆仑人听其深入，决水淹之，几尽淹没，不死者去其右腕放回。

又如《册府元龟》卷九六一及《太平御览》卷九三七说：

吐蕃国有藏河，去逻些（按：即现在的拉萨）三百里，东南流，众水凑焉，南入昆仑国。

这可见得昆仑国之多了。

有的国家不叫做昆仑，而其王却叫做昆仑的，如《太平御览》卷七八八引竺芝《扶南记》曰：

顿逊国属扶南国，王名昆仑。

又有王姓为昆仑的，杜佑《通典》卷一八八"扶南"条说：

隋时其国王姓古龙，诸国多姓古龙，讯耆老，言，昆仑无姓氏，乃昆仑之讹。

又有官号为昆仑的。《太平御览》（按：为九七七至九八三年所撰的）卷七八六引《南州异物志》说：

扶南国在林邑之西三千余里，自立为王，诸属皆有官长及王之左右大臣，皆号为昆仑。

又《通典》卷一八八"槃槃"条云：

其大臣曰教郎索滥，次曰昆仑帝也，次曰昆仑教和，次曰昆仑教帝索甘且，其言昆仑古龙，声相近，故或有谓为古龙者。

此后，又有所谓昆仑盗，《唐会要》卷七十五载唐时曾有"昆仑海寇"，侵犯交趾。又有昆仑书，《续高僧》卷二《彦琮传》说：

新平林邑，所获佛经，合五百六十四夹，一千三百五十余部，并昆仑书多梨树叶，有敕送馆，付琮披览。

在南海诸国中，有说昆仑语的，义净《求法高僧传·大津传》曰：

永淳二年（六八三）振锡南海，……泛舟月余，达尸利佛逝州，停斯多载，解昆仑语，颇习梵书。

又《贞固传》说：

又贞固弟子一人，俗姓孟名归业，……至佛逝国。解骨仑语。

又《运期传》说：

师交州人也，与昙润同游，仗智贤受具，旋回南海，十有余年，善昆仑音，颇知梵语。

从此，我们明白昆仑语是与梵语有了分别，这种昆仑语，也有人说就是古爪哇的 Kwai 语，但更可能的是指着猛族（Mon）的语言，此外，又有所谓昆仑奴，宋朱彧《萍洲可谈》说：

广中富人多畜鬼奴，绝有力，可负数百斤，言语嗜欲不通，性淳，不逃徙，亦谓之野人，色黑如墨，唇红齿白，发鬈而黄，有牝牡，生海外诸山中，食生物，采得时与火食饲之，累日洞泄谓之换肠，缘此或病死，若不死，即可畜。久畜能晓人言，而自不能言，有一种近海者，入水眼不眨，谓之昆仑奴。

应该指出昆仑国大致是因昆仑人而得名，然而事实上，在东南亚的好多国家，并非都叫做昆仑国，如《宋高僧传》卷二十九《慧日传》说："日遂誓游西域，……东南海中诸国，昆仑、佛誓、狮子洲等，经过略遍，乃达天竺。"说明昆仑国不过只是南海诸国中之一些国家，所以八一〇年慧琳所撰的《一切经音义》引《慧超往五天竺国传》说："昆仑诸国阁茂为大。"阁茂据说是 Khmers 的对音，这就是柬埔寨人，既说昆仑诸国之中，阁茂为大，那么昆仑不一定是一个特殊的国名，而是一般昆仑人之国了。而所谓昆仑人之国，有一部分是指着所谓猛（Mon）人所建立的国家，这种猛人所建立的国家，主要是在缅甸与暹罗。

可能是因为有了昆仑人，因而有昆仑国，也有昆仑王、昆仑官、昆仑语、昆仑盗等名词，这个名词不只见于中国书籍，而且见于阿拉伯及波斯文的著作（参看费琅《昆仑及南海古代航行考》，页五七以下），至少我们可以说，在东南亚各处，昆仑人这个名称，是很普遍的。《唐书》卷一九七《林邑传》所说自林邑以南，皆卷发黑身，通号为昆仑，这是指人而言，而不是指国来说，而这些人，除了猛族以外，还包括了吉蔑与东南亚的其他一些色黑的人。东南亚有好多国家，国名各异，但是到处都有卷发黑身的种族，这个民族，通号昆仑。

这种昆仑的名称，在中国史书中最初用来形容于人的，虽是《晋书》中所说的李太后，然而我们相信，昆仑人这个名称之流行于中国，必定较早，可能在晋时或晋之前，已有不少昆仑人到了中国。至于唐代，因为海上交通频繁，所以我国人对于东南亚昆仑人的认识，更为普遍，所以关于昆仑人的记载，也较多得多。到了宋代，也是因为中国与南海的交通频繁，我国人对于这种昆仑人不只有进一步的认识，而且在中外交通要冲的广东，有钱的人，还畜了好多昆仑奴，去做笨重的工作。朱彧《萍洲可谈》所说的昆仑奴是最好的例子，可是自宋以后，东南亚各处因为外来的种族逐渐增加，势力日大，所谓昆仑人不只被迫迁居内地或山地，而且人数日来日少，这一点，我们当在下面再述。

第七章　种族的分类（二）

　　人种学者，也指出在东南亚各处，在古代有了好多黑人居住，这就是人类学者所说的尼格利陀（Negritos）人，这种人直到现在，还散见于东南亚各处，在我国的史书中，我们虽然常常把占人与猛吉蔑人当为黑人或昆仑人，然而这两种人在历史上原来也是来自中国的南方，而且也与其他民族混合，不能当为纯粹的尼格利陀人，所以昆仑人这个名词，是一个广义的名词，与人类学者所说的尼格利陀人，虽然也有了相同之处，有了关系，但两者不见得是一种族，而是不同的种族。

　　纯粹的尼格利陀人，在现在只能零星的在东南亚一些地方寻找，在苏门答腊岛的西北的安达曼（Andaman）群岛有这种人，这是叫做安达曼尼西人（Andamanese），从前人们呼为美哥比（Mincopies）人，九世纪中叶的时候，阿拉伯作家告诉我们这个岛上的居民吃生人，他们人口约有二千，色黑发如羊毛，眼睛与形貌，使人可怕……他们裸而徒跣……假使有船到此而缺吃水，而找他们去供给的话，可能就被他们杀死（《大英全书》"安达曼岛"条）。虽然人们屡说他们吃人，可是这也不见得是事实，据人类学者的推论，他们是最古的民族，而且是来自东南亚的其他地方。

　　在马来半岛，现在还有一些尼格利陀或黑人，其文化最低的是彼格美尼人（Pygmies），这是现存的最原始的一些人类。据人们估计，在马来半岛约有二千人。他们男的高不过五尺，女比男的较短五寸，他们头圆而鼻平，唇厚，手足较长，与其身体高度不甚相称，皮肤很黑，所以有人叫他们为小黑人，头发短粗而卷，身上的毛很少，眼睛黑褐色。

　　彼格美尼人，除用树皮或简单的东西，遮掩下体外，没有什么衣服，他们所吃的东西，几乎完全靠着打猎与自然生长的吃的东西，他们所吃的东西，极为简单，而其所要求的也不多，他们是森林中的居住者，所谓房屋者，只是一些简单的上盖，他们今日在这里，明日在那里，踪迹靡定，以土地为财产的观念，在他们之中，是没有的，虽然有人说，在他们之中，也有榴梿是属于个人，然而这种所有权，也没有什么意义，因为他们的社会里，个人所有的东西，别人也可以同样的享受。

　　社会组织，也十分简单，一个家庭，或数个家庭，成为一个团体，如兽类很多，而可以打猎，那么这个团体，可以聚居较长的时间，否则随时可以分散。小孩结婚之后，就往往与父母分居。在马来半岛的彼格美尼人中，找不出宗族或氏族的组织，也没有图腾的制度，婚姻是一夫一妇制，未婚之前，性的生活，比较随便。

这种彼格美尼人,在马来半岛普通也叫做沙曼人(Semang),在暹罗他们是叫做诺格(Ngok),或诺格巴(Ngok Pa),或是诺(Ngo),据说他们很早就住在马来半岛,而且在那个时候,差不多整个马来半岛,是属于这些人的,后来因为别的民族侵入,他们才跑到内地,而其人数愈来愈少。

据说在菲律宾,尼格利陀人有约二万五千人,他们就是我们中国史书中所说的海胆人(Aita)。《诸蕃志》"三屿"条说海胆"人形而小,眼圆而黄,虬发露齿,巢于木颠"。这是我们所知道的最早住在菲律宾的人种。

在菲律宾吕宋岛的海胆人最多,在吕宋岛的东部,从最北的恩干诺(Engano)角至拉加(Ragay)湾的半岛,在东部,从马尼拉的西北的巴丹(Bataan)半岛至林加颜(Lingayen)半岛,都有这种人。此外,在巴奈岛(Panay)与兀格罗(Negros)岛的中部,以及明达那俄(Mindanao)岛的东北部,均有这种尼格利陀人。

海胆人也可以分为两种,一种是矮而黑,女的更矮,他们的皮肤是黑的,鼻是平的,头发黑短而像纽结,这一种是住于萨姆巴雷斯(Zambales)的山岭中,另有一种大致虽似上面的海胆人,他们一样的矮小,但是他们的皮肤是淡黄色,面部圆,唇厚,鼻小,发直。

十六世纪末年,一个西班牙人叫做齐连诺(Chirino)曾记载海胆人道:

> 在毗舍耶(Bisayas)人中,有些矮黑人,他们比之几内亚的黑人,没有那么黑,也没有那么难看,可是他们却较矮小而懦弱,至于他们的发与须,却是一样的,他们比之毗舍耶及菲律宾人,较为野蛮,他们既没有房屋,也没有一定的住处,他们没有种植,也没有收获,他们好像野兽一样,携着妻子在山林中游荡,差不多是裸体,他们猎取鹿或山牛,假使他们在某一个地方获得一个野兽,他们杀死后,就停留在这个地方,待到吃完其肉,然后再到别的地方。他们除了弓矢以外,没有别的财产。(Padro Chirino, *Relación de Ias Islas Filipinas*)

现在这些黑人,除用一些树皮遍掩下体外,可以说是没有衣裳,他们至今还是过着这种游荡的生活,他们没有建筑房屋,只用一些小树枝叶去当为房顶与围墙,以避风雨,他们猎取鹿、山猪、猴子及马类,而且打猎的技术,很为精巧,可是他们的主要食品是野薯,或一些可吃的树根,这些东西,往往用火烤来食。

他们切其胸背以及手的皮肤,作各种纹痕以为装饰,有的还切断其前牙,在头发山〔上〕有竹梳及山鸡的羽毛,人死时或结婚时,他们有了奇特的跳舞。

在中南半岛的南部,以及马来半岛与马来西亚各处的岛屿,在很早的时候,可能到处均有这种尼格利陀人。据我们所知道,他们是这些地方的最早的居民,这种种族与后来移入到这些地方的种族,虽然杂处混合,但在人种上是不相同的。

尼格利陀人的文化既很低，他们逐渐为外来的种族所压迫，他们从海岸一带迁到内地，待到海岸一带的居民向内地推进的时候，他们又逐渐跑到山林，所以到了现在，这种种族，除菲律宾的人数较多外，其他地方，总共也不过六七千人，而且其趋势是日来日少。

有人说在很早的时候，东南亚各处是有陆地连接的，这就从马来半岛到苏门答腊，再由苏门答腊到爪哇以至婆罗洲、菲律宾、台湾与福建沿岸，均有陆地连接，这些尼格利陀人居住于东南亚各处，后来海洋水平提高了，因而苏门答腊、爪哇、婆罗洲、菲律宾、台湾，以及其他好多地方遂成为岛屿，这些尼格利陀遂成为岛居的人民。

他们孤立之后，既不能与其他各处的同族人相往来，文化就难于发展，到了后来，文化较高的民族，从他处移到东南亚，他们最初就是海岸一带，而迁到内地，后来又有第二次文化更高的民族移到马来半岛或这些岛屿，于是第二次迁入者又占了沿岸一带，第一次移入者迁到内地，使尼格利陀人，不得不再深入这些岛屿的山林一带。

除了上面所说的尼格利陀外，还有一个种族很早就居住在东南亚，这就是沙盖（Sakai）。沙盖这个名词，很有问题，因为沙盖人自己不只不称为沙盖，而且对于这个名词，很有反感。原因是这个名词，在马来语中含了轻视人为奴隶的意义。在巴丹彭东（Batang Padang）这个种族自己叫做梅特拉（Mai Darat），他们在不同的地方中，有了不同的名称。如在马来半岛北边，有叫做泰美德（Temte）的，但整个来说，他们也叫做塞诺（Senoi），或者是山人（Hill People），这个名称，是比较名符其实的。

现在的沙盖人，只能在马来半岛一些地方寻找，但很古的时代，他们曾散居于东南亚的各处，除尼格利陀人之外，沙盖可能是居住在东南亚的最古民族了。

沙盖属于那一个种族或是与那一种族有关系呢？有人说他们是与在中南半岛的猛吉蔑人有了密切的关系。此外还有些人以为他们是与锡兰岛的吠陀（Vedda）人有密切的关系，有人以为在古代，这种人从印度到澳大利洲，都有其踪迹，现在一般的人类学者，都把这个种族列入所谓先达罗维荼族（Pre-Dravidians），在南印度的森林中，这种人有称为卡第儿人（Kadir），住德拉凡哥尔（Travancore），在马拉巴（Malabar）的班尼延（Paniyan）人，在尼尔基利（Nilgiri）的伊卢拉（Irula）人，与古轮巴（Kurumba）人，在锡兰的吠陀人，在西利伯西南半岛，在苏门答剌的东部，也有这种人的存在，其在马来半岛的，就称为沙盖。在东南亚各地要以在马来半岛而尤其是巴丹彭东（Batang Padang）者，似较为纯粹。

在马来半岛，他们散见于霹雳、彭亨、雪兰莪，及森美兰各邦，他们现在多住在河流上游的山地，大概是受了外来的种族所压迫，而从海岸移到这些地方的。

沙盖人躯体矮小，头狭而长，头发作波状，发长垂在肩上，或直垂于两旁，皮色淡于马来人，略有红褐色，鼻低而广，眼深而黑，唇厚。

沙盖人虽然可能是属于先达罗维茶人，但是他们在长期中已与其他民族混杂，他们不只有尼格利陀人的血统，而且有了原始马来人而特别是查空人（Jakun）的血统，所以有人叫他们为塞曼沙盖（Semang Sakai），或沙盖查空（Sakai Jakun），还有些人以为他们与古代的印度尼西亚（Indonesian）人，也相混杂，所以真正纯粹的沙盖人，在今日也是不容易看见的，比较纯粹的沙盖人，如上面所说，是在霹雳的巴东。

沙盖人的文化，比之尼格利陀人已进步得多，他们从事耕种，他们的男人用尖锐的棍，在地上挖孔，女人把谷或粟的种子种于孔中。他们也种烟，种了之后，他们往往又用木或竹围其田园，以避免野兽的破坏，而且把田园中的杂草除去，过一二年之后，他们又换种甘薯或香蕉，可是他们既完全倚赖于用火烧山的天然肥料，耕种二三年后，生产力量就减少，所以他们住在一个地方约二三年，又迁到别的地方。

在开辟新田园的时候，沙盖的首领，带其族人寻找适当的地址后，乃先斫其最大的树木，斫这根树木时，先斫其一边，使其倒时，同时打倒了其他好多较小的树木，这就是说，用大树去压倒小树，这样的去使较大的树倒地以后，又把最大那根树斫断，待到一些树叶与树枝干时，就用去烧，大树不能烧者，随其留在地下，因为这些大树往往不久将为白蚁所吃，他们就在这里耕种，这样的开辟的地方，因为火烧的灰，就成为肥料。

森林是公共的财产，虽然开辟这块地方，需某个部落全体去工作，但是烧燃以后，每人或每家却占有一块，而且在这里所盖的房屋，也是属于各家的，这就是说，私人财产是存在着，可是也应指出，在沙盖社会中，食物与其他需要的东西，往往也是公共的东西，自己有的而他人没有的，是很随便分给别人，就是外来客人之到其地方的，食宿也随便供给，而没有想到要报酬。

沙盖人也养鸡，养猴子，养各种鸟，但是自己所养的动物是当为家人一样，所以他们不吃自己所养的禽兽，他们虽然自己不吃，但是他们却把去与别的地区的人们换取别的东西，他们明白，他们自己养的鸡，交与别人，换别的东西，别人是会把来吃的，同时，假使别人所养的鸡把来与他们换取别的东西，他们也可以把这个鸡来吃。

除了作田工作，渔猎在沙盖社会中是很普遍，这也是他们的日常食品的主要来源。在北部的一些沙盖人中，也有用弓矢的，可是他们打猎的最普通而最主要的工具，是他们的气枪（Blowgun）。

男女之间，已有分工，男的耕田打猎，女的煮饭与操作室中工作，如找柴与野生的食品，有时捕昆虫，有时也帮忙男人在田工作。

沙盖的社区，分为二种，最普遍的是二三间房屋成为一个社区，零星的散布在河流旁边，住宅往往是一间房子，高出地面，屋顶盖以草类，而四周围之以竹。又有一种是住在长屋的，在屋之一面是走廊，每一座长屋，有房四五间，每家分配一间，煮食就在走廊中，他们的宅中，家具极为简单，夜间睡时，铺席于地板上，枕头是用木做的，从屋的入门至最后一间是首领所居住，每间长屋或每个社区，有一首领，首领往往是世袭，但如他没有承继人，则其位置就归之别人，或别家，首领的职权是解决各种纠纷，与外族办交涉。

沙盖人的社会，可以叫做父系的社会，女子嫁后，就成为丈夫的团体中的一员，她叫家翁、家姑为父与母，虽则她很少有机会与家翁发生直接关系，因为在这个社会里，翁媳的避见是一种习惯。

兄弟的妻子相称为姊妹，兄弟的小孩叫其伯叔为父亲，叫其母亲的姊妹为母亲，兄弟的子女叫其伯母与婶母为母亲，然而姊妹的丈夫，却觉得没有什么关系，祖父、祖母与孙子的称呼，是与父母的称呼一样的。

沙盖人的语言与中南半岛的猛吉蔑，似有关系，因而有人以为他们可能是从大陆移到马来半岛，他们既从事种植，又有社区或政治的雏形组织，所以我们说他们比之尼格利陀人进步得多。

因此，我们可以推想，他们之到马来半岛或东南亚的，其他地方可能是在尼格利陀人之后，当他们来时，文化很低的尼格利陀人，当然抵抗不过他们，所以尼格利陀就移入内地，而他们却住在沿岸，在那个时候，这些地方很大，人口少，所以这两种种族也不一定是因争取地区而有剧烈的斗争，事实上，二者曾互相通婚，所以在血统上，两者的关系是相当密切的。

第八章　种族的分类（三）

我们现在要谈谈所谓印度尼西亚人，我们先要指出，印度尼西亚这个名词，有了两种看法，一为政治上的看法，一为种族上的看法。从政治上来说，现在凡是印度尼西亚国的公民，都可以叫做印度尼西亚人，可是从种族上来看，现在在印度尼西亚这个国家，真正的印度尼西亚人既不多，而在印度尼西亚这个国家之外，在东南亚的其他各处，也有不少的印度尼西亚人。

有人说，印度尼西亚人，原来是属于高加索种（Caucasian Race），他们是来自西方，而非来自东南亚大陆，这种人虽然多是白色，但其中也有不是白的，如印度的好多高加索种。这种看法是否对，不易回答，假使是不错的，那么印度尼西亚人，是什么时间到东南亚各处呢？这也是一个不易确定的问题。有人说，他们是在新石器时代移过来的，但大致上，他们到东南亚时，我们在上面所说的尼格利陀与先达罗维荼或是沙盖人已经居住在这个地方。在古代，有一个时期，这种人散布于东南亚——海洋东南亚各处的很多，不过他们逐渐的与原住在东南亚的居民或是从东南亚大陆移来的居民，互相通婚，其结果是经过长期之后，原来的高加索人种的特性，慢慢的冲淡了，虽然现在还遗留了高加索人的特性，虽然这种成份比较的少，今日的真正的印度尼西亚的种族，是否为高加索种也是不易确定的。

应该指出，印度尼西亚这个名词之用于种族，不过一百年左右，而最先采用的似为罗根（J. R. Logan）。罗根于一八五七年在其所著的《印度群岛的语言与民族》（*The Language and Ethnology of the Indian Archipelago*）一书中，用了这个名词去指着在东南亚群岛中的色淡而含有多少高加索特性的人，以区别于一般的较为纯粹的马来人。

至于政治上，这个名词的应用，为时更晚。大约是在二十世纪的初年开始，有人应用来指在荷兰统治下的所谓荷兰东印度的领土。一九二八年，荷属东印度各处青年开代表会于当时巴达维亚，这就是现在的雅加达城，除决议用印度尼西亚国家这个名词外，还认为印度尼西亚的民族与语言是统一的。

无可否认，印度尼西亚的民族与语言，都有其统一性，但是应该指现在的印度尼西亚的民族，也有叫做马来人，这种人不只散布于印度尼西亚这个国家中，而且散布于东南亚的群岛中。在婆罗洲，在马来半岛，在菲律宾，以至远在非洲东边的马达加斯岛的一部份人民，都与印度尼西亚这个国家的民族是相同的，就是语言方面，也有好多地方是相同的。

然而这种类同，并不是指着原来有了高加索血统的印度尼西亚人，也不只是专指着现在之还有一些高加索种的特性的留痕的人种，而是指着东南亚的一般的海洋蒙古利亚人，或是一般人所通称的马来亚人，这种马来亚人，是属于人类学上所说的黄种，而非白种。

古代的印度尼西亚人，后来之所以叫为印度尼西亚人，大致也可能是因为他们之中，有的是从印度到东南亚各处，现在要在东南亚各处去找这种纯粹的印度尼西亚人，是不容易，比方，在菲律宾的伊哥尔特（Igorot）人，与伊孚高人（Ifugao），均有了多少高加索人的特性，而异于一般普通的马来人，然而这种例子既不很多，而且事实上，他们已与马来人及东南亚的其他种人的血统，早已混合。又如在婆罗洲的摩路雅（Muoyar）等人，是与海得雅（Sea Dayar）有了显明的区别，前者可以称为印度尼西亚人，后者是属于原始马来人（Proto-Malay），然而事实上，他们都不能称为纯粹的印度尼西亚人，或是纯粹马来亚人。

无可怀疑，古代印度尼西亚人之到东南亚各处，早于马来人，或是所谓海洋蒙古利亚人之到这个地方，可是古代印度尼西亚人，除已与原来住在这些地方的尼格利陀或先达罗维荼混杂之外，又与后来的海洋蒙古利亚人或是马来人互相通婚，而且，深受了这个后来的种族的影响，结果是两者现在已不容易分开，所谓高加索的特性，大致上是几乎丧失，而主要特性，是属于蒙古利亚种，所以从人种上来说，与其说他们是印度尼西亚人，不如说他们是马来人。

若从语言方面来说，现在流行的马来语，其流行之广，时间不过数百年，但是从马来半岛到苏门答剌、爪哇以至婆罗洲与菲律宾一部分的人们，都说了这种马来话，语言不能当为决定民族的唯一要素，但是若从这方面来看，当为决定民族的一个附带条件，那么与其称为印度尼西亚人，更不如称为马来人为恰当。

古代印度尼西亚人之来东南亚，既比之尼格利陀与先达罗维荼人为迟，他们来时，当然是住在这个地方的沿岸一些地方，这样，原来住在海岸的先达罗维荼人，又向内地迁移，而已从海岸迁到内地的尼格利陀人，又深入到山林地区，可是到了马来人到了这个地方，而占居海岸时，上面数种民族，愈迁愈入内地与山林地带，这种情况，直到现在，还可以看出来。

自从第二次世界大战以后，印度尼西亚摆脱荷兰的统治，成为独立国家，所以凡是住在这个国家里的公民，都是称为印度尼西亚人。

除了上面所说的各种民族之外，在东南亚的马来半岛以及所谓南洋群岛其民族的人数最多而分布最广的要算马来人，马来人也称为海洋蒙古利亚人，是南蒙古利亚的一个种族。

马来这个名词的含义，并不十分准确，这个名词包括了马来半岛与苏门答剌的马来由人，这是狭义的马来人，也包括了文化很低的查空人（Jakuns），又包括了文化较低的好多住在婆罗洲西里伯（Celebes）、希罗罗（Jirlo）、帝汶（Timor）、塞朗（Ceram）、菲律宾以至台湾与马达伽斯伽（Medagascar）的人们，也包括了文化较高而住在苏门答剌的亚齐人、累哲人（Rajangs）与巴桑马人（Passumans），西里伯的部吉人（Bugis）、芒加萨人（Mangkassaras），以及一些米诺哈新人（Minahasans），在菲律宾的塔加罗格（Tagalogs）以毗舍耶人（Visayas），在巴利（Bali）及琅波克（Lombok）的巴利人与萨萨克人（Sasaks），在爪哇的爪哇人，以及马都拉人（Madurese），以及住在马达伽斯伽的哈发斯人（Hovas）。有人指出，叫一个爪哇人与菲律宾人为马来人，差不多是等于把英德人归纳于条顿民族，或是把意大利人与法国人归纳而为罗马民族。

又，若从语言方面来看，在波利尼西亚（Polynesian）群岛中，也有些人是说马来语，无可疑义，在波利尼西亚人中，也有一些有马来人的血统，因而有人把这些人叫做马来由-波利尼西亚人（Malayo-Polynesian）。

此外，还有些人把原来的印度尼西亚人，当为马来人，应该指出，在政治上，印度尼西亚人是指着现在在印度尼西亚这个国家里所有的公民，这样的印度尼西亚人，无可疑义，是有了很多，而且有了不少是马来人，但是在种族上，印度尼西亚是指着古代的印度尼西亚人，那么这一种的印度尼西亚人，是属于高加索种而与蒙古利亚种的马来人，也有不同之处。

同样，波利尼西亚也是属于高加索种，这种人不只是在种族与马来人有不同之处，而且，在地域上，他们也已出于我们所研究的东南亚的范围，因为这个种族，是分布于太平洋中，自新西兰向东北经斐济岛至夏威夷群岛一线以东的各岛土人。

因此之故，我们在这里，不打算把波利尼西亚人放在我们研究的范围之内，他们与印度尼西亚人，在种族上也是与马来人有不同之处。

现在的马来半岛以及东南亚的岛屿上人数最多的种族，是蒙古利亚人，或是海洋蒙古利亚人，或是马来人。在马来人中，有的过了较高的文化生活，有的还过着很原始的文化生活，其文化最低而且可能是最古的马来人，要算查空人（Jakuns）。

查空人住在马来半岛的南部及一些沿岸地方，他们也被称为"野蛮"的马来人，他们可以分为二种，一为陆人（Orang Bukit），一为海人（Orang Laut），或是海吉普息人（Sea Gypsies），不过海吉普息这个名词，包括了从柔佛至婆罗洲与菲律宾的海岸的迁移不常的马来人，因此，也有些人以为除马来半岛的查空人外，在婆罗洲及菲律宾的海吉普息人，也是查空人。婆罗洲与菲律宾的海吉普息人，是不是查空人，还是一个尚未解决的问题，但是这两者有了好多相似之点，也是无可疑的。我们在这里，不准备去考虑这个问题，我们这里可说的查空人，是专指着住在马来半岛的查空人。

应该指出，查空人已与上面所说的尼格利陀或沙曼人与沙盖有了血统上的混合，所以查空人之于这两种人，也有了很多相似之点，与不少的关系，虽然如此，他们还是属于马来人。

上面已经指出，查空人的文化是马来人的最原始的文化，这种文化，不只是在伊斯兰教徒与波斯人来到东南亚之前的文化，而〈且〉是在印度文化未影响东南亚之前的马来文化，因此之故，研究查空人的文化，可以了解最原始而最古的马来文化。

查空人是什么时候到马来半岛或是东南亚其他地方呢？查空人是从那里来到这些地方呢？据一些研究查空人的学者的意见，他们本来是住在东南亚的大陆上，可能是在中国的南部，后来逐渐南移，到了中南半岛的猛吉蔑及掸族移到中南半岛，他们就被挤到马来半岛，或其他各处，这是约为在公元前约一千年至五百年。

查空人的体格，比之沿岸一带的马来人为矮，头广，面阔，鼻不高不低，眼色黑褐，颊部很强壮，头发有直的，也有些波纹，色黑或黑褐，皮肤色有的稍红，有的像铜色，然一般来说，是比之沿岸一带的人民为黑，身上毛很少，从体质方面来说，查空人之间，虽然也有其不同之处，然而大致上是属于马来种或南蒙古利亚种。

在查空的各部落中，语言也有其差异之处，但是整个来说，他们所说的话，是马来系统，而且可以说是古马来话，这也可以说明查空人是古马来人，但是他们不像沙盖人或尼格利陀深居山林而与外间往来较多，所以他接受外间文化也较为容易。

农业是查空人的主要职业，他们斫断林木，用火来烧，然后用棍穿空，以放种子，主要的食物是旱田稻、粟、糖蔗、豆类，此外又种植烟与蕉，他们也多养鸡与猪。

因为他们多住在山边，同时又不会耕种斜坡田，所以除了田地中出产之外，还大大的依赖于渔猎。

一部分用做衣裙的棉布，是查空女人自己所织的，他们会用简单的织机，也有铁匠，做简单的工具，文身在马来各处是很普遍，可是查空人就没有这种风俗，平牙（Tooth filing）及用颜色去涂面，是比较普遍。

查空人所住的房屋，是与马来一般人所住的房屋一样，浮脚，屋上面盖以茅草，四面围以竹或树叶，这种房屋，不只见于马来半岛，就是在婆罗洲、菲律宾等处，也可以看见。

房屋中的用具，也至为简单，睡席、陶瓶、水筒、椰壳碗碟，可能还有一二件是来自中国的东西。

他们的住处，往往近在河边，独木舟是主要交通工具之一，他们虽然散居各处，而且从一些零星的住家至别的住家，可能距离很远，然而他们觉得他们是属于一种较大的团体中，这就是说，他们有了他们的首领，这个首领，有相当的权力,他是法官,是主婚人,是与外界办交涉的代表。有些地方头领是世袭的,而且在几个小头领之上,可能有了一个大头领,虽则这种制度,是近代受了外间的影响而才有的。

查空人相信人有灵魂,而且相信一个人可以有几个灵魂。灵魂可以随便的走动,而且这几个灵魂之中的一个或二个或三个,也可以随便的离开人的身体,假如所有的灵魂,都在人体时,那么这个人就会康健强壮,但是假如有一个或数个灵魂离开了人体,而遭遇困难时,那么这个人就会有病痛或死亡,当一个人死时,在他右手边的灵魂会走到另一世界,可是在左手边的灵魂,仍然游荡在地上,而成为魔鬼,这种魔鬼,对于生人,是有害的。

这种灵魂的观念,可以扩大到动植物以至无机物,一个动物,一棵树木,以至一个石头,也可以有灵魂,植物中的重要灵魂,如米谷魂住在最先割的每一个田中的七枝稻茎中,这些米谷,好像一个新生的婴儿,这也是下年的一部份的种子,一定要好好的保养,保养得法,下年可以丰收,否则可能引起饥饿。

开垦出园、烧山、盖房子、放种、收刈,在查空的社会中,没有一件不与神鬼有关。拜祭鬼神,是他们的生活中的重要部份,有病了,是因为鬼神作祟,要请巫士来驱逐鬼神,巫士是介乎人鬼之间的一种交通人物,巫士是要经过训练而来,他在查空社会中,占了重要的地位。

第三编

第九章 地理的概况

　　东南亚是包括了现在的八个国家,这就是越南、老挝、柬埔寨、暹罗、缅甸、马来亚、印度尼西亚与菲律宾。这个地区位在赤道南约十余度,赤道北约三十度,东经度约九十至一百五十,其东是太平洋,西是印度洋与孟加拉湾,其西北有一部份领土与印度与东巴基斯坦接壤,南是靠近澳大利亚,而北与我国广东、广西、云南接壤,缅甸与我国接壤的边界约有千余公里长,老挝与我国接壤的边界约有五百公里长,而越南与我国接壤的边界有千余公里长。大致上,东南亚的地区包括中国南海与一些海洋在内,东西约五千公里,南北也约有五千公里,在赤道之南者,约十余度,在赤道之北者约三十度。东南亚最北是缅甸的密芝那(Myitkyina)一带,而最南是帝汶(Timor)岛,最东是印度尼西亚的伊里安或是新几内亚,最西是缅甸的阿恰布(Akyab)与苏门答腊的西北角,或亚齐一带。

　　东南亚这个地区,主要是从我国的西南,这就是广东而尤其是广西、云南、西康一带伸出一股土地直至马来半岛的南部,所以在其西北部的缅甸、老挝、越南,是与我国毗邻。而且,这个边界延长约三千公里。泰国之于我国,虽不接壤,但是其最北的境界与我国最南的土地,距离较近。马来半岛的北部,大部份是属于泰国,其西北一小片就是古代的顿逊或是靠近丹荖(Mergui)一带,是属于缅,这一带的地方是一个长形,也是马来半岛最狭的地带,其最狭的地方是克拉(Kra)地带,其东为暹罗湾,而其西为孟加剌(Bengal)湾。这个地带的最狭处约为五十公里,近年以来,时时喧传,在这个地带,将开凿运河,使这两个海湾直接通航,以免绕过马来半岛的远程航行。

　　新嘉坡本来是马来半岛的南部一个岛,现在马来半岛的柔佛的新市(Johone Bahru)已筑一条石堤与新嘉坡连接起来,火车、汽车可以通行过去。

　　马来半岛的南部与苏门答腊的东北部只隔一个海峡,这就是马六甲海峡,因为这两个地方很为接近,在过去像三佛齐时代,马来半岛的好多地方是属于三佛齐,而在马六甲强盛的时候,苏门答腊的一部份,又属于马六甲。在第二次世界大战时,日本人占据东南亚的好多地方时,曾把马来半岛与苏门答腊并为一个政治单位，而设其首府在新嘉坡，这也说明了两者在地理上的接近，是与政治的管理是有关系。又从新嘉坡或马来半岛的东南角到苏门答腊的东南海岸，距离并不很远，而且有好多岛屿，密布其间。又如从新嘉坡到廖（Riouw）岛的首府丹戎吡啷（Tandjoeng-pinang），也是很近。再从这个地方而到苏门答腊的荷利（Hari）河口之间，也有很多岛屿。

苏门答腊的东而稍偏南，就是爪哇，这两者隔一海峡，这就是巽他（Sunda）海峡，两者相隔可以说是一衣带水，从爪哇的最东海岸经过峇里（Bali）岛、龙姆巴（Lombok）岛、松巴（Sumbaw）岛、佛罗里（Flores）岛、帝汶（Timor）岛，以至新几内亚，与新不列颠岛等处，从一个岛到别一个岛，都是距离很近，差不多是连接起来。

假使我们从苏门答腊的巨港（Palembang）越过邦加（Bangka）与勿里洞（Billiton）两个岛，而到婆罗洲，海程的距离，也很相近，再由婆罗洲的东边而到西里伯，也只是隔了一个海峡，这就是望加锡海峡。若从婆罗洲的西北角的古达（Kadat）而到菲律宾的巴拉望（Palawan）岛，或从婆罗洲的东北经苏禄群岛（Sulu Archipelago）而到菲律宾其他各处，其距离也都不远。又若从菲律宾的吕宋（Luzon）的最北的地方，而到我国的台湾，在这一段的距离中，也有岛屿，从台湾经台湾海峡而到福建的东南海岸，也并不算太远，这是我们所熟知的。台湾是我国的领土，这个岛与海南岛是我们沿海的最大的两个岛。

有人说，从福建的沿岸经台湾而到菲律宾北部，原来是有陆地相连接，后来才有海洋的隔离，至于从菲律宾的南部到婆罗洲，从婆罗洲经爪哇、苏门答腊，而至马来半岛，据说原来也有陆地相连接，这样看起来，现在的中国南海，原来是一个大湖——世界上最大的湖——中国的南湖。

从地理上看起来，中国是东亚陆地的主干部份，在中国与太平洋之间，有了许多大大小小的岛屿，从朝鲜半岛或日本本部经九洲、琉球群岛、台湾、菲律宾、婆罗洲与西里伯、苏门答腊，以至马来半岛，再沿马来半岛而至暹罗、缅甸都可以说是中国的东南海的外围地带，这个广大地带，包围了中国南海，而夹于太平洋与印度洋的中间。

这个地带的南部，就是所谓巽他地带，或巽他台地，这个地带是亚洲最南的大陆地块，也是东南亚的南边的各主要地带核心。

因为东南亚这个地区，是从我国的西南伸出的一股土地，东南亚的主要山脉，尤其是越南、老挝、柬埔寨、暹罗、缅甸与马来半岛的山脉，是来自我国北方，怒山是从我国的云南沿缅甸而直趋马来半岛，他如越南的安南山脉，也是我国的山脉的支脉或余脉。

东南亚的地质构造，是从西藏的喜马拉雅山向东伸延到中国海，在中国的南边，有珠江的分水岭，而在广西与越南的北部，就为红河流域，红河源出我国境内，又称为富良江。此外又如流过老挝、暹罗边境而通过柬埔寨与越南的湄公河，也是来自我国，其在云南的上游，是澜沧江，缅甸的最大河流是伊洛瓦底江与萨尔温江，前者发源于西康，长达一千二百五十哩，后者也是从云南流入，长约一千七百五十里，虽则这条江，在交通与水利上，远不若伊洛瓦底江之大。在暹罗也有一条很长的河流，这就是湄南，其发源虽非来自我国，但其上游是靠近于我国的边疆，其他各处多为岛屿，河流较短，在水利上，虽有不少作用，在航运上，其意义不算很大。

东南亚这个地区，从东南西北的四至来说，其所占的地方虽是很大——与我国的四至差不多，但是土地面积，不只分散，而且比之我国还少得多。我国的土地面积共约九百五十九万平方里①，而整个东南亚的土地面积只约有四百万平方里。其中印度尼西亚最大，约为一百九十四万平方里，缅甸次之，约六十万平方里，泰国约有五十二万平方里，越南约为三十三万平方里，菲律宾约为三十万平方里，老挝约为二十二万平方里，柬埔寨约为十八万平方里，马来亚最小（不包括英属婆罗洲）约为十三万平方里。

因为这个地区，海洋面积很广，所以过去有人叫做南海或海南的。近代以至现在人们叫做南洋，虽则这些名词，像我们在上面所说，没有东南亚这个名称较为适当。但正是因为海洋多，岛屿多，所以海岸线长，而海湾、海峡、海港也很多，除老挝是一个陆地国家（有人称为山国）而没有海岸线外，其他的国家，没有一个不有海岸线。菲律宾、印度尼西亚，都被称为千岛之国，其实呢？印度尼西亚不止有一千个岛屿，而却有三千多个岛屿。

这个地区，有三个大海湾，一为越南北部与我国的广东的西南部的北部湾（按：以前称为东京湾），一为暹罗湾，另一个是缅甸与印度之间的孟加拉湾。此外，如西里伯的婆尼湾、多罗湾、多弥尼湾等等。至于海峡，除上面所说的马六甲海峡，与望加锡（Macassar）海峡外，还有摩鹿加海峡与婆罗洲与菲律宾之间的巴拉巴（Balabac）海峡，以及台湾与菲律宾之间的巴士（Bashi）海峡。此外，除最大的南中国海之外，这个地区还有很多的小海，在爪哇之北者为爪哇海，在佛罗里岛之北者为佛罗里海，在西里伯与菲律宾之间者为西里伯海，在苏禄岛之东者为苏禄海。

因为海多，湾多，海峡多，海岛多，海港也很多。关于海港，我们在下面谈到东南亚的交通时，要加以比较详细的叙述，我们在这里只要指出，东南亚的海港，在古代的海道交通上，占很重要的地位的，多在越南半岛、暹罗湾、马来半岛、苏门答腊以及缅甸的沿岸一带。因为这些地方，是中国与印度洋、阿拉伯海以至波斯湾、红海、地中海与大西洋的交通的要冲。在制造船舶工业与航海技

---

① 编注：应为平方公里。陈序经底稿中均写作"平方里"，从底稿。余不注。

术,还未发达之前,暹罗湾与马来半岛的北部的西岸的港口,很为发达,因为船舶不易直绕马来半岛而到印度洋,多驶到暹罗湾的港口,再经过一段陆道,然后从马来半岛的西岸港口换船而到印度洋。

在地理上,东南亚在数千年来,大致上虽然没有什么大变化,但局部的变化,还是很多。有人说,在约千五百年前,在现在的西贡堤岸一带,还是海洋,从这些地方到现在的啧呋,是成为一条直线,当时的扶南国都还是靠近海洋,后来因为湄公河的泥沙往下游冲积,而成为今日的越南半岛的东南角,这就是现在的柬埔寨角的一带地方。同样的,现在的泰国的曼谷与缅甸的仰光,在千多年前,也是海洋,所以当时的大城或阿瑜陀国都,与当时的骠国的都城室利差呾罗(Srikshatra),或是现在的卑谬,也是靠近海边,可是后来因湄南的泥沙冲积而成为曼谷一带的陆地,伊洛瓦底江的泥土冲积而成为今日仰光一带的地方。

又如以马来半岛来说,好多河流改变了。比方,吉打(Kedah)河在近代有几条小河流流入其中,因此这条河愈来愈大,在公元一世纪的时候,吉打山顶(Kedah Peak)是当时一个半岛的部份土地,那个时候的印度的航海者,都说在吉打海岸的西边,是有好多岛屿,但最近来,这一片地方,已成为稻田。同样,吉兰丹(Kelantan)的海岸也逐渐向海傍扩大。四五世纪以来,马六甲的河口堆积了很多泥沙,结果是较大的船舶就不能靠近当时所停泊的地方,所谓"沧海桑田",从局部来看,其变化也是令人惊异的。

东南亚可以分为两个地域,一是从我国伸出的半岛,一是南海一带的群岛。也有人把越南、老挝、柬埔寨、暹罗、缅甸叫做印度支那(Indo Chine),这个名词的最初应用的是法国的地理学者马尔他布伦(Melta-Brun),他以为这几个国家的地理文化都是介于中国与印度之间,故叫做印度支那,但也有人用后印度(Farther India)者,也有人叫做中南半岛,其意义就是中国与南洋的半岛。

我们从地理上来看,马来半岛既是由暹罗与缅甸伸出去的半岛,应该是属于一个地区,而且在马来半岛的北部,大部份是属于暹罗,而小部份属于缅甸,若把这个马来半岛归并于马来西亚,就是偏于种族与语言的分类,而不是地理上的分区,所以我们以为马来半岛应该与越南、老挝、柬埔寨、暹罗、缅甸等归并为一个区域。其他如印度尼西亚、菲律宾等岛屿,就列入南海群岛这个区域。

在气候方面,东南亚除了缅甸、泰国、老挝与越南的北部,在冬天稍为寒冷以外,其他地区的温度,在一年之中,大致没有多大变化。在这么大的面积中,温度的变化,这样的比较一致,这是其他地区中所少见的现象。缅甸与泰国的北部,因为受到从西藏的大陆的气候影响,所以与这个地区的其他的地方的气候,有所不同,老挝、越南的北部,在冬天稍为寒冷,至于缅甸、暹罗、越南南部以至新几内亚或伊里安,全年各月平均温度在摄氏二十七度左右,其高低的限度不超过五.五度。这个地区是对称的分布于赤道两旁,其陆地又为较大的海洋所包围，大陆本身，又很破碎的排列于海洋之中，所以陆上的气候，是受海洋的影响。

东南亚每年有两种气团吹过，一是东北信风，这是从北回归线向赤道移动的，一是东南信风，这是从南回归线向赤道吹送的，这不只对于东南亚的气候有影响，对于这个地区的海上交通，而尤其是在过去轮船没有发明之前或古代有极大的影响。我国的船舶——这就是帆船之到东南亚的，往往是靠东北风，阴历十一月或十二月的时候，帆船从吾国的东南海岸，顺着风而向东南亚各地行驶，到了次年五六月又跟着东南风而北回，假使不是一年往返各一次，而逗留在东南亚各处过一个冬天，那就叫做"压冬"。

东南亚每年都有强烈的暴风发生，这是叫做台风。这种台风，对于东南亚的最北的地方，而尤其是菲律宾、越南半岛影响极大，虽然也有少数台风横渡马来半岛北部的克拉地峡而到孟加拉湾，可是这种台风，只吹到这个湾的北部，通常并不波及缅甸本部。

台风经常发生于菲律宾群岛以东，向东或东北吹送，经菲律宾而到越南半岛。从七月至十一月的时候，是台风最为频繁的季节。台风吹得最厉害的是在越南半岛的中圻的南边海岸，这种台风在海洋中，而尤其是在古代，不知吹沉了多少船舶，就是在海港里的大船舶，像现在数千吨的轮船，可以从港里吹上陆地。这是自古以来南海交通上最大的威胁，台风吹到大陆时，房屋、火车，都可以被吹倒，钢筋水泥的电灯杆，有时也被吹弯曲了。

台风自某一方向吹来时，在好多地方，而尤其是在北部湾与越南中圻一带，往往使较低的地区发生水灾，水灾的危害性，不只是浸淹田园之后，受过咸性的影响。除非这种田园有足够的雨水去冲淡这种咸性，那么好几年内，都很难耕种。

东南亚的大部份地方，由于位置、地形与气流的影响，每年雨量据估计约在二千万毫米以上，有的地区也有旱季，上缅甸与泰国的东北部一带，雨量较少。在印度尼西亚总的雨量是向东降低，像在中爪哇的东南，也有旱季的出现。在赤道附近的地方，有时雨量虽然较少，但并不能谓为旱季，在这个地区里，下雨的时候，雷声往往随之而来。在赤道附近，几乎每天都下雨，而且下雨很大时，就也有猛烈的雷声。据说在爪哇的茂物，每年有三百二十次以上的雷雨。现在的东南亚的好多城市街道，两旁的房屋通有骑楼，作为行人道，目的是避酷热也是避暴雨。

第十章 物产的简述

古代的东南亚，是被称为黄金之地或金地。在第一世纪的六十年代至八十年代，一位埃及的希腊商人，名字已无法考证出来，曾写过一本名为《印度洋环游记》（*Voyage round the Indian Ocean*, The "*Periplus of the Erythraean*"），这位佚名的商人，曾经住在柏累奈西（Berenice），这是第一本关于东西商业方面较为详细的记录，虽则这位商人，并没有亲到过印度的东南一些地方，他所记载的所谓东南亚，只是闻之他人所传记而已。

在这本书里，作者曾谈到金地或黄金之地（Chryse 或是 Golden Land）。他说，在印度恒河（Ganges）的对面，有一个岛在海中，这是世界上的有人居的最东的地方，这也就是太阳所升出的地方，这是叫做黄金之地，而又是印度洋出产最好的水鱼壳（Tortoiseshell）的地方，很大的船舶叫做科兰地亚（Colandia），航行到这里，过了黄金之地，海洋的尽处，是支因（Zhin），在这个国的里面的北边，有一个大城市叫做支那（Zhinae），这是原丝、丝纱、丝物所出产的地方，从这里经过陆道而运输到大夏（Bactria），又从这里而运到巴利加沙｛Barygarza（Broach）｝，这就是在康本拜（Cambay）湾，另一方面也可以经恒河而到印度的东南沿岸｛卡鲁满德（Coromandel）海岸｝，要到支因，是不容易的，而且，从那里来的人，也没有几个；这个黄金之地，究竟是在什么地方，有人指出这位商人所说的黄金之地是在缅甸的南部，也有人以为是在暹罗南部。

到了第二世纪的中叶，约为公元一五〇年，托雷美（Ptolemy）在其地理著作 *Geographike Syntaxis* 中，也曾说到这个金地，或者是黄金半岛（Golden Chraonses），他指出从西方到中国，是要经过黄金半岛，因而又有人以为这个黄金半岛是指着马来半岛，可是也有人以为所谓黄金之地，是在苏门答腊。然而无论如何，古人所说的黄金之地，应该是指着东南亚。

从古以来，黄金就为人们所重视——俗人固是重视黄金，僧人也重视黄金，传说印度恒河流域，有一位毗奈罗（Benares）国的婆罗门，叫做僧迦（Samkha）的，乐善好施，常以黄金救济贫穷的人，可是有一天，他自想黄金终有施尽的日子，所以在未用完之前，他决定到黄金之地，于是乃造船一艘，满载货物，告别妻子，在他未归之前，继续施舍，船行七日破了一孔，海水渐入，无法可补，舟子惊惶，求神庇护，可是他与一仆神情安定，用油涂身，吃糖与溶乳，饱后攀登桅顶，举目远眺，忽而叫道："城在这里"，不久船沉，除他与其仆人外，余皆溺毙，他们二人浮海数天，得到天神的帮助，最后乃到黄金之地。

印度人之到东南亚的，为时很早，他们也当这个地方为黄金之地，所以商人、僧侣，也以为到这个地方，就可以致富，这位婆罗门的故事，也是说明这一点。

应该指出，现在的东南亚，产金的地方，并不很多，但我们也不能因此而就说古代的东南亚，也是如此。可能有的地方，以往的确出产不少黄金，因而找金的人，接踵而来，可是不久之后，采掘迨尽，可是人们不只仍称这些地方为黄金之地，而且来到这些地方采金的人们，有的虽离开这些地方，有的仍住在这里，住在这里的，改操别的职业，使这些地方慢慢的发展起来，像今日的美国的西部的加利福尼州，或是所谓旧金山，像今日的澳大利洲或是所谓新金山，起初人们都是为找金而来，可是人来多了，也可以使地方繁荣起来，虽则黄金早已为人所采尽。

古书之记载东南亚产金的也不少，《梁书》卷五十四《扶南传》说扶南产金，此外，骠国亦出金，张燮的《东西洋考》，其卷一"交趾国"条、"占城国"条、卷三"下港（加留地）国"条、"大泥（吉兰丹）国"条、"旧港（詹卑）国"条、卷四"彭亨国"条、"思吉港（苏吉丹）"条、"文郎马神"条，卷五"吕宋国"条，均说其地出产黄金，这样看起来，东南亚的一些地方，称为黄金之地，并非无因。

又东南亚有的地方是被称为银国（Silver Country），这就是托雷美地理中的阿岐拉（Argyra），有人〈说〉这个地方位于现在的缅甸的南阿腊干，东南亚之出银的地方之见于史书的，有下港，有旧港，有吉思港（据《东西洋考》说是在爪哇）与有吕宋等处。《梁书·扶南传》也说扶南出银，那么东南亚不只是金地，而且可以叫做银地了。

《梁书·扶南传》说扶南除产金银之外，还有铜、锡，在现在的缅甸的中部的古代的骠国，曾产铅、锡，现代的马来半岛是产锡很多的一个地方，相信古代这个地方应有人采锡，所以张燮的《东西洋考》卷四"柔佛"条说柔佛出锡。

在关于东南亚的史文中，提到铁的很少，但我们知道在秦汉时代，中国的铁器而尤其是铁制的农具，已经传入越南各处，现在的柬埔寨，除金、银、铜、锡之外也产铁，东南亚的人们在古代既已懂得用铁器，可能也会采铁，也许铁的产量较少，所以史书少有记载耳。

东南亚有好多地方出宝石，柬埔寨的马德望省的派麟（Pailin）山的宝石，很为著名，派麟的意义就是宝石。在东南亚各国的国王之送给中国国王的礼物中，宝石是一种。玉而尤其是珠，也是东南亚的特产。杜佑《通典》卷一八八"扶南"条说有一种玉似紫石英，是生在百丈以下的水底盘石上，如钟乳，人们沉入水底去采取。东南亚产生珠的地方很多，有的国家规定以珠为税，当地人对于珠很重视，传说婆罗（Bornes）国王子为柔佛王妹婿，有一巨珠，在彭亨时，为柔佛国副王子所看见，后者要得此珠而不遂，结果是起兵去攻彭亨，说明了这一点。

东南亚，也以产珊瑚而著名。《太平御览》卷六九《地部》引《扶南传》说涨海中有珊瑚洲，洲底有盘石，石上生珊瑚。古代涨海，就是今日的中国南海，珊瑚洲虽不易考订为什么地方，可是南海之产珠的地方很多，就是靠近越南与我国的北部湾，就可以采珠，所谓珠还合浦，就是产于合浦与交趾之间的故事等等，他如水积、火珠、琥珀、菩萨石、玳瑁在东南亚均可常见。

东南亚地居热带，花木丛生，种类繁多，不胜枚举，我们只能把古书中所常说的一些，略加叙述而已。

椰子是一种常见而很为动人的果树，树干虽不很大，可是生得很高，没有树枝，一株一株的直立，树叶大而分散，在椰林中，在酷热的太阳之下，椰叶可以成荫，在月光明亮的时候，徐风吹来，椰叶阴影中，散光移动，富有诗意。椰子树上所有的一切东西，都很有用。树干可以当木材，树叶可以织席，可以当墙壁，可以当瓦顶，椰子外面的纤维可以制绳索，可以做扫把，椰壳可以当碗具，椰汁可以饮，椰肉可以吃，可以制油，也可以酿酒，用途之大，不可以言喻，所以在占城，人们曾把椰子为其部落之名，此树多长于滨海之地，东南亚岛屿多，海岸长，故到处可见，并不难栽，六七年间，就可以结果。

晋嵇含《南方草木状》记载椰子的起源，虽是近于神话，颇饶兴趣，故录之于后：

> 椰树叶如栟榈，高六七丈，无枝条，其实大如寒瓜，外有麤皮，次有壳，圆而且坚，剖之有白肤，厚半寸，味似胡桃而极肥美，有浆，俗谓之越王头。云昔林邑王与越王有故怨，遣侠客刺得其首，悬之于树，俄化为椰子。林邑王愤之，命剖以为饮器，南人至今效之。当刺时，越王大醉，故其浆犹如酒云。

槟榔也是东南亚的著名物产，南北朝元魏时的杨衒之在其《洛阳伽蓝记》中，已经指出扶南饶槟榔。其实，槟榔不只饶于扶南，而且也到处可见。东南亚的当地人民多吃槟榔，吃时加以荖叶与一种海产壳灰，嚼时其汁红如血，越南、暹罗，各处男女时时含在口中，旅行在火车上，在船舶中，就带一痰盂，作为吐这种汁之用。喜事如结婚时，多以槟榔为礼物。在我国的海南岛，四十年前吃槟榔的还不少，近来在东南亚，只有年老者，还嗜此物，据说食之可以去邪，治疾病，也可以酿酒。在占城，除了上面所说的椰子部落之外，还有槟榔部落。

马耳（A. Marra）在其所著的《满者伯夷与占婆》一文中，曾说到槟榔部落的故事如下：

> 昔者占婆国王，王宫附近，有一槟榔树，有果甚大，至期不开，国王命奴取此果下，国王破果，其中有儿，甚美，遂名之曰罗阇浦克龙（Radja Po-

Klong），命人乳哺之，儿拒不食，时国王有五色牝牛，又命取牛乳哺之，儿乃食，是以占婆之人，不杀不食牝牛，浦克龙长大，妻国王之女，继王其国而建一大城于七陵之上，而名其城曰波耳（Bal）。(参看冯承钧译马司伯乐《占婆史》，页八)

很奇怪的，另有一个同样故事，是以椰子代替槟榔。在占城，椰子部落与槟榔部落，是两个大部落，这种部落的来源的说法，固是神话，但也是原始社会的图腾主义，同时，也说明了这两种植物在占城，在东南亚所占的地位的重要。又在占城椰子部落居北方，槟榔部落居南方，有时联婚和好，有时互相争伐。

在植物之中，东南亚的树木种类既多，质量又好，周达观在其《真腊风土记》中说，真腊山有异木。我们可以说，东南亚的山中都多有异木。所谓异木，是有其特殊之处，在这种木之中，柚木就是一种。柚木盛产于缅甸、暹罗、老挝、柬埔寨等处，质地坚硬，含有脂液，既能防金属如钉铁的生锈，又能抵抗猛烈的水力，所以最宜于制造船舶。今日世界各国之制造船舶者，多用这种木。若用以建房屋家具，也耐久而美观，白蚂蚁或其他虫类，也不易于蛀蚀。此外，又如铁木、檀木，都是很好的木材，而苏木、乌槵林等等，是东南亚各国所用以送给中国的礼物。因为林木丰富，所以东南亚不只在古代，就是直到现在，房屋多用木料建造，甚至王宫城围，也多用木建筑。正是因为这样，又加以地居热带，雨多潮湿，所以东南亚古代人之用木来造作的东西，多已湮没腐蚀，不易找出古代的遗物，这对于研究东南亚古代历史来说是一个遗憾。

东南亚的竹类很多，《南方草木状》说：扶南的云邱竹，可以造船。明郑晓在其《吾学编》说，占城有观音竹，如藤长，丈八尺，色黑如铁，一寸二三节。至于各种藤类，也很多，直到现在，东南亚的藤席，是质量很好的席。又如交州的棘竹，据《竹谱》说大二尺围，肉厚几于实中，夷人破以为弓。

香木之出产于东南亚的不胜枚举，我国古书所屡载的如檀香、沉香、奇楠香、龙脑香、麝香、乳香、丁香、降真香、速香、安息香、金颜香、笃耨香等等。东南亚的国王之送给中国皇帝的礼物中，香类很多，至于香料如胡椒之类，在东南亚尤为普遍，这也是东南亚的一种特产。越南、柬埔寨等处皆有，《真腊风土记》说缠藤而生，累累如绿草子，其生而青者，更辣。东南亚人嗜辣，吃饭时胡椒、辣椒为常用之品，香料也多产于印度尼西亚的东边群岛，摩鹿哥群岛出产很多，调味需用香料，我们知道，在中世纪或中世纪之前，欧洲人的食品，很少用香料，来源既少，价值又昂，非富有之家，不会用香料以调味。在东西海道沟通的初期，好多船舶之到东南亚的，多运输香料，所以香料在东西贸易史上，占过很重要的地位。

稻米是东南亚的主要吃品，越南、暹罗、缅甸、爪哇各处均以产米著名。我国好多稻米，如安南粘，是从东南亚输入，在东南亚一些地方，一岁收获，可以够三年之用，暹罗有一种稻叫做浮水稻，在大水来时，水高一尺，稻茎也随之而高一尺，因而不致为水所浸淹。至于蔬菜，也应有尽有，《真腊风土记》还指出，水中之菜亦有多种。

东南亚的水果更多，除椰子外，芭蕉是到处可见的。蕉的种类很多，我在暹罗曾见过一株芭蕉，有一枝茎生长一千八百多个蕉。人们饿时，可以摘以充饥，因为无论在屋前、屋后、田园、山林，都盛产这种水果。至于榴梿，是东南亚的特产，初吃的人们，觉得其味奇特，不甚可口，但久居其地与当地的人们，颇喜此物。有人说到了榴梿季节多吃，可以使人肥壮。甘蔗也是盛产于东南亚，其品种最好的，也生长于这里。他如波罗、波罗密、荔枝、橘子均有。

这里的花草也很多，《真腊风土记》说：

> 草花更多，且香而艳，水中之花，更有多品，皆不知其名。

杜佑《通典》卷一八八"顿逊"条说：

> 国有区拨等花十余种，冬夏不衰，日载数十车，货之，其花燥更芬馥，亦末为粉，以傅身焉。

顿逊是在马来亚半岛的北部，在当时是一个交通要冲，其花既日载数十车，不只说明其花之多，而且说明爱花的人之多，直到现在，在暹罗各处人们，还以末为粉，以傅身，有的还以傅面。

东南亚的动物很多，《真腊风土记》说："禽有孔雀、翡翠、鹦鹉，乃中国所无。余如鹰、鸦、鹭鸶、雀儿、鸬鹚、鹳、鹤、野鸭、黄雀等物皆有云。所无者喜鹊、鸿雁、黄莺、杜宇、燕、鸽之属。兽有犀、象、野牛、山马，乃中国所无者。其余如虎、豹、熊、罴、野猪、麋鹿、獐麂、猿、狐之类甚多，所少者狮子、猩猩、骆驼耳。鸡、鸭、牛、马、猪、羊所不在论也……鼠有大如猫者，又有一等鼠，头脑绝类新生小狗儿。"

真腊所有的禽兽，东南亚各处也多有。在东南亚各国国王之送给中国皇帝的礼物中，犀角、象牙，记载很多，堕和罗的犀，尤为著名，而象在东南亚是重要的交通工具，国王出游多乘象，人民远道旅行也乘象，深林砍木，是用象从山中拖到河边或其他各处。白象是吉祥的征象，捕得白象，有时国王要出而迎接。东南亚的各国间也有时为了争取白象，而引起战争，也有用象以杀死犯罪的人。

东南亚的虎很多，直到近代，虎之为患于生畜与人类，还是一件时时听见的事情。华侨之居留在东南亚者，因畏惧而崇拜，在好多店铺或居宅中，有拜虎者，呼虎为伯公。在树胶园中，在椰子园中，在夜静人阑的时候，人们可以听到虎在屋旁行动的声音。此外，蛇的种类也很多，有的很大，为害也不少，可是到槟榔屿的人们，也可以在蛇庙中，见到成千成百的蛇，像一些驯畜一样，安安静静休息，使人们随便参观。

东南亚也是产鱼很多的地方，不只在海里，在河中，在湖中，可以捕鱼，就是在潮水涨时，在大雨时，在房屋的沟渠里，往往也可以捕鱼，鱼可以说是东南亚人的主要副食品，周达观的《真腊风土记》的"鱼龙"条说：

> 鱼鳖惟黑鲤鱼最多，其他如鲤鲫、草鱼最多，有吐哺鱼，大者重二斤以上，有不识名之鱼亦甚多，此皆淡水洋所来者。至若海中之鱼，色色有之，鳝鱼、湖鳗、田鸡土人不食，夜则纵横道途间。鼋鼍大如合苎，虽六藏之龟，亦充食用。查南之虾重一斤以上，真蒲龟脚，可长八九寸许，鳄鱼大者如船，有四脚，绝类龙，特无角耳，蛭甚脆美。蛤、蚬、蛳、螺之属，淡水洋中可捧而得，独不见蟹，想亦有之，而人不食耳。

东南亚的鳄鱼很多，大者长二丈余，其喙甚长，其喙甚利，经常到海边岸傍，见人或各种兽类，即趋前而噬，为害极大，在古代东南亚一些国家，还养鳄鱼于池中，有罪者往往以喂鳄鱼。

上面不过很简略的举出东南亚的一些比较重要的物产，至于今日的一些大宗产品，如树胶，如咖啡等等，都是近代才从他处移种的，所以只好从略。

第十一章　生活与风习

周达观在其《真腊风土记》"流寓"条说：

> 唐人之为水手者，利其国中不着衣裳，且米粮易求，妇女易得，屋室易办，器用易足，买卖易为，往往皆逃逸于彼。

唐人就是中国人。因为唐代强盛，版图很大，与东南亚各国交通频繁，故当时的中国人之到这些地方的，称为唐人。这个名称，不只在当时，就是在元代，这就是当周达观到真腊的时候还是很适用，其实直到现在，华侨之在东南亚的，还是称为唐人。他们若回祖国，就说是返唐山，唐山者，中国也。

周达观在短短的几句话中，反映了真腊的情况，也可以说是反映了东南亚的一般生活情况，但是我们也得指出，所谓利其国中不着衣裳，不只是在元代，就是在三国以后，都未免言之过甚。我们知道，真腊的前身是扶南，扶南约在公元一世纪时，据《梁书》卷五十四《扶南传》说，在其女王柳叶的时代"俗本裸体，身被发"，可是柳叶不久为混填所败而嫁给混填，据说混填乃教柳叶穿布贯头，形不复露，说明柳叶结婚之后，就穿布贯头。穿布贯头，当然不像中国的衣裳一样，但我们不能说是"不着衣裳"，又据《梁书》同处说，在三国吴时（公元二二二至二八〇）吴孙权曾遣康泰与朱应出使扶南，据说当时除妇人著布贯头外，男人犹裸，康泰、朱应曾对当时在位的国王范寻说："国中实佳，但人亵露可怪耳，寻始令国内男女著横幅，今干缦也。"干缦有人说在马来语是叫做沙笼（Sarong），柬埔寨话叫做Sampat。（参看冯承钧《中国南洋交通史》，页一二〇注十二）应该指出，今日马来人所穿的是沙笼，但是柬埔寨人所穿的并不像沙笼那么简单，沙笼只是一条横布，缝其两端，像一个没有底子的水桶，柬埔寨人所穿的是像暹罗人所穿的帕农一样，一条横围其下部将其两端合而卷之，从前面穿过两脚之间而至后边，然后插入像我们的裤头里面，从后面看起来，好像是一条尾巴，又像鱼尾贴在屁股之后。干缦也叫都缦，究竟干缦是沙笼，还是帕农，还不清楚，我们也不能在这里考究，但是自混填王扶南之后，女人已"穿布贯头"，而自康泰、朱应到扶南之后，男子又著横幅，那么在元的时代，还说国中不着衣裳，就是言之过甚。我们知道，在暹罗与柬埔寨以至爪哇一带，男女著横幅，主要是遮掩下身，上身多露出来，直到最近，暹罗妇女之露上身的，还是不少，现在在比较偏僻的地方，还可以看到这种现象，若因此而说其不著衣裳，也是不对的。所以我们说周达观之所谓衣裳是指上衣与裤子而言，有人当穿衣裤比之穿沙笼或帕农为高尚，在暹罗的华侨有这样的谚语："暹人穿裤，唐人走路。"意思是暹罗人会穿裤时，唐人就会被赶走或排挤，这也是一种不正确的说法。

但是我们也得承认，东南亚的人民所著的衣裳，是比较简单。原来这个地方，天气较热，几乎没有冬天，四季皆夏，因而穿的较少而简，在东南亚，有人说：一条布可以过一生。这条布也就是说是一条横幅，这也就是衣裳，日间人们在河里沐浴的时候，可以在水中洗干净，出水时又穿起来，天气既热，比较易干，这是衣裳，也可以当为洗身巾，终年既没有冬天，一年到晚，以至一生，所穿的就是这种衣裳，破烂了当然换新的，可是式样大致没有改变，还是一条横幅，所谓一条布可以过一生，就是这个意思。今日的情形，虽然也逐渐改变，这就是有的穿西服，有的穿中服，或变形的中服，但一般人民，还多是用一条横幅。在今日的好多民众，既还是用一条横幅而跣足，在古代，这样的情形，更为普遍，虽则我们也得指出，就是在古代国王与王公贵人所穿的衣服，不只是质量好，而且也比较复杂，譬如杜佑《通典》卷一八八"婆利"条中说：

　　王乃用斑丝者，以璎珞绕身，头著金长冠，高尺余，形如弁，缀以七宝饰。

又如《隋书》卷八十二《真腊传》说：

　　王著朝霞古贝，瞒络腰腹下垂至胫，头戴金宝花冠，被真珠璎珞，足履革屣，耳悬金珰，常服白叠，以象牙为屩，若露发则不加璎珞，臣人服制大抵相类。

周达观说在真腊，"米粮易求"，是说在吃的方面比较容易，《晋书》卷九十七《扶南传》说：

　　扶南人以耕种为务，一岁种，三岁获。

这就是像我们上面所说一年的收获，可以够三年的吃用。原来扶南或真腊是在湄公河的下游，土地肥美，宜于耕种。其实在东南亚的其他各处，如越南的红河流域，如暹罗的湄南流域，如缅甸的伊拉瓦底流域，都是肥美的地方，自古以来，盛产稻米，缅甸的叫栖，也是盛产稻米的地方，以往有过这样的谚语：谁得叫栖，谁即统治上缅甸；直至现在，缅甸、暹罗等处，米是出口的大宗。

扶南、真腊在湄南、伊拉瓦底流域的古人，耕种大致是一年一熟，但在爪哇却是一年二熟，马欢的《瀛涯胜览》"爪哇国"条说：

　　天气长热如夏，田稻一年二熟，米粒细白，芝麻、绿豆皆有。

杜佑《通典》卷一八八"婆利"条说：

　　土气暑热，如中国之盛夏，谷一岁再熟，草木常荣。

其实，在我国的海南岛，稻在一年中，可以三熟。明代琼人丘濬在其《南溟奇甸赋》中，已经指出岁有八收之蚕，三熟之稻。海南岛的土地比不上东南亚的好多地方那么肥美，海南岛能有三熟之稻，那么东南亚的好多地方，一年三次下种，应该是没有问题的，不过我们也得指出，东南亚像上面所举的那几条河流地带，土地既肥美，而人口尤其是在古代，又比较的少，一次收获既可以够三年吃，那就不需要一年耕种二次或三次，直到现代，在山区的地方，人口稀少，好多居民，还是处在"游耕"的状态，所谓游耕，是把一块山林，用火烧完之后，乃下种子，等到稻熟时就收割，但是耕二三年之后，产量降低，人们又移到他处，同样的用火烧山林，然后耕种，这样的不断迁移，应当的，经过一个时期之后，原来那个地方，树木丛生，也可以再烧而耕种。

我国的农具与耕种方法，虽在后汉时代已经传入越南半岛，但是直到现在，在马来亚与其他的好多地方所用的农具，既很简陋，而耕种的方法，也很简单，肥料既少用，往往又只用竹枝或木条掘一小孔，就放种子进去，这样就任其自生，以至成熟而收割。

应该指出，东南亚也有的地方是出产稻米较少的。《晋书·林邑传》说林邑少田，贫日南之地。马欢《瀛涯胜览》"占城国"条也说：

多以渔为业，少耕种，所以稻谷不广，土种米粒细长多红者。

又如《明史》卷三二五《柔佛传》说：

地不产谷，常易米于邻壤。

又《瀛涯胜览》"满剌加"条说：

田瘦谷薄，人少耕种。

原来林邑或占城所占有的地方，差不多就是现在越南的中圻一带，西有安南山脉，东为海岸，其地形长而狭，多山地，河流虽有而短，所以稻田不多。马来半岛也不是米粮丰富的地区，但无论如何，东南亚还是一个产米较多的地区，人民是以米为主要食品，就使米粮较为缺乏的地区，在吃的方面，问题还是不大，因为各种杂粮，容易生长，而水果如芭蕉之类，像上一章所说，到处都有，故吃的问题，比较容易解决。

又像上面所说，地多靠海，人民多以渔为业。又在古代，遍地为森林，鸟兽众多，猎取副食品，也比较易得。所以当地人以至我国人民之到这个地区的，都易于谋生。可是同时我们也得指出，东南亚得天独厚，物产丰富，可是食的东西虽然很多，但一般的人民吃的东西是比较简单，日常用餐，除半为主要粮食外，鱼较为普遍，至于国王贵人所吃的而尤其是在宴会的时候，当然很为丰富。《隋书》卷八十二《赤土传》说：

后数日请骏（按：为隋使常骏）等入宴，仪卫导从如初见之礼，王前设两床，床上并设草叶盘，方一丈五尺，上有黄白紫赤四色之饼，牛、羊、鱼、鳖、猪、玳瑁之肉，百余品，延骏升床，从者坐于地席，各以金钟置酒，女乐迭奏，礼遗甚厚。

《宋史》卷四百八十八《交趾传》还指出国王还把大蛇送给中国的使者：

尝令数十人扛大蛇长数丈，馈于使馆，且曰，若能食此，当治之为馔以献焉。

赤土王在宴会时，曾以酒宴客。《宋史·交趾传》说交趾国王黎桓宴中国使时还"自歌献酒"，虽则中国使者"莫能晓其词"。赤土人所酿的酒，多为甘蔗，《隋书·赤土传》说：

以甘蔗作酒，杂以紫瓜根，酒色黄赤，味亦香美，亦名椰浆为酒。

所谓梛浆当为椰浆，东南亚各地之以椰浆为酒的很多。此外稻米、槟榔及其他果子，也用以为酒。酒的种类虽多，可是东南亚的人们，并不太沉于此物，虽则在近代，有的地方像暹罗的一些人，也有嗜酒而常醉的。其实，有的地方，政府还严禁饮酒。《明史》卷三二五《丁机宜传》说：

酒禁甚严，有常税，然大家皆不饮，唯细民无籍者饮之。

东南亚的人们的食具，也较为简单，吃时用手，近来也有用刀叉的，我国筷子除越南外，用的较少，吃时除像《赤土传》所说以草叶为盘外，芭蕉叶也常用以为盘；国王食器用金银制造。《梁书·扶南传》说毗骞国王曾送给扶南国王纯金五十人食器，《扶南传》说：

常遣扶南王纯金五十人食器，形如圆盘，又如尾坯，名为多罗，受五升，又如椀者，受一升。

近来考古学者在东南亚一些地方也发掘了一些金银食器，而在东南亚各国国王送给我国皇帝的礼物中，也有这些食器。

东南亚的当地人，一日虽然也吃数餐，但吃的时间，比较灵活，肚子饿了就吃，这种习惯，直到今天，尤其是偏僻地方较为普遍。就是在今日的轮船、火车上，也随时看到人们用餐，虽则其所吃的，也是很为简单。

在以往的八百媳妇或是现在的暹罗的北部，曾有过这样的传说：一个青年人，想娶一个女儿，这个女儿的父亲，把一个房子拆毁了，他要这个青年人盖起一座新房子，然后嫁女儿给他。意思是你要娶我的女儿，你要有盖房子的本领。在现代而尤其是住在现代城市的人们看起来，这是一个苛刻的条件。当然就在东南亚来说，这也是一个不容易做的事情，可是我们也得指出，东南亚的一般人民的住宅，是比较简单的。在古代的东南亚，木材是随处可找得到，砍了一些树木，把其较大的作柱，再把一些树木或竹子当作梁，上面盖以树叶或茅草，四面再围以竹片或椰叶，就成为一座房子。这种房子，在马来亚通常叫做亚搭（Atap）屋。直到现在，在东南亚的好多地方，还可以看到这种房屋。

假使这种房子建得较高，而在离地数尺或约一丈高的地方架以横木，铺以木板或竹片而成楼阁式，就是叫做干阑，干阑这个名词之见于我国史书的较早，《周书·异域传》《北史·蛮獠传》，均有同样的词句说：

> 依树积木，以居其上，名曰干阑，干阑大小，随其家口之数。

《南史》卷七八《海南诸国·林邑传》说：

> 其国俗，居处为阁，名曰干阑。

这种干阑，就在广州的河边，如二沙头的河南等处，随便可见。在东南亚在海边或河旁，也多有这种房屋。我国史书之记载东南亚这种房屋，也称为阁居，《南齐书·扶南传》说：

> 伐木起屋，国王居重阁，以木栅为城，海边生大箬叶，长八九尺，编其叶以覆屋，人民亦为阁居。

杜佑《通典》卷一八八"扶南"条也称为阁居。为什么要盖这种房屋呢？《旧唐书》卷一九七、《新唐书》卷二二二《南平獠传》中说：

> 土气多瘴疠，山有毒草及沙虱蝮蛇，人并楼居，登梯而上，号为干阑。

杜佑在《通典》中以为林邑是僚人所建立的国家，这种看法，是否确实，我们不在这里讨论，我们只要指出在我们南方的一些兄弟民族所居的干阑，既与东南亚的一样，两者互有影响，是无问题的。南平僚的干阑既是避瘴疠与毒虫猛兽，东南亚的干阑，也是避免这些病害。

在东南亚，而尤其是在古代的东南亚，几乎是森林遍地，木材易得，用木起屋，就地取材，是一件易举的事情。所以《真腊风土记》说："屋室易办。"其实，直到现在，在东南亚好多地方，起屋还是全用木材，平房或邦加隆（Bangalow），固是用木建造，洋楼也多是用木建造，甚至有的屋顶也是盖以木板，在内外以至屋顶加以油漆，很为美观。

然而这些简单的住宅，只是一般人民的住宅，至于国都城市，国王与贵人所建的都城与住屋的地方，也很伟大而华丽。比方《水经注》卷三十六引《林邑记》所叙述的区粟城说：

> 其城治二水之间，三方际山，南北瞰水、东西涧浦，流凑城下。城西折十角，周围六里一百七十步，东西度六百五十步，砖城二丈上起砖墙一丈，开方隙孔，砖上倚板，板上五层重阁，阁上架屋，屋上架楼，楼高者七八丈，下者五六丈，城开十三门，凡宫殿南向，屋宇二千一百余间，市居

周围。

周达观《真腊风土记》中，曾描写真腊都城的伟大，周围有二十里，"城皆叠石为之，可二丈，石甚周密坚固，且不生繁草"。城外有巨濠，濠外皆通衢大桥，桥的两傍，各有石神五十四枚，桥之阑皆石为之，凿为蛇形，蛇皆九头，城很方整，四方都有石塔一座，在城的中间有金塔一座，其旁又有石塔二十余座。又说：

> 石屋百余间，东向，金桥一所，金狮子二枚，列于桥之左右，金佛八身，列于石屋之下，金塔至北可一里许，有铜塔一座，比金塔更高，望之郁然，其下亦有石屋十数间，又其北一里许，则国王之庐也，其寝室又有金塔一座，……自来有富贵真腊之褒者，想为此也，石塔出南门外半里许，俗传鲁般一夜造成，鲁般墓在南门外一里许，周围可十里，石屋数百间。

这就是举世闻名的吴哥（Angkor）王宫与寺庙。假使我的记忆没有错误，这个城的周围，是在三十里以上，建筑时间，从九世纪至十二世纪，所有房屋都用石筑，屋顶也用石，石很整齐，不只在当时是极伟大的建筑，就是在今日来看，还是世界上的伟大而美丽的建筑物。

其实，在东南亚的好多古代国家，都有很伟大的建筑物，而这些建筑物，又多有很高度的艺术性。比方爪哇的佛楼、蒲甘的寺塔，直到现在，人们还是欣赏其伟大美丽，至于像十五世纪的马六甲国都，占地既广，房屋分散，房屋周围，多种花木或果树，成为一个花园式的住宅或是花园式的都市，这也代表了东南亚的建筑艺术的高度水平。这也是东南亚的高度文化的表征。

第十二章　宗教与信仰

上面是把东南亚的生活的物质方面，略加叙述，我们现在且来谈谈宗教与信仰。

首先，让我们指出，宗教在任何社会，虽然是上层建筑，但从东南亚的历史来说，而尤其是在古代东南亚，是社会发展中的一个重要因素，而且，对于社会文化的各方面，都有了很大的作用与影响。这种作用与影响，直到今天，还可以随时随地看出来。

以暹罗来说，一个暹罗人，从生到死，都与宗教有了关系。他一生出来，有僧祝福，长大时，应该落发一次，当为僧侣，落发时间，多少不一，有三日的，有七日的，有一月的，有半年的，也有数年以至终身。落发后还俗，还可以二次、三次、四次落发的，至少一个人一生，总当落发一次，上自国王，下至一般人民，都要经过这一段的生活，否则被目为"生人"，意思就是没有受过适当的教礼的人。而且，在以往，教育差不多完全操在寺庙僧侣之手，要想读书，就要进寺庙，因此，在暹罗以至柬埔寨等处，寺庙林立，僧侣遍地，僧侣不事生产，每日一次到各家领饭，叫做化缘，僧侣穿的黄衣，所以暹罗，也称为黄衣之国。

人在结婚时，要请僧侣去主持婚礼，据十五世纪初年马欢的《瀛涯胜览》"暹罗"条还说：

> 男女婚姻，先请僧迎男女至女家，就令僧取童女喜红，贴于男子之面额，名曰利市，然后成亲。过三日后，又请僧及诸亲友拌槟榔彩船等物，迎其夫妇回于男家，置酒作乐待亲友。

《真腊风土记》说请僧侣取女红以去其童身，是叫做"阵毯"，又这种去童身礼，是行在七岁到十一岁之间，而且关于此事，记得很为详细。

结婚固要请僧侣主持，死葬也要请僧侣念经。在暹罗，在柬埔寨等处，国王加冕，也要由僧侣主持，而主持加冕的僧侣，是婆罗门教徒，约在二十年前，暹罗首都曼谷的丹蒙飞机场建好之后，举行开幕礼典，也有僧侣念经，其实有好多典礼，或集会，往往都有僧侣祝福。

这不过是随便的举出一些例子，然而宗教在这些国家所占的重要的地位，可以概见。

应该指出，东南亚未受外来的宗教影响之前，是有其固有的宗教信仰的。所谓外来的宗教，主要是婆罗门教、佛教，与伊斯兰教或回教。至于基督教是欧洲人东来以后才输入，我们不准备在古代史讨论基督教。所谓固有的宗教，大致是在婆罗门、佛教与伊斯兰教未输入之前的宗教，这种宗教，虽然主要是东南亚这个地区的固有的信仰，但也可能是与这个地区以外的有其相同之处，或是也曾受过这个地区以外如中国或其他一些地方的宗教信仰的多少影响。

大致上，东南亚的信仰可以说是拜物主义，他们所拜的物很多，凡是天、地、日、月、星、风、雷、植物、动物，以及石头，都可以成为崇拜的对象。在缅甸，崇拜各物的神灵或灵魂，是叫做那斯（Nats）。菲律宾的伊乎高（Ifugao）人，不相信任何最高的上帝，但他们相信太阳是武士神，这个神有很大的权力，月与一些星也是战争之神。马来半岛的小黑人（Pygmies），据说相信日、月、雷、与闪光都是神，而且这些神对于人类很为关心，比方，当晚间月亮初升的时候，人们若点着光亮的灯，月就会发怒，这样月可能对人们有害，所以在月亮初升的时候，人们若点火，最好是用物遮掩灯火，待到月升到半天时，才把遮掩之物打开，这样就是对月尊敬与友好。

风、雷、闪光也是神，这些神，对人的行为，也会发怒，人们若把蜜蜂的糖（Beeswax）来溶化或火烧，他们就不高兴，某种食物，已过了季节，就不应用，若是用了，就会使这些神的憎恶。

据说，小黑人还相信两种有权力的神，一为比利固（Biliku），一为搭莱（Tarai）。有的部落，相信前者是女的，后者是男性，他们是夫妇，但在别的部落，以为比利固是男性，他是搭莱的丈夫，但也有的以为他是搭莱的父亲，相信比利固是女的，以为她是日与月的母亲。

在马来半岛，有的民族相信太阳的白色灵魂，这是危险可怕的灵魂，因为在这里，就是死者之域，死人之域，有好多阶层，愈高的阶层愈好，灵魂进入最高一层，则其力量愈大。

此外，马来人也有天父（Father Sky）与地母（Mother Earth）的观念。天父对于东方的一些游牧民族来说，是一个天帝，而地母在印度，也是一个重要的神灵，可是在今日的马来亚，只是一个空名，对于人生没有什么作用。

马来人还相信海湾、海边、海潮，以至石头、铁、锡，都有灵魂，而且都各有其权力，使到人们畏惧。同样的各种植物、动物，也有其灵魂，上面所说的椰子部落与槟榔部落，其渊源也可以说是拜物主义。把一种植物名其部落，是一种图腾主义，在原始社会中，不只某种植物可以成为一个部落的名称，就是某种动物，也可以当为某个部落的名称。用某种物去名其部落的，也相信其祖宗是来自这种物。同样，人也是有灵魂的。人死之后，其灵魂固是离开其身体，可是在生时，在睡眠作梦时，其灵魂也可以离开其躯体而他游。一个男青年，可以用一个年青的女孩所用的东西，用水来煮，就可以得到这个女孩的爱情，一个人可以在另一个人的脚迹中，施某种法术，而毒害这个人。在人与人或人与某物的灵魂之间，是有关系的，而且可以用法术去搞好这种关系，或是搞坏这种关系。巫师就是作法术的人，因而巫师在东南亚一般的说，是占了很重要的地位。人病了，可以请巫师医好,某物的灵魂作怪,可以请巫师去驱逐。巫师的灵魂,可以进入另一个人的身上,也可以进入一个老虎的身上。印度教与伊斯兰教传入东南亚以后,有好多当地的信仰与这些外来的信仰,互相混合,作父母的可以延请宗教的教主去念经作法,使智慧与才能从一个孩子的口中进入他们的头里,这样这个孩子得到智慧与才能,某种灵魂是可以转移到另一个地方,马来半岛的森美兰人,相信一间房子的灵魂,可以发现在一个小木盒里,物件可以很大,可是灵魂可以很小,所以天的灵魂,只有一把伞那么大,而地的灵魂,并不大过一个烟灰碟。

上面不过是随便的举出一些例子,说明东南亚的信仰,这些信仰,虽然很多是存在着于今日的社会,然其历史很久,这种信仰,对于当地的风俗、习惯、法律、制度,都有很大的影响,比方马欢的《瀛涯胜览》中的"占城"条说:

> 有一通海大潭,名鳄鱼潭,如人有争讼难明之事,官不能决者,则令争讼二人骑水牛赴过其潭,理亏者鳄鱼出而食之,理直者虽过十次,亦不被食,最可怪也。

这种处理争讼的方法,不只见于明朝的占城,早已见于古代的扶南,《梁书》卷五十四《扶南传》说:

> 又于城沟中养鳄鱼,门外圈猛兽,有罪辄以喂猛兽及鳄鱼,鱼兽不食者,三日乃放之。

其所以这样的处理争讼,是承认鳄鱼有理智,明是非,比之于官吏,还要高明,鳄鱼可以处争讼,其他的神灵可以影响到人生的其他方面。我们上面指出一个暹罗人一生自生至死,都与宗教有关系,其实,在其日常生活中,任何事件,差不多都与信仰有关系。在日常生活中,某种事情应该怎样做,或是不应该怎样作,都与上面所说的信仰,有或多或少的关系,做得对的是神灵所喜欢的,作不对的是神灵所憎恶的,神灵所憎恶的事情,是一种禁忌(Tabo),一个马来妇女,或是一个摩斯(Mois)妇女,在其下种的时候,要把她的头发松开垂下,这样她所种的东西,就会丰收,同时,到了稻熟的时候,她要穿很单薄的衣服,这样稻茎就会细小而易刈。一个小孩病了,可能是因为他的名字不吉利,所以他要改名,把一支尖锐的竹去刺进仇人的脚迹,可以使仇人跛,女婿避免见外母,或媳妇避免见家翁,都是这种禁忌,在我们的习惯中,摸摸一个小孩的首,是表示好感爱惜的意思,可是在暹罗,你若这样的作,那是一件不祥的事体,这些以及好多其他的风俗习惯,归根究底,差不多都是与信仰有了关系。

所以我们说研究东南亚的历史,与其社会状况,不应撇开其宗教信仰而不谈。

在上面所说的宗教信仰中,像我们所指出的,可能有的也是来自东南亚以外的地区,可是外来宗教之影响于东南亚,最大的,在基督教未传入之前,除了越南以外，是来自印度的婆罗门教与佛教，以及来自阿拉伯的伊斯兰教或回教，关于这几种宗教，我们在下面谈到东南亚的古代文化时，还要加以解释，我们在这里只能略加说明，当为发端而已。

印度宗教之传入东南亚最早的，据一些人说是婆罗门教。有人说佛教是阿育（Asoka）王时代，派人到这些地方宣传，阿育王在位是公元前三世纪（二七二至二三二），假使阿育王的确派人到东南亚传教，那么佛教之传入东南亚，也当在公元前三世纪，婆罗门教若是输入东南亚，也当在公元前三世纪，婆罗门教若是输入东南亚是早于佛教，那么其传入东南亚，当在公元前约四世纪的时候。

传说在阿育王时代，有二位传道师，一为孙那（Sona），一为乌打拉（Uttara），曾到缅甸的直通（Thaton）传教，当时就有信徒六万人。在公元前三世纪的时候，是否有孙那与乌打拉其人，到直通传教，直到现在，还没有人能考证出来，所以佛教究竟是否三世纪传入缅甸，也是一个还未解决的问题。但我们知道，在公元前一二世纪的时候，在缅甸与暹罗的南部，已有猛族居住，并且建立国家，我国史书所载的林阳，就是猛族所建立的国家。《太平御览》卷七八七引万震《南州异物志》说："林阳在扶南西七千里，地皆平博，民十余万众，男女行仁善，皆侍佛。"《水经注》卷一引竺芝《扶南记》也说"扶南举国奉佛"，说明其佛教的繁盛。林阳建国当在公元前二世纪或三世纪，其佛法如此繁盛，必定是由于佛教的传入，时间相当的久，那么佛教之传入这些地方，当在公元前一二世纪，也似乎是没有问题的。婆罗门教在印度历史很久，印度与缅甸毗连，很早就已传入，也似乎是没有问题的。

婆罗门教在印度，可以说是旧教，佛教是新教，有点像西洋的天主教与新教一样。佛教传入东南亚之后，虽然慢慢的发展而得到各处的人们的信仰，但也并不使婆罗门完全绝迹，相反的，两者却双双并立，虽然佛教传入之后，较为繁盛而已。

到了十二、十三世纪的时候，伊斯兰教又逐渐在东南亚发展，但其传播较广，是在十五世纪马六甲建国之后，从此以后，马来半岛以及现在的印度尼西亚（除了峇里以外）的其他地方，逐渐的接受伊斯兰教，缅甸、暹罗、老挝、柬埔寨却仍是尊崇佛教，直到现在，大致情形，还是如此。古代菲律宾是否有过佛教的传入，不得而知，但是在五世纪的时候，印度宗教已传到婆罗洲一些地方，在西班牙未占据这个地方之前，伊斯兰教曾传播到这个地方的一部份，现在所谓摩尔（Moors），就是信仰伊斯兰教的菲律宾人。

至于越南，自古以来，受过中国文化的影响很深，直到现在中国式的寺庙，在越南，从越北到最南的河仙，都可以看见，所以印度宗教在这个地方，影响不大，但也应该指出，在现在的越南领土上，在过去的中圻一带，是林邑或占婆国这个国家，也是深受印度宗教的影响，到了后来，也受伊斯兰教的影响，而其南部的南圻，是属于扶南，所以也是深受印度宗教的影响。后来占城或占婆为越南所灭亡，南圻也并入越南，所以越南文化，也随之而向南发展，印度宗教的影响，在这些地方，虽没有以往那么繁盛，但佛教势力，仍然相当大。

欧洲的殖民主义者之到东南亚，是在十六世纪的初叶，他们逐渐征服东南亚，征服东南亚是用战舰，是用枪炮，但是跟着战舰与枪炮而来的，是新旧约的圣经，两者双管齐来，互相利用，然而说也奇怪，尽管他们是用战舰与枪炮来宣传圣经，可是圣经的传播，而尤其是在东来的初期，并不算得很顺利，原因是在缅甸、暹罗、老挝、柬埔寨等处，印度宗教，而尤其是佛法，已经早入人心，根深蒂固，至于马来半岛，与现在的印度尼西亚等处的人们，也多已信仰伊斯兰教，所以基督教很难打进来。基督教的传教师，在无可奈何的情况之下，多从华侨所聚居的地方，设立教堂，传播教义。在马来亚他们也是在马六甲的华侨社会中，先作宣传工作，因为他们以为华侨没有浓厚的宗教信仰，容易下手。尽管如此，可是经过数百年来的努力，直到今天，已经信仰印度教或伊斯兰教的人们，转而信仰基督教的，为数还是不多，只有在菲律宾，除了已经信仰伊斯兰教的地区以外，天主教才能大行其道。同样，在宗教信仰比较薄弱的越南，也有不少的人们相信天主教，所以自欧洲殖民主义者到东南亚之后，西洋文化，虽然很普遍的传播到东南亚，可是已经信佛教或伊斯兰教的国家里，基督教（包括天主教）并没有把佛教与伊斯兰教的固有地位，取而代之。其实，就是东南亚的"固有"的宗教信仰，直到今天还是相当的流行于这个地区，这正是说明了我们在上面所说，宗教在东南亚的历史上，所占的地位，是很为重要的。

第四编

第十三章　中国与南海

在古代，从我国的北方经南方而到东南亚各处，大致说有三个路线：一是从豫章长沙经两粤，一是从四川经两粤，一是从四川而经云南。至于从泉州、扬州，在某个时期中，也有船舶通东南亚，但为时较晚，只好从略。《史记·南越尉陀列传》中说：

> 秦已破灭，陀即击并桂林、象郡，自立为南越武王。高帝已定天下，为中国劳苦，故释陀弗诛。汉十一年，遣陆贾因立陀为南越王，与剖符通使，和集百越，毋为南边患害，与长沙接境。
>
> 高后时，有司请禁南越关市铁器，陀曰：高帝立我，通使物，今高后听谗臣，别异蛮夷，隔绝器物，此必长沙王计也，欲倚中国击灭南越，而并王之，自为功也。于是陀乃尊号为南越武帝，发兵攻长沙边邑，败数县而去焉。高后遣将军隆虑侯灶往击之，会暑湿，士卒大疫，兵不能逾岭，岁余，高后崩，即罢兵。陀因此以兵威边，财物赂遗闽越、西瓯、骆，役属焉，东西万余里，乃乘黄屋左纛称制，与中国侔。

直到文帝的时候，文帝遣陆贾去说服粤王赵陀，他才向中国称臣。我们看了上面所抄那段话，有了几点是值得我们注意的。第一，南越与长沙接境，在秦时既属于中国，则二者交通往来，是自然而然的。第二，南越需要中国的铁器或其他物品，说明这二者的贸易，恐怕不只始于秦汉时代，而始于秦之前。我们推想，在春秋战国的时代，楚国之于南越，可能已有贸易，到了秦并南越之后，这种贸易，更加繁盛而已。第三，越王赵陀自称武王，大展疆土，而与中国对抗，未必完全是因为吕后禁南越关市铁器，可是他把这件事而当为发兵攻长沙边邑，说明这种关市，对于南越是很重要的，因为中国禁止中国的器物出口，可能也同时也禁止南越的物品运入中国，这么一来，对于南越的经济上，必大受打击。

这条路在中国与南粤的交通史上，可能是最早的，所以《后汉书·南蛮传》说："楚子称霸，朝贡百越。"不过这条路线困难是很多的，上面所抄那段话中说吕后遣兵去攻击南越，因为暑湿，士卒大疫，不能逾岭，结果是大败而归。军队难于通行，商旅的往来，也不见得很容易。而且，在古代陆地交通困难的时候，没有水道的交通，无论在军事上，在商业上，都是受到很大的影响。《史记·西南夷传》载唐蒙上书武帝中说："今以长沙豫章往，水道多绝，难行。"说明在途程上，从长沙到南越，虽比较近，但是因为没有水道，所以交通就不方便。因为这个原故，唐蒙主张用蜀的人力财力，以及夜郎的精兵，并用牂牁江的水道，以资运输，而控制南越。

然而我们也得指出从湖南湘江上游经全州、兴安的灵渠而到桂林、柳州、梧州是有水道通广东，早在秦时或秦之前，这条路线已经利用，秦伐南越，有一支军由此而下，那么，商业交通，可能更早。

我们现在可以谈谈，从巴蜀到南粤这条交通路线之在古代的重要性。

要想明白巴蜀粤的交通，应先了解中国与巴蜀的交通。《史记》卷一百十六《西南夷列传》中说：

> 始楚威王时，使将军庄蹻将兵循江上，略巴蜀黔中以西，庄蹻者，故楚王苗裔也。

《汉书》所载与《史记》同。楚威王立于公元前三三九年，死于三二八年。假使庄蹻是威王时略巴蜀，应该是在这十一年内，但是《后汉书》卷一百十六《南蛮西南夷传》中又说：

> 初楚顷襄王时，遣将庄豪从沅水伐夜郎，军至且兰，椓船于岸而步战，既灭夜郎，因留王滇池。

又说：

> 滇王者庄蹻之后者。

庄豪似即庄蹻，但是楚项〔顷〕襄王之立是在威王死后三十年，究竟《史记》与《汉书》所说的对，还是《后汉书》所说的对，杜佑《通典》卷一百八十七《南蛮上》"滇"条注，以为《后汉书》所说的对，我们不愿在这里讨论这个问题，我们所注意的，是楚之通巴蜀，是在公元前四世纪的下半叶，或三世纪的初年。

又《战国策·秦策》中说：

> 司马错与张仪争论于秦惠王前，司马错欲伐蜀，张仪曰：不如伐韩。……司马错曰：不然，臣闻之，欲富国者，务广其人，欲强兵者，务富其民，欲王者，务博其德，三资者备而王随之矣。今王之地小民贫，臣愿从事于易。夫蜀西僻之国也，而狄戎之长也，而有桀纣之乱，以秦攻之，譬如豺狼逐群羊也，取其地足以广国也，得其财足以富民，缮兵不伤众，而彼已服矣，故拔一国而天下不以为暴，利尽西海诸侯不以为贪，是我一举而名实两附，又有禁暴正乱之名，今攻韩劫天子，劫天子恶名也，而未必利也，又

有不义之名，而攻天下之所不欲危。……此臣所谓不如伐蜀之完也。惠王曰：善，寡人听子，卒起兵伐蜀，十月，取之，遂定蜀，蜀主更号为侯，而使陈庄相蜀，蜀既属秦，益强富厚，轻诸侯。

这件事的发生，是在公元前三一六年，就是秦惠文王后九年。到了秦昭襄王六年，"蜀侯辉反"，司马错又伐蜀，并使其安定。（《史记·秦本纪》）《史记·货殖传》说：

及秦文孝缪居雍，隙陇蜀之货物而多贾……南则巴蜀，巴蜀亦沃野，地饶卮、姜、丹沙、石、铜、铁、竹、木之器，南御滇僰，僰僮。西近邛笮，笮马、旄牛，然四塞栈道千里，无所不通，唯褒斜绾毂其口，以所多易所鲜。

这说明巴蜀是个富饶的地方，物产丰富，对外贸易，很为繁盛。秦在惠王时，是一个"地小民贫"的国家，得了巴蜀之后，使秦益富强，这说明巴蜀对于秦的重要。然而更重要的，是秦得蜀之后，因为蜀与西南以及东南好多地方既有了商品的交换，蜀既属秦，秦与这些地方，必也发生了商业的关系。同时，秦对于这些地方，也必很为熟识，虽则这些地方，还没有属于秦的版图。秦始皇统一天下之后，在秦始皇三十三年（公元前二一四年），据《史记·秦始皇本纪》载：

发诸尝逋亡人、赘婿、贾人，略取陆梁地，为桂林、象郡、南海，以适遣戍。

值得注意的是略取这些地方时，遣派贾人同往，说明一方面是贾人对于这些地方较为熟识，一方面利用他们去搜集这些地方或与这些地方有贸易关系的地方的奇珍物品，这也就是说，秦时的政府，势力还未到这些地方之前，商人早已在这些地方活动。关于这一点，《史记·西南夷传》说：

及汉兴，……而开蜀故徼，巴蜀民或窃出商道……取其筰马、僰僮、髦牛，以此巴蜀殷富。

建元六年（公元前一三五），大行王恢击东越，东越杀王郢以报，恢因兵威使番阳，令唐蒙风指晓南越。南越食蒙蜀枸酱，蒙问所从来，曰"道西北牂柯，牂柯江广数里，出番禺城下。"

又说：

蒙归至长安，问蜀贾人，贾人曰："独蜀出枸酱，多持窃出市夜郎，夜郎者，临牂柯江，江广百余步，足以行船，南越以财物役属夜郎，西至同师，然亦不能臣使也。"

又说：

> 蒙乃上书说上曰："南越王黄屋左纛，地东西万余里，名为外臣，实一州主也，今以长沙豫章往，水道多绝，难行，窃闻夜郎所有精兵，可得十余万，浮船牂牁江，出其不意，此制粤一奇也。诚以汉之强，巴蜀之饶，通夜郎道，为置吏，甚易，上许之。乃拜蒙郎中将，将千人，食重万余人，从巴筰关入，遂见夜郎侯，多同。蒙厚赐，喻以威德，约为置吏，使其子为令。夜郎旁小邑，皆贪汉缯帛，以为汉道险，终不能有也，乃且听蒙约。还报，乃以为犍为郡。发巴蜀卒治道，自僰道指牂牁江，蜀人司马相如亦言西夷邛、筰可置郡。使相如以郎中将往喻，皆如南夷，为置一都尉，十余县，属蜀。"

> 当是时，巴蜀四郡通西南夷道，戍转相饷。

牂牁江似乎就是盘江，王先谦《汉书补注·西南传》引沈钦韩说：

> 盘江在贵州境者为北盘江，出四川乌撒府西北五十里（今为贵州大定府之威宁州），东南流至乌撒，南九十里。谓之可渡河，又东南为七星关河，折而南，经云南霑益州界，入贵州境，经安南卫东，又南经永宁州西境，普安州东境，盘回曲折于山菁间，阴翳蒙密，夏秋多瘴，流经慕役长官司东南，而南盘江合流焉，又东南入广西泗城州境，而谓之左江，陶弼云，左江即盘江，盘江即牂牁江也。

《史记·西南夷传》及其他各处已指出从蜀到粤这条路的交通，历史既已很久，自秦统一天下并南粤，从蜀到粤已在中国的政治范围之内，商业必更加发达，是无可疑的。唐蒙在粤吃蜀枸酱，他到了长安，又见到蜀贾人，那么蜀贾人是时时往来于长安蜀粤，也是无可疑的。

蜀所出的物品，固是畅销于长安、南粤，南粤的物品，也必从这条路运到夜郎、四川、长安各处。《史记·西南夷传》说："南越以财物役属夜郎，西至同师，然亦不能臣使也。"说明在政治上，南粤虽没有役属夜郎，可是在经济上，南粤却与夜郎有关系，夜郎是蜀粤交通的要道，蜀的物品既可以经夜郎而到粤，粤的物品也可以经夜郎而到蜀以至于关中。

大致上，我们可以说自秦略取巴蜀之后，从蜀到粤这条路线，是中国西北一带与南粤各处的交通要道之一，而且直到西汉，这还是最主要的路线。

应该指出：在西汉初期，从蜀到粤这条路线，虽较为方便，但到了东汉的时候，从长沙到南粤以至合浦交趾各处的交通，比之西汉时改善得多，《后汉书》卷一一六《南蛮传》说：

> （光武）十六年，交趾女子徵则及其妹徵贰反攻郡，……于是九真、日南、合浦、蛮里皆应之，凡略六十五城，自立为王，交趾刺史及诸太守，仅得自守，

光武乃诏长沙、合浦、交趾具车船，修道桥，通障溪，备粮谷。十八年，遣伏波将军马援楼船将军段志发长沙、桂阳、零陵、苍梧，兵万余人讨之。明年夏四月，援破趾斩徵则徵贰等，余皆降散，进击九真，贼都阳等破降之。

南粤自经过西汉二百多年的经营之后，这条交通路线逐渐加以改善，来往的人们，自然逐渐增加，比之西汉初期的交通，方便得多。到了后汉光武，又使人去"具车船，修桥道，通障溪，备粮谷"，虽然没有水道的方便，然陆道的改善，不只在军事行动上，方便得多，就是在商业的发展上，也有很大的帮助。

因此，我们可以说，到了后汉的时候，从长沙到南粤这条路线已比之从蜀经夜郎而到南粤这条路线较为方便，因为无论牂牁如何足以行船，可是这条水道既不能完全通航，西蜀黔桂而尤其是黔桂等处，不只很为偏僻，而且绕道而行，费时必定很多，所以到了光武的时候，征伐南粤的反叛，主要是从长沙发兵，但应该指出，同时还利用蜀道，所以《水经注》说：当马援征徵则时，西蜀也出兵帮助。又公孙述时，牂牁还遣使经番禺到京师，奉贡于光武。

我国人之到东南亚的，除上面所说的路线外，还有一条较古的路线，这就是从四川或贵州经云南而到缅甸的路线，前汉时代张骞已知道这条路线，而且，从此可以通天竺。《汉书》卷九十五《西南夷传》说：

及元狩元年（公元前一二二），博望侯张骞言，使大夏时，见蜀布、邛竹杖，问所从来，曰：从东南身毒国，可数千里，得蜀贾人市，或闻邛西可二千里，有身毒国，骞因盛言大夏在汉西南，慕中国，患匈奴隔其道，诚通蜀，身毒国道便近，又亡害。于是，天子乃令王然于、柏始昌、吕越人等十余辈，间出西南夷，指求身毒国。至滇，滇王当羌乃，留为求道，皆闭昆明，莫能通。

汉武帝虽然不能打通这条路，而遣派使者经云南、缅甸而到身毒或印度，可是贾人之往来于这条路的必定不少，说明这条路在张骞之前早已交通，所以，蜀布、邛竹杖始能经云南、缅甸与印度而到大夏。

到了后汉时代，在云南的西南有一个哀牢国，在缅甸北部有一个掸国（近来有人以为掸国是在非洲，靠近大秦，或属于大秦；我们以为这种说法不见得是对的，至少这种看法，还没有说出可靠的证据，所以难于接受），两者都遣使到中国，说明中国经云南而到缅甸这条路，已经畅通。又据掸国的使者说，从掸国可以通大秦，掸国在伊拉瓦底江的上游，从掸国的南部，既有水道到孟加拉湾，从掸国的西北，也可能有陆道通印度。又据《三国志·魏志》引鱼豢《魏略》说，永昌可以通交趾七郡，说明从云南到东南亚这条交通路线，历史很久。

第十四章 海道的交通（一）

关于中国与东南亚的海道交通，或是东南亚本身的海道交通，史书的记录最早的是我国《汉书》卷二十八下《地理志》"粤地"条下，这一条中说：

> 自合浦、徐闻，南入海，得大洲，东西南北方千里，武帝元封元年（公元前一一〇年）略以为儋耳、珠崖郡。……自日南障塞、徐闻、合浦，船行可五月，有都元国，又船行可四月，有邑卢没国，又船行可二十余日，有谌离国，步行可十余日，有夫甘都卢国，自夫甘都卢国船行可二月余，有黄支国，民俗略如珠崖相类，其州广大，户口多，多异物，自武帝以来，皆献见。有译长属黄门，与应募者俱入海，市明珠、璧流离、奇石异物，赍黄金杂缯而往。所至国皆禀食为耦，蛮夷船舶，转送致之，亦利交易剽杀人，又苦逢风波溺死，不者数年来还，大珠至围二寸以下。平帝元始中（公元一至五年），王莽辅政，欲耀威德，厚遗黄支王，令遣使献生犀牛。自黄支船行可八月至皮宗，船行可二月到日南象林界，黄支之南，有已程不国，汉之译使，自此还矣。

好多年来，好多留心于东南亚海道交通的人们，对于上面那段话，作过种种的解释，可是直至现在，还没有人能说得很准确而清楚，因为里面所说的地名，除了徐闻、合浦、日南以外，其他都无从考订其现在的所在地。就以徐闻、合浦而尤其是日南来说，也非没有问题，徐闻、合浦这两个地名，现在犹存，徐闻在广东的雷州半岛的南部，而合浦是在广东的西南，靠近越南的东北部，两者——徐闻与合浦——也比较相近，今日的徐闻、合浦，应该就是汉代的徐闻、合浦，"合浦珠还"的故事，是发生在现在的合浦，而在合浦的海中，自古至今，都产珍珠，所以这两个地方的名称，古今相同，应无问题，虽则在位置上也有所变更，两者都是现在的县名，但是中国的船舶，从徐闻或合浦，究竟是在那一个港口呢？过去的人们，对于这个问题，很少考究。徐闻县离雷州半岛的最南的一个港口是海安，现在从雷州半岛的南端渡海到海南岛的，是从海安乘船出发，海安离徐闻县城不够十公里，惟汉代的徐闻城，是否在现在的县城所在，当然是一个问题，假使古代的徐闻县所在地，就是现在的徐闻县城，海安为徐闻出海的港口，也是可能的，但是海安这个港，不只在过去，就是在现在，加筑堤岸之后，还不算为一个良港，而且这个港口很小，容不了很多的船舶。

又雷州府原在海康，海康有一条河经城南出海，港口为雷州港，但这个港口，也不很好，而且从此出发，要经过琼州海峡，在海南岛的东北角海洋一带，流水甚急，直到现在，还是一个危险地带，这就是叫做木栏头地带，中国的船舶，似乎不会找一个不好的港口而出洋，而况又要经过危险地带，因为古代船舶小而航海技术差，总要靠岸航行，绕过琼州海峡，是不上算的。

在雷州半岛的西边，在其东北角有一个安铺港，以前也是船舶所到的地方，但这里靠近廉江，而非徐闻，在其南边有一个港叫做流沙港，港的南北还各有一小河，这里是属于徐闻，而且也靠近现在的徐闻县城，这个港向西，可以挡东北风，虽然现在的港内水浅，可是千余二千年前，可能是一个水较深的港，我近来曾在雷州、海南各处打听，问问航行于这一带的渔民与有经验的航海者，假如打风起来，他们跑到那里避风，他们说：他们驶到这个港，这就是叫做流沙港，也有传说，这是一个较老的港口，我很希望考古学者，能在这个港口或其附近，特别是这个半岛的西南地区，作些考古工作，说不定有些新的发现，证明这是徐闻古代乘船出海的港口。

至于合浦在近代有一个港口，就是北海，近代从香港、广州之到海防者，多停泊于此，但是古代从合浦出发到东南亚各地的港口，应该在南流江口或江边，而且直到现在，在北海还没有找到古代的遗物或遗迹。

日南障塞是在现在的什么地方？这也是一个不易解答的问题，不过我们知道，日南郡最南的县是叫做象林，在后汉的末年，或是公元二世纪的末年，林邑兴起，占有象林地，这个地方是与当时的扶南接壤，林邑既占有象林之地，后来其土地向北扩充，因而后代的日南是在汉代的日南之北，换言之，汉代的日南象林县，是与扶南接近，扶南的东北界是在今日的藩朗一带，最北不会超过今日的芽庄，日南应该是华列拉岬（Varella）一带。在扶南与日南之间，可能有一些小国，如西屠，但是象林应该是在藩朗芽庄之间，日南障塞，是日南最南的边境，所以这个障塞，若不是在今日的藩朗，应该在今日的芽庄，日南是在交趾与扶南之间，而靠近于扶南，古代船舶之从印度或欧洲到越南半岛者，多到扶南、日南或交趾，交趾就是在今日的河内一带。《梁书》卷五十四《天竺传》说：

> 汉桓帝延熹九年（公元一六六）大秦王安敦，遣使自日南徼外来献，汉世唯一通焉。其国人行贾，往往至扶南、日南、交趾，其南徼诸国，人少有到大秦者。孙权黄武五年，有大秦贾人字秦论来到交趾，交趾太守吴邈遣送诣权，权问方士谣俗，论具以事对。时诸葛恪讨丹阳，获黝歙短人，论见之曰，大秦希见此人，权以男女各十人差吏会稽刘咸送论，咸于道物故，论乃径还本国。

从西南或西方来的船舶，先经过扶南，然后到日南，再北就为交趾。这三个地方都在现在的越南半岛沿海一带，日南在桓帝时候，还未归林邑所占据，因为林邑还未建国，交趾是汉代管理越南各处的首区，人口众多，交趾刺史住在这里，故使者先到日南，然后到交趾，从交趾可以由海道而到合浦或徐闻，所以中国船舶之到东南亚的，是从徐闻或合浦经交趾、日南，而到扶南。直到近代，我国帆船之到东南亚的，还是沿着广东沿岸，经越南沿海而到其他各处。

在未叙述从扶南到东南亚或印度之前，应该指出，现在的广州，或是汉时的番禺，也是一个向外交通的起点。《汉书》卷二十八下《地理志》"粤地"条说：

  处近海，多犀象、毒冒、珠玑、银、铜、果、布之凑，中国往商贾者，多取富焉，番禺亦一都会也。

番禺在秦汉之际，是南越王赵陀的都城，既然是一个货物珍品所凑集的都会，为什么《汉书》没有指出也是一个中国船舶出发的港口呢？这大概是因为在当时来说，这个地方，距离东南亚各处较远，当时的船舶既小，航海技术又不高明，若从广州经珠江口而直到东南亚各处，则大海茫茫，太过冒险，若是由珠江口沿广东海岸而到徐闻、合浦，倒不如从徐闻、合浦较为便利。而况，像上面所说，琼州海峡木栏头一带，不易于航行，所以从番禺到雷州半岛，可能还是利用陆道的交通。

在《梁书·天竺传》中，指出从日南徼外来中国者，是经过扶南、日南、交趾，可是扶南这个国家，并没有见于《汉书·地理志》，究竟是因为扶南在这个时代，还未建立为国家，或是虽然建立了，而其地还未成为海道交通要冲，不得而知，但我们知道，这个国家在越南半岛来说，是一个建立较早的国家，其建国时期，应该是在公元前一二世纪的时代，武帝在位是在公元前一四〇至八七年，可能这个国家建立不久，而在其建国初年，其国都所在，比之后来的都城，是在湄公河较为上游，故不为来往东西的船舶所必经之地。

据《汉书》所载，从徐闻、合浦、日南障塞，再走下去就是都元国，再走就为邑卢没国，然后又到谌离，从谌离步前〔行〕十余日，有夫甘都卢，从此又到黄支国，又从黄支的回程中有皮宗国，有已程不。

这些国名，除《汉书·地理志》所载外，就我们现在所知道，还未见于其他史书，因此解释这段史书的人，往往把后代史文中的一些类似或接近的地名，当为当时的地名，比方，藤田丰八所著的《前汉时代西南海上交通之记录》一文（见何健民所译的《中国南海古代交通丛考》，页八三至一一七），就是这样解释《汉书·地理志》这段史文，此外，西方一些历史学者，如费琅（G. Ferrand），也是这样的考订。

我们不能完全否定这种考订，因为在历史上，有的古代地方，不只一名数译，而且在前一代的译名，也有与后代所译的有所不同，而在声音上却较为稍为接近，于是人们乃把两者当为一地。然而我们也得指出，在历史上地名固可以一变而再变，国家也是时兴而时亡，就以扶南这个地方来说，在唐以前称为扶南，在唐至明称为真腊，而在近代称为柬埔寨。一些国家在前汉时代可能存在，但后汉或更后就已灭亡，这种例子太多了。而且，有的地名，名称固然存在，可是地方并非原来的地方，日南就是一个例子。前汉的日南，上面已经指出，应在越南的芽庄藩朗一带,可是后汉末年,林邑建国以后,日南就在这些地方之北。

我们不能说《汉书·地理志》那段话中所说的国家,在前汉或后汉甚至魏晋以后,都已灭亡,而代以新兴的国家,或是通商口岸也因之而同时毁灭,但我们也很知道,在前汉时代,在东南亚这个地区,我们还没有发现较为强大的国家,就是扶南的强大,也是在公元后二三世纪,虽则其建国时期,可以推到公元前一二世纪。同时,在这些国家中,其都城或通商口岸,也可能因之而废。因此,有的国家,在前汉时虽为航海者所经过而认识,可是后来灭亡了,我们就不能以后来某个地方的名称,在声音上较为或稍为接近,而遂谓这个国家就是后来某个国家或某个地方,因为像上面所说,国名地名固可以致改变,地方也不一定是原来的地方,我们所能推想的,只是古代的某个国家所在地,是约在后代某一个地方而已。

又时代愈久,船舶愈小,其构造也愈为简陋。同时,航海技术还未进步,这些船舶,往往只能靠近岸边行驶。应该指出,就是到了近代,我国一些较小帆船从雷州半岛或海南岛一带之到东南亚各地,还是尽量靠近岸边行驶,其航行的路线,是经越南半岛沿岸一带,而绕过现在的柬埔寨角,朝西北而入暹罗湾,再沿现在的越南的西南岸,经河仙(Hatien)而到现在的柬埔寨的喷呿(Kampot),这样又到暹罗沿岸而到现在属于暹罗的马来半岛的北部。

我们以为《汉书·地理志》①条所说的都元国,与邑卢没国,应该都在这一带沿岸的地方去寻找。有人以为都元就是后来的都昆、都军或屈都昆国,《梁书·扶南传》说其国王范蔓云:

> 蔓勇健有权略,复以兵威攻伐旁国,咸服属之,自号扶南大王。乃治作大船,穷涨海,攻屈都昆、九稚(又作勾稚或九离或拘利)、典孙(又作顿逊)等十余国,开地五六千里,次当伐金邻国……

范蔓当扶南王的时代,约为公元二世纪末年至三世纪的初年,在时间上,虽还较近于前汉,然而都元是否就是后来的都昆或屈都昆,还是一个问题。我们所能肯定的,就是都元是在现在的暹罗湾一带,现在的暹罗湾,是《梁书》所说的涨海,涨海似乎分为大小两个,小涨海是指着暹罗湾,大涨海是指着现在的中国南海一带。

越南半岛的西南岸,在现在的迪锡(Regia)的北边,在古代与扶南时代,曾有一个港口叫做哥俄伊俄(Go Oc Eo),据近人发掘,是一个古代通商港,在这里掘出一些古代商品,而且有一个罗马灯,这是一个东西交通的口岸,都元国是否就在这里,是很值得我们研究。又现在喷呿寨的喷呿,也是一个较古而又较好的港口,这个都元国,也可能在这里。又在哥俄伊俄与喷呿之间,还有二个较

---

① 编按:底稿"条"前缺具体内容,经核,应为"粤地"。

小的港口，一为河仙，一为白马（Kep），这都是我国近代帆船所常到的地方，也可能是在都元国的范围之内。

邑卢没似应在现在的暹罗沿岸一带去寻找，这个国家可能是在现在的暹罗的湄南（Menam）或夜功（Meklong）的河口一带，这里有一个古城市叫做佛统（Nakon Pathom），这里有笈多时代的佛教遗物，唐代的投和或唐以前的林阳，可能都在这里。林阳投和是猛族所建立的国家，猛族在公元二三世纪的时候，已建国在缅甸与暹罗的沿海一带，猛是 Mon 的对音，猛国就是 Rammannadesa，邑卢没国也可能就是猛人之国（Rammannadesa）。

《汉书·地理志》又说从邑卢没可以到谌离，谌离应该是在马来半岛的北部一带，也可能是 Tennasserim 的简译或异译，这也可能是古代的典孙或顿逊的同名异译，我们知道顿逊是东西交通的一个很为重要的地方，在扶南的初期，就握东西交通的咽喉，据说日有万余人来互市，所以范蔓造大船去征服这个地方。

据《汉书·地理志》所说乘船舶者到了这里，就要步行十余日，然后到夫甘都卢国，说明了这里所记载的旅程，航行与步行并用，也说明了当时的船舶，大致上并不绕马来半岛的南端新嘉坡一带而到孟加拉湾或印度洋，因为这样的做，不只旅程的时间不知要增加多少，而且"蛮夷贾舶，……亦利交易剽杀人，又逢风波溺死"，所以最好走一段陆道，然后再从马来半岛的西岸，再乘船而到孟加拉湾，或印度洋其他各国。

其实，直到扶南时代，绕马来半岛南端而到孟加拉湾这条海道，是否直接畅通，很成问题，《梁书·扶南传》说：

> 顿逊回入海中千余里，涨海无崖岸，船舶未曾得经过也。

顿逊在小涨海（暹罗湾）中，涨海无崖岸，应该是指着出暹罗湾以外的大涨海或是现在的中国南海，小涨海与大涨海是相连接的，总名为涨海，一出暹罗湾，真是大海茫茫无崖岸，扶南王范蔓虽然治作大船，穷涨海，可是在当时，扶南人是否知道绕马来半岛南端，而也可达孟加拉湾，还是一个疑问。

第十五章　海道的交通（二）

《汉书》既说从谌离到夫甘都卢要经过十余日的步行路程，而《梁书·扶南传》还说"涨海无崖岸，船舶未尝得通过"，似乎到公元后二三世纪的时候，绕马来半岛南端而到孟加拉湾或印度洋这条航线，可能还未通行，至少航行者，必定很少，所以就是有人从这里通过了，也还未为一般航海者所知道，或是知道了，也因道途太远，风波危险，海盗时出，所以仍由暹罗湾经一段陆道，然后再从马来半岛的北部西岸，又乘船经现在的缅甸沿岸而至印度沿岸。

正是因为这些原因，所以在公元前后二三世纪的时代，在马来半岛的北部，以至现在的暹罗与缅甸的沿海一带地方，出现了好多通商口岸，顿逊就是一个例子，这个国家，位在马来半岛的北部，本来是一个独立国家，而且有五个王，可能就是由五个王国所组成，是猛族所建的国家，其市场日有万余人来做买卖，在现在看起来，一天万余人来交易的市场，并不算是个大市场，可是在那个时候，应该是东亚与世界的一个大市场，其在经济上的地位，必定很为重要，所以在扶南强盛时，扶南就极力去征服这个地方，目的无非是垄断这个市场，与垄断这条东亚交通的咽喉。

除顿逊以外，又如林阳、盘盘等国都是在这一带建立的国家，林阳有商人家翔梨到印度，这位商人，又到扶南，说明扶南与印度之间时有商人往来，扶南有一位国王叫做憍陈如，曾先到盘盘，得到盘盘人的帮助，乃到扶南为王，林阳是在暹罗与缅甸的南部，林阳是在顿逊之北，盘盘是在顿逊的东南，又如此后的狼牙赤土等国，都是在这一带，说明了这一带的地方，是东西交通要冲，从西方来的船舶，到其西岸，再步行一段路到东岸，又从东岸乘船到越南半岛与中国。《汉书·地理志》所谓"蛮夷贾船，转送致之"，就是这个意思。

关于这一段的陆道的正确方位，人们意见也不一致，有的像威尔斯（Wales）在其《走向吴哥》（*Toward Angkor*）一书，以为是从东边的万仑（Bandon）港而到西边的大瓜巴（Takuapa）港，他以为在这里的东边，有一条山国河，而西边又有一条大瓜巴河，两者下游以往可以通航，再沿河的上游而步行一段路程，就可以东西畅通。

然而也有人以为这条路线应该是在较北的地峡，这就是现在的克拉（Kra）地峡。克拉地峡从东岸至西岸的四十哩，也有人位在更北的，这就是从西岸的丹荖（Mergui）或塔瓦（Tanoy）附近，而步行到东岸的，更有人以为是由夜功（Meklong）流域的蓬迪（Pontiik）经三塔径（Three Pagoda Pass）而抵达西岸的毛淡棉（Moulmein），这是缅甸到暹罗的一条重要陆道，近代缅甸数次征伐暹罗，皆取此道。

我们以为在古代，这一段陆道也不会太北，也不会太南，太北则所行的陆道过远，货物运输很不方便，太南则船舶之沿暹罗湾海岸者，在东岸固要向南驶行，而多走一段海道，到了西岸之后，又要向北沿岸而多走一段海道，所以这一段陆道，应该是在克拉地峡与丹荖一带。古代的顿逊的中心地区，也是在这一带。谌离可能是顿逊的一个商港或都会，这个地方，应该是在马来半岛的北部的东岸，从东岸到西岸，是一条自东至西的一条直线，或是自东南而至西北的一条斜线，不得而知。当然，也有可能的是自东北而向西南的一条斜线，照《汉书》所说从谌离步行至夫甘都卢，需要十余天的时间，上面已经指出，克拉地带最狭处自东至西约为四十哩，若是直线的话四十哩路程，不需要十余天的步行，我们知道这一带的地方，可以说是山区，《梁书·扶南传》说顿逊在海崎上，说明这一点，所以从马来半岛北部的东岸至西岸，可能是一条弯弯曲曲的斜线，而非一条直线。

夫甘都卢既是从谌离步行的终点，这个国家，不见得偏于太北，似乎是在现在属于缅甸的马来北部的丹荖与塔瓦一带，这也应该是猛人所建立的国家。有人以为夫甘都卢可能是在蒲甘，因为二者声音相近，这是不可能的，一来蒲甘国的建立，是在十世纪的中叶，虽然蒲甘这个地方，可能早已成为一个市镇，但蒲甘是在伊拉瓦底江的上游，从马来半岛东岸而至西岸的人们，绝不会跑到这么远的地方，然后再转到孟加剌湾，这个国家应该是一个濒海的国家，所以《汉书·地理志》说"自夫甘都卢船行可二月有黄支国"，据一般人的意见，黄支应该是在印度东南沿岸一带，还有人以为这个国家当为《西域记》卷十中所记的达罗毗荼（Dravida）国，其都城是在建志补罗（Kancipura），就是在今日的Conjeveram，这种看法，是否可靠，很难断定。

这是汉代的东南亚的海道交通的干线，或是东南亚在东西交通上的海道干线。魏晋以后，情形慢慢的改变，一方面因为造船的技术进步了，一方面因为航海的知识也增加了，船舶不只靠岸而行，而且在风平浪静的时候，也可以横渡海洋，同时，人们会利用季风而驶，航行的时间，更加缩短。此外，在东南亚这个地区里，也出现了一个大帝国，这就是扶南，这个国家不只是一个大陆帝国，而且是一个海权国，自其国王范蔓"治作大船，穷涨海"之后，这个国家的船舶不只行驶于中国与扶南之间，而且也到东南亚其他各处，又因顿逊被扶南征服之后，扶南的势力伸张到孟加拉湾，在三世纪的上半叶，扶南国王范旃曾听了林阳贾人家翔利的游说，而遣使从马来半岛北部的一个港口叫做投拘利出发，"循海大湾（按：应为孟加拉湾）中，正西北入历湾边数国，可一年余到天竺江"，又逆水行七千里而抵天竺或印度。

到了四世纪的初年，当法显从印度回中国时，船舶已经常绕马来半岛经马六甲海峡沿苏门答腊的口岸而驶到中国。法显《佛国》所说的耶婆提国，应该是在苏门答腊岛上。这个时候的船舶，据法显所说，大者已可载二百多人，我们估计除人之外，还有行李货物，还要载淡水粮食，这种船舶大致是与我国近代之从广东沿岸一带之驶到东南亚各处的中等容量的帆船一样，其载重量约为一二千余担或五十至百余吨左右，又据法显记载，在耶婆提这个国家里，婆罗门教很为兴盛，而且也有佛法，似乎说明印度人之到这里传教的已经不少，所以到了南北朝隋唐时代，在苏门答腊岛上的室利佛誓国已成为东南亚的佛教的中心，僧人之来往于此地者，不胜枚举，僧人多乘商船，也说明了船舶之来往于这一带的已经很多，苏门答腊与爪哇只隔巽他海峡，苏门答腊的交通，既很方便，爪哇的海上交通，也逐渐发达起来。

扶南强盛之后，其船舶（包括其海军）既穷涨海，中国与印度或是亚拉伯船舶之来往于这个地区的，也增加起来。扶南既是一个海权国，其属地伸张到马来半岛，不只海上交通方便起来，就是海上治安，也应比之过去为好。又我们知道，在顿逊之南，又出现了好多国家，如盘盘，如狼牙修，如丹丹，这都是在马来半岛的北部的国家，在隋时又有一个赤土国，其领土应该在现在的宋卡（Singora）、吉打（Keda）一带，其地跨马来半岛东西两岸，其南部疆界可能达抵现在的巴生（Klang）港口。到了唐代，又有一个罗越国，其领土是在马来半岛的南部以至其南端，包括现在的柔佛一带。

盘盘、丹丹、狼牙修、赤土与罗越，都是猛族所建立的国家，猛族在历史上也是著名的航海者，这个种族的国家，既从缅甸、暹罗的南部与马来半岛的北部，慢慢发展到马来半岛的南部，在马来半岛的沿岸的交通的逐渐发达，也是可想而知的。此外，像我们在上面已经指出，在苏门答腊岛上，晋代有耶婆提，唐宋有室利佛誓或三佛齐这些国家，其宗教与商业都很发达，则船舶之来往于这些地方的，也增加起来。

中国南海的海道交通，像我们在上面所说，起初多是从徐闻、合浦（虽则广州在公元前已成为一个重要的交通港口）与现在的北部湾沿越南半岛的海岸而发展，在公元前一世纪至公元后四五世纪，暹罗湾是一个船舶集中的地区，因为商船很少绕马来半岛的南端而到孟加拉湾或印度洋，所以船舶到了马来半岛北部的东岸，还要走一段陆道，然后从马来半岛北部的西岸乘船经现在的缅甸沿岸而至印度或其他各处。在这个时候，林阳、顿逊、盘盘等国，成为交通的要冲，四五六世纪以后，情况逐渐变化，因为造船技术与航海技术更进步了，同时一面因为扶南逐渐趋于衰弱而至灭亡于七世纪的上半叶，一方面又因马来半岛以至苏门答腊，有了好多新兴国家，使这些地方成为商船所常到的地方，因而马六甲海峡成为东南亚的交通要冲，商人不必经马来半岛北部的一段陆道旅程，船舶可以直绕马来半岛的南端，这样，马六甲海峡代替了过去的暹罗湾的地位。唐宋以后，马来半岛西岸的吉打与苏门答腊而尤其是室利佛誓或三佛齐，成为东西海道交通的咽喉。在宋人的著作中，如周去非的《岭外代答》，赵汝适的《诸蕃志》，都强调三佛齐在东西海道交通上的地位的重要。

马六甲海峡的海道，交通既很为繁盛，爪哇或巽他群岛的海道交通，也逐渐发达起来。唐代的诃陵，就是后来的爪哇或阇婆。在宋代除三佛齐之外，阇婆也是一个交通孔道，周去非《岭外代答》卷二"海外诸蕃国"条说：

> 诸蕃国大抵海为界限，各为方隅而立国，国有物宜，各从都会以阜通，正南诸国，三佛齐其都会也，东南诸国，阇婆其都会也。

他还指出：

> 西南诸国，浩乎不可穷，近则占城、真腊，为窊里诸国之都会，远则大秦为西天竺之都会。

但是最重要的，还是三佛齐，在同书"三佛齐"条说：

> 三佛齐国在南海之中，诸蕃水道之要冲也，东自阇婆诸国，西自大食故临诸国，无不由其境而入中国者。

从海权方面来看，三佛齐可以说是扶南的承继者，元明以后，直到近代马来半岛与苏门答腊之间的马六甲海峡，沿岸一些地方，还是东西交通的要冲，明代的马六甲，近代的新嘉坡，都可以说是东南亚的商业的"都会"，到了这个时候，不只暹罗湾在海道交通上，偏于一隅，就是孟加拉湾的缅甸的一些港口，也是偏于一隅。在葡萄牙人还未绕非洲的好望角而东来之前，从亚剌伯或印度沿岸各处东来的船舶，不一定要绕孟加拉湾的海岸而到马来半岛，他们可以从锡兰岛直驶尼古巴（Nicobar）群岛而到苏门答腊的西端，然后经马六甲海峡而到中国南海各地。用不着说，从交趾、占城或真腊而到三佛齐或马来半岛的船舶，也不一定绕暹罗湾而到马来半岛的东岸，他们可以从占城或真腊直驶到马来半岛的南部。

婆罗洲自五六世纪以后，虽已有印度人的踪迹，樊绰《蛮书》中所说的勃泥，就是现在的婆罗洲，但这个地区，以及菲律宾群岛，是在元明以后，海上交通才较为兴盛。从印度洋来的船舶之到婆罗洲，固是要经马六甲海峡或新嘉坡，就是从中国之到这个地方，也往往先到马来半岛的南部或新嘉坡，然后驶往婆罗洲。中国过去的航海者叫婆罗洲为"东势"，明张燮在其《东西洋考》卷五"文莱"条说，这是东洋的尽处，所以他说"文莱即婆罗国，东洋尽处，西洋所自起也"。

从婆罗洲往北驶即为菲律宾群岛。我国人之到这个地区的，在其初期，可能是从福建、台湾等处南驶，直到现在，菲律宾华侨中，福建人还是很多，这是有其历史的关系的。

中国船舶之在中国南海活动的时间很早，中国的势力伸张到广东与越南半岛以后，中国的船舶就在这些地方的沿岸行驶，其活动范围，在公元前一二世纪已经抵达暹罗湾与马来半岛的东岸，在这个时代，中国使者商人之到孟加拉湾或印度沿岸诸国的既要步行一段路，到了马来半岛西岸之后，就乘印度或猛族的船舶。公元四世纪以后，中国船舶可能已绕马来半岛而到孟加拉湾与印度洋，到了唐宋时代中国船舶可能已到亚拉伯海，至于元明时代中国船舶之到波斯湾的很多，据说中国船舶是最大的海舶。

公元后二三世纪以后，扶南强盛，又致力于发展海军与商船，故扶南船舶之活动于东南亚各处以至中国沿岸的为数不少。扶南征服顿逊之后，其势力伸张到孟加拉湾，其船舶也活动于这一带，然而在东南亚各国中，船舶之活动于暹罗湾与孟加拉湾较早的，应该是猛人的船舶。上面已经指出，猛人是善于航海的种族，所谓昆仑舶，大致多是指着猛人的船舶。又其族人建国于缅甸暹罗的南部与马来半岛的北部，在古代其地居东西交通的要冲，所以昆仑舶的活动范围，必定很广。此外，六七世纪以后，在苏门答腊岛室利佛逝或三佛齐这个国家，慢慢的发展起来，在一个相当的长期中，其船舶也很活动于中国南海与印度洋，其海军远征到锡兰。他如占城、爪哇，也有自己的船舶驶行于东南亚各处，可是除中国以外，在东南亚各国中，船舶的数目最多而其活动的范围最大要算扶南、猛人国与三佛齐。

印度商船之到东南亚的历史，可能比之中国还要久，但其最初活动的范围，只限于孟加拉湾与马来半岛的北部，公元一二世纪之后，其船舶可能驶到马六甲海峡或是这个海峡的东边，六七世纪以后，从西方来的船舶，主要是阿拉伯，所以在唐代阿拉伯人之到中国的，已经很多，至于他们之到东南亚各处的，应当更多。

第十六章　河道与陆道

在未谈陆地交通之前，我们简单的说说东南亚的内河交通。我们这里所谈的只是在交通上特别重要而较长的几条河流。

缅甸有二条河流，一为伊拉瓦底（Irrawaddy）江，一为萨尔温（Salween）江，在暹罗有夜功（Meklong）河与湄南（Menam）河，在暹罗与老挝的边界有湄公（Mekong）河，这条河几乎全部成为暹罗与老挝的边界之外，又贯通了柬埔寨与越南的南部。此外，在越南的北部，还有红河与黑河，其他各处如马来半岛，如苏门答腊，如爪哇，如婆罗洲，如菲律宾，虽然也有不少河流，而且有的也可以通航，可是这些河流，既比较短的，而且在交通上的意义，比较的小，故只好从略。

伊拉瓦底江在东南亚的古代交通上，占很重要的地位，我们知道，在现在的缅甸的北部，在后汉时代就有一个掸国，这也应该就是现在的缅甸的掸邦的前身。这个国家在伊拉瓦底江的上游，可以从这条江的上游驶船而通东南亚其他各国以至当时的大秦。《后汉书》卷一百十六《南蛮西南夷传》已经告诉我们道：

> 永宁元年（公元后一二〇），掸国王雍由调复遣使者诣阙朝贺。……自言我海西人，海西即大秦也，掸国西南通大秦。

又《三国志·魏志》卷三十引鱼豢《魏略》说：

> 大秦道既从海北陆道，又循海而南，与交趾七郡外夷，北又有水道通益州、永昌，故永昌出异物。

永昌为后汉时的哀牢地，在现在云南的保山。伊拉瓦底江的上游，出于云南的西南部，在我国叫做丽水，从这条江的上游到下游而流入孟加拉湾，从此向西南往可以通天竺大秦，向东南走可以通交趾七郡，说明了这条江在古代的交通上，占极重要的地位。古代的掸国，固是在这条江的上游，魏晋以至隋唐的骠国，也是位在这条江的旁边而偏于下游，十一世纪以至十三世纪的蒲甘，也是靠近这条江，阿瓦（Ava）是掸邦的都城，也可以说是缅族的都城，也是建在这条江的旁边。至于猛族诸国，自公元前二三世纪以至十五六世纪，多是位在这条江的下游，所以我们可以说，伊拉瓦底江是缅甸古代各国的发祥地，而这些国家之所以立国或建都于沿江一带，主要可以说这条河道，对于交通上很为方便。

萨尔温江的上游，是我国云南的怒江，这条江比之伊拉瓦底江还要长，可是在交通上，远不及后者那么方便。其实在这条江的上游，难于通航，虽则有好多地方距离数十里水流不急，可以分段驶船，在这条江的出口处，北有马打勃

(Martaban)，南有毛淡棉（Moulmein），这些城市，历史很久，两者都是有历史性的海外交通的要冲，从毛淡棉经三塔径而到暹罗，也是一条有历史性的陆道。

又在这条江的下游，猛族早在公元前已建立国家。在十一世纪的时候，蒲甘王阿奴律陀曾征服在这条江下游的直通国（Thaton），据《琉璃宫史》卷一（页二五一）中记载，这个国家在佛陀在世的时候，已经存在，当时的国王是梯诃罗阇（Thiharaja），传到为阿奴律陀所灭亡的时候的国王摩奴诃（Manuha），共有四十八代。直通是猛人所建立的国家，其历史是否可以追溯到公元前五六世纪，不得而知，但猛人早在这里建国，是无可疑的，而且，在猛族所建立的国家中，不只佛法兴盛，就是在文化的好多方面，都很有成就，蒲甘人与后来的缅人，都深受其文化与宗教的影响。

在暹罗夜功河，虽比之湄南河为小而短，现在也不便通航，但这条河在历史上，也占很重要的地位，这条河在数百年前，可能可以从暹罗湾的江口直航到上游，在这条河的旁边，据近人发掘有一个城市叫做蓬迪（Pong Tuk），这是一个很古的城市，掘出不少古物，都是六世纪以前的东西。在这个城市之北为乌通（Utong），这也是一个较古的城市，据说在十四世纪的中叶，因为疾病流行，人民死亡很多，其国王乃迁都于阿瑜陀（Ayudia），这就是位在曼谷北部的大城，而成为暹罗阿瑜陀王朝。

在蓬迪之南，这就是靠近夜功河的出口处，又有一个城市叫做佛统（Nakon Pathom），据考古学者的估计，这个城市可能建立于公元前后一二世纪，佛统可能是唐代的投和或是堕罗钵底（Dvaravati）的都城，也可能是更古的林阳的重镇，从佛统、蓬迪或乌通，都有陆道经三塔径而到缅甸。

湄南河是暹罗境内最大的河流，从北到南直贯暹罗而出暹罗湾。现在的暹罗国都曼谷，就是位在这条河的河口。十四或十五世纪的阿瑜陀王朝也是建立在其河旁的大城，更古的罗斛国、女王国、八百媳妇与速古台王朝也是建在这个流域，八百媳妇与速古台是泰族所建立的国家，女王国与罗斛国是猛族所建立的国家，女王国见于唐樊绰所著的《蛮书》，罗斛国见于宋代著作，八百媳妇见于《元史》，现在的暹罗北部大城清迈（Chiengmai）就是八百媳妇的所在地，女王国的都城也就是在附近，这些国家之所以建都于湄南流域，其主要原因可以说，是由于河道的交通的方便。

湄公河在我国是澜沧江，流到老挝与缅甸交界的地方以后，是叫做湄公河，再流到老挝的景康（Kiangkong）与暹罗的清线（Chiengsen），其大部份又成为暹罗与老挝的界线，入柬埔寨以后，直贯这个国家，又贯过越南南部而流入于海。这条江的上游，虽然有的地方，不便于行舟，但在未筑公路之前，主要交通还是靠这条江。比方从朗勃拉邦到万象，人们往往用小船或簰作为运输工具，在其下游经过康（Khong）滩之后，经年可以通航，从柬埔寨的首都金塔以至于海，还可以行驶较大的轮船。在扶南时代，其国都是建在现在的金塔与朱笃之间，真腊的都城，是现在的暹粒，这就是在现在的大湖或淡水湖的东北角，船可从海口进入这个湖，而抵达真腊国都。元周达观在其《真腊风土记》中，比较详细的叙述这条水道的交通。

又如在越南北部的红河流域的下游，河流交错的三角洲，在交通上是有很大的作用。又如在缅甸界在萨尔温江与伊拉瓦底江的中间的直汤（Sittang）河，在以往可能也是一条交通比较方便的水道，东牛（Taungoo）王朝是发祥于这个流域。

在这些河流的下游在交通方面，固是便利，在物产方面也很为丰富。红河、湄公、伊拉瓦底等等的下游，都是稻米丰产的地区，同时也多为渔业繁盛的地区，所以自古以来，都成为交通、贸易与政治的中心。

关于东南亚的陆道交通，除了现在的多岛之国的印度尼西亚与菲律宾外，缅甸、暹罗、越南半岛诸国，以及马来半岛，大致上可以分为南北线与东西线。

从南北线来看，东南亚有好几条路通到我国的云南与广西一带，这几条陆道的交通，历史很久，假使上面所说的越裳氏国是在林邑或越南半岛的话，那么在周代初年或公元前一千一百年左右，中国之于越南半岛已有陆道交通。传说周公制造指南车给与越裳氏的使者，也可以说是要使往来于这条陆道的人们，不致于迷途。

三国时代，陶璜为交州刺史，曾遣派使者到林邑、明堂、扶南，说明这条陆道已由越南北部通到越南南部，《水经注》引《交州外域记》说："从日南郡南去到林邑国，四百余里。"《洛阳伽蓝记》卷四《城西》中说得更清楚：

从扶南北行一月至林邑国，出林邑入萧衍国（按：指南朝梁国）。

关于这条南北线，《新唐书》卷四十三《地理志下》附贾耽安南经交趾的陆道中，说得更为详细：

安南经交趾太平，百余里至峰州，又经南田百三十里至恩楼县，乃水行四十里至忠诚州，又二百里至多利州，又三百里至朱贵州，又四百里至丹棠州，皆生獠也，又四百五十里至古涌步，水路距安南凡千五百五十里，又百八十里经浮动山、天井山，山上夹道皆天井，间不容趾者三十里，二日行，到汤泉州，又五十里至禄索州，又十五里至龙武州，皆襄蛮安南境也。又八十三里至傥迟顿，又经入平城八十里至洞澡水，又经南亭百六十里至曲江，剑南地也。又经通海镇百六十里，渡海河、利水至绛县，又八十里至普宁驿，戎州地也。

又说：

一路自骥州东行二日至唐林州安远县，南行经古罗江，二日行至环王国

（按：指林邑）之檀桐江，又四日至朱崖（朱吾之误？），又经单补镇，二日至环王国城，故汉日南郡地也。

自骥州西南三日行度雾温岭，又二日行至棠州日落县，又经罗伦江及古朗洞之石密山，三日行至棠州文阳县，又经蔾涧，四日行至文单国之算台县，又三日行至文单外城，又一日行至内城，一曰陆真腊，其南水真腊，又南至小海，其南罗越国，又南至大海。

这是从越南北部而至越南南部，再渡小海而到罗越，罗越是在马来半岛的南端，就是现在的柔佛一带，这里所说的小海，应该是指暹罗湾，水真腊就是古扶南的南部，从其南部的港口渡暹罗湾可以到马来半岛的北部的万仑等处，可是我们也得指出，从真腊的西南也有陆道经暹罗的东南而至马来半岛的北部。经顿逊、盘盘、狼牙修、赤土等国，而到马来半岛的南部。虽则从这条陆道而到马来半岛的北部，不只旅途困难较多，而且道路较远，所需的时间也较长，不若从真腊的东南角渡暹罗湾口而到马来半岛那么方便耳。

此外，从现在的云南，也有数条陆道南通越南、老挝、暹罗、缅甸。鱼豢《魏略》说永昌可以通大秦。自永昌或哀牢至缅甸或汉代的掸国的陆道交通，在前汉时代，人们已经知道，张骞建议打通云南至天竺就是要从这条路到天竺或印度，再从印度而到西域的大夏、大月氏诸国。贾耽记载这条路说：

（从晋宁戎州地）又八十里至龙尾城，又十里至太和城，又二十五里至羊苴城，自羊苴城西至永昌故郡三百里，又西渡怒江至诸葛城二百里，又南至乐城二百里，又入骠国境经万公等八部落至悉利城七百里，又经突旻城至骠国千里。

骠国国都是现在的缅甸南部的卑谬（Prome）附近，伯希和在其《交广印度两道考》（冯承钧译）上卷《陆道考》中已把贾耽所说的好多地名加以考订，我们应该指出，从骠国东南行也有陆道到马来半岛，至于从云南至交趾一道，唐代南诏曾从现在的大理出兵去攻伐交趾，可能是取道现在的蒙自，说明这条陆道早已通行。又从澜沧江的上游，这就是现在的西双版纳一带，也有陆道通老挝与暹罗。唐樊绰《蛮书》曾记载女王国这个国家，是在现在的暹罗北部的清迈一带，后来为八百媳妇所灭，元代曾遣使到这个国家，大致是沿澜沧江的陆道而行。

至于从东到西的陆道，我们知道在扶南时代，至少在扶南时代的后期，约为公元四五世纪，从扶南的首都，这就是现在的越南南部的朱笃附近，沿湄公河而上到湄公河上游支流孟（Mun）河，乃向西走到孟（Mun）河上游，这是现在的暹罗的东北高原。在扶南强盛时，扶南曾在这条河的上游建立一个城市叫做室利婆提（Scri Deva），目的是作为这条陆道的交通的转运站，这个城市久已荒废，一九〇五年暹罗历史学者昙隆亲王（Prince Damrong），最初发现这个废墟后，经英国威尔士（H. G. A. Wales）的考察，证明是扶南帝国的西北的一个重镇。从这个城市再向西走就是湄南河的支流的上游，室利提婆的西南就是现在的碧差汶（Petchabun）城，这条湄南支流叫做巴塞（Pasak）河，巴塞河与孟河的上游既并不衔接，而又不便航行，所以这条从扶南往西走的路线，主要是陆道，从碧差汶再向西走为北榄坡（Paknampo），从这里再向西走为夜功（Meklong）河流域，在这条流域有古代城市蓬迪（Pond Tuk），从蓬迪经三塔径（Three Pagoda Pass）可以抵达缅甸的东南毛淡棉（Moulmein）或马打万（Martaban）与直通（Thaton），从此可以到骠国都城室利差呾罗（Srikshatra），从此可以到天竺或东天竺。贾耽陆道中说：

> 自骠国西度黑山，至东天竺迦摩波国，又西至摩羯陀国六百里。

这可以说是在东南亚的北部的一条陆道的干线。应该指出，自东至西，还有好几条路线，比方从越南北部的交趾可以通过老挝而抵达暹罗北部的清线（Chiengsen）或清迈（Chiengmai），从此也可以西到缅甸，这条路线，应该很古，在真腊时代，清线是叫做金城（Sunarnagrama），而在唐代清迈之南不远的南奔（Lampun）是女王国的都城，在南诏强盛时，其势力在东南抵达交趾，而在西南又抵达骠国，说明这条陆道久已通行。

至于苏门答腊、爪哇、婆罗洲、菲律宾等处，除海道或短程的河道交通之外，也有陆道的交通，不过在古代在这些岛上森林遍地，陆道远不如水道之方便，故只好从略。

第五编

第十七章　文化的交流

　　上面已经指出与东南亚关系最为密切，而同时又是毗邻的，是中国与印度，尤其是我国与缅甸、老挝、越南三个国家，共有数千公里的地方接壤，所以在地理上，中国之于这个地区的关系，最为密切。其次，就是印度，虽则印度之于东南亚——应该就是缅甸，只有一些地方是毗邻。此外，现在的澳大利亚也与印度尼西亚较为接近，但二者有了海洋的间隔。澳大利亚的发现，是比较的晚，而其成为一个国家，为时更晚——晚到第一次世界大战以后，我们在这里，主要的是叙述古代的历史，所以澳大利亚是在我们研究的范围之外。

　　中国与印度之于东南亚，不只在地理上关系很为密切，在历史上——自古至今——在文化上，无论在物质方面也好社会方面也好，或是在思想意识，以致宗教方面也好，也有了密切的关系。有的地理学者，把缅甸、暹罗、老挝、柬埔寨与越南等处称为印度支那，这个名词，是否妥当，我们不在这里讨论，我们只要指出，在历史上，文化的各方面，这些地方——缅甸、暹罗、老挝、柬埔寨、越南以至马来半岛、苏门答腊、爪哇、婆罗洲、菲律宾等处，都受过中国的影响，而且除了菲律宾以外，其他各处，也深受了印度的影响，所以东南亚与印度以及中国的关系很为密切，而其历史又久。

　　这些地区，除受中国与印度的影响之外，其中有了不少地方还受了阿拉伯而尤其是伊斯兰教的影响，虽则这个影响，在时间上比较的晚。至于欧洲或西洋人到东南亚之后，对于这个地区，也有显著的影响，不过，这是超过古代历史的范围之外，所以我们只好从略。

　　在这一编里，我们要说明中国、印度与阿拉伯对于东南亚的影响，以及在其文化上，在这个地区的交流作用。

　　中国之于东南亚的关系最早，还是印度或阿拉伯之于东南亚的关系较早呢？这是值得讨论的一个问题，但可以肯定的，是阿拉伯之于这个地区的关系，是比之中国与印度为晚，至于中国与印度之间，是那一个为早，我们以为中国似乎是比之印度较早。

　　据越南史籍所载，在四千年前，炎帝神农氏四世孙禄续，受封为泾阳王，其子孙在现在越南的北部河内一带建国，假使这种传说是可靠的话，那么中国之于东南亚——越南的关系应该是比之印度为早，可是根据中国的史书所载，中国与东南亚的关系最早，应该是始于周的初年的越裳氏，《后汉书》卷一一六《南蛮西南夷传》中说：

> 交趾之南，有越裳国，周公居摄六年，制礼作乐，天下和平，越裳以三象重译而献白雉，曰：道路悠远，山川阻深，音使不通，故重译而朝。成王以归周公，公曰：德不加焉，则君子不飨其质，政不施焉，则君子不臣其人，我何获此赐也。其使请曰，吾受命吾国之黄耇曰，久矣，天之无烈风雷雨，意者中国有圣人乎？有则盍往朝之。周公乃归之于王，称先王之神致，以荐于宗庙。周德既衰，于是稍绝。

又说：

> 及楚子称霸，朝贡百越，秦并天下，咸服蛮夷，始开领外，置南海、桂林、象郡。汉兴，尉陀自立为南越王，传国五世。至武帝元鼎元年（公元前一一二）遂灭之，分置九郡，交趾刺史领焉。

又《汉书》卷十二《平帝纪》说：

> 元始元年（公元一年）春正月，越裳氏重译，献白雉一、黑雉二。

据说在王莽时，这个越裳国还遣使到中国来，有人说王莽是假托越裳氏来朝，夸耀他的德政，比拟周公，但是我们也得指出，《汉书》与《后汉书》都载有越裳这个国家，那么古代有过这个国家，是没有问题的。周公摄政六年，是公元前一一一〇年，从现在算起来，是三千七十年以上。

越裳氏所在的地方，有人说就是在古代的交趾，这就是现在的河内一带，又有人说是在古代的林邑，这就是现在的越南中圻，或是更南，也有人说是在现在的老挝，我们不想在这里讨论这个问题，我们只要指出，这几个地方，都是属于东南亚的范围，所以假使越裳的确在周初已遣使中国，那么中国之于东南亚的关系，是在三千年以上，假使越南史籍所说越南为炎帝的子孙所建立，那么这种关系就是四千年以上了。

关于印度的历史，有人说已有五千年之久，有人说是三千多年，但其与东南亚的关系，大致是在二千六百年左右，因为在此之前，印度的商人还不懂得利用季风（Moonsoons）在海洋中驶船，而从印度的东北到缅甸的西北，陆道交通，也不容易；是在公元前七世纪的时候，这些商人，利用季风，从印度的西南海岸驶到巴比伦，因而认识闪米特（Semites）族的字母，他们把这些字母，输入印度，使后来在印度的各种字母，都从此演变而来，这些字母，也从印度而传入缅甸、暹罗等处。

印度的最早的文字记载，是佛教的记载，其最早的书籍是始于巴梨文与佛教所用的梵文。相传佛教之传入缅甸的南部，是在阿育王的时代，这就是公元前三世纪，宗教的传播，往往是与贸易有关系，这就是说，僧徒往往随商业的路线而传教，而贸易又赖于交通，印度商人之利用季风既在公元前的七世纪，那么印度人之与东南亚的关系，可能是在这个世纪，或是这个世纪之后。

至于中国之于东南亚的海道交通，始于何时虽难确定，但是我们知道，《汉书·地理志》说在前汉时代，中国的船舶，不只是到东南亚各国，而且远到印度的东南沿岸，这是公元前一世纪至三世纪的事情。中国的船舶之能驶行那么远的地方，其船舶必定相当的大而坚固，中国既有这样的船舶而越重洋，那么中国的船舶之沿着越南半岛海岸而到东南亚的各处，其时应该是较早，我们虽然不能确定其最初驶行到这些地方的时间，但大致上可能不会迟于印度的船舶之到这个地区。

这是从海道的交通来说，至于陆道方面，若从越裳氏之遣使到中国的时间来说，是在三千年以上，而且传说因为当时的陆道交通不便，所谓道路悠远，山川阻深，就是这个意思。据说周公恐怕越裳氏的使者回去的时候，迷失方向，于是乃制造指南车送其回国。假使这个传说以及后汉所说的越裳氏遣使到中国的事情，没有错误的话，那么中国与东南亚的陆道交通的历史，是很久了。

因此，我们以为中国之于东南亚的关系，比之印度之于这个地区的关系，其历史是比较的久。

东南亚受中国的影响较大还是受印度或阿拉伯的影响较大呢？这是一个不易解答的问题。

从文化方面来看，在东南亚这个地区，印度化的地方最广，缅甸、暹罗、老挝、柬埔寨、马来半岛、现在的印度尼西亚，都是印度化很深的国家。伊斯兰教传入以后，马来半岛、印度尼西亚以及菲律宾的一些地方，在宗教上与在生活上某些方面，伊斯兰化起来，至于受中国文化的影响的地方，主要只有越南，而且，在古代越南的中圻，是为林邑或占城所占领，而这个国家，也是印度化的国家，至于南圻或现在所谓交趾支那，原为扶南的领土，也是属于印度化的系统，这样，印度化的地方占了最大的部份。中国之于东南亚地理上在历史上，关系都至为密切，可是东南亚的印度化的地方远多于中国化，这也是很值得研究的。

然而我们若从其他方面来看，而尤其是经济上、政治上或是军事方面来看，中国对于东南亚的影响，却是很大的。

在亚洲来说，而尤其是在过去，中国是一个物产丰富工艺发达的国家，我国人在衣食住与物质生活好多方面，在过去不只在亚洲是算为最高的水平，就是比之中世纪以前的欧洲，也为较高。中国的丝绸，在希腊罗马时代，已为欧洲人所欣赏而争相购买。从中国新疆中亚细亚这条陆道，人们称为丝路（Silk Road），说明丝绸的运输在东西的交通史上，占了极重要的地位，也说明了中国的丝绸，在人生的衣的方面，占了极重要的地位。

我国人的食品不只味道好，而且种类多，这也是世界著名的。在欧洲人食东西还没有或少用或是还不会用香料的时候，我国人已经会作出各样各色的好吃东西，至于我国的住宅园林式的屋宇，美丽的城市，也是世界各国人所赏识的，关于这些，十三世纪的马可波罗，在其游记中的一五一章的《蛮子国都行在城》（按：应指杭州）中说：

> 既抵此处，请言其极灿烂华丽之状，盖其状实足言也。谓其为世界最富丽名贵之城，良非伪语。……行在城甚大，周围广有百里，内有一万二千石桥。……贸易之巨，无人能言其数。……其起居清洁富丽与诸国王无异，……城中有一大湖，周围广有三十哩，沿湖有极美之宫殿，同壮丽之邸舍。邸内有高大楼台，概用美石建造。（冯承钧译，沙海昂注《马可波罗行记》）

又在一五一重章中说：

> 每星期有三日为市集之日，有四五万人挈消费之百货来此贸易，由是种种食物甚丰，野味如獐鹿、花鹿、野兔、家兔，禽兽如鹧鸪、野鸡、家鸡之属甚众，鸭鹅之外，尤不可胜计。……此种市场，常有种种菜蔬果实，……亦有香料，首饰，宝珠。……多衣丝绸，盖行在全境，产丝甚饶，而商贾由他州输入之数，尤难胜计。

我所以略说中国的衣食住方面与其物产的丰富，不只是欧洲人很为羡慕，就是东南亚各国人民，也很为羡慕。中国的丝绸磁器，及其他的工艺品，每年之运到东南亚各处的，不胜其数。所以东南亚好多国家，不断的与中国互市，目的是获得中国的各种珍品，因而在经济上，中国对于东南亚的影响，是很大的。

关于中国的政治方面，对于东南亚的影响，我们在下面还要加以说明，我们在这里，愿意指出中国的政治的安定与否，往往是与东南亚的政治的安全与否，是有关系的。在历史上尤其是在欧洲的殖民主义者未侵占东南亚之前，在某种意义上，可以说是东南亚的政治往往受中国的政治影响，比方中国安定了，东南亚的局面，也比较的安定。

中国对于东南亚也有过军事行动，这种行动，远至马来亚、苏门答腊与爪哇，但应该说，这些行动，为时很暂，而且没有永久去占据土地的企图，所谓军事的行动，往往是政治上的一种手段而已。

至于印度的影响，主要是像我们上面所说，是宗教方面，这种影响，也像我们上面所说，不只在古代很为显著，就是直到今天，还是很为重要。而且，与宗教传入而俱来的，有文字、文学，以及好多其他方面，如风俗习惯等等，因此在东南亚人的生活——日常生活中都很容易看到印度化的现象，这种现象，既很普遍，又很深入人心，而且为时又久。

应该指出，我们说中国的影响主要是在经济而尤其是政治方面，这不等于说除了这两方面，其他方面就没有影响，相反的，中国的语言文学以及风俗习惯，也有不少传播到东南亚的好多国家，同样的，印度的宗教之影响于东南亚虽为主流，可是印度人之到这个地区经商的，既是很多，印度人之在这个地方当国王也不算少，关于这些，我们当在下面作较为详细的叙述。

至于阿拉伯对于东南亚的影响，主要虽是宗教方面，但两者在商业上的关系，也是很为密切，可是伊斯兰教之到东南亚，不只为时较晚，而且伊斯兰教除了宗教以外，并不像印度的语言文学与风俗习惯之影响那么普遍与深入，同时伊斯兰教所影响的地方，主要是在马来半岛、印度尼西亚与菲律宾一小部份的地方，相反的，印度的影响，在历史除了越南的北部以外，几乎无处不入。

在商业上，阿拉伯人（包括波斯人）之到东南亚经营商业的，远在伊斯兰教输入之前，虽然也有不少的阿拉伯商人居留在这个地区，可是他们往往也把东南亚的一些港口，当为货物的转运站，他们的东来者的目的地，多为中国，可是从海道而到中国，东南亚是他们必经之道。

此外，欧洲人之到东南亚的，在历史上，也有一些在汉代罗马的使者，就经东南亚而到中国，在葡萄牙的殖民主义者未到东南亚之前，已有欧洲人之到东南亚，但为数很少，然而欧洲货物之输入这个地区的，也有多少，有的是欧洲人自己带来的，有的是由阿拉伯人输入的，近来考古学者，在暹罗、在越南半岛的南部发掘出一些罗马古物，说明了这一点，但数量不多，说不上对于当地的经济或其他方面起了大的作用。

第十八章 中国的影响

在上面一章里，我们指出中国是一个物产丰饶、工艺品繁多的国家，因而对于东南亚输出很多的商品，应该指出，贸易是有来有往的，中国的船舶之到东南亚的，既运出很多的货品，其从东南亚回来时，也必运入不少东南亚的物产，又东南亚的船舶之到中国采购货物者，也不会空船而来，而必运不少的物品到中国来，互相交换，同时，东南亚各国国王既往往送给方物于中国皇帝，后者又往往给与中国的物品与前者，这就是所谓礼尚往来。

在国与国之间，未有邦交或使节来往之前，两国的商品，往往早已交流，秦始皇向中国南部发展，其目的之一是想得海外的珍品货物，在其所遣派的军队中，就有不少贾人，这可能是因为他们熟悉交通路线，作为军队的带路者，但同时也可能是要他们把中国的商品运到海外或东南亚以换取当地的珍品货物。

关于中国与东南亚的贸易之见于史书最早的，是《汉书》卷二十八《地理志》"粤地"条。这一条指出中国的船舶，从日南、障塞、徐闻、合浦开行，到东南亚好多国家，最远的据说是在印度的黄支国，在这些国家中有的：

> 其州广大，户口多，多异物，自武帝（公元前一四〇至公元前八七）以来皆献见，有译长属黄门与应募者俱入海，市明珠、璧流离、奇石异物，赍黄金杂缯而往。

其实，中国所运出的物品，不只是黄金杂缯，这里所说的，只是最为主要的而已。又中国货品之输入东南亚的，不只种类繁多，而且数量也多。时代愈晚，航海的技术愈为进步，船舶构造愈精而愈大，故运出的东西也愈多。同时，东南亚各国的使者来中国的也愈频，像明代的马六甲国王率领五百四十余人到我国，据《明史》卷三二五《满剌加传》说：

> 上尊赐王金绣龙衣二袭、麒麟衣一袭、金银器、帷幔、衾裯悉具，妃以下皆有赐。将归，赐王玉带、仪仗、鞍马，赐妃冠服，濒行，赐宴奉天门，再赐玉带、仪仗、鞍马、黄金百、白金五百、钞四十万贯、钱二千六百贯、锦绮纱罗三百匹、帛千匹、浑金文绮二、金织通袖膝裥二、妃及子侄陪臣以下宴赐有差。

来的人这么多，中国赐给那么多，可能他们还另购不少物品，有的时候国王还请加给船舶以载回去，明代的暹罗王子、王姊，以至好多亲属，也遣使到中国来，因为他们觉得中国物产丰富，中国皇帝给与他们的东西，又往往好多倍于他们所带来的礼物，所以他们来者愈多而愈频，有一个时候，中国的臣僚，还得请求君主，限制他们到中国的次数，以免浪费国家的财物。

中国的各种物品之输入东南亚而最为当地的王室及人民所喜欢是丝绸与磁器。丝绸做衣服，磁器为食具，但这两种东西，往往也当为艺术品而挂于墙壁或置于桌上，元朝暹国国王因为要想满足当地及其他各处的人民的要求，还在其国建筑好多磁窑，最初的出品，几乎与中国的一样，后来乃在磁器上绘以鱼类，以迎合当地人民的爱好。

东南亚各国的人民生活，比较简单，工艺不发达，在欧洲殖民主义者未来之前，当地人民所用的好多工艺品，很多来自中国。其实，就是欧人商品输入之后，东南亚人民所用的好多日常生活所必需的东西，还是来自中国，丝绸不必说了，磁器不必说了，煮饭家具以至扫把，往往也从我国输入，元周达观《真腊风土记》"器用"条说：

> 盛饭用中国瓦盘，或铜盘，……地下所铺者明州之草席，……近又用矮床者，往往皆唐人制作也。

又在"欲得唐货"条说：

> 其地想不出金银，以唐人金银为第一，五色轻缣帛次之，其次如真州之锡蜡、温州之漆盘、泉州之青瓷器，及水银、银硃、纸札、硫黄、焰硝、檀香、白芷、麝香、麻布、黄草布、雨伞、铁锅、铜盘、水珠、桐油、篦箕、木梳、针，其粗重则如明州之席，甚欲得者，则菽麦也，然不可将去耳。

周达观也不过列举了一些比较普遍的用品，其他没有列出的，应当不少。真腊固是一个物产富饶的国家，所以称为富贵真腊，在古代为扶南，其人民又很智巧，好雕文刻镂，精于艺术，但这个国家的人民所需要从中国输入的东西，还这么多，那么东南亚的其他的国家人民所需要的"唐货"，其种类之多，也是可想而知的。

中国不只在工商业方面，对于东南亚有很大的影响，对于东南亚的农业上，也有不少的影响，《后汉书》卷一百六《任延传》中告诉我们道：

> 建武（按：为光武年号）初，延上书愿乞骸骨归拜王庭，诏征为九真太守，……九真俗以射猎为业，不知牛耕，民常告籴交趾，每致困乏，延乃令铸作田器，教之垦辟，田畴岁岁开广，百姓充裕。

九真郡是在交趾郡之南，交趾在西汉的时代，已经发达，《汉书》卷二八《地理志》中说交趾有户九万二千四百四十，口七十四万六千多，而九真只有户三万五千七百四十三，人口为十六万六千一十三，这可能是因为九真农业不发达，而且，其地较南，不若交趾之接近于现在的广西与广东，故发展较迟，但是经过任延提倡农业之后，风雨顺节，谷稼丰衍，而人口也增加起来，因而任延在越南得到当地人民的爱戴，据说直到近代，越南人对于这位提倡农业的太守，还是很为尊敬。

九真人懂得铸田器，虽是在光武的时代，但是农具之传入越南，而尤其是交趾一带的时间，应该较早，交趾的人口众多，可能也与此有关。据《汉书》卷九十五《西南夷两粤朝鲜传》"南粤王越陀"条说：

> 高后时，有司请禁粤关市铁器，陀曰："高皇帝立我，通使物，今高后听谗臣，别异蛮夷，隔绝器物，此必长沙王计，欲倚中国击灭南海并王之，自为功也。"于是陀乃自尊号为南武王，发兵攻长沙边，败数县焉。

这里所说的铁器，可能包括农具在内，而这种铁器，似乎不只是用于现在的两广一带，也可能是用于交趾各处，因为这些地方，在当时都是受了越王赵陀所统治，越王赵佗因为汉朝禁市铁器而致兴兵去攻伐长沙，说明铁器的交易，对于南越来说，是一件很为重要的事情。这种铁器，可能不只是用于南越所统治的地方，也可能当作货品去交换东南亚的其他的物品，这就是说，可能也为东南亚其他各国所需要，这也就是说，中国的农具，可能早已输入东南亚各处，至少我们可以说，在秦汉时代，中国的农具已输入交趾，至于交趾人民能够铸造农器的时间，可能较晚一些，但无论如何，是不会晚于任延教导九真人民铸造农具的时间。

中国有好多农作物的种子，是从东南亚传入的，所谓安南粘就是一个例子，但同时中国的一些农作物的种子也必输入东南亚各处，真腊人甚欲得中国的菽麦，说明了这一点。此外，又如中国的蚕丝，早已传入越南与其他各处，而这些地方的人民，后来也会养蚕抽丝。《真腊风土记》说，真腊的"桑种蚕种皆自暹中来"，可是暹国的种桑养蚕的方法，应该是间接的从中国传入的。

在政治上，我们说中国与东南亚的政治有密切的关系，从历史上看起来，在中国统一而政治安定的时候，东南亚的政治秩序也是比较安定。越南之于占城，林邑之于扶南，暹罗之于缅甸，在历史上经常有争端，中国有时任调停的责任，譬如扶南王憍陈如曾控告林邑于中国，并且要求中国直接派兵去征伐林邑，或者助他一些兵力去攻打林邑，据《南齐书》卷五十八《扶南传》记载，当时的君主回答他道：

> 朕方以文德来远人，未欲便兴干戈，王既款列忠到远请军威，今诏交部，随宜应接，伐叛柔服，实为国典，勉立殊效，以副所期。

有时一个国家请中国派兵去征伐某个国家，中国就答以后者是与中国友好，中国不能遂其所请，有时一个国家征伐另一个国家，如在明代暹罗征伐马六甲，《明史》卷三二五《满剌加传》说：

> 十七年（按：为永乐十七年，公元一四一九年）王率妻子陪臣来朝谢

恩，及辞归，诉暹罗见侵状，帝赐敕谕暹罗，暹罗乃奉诏。

又说：

> 宣德六年（一四三一）遣使者来言，暹罗谋侵本国，王欲入朝，惧为所阻，欲奏闻，无能书者，令臣三人附苏门答腊贡舟入诉。帝命附郑和舟归国，因令和赍敕谕暹罗，责以辑睦邻邦，毋违朝命。

在东南亚各国互相争伐而诉于中国的时候，中国多是做调解人，但有时也用威力，如明帝派郑和去责暹罗，可以说是带有威力的劝止。至于一些国家，因为得罪于中国而被侵伐的，其例也不少，在历史上中国很多次征伐林邑，这种军事的行动，往往也使东南亚的国家屈服，《南齐书·扶南传》述扶南王憍陈如上书说：

> 伏寻林邑昔为檀和之所破，久已归化，天威所被，四海弥服。

可能扶南王欲取悦于南齐的皇帝而夸大其词，然中国的武力，对于东南亚一些国家是一个压力，是无可疑的。比方在元朝的时代，武力跨蹑欧亚二洲，对于东南亚也是一个大压力，元既征服缅甸，又伐占城，远至爪哇，也派大军攻伐，对于越南半岛的国家，有很大的影响。蒲甘王朝被元所攻破，掸族统治，得以开始。八百媳妇的国王孟莱，也利用元朝而攻灭女王国或哈利班超。元攻爪哇，把统治爪哇的王朝打垮了，使满者伯夷帝国得以成立与发展，而成为东南亚的一个强国，至于马六甲之所以能够独立，而不为其强邻所侵灭，也是得力于中国的扶持。

但是我们也得指出，中国虽用兵力去征伐东南亚一些国家，中国很少占据其地，打垮一个国王，攻破其国都。可是往往又立其后人为国王，中国军队既很快撤退，中国也很少把其所征服的国家直接加以统治，林邑之被中国的攻破次数很多，可是除了隋代在一个很少的时期，分州而治之外，往往是撤军之后，归政于其国王，或其王的承继者，中国所要求者只是承认其地位为上国或宗主国而已。所以就是在明代初叶，郑和七次下西洋，既用外交去睦邻，又用武力去威胁。郑和七次到东南亚时间，也不算短，但中国并没有用中国人去统治这些地方，也很少干涉其内政，中国的政策，大致上，是维持这个地区的秩序，使交通不断，货物交流，假如当地有了纷争，就加以调改，出兵征伐次数既较少，而其目的也是为着谋维持各国的和平独立。

中国对于东南亚的影响，除了上面所说的工商农业与政治军事之外，在其他方面之影响于这个地区的，也还很多，比方在语言文字方面，越南的文字直到六十年前，还是采用中国的文字，虽则我们也得指出，约在十三世纪以后，越南逐渐发展一种字喃，是与中国原来传入的文字，有了不同之处，可是就是这种字喃，基本上还是中国式的字体，只在十九世纪的晚叶，二十世纪以后，现代的罗马化的拼音越南文，才逐渐的被人采用，但尽管如此，好多名词而尤其是好多专门名词，还是采用中国的。现在，在六十岁左右的知识分子，还多能阅读与运用中文，有很多常常作中国诗词，到过越南的人们，从北圻的河内的剑湖中的寺庙中，而到南圻的西南角的河仙的庙宇中，可以看到在其门旁还挂着或写着中国的对联，其实在老挝与在缅甸的北部一些地方，不只是华侨所居住的地方可以看到什么"天官赐福""对我生财""开张骏发"等等红纸黑字，偶而在当地人的古建筑物上，也可以看到中国的联语。

就是在受梵文化很深的国家，如暹罗，其文字虽然梵化，但其说话中，有很多是与中国相同，暹罗的数目字从一至十有好几个是与中国同声音，应该说，在这十个数目字中，除一、二两个声音外，其他根本上是与中国话相同，而二暹音读如爽，这是与广州语的双同音，此外，如你、我、他、日、马、鸡、银、铜、桌、椅等等，也都是同声音。

在文学方面，越南过去的文学深受中国的影响，用不着说，中国的《三国演义》《西游记》等，也为暹罗等处的男女老少所欢迎，暹罗戏剧，也受过中国，而尤其是潮州的影响。

第十九章 印度的影响

在"宗教与信仰"一章里，我们已经指出，东南亚的宗教，尤其是这个地区的古代宗教，是受印度的影响最广而深，我们也可以说，印度之影响于东南亚，以宗教为最大而最深。

印度宗教的传入东南亚最早的当为婆罗门教，时间可能是约在公元前四五世纪。其次是佛教，像上面所说，佛教之传入东南亚，是在阿育王时代，可是究竟是否在这个时候传入缅甸，是值得研究的，虽则公元前一二世纪，佛教已传播到这个地区，似乎是没有问题。

婆罗门教在东南亚，在公元前后三四世纪，似乎很为流行，法显的《佛国记》已经指出：

> 乃到一国，名耶婆提，其国外道婆罗门兴盛，佛法不足言。

有人说耶婆提是爪哇，也有人说耶婆提是指苏门答腊，我们以为应该是现在的苏门答腊，但婆罗门教既是盛行于苏门答腊，也可能盛行于爪哇，因为这两个地方，很为靠近，而其关系，自来都很密切。

在苏门答腊或爪哇的婆罗门教，固是兴盛，在扶南在其初期，也是很为兴盛，《梁书》卷五四《扶南传》说：

> 俗事天神，天神以铜为像，二面者四手，四面者八手，手各有所持，或小儿，或禽兽，或日月。

这是婆罗门教。扶南还有一位国王憍陈如，也是婆罗门，这种宗教，在林邑也很兴盛，马司伯乐（Maspero）在其《占婆史》中说：

> 占婆之主要宗教，即为印度教，印度教云者崇奉大梵天王（Brahma），（按：中译为婆罗门）幻惑天王（Visnu），大自在天王（Siva），三身一体之教也。
>
> 印度之三身，此处就以大自在天神居首，故碑文云："敬礼摩醯首罗（Mahe çvara）、优摩（Uma），然后始言敬礼大梵天王及幻惑天王，敬礼地、风、空五处火，大自在天王为诸世界之主，其身无定，其形在语言思想之外，其体为地水火风日月，而有 IÇana, Bhima, Rudra, Mahadeva, Ugra Çarva Bhavam, Paçupati 诸名，辅以诸神，首数幻惑天王、大梵天王、火神（Agni），彼"已伏压制世界之一切阿修罗（Asuras）"，"彼为占婆国之根本，占婆第一国王优璐阁（Uroja）即为商菩大神 Çambhu 所派"，"保护占婆城者"即此神也。（冯承钧译《占婆史》，页四）

又如《梁书》卷五十四《扶南传》中所说的毗骞国云：

> 传其王……自古不死，莫知其年，王神圣，国中人善恶及将来事，王皆知之，是以无敢欺者。

所谓皆知将来事的信仰，在毗骞来说，大致也是婆罗门教。杜佑《通典》卷一八八"槃槃"条说：

> 其国多婆罗门，自天竺来，就王乞财，王甚重之。

槃槃的国王，既这样的尊重婆罗门，婆罗门教之在这个国家的兴盛，也是没有问题的。

占城就是古代的林邑，其领地在现在的越南中圻，扶南就是在今日的柬埔寨，槃槃是在马来半岛，耶婆提是在苏门答腊或爪哇，毗骞可能是在菲律宾或者婆罗洲，暹罗未建国之前，为投和，为罗斛，暹国建国于十三世纪的中叶，建国以来就崇佛法，但在暹罗国王加冕时，还是用婆罗门教徒来行礼，据说缅甸也有此风，可能这都是这些地方的古代遗风，这样看起来，婆罗门在东南亚的传布之广，可以概见。

在印度，婆罗门教是较古的宗教，佛教的兴起，对于婆罗门教可以说是一种革命的宗教，所以有人以为佛教之于婆罗门教，好像欧洲的马丁路得所领导的新教之于天主教一样。佛教在印度兴起之后，慢慢的发展，使婆罗门教遂逐渐衰微，佛教因而不只盛行于印度，而且盛行于中国与东南亚各处，可是在印度，后来佛教又衰微了，只有锡兰始终保持其地位，东南亚的佛教之受锡兰的影响不少。

佛教传入东南亚以后，婆罗门教逐渐受其影响而趋于衰微，只有王室或上层阶级中，还有其势力。但在一个相当长的时期中，二者双双并立，法显到耶婆提时，是四世纪的初年，当时的婆罗门教虽兴盛，然佛教已传入，尽管法显说佛法不足言，可是佛法不只已经输入，而且逐渐发展。在扶南，《梁书·扶南传》所述的虽为婆罗门教，但此时佛教也已传入。又在林邑婆罗门教，虽为占婆国之主要宗教，但林邑人也信佛教。杜佑《通典》虽说槃槃有好多婆罗门自天竺来，可是同处也指出：

> 有僧尼寺十所，僧尼读佛经，皆食肉，而不饮酒，亦有道士寺一所，道士不食酒肉，读阿修罗王经，其国不甚重之，俗皆呼僧为比丘，呼道士为贫。

应该指出，在南北朝隋唐的时代，东南亚的佛教已经很为发达。扶南在南北朝时，佛教已很兴盛，且有僧人到中国翻译经典，僧伽婆罗就是一个例子。他在天监五年（五〇六）被征召于扬都寿光殿华林园正观寺占云馆扶南馆等五处，传译经论，于普通五年（五二四）死于正观寺。此外，又如曼陀罗也是扶南人，也到中国来，又陈时又有须菩提，也是扶南人，在扬州至敬寺为陈主译经。

在隋时，比方在马来半岛的赤土，也是信仰佛教的国家，《隋书》卷八十二《赤土传》说：

> 居僧祇城，有门三重，相去各百许步，每门图画飞仙、仙人、菩萨之像。

杜佑《通典》卷一八八"赤土"条说：

> 俗敬佛，尤重婆罗门。

到了唐代，东南亚的佛教更为兴盛。中国与印度僧人之来往于东南亚者，不胜其数。室利佛逝或后来所叫的三佛齐成为我国僧人的学习梵文与翻译经典的中心，义净住在室利佛逝好多年，抄译经典，抄到纸笔用尽，又回广州购买，然后又再往，说明这个地方经典很为丰富。爪哇或当时的诃陵，也崇奉佛教，在缅甸，其南部的猛人相信佛教，是有其历史传统的，在其中部的骠国，也崇奉佛教，至于在现在暹罗，当时是投和，据杜佑《通典》卷一八八"投和"条说：

> 有佛道，有学校，文字与中夏不同。

又在投和之北，有女王国，据说这个女王国的第一位君主，是罗斛国的公主，她带有五百位僧徒到现在的南奔一带，建立国家，提倡佛法。从此可见得东南亚的佛教的普遍。然而同时，也像我们在上面所说，佛教虽然代替婆罗门教而兴起，但婆罗门教并不因之而完全消灭。我们知道，在东南亚，自佛教传入之后，最初信仰这个宗教的，多为一般民众，因为佛教超脱众生，不分上下，故为一般民众所乐从，等到这个宗教普及之后，声势浩大，国王王室，也不得不崇奉，可是婆罗门教在这个地区的历史很久，而且又为王室所支持，所以其势力也不容易消除，因此佛教与婆罗门教，遂成为双双并存的局面，虽则到了这个时候，相信佛教的人们，是占了大部分，像在赤土所谓俗敬佛者可能是指着一般的民众而言，所谓尤重婆罗门者，可能是指着统治的阶级而言。在真腊，据《隋书》卷八十二《真腊传》说：

> 多奉佛法，尤信道士，佛及道士并立像于馆。

又《旧唐书》卷一百九十七《真腊传》说：

> 国尚佛道及天神，天神为大，佛道次之。

其实，像我们在上面所说，不只佛教与婆罗门教可以双双并存，就是当地的"固有"的宗教信仰，也同时存在，不过从印度所输入的宗教来说，在南北朝隋唐的时代，东南亚外来宗教是逐渐从婆罗门教为重心的宗教，已趋于以佛教为重心的宗教。在唐宋时代，真腊的吴哥寺庙，爪哇的佛楼，都成为历史上的一些最大的佛教建筑，至于在缅甸的蒲甘时代，其王城佛寺之多，尤足惊人，直到今天，到蒲甘的人还能看到佛寺与其遗迹，到处可见，而且直到今天，缅甸、暹罗、老挝、柬埔寨还可以看到到处都有佛寺，这是有其历史的传统的。至于马来半岛、印度尼西亚，自十四五世纪以后，佛教虽为伊斯兰教所代替，但是佛教的一些传统，还是留存下来，有的伊斯兰教庙宇，是由佛教的庙宇而改装的。

印度的宗教之传入东南亚，不是孤单的，因为与宗教有关的好多东西，也随之而入。首先，凡是受印度宗教影响很深的国家，都受了印度的文字的影响。印度的经典输入之后，巴梨文、梵文，在其早期成为当地的文字，缅甸及其他好多地方，在其早期不只是寺庙僧人全用印度文，就是寺庙以外的人们，也以这种文字作为表达思想或感情的工具。在缅甸，在蒲甘王朝的阿奴律陀时代（一〇四四——一〇七七），这位蒲甘王朝的建立者，是提倡巴梨文最力的君主，因而巴梨文成为蒲甘王朝的流行文字，无论关于宗教、法律、诗词、文学，都用巴梨文写作。

是在蒲甘国王开辛他的时代（一〇八四——一一一二），猛文或所谓得楞文，始采用得较为普遍，虽则这种文字，在阿奴律陀时代，也有人采用。而且应该指出，猛文也是印度化的文字。到了开辛他死后，他的儿子耶沙鸠摩（Yazakumara）曾立了一个石柱，歌颂他的功德，在这块石柱上，刻了四种文字——巴梨文、猛文、骠文，与缅甸文。骠文与缅甸文也是印度化的文字。骠文是骠国的文字，据说这个国家建立于魏晋时代，而衰亡于十一世纪。这个国家以至猛人之国在其建立初期，也可能是用印度文字。缅文的渊源应该早于这块石柱的缅文，然而其发展是逐渐的，直到十二世纪的下半叶，始较为普遍。用缅文所写的《死者之歌》是在缅甸文学上的较早的缅文著作，然而就是在这个时期，缅文还是在发展的阶段，还未臻于完备的地位。

远在越南半岛的东边的林邑，也是采用梵文，而且从其碑文来看，其早期的梵文，比之后期的梵文，较为正确。扶南早期的文字，也是印度文字，现在的柬埔寨，也是印度化的文字。八百媳妇、速古台王朝，或暹国，以至老挝的文字，是受过柬埔寨文字的影响而发展的。马来半岛的好多古国，如顿逊、槃槃、赤土等等，都是猛人所建立的国家，大致是用猛文或梵文。至于苏门答腊，在室利佛逝的时代，梵文很为普遍，所以唐代的中国僧人，要到这个地方学梵文。爪哇的桂（Kwei）也是印度化的文字。婆罗洲曾建立过印度化国家，其文字也可能是印度文或印度化文字，所以在古代的东南亚——在伊斯兰教势力未伸张到这个地区之前，除了越南或交趾，或是菲律宾之外，几乎没有一个地方是不采用印度文字——巴梨文或梵文，或是印度化的文字。

东南亚的国家之采用印度文字或印度化的文字的，其文学也深受印度的影响，在印度，公元前约二三世纪所编写的《摩哈哈拉陀》(Mahabharata)与《罗摩延》(Ramayana)是两种最著名的史诗，前者描写一个大部落的战争的故事，而后者是描写一个英雄叫做罗摩的，为了谋救被恶魔所劫走妻子西塔(Sita)公主而作出冒险的行动；这些史诗，在印度历史上，固是占极为重要的地位，在东南亚，比方在印度尼西亚的旧文学上，也占了极重要的地位，因为好多文学是根据这些故事而编写的。又如印度尼西亚戏剧 Wayang，其剧本也多是根据于古代爪哇的文学，而这些文学，也是间接的从印度的史诗 Epics 而来。

又如在法律方面，暹罗的《王室法典》(Kot Manthierahan)(一三六〇)，是受印度法律的影响，白古国王伐丽流 Wareru Dhammathat，是缅甸现存的最古的法律著作，据说这是这位国王所订定，可是这部法典，是受印度的摩奴（Manu）的影响。白古是猛人统治的国家，猛人国的僧人，早已采用印度这种法典，伐丽流不过是命令僧人将其编写以应用而已。

此外，印度的风俗、习惯、节日等等，而尤其是与宗教有关的风俗、习惯、节日等等，也多影响于这些国家，我们不能在这里详加叙述，但我们应该指出，在东南亚的古代各国中，还有不少印度人作过国王。比方，《梁书》卷五十四《扶南传》中记载有一位国王叫做憍陈如者，是印度人，《扶南传》说：

> 其后王憍陈如（Kaundinga），本天竺婆罗门也，有神语曰，应王扶南，憍陈如心悦，南至盘盘，扶南人闻之，举国欣戴，迎而立焉，复改制度，用天竺法。

所谓用天竺法者，是采用印度的法律、制度或风习。又在《梁书·扶南传》中还有一位国王叫做竺旃檀者，可能也是印度人。又据杜佑《通典》卷一八八"婆利"条说其王姓憍陈如，这位国王应该也是个印度人。这些印度人，有的可能是印度的王室人物，从印度到这个地区，逐渐得到当地人所拥戴，有的也可能是商人，因为经商致富，因富有而有社会的地位，从而得到政治的地位。原来东南亚的国家，在其初期，既多信婆罗门教，印度的婆罗门教徒之到这些地方的，当然受当地人的欢迎，这些教徒，也很容易得到政治的地位，甚至有的如扶南的憍陈如，可以当为国王，至于富有的商人，也很容易结交当地的王室人物，从此而为贵族或国王所重用，这样也可以夺取政权。

印度人在一些东南亚的国家中，在政治上，固占重要的地位，在经济上，也有不少的作用。首先，印度商人很早就到这个地区经营商业，他们从印度的东南沿岸地方，经过孟加拉湾而到缅甸、马来半岛或其他地方的港口，有的也从恒河上游而到这些地方。《水经注》引康泰《扶南传》说，在扶南国王范旃的时代，有嘾阳（按：即林阳）人"家翔梨尝从其本国到天竺，展转流贾到扶南，为旃说天竺土俗道法流通，金宝委积，山川饶沃，恣所欲"。范旃于是乃派人到天竺。据《梁书》卷五十四《天竺传》说：

> 吴时（二二二至二八〇）扶南王范旃遣亲人苏物使其国（按：指天竺），从扶南发投拘利口，循海大湾中，正西北入历湾边数国，可一年余到天竺江口，逆水行七千里乃至焉。

苏物所经的海湾无疑的是孟加拉湾，而所到的江口以及逆水而上的河流无疑的是恒河。林阳的家翔梨与扶南的苏物，既可以由其国到天竺，那么印度人之沿这条河或其东南沿岸而到林阳扶南或东南亚其他地方的必定不少。林阳有商人到印度，印度也必有商人到东南亚各处，两者在商业互通有无，对于两方经济上，互有影响，是无可疑的。而况，在古代，印度人当东南亚一些地方为黄金之地，那么寻金的人，也必不少。近代考古学者，在东南亚发现好多古迹古物为古代印度的东西，他们还以为在东南亚的好多地方，曾为印度移民所居留，这些移民，有的可能是逃难者，有的可能是商人，或找金者，到了一些地方，就卜居其地，有的因找不到金或者有的找到一点而不久又被采尽，所以不得不留居下来，于是乃从事农业生产或经营工商业，以维持生活，这样，对于当地的资源的开辟或农产的增加与经济的发展，都有不少的影响。

第二十章　伊斯兰教的影响

阿拉伯人的东来，是早于伊斯兰教的输入东南亚。阿拉伯人在什么时候到东南亚，虽不容易考订，但从地理的条件来说，印度人之到这个地区的，应该比阿拉伯人为早。苏基尔（Soothill）在其《中国与西方》（China and West）一书（页二三）中，以为阿拉伯人之到中国是在公元三世纪，虽然我们还不能在我国史书中找出这种记录，但是在五世纪至六世纪而尤其是在唐的时代，阿拉伯人之到中国的人数很多，凡是从海道而到中国的，必定经过东南亚，所以阿拉伯人之从海道到东南亚的，必定早于他们之来中国。

在唐的时代，阿拉伯人之航行于印度洋与中国南海者，不胜其数，他们到印度沿岸各处，他们到锡兰、马来半岛、苏门答腊与爪哇，而且在这些地方的口岸，还设有商馆，其到我国者，是在扬州、广州，阿拉伯人伊本戈尔他特宾（Ibn Khordadbeh）所著的《道程与郡国志》（日本桑原骘藏有译本）记载中国与越南早期的贸易港有四，一为龙编，就今日的河内，次为广府，就今日的广州，再次为交府，当为交州，最后为扬州。在广州与扬州，阿拉伯的船舶之来者更多。《唐书·田神功传》说，扬州大戮外商，大食波斯贾胡死者数千人，广州有蕃坊，据说黄巢到广州，阿拉伯人犹太人等被杀者二十余万，这可能夸大其数目，但也说明阿拉伯人之在广州的数目很多，在中国的阿拉伯人既若是之多，在东南亚的阿拉伯人，必当不少。

阿拉伯人之到东南亚以至中国的，其船舶主要来自波斯湾。波斯湾的商船也可以经幼发拉底（Euphrates）而到于罗（Hira），于罗在巴比伦的西南，这是阿拉伯人所建立的城市，后来成为一个国家。在波斯湾，阿拉伯的商船下泊于沙拉（Siraf），再下就为奥门（Oman）湾的马吉港（Muscat），据说奥门首都是初哈（Sohar），波斯人称为美松因（Mezoen），由奥门至马吉停泊，因为马吉有泉水，舶人是要在这个地方取淡水，在奥门的首都，据说是世界各地的商贾所凑集的地方，也门（Yeman）各种物产输入这里，又由此而输出各种货物，从此运到东南亚以至中国，这是一个美丽的城市，印度以至中国都有商船来这里，从此沿岸而行，当季风吹的时候，约一个月可以航行至南印度，从此又沿锡兰岛的南岸而行，在沿海一带贸易，再向东走就为尼古巴（Nicobar）群岛，从此而到马来半岛与苏门答腊，再绕马来半岛而至暹罗湾，经真腊、占城、交趾而至中国。所以，阿拉伯的船舶之到中国的，或从中国到阿拉伯的，都要经过东南亚。当然，也有很多船舶是从阿拉伯而专到东南亚各地的，正是因为这样，所以来往于东南亚的阿拉伯船舶，特别频繁。希尔德（Hirth）在其《中古地理新资料之赵汝适》

(一八九六，J. R. A. S. 页五七，陈裕菁译《蒲寿庚考》，页一二）一文中说：

> 中世东洋之海上贸易，其最活跃者，实为阿拉伯人，当葡萄牙人为东洋之竞争者以前，殆为彼独占之场，西自摩洛哥，东至日本、朝鲜，茫茫一大海原，均彼等之势力圈也。

阿拉伯人之从海道而到东方的，是在伊斯兰教创立之前，伊斯兰教教主谟罕默德，虽然在六一二年已宣布伊斯兰教，但伊斯兰教纪元是始于六二二年，这就是穆罕默德称为教主的一年，然而很奇怪的，是西安的创立清真寺碑竟说："隋开皇中（公元五八一至六〇一年）其教遂入于中华，流衍散漫于天下。"这虽然是一个错误，但是我们也得指出，伊斯兰教之传入中国，是早于其输入东南亚，从海道到中国的伊斯兰教徒，必定经过东南亚好多地方，而其所以传入东南亚较晚者，可能是因为在这个地区，印度的宗教，传播已久，先入为主，所以伊斯兰教不易立足耳。至于中国对于外来宗教如较早的佛教，如唐代的景教，与元明的天主教，与十九世纪初年的基督教新教，虽然也并非没有人反对，可是传入之后，总是逐渐通行，因为各样各色的宗教，叫以同时并行于中国，至于伊斯兰教的传入，应在唐朝建立以后，大致是在七世纪的中叶。

东南亚的一些国家，如缅甸、暹罗、老挝、柬埔寨都是崇信佛教的国家，所以伊斯兰教之来既难于传播，就是后来的基督教，也不易输入，像我们在上面所说，西方的基督教教徒，要从这些国家中的华侨传播其宗教，就是这个原因。

伊斯兰教的东传，与阿拉伯人的商人之东来，是有关系的，因为伊斯兰教在阿拉伯盛行之后，其商人也多为伊斯兰教教徒，伊斯兰教之传入中国，既在七世纪的中叶，凡是伊斯兰教商人航海而到中国的，也必经过东南亚好多地方，或有不少居留在东南亚，这样伊斯兰教之传入东南亚，似乎也是很早。

伊斯兰教之传入东南亚较早的，似为占城，有人说在七八世纪的时代，伊斯兰教已传播到这个国家，但据说我国史书所载在十世纪的时代，占城有伊斯兰教徒被其国王遣派为使者来中国。《太平寰宇记》卷一百七十九中说：

> 世宗显德五年（公元九五八）其（占城）王释利因得漫遣其臣蒲诃散等来贡方物，中有洒衣蔷薇水一十五琉璃瓶，言出西域，凡鲜华之衣，以此洒之则不黦，而馥郁烈之香连岁不歇。

又《宋史》卷四八九《占城传》说：

> 周显德中，其王释利因德漫遣其臣蒲诃散贡方物，有云龙形通犀带，菩萨石，又有蔷薇水，洒衣经岁香不歇，猛火油得水愈炽，皆贮以琉璃瓶。
>
> 建隆二年（公元九六一）其王释利因陁盘遣使蒲诃散来朝，表章书于贝多叶，以香木函盛之，贡犀角、象牙、龙脑、香药、孔雀四、大食瓶二十。

同处又说：

> 儋州上言，占城人蒲罗遏为交州所迫，率其族百口来附，……端拱元年（九八八）广州又言占城夷人忽宣等族三百一人来附。

近人考订蒲为阿拉伯语 Abu 的对音，所以史书中所说蒲姓，多为阿拉伯的回教徒的姓氏，蒲寿庚就是最为显著的例子。又上面所说的忽宣，也为阿拉伯语 Hussain 的对音，这也可能是侨居在占城的伊斯兰教徒。又菩萨蛮据说为波斯语 Mussulman 的对音，字源出穆斯林（Muslim），意义为伊斯兰教徒。《萍州可谈》二中说：

> 乐府有菩萨蛮，不知何物，在广中见呼蕃妇为菩萨蛮，因识之。

菩萨蛮若为 Mussulman 的对音，菩萨石也可能是从阿拉伯来的。又据说蔷薇水也出自阿拉伯，而所谓大食瓶，也是来自波斯，这样，占城的使者为伊斯兰教徒而其所贡的方物也有来自阿拉伯或波斯。

上面已经指出，占城为古代林邑，原来是受印度教而尤其是婆罗门教影响很深的国家，但是在这个国家里，最初所用的梵文，很为正确，而后来却日趋退化，也可以说印度化的影响趋于衰微，到了唐宋时代，印度化的程度既降低，伊斯兰教乃乘机而入，所以在其朝廷里，伊斯兰教徒愈来愈多，所以在遣派到中国的使者，也多为伊斯兰教徒。

占城还有传说：是君主为阿罗（Allah），于一〇〇〇年至一〇三六年君临 Shui Banög 都城的故事。又据俞伯（Ed Huber）《宋史·占城传》中的阿罗和及拔当为阿拉伯语 Allah Akbar 的对音，直至今天，占城虽早已灭亡，但是居留在柬埔寨的好多占人，皆崇信伊斯兰教，而留在越南的占人，也有三分之一，崇奉伊斯兰教，他们自称为占白尼（Chams Beni），占者就是占人，而白尼者是阿拉伯人的宗教徒弟的称呼，这样看起来，伊斯兰教之在占城不只影响很大，而且其历史也很久。

然而这并不等于说，伊斯兰教传入之后，占城的印度宗教就完全消灭，其实，这两者是双双并存，不过是在伊斯兰教未传入之前，印度宗教的势力很大耳。就是在宋代占城国王之遣派使者，固多为伊斯兰教徒，然而其中也有婆罗门，所以《宋史·占城传》说：

> 雍熙二年（公元九八五），其王施利陀盘吴日欢遣婆罗门金歌麻献方物，且诉为交州所侵，诏答令保国睦邻。

在宋代，三佛齐是东南亚海道交通的要冲，所以周去非的《岭外代答》卷二"三佛齐"条说："三佛齐国在南海之中，诸蕃水道之要冲也，东自阇婆诸国，西自大食故临诸国，无不由其境而入中国者。"阿拉伯人或伊斯兰教徒之东来者，必定停泊于此，那么伊斯兰教之传入这个地方，是没有问题的。三佛齐的姓蒲的特别的多，《宋史》卷四八九《三佛齐传》说：

其国居人多姓蒲。

赵汝适《诸蕃志》卷上"三佛齐"条说：

国人多姓蒲。

元朝汪大渊在其《岛夷志略》中"三佛齐"条也说：

国人多姓蒲。

元人陈元靓在其《事林广记》辛集卷八还说：

三佛齐人俱姓蒲。

所谓俱姓蒲，不见得一定是对，但姓蒲人很多，《宋史·三佛齐传》中载其使者姓蒲的很多，假使姓蒲的都是伊斯兰教徒，那么三佛齐的伊斯兰教教徒，就很多了。近来有人在爪哇发现一个亚剌伯文的墓石，以为这可能是伊斯兰教的坟墓，这个墓石，是十一世纪的遗物，然而也有人怀疑这个墓石，以为这是其他的地方迁移过来的，同时这也可能只是波斯人或阿拉伯人的坟墓，不一定是伊斯兰教的坟墓。

三佛齐是苏门答腊的岛上，一二九二年马可波罗曾经过这个岛的巴拉（Perlak）这个地方，据他说当时就有好多伊斯兰教商人到这里做买卖，而且，感化当地人民，崇奉伊斯兰教，有人以为马可波罗到苏门答腊时，是伊斯兰教在这个岛［的伊斯兰教］传播的开始，我们不同意这种看法，因为这个地方，既是东西海道交通的要冲，伊斯兰教商人之到这里，必定很多，他们对于这个宗教的传播，总不能说是没有影响的，所以到了十四世纪的时候，这就是马可波罗到这个岛之后五十年，伊本巴都（Ibn Batuta）就告诉我们，这个岛的伊斯兰教已经兴盛，他又指出当地的苏丹所奉行的是沙菲（Shafii）的礼节，这是伊斯兰教中的一个宗派的礼节，也是今日印度尼西亚人所共同遵守的礼节。伊本巴都又指出，在当时的乡村各地的人民，都是不相信伊斯兰教。

我们知道，在唐代印度的宗教而尤其是佛教是盛行于爪哇与苏门答腊，爪哇的著名佛楼，是佛教的著名的建筑物，三佛齐或室利佛逝是东方的佛教的一个中心，中国僧人义净与其他好多僧人都到这个地方研究佛法，学习梵文，翻译经典，可是到了宋代，而尤其是元朝以后，伊斯兰教传入之后，慢慢的发展起来，到了后来，除了峇里这个岛外，这个国家变为一个伊斯兰教的国家，现在不只大多数的印度尼西亚人，崇奉伊斯兰教，而且在这个国家里，也有很多的阿拉伯人，印度尼西亚是东南亚人口最多的国家，也是东南亚人民信仰伊斯兰教最多的国家。

马来亚半岛也是东西交通的要冲,阿拉伯人早已到这个地方,伊斯兰教商人之到这个地方的也必不少,在丁家奴(Trengganu),在一三〇三至一三八七年之间,曾有伊斯兰教碑文,可是在十四世纪的时候,伊斯兰教之在马来半岛,还未盛行。个别的地方或个别的酋长,可能相信这个宗教,但并不普遍,是在马六甲这个国家建立之后,伊斯兰教才发展起来。

马六甲本来是一个小市镇,在十四世纪的时候,可能是从西方至东方来的一些船舶,已经在这里停泊,到了十五世纪的初年,拜里米苏剌(Parameswara)自立为王之后,得到中国明朝的支持,国势日盛,同时伊斯兰教商人来者日多,到了国王母干撒干儿沙(Mahammad Iskander Shah),也奉拜伊斯兰教,据说这位国王,曾娶了苏门答腊岛的波斯(Pase)王之女为妃,波斯王与其女是伊斯兰教教徒,结婚之后,王受其妃的恳求或因其岳父的劝告,也可能受当时的伊斯兰教的商人的影响,于是乃崇信伊斯兰教,国王既崇信伊斯兰教,人民也随之而奉行这个宗教。马六甲的领土既愈来愈广,归化伊斯兰教的人也愈来愈多,马六甲曾征服了苏门答腊一部份土地,所以这个宗教也传播于这个地方。

又自马六甲建国之后,马来话逐渐通行于东南亚的好多口岸,伊斯兰教商人也多操这种方言,阿拉伯文也影响其文字,这样对宣传伊斯兰教,更为方便,这样伊斯兰教的传播愈广,不只马来半岛、苏门答腊、爪哇,逐渐崇信伊斯兰教,就是婆罗洲的西南西北各地,也有伊斯兰教传入,十七世纪的伊里伯的望加锡(Macassar),也有这个宗教传入,菲律宾的摩尔人(Moors)之信奉伊兰斯教,是在西班牙人未占据之前。

因此,现在的马来亚、印度尼西亚,都是崇信伊斯兰教的国家,而在菲律宾,也有一部份人信仰这个宗教,至于在越南半岛,占城虽已灭亡,但占人之在柬埔寨者,固皆信仰伊斯兰教,其在越南的,也有一部份信仰伊斯兰教。

伊斯兰教之在这些国家所占的地位的重要,用不着说,在政治上苏丹是教主,也是国王,这是政教合一。直到现在,像在马来半岛,一些苏丹,在政治上还是占重要的地位。至于在经济上,伊斯兰教商人之在这些地方的很多,如在马六甲强盛的时候,不只伊斯兰教商人的船舶,云集于这个城市的港口,而且有很多的富商,居留在这个城市,宽大华丽的住宅围,以及广大的花果园,多为伊斯兰教商人所有。

第六编

第二十一章 中国的史料（一）

记载古代东南亚，而尤其是在欧洲的殖民地主义者未到东南亚之前的书籍或史文，要以我国的为最早而最为丰富。

而且，关于这个地区的记载其较有系统，而又继续不断的也是我国的史册。我们的二十五史（如果加入《清史稿》应为二十六史）其中所记载东南亚的事情，虽有的较为详细，有的较为简略，可是差不多每一朝代的所谓正史，都有或多或少关于这个地区的记载，所以研究东南亚的历史，而尤其是东南亚的古代史，就不能不参考中国史料。

其实，有的古代东南亚的国家，如扶南，假使没有中国书籍或史文的记载，不只对于这个国家的历史，无从研究，就是对于这个国家的国名，也无从知道，这就是说，假使没有中国史册关于这个国家的记载，那么我们就完全不知道在古代东南亚曾经有过这么一个国家。在公元后约二三世纪的时候，在东南亚的各国中，扶南最为强盛，而又最为富饶，它的版图最大，它的属国最多，其他没有臣属于它或没有为它所征服的国家又多为它的与国，一部东南亚的上古史，假使没有关于扶南的叙述，那么这一段历史，就有一个很大的空白，而且，遗漏了当时的最重要的史实。

我们说，记载东南亚的书籍或史文是以我国为最早，因为据说在周朝的初年，这就是公元前一千一百年前，我国与东南亚的国家已发生关系。史载在周公的时代，越裳氏曾到中国来朝，越裳氏究竟在现在的什么地方，难于确定，但可以肯定的，是这个国家是在越南半岛。有人说，这个国家，就是在后来的林邑，或现在的越南中圻一带，这是很可能的。越裳的使者回国时，传说周公还制指南车赐给与使者，以免迷途。关于越裳氏的史文，见于好几处，直到西汉末年，据说这个国家还遣使到中国，虽然史书所记的事实，未必完全可靠，然而这个国家之存在于古代，应该是没有问题的。

到了秦代，中国的势力伸张到南越，《淮南子·人间训》中有一段关于这点的记载说：

（秦始皇）又利越之犀角、象齿、翡翠、珠玑，乃使尉屠睢（《史记》

作屠雎），发卒五十万为五军。……又以卒凿渠而通粮道，以与越人战，杀西呕君译吁宋。……

这个时候，中国的势力正在扩充到现在的越南的北部，所以《史记》卷六《秦始皇本纪》中说：

> 三十三年（公元前二一四）发诸尝逋亡人、赘婿、贾人，略取陆梁地为桂林、象郡、南海，以适遣戍。

桂林与南海这两个名称，到今还采用。象郡是指着那些地方，则颇有争论，有人说是在现在的广西的境内，有人说是在现在的越南的境内，据近人考订秦代象郡，应该包括广西与越南的一部分地方。

《史记》不只在本纪中说到越南的事情，在卷六的著者按语中也说到这点：

> 太史公曰，（秦王）……咸振四海，南取百越之地，以为桂林、象郡，百越之君，俯首系颈，委命下吏。

又在卷三十《平准书》中，也说到汉代初期的领土的扩充云：

> 汉连兵三年，诛羌，灭南越，番禺以西至蜀南者，置初郡十七。

当时的南越，是包括现在的越南的北部，所以在五世纪的裴骃，对于公元前一三五年、一一一年或一〇九年初置十七郡的《集解》中说：

> 徐广曰（按：徐广为四世纪至五世纪初叶人），南越为九郡。骃案：晋灼曰元鼎六年（公元前一一一年），定越地，以为南海、苍梧、郁林、合浦、交趾、九真、日南、珠崖、儋耳郡。

交趾在现在越南的北部或北圻，九真在中圻北部，日南是在中圻的南部。又在卷二三《南越尉陀传》，秦亡后赵佗曾击并桂林、象郡，这个象郡就是汉代的象郡。

《史记》是我国所谓正史的最先的一本，对于东南亚地区的记载，虽然不多，但像上面所指出，已有数段，至于后来班固撰《汉书》，记载东南亚地方，不只比之《史记》为多，而且较为详细与明确，比方，在卷六十一《张骞传》中说，张骞在大夏时，就知道从现在的云南一带可以通身毒或印度，所以后来武帝遣人去打通这条路，而这条路是要经缅甸才通行的。《汉书》卷九十五《西南夷传》也说到这条路线，虽则在武帝时这条路并没有打通。又在卷二十八《地理志下》"粤地"条，更显明的指出从合浦、徐闻、日南，可以航行到东南各国而至印度的南部。张骞所要打通的，主要是从陆道而到东南亚，而《地理志》所说的，是从海道而到东南亚。

《史记》与《汉书》以及以后的所谓正史，关于东南亚的记载，都可以在本纪地理志列传或西南夷南蛮或外国列传中找出，时代愈晚，史书之关于东南亚的记载，愈为详细，而愈为明确。比方，在《后汉书》的《西南夷列传》中，都有关于越南半岛与缅甸的记载。在光武时代，比方："九真徼外蛮里张游率种人慕化内属。""南越徼外蛮夷，献白雉、白兔。"又如交趾女子徵则及其妹徵贰以至日南徼外区怜（有人说是林邑的开国君主）的抗汉等等，史不绝书。

尤值得我们注意的，在现在的云南的保山一带的哀牢内属，使在缅甸北部的掸国，数次遣使到中国。此外，又记载在印度南部的黄支，也遣使到中国。黄支使者到中国，一定要经过东南亚。在卷一百十八《西域传》中，又说汉桓帝延熹九年（公元一六六）大秦王安敦遣使自日南到中国。大秦是罗马，罗马使者从日南到中国，也必经东南亚各地，说明中国与东南亚的交通来往，已很频繁。此外，又如在《马援传》中，在任延、朱寓传中，也叙述到越南半岛。

在三国时代，中国内部虽然分裂，时有战争，然而我国之于东南亚的关系，更加密切。《三国志》之记载东南亚的地方也很多。比方《魏志》引鱼豢《魏略》说"盘越国一名汉越，王在天竺东南数千里，与益部相近，其人小与中国人等，蜀人贾似至焉"。这个盘越虽难于考订，但应该是在东南亚。又说："大秦道既从海北陆道，又循海而南与交趾七郡外夷，北又有水道通益州，永昌，故永昌出异物。"这都是叙述东南亚与中国以至印度的交通。

《三国志·吴志·孙权传》有关于交趾的记载，而在"赤乌六年"（公元二四三）说"十二月扶南王范旃遣使献乐人及方物"。又在《吕岱传》中说："吕岱遣从事南宣国化，既徼外扶南、林邑、堂明诸王，各遣使奉贡。"这是扶南林邑之最先见于史书。此外，在《陆胤传》也说到交趾，并有安南校尉的名称。又如，在《步骘传》《薛琮传》均有关于交趾九真等处的记载。

最值得我们注意的，是吴孙权时曾遣朱应与康泰到扶南。据《梁书》卷五十四《诸夷列传》说，他们不只到扶南，而且经过或传闻百数十国。朱应与康泰的著作虽已佚，但有的史文还散见于《水经注》《太平御览》等书。《梁书》《齐书》，关于扶南的记载，大概采自他们的著作。关于这点，我们下面还要加以说明。

《晋书·南蛮传》，有林邑与扶南传，这是史书之最先为这两个国家立传的，也可以说是史书之为东南亚诸国之最先立传的。《林邑传》所记载的较详，而《扶南传》所叙述的较简。《林邑传》始于区怜，而终在胡达，这就是从公元后二世纪至五世纪的初年。《扶南传》始于柳叶，而终于竺旃檀，这就是从公元前约二世纪至四世纪的下半叶。

在南北朝时代，《宋书》南夷传、西南夷传其绪言中说："南夷西南夷，大抵在交州之南及西南，居大海洲中，相去或三五千里，远者二三万里，乘舶举帆，道里不可详知，外国诸夷，虽言里数，非定实也。"这里有林邑、扶南、诃罗陀、呵罗单、媻皇、媻达、阇婆婆达，以至师子、天竺诸国。林邑所占的篇幅颇长。扶南仅有"太祖元嘉十一（四三四）十二（四三五）十五（四三八）国王持黎跋摩遣使奉献"一条史文。扶南在当时是东南亚最为强盛的国家，而宋书所载只此一条，很为奇怪。

在《南齐书》中的《南夷传》中，有林邑、扶南传，《扶南传》的篇幅多于林邑一倍以上。《梁书·海南诸国传》叙说："宋齐（东南亚诸国）至者十余国，始为之传。自梁革运，其奉正朔，修贡职，航海岁至逾于前代。今采其风俗粗著者，缀为海南传云。"叙里既说宋齐始为之传，又说"晋代通中国者盖鲜，故不载史官。"这也不见得是对的，因为《晋书》也有林邑与扶南传，应该指出关于林邑而尤其是扶南，《齐书》《梁书》说得较为详细，而且两者可以互相参考，互相补充，《梁书》除林邑、扶南传外，还有盘盘、丹丹、干陀利、狼牙修，与《梁书》所说的相同，此外，还有诃罗陁、阿罗单、婆皇婆达，阇婆婆达等，与《宋书》所说的相同。《北史》有林邑、赤土、真腊、婆利，而也提到盘盘与丹丹，可是没有扶南传。又"论曰……至于林邑、赤土、真腊、婆利，则地隔江岭，莫通中国"。《陈书》没有为东南亚诸国立传，但在《高祖本纪》说到交州事情。又如，在《宣帝本纪》"太建三年"（五七一）说"丹丹国遣使献方物"，在《后主》"至德二年"（五八四）中说"盘盘国遣使献方物"。

《隋书》有《南蛮传》，其总叙说："大业中，南荒朝贡者十余国，其事迹多湮灭而无闻，今所存录四国而已。"这四个国家就是林邑、赤土、真腊与婆利。但在《赤土传》中，也提到狼牙须（亦作修）国，在《婆利传》中说到丹丹、盘盘国。《隋书·赤土传》，是研究赤土的最重要的史料。

《唐书》有《旧唐书》与《新唐书》两种，东南亚诸国见于《旧唐书》卷一百九十七，见于《新唐书》卷二百二十二下。前者有林邑、婆利、盘盘、真腊、陀浪、诃陵、堕和罗、堕婆登与骠国等传，后者有环王、盘盘、扶南、真腊、诃陵、投和、瞻博或瞻婆、室利佛逝、名篾、单单、骠等传。

《旧唐书》的林邑为《新唐书》的环王，因在唐时，有一个时候，林邑称为环王。在宋时，这个国称为占城，自称为占婆。《新唐书》的瞻博或瞻婆，应为占婆的对音，但按《新唐书》所说的方位来说，似非林邑，或环王所在地。《旧唐书》只有真腊而没有扶南，《新唐书》两者都有，大概是由于在唐代初叶，扶南虽为其属国所征服，据其大部份土地，但扶南迁都到南方，这个国家还存在，到七世纪的中叶，所以分为两传。《旧唐书》的陀浪应为奔陀浪，或宾童龙，或宾陀罗。《旧唐书·真腊传》所说的"东至奔陀浪"，应该就是这个陀浪。诃陵在爪哇岛上，《旧唐书》的堕和罗就是《新唐书》中的投和。《新唐书·骠国传》中所说的西南堕和罗，就是这个国家。《旧唐书》的堕婆登还未能考订出来，但据说："在林邑南行二月，东与诃陵……接，应在小巽他群岛或西里伯等处去寻找。《新唐书》的室利佛逝,就是宋时的三佛齐,在苏门答腊岛上,名蔑不知其在何处,也可能是吉蔑,单单为上面所说的丹丹。《旧唐书》对于这些国家的叙述,略为简略,《新唐书》所叙述的比《旧唐书》详细得多。

唐宋时代,中国与海外交通,很为发达,故两代史书,对于东南亚的记载,比之前代的,都较为详细。《宋史》卷四百八十八、四百八十九有《外国传》,《交趾传》约有七千字之长,《占城传》也约有五千言。此外,还有真腊、蒲甘、邈黎、三佛齐、阇婆、勃泥、注辇。三佛齐就是唐代的室利佛逝,阇婆就是爪哇,这两个国家在《宋史》中也占不少篇幅。邈黎不知在何处,注辇在印度东南岸,我们不列入东南亚范围之内。

《元史》也有旧《元史》与《新元史》。旧《元史》卷二百九有《安南传》,长约八千字,卷二百十有《缅国传》《占城传》《暹国传》《爪哇传》,占城、爪哇所占的篇幅也不少。又有《三屿传》等传。《新元史》卷一百四十八有《安南传》,卷一百四十九有缅国、暹国与八百媳妇等传,卷一百五十有占城、爪哇、海胆、麻逸、吉兰丹、丁家卢、罗卫(即唐代罗越)、罗斛、三佛齐、勃泥。

三屿、海胆与麻逸都在菲律宾。吉兰丹、丁家卢(或丁家奴)、罗卫均在马来半岛。元朝与八百媳妇有很多关系,旧《元史》没有立传,《新元史》始补撰,但《新元史》的《八百媳妇传》,都有不少史料采自《明史》。

明代与东南亚的交通,更为频繁,除郑和七次下西洋外,中国使者之到这个地区的各国的,不胜其数。至于东南亚各国使者之来中国的,也是不绝于途。明代朝廷有一个时期,觉得来者太多,糜耗国库,颁令限制其使者的来聘的次数,因此,《明史》外国史的记载东南亚各国的,也特别的多而详细。卷三百二十二《安南传》长约万二千字。此外,吕宋、合猫里、美洛居、沙瑶呐、哖哖、鸦龙婆、罗麻、叶甕、古麻剌、朗冯、嘉施兰、文郎、马神、占城、宾童龙、真腊、暹罗、爪哇、阇婆、三佛齐、浡泥、满剌加、苏门答剌、须文答那、苏禄、彭亨、南渤利、柔佛、丁机宜。至于印度、亚剌伯海、波斯湾,各国之使者到中国的,也不胜枚举,这是前代所少见的现象。

清代中国与东南亚各国,往来也很为密切,《清史稿》之为这个地区的国家之立传的也很多,但时代较晚,故略而不谈。

应该指出,上面所举的所谓正史中的关于东南亚的史料,自《晋书》以后,完全只是举出西南夷、南海诸国或外国传中的东南亚的各国专传而言,在每代的史书中,除这些专传之外,像《史记》《汉书》《后汉书》《三国志》等,在本纪、地理志,或列传中,也可以找出有关东南亚的史略。如《晋书·陶璜传》,如《唐书·地理志》所附录的《贾耽十道考》,如《明史·郑和传》或《土司传》中所记载的老挝与八百媳妇,这都是研究东南亚的极为重要的史料。

至于所谓正史以外的私人或集体所编著的书籍之关于东南亚的史料,历代以来，也有很多。这些著作，如元代的汪大渊的《岛夷志略》，如周达观的《真腊风土记》，如明代的巩珍、费信与马欢，如清代的谢清高等人的著作都是亲到东南亚各处而笔之于书的，这是最为宝贵的史料。又如宋赵汝适的《诸蕃志》，而尤其是周去非的《岭外代答》，虽非亲历其境，但其所记录，多是闻之于耳，或从域外使者贾人以至其所居住的地方所得的消息，而乃记之于书，这也是很为重要的史料。此外，又如唐杜佑《通典》卷一八八中的海南诸国，宋人所编的《太平御览》卷七八六与以下的南蛮诸国，主要是把历代有关于东南亚的记载或史文，加以编辑排列成卷，虽然有了不少是互相抄袭，各有重复，然仍不失其为参考的价值，而且，这些著作，既便于检查，其中又有不少原书早佚，如《太平御览》所引关于康泰的《扶南传》，原书既已不可得，这些引用史文，成为特别可贵的史料。

关于这几类的史料，叙述起来，也要用很长的篇幅，我们只能在下一章里，把一些主要的著作，介绍而已。

第二十二章 中国的史料（二）

《梁书》卷五十四《诸夷列传》海南诸国叙说，吴孙权时，遣宣慰从事朱应、中郎康泰通海南诸国，其所经及传闻的国家，有百数十国。而且，还立传记。据《隋书·经籍志》，朱应曾撰《扶南异物志》一卷，用异物志以名其书者很多，最早的要算汉议郎杨孚（孝先）的《交州异物志》，其中也有关于东南亚的国家如扶南的记载，朱应可能是仿之而作。朱应的《扶南异物志》，现在已佚，此书也没有散见于《水经注》《艺文类聚》与《太平御览》等书。

康泰之于朱应，可能如巩珍之于郑和，康泰著有《吴时外国传》及《扶南记》二书。这二书现在也已佚，但散见于《水经注》《艺文类聚》《太平御览》与其他书籍。《吴时外国传》亦有叫做《吴时外国志》（《艺文类聚》）的，《扶南记》，亦有叫做《扶南传》（《水经注》），或《扶南土俗》的（《太平御览》），《梁书·扶南传》所记扶南以及其他一些国家如顿逊、毗骞、屈都昆、九稚、金邻大概是从康泰与朱应的著作而来。扶南历史的资料，除了近人在越南南部与柬埔寨、暹罗找出一些碑文古迹物外，唯一的文字的记载，是中国史书，而康泰的《外国传》与《扶南记》的散文，是我们研究扶南与当时的一些其他国家的最宝贵的史料。

三国吴时，万震撰的《南州异物志》，也记载很多东南亚的国家与事情。这本书现在也已佚。《太平御览》辑录不少散文。万震据《隋书·经籍志》注解云是吴时丹阳太守，丹阳靠近吴的国都，见闻较广，同时又正在吴与海外交通最为繁盛的时候，万震自己虽然没有到过这些国家，但其所记载的，应该比较可靠。《南州异物志》之记国家有林阳、无伦、歌营、加陈、师汉、扈利、姑奴、察牢、类人等。林阳、无伦、歌营也多见于他处，加陈可能是金陈或金怜，师汉可能是否为汉师，而与《汉书·地理志》中的谌离声音相近，扈利可能为枝扈黎，姑奴不知是否为《太平御览》所引交州以南外国传中所说离阳西去二千里的奴后国。察牢音与哀牢近，类人未详。万震所记载这些国家若是上面所解释没有错误，那么绝大多数是东南亚的国家。此外《南州异物志》对于域外人的船舶的大小帆的多少及其行驶的情况，也有记录。

又在四世纪末至五世纪初年法显曾从陆道到印度，从海道返国，途中曾经过东南亚。他的《佛国记》或《法显传》或是《法显行传》中记载东南亚的篇幅虽然不多，但是很值得我们重视，因为他曾经过而且住过现在的苏门答腊或爪哇一带的地方，对于当地的婆罗门教与佛教以及海上旅行的概况的记载，也是研究古代东南亚的宝贵的材料。我国人之从印度取海道经东南亚而回国的，法显是我们所知的第一个。

此外又如有一本叫做《太清金液神丹经》卷下中也叙述了扶南、林邑以及好多东南亚国家。但我检查《道藏》洞神部众术类所收入的《太清金液神丹经》卷下，下面署为抱朴子序述，此书开头就说：

> 葛洪曰，……余少欲学道，志游遐外，昔以少暇，因旅南行，初谓观交岭而已，有缘之便，遂到扶南，扶南者，地方千里，众以亿计，包山带海，邈乎其黉，意亦以为南极之国齐此而已。

这本书除记载扶南之外，还叙述顿逊、杜薄、无伦，以为这些国家是"朱砂、硫磺、曾青石精之所出，诸导仙服食之药，长生所保之石实无求不有"。此外，还叙述勾稚、歌营、加陈、汉师、扈犁、古奴、斯调、隐章、大秦、察牢、叶波等国。

这本书共约五千余言，对于上列各国，都分别叙述，后面还说到罽宾、月支等国，其所记载的，多为丹石之类，但也旁及其他物产，如铁、锡、动植物等。

我细心读过好多次，觉得这本书不见得是葛洪所撰，而是后人假托葛洪之名而已。

首先我要指出，葛洪虽然住过广东很多年，而且据说他曾打算到交趾，可是事实上，他不但没有到过扶南，而也没有到过交趾。他少年读过经史，并学了一些丹经神仙之术，约在二十岁时，也当过军官，可是在八王之乱时，要想回家而不得，因为他有朋友，要到广州做官，托他先到广州，不幸这位朋友未到任前就被杀死。他因此留在广东有十年之久（公元三〇六至三一六）。他在广东时，曾跟南海太守鲍玄学神仙之术，这位太守，还给女儿与他结婚。三一六年他回故乡句容，在东晋当过官。在咸和（公元三二六至三三四）初，又携眷南来。据《晋书》卷七二《葛洪传》说，他本想到交趾搜求炼丹原料，可是到广州后，又为朋友劝止，结果并没有到交趾，更说不上他到扶南。他在广东罗浮山炼丹修道，直到晋康帝建元元年（三四三）他死在广东。

广东与东南亚在那个时候，交通已很频繁。扶南在当时是一个大帝国，林邑也早已建立，顿逊已为扶南征服，而为其属国，林阳及其他好多国家，都是扶南的与国，在交趾、林邑、扶南、顿逊等处之于中国，时有船舶来往。法显就是在这个时候从印度经东南亚而归，这些国家的朱砂、硫磺之运入中国，是没有问题的。葛洪用了这些原料以炼丹，也是没有问题的，可能正是因此，后人遂有葛洪到过扶南或东南亚其他各国的传说，这样更有人遂假托他的名义，撰述这本《太清金液神丹经》。其实，这里所叙述的国家的一些情况，大致是抄自万震的《异物志》、杜佑《通典》、《太平御览》等书。我以为这似乎是宋以后的著作，虽则我们也得指出，虽为假托之作，可是也有参考的价值。

《林邑记》，是一本关于林邑的史地书，这本书的著者不知是何人，但是这本书曾为六世纪初年的郦道元所著的《水经注》中所引用，所以我们可以推定这本书应该是五世纪末年或五世纪末年以前的著作，其残文除《水经注》引得较多外，也散见于《说部》《东西洋考》《图书集成》等书。

《水经注》引《林邑记》的残文约五百字，这是很不易得的残文，对于林邑王范胡达，经营区栗城与交趾太守杜慧度征伐范胡达，均有记录。此外还叙述了林邑的地理、物产、风俗以及其邻国如屈都。

按：杜慧度征伐范胡达是在晋义熙九年，这就是公元四一三年，说明这本书的著作年代应该是在这个时候之后，可能是五世纪的中叶至五世纪的末叶，引文中有"秦余徙民染同夷化日南旧风变易俱"，这说明了林邑建国以后到了范胡达的时候，原来的日南的中国风俗大为改变。

六世纪的初年，杨衒之的《洛阳伽蓝记》其所叙述的虽为北魏京城洛阳一地的佛寺兴废的事迹，但在卷四也提到歌营、勾稚、典孙、扶南、林邑各国。他说扶南是南夷中最为富强的国家，同时对于这些国家的方向、距离、日程也有记载，这对于我们考订这些国家的方向位置，可以得到线索，所以我们顺便介绍一下。

郦道元的《水经注》是六世纪初年的一部著作，这是一部很有价值的地理书。里面辑录了关于东南亚的好多宝贵材料，比方卷一引竺枝《扶南记》关于林阳金陈的记载，又引康泰《扶南传》关于嘽杨国人家翔梨的事迹，卷三十六引《林邑记》、康泰《扶南传》、竺枝《扶南记》的好多散文。关于林邑的史料，对于林邑的建国以及范文的故事，也有记载。又林邑邻国西屠，与朱吾、以南的文狼人，也有叙述。卷三十七对于交趾的古史，作了叙述，还引《交州外域记》，关于交趾没有郡县前的情况，这些材料有了很多是所谓正史所没有的，又卷一引康泰书中还说到安息、月氏、天竺诸国，而且指出自交州至天竺最近，还说"泰传亦知阿耨达山是仑昆山"，这订明康泰所经历与传闻的国家，不只东南亚或与东南亚有关的海道诸国，而且包括了一些海道所不能抵达的国家如月氏等。

在唐代著作中关于东南亚诸国记得最详的，除了正史以外，要算杜佑《通典》卷一八八《边防四·南蛮下》海南诸国，其中记有黄支、哥罗、林邑、扶南、顿逊、毗骞、干陀利、狼牙修、婆利、槃槃、赤土、真腊、罗刹、投和、丹丹、边斗、杜薄、薄剌、敦焚、火山、无伦、婆登、乌荼、陀洹、诃陵、多蔑、多摩长、哥罗舍分，共二十八国。这些国家有一些如罗刹、乌荼等直到现在还没有考订出来是在什么地方，又有的国家不一定是在东南亚的范围之内，但我们可以说绝大部份是属于这个范围的。

杜佑自己虽没有到过东南亚各处，但曾当过岭南节度使，他对于这个地方的知识，虽是间接得来，但应该比较可靠，而且他是唐时人，又因他曾在朝廷中披阅公文，对于当时中国与东南亚各国来往的情况，自然比较清楚，所以他的海南诸国是一种较为可靠的资料。其实他这部份的记载是综合了古代与当时的关于东南亚各国的概况，应该说是唐与唐以前关于这方面的最好的参考资料。又这部份的材料曾为好多著者所引用，如马端临的《文献通考》，除了增加了宋代一些国家如占城、勃泥、三佛齐、注辇、州眉流、蒲甘、南毗、层檀外，几乎全部是抄录自杜佑的《通典》。西方好多学者对于马端临的著作极为重视，而对于杜佑的著作很少注意。此外，又如《太平御览》、乐史的《太平寰宇记》以至《唐会要》与后代正史，亦多采自该书，因此，我们觉得研究东南亚古代史，杜佑的《通典》中的海南诸国，是一本很好的参考书。

唐代有好多僧人到东南亚或到印度而经东南亚。其著作关于东南亚各国的以义净的《南海寄归内法传》，及《求法高僧传》，最值得我们注意。义净自己在东南亚住了很多年，而且往返中国与东南亚好多次，他又到过印度，但他抄的经典，多在苏门答腊。他对于当时的东南亚的一些国家的情况，也很熟识，在他的《大唐求法高僧传》中，记载西行求法的僧人，共六十位，而取道东南亚者过半数，有的只到东南亚或留在该处，从这些人的传中，也可以看到东南亚在当时的很多情况。

此外，又如贾耽的《古今郡国县道四夷述》也是一本记载有关东南亚的好多国家的著作，可惜这本书现已不传。《新唐书·地理志》后附录有贾耽所记入四夷之道有七条，其广州通海夷道中，记了很多关于东南亚的国家，从此我们既可以知道唐时东南亚各国的海道，也可以考订出其海上诸国的位置，伯希和的《交广印度两道考》曾把他所记载一些国家加以考订，所以贾耽的著作，是研究古代东南亚尤其是古代东南海的交通的很好的史料。

又如，樊绰的《蛮书》，其所载的主要是关于南诏的事略，但南诏在唐时曾侵略交趾，而且与东南亚好多国家有了关系或是邻近，所以《蛮书》中，也说到这些国家，这也是研究东南亚的一部很好的史料。如在《南蛮疆界接连诸蕃夷国名第十》中叙述了弥诺、弥臣、骠、昆仑、大秦、婆罗门、小婆罗门、女王国、水真腊、陆真腊等国，又在《云南城镇第六》中的"银生城"条曾提到波斯、阇婆、勃泥等国，其中有的国家如勃泥是这个国家最先见于中国著作的，《蛮书》《太平御览》作《南夷志》，《宋史·艺文志》与叫做《云南志》，《永乐大典》名为《云南志记》，但现在通用的名称是《蛮书》。

此外，在唐代还有一本关于东南亚的著作，很值得我们注意的，这就是《新唐书·艺文志》所录的达奚通的《海南诸蕃行记》。达奚通也有写作达奚弘通，或达奚洪的。《宋史·艺文志》载达奚弘通撰《西南海蕃行记》，同处又录达奚洪撰《海外三十六国记》。《宋史》所载名称虽异，应该是与《新唐书》所录的同名同书。《通志》与《玉海》也是与《唐书》所载的，人名既同，书名也同。

《中兴馆阁书目》说：

> 《西南海诸蕃行记》一卷，唐上元中（公元七六〇至七六二）唐州刺史达奚弘通撰。弘通以大理司直使海外，自赤土至虔郁，凡经三十六国，略载其事。

因此，所谓《海外三十六国记》，与《西南海蕃行记》，应该也就是《新唐书·艺文志》所录的《海南诸蕃行记》。这本书现在已佚，我们也还没有在其他的著作中找到其零星史文。关于达奚通的事迹，我们所知的也不过是上面所录那段话。达奚通是一个复姓，这就是达奚。北周时有达奚实、达奚震、达奚武，隋时有达奚明、达奚长儒（《中国人名大辞典》），这个姓氏，应为鲜卑拓跋部的氏族。

唐人关于东南亚的著作，如杜佑《通典》，如《贾耽十道考》，均非亲历其地，而乃抄袭或录其所闻者。达奚通出使海外，自赤土至虔郁，凡经三十六国，然后著作这本书，假使这本书还存在，对于东南亚的研究，应该是很有价值的。

《宋会要》可以说是研究宋代东南亚历史的最重要的著作。

在宋代周去非的《岭外代答》，是私人著作中之谈到东南亚各国情况的较早而又较为详细的，他这本书成于一一七八年，他叙述了中国与东南亚各国以至印度、大食、大秦的交通，他以为三佛齐是诸国海道往来的要冲，在其卷二"海外诸蕃国"中有占城、真腊、蒲甘、三佛齐、阇婆、故临、注辇，以及大食诸国，在"海外诸蕃国"的叙言中，他又提到交趾、佛罗安。

到了一二二五年，赵汝适著《诸蕃志》，其中有好多材料取自《岭外代答》，但其所述的国家比之周去非为多。虽然赵汝适所录的各国并非亲历，编著缺乏条理，但其所记如他在福建路当市舶提举时亲询海国胡贾所得的材料，以及前人的撰述而成书，故亦有可取的地方。此书曾有西文译本，为西方学者研究东南亚以及印度洋诸国所常引资料，他所叙述的国家为占城、真腊、登流眉、单马令、凌牙斯、佛啰安、蒲甘、注辇、南毗、胡茶辣、弼斯啰、瓮蛮、麻嘉、层拔、弼琶啰、三屿、麻逸、渤泥、阇婆、苏吉丹、新拖、三佛齐、监篦、蓝无里、晏陀蛮、细兰。

应该指出，在这些国家中有的不属于东南亚范围，但也可说是集了东南亚各国的大成。此外，如马端临的《文献通考》，而尤其是《太平御览》所辑录的东南亚的国家最多，至如乐史的《太平寰宇记》，与王钦若等所撰的《册府元龟》，均是研究东南亚的很好的参考资料。

元代关于东南亚的私人著作很多，周达观的《真腊风土记》，是记载真腊极为详细的著作，其中也提到占城，与暹罗各国，周达观于元元贞元年（一二九五年）随元朝使者到真腊，一二九七年回国，他这本书是回国后的记录，他在真腊的时间既相当的久，他把亲眼所看的事物叙述起来，至为可靠。

此外，汪大渊的《岛夷志略》也是一本亲历东南亚以及其他各处而著作的行纪。据卷首至正乙丑—一三四九年三山吴鉴序，我们知他在至正年间常附舶到海外各处游历数十个国家，其所叙述的地方有三岛（三屿）、麻逸、龙涎屿、交趾、占城、民多朗、宾童龙、真腊、丹马令、麻里噜、彭坑、吉兰丹、丁家卢、罗斛、八节那间、三佛齐、渤泥、暹、爪哇、重加罗、交诞、苏禄、龙牙犀角、旧港、班卒、假里马打、文古老、古里地闷、龙牙门、昆仑山、东西竺、急水湾、淡洋、须文答剌、僧加剌、勾栏山、班达里、喃哑哩、北溜、下里、高郎步、大佛山、须文那、小呗喃、古里佛、朋加剌、万年港、马八儿屿、天堂、层摇罗、甘埋里、罗婆斯。

应该指出，这些地方有的并不是国家，有的也不在东南亚的范围之内，但其记载的国家与地方之多是以前的著作所没有的，这是研究东南亚历史的极重要的参考书，而且这本书中有的记录如说一三四九年暹国为罗斛所并成为研究暹罗史上最为关键的说法。

明代关于这一类的著作，比之前代都多得多，其中有三本书最值得我们注意，一为巩珍的《西洋番国志》，一为马欢的《瀛涯胜览》，一为费信的《星槎胜览》，这三个人都是随郑和出使海外，把亲眼所看的事物记而成书，巩珍的《西洋番国志》一九六一年也已刊行，这是研究明代初年东南亚所不可缺乏的著作。其所记录的包括了印度洋以及波斯湾一些国家，但还是以东南亚各国为最多，马欢所记的地方较少而较详，费信所记的地方多而较略，两书可以互用，可以互相启发。

此外，又如黄省曾《西洋朝贡典录》，黄衷的《海语》，郑晓的《皇明四夷考》，严从简的《殊域周咨录》，张燮的《东西洋考》，是明代的著作，是研究东南亚的重要参考资料。

黄省曾与黄衷的书是成于十六世纪的上半叶（一五二〇与一五三六），郑晓与严从简的书是成于十六世纪的下半叶（一五六四与一五八三），张燮的著作是成于十七世纪的初年，这就是一六一八年，张燮虽然没有到过东南亚，书中所载也有不少错误，但其所记载的并不限于明代，每记一国往往把其历史略为追述，也可以说是东南亚各国的史略，如记柬埔寨不只追述到真腊，而且追述到扶南，隋唐宋元时代之于这个国家的关系，也略为叙录，使读者知其历史的演变，又每记一国除其历史及一般概况外，对于其形势、名迹、物产与交易，均有专条记录，这也可以说是一部较有系统的著作。

第二十三章　外国的史料

关于东南亚的史料，除了中国的记载之外，印度、阿拉伯、欧洲，而尤其是东南亚各国，也有不少的参考书籍。

在印度的古代著作中，《罗摩延（Ramayana）书》曾著录过 Yavadivipa，有人说就是指着苏门答腊或爪哇，还有人以为爪哇（Java）就是 Yava 的对音，而我国《后汉书》卷一百十六《西南夷列传》中所说的叶调，或《法显行纪》中的耶婆提，以至《宋书》中的阇婆婆达，《太平御览》卷七八八中的诸薄，杜佑《通典》卷一八八中的杜薄，据说皆是 Java 或 Yavadivipa 的古译，而这个名词，不只是指着现在的爪哇，也可能是指着现在的苏门答腊。

又在佛教书或《本生经》（Jataka）中，有不少关于航海者的故事，同时又提及金地（Sunarna-bhumi）。在猛人的记载中，也有阿育（Asoka）王曾遣派两位佛教徒，这就是孙那（Sona）与乌峇拉（Uttara）到金地传教。金地有人以为是在缅甸，也有人以为是在马来半岛，这本佛教书还记有 Vesunga 这个地方名，有人以为这就是马打万（Martaban）湾。

应该指出，这些著作的年代既难于考订，对于东南亚的记载，也很不清楚，颇难置信。又如，巴梨文的经典 Niddesa，可能是在公元初年的著作，里面有好多梵文地名，据法国利维（Sylvain Lévi）的解释，这是东南亚的一些地名，然而这些地名都少见于中国方面的记载，或是符合于考古学者所发掘的名字。

我们知道，印度的文化发展很早，可惜印度的历史记载，至为缺乏。可是，东南亚的好多国家，都深受印度文化的影响，从印度文化的发展史上，也可以直接或间接的了解到东南亚的文化的发展，而尤其是在宗教艺术方面。又东南亚的好多国家，采用印度或印度化的文字，所以东南亚的好多地名人名以至好多名词，也受了印度的影响。我们也可以从这些地名人名或名词而了解其在历史上的意义与作用。比方，在宗教上，印度的婆罗门教与佛教的发展或兴衰，以及其派别的演变，在东南亚的宗教史上是有关系的，所以研究东南亚的人们，对于印度的历史，不能不加以研究。

阿拉伯人之到东南亚的，为时很早，在唐代就有很多阿拉伯人到中国而尤其是在广州。阿拉伯人之到东方的既多从海道，而他们到中国的既很多，则其到东南亚的也必定不少，可是，直到现在，据我们所知道，阿拉伯人之关于东南亚的著作，还没有早于九世纪的上半叶的。在九世纪的中叶，大食人科尔达氏培（Ibn Kharadzbeh）曾记载下缅甸的一个猛人国 Rahma，据他说其王有象五万，其地产棉、毡布，与沉香木。又如差不多同时的苏黎曼（Sulayman），在其行纪中也说他曾到印度东南亚各处，如缅甸、苏门答腊、占婆等处。（参看 Ferrand：*Relations de voyages et de textes géographiques arabes, persans et turks relatifs a L'éxtrême-orient du VIIIe au XVIIIe siècles*）又如，在十四世纪时的马苏提（Masudi）的《金草原》中，也有关于东南亚的记载。又如，在十四世纪的中叶，伊本巴杜塔（Ibn Batuta）游历东南亚好多地方，他的游记是关于东南亚历史的很好资料。

在欧洲方面，古代希腊的 *Periplus of the Erythran Sea*，成于公元一世纪，似乎已知道东南亚的一些地方。二世纪的脱烈美（Ptoleméy），在其地理著作中，也曾说到东南亚一些地方。基里尼（G. J. Gerini）于一九〇九年在其《脱烈美的东南亚地理的研究》（*Researches in Ptoleméy's Geography of Eastern Asia*）一书中，曾加以考订，近人如摩尔希特（F. J. Moarhead），在其《马来亚及其邻邦历史》（*A History of Malaya and her Neighbours*）中，又简略的把脱烈美地理中的一些地名，当为现在的东南亚的一些地方，这似乎有些近于牵强附会。

又如，十三世纪的马可波罗（Marco Polo）到过东南亚一些国家，在其《行纪》第二卷中曾说到元朝与缅甸的战争，他叙述蒲甘国的北边的建都国，他描写上缅甸与下缅甸的情况，他又叙述交趾国的国王与物产。

在其《行纪》的第三卷中，他记载占婆国（一六一章）。在同卷的一六二章，他叙述爪哇大岛的情况。他也到过苏门答腊（Samudra），因为风浪不能行舟，马可波罗曾停留在这个地方有五个月之久。从苏门答腊又到南巫里（Lambry），南巫里是靠近苏门答腊岛的西北的亚齐。

马可波罗是从海道回去欧洲，他从福建的刺桐（Caiton）（按：应为泉州）经海南岛而到占城，由此而到爪哇与苏门答腊，再从此经锡兰而西去。他既停留在苏门答腊有五个月之久，他对于东南亚的情况，了解得比较清楚，这是研究东南亚的宝贵的资料

自葡萄牙在十六世纪的初年从大西洋直航到东南亚各处之后，欧洲人之关于这个地区的著作，逐渐增加。如征服马六甲的葡人亚伯奎（Albuquerque）的儿子，把其父的文件，于十六世纪所编撰的《亚伯奎疏解》（*Commentaries of D. Albuquerque*），如宾图（Fernão Mendes Pinto）的 *Peregrinaçam*，又如十九世纪初年来佛（Stamford Raffles）的《爪哇史》（*History of Java*），等等，虽然也有不少错误或缺点，但都有参考的价值，可是这一类著作，所记载的史事，多是属于近代或欧人东来之后，故只好从略。

东南亚各国也多各有其史书，其比较丰富的，要算越南。越南是东南亚各国中历史最久的一个国家，但也很奇怪，十三世纪以前，还找不出越南人自己撰述的越南历史。其撰述越南历史最早的是黎文休，黎文休是越南清化东山县甫里社人，他是陈太宗天应政平丁未年（一二四七）登进士，曾任过兵部尚书、翰林

学士、监修国史，于一二二五至一二五八年奉命编修越史，这就是著名的《大越史记全书》。其书成于一二七二年，始赵武帝（公元前二〇七年）而终于李昭皇（公元后一二二四年）。这部书原书已佚，十五世纪的时候潘孚先、吴士连补修名为《大越史记》，这部书经过历代后人增加删改，原来面目，已大改变。

现代尚存的最古的越南史书，要算十三世纪末年黎崱所撰的《安南志略》。《四库全书》著录这部书，原来共二十卷，后来存十九卷。钱大昕所得本也缺十九卷卷末。著者是越南人，但这部书是成在中国，而其材料主要是抄自中国史书。

又如十八世纪中叶的时候，黎贵惇因觉得越南史书只有编年体，没有传记体，乃拟仿《宋史》编纂大越通史，可是这部书似乎没有编成，或已残缺。

十九世纪的初叶，越南设立史馆，纂修列圣实录，其前编成于一八四一年，这是嘉隆以前阮氏广南诸王实录，此后，每代都有实录的纂修。

此外又如一八五六年所奉敕撰修而成于一八五九年的《钦定越史通鉴纲目》，也是越南一部重要的史书，这本书为潘清简等所撰修，以后经过数次续修。

越南人所著的书籍之足资参考者为数尚多，如一八〇六年嘉隆敕撰的《一统舆地志》，一八三三年所刊行的《皇越地舆志》，而尤其是一八八二年所仿《大清一统志》的《安南一统志》，以及一九〇七年阮萃珍所撰的《大越古今沿革地志》，但是在黎休之前，既找不出越南人所撰述的越南史书，而此后所著的，还多是取材于中国史书。我们可以说，时代愈古，则愈要依赖于中国的史籍。

扶南的历史，可以说是柬埔寨的上古史，真腊的历史可以说是柬埔寨的中古史，扶南称霸东南亚，真腊文化成就很大，真腊时代遗留下来的暹粒的吴哥寺庙与王宫，其建筑之伟大与艺术的精美，就是在现在来看，还是世界不可多见的，但很奇怪的，扶南与真腊，除了古迹古物与碑文之外，我们还找不到这两个时代的历史著作。

在老挝，曾有一本《老挝纪》，这一本书有法文译本，于一九二六年出版于河内，题为 Annales du Laos（Luang Prabang, Vientam, Tran Ninh et Bassac），近人之研究老挝史的，多用这本纪年，作为参考。

八百媳妇或清迈或揽那，也有其纪年，怒顿（C. Notton）译有《清迈纪年》（Chronique de Xieng-Mai），暹罗也有其纪年，达玛銮（Damrong）的《暹罗纪年》The Pongsawadan（Royal Antograph Edition, rerised by King Mangkut），这是泰文本，怒顿（C. Notton）有法文译本，题为 Annales du Siam，从第一本至第三本，是一九二六年至一九三二年出版于巴黎，第四本是一九三九年出版于曼谷。达玛銮亲王于一九二五年曾在暹罗曼谷的朱隆功（Chulalonghorn）大学演讲暹罗古史，这本书曾译为中文名为《暹罗古代史》，译者为王又申，虽然名为《暹罗古代史》，但是这本书详于阿瑜陀王朝，而略于速古台王朝，尽管如此，这是近代暹罗人最有权威的著作，虽则近代暹罗人之写暹罗史的，不止这一本。

至于缅甸方面的史籍，哈威（G. E. Harvey）在其《缅甸史》（*History of Burma*，1925）（姚枬译）的著者导言中曾有简略的介绍，兹录之于下：

> 次于碑铭而其价值亦不及碑铭者，为缅文之史籍，其中 *Yazawin Gyan* 一书，其著作年代，当远溯至十五世纪。他如 *Razadarit Ayedaupon* 一书，亦为十六世纪时之古书，尚有一种怪诞之史书，称为 *Pawtugi Yazawin* 者，疑为一六二三年葡人勃利多（Philip de Brito）死难时，其他缅甸化之葡萄人俘虏所作，惟列为标准史籍者，均应为十八与十九世纪时之刊本。例如《琉璃宫史》（*Hmaunan Yazawin*）（按：G. H. Luce and Pe Maung Tin 有英文译本题为 *The Glass Palace Chronicle of the kings of Burma*, London, 1923）系于一八二九年由皇家编辑委员会所辑。

至于在缅甸古代的掸国，固无史籍，就是后来的骠国，不只没有史籍留存，就其文字也几乎湮没。在缅甸南部与暹罗猛族，曾建立好多国家，历史既久，文化也很高，其文字在蒲甘王朝的早期还曾适用。近人曾发现其一些关于历史的著作，但其年代既晚，而也只限于某一地区。

关于马来半岛，有一本叫做《马来纪年》（*Sejarah Melaya*），据说著者是柔佛王子罗阇蓬苏（Raja Bongsu），他生于一五七一年，死于一六二三年，也曾为柔佛苏丹，中文译者为许云樵，英文译者有十数本，赖敦（J. Leyden）、卫金孙（R. J. Wilhinson）、温士德（R. O. Winstedt）等均有译本。

苏门答腊虽有好多著名古国，可是没有史书留存，爪哇有《巴拉拉顿（Pararaton）的国王书》｛*The Book of the King of Tumapel and Majapahit* (Ed. by N. J. Krom)｝，与《爪哇史颂》（*The Nagararrtagama*），荷文译者为刻因（H. Kern）。

这不过是简单的把东南亚当地人或当地文的主要史籍，列举出来，应该指出，这些史籍的写作，差不多是时代较晚的作品。就以历史很久的越南来说，其史书是十三世纪，才有人撰作。又如《琉璃宫史》，是研究缅甸史者的必用的参考书，但这本书是编于十九世纪的上半叶，其中所叙述的蒲甘王朝，是始于十一世纪的中叶，而终于十三世纪的晚年，而其所采用的材料，也是属于近代。哈威在其《缅甸史》的著者导言中说：

> 按其（指《琉璃宫史》）文体观之，该书所根据之资料，显属近代，书中除征引古型之歌曲数首外，其笔调未见若何古朴，因知其原稿亦不致为十六世纪以前的作品。

他又说：

> 史书中时代谬误，叙事重复之处，不一而足，读之有如黄面说部，然此种荒谬不经之笔调，固非始自十八世纪之编史者，彼等也不过规于前说而

已。试详细研究缅史，其自十三世纪以往之所谓史事，泰半类乎民间传说，故缅甸正史之著述，务须将诸王之事迹，分为两部，即以阿奴律陀为例，其第一部应为考证，即从各种碑铭以考证阿奴律陀，确有其人，并叙述其事迹，而第二部则专述有关阿奴律陀之传说，所憾者，本书不过为一种启蒙之著作，范围狭小，欲求如是之判析，事实上，当不可能。惟如余之写蒲甘时代，西方史学批评者，或将为之咋舌，但稍为熟悉南洋之情形者，对此数页文字，不难另加评语，盖余之征引此种怪诞之故事，实非无的放矢也。

在东南亚各国中，除越南以外，缅甸史料，还较为丰富，然如哈威所说，不只时代往往谬误，就是所说的故事，也多怪诞而荒谬。又如《马来纪年》一书，译本有十数本，说明人们对于这本书的重视，可是我们读其内容，也有很多怪诞而荒谬，比方，在上卷第十五节叙述中国和满剌加的亲善邦交一节中，说中国皇帝因为全身发痒，而无法治好，后来有一位老医生对皇帝说：

> 这是因为满剌加王以附庸身份，上书给你所致，今无别法可以疗治，除非陛下肯饮满剌加王洗脸洗脚的水。

于是中国皇帝乃立刻派人到满剌加，取其王的洗脸洗脚水，除用以洗浴之外，还喝了这些水，结果是痒症完全消失。又如在舍拉比亚（W. G. Shellahear）一九〇九年所刊的《马来纪年》本中，还说亚力山大（Aletander the Great）与马来的王室有了关系，这都是怪诞而荒谬的。

尽管这样，这是马来亚的唯一的史书，写马来亚史者不能不用以参考，而且，里面所说的也有不少是事实，或反映了当时的情况，这也可以说是宝贵而难得的史料。《马来纪年》，固是如此，其他的当地史书，也差不多是这样。

第二十四章　碑文与古物

十九世纪下半叶以后，考古学者与历史学者，在东南亚各地发现不少碑铭与发掘很多古物古迹，这对于研究东南亚的历史来说，是很有价值的材料，我们愿意在这里把碑铭与古物或古迹，分开来作简单的叙述。

在越南半岛方面，早在一八七九年，刻因（H. Kern）已把哈曼特（Jules Harmaud）所准备的柬埔寨碑译释出来，可是有系统的碑文的搜罗，最先是艾莫涅（M. Aymonier）的工作。在一八八五年，艾莫涅就在越南南部搜集占文梵文的石刻。艾莫涅于一八八九年又撰一本占文文法 Grammaire de La Langue Chame，二年后（一八九一年），他又在《亚洲学报》（Journal Asiatique）上发表关于历史及语言的研究，这也是根据占文石刻所得的结果。艾莫涅还释高棉（Khmer）文三本，题为《柬埔寨》，刊行于一九〇〇、一九〇一与一九〇四年。

至于梵文石刻方面，乃由巴尔特（M. A. Barth）与贝尔甘（Abel Bergoigne）两位著手研究。他们分为二部分，并另印一本图片，题为《柬埔寨的梵文碑铭》（Inscriptions Sanscrit du Cambodge），第一部分由巴尔特编辑，于一八八五年刊行，第二部分由贝尔甘编辑，在未完成之前他死了，乃由巴尔特完成，刊行于一八九三年。

此外，河内的法国远东学校的菲诺（M. Finot）、戈岱（G. Codes）也刊行不少碑文。戈岱编辑的在一九三七年至一九五一年间刊行三本 Collections de Textes et Documents Sur L'Indochine。菲诺还从在东阳东南三十三公里所发掘的美山碑中，发现占婆诸王的世系，始释利魔罗（Gri Mara）而终于阇耶僧伽跋摩（Jaya Sinhavarman）。

又如，马朱姆搭尔（R. C. Majumdar）在其《柬埔寨碑文》（Inscription of Kambuja）中，也搜罗了很多碑文，而且包括了几种扶南后期的碑文。在法国远东学校的梵文与高棉文的碑文目录中，就有九百种，大部分已译为法文。

至于泰文碑铭，研究较早的是司密斯神父（P. Schmitt）。他所翻译的泰文碑铭，见于富南奥（L. Fournereau）所著的《暹罗古代史》（Le Siam Ancien），此文刊行于一八九五年的《巴黎基美博物院年刊》（Annales du Musie Guimet），又录入《巴费行记》（Mirrion Pave）卷二的《柬埔寨老挝暹罗历史的研究》（Recherche sur L'his taire du Combodge, du Laoset, du Siam），这本书是一八九五年在巴黎出版。

戈岱对于泰文碑铭，也很有研究，他曾任过暹罗国立博物院秘书长，对于暹罗碑文的研究与古物古迹的发掘，作过很多工作，在《暹罗速古台王朝发源者》（Les Onigines de La Dynastie de Sukhodaya）一文｛见《亚洲学报》（Jaurnal

Asiatique）十一编十五卷，一九二〇年出版﹜，是利用碑文去考证暹罗泰族的最早建国的历史，这是研究暹罗古史的一篇极重要的著作。

在缅甸十世纪以前，碑文极少有发现。在缅甸，海林（Halin）曾发现的骠国碑铭残片。至于缅文方面，其最古者，乃一〇五八的碑铭，而其字体是猛文或得楞文的一种，这件碑铭，已收入于一九一三年所刊行的《碑铭汇辑》。十一世纪以后的碑铭之发现的，不胜枚举，《碑铭汇辑》刊行六卷，共录入者一千五百多种，其对于缅甸历史的研究，很有价值的是杜鲁赛（C. Duroiselle）所刊行的《缅甸碑铭》（*Epigrophia Burmanica*）一书，这本书的碑文，除保存原来的拼法之外，还附以照片。

在蒲甘王朝的开辛他（Kyanzittha）时代，一〇八四至一一一二，已刻不少碑铭。比方他在蒲甘瑞海宫室塔所刻的得楞文碑铭，是被称为很有文学价值。又如，他死之后，他的儿子所竖立的石柱，刻有四种文字，这就是巴梨文、得楞文、骠文，与缅文，而尤为宝贵的是骠国文字。因为这种文字，虽久已湮没，然在蒲甘王朝的早期，似乎还是流行。

在马来半岛，在槟榔屿的对面，基洛德昆（Cherok Tekun）这个地方曾发现石刻碑文的残片。据考古学者的考证，这是公元四世纪的遗物，在吉打的武吉美利庵（Bukit Meriam）附近，也发现一种碑铭，其时代是稍后于前者，这是在一间毁败的砖屋中找出来，可能这是一间佛教僧人所住的地方，因为碑文的内容是有关佛教的教义，而其文字是最古的巴拉华（Pallava）体字母的梵文。在现在的威士利（Wellesley）省的北部，也发现一种梵文碑铭，其内容除含有佛教教义之外，还祷求航行的成功，而祷求者是住在红（赤）土（Red Land）的一个船主，名为佛陀笈多（Buddhagupta）者，这也是巴拉华体字母，从这些碑铭，我们可以推论大乘佛教早已从印度的南部，传播到这个地方。此外，又如在霹雳的爪拉西林星（Kuala Selinsing）也发现一种碑铭，其中刻有室利维斯奴跋摩（Sriwishnunarman），这是五世纪的遗物。

在苏门答腊，而尤其是在爪哇，也有不少碑文的发现。说明在这里的文化是受印度的影响，国王桑阇耶（Sanjaya）的碑铭，就是一个例子。就是在偏僻的婆罗洲的东部的库泰（Kutei）这个地方，也发现一个梵文碑铭，上面刻有牟拉拔摩（Mulanarman）国王的名字，并且说明他是三兄弟中之最有声望的人物，这个碑铭，是公元五世纪早期的遗物。

大致上，碑文可以分为二类，一为歌颂国王的，一为宗教上的各种记录，属于前者如《缅甸碑铭》卷一第二章九页中所载蒲甘海瑞宫宝塔的得楞碑铭，或一五页中所载的卑谬（Prome）瑞珊陶（Shwesandow）宝塔的得楞碑文，这都是歌颂开辛他的。至于宗教上的各种纪录，有的是战胜之后，歌颂神灵，有的是献给土地财产或物件以至奴隶或自己为维持或服务寺庙，其中往往很详细说明其所捐赠的东西或奴隶数目。

　　碑文是研究历史最为可靠的材料，但是我们也得指出，碑文所歌颂的事情，不少言过其实。就以上面所说的歌颂开辛他的碑文说，他那么慈善智慧，未免言过其实。又占婆、柬埔寨与暹罗的碑铭，其文字也常随时代而变迁，如古代的占婆梵文碑铭，文字较为精确，到了后来，则有不少错误而粗陋，使后来之编史者难于明瞭。至如缅甸碑文自十一世纪以来，像哈威在其《缅甸史》著者导言中所指出，其碑文均用所谓巴梨文，至今在其宗教仪式上，仍然采用，可是因为碑铭的印本有不正确者，其时代往往错误，固不待说，脱漏之处，所在皆是，其中有一页错误至八十二处者。

　　关于古物与碑迹，在东南亚，自十九世纪下半叶以来，也发现了很多。在越南半岛方面，在越南北部的一个小乡村发掘很多的古物，这就是所谓东山（Dongsonian）文化，有人说其遗物是公元前约五百年至公元后约三百年。河内远东法国学校成立之后，对于这个地区的考古发掘工作，作得不少。菲诺（Finot）在该校刊 Bulletin 第一号中发表的《据建筑物考占人的宗教》（La Religion des Chams d'après Les Monuments）一文中，除附以占婆的建筑物简明目录之外，还请拉客节（de Lajouquiire）制绘越南半岛考古地图（Atlas Archis Logique de L'indo-Chine）。此外，该校的巴尔茫结（Parmentier）与伽尔波（Capeaux）两位，在广南东阳废墟发掘古物及碑文，一八九七年至一八九九年在东阳南三十三公里的美山（Mison），也发掘不少建筑物。

　　十九世纪的下半叶，人们在柬埔寨的大湖的北部暹粒，发现了吴哥（Angkor）寺庙与王宫，这是很伟大的精美的建筑物，这是真腊时代的遗物，当时的真腊国都，就在这里。元代周达观的《真腊风土记》中告诉我们，他曾到过这个地方，而且描写这个建筑物，后来真腊败于暹国，国都迁移，这个故都，在一个长期中为森林所遮蔽，到十九世纪的下半叶为考古学者所发现，数十年来，不只到此游览参观的人，不胜其数，就是关于这个古迹的著作，而尤其是关于这个建筑物的美术方面的研究的人，更不知多少。

　　又在不久之前，马尔勒列（L. Malleret）曾在越南南部的迪石（Rachgia）发掘一个古代城市，叫做哥俄伊俄（Go Oc Eo），据考古学者的研究，这可能是扶南时代的一个主要港口，在这里，曾找出一些罗马古物，这可能是古代东南亚交通的一个要冲，在公元一世纪时，已经建立，后来扶南灭亡，加以自中国南海至印度洋，可以畅通马六甲海峡，船舶不必入暹罗湾，而越过马来半岛北部的一段陆道，这个港口，遂致衰败。

　　又在扶南时代，曾在现在的暹罗的东北部，建立一个转输站，叫做室利提婆（Sri Deva），这个废墟，经暹罗历史学者达玛銮（Damrong）与威尔士（Wales）的考察与发掘，是扶南时代从东边到西边的陆道上的一个重镇，在这里可以看到古代的城围与建筑物的遗迹,也找出不少古物。

此外,在暹罗现在的佛统(Nakon Pathom),虽然在地面上,在旧的建筑物的基础上,盖了不少的较晚的房舍寺塔,可是较古的遗迹,还可以发掘,有人以为这是古代猛人所建立投和的首都,在这里,人们可以找出不少关于佛教的遗物。

此外,在暹罗的佛统的北部,有一个地方叫做蓬迪(Ponguk①)的,在一九二七年曾在达玛銮与戈岱的领导之下,发掘出古迹与好多古物。这个城市的重要性,虽然可能比不上佛统,但是这个城市,因为没有受过后代文化的影响,反而成为考古学者研究古代遗址与遗物的重要地方。因为在这里所找出的东西,都是六世纪以前的东西。又在这里所找出的东西中,有阿摩罗代底(Amaravoti)派的小铜佛像一个,又有希腊罗马式的铜灯一盏,这些东西,都可以远溯至公元二世纪的时候。关于这个古迹古物的发掘的经过,可以参考戈岱所著的《蓬迪的考古发掘与暹罗古史的重要性》(Excavations of Pong Tuk and their Importance for the Ancient History of Siam)(见《暹罗学会五十周年纪念刊》第一辑,页二〇五至三二八)。

在缅甸,在过去的骠国的都城,室利差呾罗(Srikshatra)或是现在的卑谬附近,尤其是在一九二六杜尔赛(Duroiselle)在阿茅差(Hmawza)发掘出很丰富的古物,所有的东西,都是一千二百年前的东西,金佛像、银盒(Casket)、金叶上所写的佛书、骠文碑铭等等,这对于公元七八世纪时代的骠国历史的研究,有极大的帮助。此外,又如在伽拉干恭(Ka-Lagangon)村附近,也发掘一些佛教与婆罗门教的遗物,又在缅甸的南部的白古、直通、毛淡棉一带,也找出一些古物,虽则这些古代猛族所统治的地方,还没好好的或系统的去发掘,近来考古学者,曾在离直通的三十余英哩的灼杜(Zokthok)村的底萨安(Tizuung)塔,找出较古的建筑下层地基,据说这是蒲甘王朝以前的遗迹。

在马来半岛,近年以来,也发现了不少古物、古迹,马来半岛北部的西岸的大瓜巴(Takuapa)以至东边的万当(Bandon)一带,据威尔士(H. G. Q. Wales)的考察,有好多古迹与古物。他以为这是古代印度移民横越马来半岛的路线,在大瓜巴一带既找到好多宗教遗物,如砖砌的小神灶,其中还藏有四臂的毗湿奴(Vishnu)巨像一尊,度其年代,当在六世纪的末年。此外,还有中国六朝时代的黄色彩皿与当代的绿彩瓷器等物。又如,像上面所说吉打的槟榔屿对面的威尔士利一带都有古物的发现。在南部的柔佛与新嘉坡,也发现一些古时遗物,虽则我们也得指出,直至今天,马来半岛的考古工作,还是刚刚开始。

在苏门答腊,我们知道在唐代就有一个国家叫做室利佛逝,或后来所称的三

---

① 编注:此处对应的外文名与前不一致,今从底稿,余不注。

佛齐，不只在交通上握了从亚刺伯海或印度洋与中国南海的咽喉，不只在海军上称霸于东南海以至印度洋，就是在佛教上也成为东南亚的中心，所以在这个国家而尤其是在巴淋邦（Palembang），找出不少阿摩拉瓦底（Amaravati）派的佛像与一些古物。

在爪哇，而尤其是在田格（Dieng）高原，这就是在普拉胡（Prahu）山上，爪哇人在这里崇拜其神明，建筑好多寺庙，直到今天，还留下不少古迹。同时，爪哇人还用石建筑排水沟渠，其遗迹也为近人所发现。

然而最值得我们注意的是著名的佛楼 Borobudur，这是建筑于山帝 Sailendra 时的——公元七六〇至八六〇年，这个佛楼距离现在的独雅加答（Djokjakarta）不远，起在山的上部共分为九层，每层的台基与墙壁，都是用石筑成，这个佛楼是窣波式（Stupa），共分九层（据近人考察地下还有一层），四周多角行走廊中，各绕以围栏，廊壁上镂锈佛像，大部分为释迦牟尼一生的生活写照，石壁上部分为佛龛，中有佛身，佛龛之顶，刻鬼怪之头，两旁刻有象鱼形，石壁上部刻成各种花纹，由链式与环式的图案，大致是仿螺形的阿刺伯式，配置得当，雕刻精美，佛楼建筑雄巍，工程浩大，是爪哇山帝王朝的杰作。据近人考订，九层佛楼不只代表山帝的九代祖宗，而且这个王朝是与扶南的山帝（King of Mountain）有关系——是扶南山帝的后裔，而这个爪哇的山帝王朝，灭亡之后，其子孙又统治苏门答腊——三佛齐一个时期，甚至马六甲的建国者，也与这个王朝有关系。假使这种看法没有错误，那么山帝王朝是东南亚历史上一个最有兴趣而值得研究的王朝。

在婆罗洲，人们曾在其东部发现了五世纪时代的梵文碑铭与古迹。近人在这个岛以及在菲律宾群岛上，发现很多宋元以后的古物，其中有不少是中国的瓷器与钱币。

总而言之，在东南亚各地的考古工作，虽然是还作得不多，但其所得的成绩，对于东南亚古史的研究上，已做出不少的贡献。假使这种工作，能够继续不断的进行下去，可能发现更多的碑文与古物或古迹，这样，对于这个地区的历史研究上，将有更大的帮助。

最后应该指出，上面所举的是外国的碑文与古物，中国方面，在历史上，也有关于东南亚的碑文与古物；如广州黄埔附近的南海婆罗庙的古碑，又如明代浡泥国王来聘中国时，死在中国的坟墓，均可以说是有关这方面的碑文与古物，这都是研究东南亚历史的宝贵材料。

附　　记

《东南亚古史研究》原定写八本，这就是（一）《扶南史初探》，（二）《猛族诸国初考》，（三）《越南史料初辑》，（四）《林邑史初编》，（五）《掸泰古史初稿》，（六）《藏缅古国初释》，（七）《马来南海古史初述》，（八）《东南亚古史初论》。《越南史料初辑》，还没有整理好，《林邑史初编》，原为第四册，付印时误印为《东南亚古史研究》之七，所以印《马来南海古史初述》时，改为《东南亚古史研究》之四。现在除《越南史料初辑》外，其他七册均已出版。

在写作的过程中，我不只发现不少材料可以补充这七本著作，尤其是《马来南海古史初述》这一本，太过简略，应该多加补充，而且同时也发现一些较为重要的国家的材料，而在上述几本书中，完全没有加以注意，或是注意了，却给以很少的篇幅去叙述。以我目前所掌握以至将来再加努力去寻找的材料来说，这部《东南亚古史研究》可以写到十二本，或十二本以上。

这本《东南亚古史初论》草稿，完成于好几年前，本来是《东南亚古史研究》的总论，最初也打算先印当为研究之一，后来又想修改，故推迟至今；直至现在，我还觉得这部著作的次序，应该这样的排列：（一）《东南亚古史研究初论》，（二）《越南史料初辑》，（三）《林邑史初论》，（四）《扶南史初探》，（五）《猛族诸国初考》，（六）《掸泰古史初稿》，（七）《藏缅古国初释》，（八）《马来南海古史初述》。至于其他数本的资料的整理，希望今后也能有足够的时间与有利的条件去完成。

一九六三年一月